Peter Carey

Das seltsame Leben des Tristan Smith

Roman

Aus dem Englischen übersetzt
von Peter Torberg

Klett-Cotta

Klett-Cotta
Die Originalausgabe erschien unter dem Titel
»The Unusual Life of Tristan Smith«

Printed in Germany
Schutzumschlag Klett-Cotta-Design
Gesetzt aus der 10 Punkt Aldus von Fotosatz Janß, Pfungstadt
Auf säure- und holzfreiem Werkdruckpapier
gedruckt und gebunden von Clausen & Bosse, Leck

Die Deutsche Bibliothek – CIP-Einheitsaufnahme
Carey, Peter:
Das seltsame Leben des Tristan Smith: Roman/Peter Carey.
Aus dem Engl. übers. von Peter Torberg. – Stuttgart: Klett-Cotta, 1996
Einheitssacht.: The unusual life of Tristan Smith ⟨dt.⟩
ISBN 3-608-93379-4

Für Alison, Sam und Charley

Inhalt

ERSTES BUCH
Mein Leben in Efika

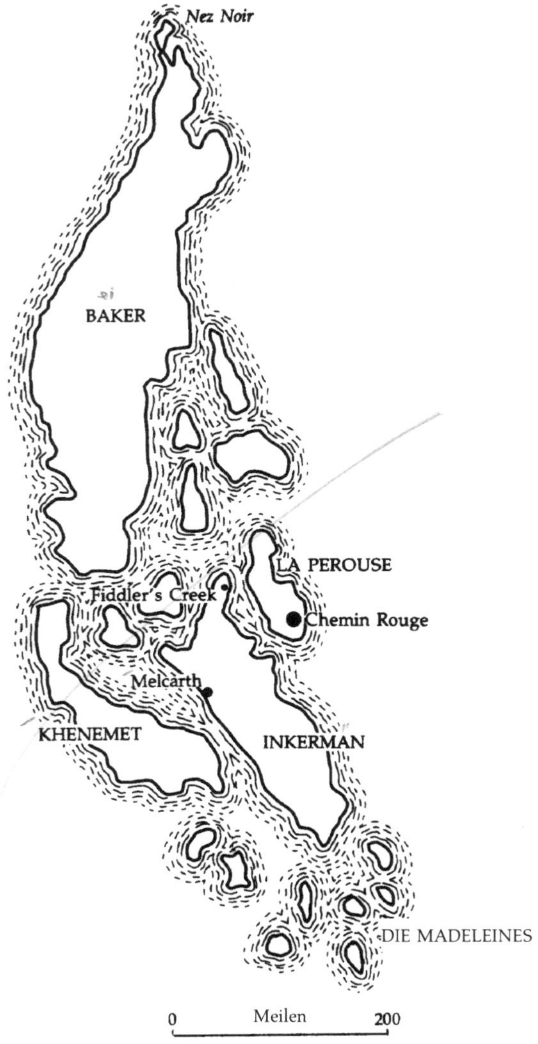

Republik Efika

»In fremden Ländern«, sagte Bruder Maus, »stecken sie Tiere in Käfige und sperren sie ein und töten sie.«

»Du kannst mir keine Angst einjagen«, sagte Bruder Ente. »Die Welt ist groß, und ich will sie sehen. Ich werde auf Jahrmärkte gehen und in Marionettentheater, und ich werde Meere überqueren und alle möglichen Abenteuer erleben.«

»Du willst dick und reich sein«, sagte Bruder Maus. »Du willst Gold finden.«

»Das stimmt«, sagte Bruder Ente, »ich würde dem Herrn für mein Glück danken, wenn ich zufällig über einen Goldklumpen stolpern würde, und wenn ich einen wertvollen Gegenstand fände, den ich billig kaufen könnte, so würde ich diese Gnade nicht von mir weisen.«

»Aber was ist mit dem Problem?« sagte Bruder Maus.

»Mit welchem Problem?« sagte Bruder Ente, der sich wieder über den Käsepudding hergemacht hatte.

»Daß es in fremden Ländern Sirkusse gibt, wo sie Gottes Geschöpfe in Käfige stecken. Es gibt dort Metzgerläden, wo sie das Fleisch unserer Brüder verkaufen.«

»Wenn das wirklich stimmt, was du sagst«, meinte Bruder Ente, »dann werde ich dafür sorgen, daß sie sich anders besinnen.«

»Und wie willst du das anstellen?« fragte Maus.

»Ich werde herumalbern und umfallen«, sagte Ente. »Ich werde sie zum Lachen bringen.«

Aus: *Bruder Entes Reisen*, Badberg-Edition

Der Hund, die Ente, die Maus,
Sie hatten kein Haus, nur ein Zelt.
Die Ente fiedelte fein,
Der Hund hob das Bein,
Die Maus verschwand mit dem Geld.

O Gott, wir weinten vor Lachen,
Wir seufzten, im Aug' eine Träne.
Wir küßten den Hund, wir herzten die Maus,
Und die Ente besah sich die Szene.

Der Hund, die Ente, die Maus,
Die Clowns, die wir so sehr lieben,
Sie kauften sich Löcher,
Die gabs noch und nöcher,
Denn die waren übriggeblieben.

O Gott, wir weinten vor Lachen,
Wir seufzten, im Aug' eine Träne.
Wir küßten den Hund, wir herzten die Maus,
Und die Ente besah sich die Szene.

Efikanisches Volkslied, ca. 351 EC (zitiert nach:
Knittelverse und Strandgut: Ungehörtes in Voorstand,
Inchsmith Press, London)

1

Ich heiße Tristan Smith. Ich bin in Chemin Rouge, Efika, geboren – ich wette, das sagt Ihnen so viel, als hätte ich behauptet, ich käme vom Mond.

Doch wenn Sie mich überhaupt verstehen wollen, dann müssen Sie ein wenig über mein Land wissen, ein Land, das so unbedeutend ist, daß Sie seinen Namen auf der Stelle mit Attika oder Afrika durcheinanderbringen, ein Name, den man sich so schlecht merken kann, daß er nur von einem Komitee ausgebrütet worden sein kann, auch wenn das Land Heimat von beinahe drei Millionen Erdenbürgern ist, die, genau wie Sie, keine geringe Meinung von sich haben, darunter Künstler und Dichter, die nur zu gern seine Unzulänglichkeiten kritisieren und seinen Charme preisen und zu den achtzehn kleinen Inseln zwischen dem Wendekreis des Steinbocks und dem dreißigsten Breitengrad heimkehren in der Überzeugung, daß ihre windgepeitschte Küste die schönste auf der ganzen Welt ist. Wie 98 Prozent der Weltbevölkerung kann man uns Efikanern wohl zu Recht vorwerfen, provinziell und engstirnig zu sein, und diese Eigenschaften werden manchmal durch Ihre Angewohnheit, »Afrika« zu hören, wenn wir »Efika« sagen, noch verstärkt.

Wenn ich »Voorstand« sage, dann liegt die Sache gleich ganz anders. Sie sind Bürger von Voorstand. Sie haben einen roten Reisepaß mit den goldgeprägten Mondphasen darauf. Sie stehen mit einer Hand auf dem Herzen da, wenn das Große Lied gespielt wird, täglich sehen Sie in Vids und Zines immer neue Bilder Ihrer Truppen. Wie kann ich Ihnen verständlich machen, was es heißt, aus Efika zu stammen – verlassen, voller Selbstzweifel und doch so halsstarrig, daß wir Ihnen, sollten Sie morgen Chemin Rouge besuchen, sagen, wir haben das Jahr 426[1], und Sie haben Ihre Schecks dementsprechend zu datieren.

Wären Sie meine Schüler, dann würde ich Sie auf folgende Titel verweisen: *Efika: Von der Strafkolonie zum Wohlfahrtsstaat*[2], *Die Höhlen*

[1] 426 nach dem efikanischen Kalender, manchmal als 426 EC geschrieben, meist aber nur 426. Der Kalender setzt mit der Entdeckung von Neufasie (später Efika) durch Kapitän Girard ein.

[2] Nez Noir University Press, 343 EC.

der Demokratie[3], und Band 3 von Wilburs *Der Kessel des Färbers*[4]. Aber Sie sind nicht meine Schüler, und mir bleibt nichts anderes übrig, als Sie mit Jonglieren und Stepptanz zu unterhalten und Sie zu bitten, auf Ihren Plätzen zu bleiben, während ich Ihnen begreiflich zu machen versuche, warum mir das Herz bricht.

2

Meine Maman war eine von Ihnen. Sie wurde in Voorstand geboren. Sie konnte ihre Familie bis zu den »Siedlern Frei« aus dem Großen Lied zurückverfolgen. Wenn die Dinge anders gelaufen wären, dann hätte ich ein Voorstander sein können wie Sie, und dann hätte es keinen Ärger gegeben. Aber als meine Maman achtzehn war, kam sie nach Chemin Rouge, um als Model in der Werbebranche zu arbeiten.

In Efika wurde sie durch ihre Rolle in einer nur hier bekannten Seifenoper berühmt, und dann war sie als Gründerin des Feu-Follet-Kollektivs[5] berüchtigt, einer kleinen radikalen Theatertruppe, die wegen ihrer Opposition zu ihrem Geburtsland ständig Ärger mit den örtlichen Behörden hatte.

Sagen wir es rundheraus – Felicity Smith stand ihrem eigenen Volk sehr kritisch gegenüber. Das war der Grund, warum sie ihren Namen von Smutts in Smith änderte: Sie wollte keine Voorstanderin sein. Sie war empört über die Art, wie Voorstand unsere Wahlen und unsere Währung manipulierte, und über all diese glänzenden Kabel, die wir nie verstanden, Kilometer davon, große Schleifen in den trockenen Granithöhlen, die unsere südlichen Provinzen durchlöcherten. Es gefiel ihr nicht, wie Ihr Land mit uns umsprang. Sollte dies als Beleidigung empfunden werden, bedaure ich das, aber dies war ihre Überzeugung. Dazu stand sie. Leidenschaftlich. Sie war nicht vernünftig, ausgeglichen oder gerecht. Und dennoch, trotz der *Leidenschaft*, die sie ausstrahlte, trotz des ewigen *Verfolgungswahns*, trotz all der sehr realen efikanischen Regierungsagenten, die um das Theater schlichen und deren elektroni-

---

3 Macmillan, London, 1923.
4 Artcraft Press, Chemin Rouge, 299 EC.
5 Ausgesprochen *Fuuh Follé* [Hrg.]

sche Bleistifte in der Dunkelheit tanzten wie Glühwürmchen, ist es schwer zu begreifen, wie das Feu-Follet-Kollektiv eine Bedrohung darstellen konnte – es war ein kleines, dreckiges, ungemütliches Theater ganz hinten in einem Labyrinth aus Junggesellenwohnungen, Ställen und Dressurplätzen, das einst Ducrows Zirkusschule beherbergt hatte.[6]

Als meine Maman am Ende ihres Lebens endlich eine Möglichkeit fand, den im Lande herrschenden Zustand tatsächlich zu bedrohen, war das nicht im Theater, sondern auf dem dreckigen alten Marktplatz der Politik, wo Babys geküßt werden. Im Vergleich dazu war das Feu Follet zahnlos. Es gab kein Geld, keine Werbung und zuviel langweiligen Brecht. Meine Maman sagte manchmal, wenn nicht die Spione gewesen wären, die ja schließlich den vollen Preis für ihre Eintrittskarten zahlten, dann wäre das Kollektiv schon vor langer Zeit pleite gegangen. Das war natürlich ein Scherz. Die keineswegs scherzhafte Wahrheit war, daß das Feu Follet ohne die Zirkusmatinéen und die Shakespeare-Aufführungen niemals überlebt hätte, wobei letztere so ausgewählt wurden, daß sie mit der Auswahl für den High-School-Lehrstoff des jeweiligen Jahres übereinstimmten.

Ich wurde in dem schottischen Stück geboren, am Ende einer Generalprobe.

Es gab keinen großen Flüssigkeitsschwall, aber es gab auch keinen Zweifel, was geschah, als die Fruchtblase platzte und meine Maman sich leise entschuldigte und das Feu Follet verließ, ohne irgendwem zu sagen, wohin sie ging.

Als sie die gepflasterte Rampe in der Gazette Street herunterkam, ging alles schneller, als sie erwartet hatte. Oxytocin schoß wie ein Zehn-Tonner in ihre Blutbahn, und all die hübschen, weichen streifigen Muskeln ihrer Gebärmutter wurden feindselig und zogen sich um mich zusammen, als wollten sie mir die Knochen brechen. Ich wurde von einer Welle erfaßt. Ich wurde verklappt. Ich wurde mit dem Kopf voran in den Geburtskanal gedrückt, den Arm immer noch hinterm Rücken.

---

[6] Jacques Ducrow (245–310), ehemaliger Kavalleriesergeant und nachmaliger Kunstreiter, später Besitzer von Ducrows Efikanischem Zirkus und (302–9) von Ducrows Zirkusschule. Ducrow behauptete, ein Sproß der englischen Zirkusfamilie zu sein, aus der die Kunstreiter Andrew, Charles und William und der Clown William hervorgingen. Es gibt gute Gründe dafür, dies zu bezweifeln.

Mein Ohr wurde zusammengefaltet wie ein Briefumschlag. Mein Kopf wurde so stark eingeklemmt, daß es mir, ich schwör's, wie das Ende des Lebens vorkam und nicht wie dessen prächtiger Anfang.

Meine Maman hatte noch nie ein Kind bekommen. Sie verstand die Dringlichkeit nicht. Sie ging einfach an der Schlange der freien, rot und silbernen Taxis vorbei, deren Sikh-Fahrer, die von dem Notfall, der sich unter ihren Nasen abspielte, nichts bemerkten, sich, hinter ihren Lenkern sitzend, weiter per Sprechfunk miteinander unterhielten. Als sie den Boulevard des Indiennes zum Fluß hin überquerte, war ihr schon deutlich unwohl, so als hielte sie einen Kürbis zurück, und doch wollte sie ihren Plan nicht aufgeben, der da lautete, still und allein am Fluß entlang zum Mater-Hospital zu gehen. Sie hatte dies schon vor langer Zeit beschlossen, und sie war eine Frau, die ihre Pläne stets durchführte.

Es war ein Sonntagmorgen im Januar, und die zähe Luft roch nach Stockfisch, Schwefel und Diesel.

Nach unserem Kalender war es das Jahr 371. Meine Maman war zweiunddreißig, groß, feingliedrig. Niemand, der gesehen hat, wie sie auf dem grauen sandigen Pfad neben dem Flußbett entlangging, hätte ahnen können, was ihr Körper durchmachte. Sie war eine Schauspielerin von höchst körperlicher Art, und die erste Hälfte des Wegs war ihr Gang ein Triumph des Willens. Sie trug einen langen hellblauen Rock und eine schwarze Strumpfhose. Auf dem Rücken trug sie eine schwarze Einkaufstasche mit einem zweiten Hemd, einer weiteren Strumpfhose, vier Schlüpfern, einer Packung Monatsbinden und einer Biographie Stanislawskijs; sie hatte sich immer vorgestellt, sie zwischen den Wehen zu lesen. Dieser letzte Gegenstand – das Buch – ist ein gutes Beispiel für jene Dinge, die die Menschen irritierten, selbst die Mitglieder ihrer eigenen Truppe, die sie liebten. Sie spürten an ihr diese Erwartung, die sie an sich selbst stellte, daß sie, verdammt nochmal, Stanislawskij lesen könne, während sie ein Kind bekam.

Sie sollte noch einen schweren Schock erleben. Das sagten sie nicht, hatten kaum den Mut, in den verborgenen, geheimen Winkeln ihrer Köpfe daran zu denken, aber es war da, in ihren Augen, im Widerstreit mit ihrer Anteilnahme. Sie war so lange von dieser Geburt besessen gewesen, nicht öffentlich, nicht laut, aber sie hatte Dinge getan, die Nichtschwangere manchmal verärgerten – sie hatte Hefe gegessen und Weizenkeime und am Morgen vor sich hingesummt.

Niemand aus dem Feu Follet sah, wie sie den Boulevard des Indiennes überquerte. Und wenn, dann wären sie versucht gewesen, dies als Beweis für ihren Willen, ja ihren Stolz, ihren Glauben anzusehen, daß sie laufen konnte, während eine schwächere Frau im Krankenwagen liegen und um eine Betäubung flehen würde, aber Felicity war eine Frau, welche die Meilensteine ihres Lebens gern feierte – Geburtstage vor allem –, und sie hatte sich diesen Augenblick, diesen Weg am Fluß entlang, zu lange vorgestellt, um ihn aufzugeben.

Meine Maman war eine Fremde, aber sie liebte Chemin Rouge mit einer Leidenschaft, die sich die Einheimischen kaum vorstellen konnten. Sie glaubte, daß es diese Provinzstadt in diesem unbedeutenden Land gewesen war, die ihr das Leben gerettet hatte, und wenn sie an Gott geglaubt hätte, dann wäre sie hier auf die Knie gesunken – auf dem grauen groben Muschelsandweg am Fluß. Wenn sie Eltern gehabt hätte, dann hätte sie sie hierhergeführt, um ihnen zu zeigen, was aus ihr geworden war. Sie hatte keinen Gott, keine Eltern, und dennoch feierte sie – an ihrer Statt hatte sie mich hierhergebracht.

Sie hatte seit vierzehn Jahren hier gelebt. Sie war seit zehn Jahren eingebürgert. Sie hatte ihre eigene Theatertruppe. Sie würde ein Kind zur Welt bringen. So weit weg von ihrem eigenen Geburtsort. Dieser Anblick – dieser ultramarinblaue Himmel, diese weißen, knubbligen Felsen im Fluß, die fast zwei Meter hohen Gräser, die ihr über die Schultern strichen – war für jemanden in der großen fremden Metropole Saarlim unvorstellbar, und für sie war er exotisch und zugleich so vertraut wie ihre eigene milchige Haut einer Hollandse Maagd.

Diese kleine, leicht widerliche Hafenstadt war ihr Zuhause. Und sie hegte beschützerische und kritische, bewundernde und ungeduldige Gefühle den Efikanern gegenüber, diesen lakonischen, streitsüchtigen, von Selbstzweifeln zerfressenen Bewohnern der aufgegebenen französischen und englischen Kolonien, den Nachkommen von Sträflingen (und Färbern, die von Ludwig XIV. zwangsverpflichtet worden waren, was auch nicht besser war), den Enkeln der heimatlosen Kleinbauern und der von der Kartoffelfäule vertriebenen Iren. Es war keine kleine Sache, daß ich Efikaner sein sollte, und ihre fremde Herkunft verriet sich durch die unbescheidene Art ihrer Ambitionen für uns beide, für das Land und das Kind.

Obgleich das Theater für seine derben, umgangssprachlichen Shakespeare-Inszenierungen geschätzt wurde, erfanden Maman und die Schauspieler auch eine Art Agitprop, halb Zirkus, halb Proklamation, in dem sie die sehnsuchtsvollen Beziehungen unseres Landes zu dem Ihren angriffen. Manche Leute schätzten die Shakespeare-Inszenierungen, fanden das Agitprop aber nicht lohnenswert, und andere, die nie ihren Fuß ins Feu Follet gesetzt hatten, hielten die berühmte Schauspielerin-Regisseurin für schrill und humorlos. Das entsprach zum Teil der Wahrheit – sie konnte gelegentlich beides sein, aber sie war auch eine freundliche Frau mit gütigen Augen. Kein Sohn ist jemals so zärtlich von seiner Mutter geliebt worden.

Das Krankenhaus, in dem ich nach ihrem Willen zur Welt kommen sollte, lag eine halbe Meile südlich vom Theater. Es lag am Ufer des Nabangari[7], der auf den Landkarten breit und blau dargestellt wird, die Besucher aber meistens enttäuschte, da sie sein Flußbett häufig leer, trocken und voller blendend weißer Steine vorfanden und keine Spur von dem Wasser zu sehen war, dessen Pflanzenwuchs dem Geschäftsviertel von Chemin Rouge seinen umstrittenen Geruch verlieh.

Wenn der berühmte Fluß bis in den Hafen strömte, dann toste er nicht blau, sondern lehmig gelb daher, voller mahlender Flußkiesel und Kieferstämme, die in den Hafen trieben, wo sie knapp unter der Oberfläche schwammen und deshalb von den Piloten der Wasserflugzeuge nach Nez Noir als »Witwenmacher« bezeichnet wurden. Alle vier bis fünf Jahre trat der Nabangari über die Ufer und überschwemmte mehr als nur einmal die Keller des Mater-Hospitals, und dann fand sich auf der Titelseite des *Chemin Rouge Zine* das große Foto eines Krankenhausangestellten, der auf den Stufen des Kesselraums die Netze auswarf und Flußbarsche fing.

Felicity hatte ein bemerkenswertes Gesicht. Sie hatte langes wuschliges rotes Haar, eine gerade Nase, eine feine »englische« Haut, doch als sie an die Biegung des Flusses kam, von wo aus sie das Krankenhaus

[7] Voorstander, die sich erst jetzt mit der efikanischen Sprache beschäftigen, werden feststellen, daß manche Flurnamen, wie der Nabangari, weder aus dem Französischen noch aus dem Englischen entlehnt sind. Der Nabangari wurde nach den »verschollenen« Ureinwohnern Efikas benannt. Unsere Inseln sind mit den Namen dieser seit langem toten Bewohner übersät – Grabsteine in einer verschollenen Sprache. [TS]

hätte sehen müssen, preßte sie die Lippen zusammen. Zwischen ihr und dem Krankenhaus wurde gerade ein Voorstand-Sirkus aufgebaut, der sich von unserem eigenen Zirkus noch viel stärker unterscheidet, als die unterschiedliche Schreibweise andeutet.[8] Die riesige Vid-Wand stand bereits, und auf ihr flackerten schon die hochaufgelösten Bilder von weißen Frauen mit glänzenden Schenkeln und perlschimmernden Gitarren – 640 mal 200 Pixel, per Satellit aus Voorstand übertragen – und leuchteten heller als der lichte Tag durch die starren welken Blätter der schlanken Bäume.

Das Unglaubliche daran war, daß sie die Anwesenheit ihres Feindes vergessen hatte. Sie hatte sich gegen sein Eintreffen gewehrt, als handelte es sich um ein Kriegsschiff oder unterirdische Einrichtungen. Sie hatte so heftig dagegen gekämpft, daß selbst ihre politischen Freunde sie manchmal für ein wenig fanatisch hielten, und als sie sagte, der Sirkus würde uns überschwemmen, uns ersticken, glaubten sie, noch während sie sie unterstützten, sie mache sich Sorgen um die Abendkasse im Feu Follet.

Als sich die große Hochglanzmaschinerie des Sirkus vor ihr auftürmte, preßten ihre Muskeln meinen Schädel zusammen. Sie stand mit offenem Mund da. Sie trat rückwärts von dem schmalen Weg herunter, streckte einen Arm nach hinten aus und suchte an einem blaßborkigen Baum Halt. Sie drückte den Rücken gegen den Stamm und stemmte sich mit den Beinen ab. Sie atmete – nach der falschen Atemtechnik – hoffnungslos –, aber sie wußte ja nicht, daß ich kurz davor war, auf die Welt zu kommen. Als die Wehen verebbten, schleppte sie sich durch das Chaos des Sirkus, der in Einzelteile zerlegt um sie herum lag. Sie stieg über farbige Kabel, so dick wie ihr Arm, sie schleppte sich an Holzkisten vorbei, in denen sich der holografische Projektor befand. Die Arbeitsteams, die gegen Strafklauseln in ihren Verträgen anarbeiteten, ließen ihre Druckluftwerkzeuge aufjaulen. Sie trugen spitze Hüte und irisie-

---

[8] Der efikanische Zirkus hat seine Wurzeln im englischen Zirkus – Löwen, Elefanten, Reiterkunststücke, Akrobaten, starke Männer. Der Voorstand-Sirkus begann seinen außergewöhnlichen Aufstieg nicht als die mächtige Unterhaltungsindustrie, die er heute ist, sondern als Ausdrucksform jener mutigen holländischen Abweichler, den »Siedlern Frei«, die auf einen Sirkus Sonder Gevangene hinauswollten – ohne Gefangene soll heißen, ohne Tiere. [TS]

rende Schuhe, die wie Ziermünzen glänzten. Sie umtanzten die Frau, die nun zwischen ihnen hindurchstolperte.

Meine Maman schaffte es die Vordertreppe des Mater-Hospitals hinauf, und das Krankenhauspersonal reagierte, wahrhaft efikanisch, sofort auf ihren Zustand. Nach nicht einmal drei Minuten lag sie auf einem Rollbett und schoß die gelbe Linie entlang, die mit ›Entbindungsstation 02‹ gekennzeichnet war.

Die Geburt war schnell und leicht. Das Leben sollte vollkommen anders verlaufen.

3

Als die Rathausuhr von Chemin Rouge am Nachmittag meiner Geburt drei schlug, setzte sich ein Schauspieler namens Bill Millefleur auf einen der Plastikstühle im Wartezimmer der Entbindungsstation des Mater-Hospitals und wickelte ein *doigt de chocolat* aus. Der Liebhaber meiner Mutter war sehr jung – gerade zweiundzwanzig, aber er war groß und gutaussehend, hatte eine olivfarbene Haut, dunkle Augen und fein geschnittene, wunderschön geformte Lippen. Er beugte sich vor und aß hastig den Schokoriegel, so als wäre er allein.

Zum selben Zeitpunkt befanden sich zwei weitere Männer im Raum, und sie waren aus demselben Grund dort wie Bill. Einer von ihnen – Wally Paccione – war der Technische Leiter des Feu Follet. Der andere – Vincent Theroux – teilte sich mit Bill den Ehrentitel, Mamans Liebhaber zu sein.

Bill arbeitete jeden Tag mit Wally und sah Vincent mindestens viermal die Woche. Und doch schaffte er es, die Schokolade aufzuessen, ohne einen von den beiden zu grüßen. Er konnte sie nicht verschwinden lassen. Er fürchtete sogar, daß sie durchaus einen Grund hatten, dort zu sein.

Als er sich achtlos die schönen Lippen mit dem Handrücken abwischte und die Arme vor der breiten Brust faltete, sagte er sich erneut, was er für die Wahrheit hielt.

Meine Mutter war mit *ihm* zusammengewesen, als sie schwanger wurde. Sie liebte *ihn*. Sie war mit *ihm* gewesen, als die Fruchtblase platzte. Es war *sein* Monolog gewesen, aus dem sie verschwunden war, das große laute Schnappschloß geöffnet und eine schartige weiße Messerklinge über den Kreis seiner Konzentration gezogen hatte. Er hatte sie gesehen, niemand sonst. Vincent war in seinem Büro gewesen. Und Wally, der jetzt so übertrieben Vater spielte, war oben im Regieraum gewesen, und von dort aus konnte man die Tür nicht einsehen.

Es schien daher unmöglich, daß sie jetzt hier sein sollten, es sei denn – und schon beim bloßen Gedanken an diesen Verrat wurden Bills glatte Wangen dunkel –, meine Mutter hatte sie angerufen.

Meine Maman hatte ein merkwürdiges Netz aus Loyalitäten geknüpft, aber in diesem Fall hatte sie nicht die Zeit, irgendwen anzurufen – es war Bill Millefleur selbst, der das Signal gegeben hatte, als er das Theater verließ, ohne auf die Komplimente für seine Darbietung zu warten.

Als Wally Paccione mitbekam, daß Macbeth vor der Besprechung[9] verschwunden war, wußte er, daß ich kurz davor stand, auf die Welt zu kommen, und er glitt mit einem Grinsen auf dem Gesicht die schmale Leiter hinunter, das Bill – wenn er es hätte sehen können – für grotesk und bedrohlich zugleich gehalten hätte.

Wally war fünfzig. Er hatte große blasse Lippen, eine krumme Nase, blaßgraue Augen, rote buschige Augenbrauen, eine hohe sommersprossige Stirn und schütteres Haar.

Als er quer über die Bühne schritt, verriet die Linie seines breiten Rückens Aufregung, Heimlichtuerei, Dringlichkeit, Verschwiegenheit. Er schaute im »Foyer« nach und rannte dann in vorgebeugter Haltung und mit angelegten Ellbogen einen Treppenabsatz hinauf, dann drei Stufen hinab und wieder eine Treppe hinauf zum Turm, in dem sich einst das Büro des Zirkusschuldirektors befunden hatte, nun aber die Wohnung meiner Mutter war. Der Turm war leer. Er jagte die schmale Treppe zum zweiten Stock hinab. Er klopfte an die Badezimmertür und scheuchte nicht Bill, nicht meine Mutter – sondern die unter chronischer Verstopfung leidende Claire Chen auf.

---

[9] Die Kritik an der Leistung eines Schauspielers, die normalerweise vom Direktor, manchmal auch vom Autor des Stücks vorgenommen wird. Im links orientierten Feu Follet konnten diese Kritiken von anderen Schauspielern kommen, von den Regieassistenten, dem Technischen Leiter – kurzum, von jedem beliebigen Mitglied des Ensembles.

Während Bill den Boulevard des Indiennes zum Mater-Hospital entlangrannte, setzte Wally seinen ganzen Charme ein, um Claire zu überreden, ihm fünf Dollar unter der Tür durchzuschieben. Er rannte nicht zum Krankenhaus. Er nahm ein Taxi. Deshalb war er schon in der Eingangshalle, als Bill hereinkam. Die Männer, beide eins fünfundachtzig groß, fuhren gemeinsam im Aufzug nach oben und starrten die Zahlen über der Fahrstuhltür an.

Als sie die Tür zum Wartezimmer der Entbindungsstation öffneten, fanden sie dort Vincent Theroux vor – sechsundvierzig Jahre alt, nicht sehr groß, breite Schultern, aber in der Zwischenzeit eher rundlich, ja korpulent. Er saß auf einem Plastikstuhl, seinen breitkrempigen schwarzen Hut noch immer auf dem Kopf, und schmauchte eine Havanna. Wie Bill hatte er einen bemerkenswerten Mund – eine Rosenknospe, die in seinem sauber geschnittenen, sandfarbenen Bart aufblühte.

»Zigarre?« fragte er.

Bill kehrte ihm wortlos den Rücken zu. Wally nickte, nahm eine Zigarre und steckte sie sich in die Brusttasche seines irisierenden rosafarbenen Hemds.

Bill begutachtete den Wasserspender und sah zum Fenster hinaus in den Himmel. Wally nahm sich einen Stuhl an der langen Wand, Vincent gegenüber.

Bill setzte sich ebenfalls. Er faltete die Arme vor der Brust und sah zu, wie Wally in einem Zine blätterte. Er mochte es zwar nicht, daß Vincent da war, aber Wallys Anwesenheit empfand er als *Beleidigung*.

Wally behauptete, er sei in einem Wanderzirkus aufgewachsen und habe seine Kinderjahre als »Menschlicher Ball« zugebracht, der in einer Nummer von Mutter zu Vater geworfen wurde, aber das machte ihn Bill nicht sympathischer; für ihn war er nichts anderes als ein kleiner Gauner, einer dieser efikanischen Facheurs, die in Künstlerkneipen herumhingen und Gedichtbände bei sich hatten, um Frauen aus der Mittelschicht anzulocken. Sicher war er schon mal im Knast gewesen. Das stritt er nicht ab. Er redete wie ein Knasti – sagte »Geige« statt Knast, »Musico« statt Betrüger, »Nieter« statt Homosexueller. Er war zwar der Technische Leiter – ein guter –, aber während Felicitys Schwangerschaft hatte er sich ihr derart verbunden gefühlt, daß er langsam den Eindruck machte, als wäre er dafür verantwortlich gewesen.

Und deshalb fand Bill seine Anwesenheit unverschämt.

Doch als die Santamarie ins Wartezimmer kam und fragte, »Wer von Ihnen ist der Vater?« konnte Bill keine Ansprüche anmelden. Er hatte langsam die Befürchtung, daß jemand in diesem Raum etwas wußte, wovon er keine Ahnung hatte.

Er spürte, wie sein Nacken brannte. Er krempelte die Ärmel hoch. Er knöpfte sich das rot-schwarz karierte Hemd zu.

»Sie also«, lächelte die Santamarie, nachdem sie ihn wegen seiner knallroten Gesichtsfarbe erkannt hatte.

Er bewegte sich seitwärts.

»Sie sind also Mr. Smith?«

Natürlich war er nicht Mr. Smith. Er schob sich weiter rückwärts und drückte den Rücken gegen das Fenster. Seine Augenbrauen senkten sich über den dunklen Augen, und die Schamesröte dehnte sich bis hinter die spitzen flachen Ohren aus und verschwand im Kragen seines Arbeitshemds.

»Der Doktor«, sagte die Santamarie, »meint, Mr. Smith solle nach Hause gehen und sich ausruhen.«

»Eigentlich« – Vincent setzte seinen fetten Hintern aufs Fensterbrett; er berührte Bills Ellbogen – »eigentlich gibt es gar keinen Mr. Smith. Es gibt eine Ms. Smith, aber keinen Mr. Es handelt sich um Felicity Smith«, sagte er.

Bill versuchte mit der Santamarie in Augenkontakt zu treten.

»Felicity Smith«, sagte Vincent, »die Schauspielerin.« Er öffnete seinen fünf Zentimeter breiten Gürtel und zog ihn ein Loch enger. Die Geste war weltlich, vertraulich, sexuell. »Es *gibt* keinen Mr. Smith. Es gibt nur uns.«

Die Santamarie lächelte Vincent an und nickte. »Ich verstehe.«

»Also, wenn ich mir unsere Lage betrachte«, fuhr Vincent beharrlich fort, »wirkt sie wohl ein wenig lächerlich. Wir drei, zigarrenrauchend.«

»In Ordnung«, sagte Bill, der nur wollte, daß die Santamarie verschwand, bevor jemand etwas Peinliches sagte. »Das ist sehr nett von Ihnen. Danke.«

»Gut«, sagte sie. »Sie können wegtreten.«

»Habe ich Sie brüskiert? Das tut mir leid.«

»Ich weiß nicht, was brüskiert heißt«, sagte die Santamarie. »Aber ich weiß, wenn ich nicht erwünscht bin.«

»Warum gehst du denn nicht?« wandte sich Wally an Bill. Er faltete das Zine zusammen und stopfte es sich in die Gesäßtasche. »Wenn du dich nicht benehmen kannst, dann solltest du besser verschwinden.«

»Ich bin hier«, sagte Bill, »weil mein Sohn auf die Welt kommt.« Er schaute wieder zum Sirkus im Park hinüber. Auf der Vid-Wand tanzte eine riesige Maus mit weißem Stock.

»Sie sind also Mr. Smith«, sagte die Santamarie. Sie öffnete die Tür zum Gang. »Die Toiletten sind ein Stockwerk tiefer oder höher.«

»Ich verstehe deinen Enthusiasmus«, sagte Vincent, als die Tür hinter der Santamarie zuknallte. Er legte Bill eine Hand auf die Schulter. »Ich verstehe ihn, aber erstens weißt du nicht, ob es ein Junge wird, und zweitens, ob du der Vater bist.«

»Du solltest nach Hause gehen und mal in deinem Tagebuch nachblättern«, sagte Bill. »Wenn du der Vater bist, dann mußt du deinen Schwanz wohl mit der Post geschickt haben.«

»Geh nach Hause«, wiederholte Wally. »Wie der Doktor gesagt hat.«

»Vielleicht ist *Wally* der Vater.« Bill reckte seine Handflächen flehend gen Himmel. »Was für eine Vorstellung.«

Wally hatte herabhängende Ohrläppchen, weich wie Flechten, blond behaarte Arme mit kleinen runden Narben, auf denen kein Haar sproß. Sein ernstes Gesicht verzog sich ein klein wenig. »Ich hatte nicht das Vergnügen.«

Bill lachte schallend.

»Du Petticon«, sagte Wally. Er sprang auf, ging auf das niedrige Tischchen zu und stürzte sich mit angespannten Nackenmuskeln, blassen, über die Zähne gespannten Lippen und wie ein Hammer erhobener rechter Faust auf Bill.

Bill sprang mit gebleckten Zähnen und hochgezogenen Augenbrauen über eine Reihe von blauen Plastikstühlen und schrie vor Freude auf.

»Um Himmels willen«, sagte Wally. »Du hast noch nichtmal gefragt, warum wir nach Hause gehen können.« Er ließ seine narbigen, tätowierten Hände schlaff herabhängen. »Du hast nichtmal gefragt, wie es ihr geht.«

Er stellte sich neben Bill und schaute zum Fenster hinaus auf den Sirkus. Einen Augenblick später schloß sich Vincent ihnen an, und sein großer schwarzer Hut wirkte vor den hellen Bogenlampen im Park wie ein Schattenriß. Vincent legte seinen Arm erst um Wallys, dann um Bills Schultern. »Es wird ihr bald wieder gutgehen«, sagte er.

Zum ersten Mal war es Billy aufgegangen, daß es ihr vielleicht nicht gutgehen könnte.

Und was Tristan anging – kein Wort über mich. Für sie existierte ich nicht – ich war ein Ding, eine Idee, ein Muskelspiel auf der anderen Seite des weißen Bauchs einer wunderschönen Frau.

Doch zu diesem Zeitpunkt, kurz nach Mittag, war ich bereits zwei Stunden alt, ganz gleich, was die Santamarie gesagt hatte.

4

Meine drei Väter wurden rüde behandelt, so als wäre ihre Verbindung mit meiner Mutter unnatürlich oder pervers, und man machte sie einzeln und zusammen für meinen ungewöhnlichen Zustand verantwortlich. Man belog sie. Man gab ihnen zu verstehen, daß die Geburt schwer sei, daß sie noch nicht begonnen habe, daß ein Kaiserschnitt vorgenommen werden müsse, daß Ms. Smith in ein anderes Krankenhaus gebracht worden sei. Man sagte ihnen rundheraus, sie sollten verschwinden und zu Hause auf einen Anruf warten, und unglaublicherweise ließen sie sich diese Behandlung gefallen. Sie waren keine Duckmäuser, aber sie waren Männer, die durch die Geburt eingeschüchtert waren, also gingen sie demütig; sie hatten so wenig Vorstellungen von dem, was mit Felicity geschah, daß sie sich draußen auf der Straße nichtmal gegenseitig ihre Fragen beantworten konnten.

Fünf Etagen über ihren Köpfen, in einem kleinen fensterlosen Untersuchungszimmer, versuchten zwei Ärzte nervös, Felicity davon zu überzeugen, daß es besser sei, wenn sie mich töteten, auch wenn sie es nicht so direkt sagten.

Das Zimmer war ziemlich leer: ein Metallschrank mit einer schmalen und zwei breiten Schubladen, ein hellroter Behälter mit der Aufschrift »Nähnadeln«, ein zweiter, größerer Behälter mit der Aufschrift »Biologisches Gefahrengut«, der Stuhl, auf dem meine Maman saß, und die mit Papier bedeckte Untersuchungscouch, auf der Dr. Eisner hockte.

Marc Laroche, der Geburtshelfer, lehnte an der Tür und verschränkte seine langen dünnen Arme vor der Brust. Er kannte Felicity seit zehn Jahren, hatte jedes Stück gesehen, in dem sie spielte oder Regie führte.

»Sie müssen sich nicht gleich entscheiden«, sagte er, aber er konnte ihr nicht in die Augen sehen oder die ungesetzliche Handlung, die er da schweigend befürwortete, direkt zur Sprache bringen.

Meine Maman wandte sich an den Kinderarzt. Vor drei Stunden hatte sie ihn noch nicht gekannt. Er hieß Eisner. Er war sehr jung. Er hatte wunderschöne dunkle Rehaugen, die nun voller Mitleid waren. »Nehmen Sie sich so viel Zeit, wie Sie brauchen«, sagte er.

Marc Laroche stopfte sich die Hände tief in die Hosentaschen. »Verdammt«, sagte er.

Felicity hatte vor knapp einer Stunde ein Kind zur Welt gebracht. Sie war schwach, verängstigt, stand unter Schock.

»Ich will ihn sehen«, sagte sie.

»Was?« entfuhr es Marc Laroche. Dann sagte er, »Natürlich.«

Er verließ das Zimmer. Dr. Eisner lächelte sie an, runzelte die Stirn, spielte mit dem glatten Papier auf der Couch und verließ dann ebenfalls das Zimmer.

Felicity wurde dem Summen der Beleuchtung überlassen. Sie dachte: Das passiert mir nicht wirklich.

Eine ganze Weile später kamen die beiden Ärzte zurück und schoben ein kleines, durchsichtiges Kinderbettchen. Tristan lag darin. Sie sah ihn nicht sofort an, sondern bemerkte, daß er nicht sehr viel Platz einnahm. Er war in ein hell gemustertes Tuch gewickelt.

»Wickeln Sie ihn auf«, hörte sie sich sagen. Sie war sich bewußt, daß sie außerhalb ihrer selbst stand, daß sie sich in eine Figur verwandelte, die sie beobachten konnte. Sie schloß die Augen und atmete ein wenig – ein-aus, ein-aus.

Die jungen Männer sagten nichts, als sie mit dem Auswickeln fertig waren, aber sie konnte es an der Stille in dem Zimmer spüren. Sie schlug die Augen auf. Sie hatte keine Distanz zu sich selbst gewonnen, jedenfalls nicht genug. Als sie wieder das Gesicht des Babys sah, schlug sie sich die Hand vor den Mund. Sie ließ ein so schmerzliches Geräusch hören, daß Marc Laroches beunruhigtes Gesicht sich aus Mitgefühl verzerrte.

»Verdammt«, sagte er.

Sie dachte: Ich bin die Mutter.

Aber sie wollte Tristan nicht berühren. Sie zwang sich dazu. Ihre *Rolle* berührte mich. Ich war nackt, schutzlos, furchterregend.

»Verdammt«, sagte Marc Laroche.

»Seien Sie still«, sagte sie.

Sie streckte einen Finger aus und berührte meine Hand. Ich griff nach dem Finger und klammerte mich so fest daran, daß es sie überraschte. Ich war wie ein Traum, von dem sie erwarten konnte, daß er für immer in den Tiefen ihres Bewußtseins verborgen blieb. Sie versuchte, ihre Hand wegzuziehen. Ich ließ nicht los.

Dieses Gefühl – das hatte sie schon früher gekannt: Wenn man einen Wurm zwischen den Fingern hielt, bevor man ihn auf den Angelhaken spießte, wie das Leben vor dem Haken zurückwich, wie man selbst auf diesen starken Willen zwischen den Fingern reagierte. Das hatte nichts mit Persönlichkeit oder Charakter zu tun. Das war etwas Grundsätzlicheres. Jetzt legte sie ihre Hand auf die Brust des kleinen Dings, wo man das Herz schlagen sehen konnte. Sie wußte nicht, was sie fühlte. Es war wie bei dem Bombenanschlag auf das Theater, als Suzi Jacques ihr Bein verlor – Fleisch, Blut, Geschrei. Ich wimmerte, und mein fürchterliches Gesicht verzog sich voller Angst, so als könnte ich die Bedrohung riechen, die in der sterilen Luft lag.

Felicity hörte, wie sie Mamigeräusche machte.

Als der um sie schwebende Marc Laroche an ihre Seite trat, bemerkte sie, daß er Tristan wegbringen wollte.

»Zeigen Sie mir, wie man ihn wickelt«, sagte sie. Und als er zögerte, »Bitte.«

Sie wußte, wie sie aussah. Sie war Schauspielerin. Sie war Mannequin gewesen. Die Leute waren von ihrer Schönheit angerührt. Das war das erste, was man über sie schrieb. Sie war »groß und geschmeidig«, hatte »erstaunliche Wangenknochen«, eine »lockige kupferfarbene Mähne«, die ihr »leicht dreieckiges Gesicht« einrahmte. Sie konnte sehen, daß die Ärzte durch ihre Schönheit, durch das jegliche Fehlen von Schönheit bei mir, durch das, was sie als »Liebe« bezeichnen würden, gerührt waren (Marc Laroche gar zu Tränen). Doch sie konnte ihnen nicht sagen, daß es sich um nichts derart Nobles handelte. Das war nichts, das sie beeinflussen oder ändern konnte.

»Ich denke, sie sollten ihn jetzt uns überlassen«, sagte Marc Laroche, als er mich, nicht gerade fachmännisch, wickelte.

»Mir geht's gut«, sagte sie. Sie nahm das Bündel und setzte sich mit mir in den Stuhl mit der hohen Rückenlehne.

»Trotzdem«, sagte er.

Sie sah seine langen knochigen Finger an, als sie sich auf sie zustreckten. Sie schüttelte den Kopf.

»Na gut«, sagte er. »Lassen Sie sich ruhig Zeit.«

Doch niemand rührte sich. Fast eine halbe Stunde lang blieben sie, wo sie waren, und sprachen kein Wort.

»Tja«, sagte Marc Laroche schließlich. »Ich denke, wir sollten ihn auf die Säuglingsstation bringen. Was halten Sie davon?«

Meine Maman schüttelte den Kopf. »Ich will ihn auf meinem Zimmer haben.«

»Hören Sie«, sagte Marc Laroche, »Sie müssen ganz klar sehen, Felicity ...«

»Auf meinem Zimmer«, fuhr Maman dazwischen.

»Später wird es nur noch schwerer für Sie.«

»Auf meinem Zimmer.«

Meine Maman bekam ihren Willen. Sie stellte das Kinderbettchen ganz dicht an ihr Bett. Wegen meiner fehlenden Lippen gab es in jener Nacht Schwierigkeiten beim Stillen.

Sie versuchte, die ganze Nacht wachzubleiben, aber schließlich konnte sie ihre Augen nicht länger offenhalten. Sie schlief mit einem Arm und einem Bein schützend über die Korbwiege gelegt.

Ich war in Sicherheit. Laroche und Eisner lagen zu Hause in ihren Betten, und man kann darauf wetten, daß sie erleichtert waren, ihre Karrieren nicht mit einer ungesetzlichen Handlung gefährdet zu haben, doch um sieben Uhr früh, gerade als die Nachtschicht nach Hause ging und die ersten Bohnermaschinen und Staubsauger Unruhe in zuvor ruhige Flure brachten, versuchte eine Santamarie, Tristan auf die Säuglingsstation zu bringen. Es gab keinen Beweis dafür, daß die Frau mich töten wollte, aber meine Maman ging kein Risiko ein. Sie nahm mich hoch – ich wog ganze vier Pfund – und verließ das Krankenhaus.

Sie hatte keine Zeit gehabt, nach ihrer Einkaufstasche zu suchen – sie trat in ihrem Krankenhemd auf die Straße. Doch obwohl sie im Rücken fast nackt war, bewahrte sie eine solche Haltung, daß man nie darauf gekommen wäre, daß das Krankenhemd nicht bloß ein Sommerkleid war. Und so, wie sie auf dem Weg ins Krankenhaus das Gefühl für den Kürbis zwischen ihren Beinen verborgen hatte, verbarg sie nun die Tatsache, daß sie Schmerzen hatte und von der Geburt wund war und alles in ihr nicht über eine öffentliche Straße, sondern in einer stillen, geschützten Umgebung mit glänzenden Fußböden und rosigen Frauen in weißen Uniformen schlurfen wollte.

Sie nahm kaum Notiz von dem fremden Sirkus. Das Flußbett wirkte wie eine leuchtendweiße, überbelichtete Fotografie. Sie trug Tristan wie in einem Traum über den sandigen Pfad, und als er eine beißende sommergrasfarbene Substanz erbrach, wischte sie sie mit dem Finger ab. Es war nicht viel – aber es war hell und unerklärlich, und sie hatte Angst.

Der Boulevard des Indiennes war voller Lastwagen mit Maschendraht. Für einen Augenblick war sie auf der Verkehrsinsel gefangen, bevor sie zur Gazette Street hinüberhumpelte, die zu dieser Tageszeit von den stumpfen Wellblechwänden der Metallgitter und Rolltore beherrscht wurde und in der die rot und silbernen Taxis in Zweierreihen standen, fahrerlos, auf selbstgefällige Art illegal. Felicitys Ziel war die Hausnummer 34 – das Feu Follet. Die Plakate an der rissigen Betonwand davor machten Werbung für das schottische Stück, erste Voraufführung an diesem ersten Montag im Januar. Unter normalen Umständen hätte Felicity Lady Macbeth gespielt, doch angesichts ihres Zustands hatte sie die Rolle der Ersten Hexe übernommen.

Zwischen den strahlend schwarz-weißen Plakaten befand sich ein rostiges Rolltor. Über dem Rolltor erhob sich ein weiteres Stockwerk mit sechs hohen, eleganten Bogenfenstern. Den oberen Abschluß des Gebäudes bildete der Turm, in dem ich gezeugt worden war (und in dem zu Zeiten der Zirkusschule der große Ducrow die Verrenkungskünstlerin Gabrielle Dubois verführt hatte, wie man sich erzählte). Der Rest der Theatertruppe lebte in kleinen Mönchszellen, die im ganzen Gebäude verstreut waren. Es gab noch kein Kinderzimmer. Sie waren alle zu sehr damit beschäftigt gewesen, sich auf das schottische Stück vorzubereiten.

Felicity stieg langsam die steinerne Rampe hinauf und öffnete die kleine Tür in dem großen Rolltor. Sie hielt meinen kleinen Kopf schützend, schob sich durch den dunklen staubigen Raum, der »Foyer« genannt wurde, und stieg unter Schmerzen – die Innenseiten ihrer Schenkel taten ihr weh, ihre Vulva tat ihr weh, jeder Schritt tat ihr weh – die breite Holztreppe zum ersten Stock hinauf, wo die Luft nach Patschuli, dreckiger Wäsche, Räucherstäbchen, Zigarettenqualm, Moschus und dem leisen, aber hartnäckigen Gestank einer verstopften Toilette roch, die Gegenstand eines Streits mit Installateuren und Schuldeneintreibern zugleich war. Die winzigen Zellen, in denen der große Ducrow früher mal seine Studenten untergebracht hatte, waren nun mit Theater- und Politplakaten bepflastert, die Ziegelwände mit Sprühfarbe bemalt und die Milchglasscheiben mit Glasperlen, Bambusrollos und folkloristisch bedruckten Stoffen verhängt.

Als meine Maman den zweiten Stock erreichte, war sie völlig erschöpft. Sie hatte keinen Plan. Sie stieg die schmalen, absplitternden Stufen zum Turm hinauf und dachte nur an die Unmöglichkeit, den nächsten Schritt zu tun, und als sie schließlich die Sicherheit des Turms erreicht hatte, tat sie etwas, das sie nur tat, wenn sie mit jemandem schlafen wollte – sie schloß die Tür ab.

Dann legte sie mich aufs Bett, streckte sich neben mir aus und fing an zu weinen. Ich wachte auf und erbrach – noch mehr grünes Zeug. Schluchzend wischte sie mich mit einem Kopfkissenbezug sauber. Sie hatte keine Tücher, keine Windeln, nichts außer einer Flasche Mineralwasser für sich zum Trinken.

Als die Theatertruppe, die durch unser Weinen aufgeschreckt wurde, an die Tür kam und klopfte, ließ sie sie nicht herein, flüsterte nichtmal durch die geschlossene Tür.

Hinterher tat sie so, als sei das alles Teil ihres Plans gewesen – der dramatischen Ankündigung, die sie am Nachmittag gab. Diese Version wäre ihr am liebsten gewesen, doch in Wahrheit hatte sie die Nerven verloren.

Bill und Vincent wurden gerufen. Sie legten Geschenke auf den obersten Treppenabsatz – eine Packung Windeln, eine Kassette mit Meditationsmusik, ein schnurloses Telefon –, doch sie blieb hinter der verschlossenen Tür, schamerfüllt, verängstigt, erschüttert. Als das Krankenhaus zwei Ärzte und eine Gardiacivil schickte, die forderten, ihnen das Baby für eine Spezialbehandlung auszuliefern, ließ sie sie an die Tür hämmern.

Vincent versuchte mit ihnen zu reden, aber er konnte bei der Staatsgewalt nichts ausrichten und erhielt keine Auskunft, nur daß an der Pflege des Säuglings möglicherweise etwas illegal war.

Die Truppe machte eine Textprobe für die Nachmittagsvorstellung. Ich schlief von zwei bis halb sieben, und als ich aufwachte, schminkte sich Felicity bereits für ihren Auftritt.

5

Wally hatte sich zum ersten Mal von einem Sitzplatz im Theater aus in meine Maman verliebt. Es wäre nicht übertrieben zu sagen, daß er sie verehrte, doch obwohl seine Liebe unerwidert blieb, ertrug er klaglos seinen Kummer, der sich nur an dem kleinen, in seinen Schultern abzeichnenden Witwerbuckel zeigte. Sein Kummer war eine stets gegenwärtige Last, ein Schmerz, ein Druck, und er trieb den Motor an, der ihn in Bewegung hielt, tanzen und lachen ließ, so als wäre der blanke Schmerz, wenn er sich hinsetzte und zuließ, daß er den Kummer spürte, einfach zuviel.

Ganz gleich, was schiefging, Wally war immer positiv eingestellt. Er glaubte daran, jedenfalls behauptete er es, daß alles, was geschah, stets zum Besten war, und daß man stets triumphierte, wenn man nur den Willen und den Optimismus dazu hatte. Er verbrachte seine Tage und Nächte damit, unermüdlich durch die gepflasterten Gänge und labyrinthischen Flure zu laufen, die Treppen hinauf- und hinabzusteigen, sich zu sorgen, zu schwitzen, und er verbrachte meinen ersten Tag auf Erden damit, positiv zu denken, nicht nur über meine Maman oder die Gardiacivil, die unheilvoll an ihre Tür hämmerte, sondern über all die Dinge, die ein kleines Theater vor dem Abend der Eröffnungsvorstellung beschäftigten – die fehlende Erste Hexe, Macduffs Halsentzündung, die Liste der Requisiten, das heiße Wetter, die laute Klimaanlage, die Kartenvorbestellungen. Um halb sieben saß er im Büro im ersten Stock und machte Telefondienst.

Im Erdgeschoß standen bereits die Türen des heißen kleinen Theaters offen, und einige der Schauspieler – Banquo, Lennox, der Pförtner – waren auf der mit Sägemehl bestreuten Bühne, liefen auf und ab, schrien und vollführten in aller Öffentlichkeit all die normalerweise privaten Handlungen, die unter die Bezeichnung »Aufwärmen« fallen.

Wally fand die Regieassistentin rauchend in einem der alten Ställe vor und schickte sie los, um Windeln für »das Baby« zu kaufen. Er füllte zwei Karaffen mit Wasser und Eis. Und bei all dem behielt er eine manische, aufbrausende Art von Gereiztheit, einen händeklatschenden, gereizten, manchmal einfühlsamen Begleitton. Als die Regieassistentin zurückkam, nahm Wally die Windeln und Karaffen und lieferte sie persönlich bei meiner Maman ab. Einen Augenblick später saß er wieder im Büro und zog einen roten Platzanweisermantel über sein weißes T-Shirt. Er schmiß seine Gummisandalen von sich. Das weiße Telefon klingelte. Claire Chen hob ab. Das schwarze Telefon klingelte – vier weitere Plätze. Wally schrieb die Kreditkartennummer auf und rauchte eine Cancerette bis auf den dicken weißen Filter herunter.

Er stützte die Ellbogen auf die lange Bank und sah zu den hohen Bogenfenstern hinaus über die rostenden Dächer, die Auflieger der Lastwagen, die am Ende der Betonfahrbahnen gestrandet waren, die dichten Bougainvillea-Sträucher, die windzerzausten Palmen bis hinaus zu den weiten Schlammfeldern, wo sich seine Ur-Urgroßeltern kennengelernt hatten, knöcheltief im Schlamm steckend, die Rücken unter dem Gewicht der Briques Bleus gebeugt, jener kleinen Schnecken, die die Kaiserlichen Färbereien für einen Penny pro Sack kauften.

In der Gazette Street war die Verbindung seiner Großeltern in einem aus Verschalungsbrettern zusammengenagelten Regierungsbüro – Hausnummer 28 – »gazettiert«, bekanntgemacht worden. In der Zwischenzeit befand sich dort eine bankrotte Autospenglerei, vor deren verschlossenen Rolltoren sich die Besetzung des schottischen Stücks im Augenblick entmystifizierte. Macduff – groß, anachronistischerweise mit Brille, dürr wie ein Gerippe – spielte Cricket mit ... mit einer Busladung lärmender kichernder Schulkinder, die sich von irgendwoher Karten für den Presseabend besorgt hatten.

»Verdammt«, sagte Wally, »Blagen.«

Claire Chen legte ihre dicke kleine Hand auf die Sprechmuschel und sah auf die Straße hinab.

»Schaff sie fort«, sagte sie.

»Sehr wohl, Euer Majestät.«

»Schaff sie fort, *bitte.*«

»Schaff wen fort?« Es war Bill Millefleur in seinem Macbeth-Kostüm – bleich, nervös, unter dem geformten Schaumgummi schwitzend.

»Nicht wen«, sagte Wally. »Was. Schaff was fort. Frag mich.«

»Tss, tss.«

»Büroklammern«, sagte Wally und kniete sich hin, um eine vom Fußboden aufzuheben. Er faßte Bill am Arm und zog ihn vom Fenster in eine Ecke, wo sich der Schauspieler nicht über den Anblick von Schulkindern aufregen würde. Da Wally einen oft karikierten Hang zur

Heimlichkeit hatte, die Angewohnheit, seinen Mund ganz dicht ans Ohr zu bringen, um einem die allerbekanntesten Tatsachen zuzuflüstern, schien sein Benehmen nicht ungewöhnlich. »Wir haben ein größeres Problem mit den Büroklammern gehabt, Frere«, zischte er Bill ins Ohr und hielt immer noch seinen Arm fest. »Ich habe darüber nachgedacht, ob ich wohl um deinen Rat bitten könnte.«

»Du willst mit mir über *Büroklammern* reden?«

»Für sowas hast du keine Zeit? In Ordnung, hab verstanden. Und wie ist das Kostüm? Zu heiß?« Er patschte wie ein Schneider auf Bills Schaumgummipolstern herum, rückte die Schultern zurecht, strich die Brust glatt.

»Hör auf damit, Frere. Ich muß mit dir über die Kulisse reden.«

»Die Kulisse. Natürlich. Laß uns raus hier.«

Bill rührte sich nicht. »Mir gefällt diese Plattform nicht. Sie ist tödlich.«

Claire Chen legte auf. »Na toll ...«

Wally zwinkerte Claire zu, verzog das Gesicht und strich sich das Haar vom Ansatz nach hinten, so daß es senkrecht vom Kopf stand. Er hob ihr gegenüber die roten Augenbrauen und rollte mit den Augen, um ihr zu signalisieren, daß er nicht wollte, daß Billy in ihre Richtung schaute.

Claire meinte zu Wally, »Was?«

Zu Bill, »Wer war denn der Macho, der kein Geländer wollte?«

»Ist schon in Ordnung«, meinte Wally. »Überlaß das ruhig mir.«

»Es ist nicht in Ordnung«, sagte Claire, »bei der Kollektivsitzung das eine zu sagen und dann eine halbe Stunde vor der Aufführung herzukommen und Schiß zu haben.«

»Wie bitte?« fragte Bill und trat auf sie zu.

»Schiß«, sagte sie und nahm den Hörer ab. »Hallo, Feu Follet.«

»Ist schon in Ordnung«, sagte Wally.

Aber es war nicht in Ordnung – Bill starrte an Claires nacktem Rükken vorbei durchs Fenster.

»Schau mal an«, sagte er. »Sehr hübsch. Ihr habt Blagen. Ich verstehe. Also«, sagte er zu Wally, »schaff sie fort.«

»Frere, du weißt, daß das nicht geht.«

»Für die spiele ich nicht.«

»Sprich mit Felicity«, sagte Claire, eine Hand über der Muschel.

Bill sah Wally an, und seine schwarzen Augen blickten schnell und ängstlich. »Bitte, Frere. Das ist der *Presseabend.*«

»Sprich mit Felicity.« Claire klemmte sich den Hörer unter ihr weiches rundes Kinn. »Entschuldigung, können Sie bitte dranbleiben. Es geht nicht nur um die Blagen«, sagte sie, »auch noch um anderes. Um Himmels willen, Bill, *du* wirst doch in ihr Zimmer gehen können. Bitte?«

»Was soll denn das heißen?« fragte Bill. Man konnte sehen, wie er unter seinem Make-up rot wurde. Das zweite Telefon begann zu klingeln. Wally ging dran und schaltete es auf Warteschleife.

Claire nahm Wally den Hörer ab. »Ich will wissen«, sagte sie, »spielt Felicity nun die Erste Hexe oder nicht? Wenn ich ihren Text auch noch übernehmen soll, dann muß ich das wissen. Du kannst doch sicherlich hingehen und sie fragen. Ist das immer noch nicht deutlich genug?«

»Nein.« Bill fand eine Büroklammer und fing an, sie zu verbiegen. »Überhaupt nicht deutlich.«

»Das Baby ist doch von dir, oder?« fragte Claire und sah ihm in die Augen.

»Hallo«, sagte sie und starrte Bill weiter an. »Hallo, Feu Follet.«

»Nein«, sagte Bill zu Claire, als sie auflegte, »es ist *nicht* von mir – nicht notwendigerweise.«

»Nicht *notwendigerweise?*« sagte Claire.

Wally musterte den starken Körper, das intelligente Gesicht mit den sinnlichen Lippen, den jungen Mann, der in vielerlei Hinsicht von Gott gesegnet war, nicht zuletzt mit dem Privileg, Felicity Smith in den Armen zu halten.

»*Was?*« fuhr Bill ihn an. Seine Lippen hatten ihre Form verloren. »Was ist denn daran so merkwürdig? Es ist wahr. Ich hab doch nur gesagt, nicht *notwendigerweise.*«

Wally zögerte. »Hast du mit der Gardiacivil gesprochen? Haben sie dir Angst eingejagt, Mo-ami?« fragte er. »Die wissen von nichts. Sie sind doch nur Pinguine. Keine Ärzte.«

»Niemand hat mir Angst eingejagt«, sagte Bill. »Weswegen führen sich eigentlich alle so merkwürdig auf?« Er klaubte eine Büroklammer vom Fußboden und reichte sie Wally. »Wenn hier jemand Angst hat, dann ihr beide. Schaut euch doch mal an.«

»Der Vorhang geht in fünfzehn Minuten hoch«, sagte Claire. »Wenn du an der Plattform noch was ändern willst, hast du zwölf Minuten Zeit.«

»Willst du über die Plattform reden?« fragte Wally.

»Klar«, sagte Bill.

»Na, dann komm, Mo-ami.« Wally versetzte ihm eine leichte Kopfnuß – er konnte nicht anders. »Wir setzen uns gemeinsam dort hinauf.«

»Ich habe kein Problem damit, darauf zu sitzen«, sagte Bill, rieb sich den Kopf und runzelte die Stirn. »Ich habe ein Problem damit, darauf zu kämpfen.«

»Ich weiß«, sagte Wally, »ich weiß.« Als er über den gepflasterten Weg ging und sich durch den Samtvorhang in den süßen Kiefergeruch der tiefen, mit Sägemehl bestreuten Bühne schob, zog er die Schultern hoch und spannte den Bizeps an, und als er seinen Aufstieg zur Plattform begann, war er wieder ganz der Technische Leiter, der ein Problem lösen wird. Er hatte nicht die Absicht, sich kurz vor Beginn der Aufführung mit einem Schauspieler zu streiten.

6

Wenn Sie sich Bill und Wally vorstellen wollen, wie sie die Kulisse des schottischen Stücks erklommen, müssen Sie vor allem wissen, daß das Theater in der größten Manege der alten Zirkusschule errichtet worden war. Die Decke war gut vierzehn Meter über dem Rund, und die Sitze zogen sich rundherum – nicht die originalen Sitzreihen, die waren von Termiten zerfressen worden, aber in der ursprünglichen Anordnung, diesem menschlichen Kreis, den der Voorstand-Sirkus abgeschafft hatte, der aber in den viel bescheideneren Zirkussen in Efika für ein waches, elektrisiertes Publikum sorgte.

Viele der Schauspieler des Feu Follet waren auf die eine oder andere Weise dem einheimischen Zirkus verbunden, und meine Mutter inszenierte ihre Stücke meistens so, daß sie diese aussterbenden Künste wann immer möglich einsetzte oder gar ausbaute. In unserem Shakespeare gab es herabhängende, lose Taue, Balance-, Trapez- und andere Akrobatik, und im Falle des schottischen Stücks hatte sie eine Art Dschungelturnhalle entworfen, die zum Beispiel einen Saal im Palast darstellen konnte, aber auch ein Gerüst für Kampfszenen.

Die Idee bestand darin, daß Macbeth sich zu immer höheren und »gefährlicheren« Positionen hocharbeiten sollte, bis er auf einer Plattform kurz unterhalb des Beleuchtungsgerüsts in der letzten Auseinandersetzung mit Macduff stolpern und stürzen würde, aber nicht in das übliche Sicherheitsnetz – um es zu spannen, reichte der Platz nicht –, sondern in ein zwei mal zwei Meter großes Netz, das sie sich vom Taubstummentheater geliehen hatten.

Wally fühlte sich, wie jeder wußte, in Höhen nicht wohl. Er, der »*Menschliche Ball*«, wurde dabei beobachtet, wie er, wenn möglich, hohe Leitern und Beleuchtungsgerüste mied, und obwohl er sich der Sicherheitsproblematik bei Bills Plattform bewußt gewesen war, war er nicht selbst hinaufgestiegen, um sie zu inspizieren, sondern hatte statt dessen Sparrowgrass Glashan damit beauftragt.

Doch jetzt blieb ihm keine andere Wahl. Er kletterte hinauf und folgte in der Düsternis dem Leuchtband.

Auf der Plattform, vierzehn Meter über dem Zuschauerraum, wo er die heiße Luft unter dem mit Spinnweben übersäten Wellblechdach einatmete, suchte er nach den neuen schwarzen Sicherheitsdrähten, die rund um die Plattform gespannt werden sollten, wie er angeordnet hatte. Alle Scheinwerfer waren auf Einsatzbereitschaft heruntergedimmt, deshalb war es hier oben so düster. Leuchtbänder markierten die Umrisse der Plattform, aber die Drähte waren schwarz. Leicht schwindlig tastete er mit einer Hand nach ihnen.

»Und wie wär's damit?« sagte er, als er einen Draht gefunden hatte und ihn anzupfte, so als berührte er ihn nur, um die Haltbarkeit zu demonstrieren. »Löst das dein Sicherheitsproblem?«

Bill fuhr mit der Hand über die Drähte. Er kniete sich hin, um die Verankerungen in der Wand zu prüfen. Er lehnte sich dagegen, zuerst vorsichtig, dann kräftiger. Er ließ sich ein-, zweimal wie ein Boxer in die Seile fallen, doch als er mit seiner Prüfung fertig war, behielt er sein Urteil für sich. Statt dessen wandte er sich ab und sah zu dem sich versammelnden Publikum hinab.

»Es hat doch keinen Sinn, daß du wütend bist«, sagte er schließlich. »Mit dem Baby stimmt doch offensichtlich was nicht; das zu leugnen, bringt uns auch nicht weiter.«

»Was ist mit dem Draht, Mo-ami?«

»Tre bon, danke.«

»Gut«, sagte Wally und wollte gehen.

»Das Baby *könnte* von Vincent sein«, sagte der Schauspieler. »Keiner kann das Gegenteil behaupten.«

Wally kniete sich auf den Boden und machte sich für den Abstieg bereit.

Bill sagte, »Du brauchst mich nicht so anstarren, als hätte ich vollkommen den Verstand verloren.«

Wally erhob sich. »Hör mal, Frere – du hast in zehn Minuten deinen Auftritt.«

»Was ist los mit dir?« fragte Bill. »Wer bist du denn, daß du so verdammt selbstgerecht glotzt?«

Wally wußte es besser, als mit ihm zu streiten, vor allen Dingen nicht jetzt, zehn Minuten vor Beginn der Pressevorführung – Bill war ein wandelnder Chemikaliencocktail, wie ein Säufer.

»Mollo-mollo«, sagte er.

»Scheiß auf mollo«, sagte Bill. »Warum tun hier eigentlich alle so, als sei nichts?«

»Wenn etwas ist, Mo-frere«, sagte Wally (sanft, so hoffte er), »dann braucht sie deine Hilfe. Du kannst es dir nicht erlauben, Angst zu haben.«

Bill starrte Wally an, und plötzlich schossen giftige Gefühle aus seinen schwarzen Augen. Der Blick war eindringlich, starr.

Er sprang. Die Plattform wackelte. Wally streckte eine Hand aus, um sich am Draht festzuhalten.

»Schau dich doch mal an, du altes Arschloch«, sagte Bill. »Erzähl du mir nichts von Angst. Du machst dir so schnell in die Hose, daß du nichtmal das Gerüst prüfst. Statt dessen hast du Sparrow hergeschickt.«

»Du hast gewußt, daß alles in Ordnung war? Du hast es gewußt?«

»Erzähl du mir nichts von Angst.« Bill sprang erneut. Die gesamte Plattform zitterte und schwankte, neigte sich fast zwanzig Grad seitwärts, bevor sie zitternd in die Senkrechte kam. »Wie kommst du nur darauf, daß du die Weisheit für dich gepachtet hast?«

Wally streckte die Hände aus, fand einen Draht, hielt sich fest und blickte hinunter in das halbgefüllte Haus. Dort sah er eine vertraute, bärtige Erscheinung, die von der ersten Reihe aus finster in die Höhe schaute. Es war Victor, der in seiner eigenen negativen Grundeinstellung schmorte.

Als er Vincent sah, der wie ein geprügelter Hund wirkte, tat sich in Wally etwas. Es stimmte, er hatte immer noch Angst. Er haßte Höhen, fürchtete die schwindelnde, luftige Leere. Doch als ihm aufging, daß Vincent mich und meine Mutter schon unserem Schicksal überlassen hatte, drehte er für einen Augenblick durch.

Wally liebte meine Maman, und von diesem starken, heimlichen Gefühl wurde er nun getrieben. Als er zu sprechen begann, war es ihm gleichgültig, daß es nur noch wenige Minuten bis zur Aufführung waren.

»Stimmt – ich mag Höhen nicht«, sagte er zu Bill, und etwas an seiner ungestümen Art übertrug sich auf den Schauspieler, der eine Hand beruhigend ausstreckte.

»Beruhige dich, Mo-ami ...«

»Was ist Liebe?« fragte Wally.

»Es tut mir leid ...«

»Wenn du liebst«, sagte Wally, »dann ist dir alles egal. Wenn du an dein eigenes Prestige denkst, an deine Position, dann ist das keine Liebe.« Wally grinste. Er hatte einen knallroten Kopf und schwitzte, er hatte eine purpurfarbene Fußpilzcreme zwischen den Zehen. Das lange Haar im Nacken stand ihm zu Berge. Er trat an die Kante, und seine Zehen ragten über die Plattform hinaus. Unten, direkt unter ihm befand sich das zwei mal zwei Meter große Netz, das er schließlich »ausgeliehen« hatte.

»Gib mir deine Hand«, sagte Bill.

Wallys große blasse Lippen verzogen sich zu einem Lächeln, einer Art Grimasse. »Ich bleibe für immer hier.«

»Natürlich.«

»Willst du wissen, was Liebe ist?« fragte Wally.

»Wally«, sagte Bill, »tu mir das nicht an.«

Aber Wally tat es. Er zeigte ihm ganz genau, woraus seine Liebe bestand. Zuerst grinste er, zeigte Bill seine beiden Goldzähne, dann zwinkerte er, dann kniete er sich hin und glitt unter dem untersten Draht hindurch.

So ist das eben, wenn sich drei Männer um eine Frau bemühen – es gibt alles im Übermaß – Leidenschaft, Dummheit, Mißverständnisse –, und das Publikum, das sich zur Hälfte bereits eingefunden hatte, glaubte, die Vorführung habe begonnen, erhob sich von den Sitzen und applaudierte.

7

Was Vincent sah, als Wally sprang, war Selbstmord, rot zwischen den nackten Zehen. Er sah den roten Mantel, die riesigen entzündeten, in Purpur getauchten Füße, den Ex-Violinisten, den Technischen Leiter, der wie ein gräßlicher Hahn vom Himmel fiel.

Falls er von dem zwei mal zwei Meter großen Sicherheitsnetz gewußt hatte, so hatte er es jetzt vergessen, und außerdem war er viel zu deprimiert, um auf die Idee zu kommen, daß der Sprung vielleicht eine Liebeserklärung sein könnte.

Als das Publikum applaudierte, war Vincent schockiert. Als Wally vom Netz heruntersprang und sich vor ihm verbeugte, kam sich Vincent vor, als sei er aus den Fugen geraten, er war verwirrt, wütend. Der Ex-Violinist hatte sich den Arm gebrochen – er hing ihm wie ein Lumpen herunter –, aber er grinste und rannte von der Bühne wie ein Wesen aus dem All. Vincent konnte nicht hoffen, etwas davon zu verstehen. Er sah sich um, war überrascht, die Kritikerin des *Neufzine* zu sehen, eine Frau, die dem Feu Follet normalerweise keine Sympathien entgegenbrachte, wie sie breit grinste und applaudierte. Dann setzten die Trommeln ein, und Vincent überließ sich seiner größeren Angst – jener Angst, die ihn den ganzen Nachmittag über verfolgt hatte, jene, die ihn umgab wie eine Wolke, seit die Gardiacivil an die Tür meiner Mutter gehämmert hatte –, daß sein »Sohn« vielleicht eine Mißgeburt war.

In der Zwischenzeit ist ziemlich klar, daß ich nicht Vincent Theroux' Sohn bin, doch damals war alles nicht so einfach. Meine Maman hatte sich eingebildet, daß jeder ihrer beiden Liebhaber mein Vater sei, wenn auch auf unterschiedliche Weise. Bill, ihr Mann in der Öffentlichkeit, war stark und schön. Vincent, ihr heimlicher Liebhaber, war reich und intellektuell. Sie hatte mich zwar mit Bill gezeugt, aber mit Vincent hatte sie am häufigsten über mich gesprochen. Vincent war bereits verheiratet, aber er wollte mich mehr als alles andere. Bill war erst einundzwanzig, aber Vincent *wollte die Rolle.*

Meine Maman wollte mich auch, aber erst nach *Lear*, nach *Mutter Courage*, nach der Tour nach Nez Noir. Sie plante mich ein, änderte die Pläne. Im Sommer 366 gab sie mir den Namen Tristan[10], obwohl sie

[10] Felicity Smith' veröffentlichte Reden deuten an, daß Tristan Smith nach

mich wieder hinausschob. Ich war Tristan, noch bevor das Ei befruchtet war, Tristan, noch bevor sie wußten, ob ich ein Junge oder ein Mädchen werden würde.

Vom Augenblick meiner Zeugung an war ich Vincents kleiner Lievling[11]. Er verehrte mich, die Vorstellung von mir, so ähnlich wie er die naive Malerei verehrte, die ihm ein Händler per Diapositiv angeboten hatte, die er auf Empfehlung hin erworben hatte und im Augenblick gerade in einem anderen Land verpackt wurde. Von dem Tag an, als er sah, wie sich das kleine Glasröhrchen Urin strahlend lila verfärbte, hatte er aus jenem Reservoir an Verwunderung und Freude geschöpft, das nichts geringeres als meine Existenz darstellte.

Und er hatte dieses Gefühl aufrechterhalten, bis er – eine Stunde vor Beginn des schottischen Stücks – auf die Gardiacivil stieß, die an die Tür meiner Maman hämmerte. Ich will damit nicht sagen, daß ihn der Anblick von Uniformen allein deprimierte, aber die Gardiacivil war nicht gerade ein Freund des Feu Follet, und er wußte, daß sie keine Blumen brachten. Tatsächlich hatten sie einen Verwaltungsangestellten des Mater-Hospitals bei sich, und es war dieser Herr, der auf der obersten Stufe kniete, um seine fetten Lippen auf Schlüssellochhöhe zu bringen, der Felicity Smith vor den rechtlichen Folgen warnte – daß sie für den Tod des Kindes verantwortlich gemacht werden würde, sollte sie sich weigern, ihm die in seinem Zustand nötige Behandlung zukommen zu lassen.

»Welcher Zustand?« fragte Vincent.

Doch die drei Männer setzten diesen stumpfen, flachgesichtigen Blick von Polizisten am Tatort eines Mordes auf. Sie zogen eine Linie um sich und ihr erschreckendes Geheimnis.

»Sind Sie der Vater, Mr. Theroux?«

Vincent war ein verheirateter Mann, eine öffentliche Figur, der Geschäftsführer von Efikas größtem Arzneimittelhersteller.

»Nein«, sagte er. »Natürlich nicht.«

Tristan Devalier benannt wurde, dem Anführer eines verheerenden Streiks in den Kaiserlichen Färbereien im Jahre 137 EC.

[11] »Lievling« ist ein allgemein gebräuchliches, voorstandisches Kosewort. Es ist ungewöhnlich, daß Vincent Theroux, ein glühender efikanischer Nationalist, dieses Wort benutzte.

Natalia Lopale

Die Abordnung wünschte Mr. Theroux und Mr. Paccione einen guten Tag. Als ihre Schritte im unteren Flur verhallten, vernahm Vincent ein hohes trällerndes Geräusch von der anderen Seite der abblätternden braunen Tür.

Eine Stufe tiefer kämmte sich Wally aufgeregt das Haar. »Hör mal«, sagte er. Er schob den Kamm zurück in die Brusttasche und blinzelte Vincent zu. »Das ist Tristan.«

Aber Vincent standen die Nackenhaare zu Berge.

Er machte kehrt, drückte sich an Wally vorbei und floh ins Theater, wo er eine Stunde lang in seinem Starbuck[12] saß und darüber brütete, daß er mich niemals lieben könnte. Er saß noch immer da, als die Schauspieler sich warm machten. Er saß noch immer in tiefe Depression versunken da, als die Schulkinder auf ihre Plätze strömten, und es war auf den ersten Blick zu erkennen, warum es nötig war, daß meine Mutter sich zwei Väter nahm.

Vincent machte seine Veranlagung große Angst, zu sehr Ästhet, Perfektionist und derart süchtig nach schönen Dingen zu sein, daß er nicht losgehen und sich eine Teetasse kaufen konnte, ohne mit einem Gegenstand zurückzukehren, den er schließlich in einer Museumsvitrine einschließen mußte, aus Angst, sein Frühstückstee könnte dessen zarten Eierschalglanz fleckig werden lassen.

Diese Charakterschwäche hatte, so glaubte er, seine Ehe ruiniert. In seiner Version der Geschichte hatte er Natalie Lopale entführt und sie in jenes wunderschöne modernistische Haus am Ufer des Nabangari »eingefügt«. Das Haus hatte nahtlose, durchsichtige Wände und führte in einer Reihe von Terrassen zum Fluß hinab, jede einzelne kunstvoll von Edelstahlstelzen auf den großen runden Felsen aus dem Pleistozän abgestützt.

Es war blanke Einbildung, sich für den Charakter seiner Frau verantwortlich zu machen, war verrückt, sich vorzustellen, daß sein wunderschönes Haus eine warmherzige und liebevolle Frau in eine statussüchtige Neurotikerin mit einem sieben mal neun Meter großen Kleiderschrank verwandeln könne. Vincent jedoch glaubte beides.

---

12 Traditionell besaßen die ersten beiden Sitzreihen im efikanischen Zirkus Plätze mit Rückenlehnen. Diese »Starbuck« oder »Starback« genannten Plätze waren mit einem oder mehreren Sternen markiert. In Voorstand besitzen natürlich alle Plätze Rückenlehnen, und es gibt keine Starbucks. [TS]

Er maß seinem einzigen Charakterfehler große Bedeutung bei. Und er saß im Dunkeln und glaubte, mich niemals lieben zu können, wenn ich nicht vollkommen war. Er war in vielerlei Hinsicht ein guter Mann, menschlich, generös, bescheiden in Gesellschaft von Künstlern, leidenschaftlich, wenn es um Gerechtigkeit und Gleichheit ging, aber eigentlich – was für eine Ratte.

Während die Trommeln lauter schlugen, wartete er darauf, daß sich die Dunkelheit senkte.

8

Im abgedunkelten Theater konnte man das frisch aufgewirbelte Sägemehl riechen und wußte, daß die Schauspieler ihre Plätze einnahmen.

Dann ein Blitz: zwei Hexen, die Zweite und die Dritte.

Die Hexen hielten ein zwei mal ein Meter großes Stück Eisenblech zwischen sich.[13] Damit ließen sie es donnern. Als das Trommeln seinen Höhepunkt erreichte, reflektierte das biegsame Material helle Lichtblitze.

Der Sturm tobte. Wenn die Blitze aufzuckten, erschien die Erste Hexe in verschiedenen Posen und verschwand wieder – ihr von der Geburt wunder Körper in Schaumgummi gewickelt, eine Laserwaffe auf dem Rücken, eine Gasmaske auf der Stirn, das Gesicht fettig rot geschminkt.

Die Zweite und Dritte Hexe schleuderten das Eisenblech auf den mit Sägemehl bedeckten Boden. Als das Trommeln aufhörte, beugte sich Vincent in seinem Starbuck vor und legte eine Hand hinters Ohr.

Er war überzeugt, daß meine Maman mich auf der Bühne bei sich hatte, und er horchte nach meinem »Gesang«, der möglicherweise unter dem Text lag, so wie man vielleicht auf die Schritte eines Diebes unter dem Lärm eines Vid horchen würde. Die ganze zweite Szene über wartete er so angestrengt, gespannt.

---

[13] Ihnen in Voorstand ist Eisenblech als feuerverzinktes Blech bekannt; in vielen Kolonialländern wie Efika ein wichtiges Baumaterial. Wir wuchsen in Chemin Rouge unter dem ohrenbetäubenden Lärm eines tropischen Regens auf Eisenblechdächern auf und wußten, wie sich die Dächer fühlten, wenn sie rosteten, leckten, in Wirbelstürmen abgehoben wurden, in der Sonne glühten. [TS]

Dann setzten die Trommeln wieder ein. Die Hexen traten erneut auf. Die Erste Hexe stand vorne links auf der Bühne, technisch gesehen eine schwache Stellung. Und doch nutzte sie sie und beherrschte die ganze Bühne. Die Dritte und die Zweite Hexe hüpften und kreischten, aber die Erste Hexe, in Schaumgummi gepackt, rührte sich nicht.

Dann traten Macbeth und Banquo auf, der eine rot gekleidet, der andere blau, beide schwitzten sie in ihren luftundurchlässigen Anzügen.

Als die Dritte Hexe ihren Text aufsagen wollte (»Kön'ge erzeugst du, bist du selbst auch keiner«), trat die Erste Hexe vor und stahl ihn ihr.

»Kön'ge erzeugst du«, sagte sie und holte dann Tristan Smith aus seinem Versteck im Mantel an ihrer schweißigen Brust. Sie hielt mich hoch, ganz hoch und drehte sich langsam, damit ich von allen Seiten gesehen werden konnte. Eine Hand hielt sie zwischen meinen Beinen, die andere unter Nacken und Kopf. Hinter Vincent stöhnte ein Junge voller Furcht.

Macbeth sagte, »O Gott.« Man konnte es deutlich hören.

Die Augen der Ersten Hexe waren brennende Opale.

»Kön'ge erzeugst du, bist du selbst auch keiner«, sagte sie und übergab mich so der Welt.

AUFTRITT TRISTAN SMITH – ein grausiges kleines Ding, glitschig und schwitzend von dem langen Eingeschlossensein unter dem Gummimantel, ein derart fürchterlicher Anblick, daß das Publikum sehen kann, wie sich die Hexen mühen müssen, ihre Gefühle von Abscheu unter Kontrolle zu bringen.

Tristan ist klein, nicht wie ein Baby, kleiner, eher so wie einer dieser faltigen, nackten Hunde, die in Vid-Talkshows gezeigt werden. Sein Haar ist blond, glatt, erstaunlich dick. Seine Augen sind blaß, strahlendweiß wie eine Quarzlampe. Sie quellen ihm aus den Höhlen. Er hat eine Babynase – aber im unteren Teil seines streng dreieckigen Gesichts scheint es nicht genügend Haut zu geben. Sein Gesicht zerrt an sich selbst. Er hat keine Lippen, nur einen Schlitz in der Haut, in dem manchmal die zahnlosen Kiefer sichtbar werden. Als Make-up trägt er zwei blaue Punkte, einen auf jeder Wange.

Vincent sah ihn. Seinen Sohn. Er sah den gräßlichen Brustkorb, sah seine verschrumpelten, verdrehten Beine, die sich unter ihm krümmten, hörte, wie er jenes Geräusch machte, das er »Gesang« genannt hatte.

Vincent legte sich die Hand vor den offenen Mund.

Tristans Stirn spiegelte seine wider und legte sich wie ein Stück Stoff in Falten. Dann holte er aus der Tiefe seines unruhigen Magens das hervor, was ihn störte – gelblich-grün, stark schweflig. Seine Mutter bemerkte es eine ganze Weile nicht, doch dann schmierte sie es sich auf die eigenen Wangen – auf jede davon einen Strich, wie eine Ziernarbe – und warf dem schwarz gekleideten Mann in der ersten Reihe Kußhändchen zu.

Ich kam nicht wieder auf die Bühne zurück, doch für Vincent, den Ästheten, der das Gefühl hatte, mich erfunden zu haben, war es die reinste Hölle. Er blieb mit seinen Gedanken und Theorien allein in der Dunkelheit – eine zweistündige Aufführung ohne Pause.

9

Ich möchte Sie fragen, haben Sie im Theater bemerkt, daß die Hexe rote Gewänder trug? Ein leichtes Pflaumenrot? War dies eine politische Anspielung – das Rot, und auch das Blau?

Meneer, Madam, verzeihen Sie – aber wenn Sie etwas mehr über die Länder wüßten, deren Schicksale in Ihren Händen liegen, könnte ich mit meiner Geschichte fortfahren. Ich würde Ihnen sehr gern berichten, wie meine Mutter und ich die Bühne verließen und uns in die Turmwohnung zurückzogen, aber es ist ziemlich offensichtlich, daß Sie nichts über Rot und Blau wissen und somit nichts über Efika. Da Sie selbst einmal Untertanen der Holländer gewesen sind, werden Sie meinen Eifer verstehen, diesen Punkt zu klären, bevor wir fortfahren – es sind die Randbezirke, die sich Gehör verschaffen, und Sie werden mir hoffentlich verzeihen, wenn ich davon ausgehe, daß Sie noch weniger über Efika wissen als die Briten und Franzosen, die die achtzehn Inseln kolonisierten, deren Ureinwohner töteten, Färbereien und Gefängnisse errichteten und uns dann als Fehlinvestition abschrieben.

In den schrecklichen Jahren 90, 91, 95 verhungerte fast die gesamte Bevölkerung – französische Färber, englische Sträflinge – das machte keinen Unterschied. Man ließ uns mit wenig Saatgut und ohne Schiffe zurück, gab uns auf wie eine Laune, dreitausend Meilen von der Heimat entfernt. In der Großen Europäischen Ausstellung von 102 widmeten unsere europäischen Eltern unserer Existenz nicht einmal ein bioskopisches Bild, während wir uns mit Shakespeare und Molière *trösteten*, obwohl den Kindern die Bäuche vor Hunger anschwollen und den Müttern die Milch versiegte.

Dreihundert Jahre später hat sich auf beiden Seiten noch immer nichts geändert. Und selbst Sie – belesen, liberal, Schüler des Sirkus und Leser der gedruckten Seiten aus dem Saarlim Verlag – werden trotz der Tatsache, daß wir mehr oder weniger dieselbe Sprache sprechen, ein wenig Hilfe brauchen.

Falls Sie den Ereignissen im Ausland folgen, werden Sie vielleicht wissen, daß Efika ein Land ist, dessen südliche Inseln aus Granit bestehen, daß dieser Granit voller Höhlen ist, welche die Engländer einst als Gefängnisse nutzten, und daß Sie ihn seit dem Jahre 358 nützlich gefunden haben, um meilenlange »Navigationskabel«[14] zu verlegen.

Wozu dieses Navigationskabel dient, teilt uns Ihre Regierung nicht mit, nicht einmal unserer eigenen Regierung, aber Ihnen ist es äußerst wichtig, und Sie schätzen unsere »roten« Regierungen, die erlauben, daß Sie all dieses glänzende Metall in unseren Eingeweiden lassen. Rot? Habe ich »rot« gesagt? Ja, Meneer, Madam. Ich möchte nun über rot sprechen.

Wenn wir in Efika irgend etwas rot färben, dann bedeutet das etwas, aber nicht das, was Sie meinen. Die Franzosen kamen wegen der roten Stoffarben, sie waren der Grund, daß die Färbermeister von Reims shanghait und nach Chemin Rouge verfrachtet wurden, der Grund, warum Sie auf alten französischen Landkarten Efika manchmal als »Rouge Asie« bezeichnet finden. Es war das Rot, das Ludwig XIV. wollte, und er fand es in den kleinen, gelbblütigen Kakteen, die auf Efika gedeihen.

[14] Das ELF-FOLK-PROJEKT (ELF steht für Extra Low Frequency, Ultralangwelle) der voorstandischen Marine ist den Bewohnern Efikas bis 427, der Drucklegung dieses Buchs, ein Rätsel geblieben. In der Zwischenzeit wissen wir, daß zweitausendvierhundert Meilen isolierten Kabels durch den Bauch unseres Landes gezogen worden sind. Das Kabel wurde an beiden Enden im trockenen Fels von Inkerman geerdet und verwandelte so die am dichtesten bevölkerte unserer Inseln in eine riesige Antenne. Die niedrige elektrische Leitfähigkeit des efikanischen Granits erlaubte die wirkungsvollere Erzeugung von ultraniederfrequenten Wellen und ermöglichte so der Marine Voorstands, bis zu einer Wassertiefe von hundertdreißig Metern mit ihren SNEEK 77-U-Booten zu kommunizieren.

Selbst als Ludwig leichtere Möglichkeiten in der Heimat fand, roten Farbstoff zu bekommen, trieben die Rotfärbereien weiterhin Handel mit Europa, und die Farbe Rot brachte in Efika eine eigene Gesellschaftsschicht hervor – die Besitzer der sogenannten *Kaiserlichen* Färbereien, die die Farbe herstellten. Diese einheimischen Kapitalisten waren es, die in drei Fällen europäische Militärunterstützung anforderten, um die abtrünnigen Blauen zu unterdrücken.

Ihnen ist vielleicht aufgefallen, daß der arme Banquo blau trug. Es handelte sich um jenes Blau, das Wallys Ururgroßeltern draußen in den Sümpfen in ihren Jutesäcken sammelten. Das Blau, das in einem stinkenden Verfahren aus Schalentieren gewonnen wurde, war die Farbe der armen Leute und wurde ursprünglich von ehemaligen Sträflingen geerntet. Blau war die Partei des Idealismus, der Reformen.[15] Blaue Regierungen haben das Wahlrecht für Frauen gebracht, die Fünfunddreißig-Stunden-Woche und das staatliche Gesundheitswesen.

Konsequenterweise hätte meine Mutter mich in Rot kleiden müssen – schließlich war ich ja das Kind einer Hexe –, aber sie konnte mir diese verhaßte Farbe nicht auf die Haut schmieren; deshalb die zwei blauen Kleckse. Und obwohl viele Mitglieder der Theatertruppe diese betonte Demonstration befremdlich fanden und andere die Art und Weise kritisierten, wie sie mich der Welt vorgestellt hatte, war es – da stimmten alle überein – typisch für sie.

Nicht typisch für sie war es, daß sie sich nach der dritten Szene die Stufen hinaufschleppte und ihre Kollegen für den Rest des Stücks um eine Hexe beraubte, aber genau das tat sie. Sie legte ihr schwitzendes Kind in die Wiege. Sie legte sich aufs Bett und rollte sich zusammen, die Knie fast bis ans Kinn. Ihr Gesicht war noch geschminkt. Ihr Körper steckte noch in dem mit Baumwollgurten festgeschnürten Schaumgummi. Sie zog sich ein Kissen über die Augen und lag still da, aber nur für einen Augenblick. Dann suchte sie in den zerwühlten Laken und fand schließlich, wonach sie gesucht hatte – ein kleines Plastiktütchen mit

[15] Die Blaue Partei ist offiziell als die Efikanische Demokratische Partei (EDP) bekannt. Ihre Anhänger werden umgangssprachlich als Blueys oder Muddies bezeichnet, wobei der zweite Ausdruck eine direkte Verbindung zu den Männern und Frauen darstellt, die in den frühen Tagen der Besiedlung jene »briques bleus« in den Mangrovensümpfen sammelten.

sehr trockenem Marihuana (was auch nicht typisch für sie war – sie hatte an dem Tag, als sie von ihrer Schwangerschaft erfahren hatte, das Rauchen aufgegeben). Dann, das Gesicht noch immer dick geschminkt, rollte sie sich eine Zigarette. Nicht die erste an jenem Tag. Es war nur eine kleine Zigarette, aber der Stoff war aus Nez Noir, der nördlichsten Insel, und deshalb sehr stark.

Bald würde die gesamte Schauspieltruppe die Treppe hinaufkommen und den Turm betreten. Das geschah nach jeder Aufführung. Wenn sie nicht als vollkommener Feigling gelten wollte, mußte sie die Tür aufmachen.

10

Vincent schlich in dem windigen, kleinen, gepflasterten Innenhof umher, während die Schauspieler und der halbe Zuschauerraum die laute Treppe zum Turm hinaufdrängelten, um genau zu sehen, wer ich eigentlich war. Es war Tradition im Feu Follet, daß am Premierenabend jedermann – Zuschauer, Kritiker, Schauspieler im Auditorium, Spione des VIA und des DoS[16] – den Turm hinaufsteigen und seine Bemerkungen machen konnte – Moey Perellis Vater, zum Beispiel. Auch Vincent, und dies war ein Privileg, das er genoß. Er war der größte Mäzen des Theaters, doch am Premierenabend saß er stets in seinem guten schwarzen Anzug auf dem staubigen Boden. Er trank schlechten Wein aus Pappbechern, ohne ein einziges Mal seine anspruchsvollen Lippen zu verziehen. Er wirkte sehr selbstsicher, weltläufig, saturiert, aber immer auf dem neuesten Stand. Er kannte sich sehr genau in Theatergeschichte aus, hatte ein gutes Auge, ein Gespür für den Augenblick, wenn eine Szene an Spannung oder Präzision verlor. Niemand außer meiner Mutter wußte, daß er sich bei jeder Premiere wappnen mußte, um sich »ihnen« zu stellen und den Respekt von Schauspielern zu gewinnen, die halb so alt wie er waren und nur halb soviel Witz oder Geschmack besaßen.

---

[16] Voorstand Intelligence Agency und das efikanische Department of Supply, das Versorgungsministerium, die beiden Geheimdienste. Die beiden Agenturen arbeiteten eng zusammen, und manchmal hieß es, die Loyalität des DoS gelte dem VIA und nicht der gewählten Regierung Efikas.

Und wegen dieser Windmühlen, gegen die zu kämpfen er sich gezwungen sah, waren die Abende im Turm stets die Glanzlichter seines Lebens gewesen – zuerst die Diskussion, die Zurschaustellung seines immensen Bühnenwissens und seiner Sensibilität, und dann, irgendwann vor Sonnenaufgang, sein heimliches Tête-à-tête mit der Hauptdarstellerin unter dem rotierenden Ventilator. Er war süchtig nach all dem, und ganz gleich, wie sehr ihn die verlogenen Anrufe bei seiner Frau schmerzten, konnte er sich nicht überwinden, meine Mutter oder das Theater aufzugeben.

Am Abend der *Macbeth*-Premiere jedoch blieb er unten im Foyer. Er tat, als läse er die zerfetzten, handgeschriebenen Zettel an den Wänden. Er klimperte mit seinen Autoschlüsseln in den großen Taschen seiner modisch weiten schwarzen Hose.

Er konnte dieses Kind nicht lieben – soviel stand fest. Nicht, daß er nicht *gewollt* hätte, aber er konnte nicht. Das war sein Makel, seine Schwäche, nicht gerade bewundernswert, aber seiner Kontrolle entzogen. Und wenn er das Kind nicht lieben konnte – ein Schritt führte zum nächsten –, dann würde Felicity ihn nicht lieben. Er hatte es auf der Bühne in ihren Augen gesehen, als sie sich diesen widerlichen grünen Dreck auf die Wangen schmierte und auf ihn zeigte. Das hatte nichts mit Text oder Rolle zu tun, sondern mit ihm und ihr – er verstand sie vollkommen.

Aber er verstand auch sich selbst – er konnte nicht die Treppe hinaufsteigen. Aber er konnte auch nicht das Gebäude verlassen, denn wenn er jetzt ging, heute nacht, dann war es das gewesen, das Ende, und er wollte nicht zulassen, daß dies das Ende war. Er trat an die offene Tür und betrachtete voller Haß die letzten Theaterfreunde, einen Mann und eine Frau, die mitten auf der Straße standen und sich in der süßen, salzigen Luft unterhielten.

»Croco Cristi«, sagte er, viel lauter als beabsichtigt. Der Mann drehte sich abrupt um und sah ihn an, und Vincent stopfte die Hände noch tiefer in die Taschen, machte kehrt und sah in das trostlose Foyer mit seinen zerfetzten, wichtigtuerischen Mitteilungen.

»Croco Cristi«, flüsterte er. Er öffnete seinen breiten Ledergürtel auf die ihm eigene ruhige Art, die stets so wirkte, als wolle ein Mann zu Bett gehen.

»Verdammt.«

Er zog den Gürtel ein Loch enger.

Was dann geschah, war nicht viel – sein Mund wurde eine Spur verkniffener. Doch im nächsten Augenblick durchquerte er in drei großen Schritten das Foyer zur Treppe.

Dann stieg er die Stufen hinauf. Dann schritt er durch den leeren Flur im ersten Stock, wobei er einen athletischeren Körperbau verriet, als seine Figur andeutete. Die quietschenden Kreppsohlen hallten in den leeren Couchettes, das Geräusch trat aber in den Hintergrund, als er die steile, enge Treppe hinaufstieg, die zu dem Lärm der Unterhaltung führte.

Das Turmzimmer war klein, dreieinhalb mal vier Meter, und als der Geschäftsführer von Efikas größtem Aspirinhersteller die oberste Stufe erreicht hatte, drängten sich bereits fünfzig Personen darin. Einen Schritt über die Türschwelle, und sein Mut sank. Er blieb stehen, als wäre er dort gestrandet, und klimperte mit den Schlüsseln.

Er konnte Felicity nicht sehen, aber hören. Eine Geschäftigkeit durchfuhr die Menge – der große, schlaksige Sparrow Glashan trat beiseite, und da war sie, ganz allein, erschöpft, mit dem schaurigen, weißäugigen Kind auf dem zerwühlten Bett.

Wie sehr er sie in diesem Augenblick liebte, weit mehr, als er sie jemals geliebt hatte.

Felicity sah ihn. Sie blickte ihm in die Augen. Er wußte nicht, wie er sie ansehen sollte. Sein Blick irrte herum und fiel dann zu Boden. Er trat ins Zimmer und machte sich am Getränketisch zu schaffen. Er nahm sich einen Pappbecher und füllte ihn bis zum Rand mit dunkelrotem Wein.

Als er wieder aufblickte, hatte die Menge ihm erneut den Blick versperrt, und er konnte hören, wie Felicity jemanden bat, im Krankenhaus anzurufen und nachzufragen, wann man sich um Wallys Arm kümmere. Ihr Voorstand-Akzent war klar und knapp. Er schnitt wie ein silbernes Messer durch die summenden, seufzenden efikanischen Stimmen.

Er trat wieder in die Tür und stellte sich auf Zehenspitzen. Jemand hatte sich endlich Felicitys erbarmt – Claire Chen. Vincent hatte Claire Chen stets für eine Klette in Felicitys Leben gehalten – abgeschmackte Szenen, Nervenzusammenbrüche, Abtreibungen, Kautionen. Doch nun war sie es, die sich aufs Bett setzte und ihre beringte Hand auf einen Babyfuß legte.

Als sie dies tat, wurde es still im Raum.

Sie begann, den verkrümmten Fuß des Babys zu streicheln. »Ist das nicht erstaunlich?« sagte sie. Man konnte hören, wie nervös sie war. »Diese Knochen und diese Haut«, fuhr sie fort.

Felicity fragte Claire, »Möchtest du ihn halten?«

Sparrow Glashan machte einen Schritt zur Seite und versperrte Vincent erneut den Blick. Vincent trat aus der Tür heraus und drückte sich an Annie McManus vorbei.

»Ja«, sagte Claire, »ich halte ihn.«

Als das Baby von der Mutter weitergereicht wurde, spreizte es die spindeldürren Arme wie eine Spinne von sich, und Claire zuckte zusammen und verzog das Gesicht. Die Schauspieler sahen zu. Vincent sah zu. An der Art, wie sie ihr Kinn an den Hals drückte, konnte er erkennen – alles in ihr wollte das Kind von sich schleudern.

Claire tat das, was von Vincent erwartet wurde, wie er wußte – die lippenlose kleine Tragödie berühren, den schmalen kleinen Gottesanbeter-Kopf streicheln. In dem quadratischen Zimmer mit der hohen Decke war es ganz still.

»Schaut her«, sagte Felicity, meinte damit alle und lächelte zärtlich wie eine Mutter.

»Fühlt mal«, lud Claire ein, und ihre kleinen braunen Augen irrten im Raum umher – sie war sehr mutig gewesen, doch wollte sie das keine Sekunde länger sein. »Ist es nicht erstaunlich?«

Vincent spürte, wie die Menge unruhig wurde. Er hatte das Gefühl, angestarrt zu werden.

»Fühlt doch mal«, sagte Claire erneut. Vincent sah zu Boden und wich ihrem Blick aus.

Annie McManus drehte sich um und fixierte ihn. Ihr hübsches Gesicht war ausdruckslos; sie wußte nicht, daß er Felicitys Liebhaber war, niemand wußte das, aber Vincent war vom Gegenteil überzeugt, und er schob sich nach vorn, um ihr zu entgehen. Er rempelte die Kritikerin des *Neufzine* an, die sich umdrehte, seine Absicht mißverstand und zur Seite trat, um ihm Platz zu machen. Vor ihm öffnete sich ein Spalt, er trat vor – was hätte er sonst tun sollen? –, und seine Kreppsohlen quietschten.

Am Bett sah er meiner Mutter in die Augen und machte eine traurig wirkende Bewegung mit der Schulter, die nichts von dem wilden, verwirrten Zustand seines Gemüts verriet.

Doch dann streckte er seine großen weichen Hände aus – die Handflächen so weich wie ein Tierbauch – und legte sie um Tristans Brustkorb, unter meine Achseln, und hob mich langsam und sanft aus Claire Chens schweißiger Umarmung in die Höhe.

Nachdem er mich hochgehalten hatte, dachte er nur, daß er gleich in Ohnmacht fallen würde.

Niemand sagte ein Wort, niemand gab einen Ton von sich. Sie ließen ihn allein am Rand des Abgrunds. Er sah sich im Zimmer um, seine Augen schwach vor Hilflosigkeit, sein Mund merkwürdig formlos. Nur Moey Perelli zeigte eine Regung – er zwang seine Lippen zu einem Grinsen.

»Er hat kluge Augen«, sagte Vincent. »Er ist nicht hübsch, aber er hat kluge Augen.« Und dann drückte er mich an sich. Er war grob und linkisch – drückte mir seinen Bart in Augen und Ohren, scheuerte über meine Haut, hielt mich zu fest und stürzte fast, als er versuchte, einen Schritt auf Felicity zuzumachen. Er landete schwer auf dem Bett. Felicity streckte ihre leichte, verkrampfte Hand aus und berührte sein Knie.

Moey fing an, laut über sein Geheimdienstdossier zu reden (das er gesehen hatte, behauptete er), und jemand zog den Korken aus einer Flasche Case Latrine.

»Er hat ungewöhnliche Augen«, sagte Vincent. Es war nicht leicht für ihn. Es forderte seine ganze Kraft. Er saß neben Felicity und bildete mit seinen plumpen behaarten Armen eine kleine Nische für mich. Mit seiner fleischigen Brust stützte er meinen Kopf.

Felicity hielt sein Knie, lächelte und biß sich auf die Lippen.

Moey trat vor – sein Schädel glänzte, jetzt, wo er die Perücke abgenommen hatte – und streckte einen langen Finger mit einem breiten, flachen Nagel aus.

Vincent nahm Felicitys Hand – nichts, was er normalerweise in der Öffentlichkeit tat. »Er hat einen starken Griff«, sagte er.

Felicity nickte und putzte sich die Nase.

»Wer ist an der Reihe, die Zeitungen mit den Kritiken zu holen?« fragte sie.

11

Was Bill nicht ertragen konnte: Warum mußten sie so tun, als wäre keine Tragödie passiert? Warum mußten sie alle lächeln und säuseln? Als Felicity ihre Hand ausstreckte und versuchte, Vincents altes fettes Knie zu halten, hatte er das Gefühl, auf feindlichem Terrain zu sein, wo man nicht die leiseste Ahnung hatte, was eigentlich vor sich ging. Und während er zu spüren glaubte, wie der Schrecken wie ein Schauder durch den Raum glitt, sah er nur lächelnde Gesichter. Diese Schauspieler – keine Verbindung zu den eigenen Gefühlen.

»Ich hol die Zines«, sagte er.

»Nein, Mo-chou. Du solltest hier bei uns bleiben.«

»Das macht keine Mühe«, sagte Bill mit giftigem Blick. »Ich muß mal an die Luft.«

Felicity sah ihn stirnrunzelnd an. Er bemerkte die Hilflosigkeit in ihren Augen, aber sie saß neben Vincent, und Vincent hatte seinen fetten Valsir dort plaziert, wo er so gern saß – auf der Bettkante der Entrechteten.

Drei Minuten später, allein auf der Rampe vor dem Theater, schraubte Bill seine Taschenflasche auf, nahm einen langen Schluck und spuckte den Wein auf die Ziegel.

Der Bus des Feu Follet, ein Haflinger Drei-Tonner mit hohen Metallflanken und kleinen, aufkleberübersäten Fenstern, stand direkt vor dem Theater. Bill fand Felicitys Sandalen auf dem Trittbrett. Er hob sie auf und schleuderte sie ins Businnere.

Er ließ die Kupplung so hart kommen, daß man das Getriebe krachen hörte, beschleunigte im metallisch lauten ersten Gang die Gazette Street entlang und schaltete heftig in den zweiten, als er an der hell erleuchteten Taxizentrale vorbeikam. Er überquerte die Straßenbahnschienen und bog rechts ab, weg vom Voorstand-Sirkus und dem Mater-Hospital zum Hafen.

Er dachte: Das wars, ich fahr einfach weiter und kehr nie wieder zurück, doch die Wahrheit war, von allen Bewunderern Mamans war er derjenige, der sie am meisten brauchte. Sie hatte sein Leben verändert. Sie hatte ihn, einen Cambruce, mit neunzehn in die Truppe aufgenommen. Er hatte sich mit einem Wanderzirkus wegen seines Lohns überworfen. Aus Angst, vom Besitzer und seinen Brüdern verprügelt zu werden, war er nach Chemin Rouge durchgebrannt, und dort war er die Gazette Street entlanggeschlichen und hatte eine Mittwochabend-Gratisvorstellung von *Hamlet* entdeckt.

Er war verdreckt, ausgehungert und wog fünfundfünfzig Kilo, als er meine Maman als Ophelia sah. Er saß im Dunkeln, Reihe P, und verliebte sich.

In jener Nacht schlief er in der Gasse hinterm Feu Follet. Am nächsten Tag zog er durch die Vororte, klaute Rosen, Stockrosen, Löwenmäulchen, was immer er fand, und brachte sie am Abend meiner Maman ins Feu Follet. Am nächsten Abend wieder und am folgenden Abend erneut.

Zuerst machte sie sich über ihn lustig, zog ihn auf, sagte, sie sei zu alt für ihn. Aber ihm kam sie nie zu alt vor. Er liebte die Sprache, die sie benutzte, die Sprache, die sie kannte. Er erzählte meiner Maman, er sei der beste Voltigierartist[17] auf der südlichen Halbkugel. Und obwohl er bis zu dem Augenblick, als er das Feu Follet betrat, noch nie in einem Theater gewesen war, sagte er ihr, er würde der beste Schauspieler in Chemin Rouge werden. Er bat sie um Bücher über die Schauspielerei, und sie konnte nicht nein sagen. Mit kribbelndem Nacken und weichem, vagem Blick gab sie ihm ihre kostbare Erstausgabe von Stanislawskij. Er las alle drei Bände von »Die Arbeit des Schauspielers«, jeden Tag einen. Er schlug sich damit herum. Er war sehr hübsch. Er hatte einen langen, biegsamen Rücken und tanzende, leidenschaftliche Augen, die ihr Gesicht nie losließen. Er war neunzehn, ein Kind, aber sie konnte ihm nicht widerstehen.

Als sie sich das erste Mal liebten, sagte er ihr, er würde für sie sterben, und sie weinte in seinen Armen.

Später las sie ihm *Das verlorene Paradies* im Bett vor, ihr Kopf auf seiner glatten, strahlenden Brust. Sie kaufte ihm zwei Wörterbücher, die große zweibändige Oxford-Ausgabe und die kleinere der efikanischen Universität mit all den kreolisierten französischen und englischen Gefängniswörtern.

Er nahm sie mit zu einem Dressurring in Goat Marshes und brachte

---

[17] Im efikanischen Zirkus versteht man unter Voltigieren eine ganze Bandbreite von akrobatischen Kunststücken mit Pferden – Voltige Infernale, Voltige Tcherkesse, Voltige à la Richard, usw., usf.

ihr das Voltigieren bei. Und sie lernte es ohne die Hilfe eines Meccano[18]. Sie war achtundzwanzig, hatte keine Ahnung vom richtigen Zirkus, aber sie hatte derart viel Mumm und Stil. Innerhalb einer Woche führten sie »Zwei Mann hoch« vor, immer im Kreis herum, und niemand sah zu.

Er nahm sie mit aufs Land in die Petites Tentes. Sie sah nicht, wie ärmlich der Zirkus war, die verlogenen Besitzer, die stinkenden Karawanen, die brutalen Schläge, die Bill erduldet hatte. Statt dessen sah sie Disziplin, das Fehlen jeglicher Heuchelei, das äußerst kritische Publikum, das jede beliebige Vorstellung mit anderen vergleichen konnte, die vor hundert Jahren stattgefunden hatten. Sie versuchte gerade, einen typisch efikanischen Theaterstil zu entwickeln, und fügte Zirkusartistik in ihre Inszenierungen ein. Nicht lange danach kaufte sie diesen alten Haflinger und brachte ihr Zirkustheater auf die Dörfer.

Der Bus war das einzige Fahrzeug, das dem Feu Follet gehörte. Sie hatten nichts Leichteres oder Handlicheres, um Einkaufen zu fahren oder, wie jetzt, die Zines zu holen. Bill donnerte über die Eisenbahnschienen und folgte der alten Ridge Line Road bis zum Hafen von Chemin Rouge. Er kam an Getreidemühlen vorbei, an Raffinerien, schön wie hell erleuchtete Kreuzfahrtschiffe, Ölanlandestellen mit ihren langen Rohren, die in der Nacht verschwanden. Bill dachte an Vincent.

Er hatte Vincent nie leiden können. Von Anfang an, selbst als er geglaubt hatte, ihm gegenüber anmaßend sein zu können, hatte er sich von dessen Reichtum, seiner gebildeten Ausdrucksweise, seinem Selbstvertrauen bedroht gefühlt. Und heute abend im Turm hatte er Vincent schon wieder gewinnen lassen. Bill war weggelaufen. Er lief immer weg. Er wußte sich nicht anders zu helfen. Er spürte, wie beißende Scham seine kühle Haut ergriff. Die Verletzungen, die er verursacht hatte, die giftigen Blicke, die zwischen ihm und Felicity gewechselt worden waren, taten ihm leid.

Er liebte sie. Er konnte es nicht ertragen, sie mit Vincent, diesem verdammten Patapuf, zu sehen. Er hatte gehofft, daß das Baby dies alles

[18] Spencer Q. Stokes erfand das Meccano als Lernhilfe für sattelloses Reiten. Ein Mittelmast hält einen Arm, ähnlich dem Ausleger eines Krans, an dem der Reitschüler hängt.

ändern würde. Es war sein Kind, notwendigerweise. Er war der Vater. Er hatte sich häusliche Szenen ausgemalt, die er nichtmal vor sich selbst auszusprechen wagte. Doch als er das Kind sah – auf der Bühne, mitten in seiner Szene –, war seine erste Reaktion in all dem Entsetzen Wut gewesen, ein Gefühl von Verlust, so als hätte man ihm das glückliche Leben geraubt.

Und dann – zehn, zwanzig Sekunden lang – war er zu allem fähig gewesen. Er wollte sie verletzen, sie brechen. Er war ein verängstigter Soldat in einem brennenden Dorf.

Einen Augenblick lang tobte er, vor hundertachtzig Leuten. Und dann wendete er seine Wut langsam, Stück für Stück, von Felicity ab und steckte sie wieder in seine Rolle.

Der Wind unten am Hafen war warm. Es roch nach Schweröl und Meeressalz. Bill fuhr mit heruntergerollten Seitenscheiben, klapperte vorbei an den trostlosen Hafenbars mit ihren gelben Kachelwänden und ihrer Beflaggung wie ein Gebrauchtwagenmarkt und fuhr auf das *Zinebleu*-Schild zu, wo die Besprechung des *Macbeth* bereits aus den Druckmaschinen kam. Das *Zinebleu* hatte die seltsame Angewohnheit, keinen Kritiker zu den Pressevorführungen, sondern nur zur Eröffnung zu schicken, um so eine in ihren Augen typische Voorstand-Praxis zu übernehmen. Also hielten sie die Theaterseite bis halb elf zurück, und der bedauernswerte Kritiker kritzelte seine Besprechung entweder im Dunkeln oder – wie es Veronique Marchant offensichtlich heute abend getan hatte – schrieb das meiste schon vor Beginn der Aufführung.

Bill holte die Zines und fuhr zurück zum Boulevard des Indiennes. Er konnte nicht weglaufen. Er mußte zurück. Aber er würde sich Vincent Theroux nicht geschlagen geben.

Als er im Turm ankam, hatte er nicht nur die Zines dabei, sondern auch eine braune Papiertüte voller Flaschen, und als er das kleine Zimmer betrat, war er erfreut zu erfahren, daß Vincent von seinem Frauchen nach Hause gerufen worden war.

Felicity sah auf und lächelte, aber er bemerkte schon die Distanz, die sich aufgetan hatte. Er wußte nicht, woran er das erkannte – ein Flacherwerden der Wangen, ein Verspannen der Oberlippe, die fehlende Lebhaftigkeit im Blick.

Er warf die Zines aufs Bett. Die üblichen Lobessüchtigen – Moey,

Heather, Claire – stürzten sich auf sie, aber Bill schleuderte seine Slipper von sich, setzte sich im Schneidersitz auf die Flickendecke und wühlte in der Tüte mit den Flaschen.

»Ich habe hier Rosmarinöl«, verkündete er, »Aprikosenkernöl und parfümiertes Olivenöl. Ich finde Rosmarin angebracht, du nicht?«

»Nein, Liebling«, sagte Felicity. Er bemerkte, daß sie versuchte, ihn nicht zu beleidigen, während er im selben Augenblick darüber schokkiert war, was sie glaubte, was er meinte.

»Also hör mal, Flick, ich werde nicht *dich* massieren.«

Als er seine Hände nach dem Kind ausstreckte, fühlten sie sich stumpf und schwer wie Blei an.

Felicity zog die Decke noch fester um das Kind. Bill blieb mit ausgestreckten Händen da.

»Na, komm schon«, sagte er.

Felicitys Reserviertheit verletzte ihn beinahe mehr als alles, an das er sich erinnern konnte. Er spürte seine Lippen zucken, und als sie ihm das Kind reichte, wollte er es wirklich nehmen, konnte aber den Gedanken nicht ertragen, daß sie es ihm gegeben hatte, weil sie seine Schwäche bemerkt hatte.

Sein Sohn war so leicht; ein Bündel schlechter Träume.

»Er schläft«, sagte sie.

Wenn sie damit meinte, *tu's nicht,* dann verstand Bill sie nicht.

»Das wird ihm gefallen«, sagte er.

Er legte das Bündel ab und packte es aus. Das Kind war aufgewacht und sah ihn mit diesen verwirrenden, marmorweißen Augen an.

»Glaubst du, es ist gut, ihn zu massieren?« fragte Felicity.

Der Brustkorb schien irgendwie nicht richtig zu sein. Die Haut schien dort wie ein Lumpen über einem Drahtgeflecht zu hängen. Die Beine und Füße waren auch ganz falsch. Bill konnte nicht hinsehen, aber ihm schien, als fehlte die Ferse. Er fühlte sich schlecht. Er goß sich Öl auf die Hände und pustete darauf. Es war sowieso schon warm. Er hatte es aus Annies Zimmer gestohlen. Annie war gegangen, um Wally in der Notaufnahme zu besuchen. Sie wäre nicht erfreut darüber, wenn sie wüßte, daß er es sich genommen hatte.

»Aber natürlich«, sagte Moey. »Schau ihn doch an, er lächelt. Er sieht mich.«

»Er ist zu jung zum Lächeln«, sagte Bill. »Das ist kein Lächeln.«

Das kleine Geschöpf sah ihn an. Es erschreckte ihn zu Tode. Bill legte seine breite Hand auf die zarte Brust und verteilte das Öl.

»Du mußt ihm die Windel abnehmen«, sagte Felicity.

Aber er wollte nicht. Er hatte Angst, daß dort ebenfalls etwas Furchtbares sein könnte, doch als Felicity die Windel geöffnet hatte, sah der Penis eigentlich ganz normal aus. Bill begann zu massieren. Er konnte das kleine Wesen in seinen Händen spüren, eine Lebensform, die nicht die eigene war. Bill war halb abgestoßen, halb fasziniert. Er konnte Felicity neben sich spüren, fühlte ihr rotes Haar über seinen Nacken streichen.

Er sah sie an. Sie beugte sich vor und küßte ihn. Jetzt, wo sie nicht distanziert war, war er wirklich wütend auf sie – sie hatte ihn gezwungen, den Musico zu spielen und Vincent in seiner Bewunderung für diese Tragödie noch zu überbieten.

Je mehr er massierte und je mehr das Kind gurrte und mit den mißgebildeten Gliedmaßen strampelte, umso wütender wurde Bill. Die Truppe drängelte sich um sie, und es machte ihn rasend und zynisch zu sehen, wie alle das Kind massieren wollten. Er gab ihnen bereitwillig nach und hörte sich alles an, was sie zu sagen hatten. Das Ganze war eine Orgie der Scheinheiligkeit. Es widerte ihn an.

Er wandte den Blick von dieser Szene und bemerkte Annie, die allein in der Tür stand. Sie hob ihm gegenüber eine Augenbraue und hielt eine Flasche Case Latrine hoch. Er sah zu Felicity. Bevor er noch wußte, was er tat, drehte er sich um und folgte Annie die Stufen hinab.

12

Wally behauptete, »auf dem Sägemehl« geboren, in einer Zirkusfamilie aufgewachsen und im Alter von eins bis drei der »Menschliche Ball« gewesen zu sein.

Als er in die Besserungsanstalt kam, hatte er sich immer noch mit vierundzwanzig grünen Limoflaschen in eine Schachtel von 60 mal 30 mal 30 Zentimetern quetschen können, jedenfalls behauptete er das. Deshalb sei sein Rücken so verbogen.

Des weiteren sei sein Vater ein derart außergewöhnlicher Schlangenmensch gewesen, daß er noch zu Lebzeiten sein Skelett an die Wissenschaft hatte verkaufen können. Er sei mit einem Sarg in Efika herumgereist, der bereits an James Hazzard, MD, Boulevard Raspail, Chemin Rouge, Efika, adressiert gewesen sei.[19]

»Mein alter Herr war ein fürchterlicher Spieler«, sagte Wally. »Wenn er das Geld nicht gebraucht hätte, hätte er das nicht gemacht – es war ungeheuer mühselig, den Sarg ständig mit sich rumzuschleppen.«

Sein ganzes Leben hatte Wally mit dem Zirkus und dem Theater zu tun gehabt. Er war Handlanger gewesen, Aufsteller, Stallknecht, Hufschmied, Fahrer, Kurbelbursche[20], Zimmermann, Technischer Leiter, doch in Wahrheit war dieser Sprung ins Sicherheitsnetz sein allererster Auftritt gewesen.

Nun wünschte er sich, er hätte ihn nie getan. Er wollte lieber tot sein.

Er saß in der Notaufnahme und hielt sich den pochenden Arm, während die Haut um den Bruch herum anschwoll wie ein Hefeteig.

Er wartete auf die Besucher, die nach dem Vorhang im Feu Follet bestimmt kommen würden. Er wartete zitternd, voller Scham, und malte sich aus, wie Bill Millefleur ihn vor den Leuten im Turm nachahmte, seine Rede wiederholte, seinen Akzent nachäffte, seine intimen Gefühle für meine Mutter verriet.

An jedem anderen Abend hätte es vielleicht so kommen können (in jenem kleinen Turm geschahen manchmal grausame Dinge), aber Bill hatte anderes im Kopf, und die ganze Frage, warum Wally das getan hatte, wurde vom *Zinebleu* überschattet, das den Sprung kommentiert (»reziproke Levitation«) und als Einstimmung für die Aufführung gesehen hatte – »das Smithsche Forte – die efikanische Volkssprache«.

Und so trafen die Krankenhausbesucher, alles Schauspieler, ein, um zugleich die Besprechung zu feiern und ihn wegen seiner Verletzung zu bedauern.

»Ich hab doch nur das Gerüst nachgesehen«, sagte er. »Himmel.«

Er saß auf der Plastikbank und verbarg eine verbotene Cancerette in

---

[19] Schüler des efikanischen Zirkus erkennen darin vielleicht die Geschichte von Petit Paul, verstorben 335 EC, der in Wallys Kindertagen möglicherweise noch aufgetreten ist.

[20] Ursprünglich die Bezeichnung für einen Chauffeur, später jedoch für einen Mechaniker. Bezieht sich wahrscheinlich auf die Handkurbel, mit der früher die Automobile angelassen wurden.

der hohlen Hand, den Arm auf dem Oberschenkel ruhend, und er hörte zu, während ihm ein weiteres Mal die Kritik vorgelesen wurde. Daß seine Tat von Schauspielern bewundert wurde, bedeutete Wally alles.

»Bill hat sich Sorgen gemacht«, sagte er. »Ich hab bloß nachgesehen, das ist alles.«

Sein mit Äderchen überzogenes Gesicht war rot, und seine Ohren glühten vor Freude. Er saß auf der Plastikbank, die Cancerette in der Hand versteckt, und hörte sich die Kritik mehrmals an. Erst beim sechsten Mal fiel ihm die Erwähnung des »Homunkulus der Hexe« auf.

»Was um Gottes willen ist ein Homunkulus?«

»Ein Fötus«, sagte Moey.

»Ein Baby«, sagte Claire. »Das soll Baby heißen.«

»Die Hexe hat doch gar kein Baby.«

»Felicity schon«, sagte Claire. »Ihr beide habt am selben Abend euer Debüt gehabt.«

»Himmel«, sagte Wally. »Ich hoffe, es sieht Bill ähnlich.« Er zwinkerte Moey zu. »Ich hoffe, es sieht nicht aus wie du.«

»Es ist ein Junge«, sagte Claire.

»Wie geht es ihm?« fragte er Moey. »Wem sieht er ähnlich?«

»Er hat sehr kluge Augen.«

Wally bemerkte den Unterton. Sie benahmen sich wie Schauspieler, die sich über eine Aufführung unterhielten, die sie nicht mochten. Sie würden einen anderen Schauspieler niemals *ringard* schimpfen. Sie würden sagen, oh, die Sache mit dem Geschirrtuch hat mir gefallen.

»Wem sieht er ähnlich?« fragte er Claire Chen.

Claire spielte mit ihren großen silbernen Totenkopfringen und sagte, Flicks Kind sei *erstaunlich.*

Wally starrte sie aus festen grauen Augen an, bis sie meinte, daß es Zeit für sie sei zu gehen und das Theater abzuschließen, und Moey sagte, er solle sie wohl besser durch den Park begleiten. Als sie sich verabschiedeten, blickten sie traurig und deprimiert. Sie gaben Wally die Besprechung – nur ein Fetzen Papier –, doch es war das erste Mal, daß er und ich miteinander in Verbindung gebracht wurden. Ich fand sie unter seinen Papieren, als wir Efika verließen, kurz vor seinem Tod. Sie steckte zusammengefaltet in seinem Führerschein – so trocken und fragil wie aus einer Blumenpresse.

Um ein Uhr früh saß Wally allein in der Notaufnahme und wartete auf die Ergebnisse der Röntgenuntersuchung. Er wußte, daß etwas mit mir nicht in Ordnung war. Sein Arm pochte. Sein Sprung schien nun nicht mehr als ein alberner Scherz, eine Sahnetorte im Angesicht des Schicksals. Etwas war nicht in Ordnung, und er wußte, er sollte bei meiner Maman sein.

Er versuchte, zu ihr zu gehen. Man ließ ihn nicht. In Saarlim wären Sie einfach zur Tür hinausspaziert, aber dies hier war Efika – menschlicher, bürokratischer –, es gab Formulare auszufüllen, die Formulare waren nicht auffindbar, und so war es fast drei Uhr früh, als er durch die Tür trat, den gebrochenen Arm in Lasto-net, und in diesem Zustand – mit dem knubbligen weißen Material am Arm und diesem leichten Ammoniakgeruch – hielt er mich zum ersten Mal.

Abgesehen von der Tischlampe am Boden neben dem Bett brannte kein Licht. Felicity schlief in einem langen weißen T-Shirt auf dem Rücken, das Haar auf dem Kissen ausgebreitet, schnarchte ganz, ganz leise, und Tristan Smith lag zwischen ihren Beinen.

Wally kam auf mich zu und reckte den Hals, kniff die Augen zusammen und verzerrte die Lippen zu einer blassen Grimasse.

Er sah – ein Tierjunges mit runzliger Haut – ein Beuteltier, das noch nicht groß genug war, den Beutel seiner Mutter zu verlassen – Hautfalten, weit aufgerissene Augen.

»Du armer Kerl«, flüsterte Wally. »Du armer kleiner Kerl.«

Felicity legte im Schlaf eine Hand vor den Mund und stöhnte.

»Flick?«

Ihre Lippen waren trocken und aufgeplatzt. Sie schnarchte leise pfeifend.

Wally beugte sich vor und schaffte es, seine gesunde Hand unter mich zu schieben. Er drückte mich mit einer Hand an sein Hemd.

»Es wird alles gut«, sagte er. »Ich bin ja jetzt da.«

Er setzte sich auf die Bettkante. Felicity hörte ihm zu. Sie hörte, wie er schniefte.

»Sie meinen es gut, Mo-rikiki«[21], sagte Wally, »aber sie haben keine Ahnung.« Er drückte meine Tierbabyhaut an sein altes geädertes Gesicht.

---

[21] »Mein Kleiner«, oder »mein kleiner Finger«. Auch ein kleines Glas Bier nennt man Rikiki.

Felicity schluchzte auf. Wally kniete sich aufs Bett und versuchte, mich voller Panik schnell wieder an meinen Ruheplatz zu legen.

»Nein, nein«, sagte Felicity. »Halte ihn, halte ihn.«

»Flick ... tut mir leid.«

»Nein, nein.« Sie putzte sich die Nase am Ärmel des T-Shirts ab, aber ihr wunderschönes Gesicht sah aus wie ein ausgewrungener Putzlumpen.

»Ich bin nur ein dummer alter Violinist. Ich sollte besser die Schnauze halten.«

»Sie haben sich der Situation angemessen verhalten, wirklich. Ich war stolz auf sie.«

»Ich leg ihn in die Wiege. Da ist er bestimmt glücklicher.«

»Kennst du dich mit Babys aus, Wally?«

»Ach, Flick«, sagte er, als er mich in die Wiege legte und eine Decke um mich zog, so glatt und fest wie die Kinderschwestern im Mater-Hospital. »Ich bin doch nur ein Jahrmarktsganove.«

Und dann weinte Felicity wieder. Das war das erste Mal, daß sie es zuließ, in Gesellschaft zu weinen. Bill lag unten im Bett mit Annie. Vincent war zu Hause bei seiner Frau. Aber Wally war gekommen, sie zu halten. Die zweite Nacht meines Lebens war das einzige Mal, daß er meine Mutter jemals in den Armen hielt.

Er war hellwach. Er war erschüttert, traurig, aber zugleich wußte er, dies war der Augenblick, seine Zeit. Er hatte sich in meinen Augen gesehen, erzählte er mir später. Während Maman und ich schliefen, leistete er ein Versprechen, sprach es laut aus. Er würde der Vater sein, derjenige, der sich wirklich die Mühe machte.

13

An meinem vierzehnten Lebenstag erwachte ich von dem Lärm eines heftigen Regens, der aufs dünne Turmdach prasselte. Der erste Mouson meines Lebens hatte eingesetzt. Der Nabangari schwoll wieder an. Draußen konnte man den Fluß toben hören, die gedämpften Geräusche der Steine und Baumstämme, die gegen das Flußbett polterten. Langsam wurde mir bewußt, daß meine Mama und mein Papa schon wach waren und miteinander sprachen. Wir drei lagen auf derselben harten

Matratze, auf der ich gezeugt worden war. Meine Mama lag an der Telefonseite, Bill an der Fensterseite. Ich lag zwischen ihnen und starrte die Zimmerdecke aus Stanzblech an, deren fettärschige kleine Cupidos noch aus der Zeit stammen mußten, als sich der alte Ducrow Solveig Mappin[22] ins Bett geholt hatte.

»Es ist dein Leben«, sagte meine Mutter zu meinem Vater. »Du mußt dein eigenes Leben leben.«

Meine Windel war feucht. Mir brannte der Magen. Ich hatte einen bitteren Geschmack im Mund. Während ich leise quengelte, strich mir meine Mutter über den Kopf und fuhr mit dem kleinen Finger in die weiche Delle am unteren Ende meines Hinterkopfs.

»Wenn ich jetzt nach Voorstand gehe«, sagte Bill, »dann werde ich dich verlieren, das weiß ich.«

»Du kannst mich nicht verlieren, Süßer«, sagte sie. »Ich werde immer hier sein.«

»Du willst, daß ich gehe«, sagte er.

»Nein, ich will, daß du bleibst.«

»Tre bon. Ich bleibe.«

»Wenn du bleibst, Mo-chou, dann ist das deine Sache, aber wenn ich dich überrede zu bleiben, wirst du mich vielleicht für immer hassen.«

»Kann sein«, sagte Bill, der sich auf die Seite gedreht hatte und mit den Fingernägeln über seine Brust strich.

»Kann sein? Du sollst mir nicht recht geben.« Sie fing an, ihn zu kitzeln. Er wand sich und versuchte, sie davon abzuhalten. Ich, eine unwiderlegbare Tatsache, lag zwischen ihnen, während sie übereinander herfielen und sich verknäulten. Ich strampelte mit den Beinen und furzte.

»Paß auf das Kind auf.«

Als sie sich wieder beruhigt hatten, lag Bill auf meiner Mutter. Sie streckte die Hand aus und sah kurz nach mir.

»Das ist dein Leben«, sagte sie erneut, aber sie war traurig geworden, und ihr Gesicht war nicht mehr so lebhaft.

»Ach, Flick«, sagte Bill, »ich fühl mich nicht gut dabei, Mo-chou. Man bietet mir eine Rolle an, und ich fühle mich dabei beschissen.«

---

[22] Solveig Mappin (271–336), die junge Gattin von Henry Mappin (240 bis 307), dem Roten Premierminister Efikas.

Meine Mutter lächelte müde. Die Brüste taten ihr weh, die Brustwarzen waren wund. Sie sagte nichts davon.

»Ich weiß, es ist eine Ehre.«

Meine Mutter strich mir über den Kopf. Es donnerte.

»Eine große Ehre«, wiederholte mein Pa leicht gereizt.

»Nun übertreib mal nicht, mein Süßer«, sagte meine Mutter. »Du hast eine Rolle in einer Show gekriegt, das ist alles. Jetzt mußt du dir nur noch überlegen, ob du die Rolle annimmst oder nicht.«

Mein Vater rollte von ihr herunter.

»Croco Cristi«, sagte er. »Ich bin der erste Schauspieler Efikas, der in einem Saarlimer Sirkus auftreten soll!« Er erhob sich vom Bett und sah auf uns herab. Es donnerte erneut. Der Regen nahm zu.

Ich schlief ein. Als ich Stunden später aufwachte, lag buttergelber Sonnenschein auf den regennassen Fenstern. Meine Mutter trug ein langes weißes T-Shirt, und Bill – barbrüstig, nur mit weißen Baumwoll-Frippes bekleidet – saß am Fußende des Betts. Ihr Streit hatte sich nicht von der Stelle bewegt.

»Es geht doch nur um einen verdammten Sirkus, um Gottes willen«, sagte meine Mutter. »Du erfindest ja nicht gerade das Penicillin. Mach's oder laß es bleiben.«

»Na gut, das werd' ich.«

»Was?« fragte meine Mutter, kniete sich neben mich, drehte mich auf den Rücken und nahm mir die Windel ab.

»Ich mach's«, sagte Bill.

»Wenn du willst …«

»Nein, ich *will* nicht, aber die Truppe kann das Geld gebrauchen.«

»Reich mir mal die Papiertücher.«

»Bitte?«

»Bitte.«

»Das ist ein Haufen Geld«, sagte Bill. »Mehr, als sonst jemand im Feu Follet jemals angeboten bekommen hat.«

Meine Mutter hob mich auf und zog ihr T-Shirt hoch. Ich war hungrig, aber ich wußte auch, daß mir jedesmal, wenn ich an diesen harten weißen Brüsten trank, hinterher der Magen weh tat. Was die Sache noch verschlimmerte, war, daß sie sich nicht konzentrierte, und obwohl man es ihrer Stimme nicht anhörte, war sie aufgeregt.

»Vor der Versammlung brauchst du keine Angst zu haben«, sagte sie zu meinem Vater. »Die werden dir sagen, was für ein Heuchler du bist, aber am Ende werden sie sich einig sein, daß es gut ist, dreißig Prozent deines Verdienstes zu kassieren. Das war noch nie anders.«

»Du bist doch diejenige, die den Saarlimer Sirkus haßt.«

»Ach Süßer, ich hasse ihn hier, nicht dort. In Saarlim ist der Sirkus nur der Sirkus. In Saarlim hasse ich ihn nicht.«

»Das ist so ermüdend«, sagte Bill und sah uns geistesabwesend an. »Immer derselbe Affentanz, und dann akzeptieren sie es doch.«

Was er meinte, war die Absprache des Kollektivs – diejenigen, die eine »richtige« Arbeit bekamen, führten dreißig Prozent ihres Gehalts oder der Gage an die Theatertruppe ab. Jeder Job mußte von der ganzen Truppe gutgeheißen werden. Wenn Sparrowgrass Glashan zum Beispiel eine Rolle in einem Werbespot für Eiscreme angeboten bekam, dann versammelten sich alle und wägten Vorteil und moralischen Schaden sorgfältig ab. Längere und ausgedehntere Beratungen haben Sie noch nicht gehört.

Bill hatte, so stellte sich heraus, für jenen Morgen um zehn eine Versammlung einberufen. Man mußte schon ein gewisses Gefühl für die eigene Bedeutung haben, um zu dieser Stunde eine Versammlung einzuberufen. Meine Mutter, die ihm normalerweise den Rat gegeben hätte, den Termin später anzusetzen, hielt sich zurück. Es schien, als habe sie entschieden, die Würfel fallen zu lassen, wie sie wollten.

Das dunkle Theater hatte einen eigenen Geruch, den man während einer Vorführung nie wahrnahm. Vielleicht brannten die großen Casseroles die Ausdünstungen aus Feuchtigkeit, Staub und Armut weg, doch als Bill vor uns im Sägemehl stand, die Stirn runzelte und sich das Jeanshemd über der Brust glattstrich, waren die Casseroles nicht eingeschaltet, und eine einzelne Hundert-Watt-Birne sorgte für Beleuchtung.

Als er die Neuigkeit mitteilte, machte er sich – trotz der Arroganz der Stunde – vor uns klein, spielte seine Fähigkeiten herunter (wie es von ihm erwartet wurde) und sprach über die moralischen und künstlerischen Folgen der Rolle mit Worten, die Ihnen – für die Efika klein und unbedeutend ist – hochtrabend, wenn nicht gar komisch vorkommen mögen.

Dieses arme Theater verstand sich als Erfinder der Kultur des eigenen Volkes. Und während der Regen durch das uralte Dach tropfte und an der Rückseite des Hauses in Strömen herabprasselte, gab sich der junge

Mann, der auf der mit Sägemehl bestreuten Bühne auf- und ablief, als jemand, der an einer moralischen Bewertung allergrößten Ranges beteiligt ist. Er hatte vor – und bitte nehmen Sie das nicht persönlich –, für den Feind zu arbeiten. Damit meine ich nicht Ihr Land, sondern Ihren Sirkus. Die Verherrlichung des Individuums, die ungerechte Belohnung des glücklichen Zufalls, die Aufforderung an die Zuschauer, Komplizen am keinesfalls seltenen Tod der Darsteller zu sein, all dies stand im völligen Widerspruch zu allem, was wir Efikaner so schätzten. Der Saarlimer Sirkus war aufregend, spektakulär, süchtigmachend, aber auch herzlos. War das alles? Nein, das war es nicht, doch für den Augenblick reichte das.

Mein Vater war eindrucksvoll. Trotz seiner mangelnden Bildung war sein Verstand der am stärksten klassisch orientierte von allen Schauspielern. Er hatte ein geradezu jesuitisches Gespür für Argumentation, und als er zum Schluß seiner formellen Rede kam, drückte mich meine Mutter fest in ihren Schoß.

Auf jener Bühne, an jenem Sonntag morgen vor langer Zeit, erstrahlte Bill Millefleur, der bereits ein Star war, und die Mitglieder des Kollektivs, die unter jenem dunklen, weit entfernten Dach saßen, freuten sich für ihn, waren neidisch und erleichtert zu hören, daß derart ausgiebige Gelder ins Feu Follet fließen sollten.

Und dennoch: Als er mit dem Satz schloß, die ungeheure Summe bedeute, daß er aus moralischen Gründen gezwungen sei, die Rolle anzunehmen, lächelten sie, einige zynischer als die anderen. Als er sagte, daß er sich vor der Rolle fürchte und sie vielleicht immer noch ablehnen werde, ließ ihn seine offenkundige Erregung unaufrichtig erscheinen, und das Lachen seiner Kollegen klang härter, ungeduldiger. Jene, die sich danach erhoben, um etwas zu sagen, waren gröber, als sie es sonst gewesen wären. Sie konnten sich nicht vorstellen, daß er tatsächlich nein sagen würde.

14

Um Ihre große Hauptstadt zu erreichen, mußte Bill drei Stunden lang über die lange Inselkette von Efika fliegen, und dann fünf weitere Stunden über das landumschlossene Netz aus Seen und Binnenmeeren, dem großen, grüngoldenen Hinterland Voorstands, das mit den Pilzhüten der Sirkuskuppeln gesprenkelt war – und was er sagte, entsprach der Wahrheit: er hatte nicht nur Angst, meine Maman zu verlieren, sondern am anderen Ende diesen riesigen Labyrinths auch sich selbst.

Wir Efikaner hatten ständig Angst vor Saarlim. Sie werden vielleicht darüber lächeln, wie groß unsere Angst war, wie sehr wir unsere Vorstellung von dessen Grausamkeit und Unbarmherzigkeit auf Hochglanz polierten.

Mein Vater war ein Mann aus den Kolonien, ein Insulaner, ein Efikaner. Er war per Definition kein Voorstander. Um in Saarlim aufzutreten, würde er sein weiches, selbstzweiflerisches efikanisches Patois – Shapoh, Mo-ami, Mo-chou, Cambruce – ablegen und lernen müssen, die Konsonanten hart zu sprechen, und er würde seine Angewohnheiten aus dem Feu Follet, seine Ironie und Selbstverspottung, aufgeben müssen. Für Sie war er ein exotischer Darsteller, der im Sirkus Vorführungen mit lebenden Tieren einführte[23]. Doch für sich (und uns) erlebte unser Zirkusjunge die Unterwerfung unserer schwachen unter Ihre stärkere Kultur am eigenen Leib. Er würde Ihre Lieder singen, Ihre Geschichten erzählen, aber es widerstrebte ihm völlig und stellte all das in Frage, wofür er sich selbst hielt. Und obwohl das Kollektiv zu ihm gesagt hatte, *geh*, konnte er es sich nicht so einfach machen.

Wieder im Turm, wiederholte er, was er schon zuvor gesagt hatte.

Meine Maman ebenfalls. »Hör mir zu«, sagte sie. »Das ist *dein* Leben.«

Sie hatte es vielleicht zum zwanzigsten Mal gesagt, doch diesmal geschah etwas Unerwartetes. Bill begann, sich mit beiden Händen schnell durch die dicken schwarzen Haare zu fahren. »Was soll das heißen, Felicity?« Er nutzte nur einen Bruchteil seiner großen, dröhnenden Schauspielerstimme, ein Flüstern, dünn und gemein wie ein Stück Draht: »Was genau soll das *heißen*?«

Es war drei Uhr nachmittags. Meine Maman legte sich mit mir aufs

---

[23] Hundert Jahre zuvor wäre Bill Millefleurs Tat – eine historische Darstellung, die auch Kunststücke mit Pferden und Affen beinhaltete – in Voorstand noch als Blasphemie angesehen worden. Noch 255 EC wurde ein gewisser Piers Kraan ins Gefängnis gesteckt, weil er Löwen dressiert hatte, und die Löwen wurden auf Staatskosten »an jenen Ort [zurückgebracht], wo sie nach Gottes Willen leben«.

ungemachte Bett, bekleidet. Sie zog die Decke über uns und sah meinen Vater aus grünen Augen an.

»*Was?*« fragte er.

Sie strich sich das Haar aus der Stirn und hielt es im Nacken fest. Sie war die Mutter eines grusligen Kindes mit besonderen Bedürfnissen, Besitzerin eines Theaters, dessen Schulden Bills dreißig Prozent locker aufbrauchen würden.

»Was?« beharrte er.

»Ich habe nichts gesagt«, entgegnete sie.

»Was du *meinst.*«

Sie drehte den Kopf erschöpft zur Seite.

»Du meintest ...«, insistierte Bill.

»Du mußt gehen«, sagte sie. Ihr war schlecht, aber auch sie war Schauspielerin – sie lächelte. »Nimm die Rolle an.«

»Annehmen?«

»Du mußt gehen, Mo-chou«, sagte sie und setzte sich auf. Es war gar nicht so schwer, wie man glaubt – dieser Augenblick. »Du wirst Abend für Abend das beste Theater der Welt sehen. Du wirst Sprechunterricht bei Fischer und Bewegungsstudien bei Hals oder Miriam Parker nehmen. Du wirst ein großartiger *Schauspieler* werden. Hier wirst du das nie.«

»Flick, du weißt doch, daß das nichts mit Spielen zu tun hat. Es handelt sich um einen verdammten *Sirkus.*«

»Der Sirkus wird nicht ewig dauern«, sagte sie. »Du wirst dich nicht vom Sirkus verführen lassen. Der Sirkus ist rein mechanisch und manipulativ. Ich könnte keinen Mann lieben, der sich vom Sirkus verführen lassen könnte.«

Wenn sich ihr Blick jetzt von ihm abwandte, dann, weil sie nicht die Wahrheit sagte und sich schämte. Sie mußte ständig an das Geld denken, das er verdienen würde. Ihr Verlangen nach dem Geld war fast so groß wie die Angst, ihn zu verlieren.

Sie war eine Frau, die nur drei Kleider und zwei Paar Schuhe besaß, die alles zusammenkratzte, um die Hypothek abzuzahlen, die Gagen oder die Kulissen oder die Reparatur der uralten Bleirohre. Wenn man die Schauspieler gefragt hätte, die immer noch unten im Theater versammelt waren, dann hätten sie gesagt, meine Maman sei reich. Es stimmte auch, ihr gehörten die morschen Ziegel und der bröckelnde

Putz des Feu Follet, und sie hatte investiert, was ihr ein kleines Einkommen sicherte, aber nicht genug, bei weitem nicht genug, und die Zukunft des Theaters stand ständig in den Sternen. Der Gedanke an all das Sirkusgeld machte sie schier wahnsinnig vor Schuld und Verlangen.

»Du *willst*, daß ich gehe«, sagte Bill.

»*Nein*«, entgegnete sie. »Wie kannst du nur so etwas sagen? Ich *will* nicht, daß du gehst, Süßer. Ich *will*, daß du bleibst.«

»Das ist eine Menge Jonkay ...«

»Tu niemals etwas des Geldes wegen«, sagte meine Maman. »Unter keinen Umständen.«

»Vorhin hast du aber was anderes gesagt.«

»Das sage ich aber jetzt«, widersprach sie. »Es ist dein Leben. Aber wenn du wissen willst, was ich denke – du bist ein efikanischer Schauspieler. Du gehörst hierher, zu uns. Wir haben Wichtiges zu tun. Wir müssen ein ganzes verdammtes Land erfinden.«

Das Licht war hinter Bill, als sie das sagte. Sie sah nicht, wie er zu weinen begann, und es dauerte einen Augenblick, bis sie den Glanz der Tränen auf seinen wunderschönen hohen Wangenknochen bemerkte. Sie stand vom Bett auf und legte ihre langen blassen Arme um seinen Hals.

»Weine nicht, Bill-Fleur.«

»Laß mich gehen«, sagte er. »Bitte, laß mich nur gehen.«

»Liebling, Liebling«, sagte sie sanft und stellte sich auf die Zehenspitzen. »Tu, was immer du tun willst.« Sie küßte ihn mit ihrem weichen, offenen Mund, küßte sein großes, rauhes salziges Gesicht.

»Du hast recht.« Er wandte sich von ihr ab, um sich ausgiebig die Nase zu putzen. »Wenn ich bleibe, werde ich es immer bereuen.«

Sie nahm ihm das Taschentuch aus der Hand und warf es aufs Bett. Sie reckte sich und küßte ihn auf die Unterlippe. »Wenn du bleibst, bleibst du eben. Baby«, sagte sie lächend, kehrte dann aber zum Bett, zu dem anderen Baby zurück. »Dein Sohn hat auf die Decke gespuckt«, sagte sie, aber keiner von beiden unternahm etwas deswegen. Sie saßen da und warteten, daß etwas geschah.

Und tatsächlich geschah schließlich etwas.

Als die gelbe Straßenbeleuchtung ansprang und der Regen wieder einsetzte, schien mein Vater eine Entscheidung zu fällen. Meine Maman beobachtete ihn dabei. Sie sah zu, wie sie vielleicht zugesehen hätte, während ein Bild auf einem Blatt Fotopapier erscheint. Sie sah, wie er seine Entscheidung vor ihr zu verbergen suchte. Er fuhr sich mit der Hand durchs Haar und dann übers Gesicht. Er beschäftigte sich mit dem Taschentuch, was seine ganze Aufmerksamkeit verlangte, während er vom Fenster, wo er in dem Augenblick gestanden hatte, zum Bett ging, neben das er hinkniete.

Er legte seine großen Hände flach auf das weiße Leinenlaken und sah mir ins häßliche, runzlige Gesicht. Seine Augen glänzten, und auf seinen geschwungenen Lippen lag ein kleines Lächeln, das meine Maman aus intimeren Situationen kannte und aus dem sie schloß, daß er sich zum Bleiben entschlossen hatte.

Sie fühlte sich stumpf, wie gefallen.

»Auf Wiedersehen, kleiner Junge«, sagte er.

Und dann erkannte sie – er ging.

Als meine Maman den Kopf senkte, als sich ihr wunderschönes Gesicht zu verziehen begann, küßte er sie auf den Kopf und ging, zur Tür hinaus, die Treppen hinunter. Als sie zur Tür sah, durchquerte er bereits das Foyer. Sie stand in der Dämmerung und sah ihm nach, wie er mit einem kleinen schwarzen Rucksack, den er schon am Vortag gepackt und bereitgestellt haben mußte, durch den Mousonregen rannte.

Sie drückte ihr Gesicht an die Scheibe. »Du Mistkerl«, sagte sie.

Die Abflüsse liefen über. Ein Plastikmülleimer kullerte die Straße entlang. Mein Vater rannte elegant davon, den Kopf in den Nacken gelegt, sein weißes Hemd bereits schwarz vom Regen.

15

Als Bill uns verließ, war das, als sei er gestorben, und das Leben im Turm war tränenreich und bedrückt.

Meine rotäugige Mutter las die ausländischen Bankanweisungen – blaßgelbe Belege auf ihren falschgeschriebenen Namen, »Smit«. Sie trug die Summen in ihre Bücher ein, brachte es aber nicht über sich, das Geld wie geplant auszugeben. Statt dessen zog die Truppe los und machte Agitprop vor Fischkonservenfabriken, auf Jahrmärkten und auf den Straßen rund um die sumpfigen Vororte wie Goat Marshes, wo niemand das Geld hatte, um es für solchen Luxus wie eine Theaterkarte zu vergeuden.

Es gab keinen efikanischen Stückeschreiber, jedenfalls keinen mit nennenswertem Talent, der unsere Leidenschaft oder unsere politischen Ansichten teilte, also entwickelte die Truppe ihre Stücke selbst. Diese kleinen Stücke waren ungehobelt und komisch. Es gab Jongliereinlagen, Kraftnummern und Akrobatik, doch stets mit einer Geschichte und mit Hintersinn. Wir machten uns über das wehleidige »Bündnis« mit Voorstand lustig und klagten öffentlich die Facheurs in ihren Seidenhemden an, die die Rote Partei führten. Wir kleideten einen Schauspieler als fetten Bruder Ratte und einen anderen als geilen Onkel Ente. Wir baten das Publikum, die Telefonnummern führender DoS-Agenten aufzuschreiben, und leisteten uns manchmal den Spaß, sie von der Bühne aus anzurufen. Wir verstießen gegen die Sittengesetze, gegen die Bündnisgesetze und die Geheimhaltungsgesetze, alles in einer einzigen Szene mit zwei Schlangenmenschen.[24]

Das Leben im Feu Follet war leidenschaftlich, irrwitzig, manchmal sogar gefährlich. Ich begriff nicht, daß es nicht normal war. Man hob mich auf, legte mich ab, sprang mit mir in Autos und Lastwagen und die Stufen von leeren Fabriketagen hinauf, rannte enge Gassen entlang in Zimmer hinter Hamburgerläden, zurück in die Gazette Street, wo das Feu Follet, nachdem ich weitere acht Wochen überlebt hatte, eine sehr athletische Inszenierung des *Kaukasischen Kreidekreises* einstudierte.

Ich sollte DAS BABY spielen. Es gibt im Theater nicht allzu viele Rollen für Babys, und *Der Kaukasische Kreidekreis* ist nicht unbedingt eine davon, aber auf diese Weise sorgte meine Mutter dafür, mich während der Aufführungen bei sich zu haben. Natürlich klappte es nicht. Ich hatte oft Schmerzen, ich weinte und quengelte und lenkte die Mitspieler ab. Felicity, die wegen der Abwesenheit meines Vaters schon

---

[24] Zu der Zeit spielte ein Engländer namens Ernest Gibbs bei uns in der Truppe, der fast seinen ganzen Körper ausrenken konnte. Er konnte ganz nach Belieben, ohne jede Zuhilfenahme von baumwollgepolsterten Kostümen, so verschiedene Formen wie Quasimodo oder den Präsidenten Ihres großen Landes annehmen. Er war ein fleischgewordener politischer Cartoon, und er blieb bei uns, bis er 374 bei einem Bootsunglück ums Leben kam. [TS]

Schuldgefühle hatte und deprimiert war, war so gestreßt, daß sie keine Milch mehr bekam.

Das war keine gute Zeit für mich – bis zum Abend der ersten Kostümprobe hatte ich nicht nur meinen Vater verloren, sondern mußte meine erste Rolle an eine Strohpuppe abtreten, und was am schlimmsten war: ich verlor die Brüste meiner Mutter.

Ich weiß, ich habe mich über sie beklagt – hart, weiß, der Magen tat mir weh, usw. –, und das entsprach der Wahrheit. Und außerdem, ich kann es Ihnen ja verraten, spritzten sie zu stark und lösten tief in meinem Hals Brechreiz aus, so daß ich würgen und mich übergeben mußte. Doch letztlich hatten diese Brüste und ich eine Übereinkunft erzielt, und ich war glücklich an ihnen (so wie Sie, Meneer, Madam, es zu Ihrer Zeit ebenfalls gewesen sind).

Es gab keine Vorwarnung, daß diese rosigen, glatten Freundinnen mich ebenfalls verlassen würden. In einem Augenblick konzentrierte sich meine Welt auf die sanften Spritzer und Tropfen, die nach Äpfeln duftende Haut unter meiner Nase, im nächsten gab es nur Prothesen: Gummi, Plastik, der beißende Chlorgestank von Sterilisierflüssigkeit.

Ich nahm es nicht einfach hin. Tatsächlich schlug meine zuvor friedliche Grundhaltung um. Ich wurde gereizt, verschlagen, gierig und war in der Lage, in rasende Wutanfälle auszubrechen. In diesem Zustand, eine Stunde, bevor der Vorhang zur Kostümprobe hochging, rief meine Maman Vincent an.

16

Vincent war ein vielbeschäftigter Mann. Er war nicht nur Geschäftsführer einer großen Firma, er war auch ein wichtiger Stratege der Blauen Partei. Er verbrachte einen Großteil seiner Zeit damit, sich Gedanken darüber zu machen, wie man die Unterwürfigkeit und den Zynismus der Roten bloßlegen und mit einem Schlag jene Art von Krise auslösen konnte, um eine korrupte und sich durch Wahlmanipulationen an der Macht haltende Regierung zu stürzen. Die Woche, in der Felicitys Milchfluß aufhörte, war zugleich auch die Woche vor einer wichtigen Nachwahl, in die er persönlich Geld und Zeit investiert hatte.

Es war ein dramatischer Mouson. Es gab Überschwemmungen und

einen Wirbelsturm, der die alten Kaimauern wegspülte und bei den Madeleines eine Fähre versenkte. Vincent verbrachte die Tage in seinem Büro in der Innenstadt und die Nächte unterwegs in seinem Bentley Corniche von einer Versammlung zur anderen und überwand dabei überflutete Straßen in Berthollet und umgestürzte Bäume und abgerissene Stromkabel in Goat Marshes. Er fuhr mit an die Windschutzscheibe gepreßter Nase, laute Musik quoll aus den Lautsprechern.

Er glaubte, daß die Geschichte Efikas kurz davor war, die Richtung zu ändern. Das Wetter verstärkte noch seine Leidenschaft. Er trommelte auf dem Lenkrad und juchzte, wenn er Blitze in den Boden schlagen sah. Er glaubte, daß Efika sich bald vom Einfluß Voorstands befreien könnte – von den Spionen, den Kabeln und dem Sirkus, der uns damals wie eine Flutwelle zu überschwemmen drohte.

Er wollte, daß Efika frei vom Sirkus war. Aber gleichzeitig liebte er den Sirkus. Das war etwas, was der VIA nie an ihm verstand. Er studierte eifrig die Kultur, Malerei, Musik, Literatur Voorstands. Und er war so etwas wie ein Experte für die theologischen Vorstellungen der »Siedler Frei«, und das in einem Land, dessen Bevölkerung im allgemeinen keine Ahnung davon hatte, daß der Sirkus eine ethische und religiöse Geschichte besaß.

Vincent las gerne. Das genau verband Vincent und Felicity – der Glaube, daß Gespräche nicht einfach nur Gerede waren, daß es von Bedeutung war, was man sagte, daß man eine Gesellschaft mit dem, was man *dachte,* ändern konnte, daß ein Buch in einer fremden Sprache, ein Treffen über einer Pizzeria in Goat Marshes, eine Theaterproduktion in einer verfallenden Zirkusschule genau das sein konnte, was den Fluß der Geschichte über seine Ufer treten lassen konnte.

Und nun war er gerade auf dem Weg zu einer dieser Versammlungen (über einem Austernladen in Swiss Point), als meine Mutter, die wegen des Babys in heller Aufregung war, ihn über sein Autotelefon anrief.

Vincent stellte die Pow-pow-Musik[25] leiser und sprach besänftigend ins Telefon. Er kam schon zu spät zu einer Strategiesitzung, doch als er meine Mutter nicht beruhigen konnte, kehrte er über die Narrows Bridge (auf der schon dreißig Zentimeter Wasser standen) um und fuhr

---

[25] Die eigentümlich rhythmische Musik der POWs – der Kriegsgefangenen – in Voorstand.

mit seinem Corniche direkt vors Feu Follet. Es war halb sieben, und er kam zu spät zu seiner Strategiesitzung.

Er setzte seinen schwarzen Hut auf, schnallte den Gürtel enger, fuhr sich mit einem Metallkamm durch den Bart und ging durch den Mousonregen langsam die Rampe hinauf ins Foyer.

Er war überrascht, ein ganzes Team vorzufinden – nervöse Elektriker, Soundtechniker, Technische Leiter, die meisten einfache Handlanger –, das anscheinend auf ihn wartete. Sie trugen Tüten mit Windeln, Fläschchen, eine Babytasche, Zettel mit Instruktionen, die sie alle in dem Augenblick loswerden wollten, als sie ihn sahen. Hinter ihnen saß meine Mutter – blaß, angestrengt, verspannt – auf einem Klappstuhl, der auf dem Pflaster kippelte.

»Ich kann ihn nicht mit auf die Bühne nehmen«, sagte sie, als Wally seine Erklärung, wie man einen Schnuller sterilisiert, beendet hatte. »Ich hab's versucht, aber es klappt nicht.«

Vincent liebte das Theater. In gewisser Hinsicht war er ein echter Theaternarr, der sich am Bühneneingang herumdrückte (er liebte es, unter Schauspielerinnen zu sein, liebte es, Felicity auf der Bühne zu sehen, war von ihrem Mut gerührt, wurde durch den Anblick ihrer langen, den Blicken der Öffentlichkeit ausgesetzten Beine erregt). Aber die Theroux' führten ihre Herkunft zurück bis ins erste Jahrhundert des Efikanischen Kalenders, sein Ururgroßvater war unter Ludwig XIV. gewaltsam von Marseille aus eingeschifft worden, um seine übelriechende Profession in der Hölle zu praktizieren. Vincent hatte die Politik mit der Muttermilch aufgesogen, und er war verblüfft, als ihm klar wurde, daß er gebeten wurde, eine wichtige Strategiesitzung platzen zu lassen, um ... ein Baby zu hüten.

»Du weißt doch, ich habe eine Sitzung«, sagte er. Er hielt inne und stellte sie sich vor. Sein *Bruder*[26] war dort. Das konnte er nicht machen.

»Vincent.« Sie lächelte und streckte die Hand aus. »Du brauchst dich seinetwegen nicht zu schämen.«

Vincent sah meine Mutter an – die Augen vor Erschöpfung eingesunken, der Mund schmal und nach unten gezogen, die Arme dünn und weiß –, und er wußte, daß sie die Vorstellung, die sie von sich selbst

[26] St. John Theroux, *332 EC, Generalsekretär der Efikanischen Postgewerkschaft.

hegte, bis ins Extrem getrieben hatte und kurz vor dem öffentlichen Zusammenbruch war.

Mit der Linken nahm er ihr Handgelenk und reichte Wally mit der Rechten die Wagenschlüssel.

In Vincent mischten sich auf merkwürdige Weise Zuneigung und Wut, während Wally und die anderen mit dem Baby unterm Regenschirm nach draußen eilten. Er drückte meine Maman an sich und küßte sie.

»Schlaf«, sagte er zu ihr, »meditiere.«

»Um Himmels willen«, sagte sie, hörte, was er so gut verborgen glaubte, »er ist dein Sohn. Ist es vielleicht zuviel verlangt, mal eine Nacht auf ihn aufzupassen?«

»Nein«, sagte er, »eine Nacht nicht.«

Als er in den Regen hinaustrat, konnte er mich über das laute Trommeln des Regens hinweg schreien hören. Er fand mich in seinem Wagen, mein Gesicht wie ein Lumpen zusammengeknüllt, meine Augen vorgequollen, meine Haut feucht von Schnodder und saurer Milch. Ich war in einen Kindersitz neben dem Fahrer gegurtet.

Vincent hatte das Gefühl, den Gestank nicht ertragen zu können. Er machte die Fenster auf und schloß sie wieder, weil es auf mich hereinregnete. Er setzte den Wagen in Bewegung und fuhr los.

Bevor er noch zur ersten Sitzung eintraf, hatte ich mich auf seine Velourbezüge erbrochen und verräterische weiße Babybreiflecken auf seinem schwarzen Kragen hinterlassen, aber Vincent war wieder mal ein besserer Mensch, als er befürchtet hatte. Er ertrug den Geruch, den Lärm, die schleimige Schicht auf dem Kragen. Er trug mich in seinen Armen auf seine ganz persönliche Bühne. Er stellte mich nicht vor, aber er hielt mich in den Armen, die ganze Zeit – auch deswegen, weil dies die einzige Möglichkeit war, mich stillzuhalten.

Niemand machte eine Bemerkung über meine Anwesenheit, aber Vincents Bruder – ein stiller, konservativer Mann, fünf Jahre älter als er – zeigte ihm, wie man eine Windel feststeckt, und berührte ihn dann mit ungewohnter Sanftheit an der Schulter.

Vincent nutzte diesen Augenblick nicht, um zu sagen: Dies ist mein Sohn Tristan. Dieser Augenblick kam für ihn nie. Statt dessen stellte er wortlos fest, daß seine Beziehung zu mir sehr persönlich war, und während die Proben zum *Kaukasischen Kreidekreis* weitergingen, verbesserte sich diese Beziehung.

In jener Woche war er so glücklich, manisch, erschöpft. Der Premierminister war beschuldigt worden, Geld vom VIA zu nehmen. Es gab eine papierne Spur, die von Saarlim über Bern und Amsterdam nach Chemin Rouge führte. Vincent hielt Faxe, Fotokopien, eidesstattliche Erklärungen in Händen.

»Wir haben sie, Mo-poulet, wir haben sie mit heruntergelassenen Hosen erwischt.« Vincent war high.

Langsam gefielen mir die Fahrten in seinem Wagen, die grünleuchtenden Anzeigen, das gemietete Autotelefon, das mit anderen Ländern sprechen konnte.

Ich schlief zu Musik ein und wachte zu Musik wieder auf. Ich wurde aus dem Wagen gehoben, weinte in kalten Treppenhäusern, unterbrach Sitzungen. Obwohl mein Name in der Öffentlichkeit nicht fiel, wurde ich von berühmten Namen trockengelegt und gepudert. Sie berührten, herzten, kitzelten mich.

Doch dann war es damit vorbei.

Ich wachte eines Nachmittags auf – kein Kitzeln, kein Auto, keine grünen Anzeigen. Die Nachwahlen waren verloren[27]. Vincent war zusammengesunken, zusammengebrochen, verschwunden. Er war zutiefst deprimiert zu Natalie heimgekehrt. Das war typisch für ihn, wie alle wußten. Nur Tristan Smith nicht, und es gab keine Möglichkeit, ihm das zu sagen.

17

Es war niemandem aufgefallen, daß der Violinist mit den kleinen runden Brandmalen auf den Armen sich insgeheim wünschte, Vater zu sein. Er war der Technische Leiter für den *Kaukasischen Kreidekreis*. Bis zur Kostümprobe versuchte er, mit einem Zweihundert-Dollar-Budget eine großartige Kulisse zu bauen, und in der stürmischen Nacht, als ich das

---

[27] 371 hatte die Rote Partei im Unterhaus eine Mehrheit von gerade mal einer Stimme, und diese Nachwahl (um den Sitz von Swiss Point) hätte die Regierung stürzen können. Welche Beweise Theroux auch jemals hatte, in den Zines aus jenen Tagen findet sich jedenfalls keinerlei Hinweis auf die Bestechlichkeit der Regierung.

erste Mal mit Vincent davonfuhr, versuchte er noch immer, achtzig Meter Segeltuch zu »finden«. Wie er das letztlich bewerkstelligte, ohne daß es etwas kostete, wollte niemand wissen, aber sein Einfallsreichtum rettete wie üblich die Inszenierung, und meine Maman sagte – wie schon hundertmal –, daß das Feu Follet ohne ihn überhaupt nicht existieren könnte.

Wally verbarg seine Freude, wenn man ihn lobte. Er lungerte auch niemals an meiner Wiege herum, sondern schwebte am Rande meines Lebens und beobachtete alles. Meine Maman war dankbar, wenn er mir manchmal die Windel wechselte – aber sie bemerkte nicht, daß er *übte.*

Am Abend der Nachwahlniederlage schien er so deprimiert wie alle anderen im Feu Follet, aber er war ein Pokerspieler mit einem Siegerblatt. Er wußte, wie sich Vincent verhalten würde. Und als meine Maman am folgenden Tag vor Beginn der Aufführung nach einem Babysitter suchte, meldete er sich.

Felicity beobachtete, wie Wally fachmännisch die durchgeweichte Windel wechselte. Ich war zehn Wochen alt. Wally war bereits fünfzig, sein flammendrotes Haar war grau und nikotinbraun geworden, seine Haut von Zigaretten gebrandmarkt und von (zwei) Messerschnitten überzogen, sein Skelett – wenn man es hätte sehen können – wies Spuren dreier verheilter Brüche auf, ein Mann, der vom Leben derart verletzt worden war, der so verschwiegen und vorsichtig war, daß er schon vor langer Zeit aufgehört hatte, davon zu träumen, seine Liebe zu finden.

»Woher weißt du, wie man das macht?« fragte meine Maman.

»Ruh dich aus«, sagte er, während er die Windel feststeckte. »Du hast einen Auftritt vor dir.«

»Lieber Wally«, sagte sie. »Du bist wirklich erstaunlich.«

»Machen Sie sich keine Sorgen, Ma'am.« Er hob mich hoch und spürte meine weiche Haut an seiner stoppeligen Wange. Seine Ohren – diese großen fleischigen Lappen – wurden plötzlich blutrot. »Du kümmer dich um deinen Auftritt«, sagte er.

Mein Essen stand schon im Kühlschrank bereit.

Er trug mich die Stufen zur tiefliegenden alten, gepflasterten Küche hinab. Er hatte einen neuen hellroten Kinderstuhl, den er am Nachmittag »gefunden« hatte.

»Da«, sagte er und drehte den Stuhl um. »Schau dir den schönen

Baum an.« Er drehte mich zum Innenhof, unter dessen blühender Eiche Ducrow angeblich den uralten Löwen angekettet hatte, der ihm schließlich den Tod brachte.

Dann nahm er mit strahlender, eiserner Miene, den Mund zusammengepreßt, um seine Freude zu verbergen, eines seiner sehr scharfen Messer und begann den Fisch, eine Silberbrasse, zu filettieren, den er für mich gekauft hatte. Er arbeitete sauber, und er machte es gut, so gut, wie er beim Löten und im Umgang mit einer Stichsäge war. Er trennte das zarte weiße Fleisch von den rosigen perlmuttenen Gräten. Er legte zwei zarte Filets auf einen hellblassen Teller – ich weiß, Madam, ein zehn Wochen altes Baby ißt keinen Fisch, aber das wußte Wally nicht. Ich war schließlich sein erstes Kind.

Als er die Filets fertig hatte, wickelte er die Gräten in Papier, legte die Filets in den Kühlschrank, öffnete eine Flasche Bier und goß sich ein Glas ein. Er zündete das Gas an und kochte die zarten Fischfilets schnell und geschickt in ein wenig Milch. Dann zerdrückte er den Fisch mit einer Gabel und stellte ihn, aus Angst, er könne zu heiß sein, in den Kühlschrank.

Ich wußte natürlich nicht, was Fisch war. Und als er mich mit dem Essen, das er so liebevoll zubereitet hatte, füttern wollte, lehnte ich es ab. Er nannte mich Rikiki, aber mir war das egal: ich wollte Vincent. Ich wollte meine Flasche. Wally gab mir eine Tasse. Ich hatte noch nie eine Tasse gesehen. Ich schmiß sie um. Wally brüllte mich an. Ich schrie. Und so war es mit uns ständig – Wally stellte die Regeln auf und war wütend, er war es, der mir Frühstück und Mittagessen zubereitete und mich anbrüllte, wenn ich nicht aß.

Bei den Schauspielern war er berühmt für seine Sentimentalität, doch trotz all seiner »Rikikis« war er nicht weich und nachgiebig wie Vincent, der in seiner Wahleuphorie oft die Wange des Babys mit dem Rücken seiner fetten Hand gestreichelt hatte. Wally brachte keine Geschenke, so wie Bill. Er war nicht voller Kompromißbereitschaft und süßer Düfte wie Felicity. Tatsächlich wusch er sich nicht oft genug. Und wenn niemand da war, der ihn dabei beobachten konnte, schrie und tobte er wie ein Wahnsinniger, vor allen Dingen am Ende eines langen Wochenendes.

Wally liebte mich, aber er stellte fest, daß dieser langersehnte Zustand nicht der Segen war, den er sich davon versprochen hatte. Die

Liebe ließ ihn alt werden, seine Stirn wurde höher, seine Schultern fielen ein, und seine Augenbraue krümmte sich zusehends.

Wally war es, der mir – ein, zwei Jahre später – die Spielzeuglaserpistole wegnahm, die Bill mir zum Geburtstag geschickt hatte. Wally war es, der untersagte, daß ich mit Vincent aufs Land fuhr, weil Vincent getrunken hatte und mit meinem neuen Kindersitz nicht zurechtkam. Wally war es auch – noch später, als ich gerade zehn war –, der den Ärzten von meinem Hang zum Klettern erzählte. Er wollte, daß ich damit aufhörte, und hoffte, eine größere Autorität als die eigene beschwören zu können. Er wußte, Tristan war ihr Liebling, ihr angeschlagener, geflickter Krug, den sie nicht zerbrochen sehen wollten, und das stimmte – vom Augenblick meiner Geburt an waren die Ärzte nicht in der Lage gewesen, ihre Finger von mir zu lassen.

Felicity, die sich zu Anfang so selbstbewußt gezeigt hatte und sowieso eine große Befürworterin von Homöopathen, Naturopathen und Iridologen war, kapitulierte unerwarteterweise vor der »normalen« Medizin, wie sie sie nannte. Sie ließ immer noch süße kleine Kieselerdekörner (für den Schleim) in den Rachen ihres lippenlosen Sohns fallen, doch als der *Kaukasische Kreidekreis* vorüber war, begannen die »normalen« Ärzte sich mit Tristan Smith' »Anomalien« zu beschäftigen. Sie fingen mit dem Zwölffingerdarm an, der teilweise blockiert war. Mit elf Monaten betäubten sie mich, schnitten mich auf, nähten mich zu, ließen mich in sterilen Zimmern wieder zu mir kommen, wo ich an Beinen und Armen festgeschnallt dalag wie ein Frosch vor dem Sezieren. Ich hatte einen Katheter im Penis, Kanülen in der Kehle, Tropfe am Arm, und als das vorüber war und ich erhöhte Temperatur bekam, gaben sie mir kein Panadol, sondern nahmen Proben von meinem Blut, meiner Spucke, meinem Stuhl, meinem Urin, oft genug auf schmerzhafteste Weise.

Mit achtzehn Monaten hielten sie mich mit ihren nach Seife riechenden Händen fest und nahmen mir Knochenmark ab. Ich schrie und kreischte und flehte sie an, mich in Ruhe zu lassen.

Vincent ekelte sich vor Krankenhäusern, aber Bill – das muß man ihm zugute halten – kam mehr als nur einmal angeflogen, um an meiner Seite zu sitzen. Er war nett zu mir. Es sollte Jahre dauern, bevor er sich so verhalten konnte, als sei er für mein Leben verantwortlich, aber er konnte mir ins Gesicht schauen und mich berühren. Er war eher ein

Onkel als ein Vater. Wenn er kam, hatte er stets was Neues auf Lager – Aufziehspielzeug, Frösche, die Seifenblasen pusten konnten, Gänse, die furzten, künstliches Erbrochenes, verrückte Bildkarten. Er flog nach Saarlim zurück. Er schrieb Postkarten.

Wally war die ganze Zeit da. Er stritt sich mit den Santamaries wegen seiner Canceretten. Er hielt mich fest.

Und so verlief meine Kindheit: Dr. Tu schob mich in dunkle Tunnel; Dr. Fischer schnallte mich auf stählerne Unterlagen und stellte mich auf den Kopf. Sie quälten mich nicht nur dieses erste Jahr, sondern in den ersten zehn Jahren meines Lebens immer wieder. Sie flickten das Loch in meinem Herzen, brauchten dazu aber drei Anläufe.

Die Ärzte (Dr. Tu, Dr. Fischer, Dr. Wilson, Mr. Picket-Heaps, Dr. Ayisha Chaudry, Dr. Brown usw.) konnten meiner Mutter ganz genau sagen, welche Operation sie als nächste vorhatten, aber sie fanden keine Schublade, in die sie mich stopfen konnten, und die Summe all ihrer Untersuchungen lautete »multiple kongenitale Anomalien«.

Sie hatten mir Lippen verpassen wollen, doch meine Mutter sah zufällig ihren »ähnlich gelagerten Fall« und war so beunruhigt über das Goldfischschmollen dieses armen Mannes, daß sie sie nicht an meinen Mund ließ. Es gab so oder so keine Chance, daß ich jemals ein Lächeln hätte entwickeln können, das man als solches erkannt hätte. Es gab auch keine Hoffnungen, daß sie mich größer machen konnten. Allerdings schafften es diese efikanischen Toubibs, daß mein Körper besser funktionierte; mir kam nicht mehr diese grüne Galle hoch, meine Herzwände waren nicht länger undicht, sie setzten meinen fehlerhaften Zwölffingerdarm instand. Das war zwar keine angenehme Art, mit dem Leben zu beginnen, aber bedenken Sie eins – Tristan Smith hatte eine liebende Mutter, eine ganze Schauspieltruppe, die gurrte, ihn verhätschelte, am Bauch kitzelte und auf Schultern herumtrug. Außerdem hatte ich drei Väter – Bill und Vincent ab und an, und Wally jeden Tag. Wally schrie mich zwar an, aber er brachte mir auch Schokolade und Eiscreme, und als ich fünf war, versuchte er mit mir in den Voorstand-Sirkus zu schleichen. Meine Mutter ertappte uns am Eingang.

In dem einen Augenblick standen wir in der Schlange vor dem knollenförmigen »Zelt«, atmeten schon den durchdringenden Geruch von Zuckerwatte und Ketchup ein und schauten uns die sieben Meter hohen Schattenprojektionen von Bruder Hund und Bruder Ente an, die sich durch die hell erleuchtete rosafarbene Muschel jagten[28]; im nächsten Augenblick trotteten wir am Flußufer entlang zurück, und das schöne Gesicht meiner Mutter wurde durch diesen mißbilligenden Ausdruck verzerrt, der, wie man in Chemin Rouge sagt, »wie ein Hühnerhintern« aussieht.

Danach kam ich sieben Jahre nicht in den Sirkus. An Samstagabenden zog Wally allein los und kehrte mit einer Bierfahne und einem Glas Perroquet in der Hand heim.

»Für Bruder Rikiki«, sagte er dann und stellte das zuckrige grüne Getränk vor mich, »mit freundlichen Grüßen von Bruder Maus.«

Später »erzählte« er mir den ganzen Sirkus, beschrieb die Sensationen, die Stürze, die Verletzungen, die Lieder. Das war unser Geheimnis, die Sache, die uns enger miteinander verband als alles andere. Ich schlief ein und träumte vom frechen Bruder Maus oder dem klugen Bruder Ente; ich war wahrscheinlich das einzige Kind auf den achtzehn Inseln, das noch nie ihre Laserbilder gesehen hatte.

18

Als ich aufwuchs, mochte ich die Trockenzeit am liebsten, nicht nur, weil ich immer in der Mousonzeit operiert worden war. In der Trockenzeit mietete sich die Truppe ein kleines Zelt mit einer Manege und zog mit dem Haflinger-Bus, einem Pferdetransporter und einem geliehenen Lastwagen mit einer sich ständig verändernden Show, die meine Mutter den *Simpel-Sirkus*[29] taufte, über die Dörfer.

Der Simpel-Sirkus, mehr Zirkus als Sirkus, und mehr Revue als alles andere, war ein Flickwerk aus Purzelbäumen und Verrenkungen, Sti-

---

[28] Von Anfang an gab es in den Voorstand-Sirkussen in Efika Laserclowns. Als der Sirkus nach Chemin Rouge kam, waren die Tage, als die Artisten Tierkostüme anzogen, schon vorbei. Wir sahen niemals einen »wirklichen« Bruder Hund oder Bruder Maus. Von Simulacren hatten wir zwar schon gehört, aber auf den achtzehn Inseln gab es keine. [TS]

[29] Dem Leser aus Voorstand mag die respektlose Verknüpfung von »Simpel« und »Sirkus« ein Hinweis auf mangelndes Wissen über die Bedeutung des Sirkus sein, doch genau diese Verbindung machte den Namen für meine Mutter so verlockend. [TS]

cheleien, Shakespeareschen Monologen und – am besten von allem – Reiterkunststücken, die die Landbevölkerung immer gern sah. *Der Simpel-Sirkus* brachte ein wenig Geld ein, die Truppe kam mal aus der Stadt heraus, und – dank der gelegentlichen Eierwerferei von fanatischen Ultraroten[30] – verlieh der politischen Ausrichtung der Truppe eine Spur von Dringlichkeit.

Meine Mutter legte diese Tourneen auf die Zeit der Sommerpause des Saarlimer Sirkus. So konnte Bill bei jeder Tournee dabeisein, er, Sparrow Glashan und meine Mutter ritten als Dreier-Pyramide, und Bill führte auf dem Rücken eines galoppierenden Pferdes Flick-flacks, Purzelbäume, Pirouetten und Überschläge vor, so wie er es unter der großen Kuppel in Sarlim tat, wo die Eintrittskarten 100 Gulden kosteten.

Vincent konnte natürlich nicht mit auf Tournee. Er blieb in der Stadt, führte seine Geschäfte, dinierte mit seiner Frau und wartete darauf, daß sein Leben wieder begann. Wenn er die Trennung nicht länger ertrug, besuchte er uns und stolperte aus dem Bauch eines uralten Aluminiumflugzeugs mit riesigem Motor und ölschlierigen Flügeln auf einen der südlichen Strände. Vincent war ein Stadtmensch und fühlte sich auf dem Land nie wohl. Pferde machten ihn nervös, und es brachte ihn aus der Fassung, sich dem »jungen Bill« gegenüber im Nachteil zu sehen, der sehr schnell zu einem internationalen Star geworden war.[31]

In der Trockenzeit mochte ich Vincent lieber. Er war weniger selbstsicher, oft melancholisch.

Woran er litt – das erkenne ich jetzt –, war schlicht Eifersucht. Wenn wir auf Tournee waren, teilte Bill das Bett mit meiner Mutter. Im Auf-

---

[30] Diese Politgangster veröffentlichten zahlreiche Pamphlete und Flugblätter mit einer verwirrenden Mischung von Vorstellungen – efikanischer Nationalismus, Antisemitismus, ein leidenschaftliches Festhalten am Bündnis mit Voorstand. Ihre häufig extremen Taten wurden zwar stets von der Regierung kritisiert, doch scheint nun sicher zu sein, daß sie von dem rechten Flügel der Roten Partei angehörenden Elementen finanziell unterstützt wurden.

[31] Wie Leser aus Voorstand sicher wissen, war Bill Millefleur in Saarlim keineswegs so berühmt, wie wir alle glaubten. In Efika war er zum Star geworden. Alle schauten sich die Vids seiner Saarlimer Auftritte an, vor allen Dingen seine Rolle als Franco Hals in *Der schwarze Hengst galoppiert ins brennende Haus*. [TS]

ruhr seines Unglücks wandte Vincent seine Zärtlichkeit mir zu. Er brachte mir Geschenke, zeigte mir, wie man einen Wachsmalstift hielt, wie ich mein großes zittriges S schreiben sollte. Er saß neben mir, sein frisch gewaschener Bart fuhr mir ab und zu über den Nacken, und er sprach Französisch mit mir, eine Sprache, die ich nicht verstand.

»Mon petit, mon pauvre petit«, sagte er.

Doch am Ende roch die Trockenzeit nicht nach Vincents gewaschenem Bart, sondern nach süßem Pferdemist, Streu, Staub und Zecken-Viehbad. Jeder Tag begann klar und schmerzfrei, lange feine Schotterstraßen, kreidegrauer Staub, der alte Haflinger-Bus vollgepackt mit singenden Schauspielern, die Pferde und der gemietete Lastwagen am Ende des Zuges. Wally fuhr den Bus. Er fuhr gern. Wenn er gekonnt hätte, dann hätte er auch noch den Pferdetransporter und den Lastwagen gefahren.

Die Tourneen waren lang und umfaßten nicht nur die (ehemals englischen) Hauptinseln, die alle nördlich von Chemin Rouge lagen, sondern gingen auch in den Süden übers gesamte »Granithalsband« und durch die alten Färberstädte Melcarth und King's Coat. Ich wußte, daß sich das Navigationskabel Ihrer Regierung durch die Granithöhlen unter unseren Füßen zog, aber um ehrlich zu sein, verschwendete ich daran keinen Gedanken.

Wenn wir auf Tournee waren, widmete sich meine Mutter mir mit einem Eifer, den nur wenige Eltern für längere Zeit hätten aufrecht erhalten können. Sie lauschte auf jedes Geräusch, das ich machte, und brachte meinem straffgespannten, mißgestalteten Gesicht ihre ganze Neugier und Aufmerksamkeit entgegen. Und obwohl Bill dabei war, holte sie mich in ihr Bett, bevor sie einschlief, und ich war im Kinderhimmel. Ich erwachte – nicht zu dem Anblick von Ärzten – nein, zum Lärm der schlagenden Elstern und dem Geruch von warmen Laken und dem süßen Moschusduft der Haut meiner Mutter. Fast jeden Tag erwachten wir woanders – von Steinen umsäumte braune Grasfelder, von Rost durchzogen wie Harris-Tweed, Schluchten, trockene Flußbetten voller Steine wie prähistorische Eier, eine kreidige Flußmündung am Meer, wo mich meine Mutter noch mit zehn an ihren Leib schnürte und wir bei Ebbe langsam und still Austern und Muscheln sammelten.

Die südlichsten Inseln (die Madeleines) wirkten auf der Landkarte wie Kuchenkrümel, und auf dem Weg zurück nach Melcarth[32] verbrachten wir fast soviel Zeit auf Fähren wie auf Straßen. Die Straßen waren meist unbefestigt und von jahrhundertealten Steinhaufen gesäumt, die an berühmte Todesfälle durch Verhungern, »Fäule«, Aufspießen, Typhus, Sturheit und Dummheit erinnerten[33]. Dies war das Land, das alle für das wahre Efika hielten – Wind, Wasser und Himmel vor allem. Da war eine Leere, die Verweigerung zu entzücken, ein leichtes Entsetzen in der Luft, das uns bis in die Knochen fuhr. Die Landschaft war übersät mit den gescheiterten Versuchen europäischer Unternehmungen – Bauxitminen, Bauernhäuser, aufgegebene rostende Windmühlen. Der Himmel war von einem überwältigenden leeren Ultramarin.

Natürlich fanden mich die Fremden in jenen vereinzelten Städten an der Mündung oft abstoßend, doch wenn ich sage, daß mich das nicht berührte, hätten Sie erstmal die Meute sehen müssen, mit der ich unterwegs war: Männer mit tätowierten Fingern, Frauen, die sich die Beinbehaarung färbten, Knittersamt, Duftöle, ornamentale Gesichtsnarben. Als ich zwei war, war ich zu ihrem Maskottchen geworden, und ich teilte mit ihnen das Gefühl, zur Avantgarde zu gehören, nicht nur künstlerisch, sondern auch moralisch. Und so war ich unter dem hellen südlichen Himmel ebenso gewindelt und beschützt wie im schmutzigen, staubigen Schoß des Feu Follet.

Ich war wirklich ein merkwürdig aussehendes Kind – breite Schultern, verdorrte, verkrüppelte Beine. Mein Haar war dicht und blond, und meine Augen – die nicht mehr weiß waren wie bei meiner Geburt – waren milchig, marmoriert, von dünnen Goldfäden durchzogen. Sie waren mein hervorstechendstes Merkmal und wurden manchmal sehr schön gefunden.

Natürlich machte sich meine Maman ständig Sorgen um das Selbstwertgefühl ihres mißgebildeten kleinen Jungen, doch die Wahrheit war, ich bekam Privatunterricht nicht nur in schulischen Dingen, sondern auch in der Dünkelhaftigkeit der Radikalen, daß ich zwar anders, aber überlegen war. In den Speisezimmern von Motels für Unruhe zu sorgen –

---

[32] Benannt nach dem Gott der Färber, wie jedes efikanische Kind weiß.

[33] Allesamt Europäer. Die Tode der Ureinwohner (die achtzehn Stämme Efikas) sind weitgehend vergessen und ungeklärt. Selbst Vincent Theroux hatte Schwierigkeiten, sich mit der Vorstellung auseinanderzusetzen, daß sein Urgroßvater an einem Völkermord teilgenommen haben könnte.

später der Grund für so viel Scham und Wut –, war für mich eine Kleinigkeit. Meine Kameraden setzten mich in einen neuen Hochstuhl, den Wally mir gezimmert hatte, und wenn wir in ultraroten Städten spielten, saß ich mit einem üppigen Samtschal über den Schultern da und starrte jeden anklagend an, den ich für den Feind hielt. Nur wenige hielten meinem Blick stand – jähzornige Ultras mit ihren hochgeschnittenen Ärmeln und den weichen Stiefeln, die vor Bauxitstaub ganz rot waren: sie verzogen die Gesichter und starrten in ihre Graupensuppe.

19

Meine Mutter hatte nie vorgehabt, daß ich Schauspieler werden sollte, und ich bin mir sicher, wenn sie nicht so verzweifelt gewesen wäre, dann hätte sie niemals zugelassen, daß Bill Millefleur den Samen dazu legte: Er war bis dahin als Vater stets nur Amateur gewesen, und er war als Lehrer nicht gerade Experte – man muß sich nur seine Handschrift, die Orthographie, die exzentrische Großschreibung ansehen, um das zu erkennen.

Bis zum Januar 381, als Bills Postkarte eintraf, war meine Ausbildung ganz normal verlaufen. Vom sechsten bis achten Lebensjahr hatte ich einen koreanischen Lehrer, Mr. Han, einen zartgebauten, alten Mann, der schließlich an Asthma starb. Als ich neun war (380), folgte ihm Claire Chen, die trotz ihres erratischen Lebensstils und ihrer schlampigen Kleidung im Klassenzimmer – jenem ursprünglich unveränderten Turmzimmer, das nun eine Wildnis aus zerbrochenen Kreiden, zerrissenen Theaterprogrammen, halb zusammengebauten Rak-Rok-Steinen, den Großen Werken der Literatur, alten Hufeisen und französischen Münzen war, die ich beim Versteckspielen in der labyrinthischen Unterwelt der alten Zirkusschule gefunden hatte – ein nahezu tyrannisches Verhalten an den Tag legte.

Die rundliche Chen hatte ihr Studium an der Universität von Nez Noir mit dem Magister Artium abgeschlossen. Ihr Gebiet waren die Klassiker – Plato, Horaz, Seneca –, aber sie brachte mir auch die Grundlagen in Algebra bei. Sie war klug und ungeduldig zugleich, und da sie selbst in einem Konvent zur Schule gegangen war, lag es ihr nicht fern, mir mit einem Holzlineal auf die Fingerknöchel zu schlagen.

Als Antwort auf einen dieser Angriffe biß ich sie in den Daumen, und das wiederum brachte mir großen Ärger mit meiner Maman ein, die mich an jenem Abend ganz fürchterlich schimpfte und anschrie.

Schrie sie mich wegen des Bisses an? Nein, nicht deswegen.

Madam, Meneer, sie schrie mich wegen des Verbands am Daumen ihrer Schauspielerin an.

Chen sollte mich morgens unterrichten und nachmittags proben, doch als sie an jenem Nachmittag aus der Notaufnahme zurückkam, wollte sie nicht spielen, bevor sie nicht wußte: Warum trug sie (Klytämnestra) einen Verband? Wie sollte sich Klytämnestra in bezug auf ihren Verband verhalten?

Chen war bestenfalls eine bemühte Schauspielerin, und sie besaß eine Art anarchischer Intelligenz, die die Besetzung eines Stücks ohne weiteres durcheinanderbringen konnte. Und nun wollte sie wissen – sollte ihr Verband Orests Haltung ihr gegenüber verändern? Sollte der Verband so strahlend weiß sein, wo doch alle Kostüme blutverschmiert und braun waren? Sollte sie ihren Verband rot anmalen? Sollte sie vielleicht anderswo noch weitere Verbände anlegen? Und so weiter.

Die Aufführung war sowieso schon brüchig und verkompliziert, sehr »technisch«, und die Schauspieler hatten ihre Rollen immer noch nicht im Griff und versuchten ihre Probleme dadurch zu lösen, daß sie ihre Texte umschrieben. Zudem trat das Problem mit Chen und ihrem Verband zu einer Zeit auf, als meine Maman in einer Krise steckte wegen der Steuern, den Anleihen, den Rückzahlungen, den Anträgen bei den Kulturfonds und den Ansprüchen an ihre Krankenversicherung. Und es war das Ende der Regenzeit, was hieß, daß sie wieder einmal versuchte, genug Geld für den *Simpel-Sirkus* aufzutreiben.

Meine Maman kehrte von den Proben zurück und fragte mich gefaßt, warum ich meine Lehrerin gebissen hätte.

Statt zu sagen, daß Chen mich mit dem Holzlineal geschlagen hatte, sagte ich, daß ich sie nicht leiden könne und sie nicht mehr als Lehrerin haben wolle.

Meine Maman sagte, daß sie sich keinen anderen Lehrer leisten könne.

Ich sagte, ich bräuchte keinen Lehrer. Ich sagte, ich wolle lieber Schauspieler werden.

Daraufhin rastete meine Maman aus. Sie schrie mich an, wie ich sie noch nie hatte schreien sehen. Sie raufte sich die Haare. Während ich mich zitternd und schniefend in eine Ecke drückte, sagte sie, ich sei einfach zuviel für sie, sie sei Schauspielerin und ich ein Kind, das besonderer Pflege bedürfe.

Ich sagte, es täte mir leid, aber das hörte sie nicht, war außer sich. Sie sagte, sie würde eine Sonderschule für mich finden.

Ich sagte, Wally würde ihr das nie erlauben.

Das brachte sie vollends zur Raserei; sie riß Korken aus Flaschen und trank Wein wie Wasser. Sie sagte, Wally sei ein Gefühlskrüppel. Sie sagte, sie würde ihn feuern, wenn er auch nur ein Wort sagte. Sie weinte und sagte, sie würde sterben. Ich schlief hinter der großen Wand ihres bebenden Rückens.

Ich muß zugeben, sie machte mir Angst. Verletzte mich sogar. Und doch brachte diese wirklich fürchterliche Nacht, in der die Vorstellung von besonderer Pflege geboren wurde, auch die folgende Botschaft meines Vaters hervor, die in mein Leben trat wie ein goldener Strahl vom Lieben Gott persönlich.

»Mein Rat an Dich, Lievling«, schrieb Bill meiner Maman auf einer Postkarte, die vierzehn Tage später eintraf, »entspann Dich – erlaß ihm seinen Unterricht. Die ganze Erziehung, die man jemals brauchen könnte, findet sich doch schon in Deiner Arbeit. Laß ihn sich doch die Orestie anschauen. Und außerdem: bald ist wieder Zeit für den *Simpel-Sirkus*. Gib ihm eine ROLLE«, schrieb mein Vater auf die Rückseite der Karte, die meine Mutter auf der Stelle in der dritten Schublade von unten einschloß. »Ich meine damit natürlich nicht den Hauptakt, aber warum soll er nicht eine FIGUR übernehmen? Mir gefällt besonders die Idee vom HAARIGEN MANN.[34] Gib ihm die Chance zum Üben – soll er sich die HANDLUNG der Figur selbst ausdenken.«

---

[34] Eine voorstandische Gestalt, die im Feu Follet oft eingesetzt wurde, um Voorstand zu repräsentieren. Höchstwahrscheinlich hat die Figur ihre Wurzeln in der animistischen Kultur der Ureinwohner Voorstands – das berühmte »Gänsefedergewand« im Saarlimer Museum ist frühen bildlichen Darstellungen des Haarigen Mannes erstaunlich ähnlich. Erst nach zwei Jahrhunderten christlicher Besiedlung taucht der Haarige Mann als Synonym für Moloch oder Satan auf. Selbst die von der Kirche geförderte Badberg-Edition der *Geschichten von Bruder Maus* deuten eher auf eine Figur wie den »Butzemann« hin als auf den Teufel. Diese beiden Identitäten, Volksgestalt und christlicher Dämon, existieren bis auf den heutigen Tag nebeneinander.

Als meine Mutter sich endlich dazu durchrang, mir die Karte vorzulesen, grunzte ich nur und sagte, daß das ganz nett wäre, aber ich war so aufgeregt, daß ich Durchfall bekam.

20

Aus mir war ein verstohlenes, ja hinterlistiges Kind geworden, eins, das sich wilden und gefährlich unrealistischen Träumen hingab. Ich verschlang Historien und Romane und identifizierte mich nicht nur mit Revolutionären, sondern auch mit Gestalten wie Napoleon, den ich eigentlich verachten sollte. Ich schrieb: »*J'y suis une grande Destinée*« auf ein Cancerettenpapier und sah mit stiller Befriedigung zu, wie Wally meine Worte anzündete und einatmete.

Mit zehn glaubte ich, daß man Bücher über mich schreiben würde.

Ich habe schon gesagt und werde es wieder sagen, daß ich mir meiner Mißbildungen nicht bewußt war, aber das Gegenteil war ebenso wahr: Ich wußte ganz genau, warum ich nicht Schauspieler werden konnte, und ebenso fest war ich entschlossen, einer zu werden. Und ich wußte, wenn meine Maman bemerkte, wie aufgeregt ich war, dann würde sie sich meinetwegen Sorgen machen und mich zu Chen zurückschicken.

Als sie mir eine Rolle im *Sirkus* anbot, reagierte ich übertrieben passiv und niedergeschlagen, und als die Schauspieler am folgenden Tag zusammengerufen wurden, drängte ich mich nicht zwischen sie. Ich setzte mich ins Dunkle und sah zu, wie sie sich über die *Orestie* stritten. Als ich schließlich ins Licht trat, klagte ich über Langeweile. Ich setzte mich bei meiner Mutter auf den Schoß und jammerte und rutschte hin und her, bis ich schließlich bekam, was ich die ganze Zeit gewollt hatte – einen Übungsraum in einem der alten Ställe.

Dort, wo mir keiner zusah, war ich in alter theatralischer Manier ganz der Egoist. Ich deklamierte. Ich sprang in die Luft und landete. Ich krabbelte auf dem dreckigen Ziegelboden herum und brüllte wie ein Löwe. Ich machte meine eigene Form von »Aufwärm-« und »Atemübungen«, bis ich dreck- und strohbedeckt war und meine Knie aufgeschlagen und blutig waren.

Stanislawskij sagt, daß der Organismus eines Schauspielers vorbereitet werden muß, um der Kreativität günstige Bedingungen zu schaffen.

Der Meister des Systems hätte mit seiner herrschaftlichen Zunge geschnalzt, nicht nur über mein Gesicht und meinen Körper, sondern auch über meine Stimme – der mangelnde innere Zusammenhalt meines Brustkorbs führte dazu, daß ich mein ganzes Leben lang Probleme haben sollte, meine Worte so zu artikulieren, daß ein Fremder mich verstand.

Zum Teufel damit. Ich würde meinen Haarigen Mann als Stummen darstellen, als etwas Furchterregendes, das einen aus dem Dunkeln anspringt. Ich würde ihn einer Spinne nachempfinden.

Das war natürlich nicht sehr originell. Ich hatte beobachtet, wie mein Vater eine Rolle aufbaute.[35] Er sagte: Diese Figur ist eine Krabbe, jene ist ein Maulwurf. Und dann machte er sich ein paar Sandwiches und ging zu Studien in den Zoo oder ins Aquarium.

Also kroch ich in den Ställen herum, polkte mit abgebrochenen Fingernägeln an den morschen Ziegeln und versuchte eine Spinne zu finden, um sie zu studieren. Die Spinnen, die ich fing, waren mit meinen Fähigkeiten nicht leicht nachzuahmen. Sie hatten feine, gelenkige Beine, meine waren verkrüppelt, und meine Füße – obwohl ich diesen Ausdruck nur sehr ungern verwende – waren Klumpfüße. Beim Laufen mußte der Knöchel die Arbeit übernehmen, die normalerweise von der Fußsohle geleistet wird. Ich hatte eine dicke Hornhaut über den Knöcheln bekommen, aber zehn Minuten so zu laufen, belastete die Knie und die Hüftgelenke derart, daß ich wochenlang Schmerzen hatte. Kurz gesagt, ich konnte keine Figur spielen, die gehen konnte.

Mein Bizeps war nicht sehr groß, aber die blaßblaue Haut spannte

---

[35] Ich hatte zwar mitbekommen, daß die anderen Schauspieler ihn deswegen hinter seinem Rücken aufzogen, aber ich wußte, daß dies nichts mit dem Prozeß an sich, sondern mit seinem Ruhm im Sirkus zu tun hatte. Sirkus-Stars, dachte man allgemein, können auch nicht besser schauspielern als Opernsänger. Sie sagten ihre albernen Texte auf, aber das hatte nichts mit der Schauspielerei zu tun, wie wir sie im Feu Follet pflegten. Sie wissen natürlich, daß diese Meinung dem Neid entsprungen und nur eine dumme, uninformierte Einschätzung der Schauspielkünste im Sirkus ist. Es stimmt, daß der Standard der »Schauspielkunst« in manchen der mit hohem Risiko arbeitenden Saarlimer Sirkusse nicht allzu hoch ist, aber das ist die Ausnahme, nicht die Regel. Als Voorstander werden Sie die Unfähigkeit dieser Provinzschauspieler schnell erkennen, eine Tradition zu »verstehen«, die dem Kabuki näher steht als ihre eigene Darbietung. [TS]

sich über einem gesunden Muskel, und ich wußte, daß man sich Muskeln antrainieren konnte. Mein Haariger Mann konnte klettern und sich aus der Dunkelheit fallen lassen.

Draußen vor den Ställen gab es eine rostige Eisenleiter, die an der Wand des Innenhofs festgeschraubt war, und bis die Truppe an der neuen Kulisse für die *Orestie* hämmerte und sägte, hatte ich mir beigebracht zu klettern und eine Viertelstunde mit dem Kopf nach unten zu hängen. Als Schüler war ich berüchtigt für mein Herumgezappel und meine Ungeduld, doch als Schauspieler besaß ich die Fähigkeit, die große Männer oft auszeichnet: die Fähigkeit, in der Verfolgung ihres Ziels Langeweile zu ertragen. Als mein Vater nach Chemin Rouge zurückkehrte, hatte ich Blasen hinter den Knien und an den Händflächen. Aber ich konnte eine halbe Stunde kopfunter hängen.

Ohne einen Grund dafür zu verraten, hatte ich herausbekommen, wann genau Bills Flug landen würde. Ich wußte, wann das Taxi eintreffen würde. Die Truppe, die mich für ein liebenswertes Haustier hielt, wäre über meine Verschlagenheit überrascht gewesen. Und als mein Vater um sechs Uhr an jenem Abend schließlich das Theater betrat, sah er den Haarigen Mann, den Spot genau auf ihn gerichtet, von der Leiter an der Hinterwand des Theaters hängen, ganz oben neben dem Scheinwerfergerüst.

Ich sah Bill Millefleur auf dem Kopf stehend, locker und gut aussehend, in einem grauen Seidenanzug. Er sah zu mir hoch, das Licht wurde von seiner Haut, seinem Anzug, seinen Haaren reflektiert.

»Haariger Mann?« rief er. »Richtig?«

Meine Gliedmaßen schmerzten wie wild, aber mein Herz war, wie Ihr großer Dichter sagt, »hoch im Himmel«.

»Er ist eine Spinne, richtig?« rief Bill. »Dein Haariger Mann ist eine Spinne?«

Ich hörte, wie unter meinem blutgeschwollenen Kopf mein Vater sanft über den gepflasterten Boden ging. Er kletterte die rostige alte Leiter zu mir hinauf – kam näher, immer näher –, er roch nach Ruhm, nach fremden Gewürzen und chemischer Reinigung.

»Ich bin sehr stolz auf dich«, sagte er und fing mich gerade im richtigen Augenblick auf. Er hob mich von der Stange. Er drückte mich an sich, zehn Meter über dem Boden, und kümmerte sich nicht um den Schnodder, der mir aus der Nase lief.

»Aber sei vorsichtig, hörst du?«

»Danke ... Pa«, sagte ich.

Meine Worte waren nicht deutlich, und er verstand mich nicht, aber das war mir egal.

»Die Arbeit am Boden«, sagte er, als er mich wieder zur Erde zurückgebracht hatte. »Daran würde ich arbeiten.« Dann wuschelte er mir die Haare und ging meine Maman suchen.

Es waren noch zehn Tage bis zur Tournee. Sparrow, Bill und meine Mutter waren mit den Pferden beschäftigt. Wally säuberte und prüfte den Kühler am Haflinger und packte seine riesige Werkzeugkiste – Schraubstock, Bremsmesser, Stanzeisen, Bügelsäge, Vorschlaghammer, Seitenschneider. Früher wäre ich an seiner Seite gewesen und unter seinen Füßen herumgekrochen, während er Schläuche in Schlauchgewinde paßte, Messingnieten, Klammern, Klingen, Gummiringe, Korken und Drahtstücke einsammelte. Doch all diese Aktivitäten, die mich früher so fasziniert hatten, kamen mir nun ganz nebensächlich vor, und ich gab Wally zugunsten meines ruhmreicheren Vaters auf.

Ich habe dafür keine Entschuldigung. Ich wußte, daß ich Wally damit wehtat. Ich sah den Schmerz, wenn ich auf Bill Millefleurs Schoß sitzend mein Mittagessen aß.

In der letzten Woche brachten sie die frischen Pferde ins Feu Follet und probten die Show. Ohne den spektakuläreren Teil meiner Darbietung zu verraten, machte ich meine Figur sichtbar. Ich hing kopfunter an der Leiter, wo Bill mich sehen konnte. Und in all dem tierischen und menschlichen Durcheinander, das nun das ganze Theater erfüllte, und über den Lärm der Taxis auf der Gazette Street hinweg sagte er, »Gute Arbeit«, oder »Das wird schon.«

Nachdem ich derart oft in der Öffentlichkeit gelobt worden war, war ich rasend vor Wut, als man mir mitteilte, daß das Kollektiv beschlossen hatte, mich nicht die Spinne vorführen zu lassen.

Es war natürlich nicht Bill, der mir die Neuigkeit überbrachte, sondern der große, leichendürre Sparrow Glashan. Er war allgemein als unaufdringlicher Mann bekannt. Das sagten alle, und doch nahm er mir ganz en passant meine Rolle weg und merkte nichtmal, was er da tat.

»Aber Bill ... hat gesagt.«

»Bill hat gesagt?«

»Ist noch besser ... ich fall vom Himmel.«

Sparrow lächelte und tätschelte mir den Kopf.

»Leck mich ...«

»Bitte?«

»LECK MICH ...«

Vielleicht verstand er mich. Er tat jedenfalls so, als ob nicht. Er sagte, daß man das Leben eines Schauspielers nur in Saarlim der Unterhaltung wegen gefährde. Er sagte, deshalb sei es besser, Efikaner zu sein.

Ich konnte einfach nicht glauben, was mir mein Vater angetan hatte. Ich sah ihn, wie er lächelte und mit den anderen Schauspielern scherzte.

21

Acht Wochen später, dreihundert Meilen von Chemin Rouge entfernt, kam Bill um die Ecke des Shark Harbour-Gemeindezentrums und sah den HAARIGEN MANN – zwei Meter über dem Boden.

Zuerst wußte er nicht, daß es der Haarige Mann war. Er sah nur mich, den verschnodderten, weißäugigen Tristan, der etwas Dummes und Gefährliches tat. Er brüllte meinen Namen.

Das lockte Wally unter dem halb aufgerichteten Zelt hervor, und er reckte den Kopf heraus wie eine Schildkröte. Meine Maman folgte ihm auf den Knien kriechend, mit einer Kaffeetasse in der Hand.

»Was ist los?« rief sie zu Bill hinüber. »Alles in Ordnung?«

Wally versuchte mich am Bein zu fassen, aber ich war der Haarige Mann und er nur ein Mensch. Ich wich vor ihm aus. Er versuchte mir zu folgen, und man sollte meinen, daß er auf einen Baum klettern konnte – Beine wie ein Louis-Quinze-Möbel und einen prächtigen Bizeps –, aber er kratzte nur und scharrte und konnte sich nicht festhalten.

»Nein, warte«, sagte Bill zu Wally. Ich hörte es. Ich hörte es deutlich. »Warte, ich weiß, was er vorhat.«

Welche Freude dieses Verständnis auch in meinem Herzen auslöste, bei Wally hatte es den gegenteiligen Effekt. Er war bis zu diesem Augenblick Bill gegenüber höflich geblieben, doch nun brachen all die Leidenschaften hervor, die er unter Verschluß gehalten hatte, und er war so wütend – auf Bill, auf mich, auf meine Mutter –, daß er Tannenzapfen aufhob und in den Baum schleuderte. »Du bist doch nie da«, sagte er zu Bill. »Also spiel nicht gerade jetzt den Vater.«

Ein Zapfen traf mich am Ohr.

»Komm runter, du verdammter Bengel.«

»Wally«, sagte meine Maman. »Es reicht.«

Der Haarige Mann hing bereits viereinhalb Meter über ihren Köpfen. Ich schleppte meine schnoddernde Nase in die Höhe, an Ameisenstraßen vorbei. Ich drückte mich fest an die runzlige Rinde, so als ob die Haut allein mich dort schon festhielt, und beobachtete aus zweieinhalb Zentimetern Entfernung, wie sich die Ameisen um die mit Schnodder beschmierte Rinde versammelten.

Ich wartete, daß auch meine Maman begriff, was ich da tat. Sie sagte kein Wort. Ihr Schweigen zog sich immer länger hin und trieb mich immer weiter hinauf. Als ich schließlich nach unten sah, war ich vielleicht zehn Meter über dem Boden.

Mein Publikum war wie versteinert – Wally bleich, mein Vater lächelnd, aber meine Maman war still, so *ungeheuer* still. Sie hielt ihre vom Wind zerzausten Locken am Hinterkopf zusammen und blinzelte zu mir hinauf. Meine Arme taten höllisch weh. Meine Beine hingen wie Schwänze herab. Aber es gab nichts, das ich nicht getan hätte, um den intimen Blick der Bewunderung in ihrem Gesicht aufrechtzuerhalten. Ich traute mich zwar nicht, mich so hinzuhängen, wie ich es geplant hatte, aber ich wandte mich ab und kletterte.

Ich werde nicht so schnell das tosende grüne Meer vergessen, das ich dort oben in dem Baum vorfand, oder den steifen Ostwind, der die Gischt die steile Klippe hinauftrieb und mir so zart auf der aufgescheuerten Haut brannte wie Vincents Eau de Cologne, oder den harzigen, in Kiefern reichlich vorhandenen Saft, oder die Mouettes mit ihren weißen Flügeln und orangefarbenen Augen, die um mich herumzeterten, als ich mich, ohne es zu ahnen, ihrem aus groben Zweigen gebauten Nest näherte.

Alles roch nach Salz und Seetang. Es kam mir so vor, als hätte ich endlich die Frischhaltefolie zerrissen, die mich die ganze Zeit von meiner wahren Geschichte getrennt hatte.

Weit, weit unter mir stand meine stille Mutter. Sie stand neben der grauen Halle aus Verschalungsbrettern, Falten um die Augen, aber immer noch jung und schön, der rote Anorak umspannte sie fest, und der schwarze Rock flatterte wie eine Fahne gegen Wallys krumme, in graues Flanell gekleidete Beine.

»Seht nur«, hörte ich sie sagen. Und selbst aus dieser Entfernung spürte ich die Verbundenheit zwischen ihr und mir.

Wally sagte, »Um Gottes willen.«

Der Wind blies ihre Entgegnung fort.

Ich hörte Bill nur sagen, »... Kind.«

»Das weiß er«, sagte meine Mutter.

Was wußte ich? Ich wußte gar nichts. Ich wußte nur, daß ich schwach war, Schmerzen hatte, wahnsinnig vor Angst und Freude, daß der Ast, an dem ich entlangglitt, sich bog, daß ich eines berühmten Todes sterben könnte, daß der Himmel strahlend kobaltblau war, daß die Vögel mich mit ihren Flügeln schlugen, daß die Flügel nicht weh taten, daß ich nicht wußte, wie man rückwärts kletterte. Ich erstarrte. »Seht nur«, sagte meine Mutter. »Er weiß, was er tut.«

Trotzdem war ich sehr froh, Bill sagen zu hören, »Vielleicht sollten wir eine Leiter holen.«

Ich machte mich gezwungenermaßen auf den Rückweg. Aber meine Beine wollten nicht zurück. Die Vögel griffen wieder an. Ich schloß die Augen und schlug sie wieder auf. Ich konnte das Nest vor mir sehen, ein Bündel aus Zweigen mit einem eingewebten Bonbonpapier. Wenn ich ein Berühmter Schauspieler wäre, was würde ich tun? Ich hatte keine andere Wahl, als meine Nummer aufzuführen und auf das Nest zuzukriechen. Darin lagen vier Eier, blaßblau mit braunen Flecken. Ich wollte der Rolle gerecht bleiben, bis zum Tod.

»Wozu soll denn jetzt eine verdammte Leiter gut sein?« kreischte Wally. »Was soll ich denn mit einer Leiter anfangen?«

Der Zweig bog sich und schwankte. Ich lehnte mich vor und drückte mein Gesicht tief ins Nest.

DER HAARIGE MANN nahm ein Ei ins Maul. Er hielt es dort fest und versuchte, drumherum zu atmen.

»Ihr hättet auf mich hören sollen«, kreischte Wally. »Nicht darauf warten, bis sowas passiert.«

DER HAARIGE MANN wollte sich übergeben. Er konnte die Vogelscheiße im Mund schmecken.

Ich atmete durch die Nase und schaffte es, meine Arme dazu zu bringen, sich rückwärts zu bewegen. Ich wußte, daß mich mein berühmter Tod jetzt noch nicht ereilen würde. Ich erlebte das Gefühl, das ich später hatte, als ich meine erste Show in Saarlim aufführte – ein Gefühl von ungeheurem Wohlbefinden, das durch den pochenden Schmerz in meinen Armen nicht gestört, sondern noch verstärkt wurde. Ich kletterte den Baum hinab, meine Arme fühlten sich vom Blut warm und klebrig an, und schüttelte die innige Umarmung meiner Mutter ab.

»Ah«, sagte ich. »Mh-mh-MH.« Endlich bemerkte sie es: Das Ei in meinem Mund.

Sie streckte die Hand aus, ihre Augen strahlten, dieser strahlende, strahlende Blick, vor Liebe strahlend, nichts kommt dem gleich, und sie fing an zu lachen. Ihre Jacke war mit meinem Blut beschmiert, ihre Wange rot von meinem Blut.

»Du kannst eine Sammlung anlegen«, sagte sie. »Ich werde dir ein Buch über Vögel kaufen.«

»Du bist verrückt«, sagte Wally. Ich dachte natürlich, er meinte meine Maman.

Er griff nach mir und hielt mich so fest, daß es weh tat – Kinn, Reißverschluß, die Arme zu fest um die Brust gedrückt – Tabak, kalter Schweiß, Gummi, Salbe für sein kaputtes Knie. »Du bist wahnsinnig«, sagte er, als er mich losließ und mir das verklebte Haar glattstrich.

»Beruhige dich«, sagte Bill. »Er hat den Zirkus im Blut.«

»Du hältst dich da raus«, sagte Wally zu Bill und dann zu meiner Maman, »Das möchte ich nicht noch mal erleben.«

»Ich glaube nicht, daß du eine Wahl hast«, sagte meine Mutter.

Sie legte mir die Hand auf den Kopf und sagte, »Willst du sehen, wie man das Ei aufheben kann?« fragte sie mich. Und sie zeigte es mir, gleich neben dem alten rostigen Tank. Sie bohrte zwei kleine Löcher in die beiden Enden des Eis und blies es aus.

»Das ist das Mouette-Baby«, sagte Wally. »Willst du ihm das vielleicht beibringen?«

»Ich will, daß er stark und mutig ist«, sagte Felicity.

»Das kannst du ihm nicht beibringen«, sagte Wally. »So ist man. Und er ist es sowieso schon.«

»Stimmt. Das ist er.« Und sie gab mir das Ei zurück, das nun ganz leicht und vor Eiweiß so glitschig war wie meine eigene Haut vor Blut.

22

Zwei Wochen, bevor der Haarige Mann auf den Baum kletterte, war mein Vater losgezogen, um in einer der kleinstädtischen Einkaufszentren eine Saarlimer Zeitung zu suchen.

Er hatte meine Mutter auf der Stoßstange des Haflingers Vanilleeis essend zurückgelassen. Er war mit einer zerknitterten ausgewaschenen Arbeitshose und einem karierten Hemd bekleidet in die glänzende Einkaufspassage mit ihrem feucht gewischten Fußboden gegangen, aber trotz seiner gewöhnlichen Kleidung trug er seinen Ruhm mit sich – die Weichheit seiner Haut, deren Glanz.

Während er die am frühen Morgen noch leere Passage entlangging, war er sehr glücklich darüber, genau dort zu sein, wo er war. Am Abend zuvor war die Vorstellung ausverkauft gewesen. Am Abend würde sie wieder ausverkauft sein. Es war ein strahlender Tag, siebenundzwanzig Grad. Er hatte vor, den Vormittag von einem Karweelboot aus fischend zu verbringen.

Bill kehrte im Sommer nach Efika zurück, wie andere Schauspieler, seine Kollegen in Voorstand, Berge in Nepal bestiegen, nämlich um den Kontakt zu etwas Grundlegendem aufrechtzuerhalten, das zu erfahren ihm sein wirkliches Leben verwehrte.

Hier auf den Inseln Efikas gab es Zirkus, Theater, Pferde, Einsamkeit, Konflikte, Schlachten, die, so konnte man sich vorgaukeln, zu gewinnen waren. Hier, wo man für ein paar Kröten in einem beschissenen kleinen Zelt am Rande der abbröckelnden Küste Inkermans arbeitete und vor Austernzüchtern mit scharfgeschnittenen Gesichtern spielte, konnte man die konzessionierten Sirkuskuppeln und Videosatelliten vergessen, die oberhalb der Ozonschicht kreisten, und sich vorstellen, daß das Theater immer noch das Schicksal eines Landes verändern konnte. In Efika konnte man sich einbilden, ein Krieger in einer großen Schlacht zu sein, und wenn man auf Tournee war, dann lebte man mit anderen zusammen, die dieselbe Illusion teilten. Wenn man auf Tournee war, dann spielte man, als ob Kunst etwas bedeutete. Man agitierte unter einem *petite tente* und erfand die Kultur des eigenen Landes.

Und er war – obwohl er dies im nächsten Augenblick wieder vergessen sollte – erfreut darüber, sein Gesicht auf dem großen blauen Plakat für den *Simpel-Sirkus* am Zeitungskiosk zu sehen, erfreut darüber, wie wichtig er in seinem eigenen Land war. Und als eine Stimme seinen Namen rief, »Bill Millefleur«, drehte er sich zu ihr um wie ein Schauspieler zum Licht.

Er sah zwei Teenager in konservativ geschnittenen Three-Button-Anzügen.

»Hallo, Jungs«, sagte er.

Er war von der Szene so überzeugt, daß sein Hirn – entgegen aller physikalischen Beweise – darauf beharrte, daß es sich um einen Stift handelte, als der Knopfnasige von den beiden ein Teppichmesser zückte.

Bill lächelte.

»Ein Muddy«, sagte der Junge und schien mit dem »Stift« über Bills Wange zu wedeln.

»Tapette«, sagte der andere und spuckte.

Er spürte keinen Schmerz, und als er die Feuchtigkeit auf seiner Wange spürte, hielt er sie für die Spucke. Die beiden jungen Männer rannten nicht davon. Sie machten kehrt und verschwanden still zwischen der Nylonunterwäsche, die im Lucky Plaza angeboten wurde, und dann schmerzte und brannte Bill das Gesicht, und da wußte er, daß ihm von Anhängern der Ultraroten das Gesicht aufgeschlitzt worden war.

Während er zusah, wie das Blut in dicken trägen Tropfen auf den gekachelten Boden der Einkaufspassage platschte, dachte er, was für ein Dummkopf er gewesen war.

Er war Schaupieler, verunstaltet, und wofür? Aus welchem gutem Grund? Um mit der Politik herumzuschauspielern? Er ging durch die Passage, lächelte wehmütig, beugte sich vor, um sich nicht das Hemd zu bekleckern, doch als er wieder bei Felicity auf der Straße war, glänzte sein Gesicht vor Blut. Sie saß mit übereinandergeschlagenen Beinen auf dem Kotflügel des Lastwagens und aß immer noch an dem Eishörnchen, doch als sie ihn sah, glaubte er, eine kurz aufflammende Erregung in ihren strahlend grünen Augen zu sehen.

Vertrauen war für Bill stets eine fragile Sache, und als er die Erregung meiner Mutter sah oder glaubte, gesehen zu haben, hielt er dies für eine voorstandische Reaktion – die Erregung durch Risiko, Gefahr, Blut. Das war der gleiche Blick, den man jede Nacht in den Augen der Menschen sah, wenn sie in Saarlim Schlange standen. Er war es, der Voorstand zu Voorstand und zur Fremde machte, ganz gleich, wie lang er dort blieb.

Er machte ihr Vorwürfe. Er machte ihr stumme, heimliche Vorwürfe, sein Gesicht auf das Plakat gedruckt zu haben, seinen Ruhm mißbraucht zu haben, um Eintrittskarten für etwas zu verkaufen, das nach seinem Geschmack bestenfalls durchschnittlich war. Und jetzt auch noch diese verdammte Narbe, diese Wunde.

Sie stillte das Blut mit ihrem Seidenschal, sagte die Abendvorstellung ab, flog ihn nach Chemin Rouge zurück, damit er einen guten Arzt aufsuchen konnte; doch irgendwie änderte dieser Schnitt einiges für Bill, und als er sah, wie sie unter der Kiefer das Ei ausblies, hielt er das für typisch.

Was er ihr nicht sagen konnte, war: Der alte Wally mit seinen lappigen Ohren hatte sich wie ein Efikaner benommen, nicht schüchtern, sondern aus Respekt vor dem Leben. Sie war eine Fremde, eine Ausländerin, ganz gleich, welche leidenschaftlichen Reden über Kultur oder Navigationskabel sie schwang, und er war überrascht – als er an jenem Abend nackt neben ihr lag, sich neben sie auf das Doppelbett im Shark Harbour Motor Inn drückte – über das Maß an Feindseligkeit der Frau gegenüber, die er stets für seine wahre Liebe gehalten hatte.

»Er hat keine Eier gesammelt«, sagte er.

»Ach Süßer, er hat sie mir doch gebracht.«

»Das war der Haarige Mann. Das war seine Rolle.« Er dreht sich auf die Seite und stützte sich auf den Ellbogen. »Er hat dir seine Rolle vorgespielt. Er wollte dir zeigen, daß er den Mumm hat, seine Rolle zu spielen. Das mit den Eiern war nicht geplant. Er hat sie zum Ziel seiner Rolle gemacht.«

Sie lächelte. »Du machst daraus eine Geschichte über dich selbst.«

»Tu ich nicht.«

»Du meinst, er ist auf den Baum geklettert, nur weil du ihm einmal eine Postkarte geschrieben hast?«

»Alles, was ich sagen will«, entgegnete er, »ist, daß es nicht allzu ungewöhnlich wäre. Wir haben ihm eine Rolle gegeben und sie ihm wieder weggenommen.« Doch bevor er noch ausgesprochen hatte, schüttelte sie schon den Kopf, und er ließ sich auf den Rücken fallen und starrte den wasserfleckigen Putz an.

Vor seinem geistigen Auge konnte er sehen, wie sie in zehn Jahren aussehen würde, leicht habichtartig, ihre Augen noch immer erstaunlich lebendig, und er wußte, er würde sie dann bestimmt nicht mehr lieben, nicht wegen ihres Aussehens, sondern weil die Kraft, die er da sah, immer weiter destillierte, stärker wurde, sich von etwas Sexuellem zu etwas Kaltem, Kontrolliertem verwandelte.

»Das hat mit dir nichts zu tun«, sagte sie. »Außerdem wäre es lächerlich für ihn, Schauspieler zu sein.«

»Bitte«, sagte er, »ich bin keine neunzehn mehr.«

»Nein«, sagte sie und sah ihn an, und er fragte sich, ob sie wohl an dasselbe wie er dachte – an jenen lang vergangenen Tag, als sie ihn schließlich von der Gasse hereinbat, um mit dem Kollektiv zu essen. Er hatte sie flachlegen wollen, so einen Steifen hatte er – wie sie die Lammkeule tranchierte, wie sie dastand, die Beine breit, wie die kleinen Hände Messer und Gabel hielten, die dicken roten Fleischscheiben, das Blut auf dem Teller. Sie machte ihm Angst. Er konnte seine Augen nicht von ihr lassen.

Er hatte geglaubt, er würde die Blumen für eine Vegetarierin klauen, aber sie hatte seinen Teller mit Fleisch vollgehäuft und ihm ganz tief in die Augen geblickt – von Anfang an hatte die Sache mit Blut zu tun.

Er war verrückt nach ihr, von Ophelia an. Sie schlief mit ihm, aber nie sagte sie, daß sie ihn liebe, bis sie das Voltigieren sah, und von da ab gab sie ihm all diese Kosenamen, Mutiger Billy-fleur, usw. Die Innenseiten ihrer Schenkel schimmerten feucht.

Dreizehn Jahre später lag Bill neben ihr im Bett und stellte fest, daß er nach Saarlim zurückwollte. Er glitt mit der Hand über die Flanke, strich ihr sanft von der Achselhöhle bis zur Hüfte, und dabei ließ er zu, an all die Dinge zu denken, wegen der er wütend war – daß er sich in der Öffentlichkeit und auf dem Plakat mißbrauchen ließ, daß er mit ihrer Sache in Verbindung gebracht wurde, daß er benutzt und verunstaltet worden war, vielleicht nur vorübergehend, vielleicht auch nicht, daß sie so davon besessen war, recht zu haben, daß sie sich nicht mal einen anderen Standpunkt anhören konnte.

»Sei bitte nicht böse«, sagte sie und sah ihm über die Schulter hinweg ins Gesicht, auf dem, das wußte er, die kleine verräterische Linie über der Braue zu sehen war.

»Ich bin nicht böse.«

»Siehst du denn nicht – es wäre doch lächerlich, wenn er Schauspieler wäre.«

»Ich habe ihn nicht dafür vorgeschlagen«, sagte er und gab ihr einen Kuß.

»Weißt du eigentlich, wie sehr ich ihn liebe?« fragte sie. »Du glaubst doch nicht, daß ich ihn nicht liebe?«

»Keine Sorge«, sagte er und lachte kurz – es lag eine Art von *Besessenheit* in der Art, wie sie ihren Sohn liebte.

»Ich weiß, ich verliere die Geduld mit ihm. Ich habe fürchterliche Dinge zu ihm gesagt, aber ich liebe ihn.«

Für Tristan würde sie sich selbst verleugnen, gegen sich selbst arbeiten, an Orte gehen, die sie langweilten, Sex sein lassen, Dinge essen, die sie haßte, ihn berühren und streicheln, als sei er genau das makellose Kind, daß alle erwartet hatten, als sie ihn Tristan taufte. Ihre Erwartungen an sich selbst waren so hoch, daß sich der Druck nach sechs Wochen auf Tournee deutlich zeigte. Bill sah, wie sie ihn ankleidete, brutal manchmal, wie sie an dem engen Pullover mit dem Polokragen riß, obwohl er darunter schrie. Sie schlug ihn mit der pieksenden Haarbürste über den Kopf und zerrte mit dem Kamm an den Knoten im Haar.

Sie wollte nicht so sein, und das Kind auch nicht. Bill beobachtete beide, wie sie sich bemühten. Sie entschuldigten sich gegenseitig. Es war rührend anzuschauen, wie die kleine Kreatur mit den blassen feuchten Augen seiner wunderschönen Mutter über die Wangen strich. Es war auch bedauernswert anzuschauen, wie er ihr aus dem Weg zu gehen versuchte, sich selbst beschäftigte, um nichts bat, seine erschreckenden Gliedmaßen unterm Körper verbarg, eine Ecke des Bettes belegte, wo er sie des Nachts nicht trat, doch am Ende konnten beide nichts daran ändern. Er ließ ein Buch fallen oder ein Glas, oder er machte ins Bett. Bill, der eingenickt war, wachte auf und sah Felicity, die Tristan anschrie, sah Tristan, der sich übergab, sah ihn, wie er den Gang hinunterkroch, um in Wallys Zelt zu schlafen.

»Glaubst du wirklich, daß er eine Rolle spielen wollte?« Es schauderte sie. »O Gott.«

»Woher soll ich das wissen?« sagte Bill. »Wie du schon sagtest – ich kenne ihn ja kaum.«

Der nördliche Sommer war fast vorbei. Bald war Saarlim wieder bewohnbar.

»Du bist ihm sehr wichtig«, sagte meine Maman.

Bill machte sich von ihr los. »Kinder sammeln nun mal Eier«, sagte er bestimmt. »So sind sie eben.«

23

Während Wally den Haflinger auf die alte Färberstadt Melcarth zusteuerte, beobachtete er meine Mutter in dem zitternden Spiegel über seinem Kopf. Er beobachtete das vibrierende Spiegelbild ihrer Lippen, während sie mir aus DIE VÖGEL EFIKAS vorlas.

Er kannte das Buch – all diese gefleckten Eier und Farbtafeln. Er glaubte, Tristan Smith ließe sich von ihnen verführen, konnte nicht ahnen, daß ich gelangweilt, schlimmer noch als gelangweilt war. Ich war DEPRIMIERT. Ich war SCHAUSPIELER, kein Eierlutscher. Ich hatte eine ROLLE gespielt, aber nichts, was ich sagen konnte, würde dies meiner Mutter oder meinem Vater klarmachen. Sie wollten nichts davon wissen.

Wally beobachtete uns vom Fahrersitz aus. Er glaubte, ich begäbe mich auf die gefährliche Laufbahn als Eiersammler, und ihm schwirrte der Kopf beim Versuch, ein Gegenmittel zu finden. Während er fuhr, sprang sein Blick von der Straße auf die Wassertemperaturanzeige, und sein Gesicht wirkte stumpf, hohlwangig, leer. Tatsächlich hatte es sich ganz um seine Gefühle herum zusammengezogen, und diese Gefühle waren zwar diffus und in die Landschaft hinausgerichtet, konzentrierten sich aber auf den Rücksitz des vollen Busses – Tristan Smith, Felicity Smith, Bill Millefleur, letzterer mit einer leuchtendroten Narbe vom Kinn aufwärts.

Wally starrte durch die dreckige Windschutzscheibe hinaus auf die graue, staubige Straße, eine fette Cancerette an der Unterlippe klebend. Ab und zu überkam ihn eine Schreckensvision von meinem verletzten Körper, gebrochene Knochen, geschlossene Augen. Sie überkam ihn aus dem Nichts, wie ein Riß im Film des Lebens. Er schrak vor dem Bild zurück und blinzelte mit blutunterlaufenen Augen. In der Zwischenzeit blätterte meine Mutter um. Sie konnte die gebrochenen Knochen nicht sehen, aber sie war ja auch nicht diejenige, die meinen leblosen Körper auf einem Bett aus Kiefernadeln finden würde. Er würde es sein. Er würde es sein, weil er da sein würde.

Er hatte mehr Stunden, mehr *Minuten* mit mir verbracht als meine Mutter oder mein Vater, als irgend jemand sonst im Bus. Er war es, der mit mir stritt, der mir die Medizin den würgenden Hals hinunterzwang, der mich um neun am Premierenabend ins Bett brachte. Er war es, der mich anschreien und mir drohen mußte. Er war mein Babysitter, mein Kindermädchen, mein bezahlter Begleiter. Wenn wir beide allein auf der Straße waren, bewegte er sich in der Dunstwolke meiner mächtigen Fürze. Er drückte mich an sein mit Palmen bedrucktes Kunstseidenhemd und schob den Einkaufswagen durch den Supermarkt, und mein Leben brannte sich in das seine ein. Meine schwieligen Knöchel drückten sich auf seiner Brust ab. Er verstand meine Sprache, ohne daß ich mich wiederholen mußte. Er bildete sich ein, meine Seele zu kennen. Das war sein Glaube. Er konnte niemals einer von denen werden, die sagten, wie wunderschön ich sei. Tatsächlich lag in dem Blick seiner hellgrauen, gesprenkelten Augen eine stumme Verachtung für jene, die das behaupteten.

Er war ein scheuer, grimmiger Mann, dessen Leidenschaft im Verborgenen glühte. Die einzige Möglichkeit, seine Gefühle zu erahnen, lag in der Heftigkeit seines Zorns, in der Art, wie er meine Mutter wegen der Leiter angebrüllt hatte. Sie verstand genug von ihm, um ihm auf die Schulter zu klopfen und ihm einen leichten Kuß auf die Wange zu geben, als sie in Shark Harbour mit dem funkelnagelneuen Buch unterm Arm in den Bus stieg. Verdammt, sie zog an seinen Strippen, drückte die richtigen Knöpfe. Aber sie war immer noch dieselbe Person, die das Mouette-Ei ausgeblasen hatte. Sie ließ es einfach auf den Boden klatschen, wie Rotz oder Sperma, wie ein armes, vergeudetes Leben, daß sich an die Grashalme und Dornen neben dem Tank der Mechanikerschule von Shark Harbour klammerte.

Wally hatte versucht, mit Bill darüber zu reden, aber der – er hatte es gesehen – distanzierte sich bereits von dem Kind, das zu verführen er sich so angestrengt hatte.

»Kinder sammeln nun mal Eier«, hatte Bill gesagt. »So sind sie eben.«

Wally fand, Bill habe kein Recht, sich Vater zu nennen. Sie hatten kein Recht, ein Kind zu haben, keiner von beiden. Aber er hatte keine Macht über sie, ihre verdammten Leben lagen nur in seinen Händen, während er fuhr. Er dachte darüber nach: Die Straße. Dort suchte er seinen Frieden, in dem weichen grauen Sand.

Wally fuhr gern, vor allen Dingen, wenn es über die Inseln des Französischen Halsbands ging, wo der *Cactus Ottomania* am besten gedieh, wie Kapitän Girard festgestellt hatte. Wally mochte die Straße – das wahre Efika, wie er fand –, eine weiche, graue, unbefestigte Straße mit langen geraden Abschnitten, die nur durch zerfurchte, brückenlose sandige Flußbetten durchbrochen wurden. Er mochte es, wenn ihm die Riffeln des großen altmodischen Lenkrads durch die trockenen Hände glitten. Er mochte es, wie der Sand den Grip der grobstolligen Reifen weicher werden ließ. Aber vor allem mochte er die Vorstellung, daß ein Fremder durch diese Landschaft voll unzähliger langweiliger kleiner Kakteen fahren konnte, ohne irgend etwas zu sehen – daß Sie, Madam, Meneer, sie abtun, heruntermachen würden – sie für blöd, verarmt, dumm halten würden – ohne zu wissen, daß es parallel dazu eine zweite, eine chemische Landschaft gab, in der die Tinkturen der Kakteen karminrot leuchteten.[36]

Keiner von uns, die wir auf der Rückbank saßen, keiner der Schauspieler und Handlanger, die im Bus Karten spielten oder schliefen, ahnte, daß der ungebildete Fahrer durch den Spiegel seiner Seele reiste.

Melcarth selbst war niemandes Spiegel, mit Ausnahme von Kapitän Girard, der es zur Hauptstadt von Neufasie erklärt hatte.[37]

Wie üblich waren auf den Bierdeckeln im Melcarth Inn die Höhlen abgebildet, aber an jenem Abend brauchte Wally keine Bierdeckel. Nachdem er den Bus zwischen den engen, häßlichen Betonsäulen geparkt hatte, die das Motel über dem graubraunen Fluß hielten, wusch er ihn. Es war gerade Happy Hour, eine Zeit, die er normalerweise in der Bar verbrachte und in der er Geschichten aus seinem Leben zum

---

[36] Die Kakteen Efikas – *Cactus Tinctorum, Nez Rouge,* Der Rücken des Armen Mannes – färbten einst die Uniformröcke der italienischen Soldaten, die Roben der französischen Chorknaben, die Zeremonienmäntel der Könige und Königinnen von England. Am ersten Montag jeden Monats können Sie in Chemin Rouge ins Museum gehen und sich die alten roten Stoffe anschauen, die dort hoch aufgestapelt liegen – leuchtend rot, krapprot, rosa, karmesin, rubin, zinnober. Dort sind auch zwei Docken roten Garns zu sehen, die einst dem letzten Ureinwohner in Nez Noir gehörten, doch ist über die Herkunft dieses Ausstellungsstücks nur wenig bekannt.

[37] »Hier gibt es einen Berg, aus dem das feinste Blau gefördert wird. Es gibt Adern in der Erde, aus denen Silber gefördert wird. Der kleine Kaktus ist derart häufig anzutreffen, daß man bis in alle Ewigkeit für alle Männer des Königs rote Uniformen anfertigen könnte, wenn man nur soviel Tuch hätte. Es gibt Geflügel im Überfluß, und die Fischgründe sind gut. Wieder wählten wir ein famoses kleines Haus in einer Höhle und dankten Gott, daß er uns nach so vielen Irrfahrten in dieses Eden geführt hat.« Girard, *Journals,* vol. xv.

besten gab, die ihm vielleicht »ein wenig Gesellschaft« einbrachten, doch diesmal wollte er allein sein, und er verbrachte die Happy Hour damit, einen Gartenschlauch und Demi-bottes zu suchen, und dann wusch er, nicht den Pferdetransporter, nicht den gemieteten Lastwagen – die gehörten nicht in seine Zuständigkeit, wie er fand –, sondern seinen geliebten Haflinger, wusch ihn langsam, gründlich, und er dachte die ganze Zeit darüber nach, welche Möglichkeiten er hatte, die Pläne meiner Mutter zu durchkreuzen.

Im ersten Jahrhundert EC war Melcarth eine berühmte Färberstadt gewesen, und obwohl die Färbereien schon seit langem geschlossen waren, sah der Fluß immer noch so vergiftet aus wie einst, als die Färbereien dafür verantwortlich waren. Die Ufer waren mit Chemietanks und alten Lagerschuppen vollgestellt, in denen früher rote Tuche wie Perserteppiche gehortet worden waren, die aber nun halb zerfallen waren und auf denen die silbrig schimmernden, geisterhaften Spuren einer Werbung für Hellas-Aspirin zu sehen waren. Als die Sonne unterging, nahm Wally die Zeltstangen und Halteseile, die an der Flanke des Busses befestigt waren. Er nahm sie Stück für Stück und legte sie auf dem benachbarten Stellplatz aus. Er reihte die fünfzehn Zentimeter dicken Aluminiumstangen und die zweieinhalb Zentimeter dicken Seile säuberlich parallel auf.

Er fegte den Bus aus, leerte die Aschenbecher, legte die Decken zusammen, schüttelte die Haschkippen und Kekskrümel und Schokoladenpapiere aus und fegte sie säuberlich in eine dunkle Ecke des Parkplatzes. Dann hockte er sich hin, den Rücken an die fleckige Betonwand des Parkplatzes gelehnt, und fügte dem Flußgeruch aus kaltem Schlamm und Flederhunden den Duft von holländischem Tabak hinzu.

Der Fluß spiegelte die Sonne wider und flammte widerlich kupferfarben auf, bevor er aschfarben purpurrot und schließlich – als die Neonlichter über Wallys Haupt aufflammten – tief und endgültig schwarz wurde.

In diesem Augenblick, als alle Stangen und Seile noch auf dem Boden lagen, fuhr Roxanna Wonder Wilkinson ruckelnd, abgebrannt, verlassen und nach verschüttetem Kerosin stinkend, auf den Parkplatz. Sie setzte auf dem Rinnstein auf, ließ die Reifen auf dem glänzenden Beton quietschen und brachte den Wagen direkt vor Wally kreischend zum Stehen.

Sie sah genauso aus wie Irma[38]. Das war das erste, was ihm auffiel – die ungeheure Ähnlichkeit. Sie hatte dasselbe blonde Haar, trug dasselbe rote Kleid. Sie war stämmig, drall. Sie hatte dieselbe pfirsichsamtene weiße Haut, dieselbe kecke Nase.

Sie versuchte, den Wagen mit dem kleinen Campinganhänger einzuparken. Wally sah zu, wie sie das Lenkrad von einem Anschlag zum anderen kurbelte. Er dachte nicht mehr an die Eier. Das Reifengummi quietschte unangenehm auf dem Beton. Sie kroch vorwärts, sie kroch rückwärts. Er rutschte auf dem Gesäß herum und warf seine Zigarette weg.

Wally stand auf. Er wischte sich die Hände sorgsam mit dem Taschentuch ab. Er kämmte sich mit zwei Strichen das Haar. Er schob den Kamm in die Brusttasche, ging über den neonstrahlenden betonierten Vorplatz und beschirmte sich die blassen Augen mit einer sommersprossigen Hand, die sich in zehn Minuten um Roxannas Taube legen würde.

24

»Kann ich Ihnen behilflich sein?« fragte Wally.

Er legte seine sommersprossige Hand auf die Kante der Wagentür, und Roxanna betrachtete sie eingehend: die breiten rosigen Fingernägel des Fremden, die auf der heruntergekurbelten Scheibe lagen.

Sie stellte den Motor ab, ließ den Wagen so schräg in die Einfahrt ragend stehen, wie er war. »Haben Sie mal Feuer?« fragte sie. Gestern um diese Zeit war sie eine verheiratete Frau gewesen.

Wallys Feuerzeug war silbern, mit Windschutz. Als es aufflammte, war es rot und rußig, und Roxanna – ihre Abenteuer mit Kerosin noch frisch in Erinnerung – wischte sich die Haare aus dem Gesicht, um sie nicht zu verbrennen.

»Es ist Happy Hour«, sagte Wally, als sie den Rauch ausgeatmet hatte. Das hielt er einfach als Tatsache fest. So als sei Happy Hour und deshalb Punkt Punkt Punkt.

---

[38] Die Rolle der kleinen blonden Naiven, die im Saarlimer Sirkus die »Großen Werke« vorträgt, ist in Efika stets als »Irma« bekannt gewesen. Warum sie hier Irma und dort Heidi heißt, kann mir keiner sagen. [TS]

Bis zu diesem Augenblick war Roxannas einziger Plan gewesen, sich im Motel einzumieten, auf dem Zimmer zu essen und ohne zu bezahlen zu verschwinden. Nun besah sie sich diesen Mann und begutachtete ihn. Sie hatte früher schon schlimmere Dinge angestellt, aber die Wahrheit war – Schlimm! –, sie hatte einfach nicht mehr die Nerven für solch ein Leben.

»Könnten Sie mir wohl sagen, an welchem Tag das örtliche Zine erscheint?« sagte sie und versteckte sich hinter ihrem Taschentuch vor seinem eindringlichen Blick, putzte sich geräuschvoll und absichtlich unattraktiv die Nase. Sie fand in ihrer Handtasche ihre Sonnenbrille und setzte sie auf. »Ich muß eine Anzeige aufgeben.«

»Was haben Sie denn zu verkaufen?« fragte er. Er hatte eine hohe Stirn wie ein Clown und traurige, graue, gefleckte Augen.

»Tauben«, sagte sie offen heraus.

»Was für Tauben?« fragte Wally. »Ich kenne da einen jungen Mann, der vielleicht interessiert wäre.«

»Brieftauben«, sagte sie.

»Er kann ja mit ein paar Straßenpickern anfangen.«

»Das sind keine Straßenpicker«, sagte sie. »Das sind Brieftauben mit *Stammbaum.*«

»Ich hatte einen Großvater, der Brieftauben hatte«, sagte der Mann spekulierend. »Er hat 'ne Menge Rennen gewonnen, aber Stammbäume hat er nie gehabt. Ich hatte mal einen *Hund.*« Er lächelte: er hatte breite, blasse Lippen. »Aber der *hatte* einen Stammbaum.«

»Also, sind Sie interessiert, oder was?« Sie zog die Autoschlüssel ab. Sie wischte sich die Hand mit dem Taschentuch ab. »Ich hab noch andere Interessenten.«

»Ich könnte mich überreden lassen.«

»Was glauben Sie eigentlich, wovon ich rede, Mister?« sagte sie.

Er öffnete ihr die Wagentür und trat höflich zurück, damit sie aussteigen konnte. »Nicht von Tauben«, sagte er und grinste.

»Die Tauben sind teuer«, sagte sie und senkte den Blick, als sie die Wagentür abschloß. »Mehr wollte ich nicht sagen. Das ist kein Spontankauf oder sowas.«

Als sie nach hinten zum Wohnanhänger ging, spürte sie Wally Paccione's sommersprossige Hand, fühlte sie einen Zentimeter von ihrem roten Faltenrock entfernt, beharrlich wie eine Fruchtfliege, doch als sie einen Blick über die Schulter warf, sah sie, daß er noch nichtmal in ihre Richtung schaute, sondern nach hinten auf die kreidig grünen Moteltüren.

Als sie ihm die Tür des Anhängers aufsperrte, drang der Gestank nach außen.

»Tut mir leid«, sagte sie.

Dieser Geruch hatte Reade in den Wahnsinn getrieben. Er hatte sie andauernd drum gebeten – jeden Morgen, bevor er losfuhr –, bitte, mach den Dachboden sauber. Wenn sie das Gefühl hatte, daß Tauben GROSSES GELD einbrachten, hatte sie geputzt – Besen, Scheuerbürste, Desinfektionsmittel. Sie war ganz fanatisch gewesen. Sie hatte Erbsen ausgestreut, gemahlene Hirse, Schlachterfutter. Täglich untersuchte sie jede Taube – Augen, Kehlkopf, usw. Doch als sie erkannte, welche Vorstellungen Reade vom GROSSEN GELD hatte, gab sie die Tauben auf.

Wenn sie eine Waffe gekauft und Reade in eine Bank gescheucht hätte, dann hätte er sie für ein Genie gehalten. Doch als sie Bücher bestellte, lachte er, furzte und prustete seinen Drink zurück ins Glas.

»Deine Lippen bewegen sich«, sagte er. »Deine verdammten Lippen bewegen sich, Roxanna.«

Sollte er doch lachen. Dann sah er bemitleidenswert aus.

Sie saß im Bademantel in der Küche, Toastkrümel in die Ellbogen gedrückt. Sie las über Sachen, die ihn verwirrten: die Herstellung von Zinnsoldaten im Europa des neunzehnten Jahrhunderts, zum Beispiel. Seine Lippen kräuselten sich, aber seine Augen blickten verängstigt. Er konnte sich nicht vorstellen, wozu das gut sein sollte. Das sollte er auch nicht. Sie las langsam, hielt ein Holzlineal unter jede Zeile.

Er kam mit einer Bierfahne nach Hause und nahm ihr das Lineal weg. Sie wußte, er hing mit dieser voorstandischen Witwe oben im Büro des Kassierers herum. Er sah nicht mehr schön aus. Seine sexy roten Lippen waren ganz verzerrt, und seine Augen traten ihm aus dem Kopf, als hätte er es an der Schilddrüse. Er war ihr Ehemann, aber sie betrachtete ihn aus ganz, ganz großer Entfernung – noch so ein Kerl ohne Verstand, der mit Windhunden, Tauben, Opossumfellen ganz groß rauskommen wollte.

Reiche Leute gaben sich nicht mit Sachen ab, die Dreck machten oder von denen man krank wurde. Das taten nur arme Leute. Reade hatte schon Bronchitis, Züchterlunge, von all dem Taubenstaub, der jedesmal in weißen Wolken aufstob, wenn sie sich hinsetzten.

Das merkwürdige war: als er verduftete, ließ er auch die Tauben zurück. Und nun waren sie ihr einziger Besitz.

»Kann ich mal eine in die Hand nehmen?« fragte sie der Spekulant am Melcarth Motor Inn.

Sie kreuzte die Arme vor der Brust und beobachtete, wie er den Käfig heraushob und ihn öffnete, ohne daß man ihm das trickreiche Schloß erklären mußte. Er nahm den Vogel – die Hände um die Brust und um den Hals, wie ein Züchter.

Was sie nicht wissen konnte: Die einzigen zwei wirklich glücklichen Jahre in Wallys Kindheit hatte er bei seinem Großvater mütterlicherseits verbracht, genau die Art von Mann, die Roxanna so verabscheute – der Arbeiter mit einer Leidenschaft für Tauben, ein Mann, der 25-Cent-Wetten abschloß, seinen Vogelbestand hochzüchtete, einen Straßenpicker mit einem anderen kreuzte und von großen Wetten und berühmten Vögeln träumte.

Sie beobachtete ihn, wie er mit seinen nikotinfleckigen Fingern über den Hinterkopf des Vogels strich, und dachte, daß er sich genau wie Reade benahm, wenn er sich in einem teuren Laden Krawatten ansah. Sie war tief in Gedanken versunken. Sie hörte nicht, daß fünf Mitglieder des Feu-Follet-Ensembles über den Platz kamen und hinter ihr stehenblieben. Sie dachte, daß sie wieder da gelandet war, wo sie angefangen hatte – wenn er diese Vögel nicht kaufte, mußte sie sich wieder für Geld prostituieren.

Dann hörte sie die scharrenden Schuhe hinter sich. Die Nackenhaare standen ihr zu Berge. Sie wirbelte herum und sah Tätowierungen, Gesichtsnarben, zerrissene Hemden und Pullover, einen kahlköpfigen Mann mit strahlend blauen Augen, der ihre Brüste anstarrte. In den Falten ihrer Hände sammelte sich Schweiß.

Da war eine Frau mit einem Akzent wie ein Sirkus-Star. Sie war auffallend schön, blasses Gesicht, kupferfarbenes Haar, und hielt ein blondes Kind, das sich unter einem Flickenschal verbarg.

»Wir wollten alle den sauberen Bus bewundern, Wally.«

»Hier, Tristan«, sagte Wally zu dem blonden Jungen. »Halt mal.«

Unter dem schmuddeligen Schal tauchten zwei erstaunlich große Hände auf, und als das Kind den Vogel nahm, sah sie sein Gesicht, mein Gesicht.

Herrgott verdammt noch mal.

Es war schwer, hinzuschauen, schwer, wegzuschauen – mein dreieckiger Kopf, mein dichtes blondes Haar, mein erschreckender, lippenloser Mund, meine kleinen gleichmäßigen weißen Zähne, meine furchterregenden, wunderschönen gestreiften Marmoraugen, goldgefleckt, wie Schmuckstücke.

»Fühl sein Herz«, sagte der Spekulant. »Du kannst mit der Hand fühlen, wie sein Herz schlägt.«

Für Roxanna lief alles in Zeitlupe ab. Sie sah, wie Tristan Smith ihre Taube in seinen normalen Händen hielt.

»Spürst du das?« fragte Wally. »Das ist sein Herz.«

Der Junge legte seine Hand über die Brust der Taube.

Er sagte, »Chch ... pieler.«

»Sicher, du bist Schauspieler«, sagte der Spekulant. »Ich habe nie das Gegenteil behauptet.«

»Chch ... ammle ka Ei ...«

»Stimmt. Du sammelst noch nichts«, sagte der Spekulant. »Ich hab ja auch nicht gesagt, daß du kein Schauspieler bist. Also, möchtest du Tauben züchten und sie fliegen lassen? Fühl doch nur das Herz, fühle es an deiner Wange.«

»Chch ... ammle ka Ei ...«

»Du sammelst keine Eier. Du läßt das Eigelb drin, und dann schlüpfen Vögel aus.«

Der Junge drückte den Vogel so fest, daß Roxanna Angst hatte, er würde ihn erwürgen.

»Gefällt dir die Taube?« fragte die Frau. »Würde dir das gefallen?«

Die Augen des Jungen waren groß, lebhaft, lebendig, und all die feinen Goldfäden blitzten im künstlichen Licht auf. Er hatte verkrüppelte Beine, nutzlos, Pfeifenreiniger in gestreifter Pyjamahose. Er nickte.

»Ist das in Ordnung?« fragte der Spekulant die wunderschöne Frau.

Die Frau wandte sich an den Jungen. Sie lächelte und strich ihm über den weichen weißen Hals. »Damit er nicht mehr auf Bäume klettert, nicht wahr?« fragte sie Wally.

Als der Spekulant sich wieder Roxanna zuwandte, hatte er einen hochroten Kopf. Seine Augen hatten sich verwandelt. Sie waren nur schläfrige Schlitze gewesen, doch jetzt waren sie hell, stechend, vollkommen wach.

»Wieviel?« fragte er.

Roxanna bemerkte, daß etwas vor sich ging, aber sie wußte nicht, was.

»Ich verkaufe sie nicht einzeln«, sagte sie.

»Alle zusammen«, sagte der Spekulant, immer noch mit hochrotem Kopf.

Er sperrte dem Vogel den Schnabel auf und sah hinein – prüfte den Schnabelspalt.

»Das ist Apple Pie«, sagte sie. »Er ist berühmt.«

»Ich will nur wissen, wieviel.«

Sie dachte an dreihundert. Sie dachte an fünftausend. »Die könnten Sie sich nicht leisten«, sagte sie.

»Wally«, sagte die wunderschöne Frau und setzte sich Tristan Smith auf die andere Hüfte, »wo sollten wir in Chemin Rouge Tauben halten?«

»Chemin Rouge?« fragte Roxanna. (Nächste Woche sollte eine Spielzeugantiquitätenmesse in Chemin Rouge sein!) »Fahren Sie nach Chemin Rouge zurück?«

»Wenn der Preis stimmt, kaufen wir«, sagte der Spekulant zu dem Jungen. »Wir werden Tauben halten.« Zu der Frau sagte er. »Ist das in Ordnung?«

»Sie haben auch einen erzieherischen Wert«, sagte Roxanna. »Mathematik, Vererbungslehre, und all das.«

Der Spekulant konnte sie nicht hören. Er sah Tristan Smith geradewegs in die wilden, unnatürlichen Augen. Er führte sich auf wie ein Mann, der einen Heiratsantrag macht – steif, intensiv, wie eine gespannte Feder.

»Tausend«, sagte Roxanna.

Kaum hatte sie das gesagt, wußte sie, daß es zuviel war. Sie sah, wie sein Adamsapfel hüpfte. Er grinste sie ein wenig dümmlich an.

»Oh, um Gotteswillen«, sagte die wunderschöne Frau.

»Ich helfe Ihnen dabei, alles aufzubauen«, sagte Roxanna. »Verstehen Sie, was ich meine?«

Und schon war wieder Sex im Spiel. Sie hätte das nicht sagen müssen. Es war Gewohnheit, Unsicherheit.

»Verstehen Sie, was ich meine?« sagte sie. »Für einen Tausender wäre ich bereit, nach Chemin Rouge zu kommen und alles einzurichten, alles in einen guten Zustand zu bringen.«

»Wir sind Schauspieler«, sagte die Frau. »Soviel Geld haben wir nicht.«

»Dreihundert«, sagte Wally.

Am Ende bezahlte Wally sechshundertfünfzig Dollar, und meine Mutter war bestürzt, verwirrt. »Also, ging es hier eigentlich um das, was ich glaube?« fragte sie Bill Millefleur.

25

Am letzten Tag der Tournee kampierte unsere Truppe bei Fiddlers Creek und wartete dort auf die Autofähre nach Chemin Rouge am nächsten Tag. Bill hatte den Morgen schlafend verbracht, jedenfalls hatte er so getan, als schliefe er, und nun lümmelte er sich auf dem Rücksitz des Busses, las immer und immer wieder die erste Seite von *Die toten Seelen* und wünschte sich nichts sehnlicher, als daß die Zeit vorüberging, der schwüle Tag sich neigte, der nächste Tag anbrach, damit er den Heimflug nach Saarlim City erwischen konnte.

Meine Maman jedoch hatte andere Pläne für den letzten Tag.

Sie tauchte in Kopfhöhe an der Scheibe auf und klopfte und winkte ihn zu sich.

»Was?«

Als sie sein Gesicht durch die schmutzige Scheibe sah – die große, zerklüftete Narbe, der ängstliche Blick –, wußte Felicity, daß etwas nicht stimmte, aber sie wußte nicht, wie ernst es war.

Bill hielt sein Buch hoch.

Sie schüttelte den Kopf und winkte.

Als er an der Tür des Busses erschien, wirkte er merkwürdig schüchtern, und sie nahm ihn bei der Hand und führte ihn an dem staubigen Pferdetransporter vorbei durch das süßlich nach Haschisch riechende Lager über eine sehr melancholisch wirkende Straße mit toten schwarzen Mimosenbäumen und schulterhohen Brombeerbüschen, deren Blätter grau vor Staub waren.

»Was soll das?« fragte er.

»Du wirst schon sehen«, lockte sie.

Hinter der nächsten Ecke sah Bill seinen besten Leinenanzug, gereinigt und gebügelt und in Plastik gehüllt, an einem kleinen Mimosenbaum gleich neben der Straße hängen. Eine dumpfe Furcht überfiel ihn.

»Ein Tanzschuppen?« fragte er. »Hier draußen?«

»Schsch.« Meine Mutter riß die Augen auf, klimperte mit den Wimpern und knöpfte ihre kurzen Khakihosen auf.

»Ein Cha-Cha-Schuppen?« flüsterte Bill und rollte mit den Augen.

»Sch.« Meine Maman glitt aus den Shorts und zog den absichtlich zerknüllten blauen Seidenoverall an, den sie in der Handtasche bei sich getragen hatte. »Man wird uns hängen, wenn sie uns erwischen.«

Meinem Vater blieb nichts anderes übrig, als in den Anzug zu steigen.

Als sie sich beide umgezogen hatten, nahm ihn meine Mutter bei der Hand und ging los, nicht die Straße entlang, sondern über einen schmalen Pfad, wie ihn Rinder austreten. Sie hatte diese Art von Spiel schon früher gespielt – an Geburts- und Jahrestagen –, und Bill nahm an, daß sie bald in ein Dorf oder wenigstens an eine Tankstelle kommen würden, wo sie für einen Mietwagen gesorgt haben würde.

Ihr Ziel stellte sich jedoch als ein wenig einladendes Gebäude heraus, das zweihundert Meter entfernt lag. Es war größer als die kleinen Fischerhütten daneben, aber genauso verrostet. Erst beim Näherkommen bemerkte er die Einzelheiten, die frische Farbe, die schmalen, mit Teak eingefaßten Türen, die in die stark isolierte Wellblechhaut geschnitten worden waren.

Es handelte sich um ein kleines Hotel, sehr efikanisch – teuer, aber rührend in seinem Äußeren, in der kunstvollen Tarnung ländlichen Verfalls.

Bills Hand fuhr vor sein zerschnittenes Gesicht und spürte den frischen, zerklüfteten Wulst.

»Es gefällt dir nicht.«

»Doch«, sagte er. »Doch, um Himmelswillen. Ganz im Gegenteil.«

Und als sie zu ihrer Suite gingen, gestikulierte er und gratulierte, bewunderte den Ausblick auf die Schlammebenen, die roten und blauen Wandbehänge des alten Indienne, konnte aber die Spur von Deprimiertheit nicht aus seinen Augen verbannen.

»Ein Haufen Geld, ich weiß«, sagte sie, als die Empfangsdame die Tür zu dem Zimmer hinter sich schloß und sie endlich allein waren. »Es ist ziemlich bourgeois.«

»Es ist wunderbar.« Bill breitete die Arme aus. Das Zimmer war weiß und karg eingerichtet, der Fußboden aus Teak. »Sehr geschmackvoll.«

»Geschmackvoll?« Sie runzelte die Stirn.

»Wunderbar. Einfach wunderbar. Vom Feinsten.«

»Das ist unser letzter Abend für acht Monate, Mo-chou. Ich wollte ihn uns nett machen.«

»Es ist wunderbar.«

Als Bill und Felicity nach dem Bad im Bett lagen, sagte sie erneut, »Ich wollte, daß du dich so an Efika erinnerst.«

Sie konnten an ihren langen rosigen Gliedmaßen entlangblicken und jenseits der Kimme ihrer Zehen die tintenblauen Wolken eines Gewitters sehen, die niedrigen Reihen der strahlend grünen Mangrovenbäume, die breiten flachen Schlammbänke, die in der Abendsonne rosafarben glitzerten, und die staksigen Vögel, die ihr Abendessen zusammensuchten.

Sie hatten in der heißen Badewanne gelegen und sich gegenseitig abgeseift, doch nun, als sie nackt Seite an Seite lagen, suchte keiner nach dem anderen.

»Geht's dir gut, Billy-fleur?« Felicity drehte sich zur Seite und begann, mit der flachen Hand langsam über seine glatte breite Brust zu streichen.

»Ich glaub schon.«

»Deprimiert?«

»Nein ...« Er legte sich die Hand vor die Augen. »Mir geht's gut.«

»Was ist los?«

Sie löste spielerisch seine Hand von den Augen.

Er entzog ihr die Hand mit einer Grobheit, die selbst ihn überraschte. Kaum hatte er das getan, streichelte er ihre Hand und entschuldigte sich.

Felicity strich ihm über den Hals, aber ihre ungeschickte Hand kam seinem Gesicht zu nahe, und er wandte den Kopf ab.

»Dein Gesicht?« fragte sie plötzlich. »Ach, natürlich, tut mir leid. Du bist sauer wegen deinem Gesicht.«

Mit Ende dreißig stellten ihm Interviewpartner, vor allen Dingen Frauen, häufig die Frage nach der schmalen, blassen Linie, die vom Mundwinkel bis zur Kinnspitze reichte. An dieser Narbe, deren Geschichte der Sirkusdarsteller niemals preisgab, war etwas körperlich Anziehendes. Manchmal streckten sie einen Finger aus, so als hätten sie sie gern berührt, und er legte einen Zeigefinger auf die blasse, seidige kleine Spur von Haut und lächelte.

Doch als Bill meine Mutter anlächelte, war die Narbe zerklüftet, roh, knallrot und zerstörte die Symmetrie seiner bogenförmigen Lippen.

»Wir sollten es uns gemütlich machen«, sagte meine Mutter. »Das ist unser letzter Abend für ein ganzes Jahr.«

Bill erhob sein Glas und lächelte. Meine Mutter füllte es. Bill nippte am Champagner und stellte das Glas vorsichtig neben dem Bett ab, doch nachdem er das getan hatte, war er stumm, und sie konnte spüren, daß sich nichts verändert hatte. Sie streckte ihre Hand nach der Narbe aus, und dieses Mal berührte sie sie absichtlich.

»Weißt du noch, wie sehr du dich *bemüht* hast, mich davon zu überzeugen, daß sie dir nichts ausmacht?«

»Dann denk mal nach: warum würde ich wohl so handeln?«

»Nun, so verrückt ist das gar nicht ...«

»... damit du mich bewunderst.«

Sie sah ihn an. Er hatte ihr das Gesicht zugewandt, sein Mund war offen, das Kinn weich.

»Damit du mich *bewunderst*«, wiederholte er.

Sie schüttelte den Kopf. Sie konnte spüren, wie unter der Oberfläche seine ganze Wut brodelte und brauste.

Er lag auf dem Rücken und starrte die sauber gearbeitete Teakholzdecke an. Sie hatte sich auf den Ellbogen gestützt und beobachtete ihn. Er sagte, »Dein ganzes Leben bist du von Menschen umgeben, die Dinge tun, damit du sie bewunderst. Moey macht einen Hochseilakt. Dein Sohn versucht, sich in einer Kiefer umzubringen. Und ich tue so, als sei das hier nicht wichtig.«

»Du läßt dich meinetwegen verletzen.«

»Das habe ich nicht gesagt, aber trotzdem: wer hat mich denn auf dem Plakat abbilden lassen?«

»Bill, das ist überhaupt nicht logisch. Du bist so wütend.«

»Bin ich nicht. Ich bin überhaupt nicht wütend. Dein ganzes Leben lang passiert dir schon sowas«, sagte er. »Du solltest es nur endlich mal bemerken.«

Sie setzte sich auf und trank einen Schluck. »Das hat mit mir überhaupt nichts zu tun. Hier geht's nur um dich.«

»*Was?*« Er setzte sich ebenfalls auf und runzelte die Stirn.

»Du bist wütend. Du suchst nach etwas, an dem du deine Wut auslassen kannst.«

»Natürlich bin ich wütend, verdammt noch mal. Du wärst auch wütend. Ich hab mir für nichts das Gesicht aufschlitzen lassen.«

»Hunning, es wird wieder gut werden. Die Narbe sieht jetzt schlimm aus, aber du hast mir doch erzählt, was der Doktor gesagt hat ...«

»Eine solche Tournee. Wozu ist die gut? Wenn morgen Wahlen wären ...«

»Es gibt eine am 22. Januar ...«

»Na gut. Wenn es nächsten Monat Wahlen gäbe, was hättest du eigentlich erreicht?«

Meine Maman sah ihn sehr lange an, ihre Stirn legte sich in Falten, ihre Augen überschatteten sich.

»Die Menschen kommen«, sagte sie schließlich. »Sie lachen, sie weinen, ihr Verstand wird angeregt.«

»Warum bist du nur so halsstarrig? Warum willst du es absichtlich nicht verstehen? Du kennst doch die Menschen, die kommen. Das sind Bekehrte. Du schwebst aus dem Himmel herab wie irgendeine beschissene Lichtgestalt. Sie haben dich schon geliebt, bevor du gekommen bist. Nichts ändert sich.«

»Und warum bist *du* hier?«

»Ich seh' einfach nicht, daß es sich lohnt«, sagte Bill. »Ich sehe eine Theatertruppe, die das Gefühl hat, jenseits aller Kritik zu stehen, und die Schlampigkeit zur Schauspielkunst erhöht.«

»Du hältst unsere Arbeit für schlecht?«

»Sie ist vollkommen in Ordnung.«

»Sei nicht so herablassend.«

»Bin ich nicht. Ich sagte: sie ist vollkommen in Ordnung. Genau wie dieser Champagner ...«

»Du magst den *Champagner* nicht ...«

»Nun, eigentlich ist es gar keiner ... Du munterst die einsamen Liberalen auf und verärgerst die Faschisten. Es ist unterhaltsam. Erzieherisch.«

»Aber du verachtest es.«

»Nein, das tue ich nicht. Es ist nur nicht wert, daß ich mich deswegen aufschlitzen lasse. Ich komme mir wie ein Blödmann vor. Ich komme mir vor, als sei ich in einem Vergnügungspark gewesen, habe irgendeine Heldenrolle gespielt, und nun sei es Zeit heimzugehen und ...«

»Bin ich provinziell geworden?«

»Alle Kunst ist provinziell.«

»Das sind doch Ausflüchte.«

»Also, was meinst du eigentlich?«

»Ich hab immer geglaubt, ich würde es merken, wenn ich zweitklassig würde.«

Bill zuckte mit den Schultern. Das dauerte nur eine Sekunde. Sie bat ihn nicht, das zu erklären. Das brauchte sie nicht.

»Ich hab immer geglaubt, ich würde es merken.«

Er nahm ihre Hand und hielt sie fest. »Weißt du, was du spielen solltest? *Tartuffe*. Kostüme, das ganze Drumrum. Mach dir einen Spaß. Vielleicht machst du damit sogar Geld. Es gibt ein tolles französisches Video von Bernsteins *Tartuffe*. Ein bißchen überzogen, aber sehr nett gemacht.«

»Die ganze Tournee über hast du daran gedacht?«

»Du bist zu klug, um deine Zeit hiermit zu verschwenden.«

Sie sah ihn stirnrunzelnd an.

»Du hast die ganze Zeit daran gedacht, als du deine Anweisungen gabst?«

»Ich hab mir selbst was vorgemacht«, sagte er. »Das ist wie ein Kinderspiel. Ich hab mich zu sehr reingesteigert und mir eingebildet, daß es die Wirklichkeit war.«

»Du kleiner Scheißkerl.«

»Was?«

»Du kleiner Scheißkerl. Du oberflächlicher, eitler, eingebildeter Scheißkerl. Wage es ja nicht, mir deine vulgären Sirkusse vorzuspielen und herzukommen und mir zu sagen, daß das, was wir hier machen, unwichtig ist.«

»Ich finde nicht, daß du so mit mir reden solltest.«

»Warum? Was kann mir denn schon zustoßen?«

»Ich könnte vielleicht nicht daran interessiert sein, zurückzukommen.«

»Warum sollte ich dich zurückhaben wollen?«

»Um die Sitzreihen zu füllen«, sagte er. »Du hast mich auf dem verdammten Plakat abgebildet, also brauchst du gar nicht den Mund verziehen und ›Ach, Liebling‹ zu mir sagen, und nie, nie wieder will ich dieses Wort von dir hören.«

Und so weiter.

Irgendwann vor Sonnenaufgang stolperten Bill und meine Mutter, vom Wein entwässert und schwer vor Müdigkeit, den schmalen Kuhpfad zurück und versuchten, in der Dunkelheit dem Brombeergestrüpp auszuweichen. Am Lagerplatz tasteten sie sich vorsichtig durch die angebundenen Pferde und krochen in den Bus.

»Geht es dir gut, Billy-fleur?« fragte sie ihn.

»Bestens«, sagte er.

»Hast du deinem kleinen Jungen einen Gute-Nacht-Kuß gegeben? Er war so glücklich, seinen Vater dazuhaben.«

»Ich hab es nicht so gemeint«, sagte er. »Die Arbeit ist wirklich wunderbar.«

26

Ohne jede Vorstellung von der Zukunft bestieg ich am nächsten Morgen den Haflinger. Ich setzte mich neben Bill Millefleur und legte meine Hand in die seine. Ich hatte keine Ahnung, daß er mit meiner Mutter und also auch mit mir brach, während ich mit dem protzigen Silberring spielte.

Seine Augen waren geschwollen, sein Mund untröstlich.

»Bist du ... müde?« fragte ich ihn.

»Ja«, sagte er.

Dann stieg meine Mutter in den Bus.

Ich wußte, sie war mit glatten, dreckigen Haaren und Kopfschmerzen aufgewacht, doch als sie nun den Mittelgang im Haflinger entlangging, hatte sie sich in eine Braut aus einer Satire verwandelt – wunderschön, golden, lustig, besoffen von der Luft. Sie trug das lange weiße, locker sitzende Kleid und die Sandalen aus *Hamlet*. Das Kleidungsstück war dreizehn Jahre alt. Es war geflickt, genäht und hatte vergilbte Flicken an den Säumen.

Ich wußte nicht, was das zu bedeuten hatte. Ich applaudierte ihr. Sie war so schön. Sie gab mir einen lieben Kuß und lächelte Bill an. Ihr Zorn war geruchlos, unsichtbar. Sie setzte sich zwischen uns und steckte mädchenhaft die Beine unter.

»Wir werden *Tartuffe* spielen«, sagte sie dem Bus voller Schauspieler, als der Haflinger von unserem Lagerplatz holperte. »Für die neue Saison. Nur Molière.«

Keiner der Schauspieler hatte jemals Molière gespielt, und niemand fragte sie, was sie damit meinte, aber ihre Ankündigung kam so schnell und lustig, daß sich alle sofort auf *Tartuffe* stürzten, und als wir über die Straße der Eingestürzten Brücken zur Fähre fuhren, schwirrten jede Menge *Tartuffe*-Witze durch den Bus.[39]

»Krieg ich ... eine Rolle?« fragte ich sie.

»Wir werden alle spielen«, sagte meine Maman leichtfertig.

Ich klatschte erneut.

»Vor allen Dingen Bill.«

Doch als ich über meine Rolle sprechen wollte, wollte sie mir nicht zuhören.

»Und meine Rolle? ... Und meine Rolle?«

Schließlich zischte sie mir ins Ohr, »Das ist nur ein Scherz, es gibt keinen *Tartuffe*.«

Sie sehen, es war dicke Luft in dem Bus, und niemand wäre darauf gekommen, daß *Tartuffe*, dieses Wort, das sie weiterhin so leicht durch die Gegend schleuderte, ein Messer war, und daß meine Maman es benutzte, um die Bande zu zerschneiden, die sie an meinen Vater knüpften.

Ich sah meine Maman lachen und war unglücklich. Ich wußte nicht warum. Ich bemerkte nur, daß Claire Chen nun am Steuer des Haflingers saß und Wally an Roxanna und ihre Tauben verloren hatte. Ich bezweifle, daß mir das was bedeutet hätte, wenn die Atmosphäre nicht so vergiftet und meine Maman nicht wegen des *Tartuffe* so aufgedreht gewesen wäre, doch innerhalb von wenigen Stunden wurden die Tauben zu dem Gefäß, in das ich all die gallige Flüssigkeit meines Kummers goß. Ich entwickelte einen Widerwillen gegen sie, wie man einen Widerwillen gegen die letzte Mahlzeit vor einer Krankheit hegt. Ich fand die Erinnerung an ihre nervös flatternden Herzen, daran, wie sie sich wanden und meine Finger fettig machten, widerlich. Im Bus wurde mir

---

[39] Felicity erzählte mir später, daß sie *Tartuffe* für ein sehr politisches und ›angemessenes‹ Stück hielt, eines, das sie sehr leicht für das Feu Follet hätte bearbeiten können, das sie aber auf jene Weise brachte, die Bill, in »all seiner strahlenden Unwissenheit«, intendiert hatte. [TS]

schlecht. Auf der Fähre mußte ich mich übergeben – Rosinen und Apfelsaft über die ganze Kleidung.

»Würdest du bitte?« bat meine Maman meinen Pa.

Bill brachte mich auf die Toilette und wischte mich grob und ungeduldig sauber.

Er hatte das Gefühl, seiner Beziehung zu uns *entwachsen* zu sein. Er war hergeflogen, hatte sich gefreut bei uns zu sein, ein richtiger Vater zu sein. Nun hatte er entschieden, daß wir Hinterwäldler, Cambruces waren. Als er mich wieder aufs Deck brachte, klebten mir noch immer Rosinen am Hemd.

»Sieh nur«, strahlte mich meine Mutter an. »Hast du nicht einen tollen Vater?«

Die ganze Strecke über, die Meerenge von Shanor und den Highway 1 hinauf, steckte Bill in einem Morast aus Untertönen. Nichts, nichtmal die Hand meiner Mutter auf seinem Oberschenkel, bedeutete das, was es schien. Und dieses weiße Kleid, dasselbe, in dem er sie vor dreizehn Jahren als Ophelia gesehen hatte, war ein bitterer Vorwurf, dessen Kern niemals vollkommen klar sein würde, da nicht darüber gesprochen werden konnte, und in all dieser Zweideutigkeit, in all den möglichen Bedeutungen, wirkte das Kleid wie eine dieser barbarischen Gewehrkugeln, die sich im Körper zerlegen.

Bill wollte nichts wie weg. Er konnte es nicht abwarten. Er dachte an die Frauen, die er in Saarlim kannte, jung, gebildet, sehr schön. Er dachte an die Geschäfte, in die er gehen konnte, Restaurants, in denen man ihn kannte.

In den Vororten von Chemin Rouge verkündete er, daß er nicht mehr bis in die Gazette Street mitkommen, sondern am Ritz den Flughafenbus nehmen würde. Meine Maman stritt sich nicht mit ihm deswegen.

Als der Haflinger anhielt, schüttelte mir mein Vater die Hand. Ich hatte keine Ahnung von dem angerichteten Schaden. Keiner der Schauspieler, der Felicity dabei zusah, wie sie Bill vor dem Chemin Rouge Ritz einen Abschiedskuß gab, ahnte, wie sehr es ihn davontrieb oder wie sehr sie sich gegenseitig verletzt hatten. Sie küßte ihn sinnlich, sanft, gefühlvoll, aber zugleich auch achtlos, so wie man vielleicht einen Pfirsich ißt, wenn gerade Saison ist.

»Hör auf damit«, sagte er und packte sie bei den Schultern.

»*Tartuffe*«, sagte sie zu ihm und glitt lachend davon. Von ihrem Platz im Bus aus warf sie ihm Kußhändchen zu und winkte, und das schlechte Gefühl durchbrach den inneren Schutzwall erst, als sie wieder im Turm war und die Schauspieler ins Gebäude hinein- und hinausrannten, die Bodendielen erschütterten und die Reste des *Simpel-Sirkus* ausluden.

27

Gabe Manzini traf zum selben Zeitpunkt im Chemin Rouge Ritz ein, als Bill Millefleur aus dem Bus des Feu Follet stieg, und wenn er einen Augenblick brauchte, Bill wiederzuerkennen, so lag das nicht nur an der frischen Narbe, die sicherlich beunruhigend war, sondern an der Tatsache, daß Manzini gerade erst aus Saarlim eingetroffen war.

Der kleine, athletisch gebaute Mann mit den gestutzten, graumelierten Haaren erlitt wohl keinen Kulturschock. Er kam viel zu oft her, um sich noch schockieren zu lassen. Es war eher etwas Sanfteres, Diffuseres, das er fühlte, eine Art Moskitonetz zwischen sich und dem Leben, eine Abstumpfung mancher Sinne und eine Überhöhung anderer, eine nahezu erotische Reaktion, die zwar mit Frauen zu tun hatte, aber auch mit dem Ort selbst verbunden war, den breiten, verschlafenen geraden Straßen, den duftenden Mangobäumen, den vertrockneten Biches-la-mar, die in Trauben an den alten Bootsschuppen am Fluß hingen, der Fluß selbst, der mit etwas Glück bald mit den Fluten der Gewitterregen angefüllt sein und toben würde, ungestüm und lehmgelb.

Gabe Manzini liebte den Geschmack der Luft zu dieser Jahreszeit. Er war empfänglich für den Geschmack von Schimmelsporen in all dem frischgemähten Gras. Das war alles so weit weg von den großen Sirkuskuppeln in Saarlim City, und als ein großer, dunkelhaariger Mann in einem zerknitterten hellen Anzug an ihm vorbeikam, dauerte es eine Weile, bis Gabe ihn erkannte.

»Mr. Millefleur«, sagte er.

Der Sirkusschauspieler drehte sich um und blinzelte.

»Sie kennen mich nicht«, sagte Gabe. »Es gefällt mir, wie Sie mit Pferden umgehen.«

Der junge Mann runzelte die Stirn und nickte, und etwas an der Art, wie er dies tat, seine peinliche Berührtheit, erinnerte Gabe daran, daß er tatsächlich Efikaner war, und statt sich über dessen Taktlosigkeit zu ärgern, wie er es früher getan hätte, schätzte er sie insgeheim hoch. Er mochte die Efikaner, das Fehlen jeglicher Aalglattheit, ihr Gefühl für Privatsphäre, sogar ihre verwirrende Angewohnheit, ihre Vorgesetzten beim Vornamen zu nennen. Er mochte ihre verblüffende Direktheit, ihren Pragmatismus, ihr Gefühl für das Machbare. Und während er über den weichen grauen Teppich ging, um sich anzumelden, begann er darüber nachzudenken, wie er diesen efikanischen Schauspieler mit seinen starken Verbindungen nach Voorstand nutzen konnte. Dieser Gedanke beschäftigte ihn, während er sich eintrug und auf sein Zimmer ging, und als er schließlich allein war, schrieb er eine kurze Notiz, die die ganze Zeit des Einsatzes über in seinem Computer-Casebook stehenblieb.

Letzten Endes versuchte er nicht, Bill Millefleur anzuheuern – das brauchte er nicht –, aber der Name des Schauspielers fand sich in den folgenden sechs Wochen im Geheimdienstbuch von Voorstands größtem, unter Tarnung arbeitendem »Wahl-Dokter«[40], und als die Wahlen schließlich vorüber waren, blickte er auf diesen Augenblick zurück, als sich seine Wege mit denen Bill Millefleurs kreuzten, und er bewunderte die darin verborgene Symmetrie.

28

Es waren die Gerüche, die meiner Mutter so zusetzten, da war ich mir sicher. Sie hatte vergessen, wie sie sich übereinanderlagerten – Feuchtigkeit, Schimmel, das austretende Gas, Nager in den Wänden, das verrottende Holz der Fensterbänke, der Rost- und Schmiergeruch kaputter Abflußrohre. Mit diesen Dingen hatte sie gelebt, sich ihnen angepaßt, doch als sie ihr altes Leben wieder betrat, das in der Nachmittagssonne so lieblos erhellt war wie eine Bühne bei Arbeitsbeleuchtung, übermäßig warm, hell, übelriechend – fiel ihr all das ein, was an ihrem Leben unbefriedigend war.

Der Turm war kleiner, als sie ihn in Erinnerung hatte. Es roch nach

[40] Der Autor ist sich im klaren, daß Ihr Premierminister behauptet, eine solche Position existiere nicht innerhalb des VIA. [TS]

Mäusen und modrigem Papier. Die gelbe Sonne drang durch einen Film aus regenfleckigem Staub. Ihr ganzes Leben wirkte darin zweitklassig.

»Ich bin es leid«, sagte sie.

»Wirklich?« sagte ich, aber mich durchzuckte schon die Panik.

»Ja«, schrie sie und zupfte an den Ärmeln ihres Opheliakleides. »Wirklich. Ich bin es vollkommen und endgültig leid.«

Ich rollte meine Matratze aus, legte mich darauf und faltete die Arme hinterm Kopf.

»Ich nicht ...«

Meine Maman trat ans Fenster und sah zu Wally und Roxanna hinab, die Taubenkäfige auf dem Rasenstreifen neben der Straße abstellten.

»Komischer alter Wally«, sagte sie.

»Riecht immer so ... wenn wir kommen ... mach das Fenster auf ... geht weg.«

»Tristan, deine Maman ist zu alt dafür, weiter so zu leben.«

Ich zog die Knie an den Bauch. Sie setzte sich neben mich auf die Matratze. Sie strich mir über den Kopf, aber an der Art, wie sie es tat, war etwas Gekünsteltes, und ich zuckte vor ihr zurück.

»Nicht!« rief sie.

Ich nahm ihre Hand und küßte sie.

»Wir könnten in einem richtigen Haus leben«, sagte sie. Sie strich mir übers Haar, wieder nicht sehr fest, und obwohl es sich immer noch falsch anfühlte, ließ ich sie gewähren. »Du könntest einen Garten haben«, sagte sie. »Mit Bäumen. Wir könnten morgen schon in einem richtigen Haus wohnen.«

»Hasse Bäume ...«

»Oh«, versuchte sie mich aufzuziehen. »Dann muß das wohl ein anderer Junge sein, der gerne auf Bäume klettert.«

Ich schlug die steinweißen Augen auf und starrte in die ihren. »Brauche ... ein *Theater*«, sagte ich leise. »Maman ... ich habe ein Ziel ...«

Meine arme Mutter. Sie legte sich die Hand auf die Stelle ihrer Brust, wo man die Knochen unter der Haut erkennen konnte. »Tristan, hör mir zu.«

Ich wußte, was sie sagen wollte.

»Ich weiß ... bin nicht schön.«

»Wehr dich nicht.«

Ich schloß die Augen und verzog das Gesicht.

»Ich werde … Richard den Dritten spielen.«

Felicity schlug sich die Hand vor den Mund. »Du weißt, wer Richard der Dritte ist?«

»Mächtiger König …«

»Wer hat dir das eingeredet?«

»Nun ward der Winter … unsers Mißvergnügens …«

»Du *kannst* nicht Schauspieler werden«, sagte sie. »Es würde dir nicht gefallen.«

»Du bist … Schauspielerin.«

»Jetzt nicht mehr«, sagte sie.

»Geruch vergeht … du gewöhnst dich dran.«

»Ich möchte mich aber nicht daran gewöhnen«, sagte sie.

Sie beugte sich aus dem Fenster, wo Wally gerade die Tauben auslud und an der Straße aufreihte.

»Wally«, rief sie. Dann, »Komm mal rauf.«

»Er weiß, was ich will …«, sagte ich. »Er liebt Schauspieler … in der nächsten Reinkarnation … wird er Schauspieler sein.«

»Re was?«

»Wenn man lebt, nachdem man gestorben …«

»Glaubst du wirklich, ich würde Wally um schauspielerischen Rat bitten?«

»Warum … rufst du … ihn hoch?«

»Er könnte hier oben seine Tauben halten«, sagte sie strahlend. »Das wäre doch ein perfekter Taubenschlag.«

»NEIN.«

»Tristan, was haben wir je für Wally getan, und was Wally für uns? Er liebt dich so sehr, ich glaube, er würde sterben, wenn dir was zustieße. Er hat diese Tauben nur gekauft, weil sie dir gefielen.«

»Vögel in unserm Heim? … Das … wird niemand zulassen.«

»Niemand wird das *zulassen*?«

»Das Kollektiv … nicht … BESTIMMT.«

Sie setzte sich neben mich auf die Matratze. »Willst du wissen, was so schlimm daran ist, Schauspieler zu sein?«

Ihre Haut war weiß und müde, aber ihre Augen waren gefährlich wach – wütend und herausfordernd.

»Als Schauspieler bist du so abhängig. Du bist ein Baby. Du stellst dich in einer Reihe auf. Der Regisseur und der Produzent sehen dich an (sehen mich an, wenn ich sie lasse), als wärst du ein Wurm. Sie haben noch weniger Ahnung vom Stück als du. Sie besitzen ein rein oberflächliches Verständnis für den Stoff, aber sie, selbst die jämmerlichsten Gestalten unter ihnen, verwandeln dich allein mit ihrer Macht in einen nervösen Wackelpudding. Sie reden über die Figur, die du spielen wirst, als hätte das nichts mit dir zu tun. Sie reden über deinen Körper, als wäre er ein Gegenstand. Sie geben jemand anderem die Rolle. Als Schauspieler ist man normalerweise arbeitslos. Es ist unendlich schwer, überhaupt einen Grund dafür zu haben, am Morgen aufzustehen.«

»Du bist ... Schauspielerin«, beharrte ich.

»Nein«, sagte sie. »Ich bin Schauspiel-Direktorin, und wenn es mir gefällt, in meinem Turm Tauben zu halten, dann tue ich das.«

29

Der ganze Kummer meiner Mutter konzentrierte sich nicht auf Bill oder dessen Bemerkungen über die Arbeit der Truppe, sondern auf den Turm. Mein Vater hatte uns verlassen, aber der Turm war der Teufel. Nachdem sie das entschieden hatte, gab es kein Stillhalten mehr. Obwohl es Sonntag war, mußte sie handeln.

Sie stürmte hinaus zu dem höhlenartigen alten Levantiner-Laden auf dem Boulevard des Indiennes, kehrte mit den neuesten Ausgaben von *Zinebleu, Argus, Herald, Chemin Rouge Zine, L'Observateur* und *Le Petit Zine* zurück und machte sich mit einer großen Schneiderschere über sie her. Sie bedeckte den glatten Fußboden mit teurem Karduspapier und schrieb auf jedes einzelne Blatt den Namen einer Straße oder Gegend, von der sie glaubte, daß es dort angenehm zu wohnen sei. Dann schnitt sie die kleinen Anzeigen aus und klebte sie auf die Blätter.

Wally kam zweimal vorbei, um mich einzuladen, doch zu kommen und die Tauben zu füttern, aber ich wollte nichts mit Tauben zu schaffen haben. Ich blieb auf meiner Matratze und las demonstrativ in *Theater im Wandel der Zeit*.

Ich hoffte, Vincent würde kommen und sich um meine Maman kümmern. Aber Sonntag war Natalies Tag, und meine Mutter konnte ihn nichtmal zu Hause anrufen. Das einzige, was sie tun konnte, war das, was sie tat – die ganze Nacht aufbleiben, Blätter zerschneiden und sie auf verschiedene Weise sortieren. Als ich ihre voorstandische Erstausgabe von Stanislawskij aus dem Regal nahm, hielt sie mich nicht davon ab. Ich las demonstrativ darin und wartete darauf, daß sie sie mir wegnahm.

Irgendwann im Laufe der Nacht weckte sie mich und gab mir einen Schokoriegel. Sie strich mir zärtlich übers Haar. Ich hatte großen Hunger, aber ich wußte, daß mein Beharren auf den Turm darunter leiden würde, wenn ich Schokolade aß. Ich nahm den Stanislawskij und ließ die Schokolade unausgepackt auf der Tagesdecke liegen.

Im nächsten Augenblick war es halb sieben. Der Stanislawskij lag auf Mamans Schreibtisch. Sie telefonierte mit Vincent. Sie war hellwach, aufmerksam, positiv eingestellt, aber ihr Bett war unberührt, und sie trug dasselbe lange graue Kleid mit dem weißen Kragen. Während sie sprach, suchte ich nach dem Schokoriegel, konnte ihn aber nirgendwo entdecken.

Um halb zehn verließen wir das Theater und gingen an den Tauben vorbei, die in ihren Weidenkäfigen im dämmrigen Foyer aufgestapelt waren. Vincent versuchte mich dazu zu überreden, eine zu streicheln, aber ich ballte meine Finger zur Faust und rümpfte die Nase. Dann ging er mit uns in die Patisserie Jean Claude zum Frühstücken, wir setzten uns in eine Nische, und ich aß zwei Portionen Rührei mit Schinken und trank drei Tassen heiße Schokolade. Um halb elf hatte ich Bauchschmerzen, und wir fuhren in Vincents Corniche durch die Gegend und sahen uns Häuser an. Es handelte sich nicht um welche aus den Inseraten, sondern um Häuser, die Vincent und seinem Bruder gehörten.

Ich hätte nicht die Absicht, Gazette Street zu verlassen, sagte ich meiner Mutter. Sie hörte mir andächtig zu, nickte und schien meinen Einwänden Gewicht beizumessen, aber ich wußte, sie glaubte, jeden auf ihre Seite bringen zu können.

Jedes neue Haus machte sie nur noch aufgeregter, redseliger, mädchenhafter, und Vincent verbrachte den ganzen Tag mit einem hochroten Hals über dem Kragen, ein sicheres Zeichen für das, was unter der Gürtellinie passierte. Doch als wir in die Gazette Street zurückkehrten, bat sie ihn unglaublicherweise nicht hinein.

Sie gab ihm in aller Öffentlichkeit auf der Straße einen Kuß und trug mich hinein.

Kaum waren wir im Feu Follet, wollte jeder was von Felicity Smith – sie stürzten sich mit einem derartigen Hunger auf sie, daß ich kaum Platz genug hatte, um zu bemerken, daß die Tauben nicht mehr im Foyer standen –, aber wir blieben für keinen der Bittsteller stehen. Wir stiegen zum Turm hinauf, schlossen die Tür und verriegelten sie.

Dort lief meine Mutter auf und ab und bemerkte laut, wie klein der Turm sei, sprach von dem großen Haus, das wir am Cockaigne Place gesehen hatten, von den zwei Badezimmern in der Hellot Road, vor allem aber über das kleine Haus, das Vincent sich von Belinda Burastin fünfzehn Meilen draußen im Buschland hatte bauen lassen. Sie sagte, ich würde fröhlicher werden, wenn mich dieser »unselige Ort« nicht mehr einschränken würde.

»Welcher ... unselige Ort?«

»Ach Liebling, du wirst sehen – es gibt noch anderes außer Theater.«

Meine Mutter lächelte und gab mir einen Kuß.

Zur Verteidigung nahm ich den Stanislawskij. Ich schlug die modrigen Seiten auf. Dort las ich:

Es gibt einige, die meinen, die Natur arbeite oft schlecht. Manchen ästhetisch denkenden Menschen ist Geschmack wichtiger als Wahrheit. Doch in dem Augenblick, wenn eine Menge von Tausenden gerührt ist, wenn sie alle von einem Gefühl des Überschwangs fortgerissen werden, ganz gleich, welche körperlichen Mängel die Schauspieler haben, die diesen Gefühlssturm ausgelöst haben, in solchen Augenblicken wird selbst ein mißgestalteter Mensch schön.

Ich sagte ihr nichts davon. Ich wollte nicht das Risiko eingehen, daß sie eine sarkastische Bemerkung machte, um es niederzumachen. Statt dessen nahm ich das Buch und wickelte es still in einen Kissenbezug.

Wie ich zu meiner Freude bemerkte, wechselte sie nach kurzer Zeit die Kleidung und kündigte an, daß sie mit Vincent im Chemin Rouge Ritz »zu Abend essen« würde. Sie gab mir ein paar Vitaminpillen zu schlucken, schrieb ihre Hotelzimmernummer auf ein Stück Papier und befestigte es an der Tür.

Sie gab mir einen Kuß. Ich erwiderte ihn.

Kaum war sie verschwunden – bevor Wally nach mir sah –, stahl ich den Stanislawskij. Ich schleppte ihn die Treppe hinunter – bomp, bomp,

bomp – und hatte vor, ihn unter den Steinen im Reitstall zu verstecken, wo ich für die *Simpel-Sirkus*-Tournee geprobt hatte.

Die Tauben waren mir allerdings zuvorgekommen. Sie gurrten und flatterten in ihren Weidenkäfigen in genau der Ecke, wo ich meinen (nun leicht beschädigten) Stanislawskij verstecken wollte. Erst in diesem Augenblick ging mir auf, daß ich meinen Turm vielleicht wirklich verlieren könnte.

Ich stand vor den Körben und starrte sie mit meinen weißen Quarzaugen an. Wenn ich Napoleon gewesen wäre, hätte ich sie getötet. Selbst ein kleinerer Geist wie Jango hätte die Käfige geöffnet und sie davonfliegen lassen. In den Geschichten, die ich gelesen hatte, kam stets der entscheidende Augenblick, wenn der Held vorsätzlich und eigennützig handeln mußte. Ein Mann, der sein Schicksal in die Hand nimmt, hätte die Sache angepackt und die Zähne zusammengebissen. Aber ich war doch nur ein Kind. Ich hatte Angst vor Wally.

Ich zog mich in den dunklen Raum unter den ansteigenden Sitzreihen zurück.

Hier, in meinem ältesten Versteck, war es dunkel und sicher, aber auch melancholisch und ziemlich feucht. Ich dachte an Helden, die sich in den Bergen VERSTECKTEN. Über meinem Kopf hörte ich die Schritte der Schauspieler und stellte mir WACHEN vor. Ich dachte an ROBERT BRUCE und die SPINNE. Aber es gab keine Spinnen, nur davonhuschende Küchenschaben, die ich mit einem Holzklotz attackierte, bis ich mit ihrem schwarzen schleimigen Körperinhalt vollgeschmiert war.

Ich hatte dort bereits eine Decke versteckt, eine Taschenlampe und ein Taschenmesser, das ich Chen geklaut hatte. Ich hatte eine schottengemusterte Decke, die meine Mutter in *Hedda Gabler* benutzte, und eine ganze Reihe von Kronen, Bowlerhüten und Helmen, die in der Zwischenzeit in der Requisite ersetzt worden waren.

Und sobald eine Vorstellung begonnen hatte, regneten noch andere Sachen von oben herab – insbesondere Süßigkeiten und Geld, aber nicht nur –, und ich wußte, ich konnte nach fast jeder Aufführung etwas Eßbares oder Wertvolles finden. Einmal hatte ich einen Zehn-Dollar-Schein gefunden, einmal ein in Plastik eingeschweißtes Kondom und einmal eine Ampulle mit Heroin, wie ich inzwischen weiß, die ich aber jahrelang aufhob, weil ich mir einbildete, es handle sich um eine Medizin, mit der ich meine Mutter heilen könne, falls sie sterben sollte.

Jetzt wickelte ich den Stanislawskij aus dem Kissenbezug. Ich breitete den Bezug auf dem staubigen Fußboden aus und plazierte den Text des Meisters darauf. Ich legte meine linke Hand auf den Umschlag und meine rechte aufs Herz. Und dort schwor ich, niemals das Theater aufzugeben.

30

Das Kollektiv hatte bereits mit dem normalen »Entwicklungs«-Schritt für das neue Stück begonnen – einer Dekonstruktion von *Onkel Wanja*. Sie waren beschäftigt und bemerkten mich kaum, während ich viele Male die kreisrunde Bühne umschlich und all das zusammensuchte, was ich für meine Belagerung brauchte.

Sie waren eine bekannt körperbetonte Truppe, und ständig waren Schauspieler beim Chiropraktiker, weil sie sich die Knochen verrenkt hatten. Ich war ein Schauspieler, dessen körperliche Form schon *jetzt* interessant war. Ich kam ZWÖLFMAL auf Knien an ihnen vorbei, aber sie schienen mich nicht zu bemerken.

Ich war bereits eine Stunde in meinem Versteck, bevor einer von ihnen mit mir sprach – Sparrowgrass Glashan, der sich in ein »Menschliches Rad« verwandeln und eine komische Version von »Tomorrow and Tomorrow and Tomorrow« vortragen konnte, während er um die Bühne herum rollte und grinste. Sparrowgrass Glashan, eins sechsundneunzig groß, große komische Insektenaugen, mit Knochen, die sich unter der Haut abzeichneten, hockte vor dem winzigen dreieckigen Loch, das den Zugang zu meiner Höhle bildete.

»Was ist los, Mo-frere?« rief er vor meinem Eingang hockend, seine strahlend weißen Knochen auf Höhe meiner Augen.

Ich hielt den Stanislawskij hoch.

»Wally sucht nach dir«, sagte er.

»Ich lese ... Stanislawskij.«

»Du weißt, er hat die Tauben für dich gekauft, Junge.«

»Ich hab ihn ... nicht gebeten.«

Sparrowgrass stritt nicht mit mir. »Du bist ein guter Junge, Tristan«, sagte er. »Du wirst schon wissen, was richtig ist.«

»Er hat sie ... für mich gekauft«, gab ich zu.

»Guter Junge. Du weißt, was richtig ist.«

»Wußte nicht ... daß er sie ... im Turm hält.«

Wie gewöhnlich, verstand Sparrowgrass mich nicht.

»Du weißt, was richtig ist«, sagte er. »Das war sein ganzes Geld, was er hatte.«

»Im TURM ... meine Wohnung.«

»Was?«

»Tauben im Turm ...«

»T-u-r-m?«

»SCHEISS ... VÖGEL.«

Sparrow sagte nicht, ich solle nicht fluchen. Er sagte einen Augenblick lang gar nichts.

»Im Turm. Felicity wird das nicht zulassen, Junge. Keine Angst.«

»Ihre Idee ...«, sagte ich.

Er linste in meine Höhle und schnitt eine Grimasse und blinzelte.

»Sie hat sich ... verändert«, sagte ich. »Ganz aufgeregt ...« Und ohne zu wissen, warum, fing ich an zu weinen. »BIN EIN ... SCHAUSPIELER«, sagte ich, aber ich schluchzte so heftig, daß nicht mal Wally mich verstanden hätte.

Sparrowgrass wußte nicht, was er tun sollte. »Du bist ein komischer kleiner Kerl«, sagte er. »Eine Schande, daß keine anderen Kinder da sind, mit denen du spielen kannst.« Er zog ein zerknülltes Papiertaschentuch hervor und reichte es mir. Schließlich ging er wieder, und es gab keinen Grund, noch länger zu weinen.

Ich begann, meine Tartandecke mit Chens Taschenmesser zu zerschneiden. Ich fuhr mit dem Messer an den gelben Linien entlang, so daß der Schnitt in der dunklen Farbe nicht auffiel. Ich blieb zwei Stunden lang in meinem Versteck. Dann bekam ich wieder Hunger. Ich rutschte herum und suchte nach Eßbarem, aber das Theater war den ganzen Sommer über geschlossen gewesen, und das einzige, was mir am feuchten Finger klebenblieb, war Dreck und Staub. Die Schauspieler bewegten sich von der Bühne zu den Sitzplätzen über meinem Kopf. Sie ließen nichts Interessantes fallen.

Schließlich tauchte Wally auf.

»Ich hab was zu essen für dich«, rief er. »Ich habe Extra-Hühnchen gemacht.«

Die Schauspieler über mir hörten zu reden auf. Ich dachte, es hätte mit mir zu tun, doch dann hörte ich Sparrows Bühnenräuspern, und alle verstummten.

Wally stellte den Teller mit dem panierten Hühnchen und der gebakkenen Banane einen halben Meter vor die Öffnung. Ich blieb in der Dunkelheit sitzen und sah mir das Essen an.

»Okay«, sagte Sparrowgrass. »Beschlußfähig. Wir sind eindeutig beschlußfähig.« Es sprach mit seiner Bühnenstimme, die für Gogol passender gewesen wäre. »Für die Ensemblemitglieder, die gerade erst gekommen sind: wir haben einen äußerst wichtigen Punkt zu besprechen.«

Jemand hüstelte. Ein Stuhl knarzte. Ich zog das Hühnchen in meine Höhle.

»Wir sind ein Kollektiv«, sagte Sparrowgrass. »So stehts auf dem Stück blauer Pappe an der Innenseite der Eingangstür. Jeder, der aus Goat Marshes hereinkommt, kann es sehen. Jeder, selbst wenn er draußen auf der Straße seine Stretchlimousine stehen hat, kann sehen, wie wir hier leben und arbeiten.«

Niemand widersprach. Niemand rief, er solle mal wieder auf den Boden zurückkommen. Ich nahm das Hühnerbein und fing an zu essen. Es war süß und fettig, genau wie ich es mochte. Ich wechselte bei jedem Bissen Hühnchen und Banane ab.

Über meinem Kopf brandete Applaus auf. Wally war ein ausgezeichneter Koch. Er hatte Bohnen und Zwiebeln zusammen gedünstet und kleine Auberginen im Backofen geröstet.

Claire Chen sagte etwas. Ihre Stimme klang gepreßt und ein wenig schrill. Sie erwähnte ebenfalls die Limousinen auf der Straße. Das war die übliche Art des Kollektivs, kritisch über Bill und Vincent zu sprechen.

Ich machte mich wieder an der Decke zu schaffen. Ich schnitt aus der Mitte ein gelbes Stück heraus. Meine Mutter rief etwas – ich hatte nicht mal bemerkt, daß sie da war.

Es war nicht ihre Art, dazwischenzurufen. Sie unterbrach nicht gern jemanden, doch nun wurde sie von Claire Chen niedergebrüllt. Über meinem Kopf tappte jemand nervös mit dem Stiefel.

Ich steckte das Taschenmesser ein und glitt durch die hohe, schmale Schlucht zwischen den ansteigenden Sitzreihen. *Vincent* sagte etwas. Ich kroch nah genug an die Manege heran, daß ich ihn sehen konnte. Er war aus seinem Büro herbeizitiert worden und trug einen konservativen Nadelstreifenanzug und ein blaßblaues Hemd mit Krawatte.

»Das hier ist ihre Vision«, sagte er. »Keiner von euch hätte eine solche Vision gehabt.«

»Das Kapital«, rief Annie McManus.

Vincent stopfte die Hände in die Taschen. Ganz der konservative Politiker. »Annie glaubt, Kapital und Vision seien ein und dasselbe.« Niemand lachte.

Ich war immer noch gewillt, mich vor allen zu beweisen, und verstand nicht, was für eine Katastrophe da über uns kam. Ich kroch zur Rückwand und kletterte die Stahlleiter hinauf, die neben der Loge in die Höhe ragte.

Meine Mutter trat auf die Bühne, als ich zu klettern begann. Ich befand mich jenseits ihres äußersten Aufmerksamkeitsbereichs, und sie sah nicht in meine Richtung. Sie hatte Angst vor dem Publikum. Ich konnte es an ihrem Lächeln erkennen und an der Art, wie sie mit einem nach dem anderen Kontakt aufnahm.

Ich war jetzt oben bei den Scheinwerfern, so hoch über dem Boden wie Wally an dem Tag, als ich in sein Leben trat. Die Scheinwerfer waren seit Beginn der Trockenzeit noch nicht auseinandergenommen und wieder zusammengebaut worden. Es gab Spinnweben, klebrige alte Einstellungsmarkierungen, sich wellende Farbfilter. Ich schwang mich um diese Hindernisse herum und hoffte, den Weg bis zur anderen Leiter an der linken Hinterseite der Bühne zu finden.

Während ich mich über die Köpfe im Publikum hinweg vorwärtsbewegte, stand Moey Perelli auf. Er fing von seinem Platz aus an zu sprechen, bevor meine Mutter die Chance hatte, etwas zu sagen. Vincent hatte offenbar seinen Corniche vor der Tür stehen. Hinter dem Steuer saß ein Chauffeur, und der Motor lief. Moey redete über Autoabgase und Verschwendung. Er nannte Vincent einen Kohlenstofffresser. Vincent versuchte zu erklären, daß er nur einen Augenblick bleiben würde, doch alle lachten ihn aus. Er trat an den Rand der Manege und brüllte etwas von wegen dem vielen Geld, das er dem Kollektiv jeden Monat zahlte. Ich drückte mich gerade an einem Spotlight mit losem Gelbfilter vorbei; meine Mutter versuchte anzubringen, daß sie diesem Theater ihr Leben gewidmet habe.

Ich war nun direkt über ihr. Sie wirkte so klein auf der Bühne. Ich konnte auf ihrem Kopf eine kleine, runde weiße Stelle von der Größe eines Zwanzig-Cent-Stücks erkennen.

»Hausbesitzer gibt es überall«, sagte Claire Chen (sie machte sich gar nicht erst die Mühe aufzustehen – sie saß mit übereinandergeschlagenen Beinen im Publikum).

»Claire, bitte«, sagte meine Mutter. »Wovon redest du?«

»Du würdest eher Tauben als Menschen aufnehmen«, sagte Claire. »Du verlangst, daß ich neben einer verstopften Toilette schlafe und willst den Tauben den besten Platz im Haus überlassen. Scheiße!«

Meine Mutter sah Claire an. »Claire, du redest mit mir.«

»Ich weiß, mit wem ich rede«, sagte Claire. »Das ist mir endlich klargeworden.«

Meine Mutter fing zu weinen an. Vincent stand auf der anderen Seite. Er hielt es für das Richtige, für eine feministische Einstellung, ihr nicht das Licht, die Haltung zu nehmen und sie aus eigener Kraft strahlen zu lassen. Er kannte sich gut damit aus, aber diesmal hatte er unrecht: er hätte bei ihr sein sollen, und ich – ich wußte, was ich hätte tun sollen –, ich hätte mich auf Claire Chen fallen lassen, ihr weh tun sollen, doch obwohl meine Arme höllisch schmerzten, hatte ich Angst davor zu sterben. Ich zählte bis zehn, doch am Ende konnte ich nicht loslassen.

»Raus mit dir«, sagte meine Mutter zu Claire.

Claire stand endlich auf. Sie wischte sich ihr purpurrotes Haar aus dem Gesicht, sah sich um und lächelte. »Ich werde gehen, wenn das Kollektiv so beschließt.«

Sparrowgrass Glashan erhob sich von seinem Platz in der ersten Reihe und sah auf die Truppe, die auf den Plätzen saß und erst gestern mit meiner Mutter Witze über *Tartuffe* gerissen hatte. »Abstimmung.«

»Raus mit dir«, sagte meine Mutter zu Claire Chen. »Verschwinde, und komm nicht wieder.«

»Alle, die dafür sind«, sagte Sparrowgrass. Keine Hand reckte sich.

»Nein«, sagte meine Mutter, »das tut nichts zur Sache.« Claire Chen schüttelte den Kopf und rümpfte meiner Mutter gegenüber die Nase. »Du verläßt mein Theater. Raus.«

Ihr gehörte das Feu Follet. Sie hatte Jahre damit verbracht, alle davon zu überzeugen, daß dies auf irgendeine fundamental geistige Art nicht so sei. Sie hatte es gut gemacht, aber die Tatsache blieb – auf der Besitzurkunde stand ihr Name. Tief im Innersten gehörte es ihr, nicht, weil es mit ihrem Geld gekauft worden war, sondern weil sie das Feu Follet gemacht, erträumt, aus sich selbst heraus gesponnen hatte. Vielleicht war sie Anarchistin, wie die Polizei später behauptete, aber sie war keine sozialistische Heilige.

»Raus«, sagte sie zu Claire Chen, was dazu führte, daß Moey Perelli bereits zum Ausgang lief und andere Ensemblemitglieder sich ganz den Anschein gaben, als wollten sie sich ihm anschließen. »Versuchs mal in der wirklichen Welt«, sagte meine Mutter.

Ich klammerte mich am Scheinwerfergerüst fest.

Vincent kam und legte einen Arm um sie; ob er sie zurückhalten oder trösten wollte, war nicht klar. Sie schüttelte ihn ab und trat zurück in die mit Sägemehl bestreute Manege, bleich, vor Leidenschaft zitternd. Sie war Nora, Hedda Gabler. Es war ihr ganz egal, was mit ihr passierte. Sie schleuderte die federnden Locken aus dem Gesicht und stemmte sich die Hände in die Hüften.

»Raus«, rief sie niemand bestimmtem nach. »Raus – geht Vorsprechen.«

Erst als die Schauspieler gingen, wurde mir klar, was ich angerichtet hatte.

31

Roxanna wandelte auf Eis, auf dünnem Glas, in Stöckelschuhen, Schritt für Schritt. Sie hatte kein Zuhause, keinen Ehemann. Aber sie war nicht tot. Sie zerbrach nicht.

Sie hatte noch kein Geld, aber sie brauchte auch noch keins. Nichts Unheimliches war geschehen.

Sie hatte keine Kleider: sie hatte alles verbrannt, Schlüpfer, Kerosin, schwarzer Kohlenstoff. Sie hatte nichts, nur diese Schuhe, ein rotes Kleid, einen schwarzen Rock. Sie war sehr leicht.

Ein wirklich gutes Gefühl.

Er hatte ganz, ganz blasse Lippen, Narben an den Armen, einen Schmerz in seinen Augen, von denen sie nicht wußte, ob sie sie fürchten oder ihnen vertrauen sollte.

Als Wally begonnen hatte, die Tauben aus dem zugigen Foyer umzusiedeln, war sie ihm gefolgt. Er hatte sie nicht darum gebeten, aber das war nicht ihre Art von Haus, und sie hatte nicht allein herumstehen wollen. Er hatte sie nicht darum gebeten, aber sie war ihm dicht gefolgt, und ihre Stöckelschuhe klackerten auf den Laufbrettern. Als sie bemerkte, daß er sie in den Theaterraum geführt hatte und daß die Schauspieler probten, war sie sich nicht sicher, wie sie sich benehmen sollte. Sie versuchte, auf Zehenspitzen zu gehen, wie in der Kirche.

Eine schöne Schauspielerin mit langen schwarzen Haaren und kajalgeschminkten Augen rief immer und immer wieder, »O Wanja.«

Der lange Strich Sparrowgrass, derjenige, der den Pferdetransporter gefahren war, hatte sich in ein Menschliches Rad verwandelt. Er drehte sich im Kreise und rief, »Ich liebe dich«, während die Schauspielerin ihm mit einem kleinen Stock folgte, ihm aufs Gesäß schlug und in einer fremden Sprache sang.

Wally blieb stehen, stellte einen Fuß oben auf die kleine hölzerne Manegenbegrenzung und balancierte die Weidenkörbe auf dem Knie.

Roxanna verschränkte die Arme vor der Brust.

»Haben Sie es sich anders vorgestellt?« fragte Wally sie.

Sie gab ihm keine Antwort.

»Es ist anders«, beharrte er.

Die Frau und der Mann versuchten, ein Doppelrad zu bilden – die Frau in der Mitte und der lange Strich Sparrowgrass drumherum wie ein weicher runderneuerter Reifen. Es sah aus wie einer dieser heruntergekommenen kleinen Zirkusse, die ihren Lebensunterhalt in heruntergekommenen Käffern verdienten und Geld für die freiwillige Feuerwehr sammelten.

Der Mann und die Frau blieben stehen und trennten sich, und die anderen Gestalten versammelten sich um sie herum und beschimpften sie.

»Ist das ein altes oder ein neues Stück?« flüsterte Roxanna.

»Ein altes Stück.«

»Hört sich aber gar nicht danach an. All diese Schimpfwörter.«

»Das sind ja auch keine Worte aus dem Stück.«

»Und warum lernen sie nicht den richtigen Text?«

»Gehen Sie in die *Comédie*, da können Sie das Stück richtig sehen. Das hier nennt man Avantgarde.«

»Die Worte in dem Stück«, fragte sie, »taugen die nichts?«

»Sie machen Witze. Das ist Tschechow.«

»Und?« sagte Roxanna.

»Was und?«

»Und was ist an den dämlichen Wörtern falsch?«

»An den Wörtern ist nichts *falsch.*« Wally lächelte.

Sie verengte die Augen zu Schlitzen und sah ihn an.

Er hörte auf zu grinsen – er war klüger als Reade.

»Ich habe ein hübsches Gesicht«, sagte sie. »Aber deswegen bin ich noch lange nicht dumm, Mo-frere.«

»Tut mir leid«, sagte Wally. Er blickte so ernst und respektvoll, daß sie beinah gelacht hätte. Er hatte einen Steifen in der Hose, soviel stand fest.

»Dies ist eine sehr künstlerische Theatertruppe.« Er sah ihr in die Augen. Seine waren grau und samten, das Sanfteste an ihm. »Sie benutzen nicht gern die ursprünglichen Worte.«

»Also, um das klarzustellen.« Sie legte den Kopf zur Seite und blinzelte, denn jetzt, wo sie das Bild des Steifen im Kopf hatte, mußte sie sich zwingen, nicht über seinen ernsten Gesichtsausdruck zu lachen. »Die Worte sind in Ordnung?«

»Ja. Ich wollte auch nichts anderes behaupten.«

»Dann sollten sie sie lernen und verwenden.« Und sie streckte die Hand aus und berührte ihn an der Schulter. Das erste Mal, daß sie ihn berührte. Er war hart wie ein Ziegelstein.

»Sie dekonstruieren das Stück«, sagte er und blickte zu Boden. »So nennen sie das. Es ist sehr künstlerisch.«

Roxanna hatte viele Kunstrichtungen studiert – Zinnsoldaten, Art-Nouveau-Kristallglas. Das Theater lag keineswegs außerhalb ihrer möglichen Interessen. Es erfüllte viele der wichtigen Kriterien, und sie bemühte sich wirklich, jedenfalls für einen Augenblick, Respekt für das zu haben, was sie hier in dieser kleinen Zirkusarena sah.

»In dem Augenblick, als ich die Maman sah«, bemerkte sie schließlich, »wußte ich, sie mag mich nicht und ich sie auch nicht.«

»Sie werden das Theater schon noch mögen.«

Aber es roch nach armen Leuten, modrig, alt. »Ich weiß es besser, Mo-frere.«

»Das ist wie frischen Wein trinken.«

»Sie wollen was trinken, Mo-frere. Dann lassen Sie uns trinken.« Er hatte ganz, ganz blasse Lippen und Narben an den Armen. »Wir bringen die Vögel an einen trockenen, stillen Ort, und dann können Sie zur Bank gehen und Ihr Geld holen, und dann bringen wir alles unter Dach und Fach.«

Sie spürte das leise Lächeln auf ihren Lippen. Sie sah ihm in die Augen, bat ihn, den Blick zu erwidern, und als er sich schüchtern zeigte und sich das Haar aus der Stirn kämmte, war sie zufrieden.

Vor einer Woche noch hatte sie eine neue Waschmaschine, einen neuen Gastrockner gehabt. Jetzt lief sie neben diesem Frere, und ihre Schultern stießen aneinander. Sie wußte ganz genau, was sie in acht Tagen vorhatte, aber sie hatte keine Ahnung, was sie in der nächsten Minute tun würde. Sie gingen hinab in eine Art Verlies, dann ein paar Stufen hinauf auf einen Innenhof, in dem es süßlich duftete und wo eine alte efikanische Eiche ihre saftstrotzenden Blüten auf die feuchten bemoosten Steine streute. Einen Augenblick lang fühlte sie sich phantastisch, frei, jung.

Dann blieb er wieder stehen und sah sie an. Als er den Mund öffnete, dachte sie, ›Ich weiß nicht, was er sagen wird.‹ Das traf sie wie ein Blitz. Sie sah, wie sich die blassen Lippen öffneten, und hatte Angst.

»Haben Sie je von Ducrow gehört?« fragte er.

»Schauen Sie.« Sie hörte kaum zu. »Ich hab nicht gesagt, daß wir Freunde werden, okay?«

»Ich hab doch nur gefragt, ob Sie jemals von Ducrows Zirkus gehört haben.«

»Ducrows Zirkus, natürlich.«

»Haben Sie je von Ducrows Löwen gehört? *Ducrows Löwe/seufzte traurig/fraß ihm Nas' und Fuß ...*«

»Er starb und sein eigener Löwe fraß ihn auf«, sagte sie. »Jeder kennt die Geschichte.«

»Hier ist es passiert, an dieser Stelle, unter diesem Baum. Das hier war früher Ducrows Zirkusschule, wo er die Affäre mit der Frau des Premierministers gehabt hat«, sagte Wally.

»Solveig Mappin hieß sie.«

»Ja, Solveig Mappin.«

»Und?« fragte sie.

»Ich habe mit Ducrow gearbeitet. Woanders. Er war erst als alter Mann hier.«

»Jeder kennt Ducrow.«

»Ich kannte ihn, als er versuchte, sich einen richtigen Sirkus zuzulegen. Nicht nur Pferde, Bären und Vögel. Er schaffte sich einen Laserprojektor an. Unsere Lohnschecks waren nie gedeckt.«

»Er hatte einen Vogel, der radfahren konnte«, sagte Roxanna. »Den hab ich gesehen.«

»Er hatte einen Papagei, der radfahren konnte, und der Tukan sprang durch Reifen. Ich habe die Vögel selbst trainiert.«

»Ich hab die Vögel gesehen.«

»Hören Sie auf. Sie sind doch viel zu jung.«

»Das war 372. In Chemin Rouge, bei Gaynor's Paddock in Gost Marshes.«

»Das waren meine Vögel, damals«, sagte Wally. »Ich habe den Papagei selbst gefangen, mit einer Weidenkorbfalle, keine zwei Meilen von hier. Er hieß Linda.«

»Hören Sie auf.«

»Ducrows Show in jenem Jahr, erinnern Sie sich? Er hatte die Königlichen Husaren dabei. Er hatte die Marokkaner.«

»Natürlich erinnere ich mich.« Sie war gerade aus dem Konvent abgehauen. Sie war vierzehn, und ihr Steckbrief hing in jeder Gardiacivil-Station auf den südlichen Inseln. Sie saß mit ihren rotgefärbten Haaren allein da und war eifersüchtig auf die Familien ringsherum.

»Das Idol stand in der Mitte. Wie eine Götterstatue. Und Ducrow kommt und sagt, was sie zu tun haben.« Wally stellte die Weidenkörbe im Hof auf und redete mit ihnen. Eine ungestüme Energie überkam ihn, sein Haar wogte, seine Augen blitzten auf, er ruderte mit den Armen. Sie sah ihm zu und fing an zu lachen. »Und dann sagt er, ›Also, schaut her, Jungs, seht ihr das Stück verschmortes Tau, das ist das Idol, und du, Mohammed, stellst dich hier hin, das Messer zwischen den Zähnen. Und wenn die Husaren kommen, dann hack, hack, hack‹, so redete er mit ihnen, der Große Ducrow. Mit Pferden konnte er besser umgehen.«

»Sie haben dem Vogel beigebracht, radzufahren?«

Wally zuckte mit den Schultern und stapelte die Weidenkörbe wieder auf. »Sie hätten das auch gekonnt.«

»Ich mochte den Vogel«, sagte sie. »Ich mag Vögel eigentlich nicht, wenn Sie es genau wissen wollen. Ich mag keine Tauben. Ich bin sehr froh, sie endlich los zu sein.«

»Sie können viel Geld mit Tauben machen.«

Roxanna erwiderte lieber nichts darauf.

»Wirklich«, beharrte Wally.

»Hören Sie«, sagte sie, »wenn Sie sie für den Jungen gekauft haben, dann ist das wirklich lieb, wirklich sehr nett von Ihnen. Jetzt ist er noch nicht sehr aufgeregt, aber das wird schon noch.«

»Das wird schon noch.«

»Das wird schon noch. Im Augenblick scheint er kein allzu großes Interesse dafür zu haben.«

»Haben Sie Kinder?«

»Sehe ich so aus?«

»Sie haben eine gute Figur.«

»Hören Sie doch mit dem Scheiß auf. Sie glauben doch nicht ...«

»Habe ich Ihnen bisher was vorgelogen?«

»Keine Ahnung. Ich kann mir nicht vorstellen, in eine Lage zu geraten, wo mich das interessieren könnte. Ich habe keine Kinder. Ich weiß nicht, was Kinder so machen, vor allem nicht dieses hier. Ich verrate Ihnen mal, wer ich bin, Monsieur Pigeonnaire: Ich bin jemand, der Geld machen wird. Das ist das einzige, wofür ich mich interessiere: Geld. Mir gefällt es hier nicht. Mir gefällt nicht, wie es hier riecht, wie es aussieht, wie es sich anfühlt.«

»Dann gehen Sie doch«, sagte Wally.

»Sie haben noch nicht bezahlt.«

»Ich werde bezahlen.«

»In Ordnung«, sagte sie, »wenn Sie bezahlt haben, werde ich verschwinden.«

Sie wischte die abgefallenen Blüten von der Bank unterm Baum, setzte sich hin und sah zu, wie er die Tauben im alten Pferdestall verstaute. Dort war es zu dunkel und feucht. Sie sagte kein Wort. Was kümmerte es sie?

Als er damit fertig war, kam er heraus und wusch sich die Hände unter einem alten Wasserhahn mit breitem Maul. »Nehmen Sie einen Rat von mir an«, sagte er, während er sich das Wasser von den Händen schüttelte. »Sagen Sie nichts Doppeldeutiges, wenn Sie nicht wollen, daß man die doppelte Bedeutung für bare Münze nimmt.«

Aber sie hörte ihm nicht zu. Sie dachte an Spielzeugsoldaten, an eine Gruppe mit Turbanen und Schnauzbärten, eine Armeekapelle der Französischen Zuaven, einen von achtzig Aufrufen, die am 11. Januar, in acht Tagen, in Chemin Rouge zur Versteigerung kommen sollten.

Der Gedanke daran stimmte sie so froh, daß sie die Hand ausstreckte und seine ergriff. Sie war naß und kalt vom Leitungswasser.

32

Meine Mutter war im wirklichen Leben stets adrett. Ihre weißen Blusen stets weiß und fleckenlos. Sie war so ordentlich wie ihr Schreibtisch, grazil, sauber. Doch an dem Abend, als die Schauspieler gingen, füllte sie die Pappbecher unachtsam, goß ihren Freunden klebrige Champagnerperlen über die Hände und zwang Roxanna (die sie bis dahin als ›diese kleine Trockenschleuder‹ bezeichnet hatte), ganz schnell ihre roten Schuhe unterm Kleid in Sicherheit zu bringen.

»Freu dich«, sagte sie zu Wally, »du hast gerade einen Taubenstall bekommen.«

Wally schüttelte den Kopf und murmelte etwas.

»Bitte?« fragte meine Mutter.

Wally sah auf den Aschenbecher aus Silberfolie hinunter, den er auf den Boden zwischen seinen Füßen abgestellt hatte.

»Eher bring ich die Vögel um«, sagte er.

Roxanna murrte. Meine Mutter fuhr sich mit weinnassen Fingern durchs Haar und schüttelte ihre Locken auf. Vincent reichte ihr ein Taschentuch. »Nein danke«, sagte sie zu ihm. Dann wischte sie sich die Hände an ihrem roten Samtkleid ab.

»Eher bringe ich die Schauspieler um«, sagte sie und lachte lauthals. »Nicht dich«, sagte sie zu Sparrow – der einzigen Person im Turm, die stand – groß, schlaksig, mit hervorquellenden Augen. »Nicht dich.« Sie lachte, bis sie einen hochroten Kopf hatte und die Tränen liefen. Vincent nahm ihre blassen weißen Hände, und sie sah zu, wie er sie abwischte, als gehörten ihre Finger zu einer anderen Person.

»Das reicht«, sagte sie und entzog sie ihm.

Wally sagte, »Ich möchte nicht als derjenige im Gedächtnis bleiben, der das Feu Follet geschlossen hat.«

Meine Mutter lächelte ihn vage an.

»Du hast überhaupt nichts geschlossen«, sagte Sparrow Glashan. »Die kommen wieder. Mit Sicherheit.« Er zwinkerte mir zu.

»Glaub mir«, sagte meine Mutter, und jeglicher Humor schwand aus ihrer Stimme, »die kommen nicht zurück.«

Es gab eine lange Pause, die erst endete, als Felicity die nasse Magnumflasche aus dem roten Plastik-Eiskübel nahm und Vincents Pappbecher zu voll goß. »Komm schon«, sagte sie, »trink aus. Es kommt nicht jeden Tag vor, daß ich mein Leben ändere.«

Sie wandte sich zu mir und wuschelte mir die Haare. Ich sah ihr in die Augen, aber sie nahm die schwere Last der Gewissensbisse nicht an, die ich ihr aufzubürden versuchte.

Sie tätschelte mir die Beine mit ihren klebrigen Händen.

»Sei fröhlich, Kumpel.«

Doch alles, was ich wollte, war, alles wieder rückgängig zu machen, niemals unter die Sitzreihen des Theaters gekrochen zu sein, niemals mit Sparrow Glashan gesprochen zu haben, niemals unser Leben zerstört zu haben.

Sie zerzauste mir die Haare. Sie stand auf und wickelte die Magnumflasche in ein schwarz-weiß kariertes Geschirrtuch. Sie goß Champagner in Roxannas Pappbecher, bis an den Rand, wie der Kellner in einem China-Restaurant.

»Werden Sie neue Schauspieler engagieren?« fragte Roxanna.

»Die Tauben sind mir lieber«, entgegnete meine Mutter. »Viel, viel lieber.«

»Ich mag die Vögel nichtmal«, sagte Wally. »Es tut mir unendlich leid, daß ich sie überhaupt gekauft habe.«

Roxanna zog ihre dunkle Brille aus dem Haar vor die Augen.

»Du wirst eine neue Truppe gründen.« Sparrowgrass reckte meiner Mutter seinen leeren Becher entgegen und sah zu, wie sie nachschenkte. »Ist doch nicht so, als gäbe es keine guten Schauspieler, die nach Arbeit suchten.« Er wartete auf die Reaktion meiner Mutter, aber sie war weggegangen und suchte auf der Kurzwelle nach einem Pow-pow-Sender. Währenddessen unterhielten sich die anderen, waren sich aber bewußt, daß sie auf Small talk machten. »Es stehen Wahlen bevor«, sagte Sparrow Glashan zu Roxanna.

Roxanna verengte die Augen zu Schlitzen. »Das weiß ich«, sagte sie. »Ich bin doch nicht vom Mars.«

»Ich wollte sagen – die Leute wollen im Augenblick wirklich politisches Theater machen. Es gibt keinen anderen Ort außer dem Feu Follet. Es ist eine Institution. Die Blaue Partei sollte was unternehmen.« Sparrow sah Vincent an.

»Claire Chen hat nie an ihrer Sitmme gearbeitet«, sagte Vincent. »Sie war immer zu gepreßt.«

»Sie hat keine tolle Stimme«, gab Sparrow zu, »aber ihr Körpereinsatz ist gut. Sie wirkt sehr körperbetont.«

»Es lag nicht an ihren Schauspielkünsten.« Meine Mutter hatte ihren Pow-pow-Sender gefunden. Sie drehte lauter und dann wieder so leise, daß ich mich fragte, warum sie sich überhaupt die Mühe gemacht hatte. »Auch nicht an deinen«, sagte sie zu Sparrow. »Du bist Schauspieler geworden, aber als du hergekommen bist, warst du keiner.«

Sparrow tat so, als sei er beleidigt, aber meine Mutter spielte kein Spiel. »Als wir auf Tournee waren, bei Melcarth«, fragte sie, »was hast du da von unserer Arbeit gehalten? Ernsthaft.«

»Sie war gut«, sagte Sparrow. »Sie war toll.«

»Aber im Vergleich zu etwas *wirklich* Gutem.«

»Die Leute haben gelacht und geweint, und nun ist es vorbei.«

Meine Mutter ließ den Blick fallen. Als sie wieder aufschaute, hatte ihr Gesicht die Farbe ihrer Arme angenommen.

»Kam es dir nie zweitklassig vor?« fragte sie.

Sparrow machte ein derart schmerzliches Gesicht, daß er mir leid tat. »Nein, warum? Also wirklich nicht.«

»Aber was wäre denn erstklassig?« hakte meine Mutter nach. Sie war für einen Augenblick zur Ruhe gekommen und lehnte nun am offenen Fenster, die Arme vor der Brust verschränkt, einen Pappbecher in der Hand.

»Sie meint Brecht, inszeniert von Alice Brodsky«, sagte Vincent, »im Saarlim Volkhaus, so etwas ähnliches.«

»Wir haben nach unseren Prinzipien gelebt«, sagte Sparrow. »Ich finde, das ist erstklassig. Wir haben in Städten wie Melcarth und Dyer's Creek gespielt, wo die Menschen noch nie zuvor eine Show gesehen haben. Das ist erstklassig. Wir haben etwas zu sagen. Wir bringen Leute zum Nachdenken, zum Lachen und Weinen.«

»Aber was haben wir verändert?« fragte meine Mutter. »Am Ende des Tages.«

»Das ist eine ganz andere Frage«, bemerkte Vincent.

»Haben wir überhaupt damit begonnen, eine nationale Identität zu definieren?« fragte Felicity. »Niemand kann mir sagen, wie eine efikanische nationale Identität aussehen könnte. Wir sind Menschen von der nördlichen Halbkugel, die man im Süden ausgesetzt hat. Wir wissen nur, was wir nicht sind. Wir sind nicht wie jene snobistischen Franzosen oder jene barbarischen Engländer. Wir glauben nicht, daß Ratten eine Seele haben, wie die Voorstander es tun. Aber was sind wir? Wir sind irgendwie ›hier‹. Wir sind ein Flohzirkus.«

»Du meinst, du wünschst dir, wir wären berühmter.«

»Nein«, entgegnete Felicity leidenschaftlich. »Nein, das meine ich nicht, und das weißt du. Ich meine, ich weiß nicht, wer wir sind. Aber vielleicht liegt das nur an mir, schließlich bin ich ja Voorstanderin.«

Der glitzernde, salzig-feuchte Schimmer über ihren Augen verwandelte sich nicht zu Tränen, aber mir war vollkommen klar, daß meine Mutter, aus welchen Gründen auch immer, mit dem Theater fertig war.

Sie setzte sich wieder aufs Bett und kuschelte sich an Vincent. Er legte seinen Arm um sie, und sie schloß die Augen. Sie zitterte. Wally zog seinen Pullover aus und legte ihn ihr über die Schultern. Vincent legte seine Jacke ab und wickelte sie darin ein.

Ich legte ebenfalls meine Arme um sie, so weit ich sie umfassen konnte. Ich hatte große Angst.

33

Roxanna hatte diesen Flash – er kam ihr in jener Nacht, als sie in diesem zugigen Turm in Chemin Rouge herumlungerte und warmen Champagner trank. Sie sah das Blut, wie in einem Horrorfilm, eine schiere Wand aus Blut, feucht, flüssig, mit einem blauen Schimmer an den Rändern. Sie sollte die beschissenen Tauben einfach töten.

Der Augenblick ging vorüber, wie ein leeres Bild im Film, wie die kurzen verrückten Augenblicke, in denen man glaubt, man werde sich gleich von einer Brücke stürzen oder den Wagen in den Gegenverkehr lenken – ein Tick, ein Schauder, nicht das wirkliche Leben, sondern eine Parallelwelt, etwas, das nur passieren konnte, wenn die dünnen muskulösen Wände zwischen der Welt der Gedanken und jener der Gegenstände verschlissen oder aufbrachen. Sie war nicht, *deo volante*, die Frau mit dem Messer, dem Hackebeil, der Axt. Aber sie war die Person, die ungewollt die Pest hereinschleppt, wie jene Rebecca (wer immer sie auch in Wirklichkeit war), nach der Rebeccas Fluch benannt wurde – einfach nur eine hübsche rot und gelbe Blume, die nun die Weidegründe halb Efikas überwucherte, und jedes Schulkind, selbst dieses Plappermaul hier, wußte, daß sie Rebeccas Fluch hieß.

Die Tauben waren genauso: sie klebten an ihr wie Hundescheiße.

Sie waren erst sechsunddreißig Stunden in Chemin Rouge, und schon hatten der berühmte Apple Pie und seine sechsundzwanzig Gefährten diese Theatertruppe zerstört. Die Tauben waren wie Sporen, wie eine Geschlechtskrankheit, und wenn sie an die Nacht dachte, in der Reade sie nach Hause brachte, wußte sie, daß ihr erstes Gefühl ihnen gegenüber (bevor ihre nachgiebige, zuvorkommende, lächelnde, kopfnickende Persönlichkeit dazwischenkam) richtig gewesen war.

Nicht nur, daß Reade sich irrte, was die Verdienstmöglichkeiten anging. Sie hatte die Art nicht gemocht, wie er sie anfaßte, seine großen schwieligen Hände um Brust und Hals der Tauben. Sie zwang sich verdammt nochmal dazu, es zu mögen, aber das war vollkommener Blödsinn. Es machte sie eifersüchtig – das war es. Sie wollte, daß er sich ihr, nicht einem Vogel, gegenüber so benahm. Sie sagte sich, wie nett es doch sei, einen Mann zu sehen, der zärtlich war, aber das war Blödsinn, und sie wußte es von Anfang an.

Sie mochte diese Taubenaugen nicht, nicht diese beiden und auch keine anderen. Sie hatte noch kein Taubenauge gesehen, das ihr nicht ein wenig Angst einflößte. Das sagte sie Reade. Zu Anfang war er geduldig mit ihr – er sagte, das habe was damit zu tun, daß sie auf jeder Kopfhälfte ein Auge hätten und es einem deshalb so vorkomme, als starrten sie, und sie versuchte, ihm das abzunehmen, aber es stimmte nicht. Es lag irgend etwas in dem Blick selbst – etwas Dummes, Nervöses, Forderndes –, das ihr nicht gefiel, und es war egal, ob die Augen nun gefleckt oder einfarbig waren; der Zustand blieb derselbe. Sie machten ihr Angst.

Was das Geld anging – zum Vergessen. Die Tauben hatten für den Bruch mit Reade gesorgt. Es waren die Tauben gewesen, nichts anderes, die sie um das gemeinsame Bankkonto brachten, 105.023,56 Dollar. Sie brachten sie um Haus und Schutz. Sie hätte sie in Melcarth töten sollen, als sie das Haus ansteckte. Und nun war sie in Chemin Rouge, und die Tauben waren immer noch bei ihr. Sie könnte ihnen die Köpfe mit einem Tomahawk abschlagen und sie wie Hühner mit herausspritzendem Blut in der Gazette Street herumlaufen lassen. Sie konnte es sich so richtig ausmalen. Sie konnte das Blut sehen, das sich im Rinnstein aus blaugrauem Sandstein sammelte. Das Bild war äußerst realistisch.

Sie blinzelte und trank Champagner. Es war vollkommen klar, daß Madame das Gebäude vermieten oder verkaufen würde und Wally ohne ein Zuhause dastand, alles wegen der Tauben. Es war ihr egal. Sie weigerte sich, daran zu denken. Sie sollte sie verbrennen, bevor sie weiteren Schaden anrichteten.

So etwas solltest du nicht mal denken, Roxanna.

Sie hielt die Luft an, aber der Luftmangel ließ die Flammen nur noch heller brennen. Sie waren kohlenstoffumsäumt, orange berockt. Da war Ruß, Kerosin, ein süßer, heißer, versengter Geruch. Sie grinste Wally an. Er lächelte zurück. Sie ging ins Bad und warf sich Wasser ins Gesicht, dann drehte sie sich um und ging hinunter auf die Straße, in der Hoffnung, daß die Luft dieses Gefühl verschwinden ließ.

Die Luft auf der Straße war kühl und feucht. Der Wind kam von Osten und trug nicht das Salz vom Hafen, sondern einen süßen modrigen Geruch, den Geruch nach Kanälen und verrottendem Laub aus zwanzig Meilen Entfernung herbei. Sie blieb dort draußen stehen, lehnte sich an einen Wagen, sah zum Mond hinauf und lauschte der sarkastischen Stimme der Telefonzentrale, die über die Taxiradios kam. Sie sah, wie Vincent Theroux die Tür öffnete und auf dem oberen Treppenabsatz stand. Er hob den Arm. Ein Motor sprang an, ein niedriger, teurer Wagen – die Marke kannte sie nicht – fuhr vor, und Vincent, der in seinen Jacken- und Hosentaschen nachgesehen hatte, stieg vorsichtig die Stufen herab, stieg hinten ein und wurde davongefahren. *Mein Gott*, dachte sie. Es war, als hätte sie sich kaltes Wasser ins Gesicht gespritzt.

Gegen zehn sah sie Sparrow Glashan, der durch den Rucksack unterm Poncho einen Buckel hatte, leise durch die Tür schlüpfen und zum dunklen Ende der Straße gehen, weg von der Taxizentrale. Einen Augenblick darauf schlenderte Wally, die Hände in den Hosentaschen, über die Straße.

»Alles in Ordnung?«

»Der fette Kerl, wie heißt der?«

»Das ist Vincent ... haben Sie seinen Wagen gesehen?«

Er stand grinsend vor ihr, so als wüßte er, daß reiche Männer sie erregten.

Sie zuckte mit den Schultern. »Was ist damit?«

Sie wandte sich wieder dem Theater zu. Jetzt, nachdem die Schauspieler verschwunden waren, hoffte sie, einen besseren Schlafplatz zu bekommen als eine Matratze in einer Ecke von Claire Chens Zimmer.

Die Tauben standen nicht mehr im Foyer, aber sie bildete sich ein, daß ihr Geruch noch in der Luft hing, und hielt den Atem an, als sie es durchquerte. Nur noch acht Nächte. Sie würde sich ein Schloß für die Zimmertür kaufen.

Das Gebäude war ein Karnickelstall, eine billige Absteige. Sie suchte nach einem Zimmer, das sie abschließen konnte. Die Türen waren aus Sperrholz. Die meisten Schlösser und viele der Türknäufe fehlten. Die Zimmer selbst waren tot, vorhanglos, unheimlich. Die Fußböden waren mit Unrat übersät, den die Schauspieler bei ihrer Flucht hinterlassen hatten, die Art von Dingen, um die sich Lumpensammler gestritten und die sie zurückgelassen hätten, wenn Alkohol oder Gewitter die Vorstellung davon änderten, was sie für brauchbar hielten – leere Vid-Schachteln, Ausdrucke, T-Shirts, BHs, einzelne Socken.

In acht Tagen würde sie bei der Antiquitätenmesse in Chemin Rouge auftauchen, ein Schmetterling, der einem Dunghaufen entsteigt – niemand, der sie sah, würde sich jemals die Kette und das Schloß vor der Tür und den Eiscremebehälter als Nachttopf vorstellen können.

Sie ging von einem Zimmer zum nächsten und besah sich die Türen. Wally begleitete sie, hielt sich aber hinter ihr, betrat die Zimmer nicht, blieb in den Türen stehen.

Sie würde niemals mit ihm schlafen. Unter gar keinen Umständen. Als sie ihm in die Augen sah, lächelte er sie an.

»Was ist denn so lustig?« fragte sie, doch bevor er etwas antworten konnte, trat sie an ihm vorbei auf den Flur hinaus. Ihre hohen Absätze waren laut. Sie haßte das Geräusch. Die Zimmer waren alle nicht sicher. Die Fenster gingen auf Veranden und Dächer hinaus. Es gab keine Riegel.

Wally lehnte sich gegen die Wand hinter ihr und drehte sich eine Zigarette. »Machen Sie sich wegen der Tauben keine Sorgen«, sagte er. »Ich werde ihnen was bauen.«

»Solange ich es nicht machen muß.« Sie drehte sich zu ihm um. »Tauben bringen nichts ein«, sagte sie. Sie nahm eine Zigarette aus der Tasche und zündete sie an. Man konnte hören, wie die Eingangstür in ihren Scharnieren aufschwang – sie mußte zwei Ketten, zwei Schlösser kaufen.

»Mein Opa hatte Tauben«, sagte er vorwurfsvoll.

»Das haben Sie schon mal gesagt.«

Er zog einen Kamm aus der Brusttasche und kämmte sich sein langes Haar aus der hohen Stirn nach hinten. Dann beugte er sich vor und nahm ihr die Sonnenbrille aus dem Gesicht, ohne sie um Erlaubnis zu bitten. »Ich habe Ihnen sechshundert Mäuse für sie gezahlt.«

»Das war ein fairer Preis«, sagte sie, stieg aber aus ihren Schuhen.

»Mir scheint, Sie haben ein wenig mehr als Tauben dafür geboten.«

Sie beugte sich hinab und nahm die Schuhe. Sie weigerte sich, Schuldgefühle zu haben.

»Mir scheint, Sie haben dafür etwas sehr Spezielles geboten.«

Sie streckte die Hand nach der Sonnenbrille aus. Wally zögerte kurz, gab sie ihr dann aber zurück.

»Ich habe gesagt, ich helfe beim Aufbau, okay?«

»Stimmt.«

»Ich weiß, Sie glauben, das sei doppeldeutig, aber das ist es nicht. Was ich damit meinte, war, ich besorg das Futter und zeig Ihnen, wie man die automatische Wässerungsanlage anschließt.«

Er schüttelte den Kopf. In seinen Augen lag dieser verletzte Blick, den Männer kriegen – sie wußte nicht, ob sie ihn bemitleiden oder fürchten sollte.

»Tut mir leid, falls ich einen falschen Eindruck gemacht habe«, sagte sie vorsichtig. »Tut mir wirklich leid, daß ich Sie verhext habe.«

»Das haben Sie nicht. Ich freue mich, daß Sie hier sind.«

»Ich habe das Theater verhext. Die Tauben, besser gesagt. Ich habe ihr Theater ruiniert.«

»Sie kennen Felicity nicht«, sagte er.

Sie schnaubte verächtlich.

Er legte den Kopf zur Seite. »Wozu war das denn?«

»Was?«

»Das Lachen.« Er verschränkte seine dicken sommersprossigen Arme vor der Brust.

Sie zuckte mit den Schultern.

»Warum haben Sie gelacht?« verlangte er zu wissen. Er preßte den Mund zusammen. Sie wollte all dieses gefährliche Verletztsein, das in seinen Augen tanzte, nicht sehen.

»Ich fand, Sie kennen sie nicht«, erwiderte sie. »Das ist alles. Wahrscheinlich irre ich mich. Jedenfalls hatte ich diesen Eindruck.«

»Woher wollen Sie wissen, ob ich sie kenne oder nicht? Wie können Sie sich eine Meinung dazu erlauben?«

»Sie sind ein Mann.« Sie lächelte und berührte ihn mit der Hand am Unterarm. »Das ist alles.« Und sie machte kehrt und ging den Flur entlang, bevor es noch gefühlsbetonter wurde. Sie stürzte in das ehemalige Zimmer von Annie McManus. Sie hatte geplant, es zu übernehmen, doch nun bemerkte sie, daß das Zimmer eine Tür auf diesen unheimlichen kleinen Innenhof hinaus hatte.

»Wollen Sie sagen, ich habe keine Ahnung von Frauen?«

»Schauen Sie sich doch mal an«, fuhr sie ihn wütend an. »Sie wedeln wie ein Hund hinter mir her. Sie wollen mit mir schlafen, aber so geht das nicht. Es tut mir leid. Ehrlich. Sie haben einen fairen Preis für die Tauben bezahlt, aber das ist alles. Sie haben sich ein paar Preistauben zugelegt. Viel Spaß damit.«

Er beugte sich vor und hielt sie am Arm. Die Maman und der Junge waren oben im Turm. Sie waren ganz allein auf diesem Stockwerk. Er tat ihr weh.

»Sie glauben zu wissen, wer ich bin, Roxanna. Sie halten mich für einen Widerling, aber Sie haben von nichts eine Ahnung. Wenn Sie was über mich wissen wollen, gehen Sie rauf und fragen sie. Glauben Sie vielleicht, sie würde mich hierbehalten, wenn ich ein Widerling wäre? Ich bin ein guter Mann, Rox. Sie haben einfach zuviel Angst, sonst würden Sie das bemerken. Sie sind so schreckhaft, daß Sie glauben, Sie müßten mich ausnehmen. Sie sind so nervös, daß Sie nicht mehr wissen, was Sie machen sollen. Aber ich verspreche Ihnen eins, und das können Sie mir glauben – Sie können in meinem Zimmer schlafen, in Ihrem eigenen Bett. Sie werden in Sicherheit sein. Niemand wird Sie auch nur im geringsten belästigen.«

Sie sah ihm ins Gesicht – in die samtgrauen Augen – und glaubte ihm.

»In Ordnung?« fragte er.

»Willst du zuerst ins Bad?« Sie streckte eine Hand aus, um ihn am Unterarm zu berühren, aber er schreckte wie zufällig ein wenig zurück.

»Ich war schon«, sagte er.

Als sie aus dem Bad kam, lag er unter einer Decke auf einer alten Matratze, die er von sonstwoher geholt hatte, eine dieser Matratzen mit diesen ernüchternden braunen Flecken auf dem schwarz-weißen Drillichbezug. Er lag auf seiner Hälfte der Matratze ganz still unter der Decke, den Rücken zu ihr. Sie traute der Unbescholtenheit seiner Stille nicht. Er war vielleicht ein guter Mann, aber immer noch ein Mann, und dies war männliches Standardverhalten – einen ins Bett zu kriegen, indem sie so taten, als wollten sie einen nicht ins Bett kriegen.

Sie sah Wally an, wie sie einen Wecker angesehen hätte, etwas, das leise tickt und ihr früher oder später in den Ohren klingeln würde, ganz egal, wie leise es tickt.

34

Bei uns zu Hause war Armer Ritter etwas besonderes, das ich nur einmal die Woche haben durfte. Doch als die Schauspieler gegangen waren, bekam ich es dreimal hintereinander. Zweimal war schon ein Fest. Doch als ich am dritten Morgen Wally antraf, wie er Eier und Milch verrührte, wußte ich, daß alle meine Befürchtungen begründet waren – etwas wirklich Schlimmes erwartete mich.

Ich kletterte auf den Küchenstuhl und sah Wally besorgt zu, während er einen gelben, körnerbesprenkelten Laib Brot aus einem Beutel zog und drei Scheiben abschnitt, jede davon gut zweieinhalb Zentimeter dick.

»Hatte ich ... gestern Armen Ritter?«

Er drehte sich um und sah mich hohlwangig und mit unbewegter Miene an. Er zog eine Schachtel Caporal aus der Tasche seiner schwarz-weiß karierten Hose, zündete sich eine davon an der Gasflamme an und reckte dabei Nase und Lippen auf die säuberlichen blauen Flammen zu.

»Keine Ahnung«, sagte er.

Das paßte gar nicht zu ihm.

Nun tunkte er das Brot in die aufgeschlagenen Eier und legte drei leckere, schleimig gelbe Scheiben in die zischende Pfanne. Er nahm ein

Trockentuch und wischte ein wenig verschüttetes Ei von der blau irisierenden Platte des Küchentischs.

»Hatte ich ... gestern«, sagte ich.

»Ich dachte, daß ist dein Lieblingsessen?«

»Du sagst ... ist schlecht für mich ...«

Wally warf das Trockentuch auf die Spülablage und zwinkerte.

Dann stellte er die Sirupkanne neben meinen Ellbogen. Nun bekam ich es ernsthaft mit der Angst – er hatte mir noch nie erlaubt, die Sirupkanne in die Hand zu nehmen.

»Kommt Sparrow heute ...?« fragte ich.

»Er sucht nach einem Job«, sagte Wally. Er wendete die Brotscheiben in der Pfanne und paßte darauf auf, während er rauchte. »Das weißt du doch.«

»Sie wird ... ihre Meinung ändern.«

»Sie wird sich für die Wahlen aufstellen lassen«, sagte Wally. »Du hast sie gehört. Du hast diese Herren in ihren Anzügen gesehen. Du weißt, wer sie sind.«

»Sie wird ... ihre Meinung ändern.«

»Iß«, sagte er und legte mir die erste Scheibe auf den Teller.

Ich überflutete ihn mit Sirup. Wally schimpfte mich nicht. Er sagte nur, »Du putzt dir hinterher die Zähne, hast du mich verstanden?«

»Ja.«

»Und warum?«

»Damit meine Zähne ... nicht wie deine werden.«

Er drückte seine Cancerette aus. »Stimmt genau.«

Er briet die beiden Scheiben, bis sie braun und gelb gefleckt waren wie ein Tigerfell. Als er sie serviert hatte, spülte er die Pfanne, trocknete sie ab und ~~und~~ stellte sie säuberlich auf dem Geschirrost ab. Dann wischte er die Küchentheke. Schließlich brachte er mir meine blaue Tasse mit heißem Kakao, setzte sich mir gegenüber an den Tisch und sah mir beim Essen zu.

Er stellte eine Schachtel Papiertaschentücher neben seinen Aschenbecher. Er zündete sich eine zweite Cancerette an, ich blickte von meinem Teller auf und verfolgte den Rauch, wie er an den grauen Spitzen seiner roten Augenbrauen vorbeistrich.

»Schmeckt's?«

»Sehr gut ...« Aber in Wahrheit war mir vor Angst ganz schlecht.

Alles, was meine Maman in den vergangenen zwei Tagen getan hatte, hatte mich nervös gemacht. Sie hatte nicht mehr vom neuen Haus gesprochen, andererseits jedoch »aufgeräumt« und all ihre Habe in Weinkartons verpackt.

»Ich gehe ... nicht weg.«

Wally zuckte mit den Schultern. »Ich schrei dich oft an, nicht wahr?« sagte er, ohne mich anzusehen.

»Ja.«

»Weil ich dich liebe, das weißt du doch, oder?«

Ich glaube nicht, daß er mir das jemals zuvor gesagt hatte. Ich nickte, konnte ihn aber nicht ansehen.

»Manchmal lache ich, nicht wahr?«

»Ja«, sagte ich, aber in Wahrheit konnte ich mich in dem Augenblick nicht daran erinnern, ihn lachen gesehen zu haben. Ich spürte nur seine Traurigkeit.

»Was würdest du sagen, woran erinnerst du dich bei mir am meisten?« fragte er mich.

»Weiß nicht.«

»Du bist ein kluges Kind«, sagte Wally. »Du wirst schon zurecht kommen.«

»Ich bleib hier ...«, sagte ich. »Ich geh nicht weg.«

»Deine Maman hat das Theater satt. Mach's ihr nicht so schwer. Die Wahlen sind genau das, was sie braucht.«

»Ich gehe nicht ... in das Haus ...«

»Deine Maman braucht einen Tapetenwechsel.«

»Bitte verkauf ... Tauben.«

»Um Himmels willen. Es geht nicht um die Tauben, Rikiki. Was Vincent mir erzählt hat – geht es nicht um die Tauben – es geht um deinen Vater.«

»Mein Vater?«

»Sie haben sich zerstritten, Rikiki. Mit den Tauben hat das nichts zu tun. Sie hat mit deinem Vater gebrochen, und mit dem Theater auch.«

»Nein, nein ... sie haben nicht gestritten.«

Eine Autohupe ertönte – viermal kurz.

Wally stand auf und drückte die Zigarette aus. »Bist du fertig?«

»JETZT?«

»Tut mir leid, Rikiki. Ich konnte es dir nicht sagen.«

»HEUTE?«

Ich war nicht vorbereitet. Damit hatte ich nicht gerechnet. Ich hatte erwartet, daß die Veränderungen nach und nach eintreten würden, in einem langen, langsamen Rutsch. Ich glitt von meinem Stuhl herunter. Ich würde nicht gehen. Ich wandte mich zur Tür, zu meinem Versteck.

Aber Wally hob mich hoch, bevor ich es bis zur Tür schaffte.

»Bitte«, wimmerte ich.

Ich klammerte mich an seine harten Schultern und preßte mein Gesicht gegen seinen rauhen, kratzigen Hals.

»Um Himmels willen«, sagte er, und seine blutunterlaufenen Augen schimmerten schon feucht. »Heul nicht.«

Ich wehrte mich nicht einmal. Ich ließ mich von ihm die Stufen hinunter ins grelle Licht tragen. Als ich aus dem Schatten von Wallys Hals aufblickte, war ich nicht erstaunt, Vincent am Steuer des Corniche zu sehen, aber vollkommen überrascht, meine Rebellen-Waffenkammer, den gestohlenen Stanislawskij, die zerschnittene Decke mit dem Schottenmuster, all die geheimen Gegenstände, die ich unter den Theatersitzen versteckt hatte, in drei Pappkartons verpackt auf dem Rücksitz zu entdecken.

Wally gab Tristan Smith einen unhygienischen, nach Tabak schmekkenden Kuß. Dann setzte er mich auf den Platz neben den Kartons. Er schnallte mich an und zog den Gurt besonders straff. Er drückte die Verriegelung hinunter und schlug die Wagentür zu. Er winkte, drehte sich dann aber abrupt um.

35

Um vier Uhr nachmittags war ich in dem isoliert liegenden, von Belinda Burastin[41] entworfenen Haus, das meine Mutter als unser neues Zuhause ausgesucht hatte.

---

[41] Belinda Burastin (341–90), gefeierte efikanische Architektin. Ihre Privathäuser spiegeln das liberale, postkoloniale Dilemma wunderbar wider. Jedes davon transportiert offenkundig einen Subtext – daß es für alle besser wäre, wenn das Haus einfach nicht da wäre. Burastins Häuser kratzen kaum an der Oberfläche. Sie stehen sozusagen auf Zehenspitzen. Sie sind leicht wie Gedanken,

Ich hockte auf dem auf Hochglanz polierten Fußboden und sah über einen melancholisch wirkenden, khaki- und olivfarbenen Wald hinaus zu den staubigen Straßen, Palmen und roststreifigen Dächern des fernen Hafens. Zehn Meter unter mir: zerborstene Baumstämme und kleine Felsen mit scharfen Kanten, die von dickem grünem Moos abgemildert wurden. Hinter mir: Vincent und meine Mutter, die sich in einen kleinen schwarzen Ledersessel gezwängt hatten. Sie saß halb auf seinem Schoß, halb neben ihm. Seine breite kantige Hand ruhte auf ihrem Knie.

»Das wird das Beste werden, was dir jemals zugestoßen ist«, sagte Vincent. »Für uns beide. Du wirst sehen: Große Dinge werden sich daraus entwickeln, für uns beide. Bill hätte niemals so über deine Arbeit reden dürfen, aber wenn alles vorüber ist, werden wir Briefmarken mit seinem Konterfei drucken.«

»Ich glaube, das würde ihm gefallen«, sagte meine Mutter versonnen. »Dir nicht?«

»Mir auch«, sagte Vincent. »Ich würde ihn gern auf einer Briefmarke sehen.«

Ich hörte ihm voller Feindseligkeit zu. Ich mochte nicht, wie er über meinen Vater sprach. Er hatte eine dicke weiche Unterlippe. Er sprach sanft, leise, tätschelte und streichelte viel. »Das Feu Follet wird nur ein Kapitel in deinem Leben sein«, sagte er zu meiner Maman, »wenn du erstmal Senatorin bist.«

Meine Mutter lachte, aber ich fand, sie war zu zart für all die verrückten Dinge, die er sagte – ihre Adern zu blau, ihre Haut zu weiß, der Lippenstift zu rot für ihren Hauttyp.

»Es gibt keinen Grund, warum du nicht Senatorin oder Ministerin werden solltest.«

Für mich war er, während ich ihm zuhörte, ein Schakal, der an der Schwäche meiner Mutter, politisch Einfluß nehmen zu wollen, herumschnüffelte, sie anstachelte, manipulierte, ausnutzte. Aber natürlich wußte er, was ich nicht glaubte: Bill hatte sie sitzenlassen, und plötzlich

---

Gebete, Wünsche, daß die Geschichte besser anders verlaufen wäre, daß die teuflischen Tiere besser nicht per Schiff übers Meer gebracht worden wären und daß jene, die nun dort leben, den Ort so wenig stören sollten wie – Zitat – »jene frühen Siedler, die in den trockenen kühlen Granithöhlen hausten«.

trieb meine Maman umher, ging unter. Dieses unschöne Drängeln in die Politik war der einzige Rettungsanker, den Vincent ihr anbieten konnte.

»Du kennst alle«, sagte er zu ihr. »Du hast eine Gefolgschaft. Du bist schöner als die Konkurrenz.« Er drehte ihr Gesicht mit der Handfläche zu sich. »Vielleicht ist dir sogar dein Akzent von Nutzen.«

Ich stand einen Meter von ihr entfernt, bekleidet mit einem blau schimmernden modischen Hut, silberfarbenem Mantel und einem mit Ziermünzen bestickten Gürtel. Ich wollte, daß sie wieder zum Theater ging, aber ich konnte es nicht mit Vincent aufnehmen, der schon ihr weiteres Leben in sein kleines Notizbüchlein schrieb. Sie hatten bereits jene gewisse Person angerufen. Er hatte in diesem Sinne telefoniert, mit jenem Opponenten gespeist. Der eine war »geschmeichelt, dich zu kennen«. Ein anderer hatte »sein Herz am rechten Fleck«. Ein weiterer war ein »liebenswürdiger, aber unsicherer Kantonist«.

Meine Mutter ließ ihren Kopf auf seine Schulter sinken. Vincent redete am Telefon mit jemandem über Fortschritte bezüglich der »Hundert Riesen« für den »Schmiergeldfond des Kandidaten«.

Das Haus stand auf dünnen Stelzen, die so hellgelb waren wie die Beine eines Silberreihers. Die ganze Konstruktion bog und bewegte sich, und wenn die Böen aus Westen kamen, konnte man spüren, wie das Haus unter einem wogte und zitterte wie Segeltuch. Ich haßte es. Es kam mir so vor, als würde unser Leben fortgeblasen.

»Ich hab Hunger«, sagte ich.

Als ich bemerkte, wie meine Mutter Vincent erwartungsvoll ansah, glaubte ich, seine Achillesferse gefunden zu haben.

Ich klappte den Stanislawskij zu und legte ihn vorsichtig auf den Fußboden.

»Ein Restaurant«, sagte ich und glaubte, so meine Mutter zumindest wieder näher ans Theater zu bringen. »Laßt uns zurück in die Stadt ... essen.«

Krähen flatterten aus den Kronen der Enteralis-Bäume auf und ließen sich in ihnen nieder. Ich lauschte den Krähen und stellte mir vor, daß sie kalt waren und unter ihrem ölig glatten Gefieder eine Gänsehaut hatten. Ich wickelte mich in meinen mit Ziermünzen bestickten silbernen Mantel.

»Was gibt es denn zu essen?« fragte meine Mutter.

Ich sah Vincent, sah seinen aufgeschreckten Blick. Ich glaubte, ihm Schach geboten zu haben, wenn auch nicht Schachmatt.

»Als erstes«, sagte er, »brauchen wir Feuerholz.«

Der Hügel, auf dem das Haus stand, war steil und rutschig vor Steinen, Baumstämmen, Laub und Enteralis-Zapfen. Ich lag flach auf dem kühlen Hartholz und schob mich bis an den Rand des Fußbodens. Ich sah hinab und beobachtete Vincent und meine Mutter, die Holz zu sammeln versuchten. Sie waren nicht für dieses neue Leben geschaffen. Meine Mutter trug Sandalen, Vincent glänzend schwarze Slipper mit kleinen Goldkettchen.

Er rutschte aus und knallte auf den fetten Hintern. Er versuchte, lange Stöcke zu zerbrechen, aber seine glänzenden kleinen Schuhe rutschten immer wieder ab. Felicity zerrte einen riesigen Holzklotz den halben Hügel hinauf.

»Den kann ich nicht verfeuern«, rief Vincent. »Ich habe keine Axt.«

Meine Mutter ließ den Klotz fallen. Er rutschte, dann rollte er. Er schlug gegen einen großen Felsen, der aus dem Boden ragte, wurde in die Luft geschleudert und verfehlte Vincents Kopf nur knapp. Der Baumstamm krachte in den darunterliegenden Wald, ohne daß die beiden bemerkt hätten, was geschehen war.

Vincent und Felicity kehrten wieder ins Haus zurück und versuchten das Feuer mit Kartonfetzen, Toilettenpapier und altem Laub zu entfachen. Ich wußte, daß dies nicht der Augenblick war, um über meine Zukunft zu sprechen, daß Vincent dreckige Hände hatte, daß sie beide das Gefühl hatten, unfähig zu sein, und auf sich selbst wütend waren. Also wartete ich eine ganze Weile, bis qualmende gelbe Flammen an den trockenen grünen Zweigen leckten.

Ich glaubte, sie hätten nichts zu essen. Ich sagte kein Wort darüber. Ich kniete neben meiner Mutter und ließ kleine Stückchen zerbröselter Blätter zwischen die schwelenden Zweige fallen.

»Ich brauche ... das Theater«, sagte ich.

Meine Mutter sah vom Feuer auf. Ihre Augen waren rot. Auf der Wange hatte sie eine Aschenstrieme. »Wirklich, mein Süßer?«

Sie hob vorsichtig einen verkohlten, qualmenden Stock und schob ihn so hinein, daß er an einer schwachen kleinen gelben Flamme lag. Dann streckte sie die Hand aus, um mir über den Kopf zu streichen. »Du hast noch Zeit, dich zu entscheiden. Jede Menge Zeit.«

»Ich … hab mich schon entschieden …«, sagte ich.

»Süßer«, sagte meine Mutter mit rauchgeröteten Augen, »ich habe dir eingeredet, daß das ein glückliches Leben ist.«

»Hier ist es … nicht glücklich«, sagte ich. Ich warf Vincent einen Blick zu. Er starrte mich an.

»Das ist ein wunderschönes Haus.« Meine Mutter strich mir übers Haar. »Es ist tatsächlich das allerbeste Haus, um Vogeleier zu sammeln. Hast du daran schon gedacht? Denk doch nur, wie viele Vögel hier wohl leben müssen.«

Sie wußte, daß ich mir nichts aus Vögeln oder Eiersammeln machte. Ich riß mich von ihr los.

Meine Mutter drückte fest die Augen zu. »Um Himmels willen«, sagte sie, »du bist zehn Jahre alt. Du hast ernsthafte Probleme, mit denen du dich in deinem Leben noch auseinandersetzen werden mußt.«

»Ich weiß …«, sagte ich.

»Du weißt gar nichts«, entgegnete sie. »Das ist meine Schuld. Ich habe dich zu sehr behütet.«

»Ich weiß …«, brüllte ich. »Ich weiß … bin häßlich.«

»Liebling …«

Ich schob sie fort. Sie holte zischend Luft. »Mein Schatz, ich tue mein Bestes, dir zu helfen, aber bitte, du mußt mir auch helfen – nimm einfach hin, daß ich nicht wieder ins Theater zurückkann.«

»Warum nicht?«

»Schsch«, sagte Vincent.

»Warum?«

»Na komm schon«, sagte Vincent. »Beruhige dich.«

Ich starrte ihn wütend an. »Ich will … Wally.«

Meine Mutter schlug die Augen auf. »Hör mir zu«, sagte sie und sprach sehr leise und langsam. »Wally hat einen Job. Sein Job ist es, einen Taubenschlag zu bauen.«

»Das kannst du dir … nicht leisten«, sagte ich.

Vincent stand hinter meiner Mutter und fing an, mit dem Finger zu wedeln und heftig den Kopf zu schütteln.

»Das ist Wallys Job«, sagte sie. »Mehr nicht. Es ist sein Job, das zu tun.«

»Wer … bezahlt Wally …? Wie … zahlt Wally Miete …?«

»Deine Mutter kann sich alles leisten, was sie will«, sagte Vincent.

»Sie kann den Turm mit Ping-Pong-Bällen füllen, wenn ihr danach ist. Laß ihr ein wenig Ruhe.«

»LASS DU ... IHR DOCH RUHE«, sagte ich. Ich sah meine Mutter an. Sie grinste mich an, aber es lag eine Wildheit, eine wirkliche Verrücktheit darin. »DU BIST VERRÜCKT«, sagte ich.

Sie schlug mir fest auf die Hand, damit es weh tat.

Ich sah Vincent an, der nur nickte, als wollte er sagen, das hätte ich mir selbst zuzuschreiben.

»Ich bin Schauspieler ...«, sagte Tristan Smith. Ich heulte, aber meine Mutter tröstete mich nicht. Wie eine Frauengestalt in einer Fabel brach sie einen Stock über dem Knie entzwei und warf die beiden Stücke ins Feuer.

36

Ich war verraten, verlassen, geschlagen, zerbrochen worden wie ein Stock, schwelte innerlich, und schaumiger Saft quoll aus mir heraus.

Meine Maman spielte mit dem qualmenden Feuer und grübelte darüber nach, was denn das Problem mit mir war. Sie kam nie darauf, wie ernst es war. Sie konnte sich nicht vorstellen, daß ich vorhatte wegzulaufen. Aber wie auch? Ich war nie weiter gelaufen als hundert Meter. Meine Beine waren so verdreht wie alte Pfeifenreiniger. Meine einzigen Räder waren an meinem Skateboard. Ich war zehn Jahre alt, hatte von nichts eine Ahnung, hatte kein Geld. Doch nachdem ich gesehen hatte, wie sie den Stock zerbrach und ihn ins Feuer warf, mußte ich mich mit der Tatsache auseinandersetzen, daß ich um das Recht kämpfen mußte, eine höhere Stufe im Leben zu beanspruchen.

Ich hatte mit dem Essen natürlich unrecht. Sie hatten genug davon. Es schmeckte, aber ich aß den saftigen gegrillten Thunfisch und dachte an den Turm, der mit lauter Ping-Pong-Bällen gefüllt wird, und als mir meine Mutter später die Voorstand-Fabel von der Ente vorlas, die den Hund zu Markte führt[42], hörte ich nicht auf die Worte, um nicht weich zu werden. Ich lag auf meiner Matratze und hielt meine Wut fest an mich gepreßt. Ich war der Sohn zweier Schauspieler.

---

[42] »Bruder Ente reitet nach Kakdorp«, Badberg-Edition.

Kurz nachdem meine Maman das Licht ausgemacht hatte, zog ein wilder Sturm auf und schlug gegen die Segeltuchwände neben meiner Koje. Ich lag mit offenen Augen auf dem Rücken und lauschte, wie Vincent und meine Mutter umherliefen, Seile spannten und Riegel und Fensterläden schlossen. Als der Regen nachließ, bemerkte ich, daß sie ins Schlafzimmer gegangen waren. Ich konnte meine Mutter weinen und Vincent murmeln hören. Ich bildete mir ein, sie sei zerknirscht. Mein Herz wurde weich.

Doch als ich gerade zu ihr gehen wollte, wurde aus dem Weinen ein Stöhnen, und augenblicklich kehrte meine ganze Wut zurück. Sie hatte den Stock zerbrochen. Er hatte den Turm mit Ping-Pong-Bällen gefüllt. Ich haßte ihre kalten grünen Augen, ihren kleinen Mund, die beiden müden Falten in den Mundwinkeln, und vor allen Dingen haßte ich Vincent, und ich verzog verächtlich den Mund, als ich an sein talkgepudertes Fett dachte und an seinen bärtigen Mund zwischen den Beinen meiner Mutter.

Ich stand auf. Der Regen hatte aufgehört. Der Mond schien und warf Baumschatten, die ineinander verwoben waren und wogten wie dicke Grashalme, auf Wände und Fußboden.

Ich kroch ins Wohnzimmer und sah hinaus über die wild schwankenden Sclerophyll-Sträucher zu den leuchtenden Gebäuden von Chemin Rouge und dem goldenen Schein der verbotenen Sirkuskuppel, die keine Meile vom verlassenen Feu Follet entfernt stand.

Die Idee – die Vision – meiner Reise, mein Theater zurückzufordern, brach nun aus dem engen kleinen Raum, in dem ich sie bewahrt hatte, und stürzte blasenwerfend wie Lava auf mein Schicksal zu. In diesem Augenblick hätte ich Angst haben sollen, doch statt dessen hatte ich ein derart intensives Gefühl, daß man es beinahe Ekstase nennen könnte. Ich trank kaltes Quellwasser an Belinda Burastins Terrakottaleitung. Ich schnallte meine Knieschoner an und steckte zusätzlich zusammengefaltetes Zeitungspapier dahinter. Während ich Vincents geliebte Autohandschuhe mit Zeitungspapier ausstopfte und sie anzog, wußte ich nicht, welche Rollen ich spielen würde, aber ich stellte sie mir groß vor, nicht die Rollen, die man für Narren oder Wortverdreher schreibt, sondern jene für Könige, deren Lieben und Tragödien, Schicksalen und schwachen Momenten ich meine eigene Ausdrucksform verleihen würde. Ich könnte ihr Fleisch gewordener Geist sein, ihr dreidimensional gewordener Schmerz, ihre Tragödie, die sich erhebt und umhergeht.

Im Haus zu sein und zu spüren, wie es sich im Wind schüttelte und schwankte, war entnervend, aber diese Tat zu verfolgen, den Weg zur Straße entlang zu kriechen und zu gehen, zu spüren, wie der Wind meinen Körper umfing und verschluckte, war aufregend. Der Widerstand meines Körpers, die schnelle, frühe Feststellung seiner Grenzen, war nichts – das Überdehnen meiner zu kurz geratenen Kniesehnen war zwar kein Vergnügen, aber auch kein Schmerz.

Hohes verdorrtes Gras wischte mir durchs Gesicht. Ich dachte: *Ich kann es.*

Der Mond schien hell, und alles war klar zu erkennen. *(Ich kann es.)* Ich hatte geglaubt, ich würde stolpern und hinfallen, und ich war bereit, das hinzunehmen, aber es gab einen festgetretenen Pfad, der in etwa der baumgesäumten Fahrspur zur Straße hinauf folgte. Ja, Äste fuhren mir durchs Gesicht, und mein Atem fauchte mir gleich zu Beginn der Reise, aber ich fiel nicht hin, und ich trug mein Skateboard unterm Arm und ging auf Knien den Hügel hinauf wie ein Pilger, und über meinem Kopf peitschten und schwankten die großen Baumkronen, verwuschelt wie Haare, wie die Federn von Tänzerinnen.

Jetzt, wo ich darauf zurückblicke, weiß ich mehr. Ich bin in fremden Ländern durch gefährliche Tunnel gekrochen, bin Stahlleitern hinaufgeklettert, auf denen Fledermäuse nisteten, und wenn ich an meine Jugend denke, dann schwirrt mir der Kopf vor all den eingebildeten Ratten, Igeln, Baumnattern, aber jene flüssig-silberne Nacht war frei davon. Keine Baumnatter sprang mich an, kein Igel stieß mit mir zusammen. Ich befaßte mich einen Knieschritt nach dem anderen mit meinem Leben.

Alle zehn Meter etwa blieb ich stehen und schnappte nach Luft. Ich blickte zurück, hinunter auf das glänzende Dach des Hauses zwischen den wild schwankenden Regenschirmen der Baumkronen.

Nach der Fahrspur kam eine Straße. Sie war breit und hart. Hier, angesichts des breiten, glänzend schwarzen Asphaltstreifens, sah ich mich der Schwere meiner Entscheidung gegenüber, und ja, sicher, ich bekam es mit der Angst. Ja, einen Augenblick lang wollte ich meine Maman und mein Bett, doch dann erinnerte ich mich an sie und mein vor Wut verknülltes Bett, und ich mußte weiter den mit Steinchen übersäten, betonierten Rinnstein entlang, erst einen Knieschritt, dann wieder einen – für das Skateboard war es zu steil –, hinunter auf das Grollen der Autobahn, auf das Theater zu. Links und rechts von mir tobte der Wald wie ein Fluß bei Hochwasser.

Ich will nicht behaupten, daß die gläserne, strahlende Helligkeit meiner anfänglichen Begeisterung nicht von einer Spur Selbstmitleid verwischt wurde, aber Tatsache ist – *hören Sie mir zu* –, ich ging weiter. *Meine Mutter hatte recht – es hatte damit zu tun, wie sie mich aufgezogen hatte*: Ich hatte keine Ahnung, wie ich aussah.

Ich hatte keine rechte Vorstellung davon, wie ich auf andere wirkte. Wenn Sie mir das damals gesagt hätten, hätte ich wütend dagegen argumentiert. Ich hätte mich ohne zu beschönigen beschrieben, mit mehr Details, als Sie jemals hätten bemerken können, und ich hätte Sie vielleicht überzeugt. Aber ich hatte keine *Ahnung*. Und obwohl mir das niemand so gesagt hatte, glaubte ich fest daran, daß nur BÖSE MENSCHEN mich abstoßend fänden – jene, die die Allianz mit Voorstand unterstützten, Rassisten, Faschisten, nicht die anständigen Menschen.

Und als ich mit wehendem weißem Haar und meinem vom Wind offenstehenden Mundloch zu jener lang vergangenen Mitternachtsstunde auf Knien den mondhellen Rinnstein herunterkam, konnte ich nicht ahnen, wie mein Winken auf den Fahrer des ersten näherkommenden Fahrzeugs wirkte.

Der Wagen hielt an. Ich hatte nicht gelernt, ihn zu fürchten. Er machte jenes langsame jaulende Geräusch, das Tramper so lieben – das Geräusch des Rückwärtsgangs in voller Fahrt. Der Wagen kam neben mir zum Stillstand, hoch, schlammbespritzt, fast weiß.

Aus dem Radio kam Pow-pow-Musik – heisere Bauernstimmen, lange traurige Dissonanzen, Geige, Cello[43]. Es verstummte. Ich kniete neben der Tür und wartete darauf, einsteigen zu dürfen. Dann glitt das Beifahrerfenster ein paar Zentimeter hinunter.

»Was willst du?« fragte eine männliche Stimme.

---

[43] Besucher aus Voorstand sind immer überrascht, daß die Pow-pow-Musik in einem fremden Land so beliebt ist. Als Kind der Hollandse Maagd stellen Sie möglicherweise fest, daß die anglo-französischen Efikaner stärker von der Musik verzaubert sind als Sie. Wahr ist auch, daß wir die winzigen Unterschiede der Rassen und Klassen nicht erkennen, aber wir verstehen den Text und können mitsummen. [TS]

»Das Feu Follet.«
»Häh?«
»Feu Fol-let«, sagte ich langsam.

Der Wagen setzte noch ein Stück zurück und kam dann direkt auf mich zu, so langsam, daß ich glaubte, einzelne Schotterstückchen unter den rollenden Rädern knirschen zu hören. Heißer Urin ergoß sich über meinen Oberschenkel. Die Scheinwerfer des Wagens strahlten mich so hell an, daß ich mir einen Arm vor die Augen legen mußte, als ich mich in ihre Richtung drehte. Mein linkes Bein war feucht und warm. Ich konnte die Hitze des Autokühlers spüren. Ich konnte die Ventile singen hören. Ich ließ meine Hand sinken und starrte in die Scheinwerfer, doch dann setzte der Wagen zurück, schwenkte aus und fuhr langsam an mir vorbei. Ich sah zu, wie die roten Schlußleuchten langsam über die Anhöhe hinab zur Autobahn im Tal glitten. Bald war meine Hose feucht und kalt und klebte mir an den Beinen.

Ich kroch wieder auf Belinda Burastins Haus zu, aber es war einfach zu steil. Das ist die Wahrheit – es war leichter bergab, auf die Autobahn zu. Das Skateboard war eher hinderlich als eine Hilfe. Schließlich packte ich es und kroch hinterher, wobei ich die Knie zum Bremsen benutzte, wenn es zu schnell wurde, und ich schlidderte und schabte das helle Asphaltband hinunter, dessen kohlenstoffreiche Ausdünstungen ich immer wieder im Wind riechen konnte.

Eine Stunde später, der Bauch vor Nervosität aufgebläht, die Finger geschwollen, die Knie blutig gescheuert, kroch ich schließlich die Böschung hinunter und glitt über einen grasbewachsenen schottrigen Seitenstreifen zum Straßenrand der Autobahn. Dort lag ich etwa eine Stunde lang im Schatten einer Überführung, spürte den Windzug der großen Weizenlaster, die aus dem Norden kamen, und ihre Sirenen heulten, als sie die gesetzlich erlaubte Höchstgeschwindigkeit überschritten[44]. Ich wäre wieder ins Bett gegangen, wenn ich gekonnt hätte, aber diese Möglichkeit gab es nicht mehr. Ich lag einfach in meiner naßgepinkelten Hose da und zitterte, verloren im Raum, bis die Kälte schlimmer wurde als die Angst, und dann kroch ich langsam aus dem Schatten der Überführung ins breite Rampenlicht der Autobahn. Dort

[44] Efikanische Lastwagen sind mit einer Sirene ausgestattet, die ertönt, wenn das Fahrzeug die Höchstgeschwindigkeit überschreitet. [TS]

schaffte ich es, mich auf die Beine zu stellen und meinen Daumen zu recken. Ich weiß nicht, was ich erwartete. Jedenfalls nichts Gutes mehr.

Ich weiß nicht, welche Marke es war. Es war ein kleiner Wagen, silbern, nicht mehr neu. Die Bremsen quietschten so laut, daß weißer Qualm aufstieg – so etwas hatte ich schon im Vid gesehen –, und der Wagen kam rückwärts mit hoher Geschwindigkeit auf mich zu.

Der Fahrer wartete nicht, bis ich zu ihm kam, sondern stieg sofort aus, eifrig, wie es schien. Es handelte sich um einen großgewachsenen Kerl mit breiten Schultern, der sich irgendwie in dieses kleine Auto gezwängt hatte. Er kam mit einer großen schwarz-metallenen Taschenlampe auf mich zu. Er hatte langes, glattes, blondes Haar wie meins, das im Wind flatterte.

»Bleib, wo du bist«, rief er. »Rühr dich nicht vom Fleck.«

Er hatte natürlich Angst, aber darauf kam ich nicht. Ich traute seinem Haar. Er kam gebeugt wie ein Boxer auf mich zu. Seine hohe Stirn war in Falten gelegt, und der Mund war merkwürdig verzerrt, so als hätte er etwas Schlechtes gegessen, aber noch nicht wieder ausgespuckt.

Er hielt mir die verdammte Lampe mitten ins Gesicht.

»Him-mel«, sagte er und hüstelte.

Jedenfalls hielt ich es für Hüsteln. Doch als er es wieder tat, wurde mir klar, daß er sich übergab. Es ging mir nicht auf, daß ihm von meinem Aussehen schlecht wurde. Dann verrieb er den Rotz mit seinem Stiefel und wischte sich den Mund mit dem Handrücken ab.

»Immer mit der Ruhe«, sagte er. Er war noch ein Junge, keine zwanzig. Er wirkte so sprunghaft und nervös, daß ich Angst vor ihm bekam.

»Immer mit der Ruhe«, sagte er und sah die Autobahn entlang, die in diesem Augenblick leer war.

»Ich bin ruhig …«, sagte ich. Ich streckte meine Arme aus, die mit Gänsehaut überzogen waren. Ich versuchte, ihn zu beruhigen und davon abzubringen, meine nach Pisse stinkende Hose und meine blutigen grünen Knieschoner anzustarren.

Er kauerte sich vor mich hin. Ich fuhr ein wenig zurück. Dann begann ich, Vincents große Handschuhe auszuziehen. Er schlug sich mit der Taschenlampe in die offene Hand, stellte sie aber nicht an.

»Verdammt nochmal«, sagte er. Er hatte blaue Augen, aber es waren die blauen angsterfüllten Augen eines alten Mannes. »Verdammt und zugenäht, wo kommst du denn her?«

Wenn ich die Adresse von Belinda Burastins Haus gekannt hätte, hätte ich sie ihm genannt, aber das konnte ich nicht. »Feu ... Fol-let.«

Er hörte nicht richtig zu. Er sah immer wieder an der Autobahn entlang.

»Ein berühmtes ... Theater«, sagte ich.

Er schlug sich mit der Taschenlampe in die Hand.

»Wer hat dich denn hier ausgesetzt?« fragte er.

»Niemand.« Ich war beleidigt. »Ich bin selbst ... gekommen.«

»Ich verstehe nicht, was du sagst.«

»Mater«, sagte ich und dachte, wenn ich erstmal am Mater-Hospital wäre, würde ich mich von dort aus schon zurechtfinden.

»Mater? Mater-Hospital?«

Ich nickte.

»Mein Opa ist dort gestorben.« Er ging zum Wagen und blieb dann stehen und warf einen Blick zurück, als ich hinter ihm herzukriechen begann.

»Soll ich dich tragen oder was?«

»Bitte ... Tür öffnen.«

Er verstand mich nicht, also kroch ich von der Fahrerseite zum Beifahrersitz hinüber. Ich schnallte mich an. Dann fuhren wir die Autobahn entlang, und nach einer kurzen Weile in dem warmen staubigen Wagen des Kerls und mit den hohen Gebäuden der Innenstadt vor uns kehrte mein verrückter Optimismus ungebrochen wieder.

Der Kerl hieß Wendell. Ich wußte sofort, er war vom Land – er hatte diesen trockenen, süßen, staubigen Akzent, bei dem ich immer große Blechschuppen sehe und im Sonnenlicht schwebende Spreu. Er war so erschüttert, daß er mich kaum ansehen konnte. Er fuhr einhändig. Und bevor wir noch auf seinem Kilometerzähler zweihundert Meter zurückgelegt hatten, hatte er mir schon verraten, daß er in der Ausbildung bei einer der Geheimdienste war, obwohl er mir nicht sagen wollte, bei welchem. »Aus Sicherheitsgründen.«

Ich lachte, aber das dürfte für ihn nicht klar gewesen sein.

»Liest du denn im Krankenhaus keine Zeitung?«

»Ich komme ... von der Nähe Krankenhaus.«

»Na, jedenfalls könntest du nicht beim Geheimdienst anfangen«, sagte Wendell. »Du wärst nicht groß genug. Verstehst du, wovon ich rede? Weißt du, wozu die Geheimdienste gut sind?«

Ich wußte alles über sie. Ich wußte vom DoS, VIA, EJIO. Ich wußte, daß sie unser Telefon angezapft, Aufführungen verhindert, meine Mutter verhaftet, in unseren Turm eingebrochen hatten.

»Weißt du, was die Allianz ist?«

Ich zuckte mit den Schultern.

»Die Allianz der parlamentarischen Demokratien Voorstands und Efikas«, deklamierte er, »baut sich auf drei Gebieten der Zusammenarbeit auf – Verteidigung, Navigation, Information – VNI.«

Ich hatte das Gefühl, etwas erwidern zu müssen, aber ich wußte nicht, was ich sagen sollte. Ich schämte mich für den Uringestank und hätte mich dafür entschuldigt, wenn er mich verstanden hätte.

»VNI.« Er warf einen Blick zur Seite. »Daran solltest du denken. So kann man es sich am besten merken.«

Wir kamen an ein Autobahnkreuz, und Wendell verpaßte seine Abfahrt und mußte noch einmal rumfahren. Ich glaubte, er habe seine Unterhaltung beendet, aber gute zwei Minuten später fing er wieder an.

»Das vergessen die Muddies immer. Das Große V. Eine Hand wäscht die andere. Du paßt auf mich auf. Ich paß auf dich auf.« Er warf einen Blick zur Seite. »Diese Weizenbauern sollten daran denken, wenn sie sich über die Preise beschweren, die sie in Voorstand erzielen. Wir kriegen dafür kostenlos den Vorteil einer zehn Bataillone starken Armee.«

»Nicht unsere Armee ...«, sagte ich. »Ihre.«

Er sah mich stirnrunzelnd an und schüttelte dann den Kopf. »Na ja«, sagte er nach einer Weile. »Ich denke, du bist noch zu jung für Politik. Du magst den Sirkus, stimmts? Bist du ein Fan?«

Ich nickte.

»Man sagt, er ist einfach toll. Diesmal geh ich hin. Bestimmt. Wer gefällt dir am besten – Hund, Ente oder Maus?«

Natürlich war ich ein Kind des Feu Follet. Ich war noch nie im Sirkus gewesen.

»Irma«, sagte ich. Das hätte Wally geantwortet. »Irma ...«

»Irma? Also wirklich.« Er schlug aufs Lenkrad und lachte, und einen Augenblick lang hörte er sich an wie der Hund – Ho, ho, hi, haah. »Du willst wohl mit Irma den Pink Watutsi hinlegen? Du dreckiger kleiner Kerl. Wie heißt du?« fragte er.

»Tristan Smith.«

»Ich heiße Wendell Deveau«, sagte er, »und ich würde mein linkes Ei hergeben, wenn ich es mit Irma machen könnte.«

Daran erinnere ich mich noch ganz genau. Einen Namen wie Wendell Deveau kann man nicht vergessen. Es handelte sich um eben jenen Mann, der mir später im Leben noch einmal über den Weg lief, als wir beide in dieselbe Frau verliebt waren.

Doch in dieser Nacht war die Frau erst elf, und Wendell lieferte mich aus seinem großen, falsch verstandenen guten Willen heraus in die sichere Obhut der Pfleger des Mater-Hospitals und überzeugte sie davon, daß es ihre Pflicht sei, mich zur Behandlung dazubehalten, ganz gleich, wie sehr ich auch weinte und schrie.

Schließlich wurde ich von zwei Pflegern gehalten wie eine Fledermaus oder ein Vogel. Das ganze Wartezimmer der Notaufnahme schaute zu. Wendell Deveau stand mit hochrotem Kopf vor mir und war außer Atem.

»Ich hoffe, es geht dir bald besser, Mo-ami«, sagte er. »Das hoffe ich wirklich.«

37

Im Voorstand-Sirkus gibt es kein Mitleid. Ein Mann stürzt, stirbt. Sie könnten sagen, das genau sei der Punkt – der Grund, warum ein Sirkus-Star so reich ist, hat mit dem Risiko zu tun, das er eingeht.

Doch wenn wir Efikaner in den Voorstand-Sirkus gehen, dann sehen wir etwas anderes als Sie. Wir schauen genauso mit offenen Mündern zu wie Sie, machen Oh und Ah und applaudieren, aber wir sehen mit efikanischen Augen, identifizieren uns mit den Verlorenen, Gestürzten, Aufgegebenen. Wenn ein Artist stürzt, c'est moi, c'est moi.

Unsere Helden sind die Verlorenen, die Ertrunkenen, Verletzten; eine Geisteshaltung, die dafür sorgt, daß Sie unsere epische Dichtung emotional abstoßend finden, aber lassen Sie mich Ihnen sagen, Meneer, Madam, falls Sie jemals krank werden sollten, wenn Sie Efika besuchen, werden Sie sehr schnell unseren Standpunkt begreifen. Wenn Sie ohne Geld, ohne Versicherung ins Mater-Hospital kommen, und selbst wenn Sie nach Urin stinken und keine Lippen haben – Sie werden nicht fortgeschickt, selbst wenn Sie darum betteln.

Sie fragten, wo meine Mutter sei.

Ich sagte, ich hätte keine.

Wendell Deveau schnalzte mit der Zunge. Ich versuchte davonzukriechen. Wendell Deveau versuchte mich zurückzuhalten. Ich biß ihn. Die Dame an der Aufnahme fing an, sich meinetwegen Sorgen zu machen. Sie rief nach zwei Pflegern, breiten Personen mit kurzgeschnittenen Haaren und großen weichen Händen. Ich wollte nicht, daß sie mich anfaßten. Als ich mich wehrte, hielten sie mich fest. Als sie mich festhielten, schrie und brüllte ich, und natürlich sah ich fürchterlich aus – das Loch von einem Mund, die triefende Nase, das Blut an meinen Knieschonern, meine wild fuchtelnden Hände – im Wartezimmer saßen Menschen, die ihre Gesichter verbargen, den Raum verließen, ihren kranken Kindern eine Hand vor die Augen hielten. Ich sah es. Ich verstand nicht, warum. Ich zog Vincents mit Zeitungspapier gefütterte Handschuhe wieder an und wollte mich davonmachen. Überall flogen Fetzen von Papier herum. Es war zwei Uhr früh. Ich machte nicht gerade den Eindruck, geistig gesund zu sein.

Wendell Deveau floh hinaus in die Nacht, um sein Leben als DoS-Agent zu beginnen. Die Pfleger waren jung, peinlich berührt. Ich schmierte sie mit Schnodder und Blut voll. Sie mußten wohl Angst vor Hepatitis, Tuberkulose, Krebs gehabt haben, aber sie behielten die Nerven und fügten mir nur wenige blaue Flecken zu.

Ist schon gut, sagten sie. Ist schon gut.

Wenn im Krankenhaus jemand sagt, »Ist schon gut«, dann ist das so, als sagten sie, man würde gleich ein »leichtes Brennen« oder einen »leichten Druck« spüren. Es bedeutet, daß sie etwas tun werden, das höllisch weh tun wird. Als sie also sagten, »Ist schon gut«, schrie ich wie am Spieß. Ich wurde in einen Rollstuhl gesetzt, angeschnallt wie ein Irrer, bis ich nur noch willenlos schluchzte, ein Jammerbild, erschöpft, hungrig, durstig, dreckig. Am Ende meiner festgebundenen Arme hingen meine großen Lederhandschuhe, wie bei Bruder Hund in der Geschichte, die wir in Efika unter dem Titel »Die Siegerbörse« kennen[45]. Ich wurde die gelbe Linie entlanggeschoben, deren Verlauf ich besser kannte als die, die mich schoben, da wette ich. Ich kannte diese Krankenhausabteilungen und die Abkürzungen zwischen den fünfzehn

---

45 »Bruder Hund Kabumm«, Badberg-Edition.

Gebäuden. Diese blaue Linie führte zur Abteilung Verdauungskrankheiten (mein Darm). Jene rote zur Kardiologie (mein Herzfehler). Die gelbe Linie führte zur Abteilung Verbrennungen, zu der (Zimmer 502) die Gesichtschirurgische Abteilung gehörte. Ich sagte ihnen, daß ich nicht von dort sei, aber ich bezweifle, daß sie mich verstanden.

Meine Bewacher waren höflich, aber bestimmt.

Ich war nicht höflich. Ich hatte die Angewohnheit – wie ich schon erwähnt habe –, mich für die Avantgarde zu halten, die Elite. Ich war mit Anarchisten, Populisten, Nationalisten zusammen, doch welche gesellschaftliche Stellung wir auch einnahmen, wir glaubten stets, besser informiert zu sein als sonst jemand, der an der großen Tür in der Gazette Street vorbeikam.

Ich schimpfte sie Weichhirne, Nichtswisser, Dummköpfe.

»Was sind wir?« fragten sie.

»Weichhirne ...«

»Weichhirne?«

»Ja.«

Sie fingen an zu lachen.

Ich rastete aus. (Kretins. Nulltypen. Scheißkerle.) Mein Mund flatterte aufgeregt. Meine Beine zitterten. Meine Nase lief. Sie lieferten mich weinend vor Lachen im Zimmer 502 ab.

Dort wußten sie nicht, was sie mit mir machen sollten. Sie ließen mir die Handschuhe, aber sie spritzten mir Valium und nahmen mir Mundhöhlenabstriche (Ist schon gut), um meine DNS zu überprüfen. Mit Hilfe dieses Tests – früher eine Prozedur, die zwei Wochen dauerte, heute eine schnelle Routine – fanden sie meine Krankenhausunterlagen.

Ein untersetzter junger Mann in einem glänzenden dunklen Anzug brachte mir ein Dokument, das Faksimile meiner Geburtsurkunde. Er hatte ein vierschrötiges freundliches Gesicht mit federnden Strähnen über seinen sanften grünen Augen.

»Kannst du lesen?« fragte mich dieser junge Mann.

Natürlich konnte ich lesen. Ich konnte schon mit drei lesen. Ich streckte meine Autofahrerhandschuhe nach dem Dokument aus. »Ich bin ... *elf.*«

Zögernd gab er mir meine Geburtsurkunde.

Ich las.

NAME DES VATERS: unbekannt.

BERUF DES VATERS: unbekannt.

Ich hatte keine Ahnung, warum meine Mutter das hingeschrieben hatte. Vielleicht ahnte sie, daß Bill verduften würde. Vielleicht wünschte sie sich, daß Vincent glaubte, mein Vater zu sein. Auf jeden Fall schokkierte es mich nicht. Das war typisch für meine Mutter, und für meinen Vater auch.

»Das bist du, nicht wahr?« fragte der junge Mann. »Du bist Tristan?«

NAME DER MUTTER: Felicity Smith Schauspieldirektor.

»Bist du das?« fragte mich dieser Engel. »Bist du Tristan Schauspieldirektor?«[46]

Ich sah ihm in die wäßrig gütigen Augen und glaubte, daß meine Zeit der Prüfungen vorüber war.

»Bist du das?«

»Ja ... bin ich.«

»Dein Name ist Schauspieldirektor?«

Ich nickte. Er strich sich die Strähnen aus den Augen.

»Wie lautet deine Anschrift?« fragte er und verzog das Gesicht, als er sich darauf konzentrierte, mich zu verstehen.

»Gazette Street ... vierunddreißig.«

»Ja«, sagte er. »Stimmt.«

38

Als Roxanna bei Sonnenaufgang erwachte, war das erste, was sie sah, Wally Paccíones sommersprossiger Arm, der nackt auf dem Laken lag. Drei Nächte hintereinander hatte er sein Wort gehalten – er hatte sein Bett nicht verlassen –, aber sie war immer noch beunruhigt von dem Gefühl von Intimität, von der Haut, dem Geruch seiner warmen Laken, dem Geräusch seines federleichten Atems. Es war eine Sache, sich im selben Zimmer schlafen zu legen. Es war eine andere, darin aufzuwachen. Sie hatte mit ihm *geschlafen*.

---

[46] Felicity Smith war nicht die einzige efikanische Mutter, die sich mit dem Mangel an behördlicher Neugier nach ihrem Beruf auseinandersetzen mußte, der dazu führte, daß der Beruf an ihren Nachnamen angehängt wurde. Unter den efikanischen Zeitgenossen sind Anton Dietrich-Notaire und Billy Marchand Beispiele dafür.

Ihr Rock lag neben dem Bett, und in einer Weile würde sie ihn unter die Decke ziehen und sich vorsichtig und leise anziehen.

Sein ganzes Leben lag um sie verstreut. Er war arm und sauber – möglicherweise ehrlich –, doch abgesehen davon konnte sie nur raten, was für ein Mann er war. An der Wand unterm Fenster waren ein Dutzend kleiner Holzkisten aufgestapelt worden, so daß sie eine Art Kommode bildeten, eine deprimierende Lebensweise, wie man sie bei den Junggesellen unter den Fischern auf den Isles Anglais fand. In die Kisten hatte er graue Plastikkörbe gestellt und jede passend zum prosaischen Inhalt beschriftet – Socken, Hemden, Hosen. Auf einer groben hölzernen Bank fanden sich fein säuberlich aufgereiht eine angeschlagene Porzellantasse, ein Becher mit Rasierseife, ein Kamm und eine Bürste. Er besaß so wenig. Er war über fünfzig, und das war alles, was ihm gehörte. Sein Atem wirkte dadurch so flüchtig, so verletzlich, daß Roxanna es nicht mehr ertrug, an ihn zu denken.

Leise zog sie den Auktionskatalog aus ihrer Handtasche.

Der Katalog war ihr ganzer Trost. Er war drei Zentimeter dick. Er hatte fünfzig Dollar gekostet, per Post. Die Hochglanz-Farbseiten rochen ein wenig nach Seife, was ihr stets ein leicht träumerisches Gefühl von Wohlbefinden gab.

Sie zog einen Stift aus der Tasche. Der Stift verband sie mit dem Katalog wie eine Nadel mit einem Faden. Sie fuhr mit ihm über die Seiten, zu dem Dragoner aus dem siebzehnten Jahrhundert in der Uniform eines Captains, den sie auf dreihundertfünfzig Dollar schätzte, hin zu einem kompletten Regiment aus dem achtzehnten Jahrhundert, alle in der Uniform der Royal Scots Guard, die bis zu fünftausend Dollar bringen konnten. Letztere wirkten grob und exzentrisch in ihrer Form, und obwohl sie an der Unterseite »Made in England« gestempelt waren, waren sie wahrscheinlich im zweiten Jahrhundert EC von französischen Sträflingen in Chemin Rouge hergestellt worden.

Es waren noch sechs Tage bis zur Auktion. Vorsichtig blätterte sie die Seiten um, atmete den Duft ein und dachte an einen Park mit Pfauen. Sie ließ die Augenlider sinken und kam bis an den Punkt, wo sie das gemähte Gras riechen und das Wasser in einem Springbrunnen hören konnte. Dann schlug ihr seine Stimme gegen das Trommelfell.

»Was ist denn das für ein Buch?«

Er war *angezogen* – Hemd, Hose –, war nackt neben ihr im Zimmer gestanden, zog sich Socken an. Er hatte sie *beobachtet.*

Sie drehte sich zu ihm und hielt sich eine Hand vor die Brust.

»Du brauchst nicht so *verkrampft* zu sein«, sagte er. »Es tut dir keiner was.«

Sie trug ein T-Shirt, aber sie kam sich nackt vor, so als könne er nicht ihren Körper sehen, sondern das, was sie sich vorgestellt hatte.

Er lächelte ihr zu.

Sie versuchte zurückzulächeln, konnte aber nicht.

»Du warst ewig weit weg«, sagte er.

Er streckte seine sommersprossige Hand aus, und zuerst dachte sie, er wolle sie berühren; doch dann merkte sie, er wartete darauf, daß sie ihm zeigte, was sie bisher vor ihm verborgen hatte – den Katalog. Er hatte keine Ahnung, was für ein persönlicher Gegenstand das war. Es war ihr peinlich – sie hielt den Katalog gerade so weit hoch, daß er den Titel lesen konnte, doch dann *zog* er ihn ihr aus der Hand, setzte sich auf seine Matratze und blätterte ihn durch.

»Das ist dreihundertfünfzig wert?« fragte er und hielt das Bild mit dem Dragoner hoch.

Sie wollte ihm nur sagen: Bitte, gib ihn mir wieder.

Er blätterte weiter im Katalog, nicht wie der arme Mann, der er war, sondern wie ein Reicher mit Bildung – sanft, vorsichtig, die großen Hände zwischen die glänzenden Oberflächen schiebend. Aber woran er in Wirklichkeit dachte, sagte er nicht.

Als er ihr den Katalog zurückgab, schob sie ihn in ihre Handtasche und wechselte das Thema zu etwas weniger Zärtlichem. »Was machst du heute?«

»Keine Ahnung. Und du?«

»Schlafen. Lesen. Dasselbe wie gestern. Ich kann ja nicht viel tun, bis ich dein Geld kriege.«

»Das liegt an der Art des Kontos«, erwiderte er. »Hab ich dir doch schon gesagt.«

»Ich weiß.«

»Wenn ich dir das Geld jetzt gebe, dann verliere ich Zinsen.«

»Das weiß ich alles. Also, was machst du?«

»Zuerst werde ich mal den Krempel aus dem Turm räumen«, sagte er, setzte sich auf seine Matratze und legte die langen Handgelenke auf die Knie. »Und dann werde ich mir überlegen, wie ich einen Taubenschlag baue. Nein«, sagte er, obwohl sie nur die Arme verschränkt hatte, »nein, stell dir das doch mal aus Tristans Sichtweise vor«, sagte er. »Das ist wie ein Klassenzimmer. Er kann etwas über Biologie, Genetik, Mathematik lernen.«

Er wiederholte den Blödsinn, den sie ihm erzählt hatte, als sie ihm die Vögel andrehte. Sie spürte, wie sie rot wurde.

»Ich weiß, du magst die Tauben nicht«, fuhr Wally fort. »Das ist schon in Ordnung, aber stell dir doch mal vor, wie ein Rikiki wie Tristan ... Dabei kann er doch alles mögliche lernen ... Magnetismus.«

»Magnetismus?« Sie fragte sich, ob er sie aufziehen wollte.

»So orientieren sie sich. Das weißt du doch.« Wollte er sie reinlegen? »Eine Frau wie du – das weißt du doch sicher. Das ist der Vorteil, wenn man Tauben hält.«

»Das wußte ich nicht.«

Er lächelte, nicht mehr als ein paar leichte Falten um die Augen.

»Dein großes Faible sind eben Zinnsoldaten«, sagte er. »Das ist künstlerischer als Tauben.«

»Danke.«

»Nichts zu danken.«

»Morgen ist mein Taubentag«, sagte sie. »Ich werde dir dabei helfen, die automatische Tränke aufzubauen.«

»Das brauchst du nicht.«

»Versprochen ist versprochen«, erwiderte Roxanna und zog sich den Rock unter der Bettdecke an. »Frag jeden, der mich kennt. Ich halte mein Wort. Aber das konntest du ja nicht wissen.«

»O, ich wußte es.«

»Also, morgen helfe ich aufbauen. Wenn ich fertig bin, gehst du zur Bank, und ich werde Rox ein kleines Kostüm kaufen.« Sie warf die Bettdecke zurück und strich sich den Rock glatt. »Nächste Woche habe ich Geschäfte zu erledigen. Heute«, sie gähnte und streckte sich. »Heute habe ich noch Urlaub. Ich schlafe aus.«

Doch wie sich herausstellte, half sie ihm doch beim Turmausräumen, nicht, weil er sie darum bat, sondern weil sie schon zwei Tage geschlafen hatte und nicht mehr schlafen konnte. Noch sechs Tage, die ausgefüllt werden mußten, ohne daß sie Geld ausgab.

Am Anfang machte ihr die Arbeit Spaß. Alles, was sie tat, war Weinkartons voll mit Madams persönlicher Habe stockwerkweise nach unten zu schleppen. Sie taten es gemeinsam. Sie trugen die Kartons die Stufen hinunter und stapelten sie im Flur auf. Zuerst war es ganz gesellig. Doch im Verlauf des Vormittags wurde etwas in ihr sauer, nicht wegen Wally, den sie, wider bessere Einsicht, langsam leiden konnte, sondern – *ging das schon wieder los, sie, eine Sklavin dieser verdammten Tauben.*

Er war ein anständiger Kerl, daran zweifelte sie nicht, aber Anständigkeit war nicht gerade das, wonach sie suchte. Sie stieg die Stufen zu schnell hinauf, der Mund stand ihr offen, das kleine Kettchen klimperte am Fußgelenk.

Sie tat, was sie schon immer getan hatte – sie gewöhnte sich an diese Müllkippe, weil sie Angst davor hatte, an einem noch schlimmeren Ort zu enden, wenn sie es nicht tat. Sie war drei volle Tage in dem Gebäude gewesen. Sie gewöhnte sich daran, gewöhnte sich an ihn, noch einen armen Kerl, eben weil er da war. Sie konnte spüren, wie es passierte. Sie wurde wütend auf das Gebäude, auf die Tauben. Sie hatte wieder dieses Gefühl: wie Blasen im Blut.

Sie spürte die flackernden Flammen, die am Rande ihres Sehfelds züngelten, und Gott allein weiß, wozu sie dieses Gefühl – juckend, verwirrend, nach mehr verlangend – getrieben hätte, wenn sie sich nicht einen Fingernagel abgerissen hätte, als sie sich herabbeugte, um den einundzwanzigsten Karton hochzuheben. Der Schmerz war wie Eiswasser. Er riß sie heraus.

»Jetzt reichts«, sagte sie. »Es reicht.«

»Was?« fragte er.

Und wieder hatte sie nicht bemerkt, daß er im Zimmer war. »Ich muß nicht hierbleiben«, sagte sie.

»Hat auch keiner verlangt.«

Der versteckte Schmerz war auf einmal so sichtbar wie Sommersprossen. Sie legte eine Hand auf sein Handgelenk, die einzige Entschuldigung, zu der sie sich durchringen konnte.

»Du kannst sofort aufhören.«

»Ich glaube, genau das mache ich.«

»Mach doch mal eine Pause.«

»Ja.«

»Du könntest mir nur einen Gefallen tun.«

»Was denn?« fragte sie.

»Ich muß mal für eine Stunde fort«, sagte er, »und ... ich erwarte eine Lieferung.«

»Also ehrlich – ich bin's leid, eingesperrt zu sein, verstehst du?«

»Fünfzig Minuten, vielleicht weniger.«

»Um ehrlich zu sein – ich kann einfach nicht den Babysitter für deine Tauben spielen.«

»Die Tauben nehme ich mit, meine Liebe. Ich will sie einem Mo-ami zeigen.«

»Und du bist in fünfzig Minuten zurück?«

»Ich bin um vier wieder da. Versprochen. Du kannst dich draußen auf die Treppe setzen.«

Sie sah ihm ins Gesicht, sah die blassen Lippen, die verletzten grauen Augen. »Und du bist in fünfzig Minuten wieder da?«

»Eine Stunde, leicht.«

Sie tat, was er sagte: sie setzte sich auf die Vordertreppe, raus an die Luft. Dort war es nicht so unheimlich. Sie kaufte sich im Levantiner-Laden auf der anderen Straßenseite ein Sandwich. Sie sah ein paar schwarzen Ameisen zu, die über den Beton krabbelten.

Um halb fünf war immer noch keine Lieferung eingetroffen, und Wally war noch nicht zurück. Sie wollte einen Spaziergang machen, doch dann setzte das nachmittägliche Gewitter ein, und sie ging ins Haus, setzte sich aufs ungemachte Bett und wartete auf ihn. Es gab Bücher, aber sie sah sie sich nicht an. Es gab auch ein Radio, aber sie hatte Angst so allein in dem großen alten Gebäude und wollte nicht, daß sie beim Lauschen etwas störte. Sie saß im Schneidersitz auf ihrer Matratze und horchte auf Geräusche. Sie machte sich die Fingernägel, und als sie damit fertig war, ließ sie die Hände locker auf den Knien ruhen und wartete.

Um sechs Uhr war es draußen stockfinster. Der verdammte Mistkerl war immer noch nicht zurück. Es hatte aufgehört zu regnen, und jetzt hatte sie Angst, allein den verdammten Flur entlangzugehen.

Doch schließlich war ihre Wut größer als die Angst. Sie zog die Schuhe aus und schlich sich die dunkle Treppe zum Foyer hinunter.

Sie schlug den Samtvorhang auf, der das Foyer vom Theater trennte, und dort fand sie Wally, der auf einer hohen Leiter stand und eine blaue Folie an einer der Lampen befestigte.

»Willst du wissen, was ich hier mache?« rief er von oben.

Mit der größten Befriedigung hätte sie die Leiter umgeschmissen. Früher einmal, da hätte sie es getan, und er hätte schneller, als er zwinkern konnte, herausgefunden, was er in den zwei Tage bis jetzt noch nicht an ihr bemerkt hatte. Statt dessen setzte sie sich hin, und als er sie von der Spitze der Leiter herab angrinste, konnte er nicht ahnen, welches Glück er gehabt hatte.

»Rate mal«, rief er. »Dreimal darfst du raten.«

Sie zuckte mit den Schultern. Am Fuße der Leiter stand ein Sechserpack Bier. Sie beugte sich vor und riß eins heraus.

»Ich bereite eine Show vor«, sagte er.

»Wie nett«, entgegnete sie. Das Bier war warm.

Noch sechs Abende, und all dies wäre nur noch ein schlechter Traum. Sie würde ihr gesamtes Kapital in ein nettes Kleid und ein Paar Schuhe investieren und sich in einem Auktionsraum aufhalten.

»Trittst du bitte einen Augenblick mal in die Manege, meine Liebe?«

»Wozu?«

»Bitte. Aber sei vorsichtig. Ich hab das Mischpult dort aufgebaut.«

Sie zuckte wieder mit den Schultern und trat barfuß in das feuchte Sägemehl.

»Ein Stückchen nach rechts, paß auf die Kabel auf, noch ein Stück nach vorn. Super.«

Er warf ihr das Licht mitten ins Gesicht. Sie hielt sich eine Hand vor die Augen.

»Und was jetzt?« fragte sie.

»Jetzt geh zurück und setz dich auf deinen Platz. Aber paß auf die Kabel auf.«

Die Lichter tanzten ihr immer noch in den Augen, als sie die Manege verlassen hatte, und er setzte sich neben sie. Er roch wieder nach Zahnpasta.

»Hier.«

Sie nahm die Schachtel.

»Schokolade für die Show.«

Und dann war er drüben an der Wand und schaltete die Saalbeleuchtung aus.

»Tu das nicht«, sagte sie. Sie bekam es mit der Angst. Sie konnte in dem Dämmerlicht drüben beim Vorhang seine blanken Knie glänzen sehen.

»Das ist eine Show, Roxanna.«
»Na, dann komm und setz dich neben mich.«
»Ich spiele mit«, sagte Wally. »Ich bin die Show.«
Und dann wurde es im Theater dunkel.

39

Wally hatte das Hemd ausgezogen und trug nun ein weißes T-Shirt, khakifarbene weite Shorts und eine rote, fertig gebundene Fliege. Er hatte knorrige Knie, die unter den Shorts hervorlugten. Er hatte eine Holzkiste, die er glänzend grün gestrichen und mit glitzernden silbernen Sternen versehen hatte. Zu Anfang, als er seinen Fuß vorsichtig aufs Mischpult stellte und die Lichter langsam angehen ließ, hielt sie es für Magie. Sie war verzaubert, nun, vielleicht nicht gerade verzaubert, aber gerührt von dem, was sie für etwas vertrottelt, aber gutherzig hielt. Sie begann, die Pralinen auszuwickeln, und lächelte in der Dunkelheit.

Doch dann, noch bevor sie das erste Stück Schokolade im Mund hatte, steckte er seine leberfleckige Hand in die glitzernde Kiste und zog etwas heraus. Sie sah, was es war, aber ihr Verstand wollte nicht zulassen, daß sie es glaubte. Ihr Verstand wollte nicht der Überbringer einer schlechten Nachricht sein. Er erfand Ausreden, Alibis. Ihr Verstand sagte ihr, der Gegenstand in seiner Hand sei ein Handschuh, eine Marionette.

Dann wurde ihr endlich klar, was es war. *Verflucht, verflucht sollen seine beschissenen gesprenkelten Augen sein.*

Es war kein Handschuh – es war eine Taube. ER VERSUCHTE, SIE MIT DEN VERDAMMTEN TAUBEN ZU BEZIRZEN.

»O nein«, sagte sie. »o nein, nein, nein.«

Sie spuckte die Praline in die Hand und ließ sie unter den Sitz fallen.

Er wußte nicht, worauf er sich da einließ. Er sperrte sie in ein Zimmer ein. Er schleuderte ihr Tauben ins Gesicht. Er kannte ihre *Vergangenheit* nicht. Er konnte nicht sehen, was sie war: ein loderndes Feuer in der ersten Reihe.

»O nein«, sagte sie, aber er hörte sie nicht. Er nahm den Vogel und flüsterte ihm etwas zu, küßte ihn auf den knochigen Schnabel, um Himmels willen. Er blickte ihm tief in das eine verrückte Auge.

Es war wie eine Nummer in einem beschissenen Cambruce-Zirkus.

Wie etwas, das der Voorstand-Sirkus schon vor ewigen Zeiten in die Pleite getrieben hatte.

Dann begann er, den Vogel in der Hand zusammenzufalten. Sie konnte nicht glauben, was er da tat. Er faltete sie zusammen, wie Origami. Er tötete die Taube, für sie, mitten auf der Bühne. Er tötete sie nicht, aber er faltete sie zusammen. Sie sah genau hin, was er da tat – wie er die Taube hochhielt und mit dem anderen Finger in die Luft über ihrem Kopf zeigte.

Er warf die Taube auf sie zu. Sie war wie ein Jojo an der Schnur, nur ohne Schnur. Sie flatterte hinaus, hoch, stieg, taumelte, spreizte die Flügel und zeigte die hellroten Unterseiten. Himmelherrgott, es war wie ein Traum. Der Vogel flog in seine Hand zurück. Er hielt sie fest und zog eine weitere aus der Kiste. Er faltete sie zusammen wie die andere und machte dasselbe noch einmal. Die Taube schlug Loopings, flog Bögen, taumelte, stürzte, zeigte blaue Flügelunterseiten.

Und dann verbeugte er sich.

Sie saß mit offenem Mund da.

»Keinen Beifall?« fragte er. Er trat vor und schaltete mit dem Zeh die Saalbeleuchtung ein.

Sie konnte einfach nichts sagen. Sie konnte einfach nicht glauben, wie dumm Männer waren.

»Und?« sagte er. »Sag was.«

Sie zuckte mit den Schultern. »Es sind deine Tauben«, sagte sie mit größter Selbstbeherrschung. »Ich hab damit nichts zu tun.«

»Nein, nein.« Er hielt eine Hand in die Höhe. »Das sind nicht die Tauben.«

»Das sind nicht die *Tauben*?« Sie hörte, wie ihre Stimme lauter wurde.

Er trat aus der Manege. »Nicht deine Tauben. Ich bin deine Tauben losgeworden. Hab sie getauscht. Das hier sind Rollertauben«, sagte Wally.

»Du kennst mich nicht«, sagte Roxanna.

»Ich denke, du bist Geschäftsfrau. Du kannst ruhig sagen, daß ich dich nicht kenne, aber ich sehe es dir an. Du denkst an Geld. Du bist klug, also wirst du auch erkennen, was wir hier haben. Dies ist der Anfang einer Vogel-Show, wie die mit dem Tukan, die du gesehen hast. Ein richtiger altmodischer Petite Tente. Wir werden uns einen Tukan besorgen.«

»Hör auf. Hör sofort damit auf.«

»Nein«, sagte er. »Das tue ich nicht. Ich kenne dich.«

»Das tust du nicht.«

»Roxanna«, sagte Wally, »einen Ort zum Spielen haben wir schon.«

Sie stand auf, wich vor ihm zurück, die Pralinenschachtel immer noch in der Hand. »Du kennst mich nicht«, sagte sie. »Du weißt nicht, worauf du dich einläßt.«

»Roxanna.« Er streckte die Hände nach ihr aus. »Ich mag dich.«

Sie schlug ihm nicht die Faust auf die Nase. Sie nahm die Rückhand. Halb Stoß, halb Schlag. Blut spritzte hervor, lief ihr über Hand und Arm. In einer Wolke aus Tabak und Zahnpasta kam er bluttriefend auf sie zu. Er hielt sie ganz fest. Sie versuchte, sich ihm zu entwinden, sich vom Blut fernzuhalten. Sie konnte es riechen, konnte es ihren Hals hinuntertropfen fühlen, dicke warme Tropfen.

»Du ruinierst mir das Kleid.« Noch immer hielt sie die Pralinenschachtel in der Hand.

»Ich kauf dir ein neues«, sagte er.

Sie konnte sich nicht rühren. Sie kannte dieses Gefühl von früher. Seine grobe Haut gegen ihre. Er roch nach Asche und Pfefferminz.

40

Roxanna und Wally hockten auf den leeren Stufen, während die letzten Feu-Follet-Plakate auf dem schwarzen Brett im Foyer flatterten und sich von ihren Reißzwecken losrissen. Wally hielt sich ein dunkelrotes Taschentuch unter die verletzte Nase.

»Warum hast du das gemacht?« fragte er.

Sie zuckte mit den Schultern und reichte ihm ein frisches Taschentuch. »Ich sagte, es tut mir leid.«

Das stimmte. Sie sah, wie er sich die Lippen abtupfte, aber vor ihrem inneren Auge sah sie die Holzkisten in seinem Schlafzimmer, die Plastikkörbe mit den kleinen Aufklebern – »Socken«, »Hemden«. Sie ließ ihn gutes Geld für die Tauben bezahlen. Das hätte sie nicht gekonnt, wenn sie sein Zimmer gesehen hätte. – »Wollsachen«, »Briefe«.

Sie tätschelte sein nacktes Knie. »Wir müssen realistisch sein – wir kennen uns nichtmal ...«

»Ich weiß, ich sehe lächerlich aus in diesen Shorts.«

»Es geht nicht um dein Aussehen, Mo-cheri. Es ist dein Typ. Ich wußte schon, wie du bist, als wir uns auf dem Parkplatz in Melcarth begegneten. Glaub mir.« Sie stupste ihn in die Rippen. »Ich kenne deine Sorte.«

»Welche Sorte?«

»Über fünfzig, unverheiratet ...«

»Nein, nein. Laß mich mal was sagen.«

»Nein, nein – du bist Individualist«, sagte sie. »Daran ist nichts falsch.«

»Da liegst du falsch, Roxanna.«

»Ich kritisiere dich nicht.«

»Nein, du hast mich gesehen – ich habe eine *Familie*. Ich habe den kleinen Jungen. Laß mich ausreden. Frag die Truppe. Ich bin treu. Ich war fünfzehn Jahre verheiratet, mit einer Hundedompteuse. Sie hat mich verlassen. Nicht ich sie. Du kannst dich auf mich verlassen. Ich bin nicht irgendein Grünschnabel, der einfach davonläuft und dich verläßt. Das kann ich nachweisen.«

Sie runzelte die Stirn und versuchte, ihn von dieser ganzen gefährlichen Sensibilität wegzulocken. »Eine Hundedompteuse?« Sie grinste und fuhr sich mit den Fingern durch ihr dichtes strohblondes Haar.

Er kramte in seiner Tasche, und einen Augenblick lang glaubte sie, er würde eine Heiratsurkunde hervorziehen, doch es war nur ein weiteres weiches Taschentuchknäuel, das er gegen seine verletzte Nase drückte.

»Ich kenne deine Sorte«, sagte sie. »Sie ist nicht gerade die Sorte, nach der ich suche.«

»Haben wir nicht ein Dach überm Kopf, Essen, Geld ... und eine Möglichkeit, mehr zu verdienen?«

»Wally, tut mir leid. Ich bin für die freie Unterkunft dankbar ...«

»Ich kenne dich«, sagte er. »Ich kannte dich von Anfang an.«

»Ein paar verschissene Vögel«, sagte sie. (Sie sind alle gleich. Verrückte, die glauben, mit Tauben reich zu werden.) »Ich will Pfauen und Springbrunnen. Siehst du – du grinst blöde. Du kennst mich nicht. Du hast nicht die leiseste Ahnung. Und wenn wir fünf Jahre zusammenleben, du würdest immer noch blöde grinsen.«

»Wirklich?«

»Bestimmt.«

»Wir können ganz anständig leben. Ich habe den Papagei trainiert, den du so mochtest. Du weißt, ich kann es.«

»Ich war nie *anständig*, Mo-cheri. Wenn ich anständig wäre, wärst du nicht auf mich gestoßen. Du hast mich für einen kommenden Star gehalten, gib's zu.«

»Ich fand dich wunderschön.«

Sie sah ihn an und bemerkte, wie sich eine Tränenlinse vor seine Augen schob.

»Danke«, sagte sie. Sie legte eine Hand auf sein Handgelenk. »Das ist wirklich sehr lieb von dir.«

»Ich hab dich für Irma gehalten, um ehrlich zu sein.«

»Wirklich, Mo-chou?«

Er nickte.

»Das ist lieb von dir«, sagte sie. Sie öffnete seine Hand und berührte sie mit den Fingerspitzen. Sie war trocken wie Papier, tiefe Sorgenfalten durchzogen die Handfläche. »Du wirst jemanden finden, wenn du jemanden brauchst«, sagte sie. »Du bist wirklich ein sehr charmanter Mann.«

»Um die Tauben geht es überhaupt nicht«, sagte Wally. »Aber die Tauben sind alles, was wir haben.«

Sie schloß seine Hand. »Nein«, sagte sie.

»Laß mich ausreden ... wir haben im Augenblick nur die Tauben.«

»Du kennst mich nicht«, sagte Roxanna, sah ihn nicht an, preßte die Lippen zusammen. »Ich würde ihnen mit einem *Taschenmesser* die Köpfe abschneiden.«

Doch als sie wieder aufschaute, grinste dieser verdammte Gauner sie an. »Das gehört zur efikanischen Tradition«, sagte er.

Sie seufzte und lachte dann ungewollt.

»Wir werden mit dem auskommen, was wir haben.« Er lächelte.

»Also soll ich mit dir auskommen?«

»Unsere Urgroßväter haben fünfzehn Jahre lang Schlachten[47] gegen die armen Kerle geschlagen, denen das Land in Wirklichkeit gehörte,

---

[47] Es handelt sich um ein wenig bekanntes Kuriosum der Geschichte, daß die französischen und englischen Garnisonen, die eigentlich im Krieg miteinander lagen, von 35 bis 39 EC und noch einmal 43 EC gemeinsame Aktionen gegen die Eingeborenenstämme Efikas durchführten. Die Stämme scheinen so gut ausgeteilt zu haben, wie sie einstecken mußten, und wenn 49 EC nicht die

und dann sind all die Offiziere und Generale davongesegelt und haben sie mit den Geistern und Knochen zurückgelassen.«

»Du bist vielleicht ein beschissener Kaufmann.« Sie zog ihm die Zigarettenschachtel aus der Brusttasche.

»Die Franzosen, die Engländer – sie hielten das Land für wertlos, aber wir haben das geändert.«

»Gibst du eigentlich nie auf?« Sie ließ sich Feuer geben.

»Wenn du schon arm sein mußt, dann lieber hier als in England. Wenn du krank werden mußt, dann bete, daß es nicht in Frankreich ist. Du bist eine Frau, du bekommst gleichen Lohn.«

Roxanna fing an zu lachen. Sie konnte nicht anders. »Sieh dich doch mal an. Dein Arm ist mit Brandnarben von Zigaretten übersät. Du schläfst auf einer Matratze auf dem Fußboden. Und du erzählst mir im Brustton der Überzeugung, daß dies das beste Land auf Erden ist und wir das beste Leben führen werden, das man sich nur denken kann. Wally, was besitzt du eigentlich? Du bist ausgeraubt worden. Und du erzählst mir, du bist im Paradies.«

»Sieh mich an.« Wally hielt ihr festes kleines Kinn zwischen Daumen und Finger.

»Au.«

»Wenn du meine Vergangenheit sehen könntest, wüßtest du, daß mein Leben ein verdammtes Wunder ist.«

»Laß los, du Arsch. Du bist mindestens sechzig. Deine Finger sind gelb vom Nikotin.«

Er ließ ihr Kinn los. »Ich soll das Rauchen aufgeben? Ich werde das Rauchen aufgeben.«

Sie stand auf. »Warum ich? Was hab ich dir getan?«

Wally erhob sich ebenfalls. Er streckte die Hand aus. »Ich weiß, du magst mich«, sagte er.

»Du weißt, ich *mag* dich?«

Er grinste sie an.

»Ich weiß, du magst mich. Gib's doch einfach zu.«

Sie schüttelte den Kopf, aber sie lachte. Sie nahm die große trockene Hand und hielt sie für eine Weile.

Chinesische Grippe ausgebrochen wäre, dann hätten sie vielleicht noch miterlebt, wie ihre Invasoren in die Hauptquartiere zurückgerufen wurden. Von den Eingeborenen gibt es keinerlei Aufzeichnungen.

»Wir sind uns ähnlich«, insistierte er.

Sie ließ seine Hand fallen. »Das ist kein Pluspunkt.«

Langsam gingen sie die Stufen hinauf. »Als du mich das erstemal sahst«, sagte sie, »war ich benzindurchtränkt.«

»Ich habe es gerochen ...«

»Du hast es *gerochen*? Ich hatte gerade unser verdammtes Haus niedergebrannt.«

»Siehst du – du kannst es mir erzählen«, sagte Wally.

»Das ist kein Pluspunkt. Ich sag dir, ich bin verrückt. Ich habe das Konvent niedergebrannt.«

»In Melcarth?«

»Nein, nicht in *Melcarth*. Natürlich nicht in Melcarth. Als ich noch ein Kind war, hier in Chemin Rouge. Ich bin eine Pyromanin«, sagte sie. »Wenn ich Streß habe, zündele ich. Ich kriege keine Versicherung.«

»Wir brauchen keine Versicherung. Wir werden was mit Tauben machen.«

»Wenn du was mit ihnen machen willst«, sagte sie, »dann mach Taubenpastete aus ihnen.«

Sie hätte noch mehr gesagt, aber das Telefon klingelte. Am Fuße der Treppe war eine Glocke montiert – eine altmodische, rechteckige schwarze Schachtel, oben mit zwei verrosteten metallenen Halbkugeln.

Wally ließ es klingeln. Vielleicht wollte er ihr damit etwas sagen. Wenn, dann verstand sie es nicht. Sie nahm ihr Ersatz-T-Shirt und ihre Handtasche mit ins Bad. Sie zog ihren Rock aus und warf ihn in die Badewanne. Sie drehte das kalte Wasser an und wirbelte den Rock darin herum, damit er ganz durchweicht wurde. Sie setzte sich auf die Kloschüssel, schlug den Katalog auf und versuchte, ein paar Bilder in den Kopf zu kriegen.

41

Tristans Mutter, der die Geräusche des Buschlands bei Nacht ungewohnt waren, die Baumratten auf dem Dach, die Igel, die mit dem Nachttau herbeikamen, um im Unterholz zu wühlen, schlief schlecht und hatte wütende Träume über Claire Chen.

Als der Sturm vorbei war, kam sie heraus, um einen Schluck Wasser aus der Zisterne zu trinken, und ging dann wie im Nachgedanken die Stufen zu meinem Bett hinauf, um mich aus meinen Laken zu wickeln.

Als sie mich nicht gleich fand, war sie nicht beunruhigt. Ich war ein kleiner Junge in einem großen Meer aus Bettlaken. Sie hatte dieses harte Gefühl von Panik zu oft gehabt, um ihm nun zur leichten Beute zu werden. Sie erwartete jeden Augenblick meinen Ellbogen zu berühren, meinen knochigen Rücken, der in die Höhe gereckt war. Doch als sie schließlich alle Laken und Decken weggezogen hatte, was zu nichts anderem geführt hatte als dem Klappern meines zweiten Skateboards, überkam sie die wilde Angst, die alle Eltern kennen – der schnelle Herzschlag, die Panik, die im Hals aufsteigt. Sie legte sich auf den altmodisch gewachsten Fußboden und griff mit ihren langen blassen Armen unters Bett, so als ob ich dort eingeklemmt wäre, und die ganze Zeit über rief sie meinen Namen, nicht laut, sondern sanft, so, wie man eine Katze ruft.

So hatte sie mit mir im Mutterleib gesprochen, *mein hübsches Baby, mein hübscher kleiner Baby-Junge,* und ließ sich nicht mit Ultraschall untersuchen, für den Fall, daß das Geschlecht nicht stimmte. Sie hatte sich so viel für ihren kleinen Jungen gewünscht, hatte so hohe Erwartungen in sein wunderbares Leben gesetzt, und als er dann so war, wie er war, hatte sie Eide geleistet und ungeheure Versprechungen gemacht, die sie nicht hatte halten können.

»Tristan, Rikiki, Tristan, Liebling.«

Bald war Vincent bei ihr, nackt bis auf die Hausschuhe, und sie schalteten alle Lampen im Haus an und liefen von Schrank zu Schrank, und dann in einer wilden, angstvollen Eingebung hinaus und den glatten Hang unterm Haus hinab. Es war drei Uhr in der Früh, und sie fuhren mit einer schwachen Taschenlampe über die zerbrochenen Äste und Felsen und dann die glitschigen Baumstämme entlang.

»Wir rufen die Polizei«, sagte Vincent, als sie wieder ins Haus kamen.

»Nein«, sagte Felicity, »noch nicht, bitte.«

Sie sah den schweigenden, urteilenden Blick, den er ihr zuwarf, aber sie konnte es nicht ertragen, daß es irgend jemand mitbekam – ihr Sohn hatte sie verlassen. Sie wußte ganz genau, was los war. Sie wußte, sie hatte ihn betrogen, nicht nur am Abend bei dem Vorfall am Kamin, sondern in vielerlei Hinsicht, nicht zuletzt dadurch, daß sie unbedacht zugelassen hatte, daß er dem Theater verfiel.

Er konnte nicht Schauspieler werden. Es war ebenso unmöglich für ihn wie Athlet zu werden. Da war zum einen seine Stimme – nicht nur, daß sie nicht trug, er konnte sich nicht *verständlich* machen.

Er besaß einfach nicht die Fähigkeiten dazu. Ganz gleich, wie sehr er trainierte, er hatte so wenig Muskelmasse, die sich entwickeln konnte, und seine Courage rührte sie immer wieder zutiefst – sie hatte die Tränen unterdrücken müssen, als er mit dem Ei im Mund von der Kiefer geklettert war –, aber Courage war nicht dasselbe wie Fähigkeit.

Sein Vater hatte breite Schultern, einen geschwungenen, gelenkigen Rücken und lange schöne Beine, daß es einem fast weh tat. Bill Millefleurs Coriolan starb in jenem erstaunlichen Zirkussturz, er fiel vornüber von der Plattform, und baumelte dort, die Füße um eine rostige Wasserleitung gehakt, herab. Das war Schauspielkunst. Ihr Sohn konnte so etwas nie tun.

Und doch hatte sie zugelassen, daß diese dummen Träume gediehen, und hatte – als es bereits zu spät gewesen war – keine bessere Antwort darauf gehabt als Bildbände von Vögeln und Eiern.

»Er ist nicht im Krankenhaus«, sagte sie zu Vincent, der sich an den Nagouchi-Tisch setzte und nach dem Telefonhörer griff. »Ich weiß es.«

»Flick, du weißt nicht, wo er ist.«

»Warum sollte er im Krankenhaus sein? Wir haben keinen Grund zu der Annahme, daß er verletzt ist.«

»Dann laß mich die Polizei anrufen.«

»Wozu brauchen wir die Polizei?«

»Mo-chou, er war noch nie allein. Wenn er weggelaufen ist, ich sag's nicht gern ... er könnte verletzt sein.«

»Okay.« Sie setzte sich ihm gegenüber und zog ihren Umhang fester um sich. »Ruf die Krankenhäuser an«, sagte sie. »Aber er wird nicht da sein.«

»Wo denn dann?«

»Er ist im Theater«, sagte sie.

»Flick, bitte, ich weiß, du bist aufgeregt.«

»Er ist zurück ins Theater«, sagte sie. »Er macht mir Angst.«

42

Am Morgen erwachte ich auf der Station für Verbrennungen im Mater-Hospital und sah, keinen Meter von mir entfernt, einen Mann mit Hasenscharte, der mich neugierig anstarrte.

Als sich unsere Blicke trafen, schrak er zurück.

»Oh«, sagte er, stand auf und machte einen Schritt zurück. »Er ist wach.« Er schlug die Hände zusammen und sah zur Tür.

»Guten Morgen«, sagte er vom Fenster aus zu mir. Er hatte übernervöse, ängstliche Augen. Seine Lippe war bis zur Nase gespalten. Man konnte seinen Gaumen sehen. Wenn er sprach, klangen seine Worte so komisch, wie sich wohl meine anhören mußten. Davon abgesehen war er recht gutaussehend. Er hatte schneeweiße Haut, einen starken Bartschatten, ein festes Kinn, säuberlich gekämmtes schwarzes Haar. »Schauspieldirektor«, sagte er und verbeugte sich höflich vor mir. »Was für ein toller Name!« Er sah wieder zur Tür, und ich bemerkte, daß das kleine Zimmer voller Besucher war – fünf Männer und Frauen, zwei standen, einer lehnte im Türrahmen, zwei saßen auf Stühlen. Sie alle trugen Krankenhauskleidung, und alle hatten sie verunstaltete Gesichter, Gaumenspalten, Zähne, die durch Lippen drangen, Schicksale, die so abstoßend waren, daß es mir schwergefallen wäre, sie auch nur auf Farbfotos in einem Magazin zu betrachten. Es wird Ihnen vielleicht nicht gefallen, wenn ich das sage, aber meine Besucher waren widerlich.

Wer war ich denn, von ihnen abgestoßen zu werden? Niemand, offenbar.

Aber wer waren denn *sie, mich* derart sprunghaft und erschrocken anzustarren?

»Kannst du sprechen?« fragte der Mann mit der Hasenscharte.

Ich rollte voller Ungeduld mit den Augen. Das wirkte offenkundig abstoßend.

»Deine Maman ist schon unterwegs«, sagte die Hasenscharte. Er war ein guter Mensch, glaube ich. Er war hier, um sich zu einem normalen Menschen machen zu lassen. Ich nehme an, er wollte heiraten, Kinder kriegen, normale Dinge eben. Er fand mich abstoßend, aber er versuchte, mich zu beruhigen, und darum belog er mich, was meine Mutter anging, die zu diesem Zeitpunkt noch ihre eigene Suche an den Autobahnauffahrten fortsetzte.

»Du kannst noch nicht nach Hause«, sagte er.

»Nein, ich will … zum Haus von … meinem Papa«, sagte ich.

»Er hat Papa gesagt. Hast du Papa gesagt?«

»Das Auto von seinem Papa.«

»Das Haus von seinem Papa.«

»Du willst zum Haus von deinem Papa?«

Ich nickte. Ich wollte ins Feu Follet.

»Ich glaube nicht, daß du jetzt irgendwohin gehst.«

»Doch.«

»Erst wenn du deine kleine Operation hattest.«

Sie waren Erwachsene, ich war noch ein Kind. Als sie mir erzählten, daß eine Operation geplant sei, fiel es mir trotz der Umstände, die mich hierhergeführt hatten, schwer, ihnen nicht zu glauben.

»Ich gehe …«, sagte ich.

»Gehen? Erst, wenn es dir besser geht«, sagte eine Frau, die auf dem Besucherstuhl saß. Sie hatte eine leuchtendrote Brandnarbe auf einer Gesichtshälfte. Die Hälfte ihres grauen lockigen Haars war abrasiert worden.

»Hast du schon deine Vor-Operation hinter dir?«

»Irrtum«, sagte ich. Und noch einmal ganz langsam, »Irr … tum.«

Sie machten sich nicht die Mühe, ihr Lächeln zu verbergen.

»Er ist *irrtümlich* hier.«

Ich versuchte ihnen zu erklären, wie Wendell Deveau mich aufgelesen hatte, aber sie konnten mich nicht verstehen. Und selbst, als ich von Fehlern gurgelte und plapperte, wußte ich, daß das nicht stimmte. Ich sollte hier sein. Hier gehörte ich hin. Ihre Gesichter bestimmten das Territorium.

»Beruhige dich«, sagte die Hasenscharte. Ich mochte nicht, wie er da groß und schwer auf meinem Bett hockte. Er war so häßlich, vielleicht nicht so häßlich wie ich, aber dennoch häßlich. Er war nicht wie Vincent oder Bill. Er hatte Mundgeruch. »Du bist hier sicher. Es wird alles wieder gut, kleiner Schauspieldirektor.«

Er hatte keine Ahnung, welche Angst er mir einjagte, sonst wäre er verschwunden, da bin ich sicher. Aber vielleicht wußte er es ja, und er war peinlich berührt, beleidigt, selbst hier nicht geliebt zu werden, und blieb aus diesem Grund dort sitzen, weil er nicht zugeben konnte, nicht gewollt zu sein.

»Wir sind deine Freres.« Er zeigte mir seinen Gaumen.

»VERPISST EUCH.«

Er verstand mich genau. Die Wörter spritzten durch das kleine Zimmer wie kochendes Wasser, und die Männer und Frauen in ihren weißen Nachthemden schrien, sprangen auf und stolperten in ihrer Eile, der Verbrennung zu entgehen.

»Verpißt euch ...«, rief ich.

Im Nu war das Zimmer leer, die Tür zu, und ich war allein – verängstigt und zitternd. Ich wußte nur: Ich war nicht wie die, wollte nicht so sein, wollte nicht so angestarrt werden.

Gleich vor meiner Tür lag das Schwesternzimmer. Dort konnte ich also nicht hinaus. Aber in dem Raum gab es auch ein Fenster und einen Stuhl. Ich lief zum Stuhl und kroch hinauf. Meine Knie schmerzten mehr, als ich erwartet hatte. Dann fiel mir auf, daß sie bandagiert waren und an einem Knie schwarzes Blut durch den Verband gesickert war.

Das Fenster ging auf einen Lichtschacht hinaus, der zu einer Seite offen war und auf eine kleine Gasse führte. Der Sturz, die Gefahr, die Angst, die meinen Körper durchfuhr – all das fühlte sich wunderbar an. Ich suchte nach diesem Gefühl, wie ein Tennis-Champion nach der Befriedigung giert, einen Schläger in die Hand zu nehmen, wie ein Raucher, der das grobe, rohe Gefühl des Rauchs in der Lunge spüren will. Ich hockte heiter und allein im siebten Stock auf dem Fensterbrett und erlebte die Ekstase des Bühnenauftritts, bevor es überhaupt einen Auftritt gegeben hatte.

An der gegenüberliegenden Wand führten dicke eiserne Abwasserrohre in einer säuberlichen Girlande von Stockwerk zu Stockwerk tiefer bis zum Boden. Ich machte einen winzigen Satz und knallte hart auf die rostige, runde Röhre. Ich klammerte mich dort eine Weile lang fest, eine Napfschnecke an der Außenwand des Mater-Hospitals.

Wenn Sie zugesehen hätten, hätten Sie von den Schmerzen nichts gesehen, aber das Rohr war rostig und manchmal scharfkantig und sehr, sehr kalt. An zwei Stellen war es undicht, und dort hatte sich glitschiger grüner Schimmel oder Schleim gebildet. Die Knicke in jedem Stockwerk schienen sich als Rastplätze zu eignen, doch stellten sie sich als äußerst hinterhältig heraus. An den Knicken befanden sich Inspektionstafeln, die manchmal nur locker auflagen oder mit nur einer einzigen Niete befestigt waren. Wenn ich mich an den Knick klammerte, schwang die gesamte Platte seitlich aus, und zweimal stürzte ich fast. Es war viel schwieriger als Baum, Seil oder Leiter, und ich konnte mich auf nichts anderes konzentrieren als das, woran ich mich Zentimeter für Zentimeter festhalten konnte. Die Hände, die sich mir aus Klofenstern entgegenreckten, störten nicht, und die sich verändernden, beschwichtigenden Stimmen der Erwachsenen lenkten nicht ab.

Ich wußte zu keinem Zeitpunkt, auf welcher Etage ich mich gerade befand. Meine Arme fühlten sich an wie aufgerissenes Blei. Meine Hände waren taub und bluteten, aber ich war wie ausgewechselt. Ich war keine der bedauernswerten Jammergestalten, die ich dort oben zurückgelassen hatte. Während ich hinabkletterte, war ich Schauspieler, ich war Marcus Antonius, Richard III., das Phantom aus der Rue Morgue.

Ich war derart intensiv mit dem Rohr beschäftigt, daß ich erst nah am Boden das Stimmengewirr und das Schlagen von Wagentüren hörte. Schließlich wagte ich es, zu meinem Publikum hinabzublicken. Gesichter reckten sich mir entgegen. Ich sah sie an.

Die Gesichter waren alle falsch.

Das waren keine Gesichter, die einem Schauspieler zusehen. Sie sahen auch nicht etwas so Harmloses wie einen Jungen an einem Rohr. Sie sahen etwas, das eher Schnodder oder Schleim glich, etwas, das auf sie herabtropfte und von dem sie den Blick abwenden wollten und das, je deutlicher es wurde und je näher es kam, in ihren eigenen Augen und auf ihren eigenen Mündern derart groteske Grimassen hervorrief, daß ich zum erstenmal in meinem Leben wirklich und wahrhaftig erkannte – ich war ein Monster.

Wally stand mit zusammengekniffenem Mund und tränennassen Augen auf einem Ölfaß am Fuße des Rohrs. Er streckte seine blassen, sommersprossigen Arme nach mir aus. Als ich in seine Arme fiel, preßte er mich an sich, so als könnte er all das verbannen, was ich gerade gelernt hatte, wenn er nur mein verschnoddertes Gesicht fest an seinen Hals drückte.

43

Vor dem Mater-Hospital drängte sich eine Schnellimbißmeute, verschwitzt, teiggesichtig, übergewichtig, schmierig, in Ponchos steckend. Sie schob sich hungrig in die Sackgasse, drängte an die Leitern und Backsteine, trampelte im gelben Bausand herum. Die Menschen würdigten Wally keines Blickes, als er das leere Ölfaß an die Wand rollte.

Damals hatte Wally noch die Anmut, die Leichtigkeit eines Tennisspielers. Er brauchte nicht aufs Faß zu klettern, er sprang mit einem Satz hinauf, und Roxanna kamen Zweifel, was sie denn da gesehen hatte, als ihr klar wurde, daß das Faß mindestens einen Meter hoch gewesen sein mußte.

Wally stand auf der schaukelnden Trommel und streckte seine langen Arme nach der kleinen bandagierten Gestalt aus, die an der Wand herunterkletterte. Dabei gab er eine Art Gurren von sich.

Als der Junge das Geräusch hörte, beeilte er sich, doch dann hielt er inne und sah hinab, und dieser Augenblick hatte etwas, das Roxanna an den Sirkus erinnerte – die Art, wie er an einem Arm baumelte, wie Darnell Dommartin ganz oben an ihrer glatten Stange. Sein fürchterliches Gesicht war hochrot, sein feines Haar flatterte im Wind.

Ein Schaudern ging durch die Menge. Sie wogte und gab ein leises Murmeln der Abscheu von sich.

»Ein Mutant, Maman«, rief jemand. »Drool, das Phantom.«[48]

Der Junge hörte es. Man konnte sehen, daß ihn dies traf wie heißes Wasser eine Spinne im Ausguß. Er sank in sich zusammen.

»Gurr«, lockte Wally. »Gurr.« Er streckte nicht die Hand aus, aber er stand unter dem Jungen wie ein efikanischer Zirkusdirektor unter einem Trapezkünstler, bereit, ihn aufzufangen. Als der Junge sich fallen ließ, kam das, trotz der hohen Geschwindigkeit, also nicht überraschend.

Wallys Knie gaben nach. Er schwankte, aber er fiel nicht. Als er sich zur Menge umdrehte, waren seine Augen zu Schlitzen verengt, der Mund strichdünn. Sein Gesicht, eine polierte Muschelschale, war beinahe schön vor Wut.

Ein Kind neben Roxanna sagte, »Igitt, Maman. Ein Krüppel.« Ro-

---

[48] Der efikanische Name für die Figur der Akrobatengestalt Spookganger Drool im voorstandischen Sirkus. [TS]

xanna blickte hinunter, um zu sehen, wer da gesprochen hatte – acht Jahre alt, englisches Aussehen, brauner Mantel, weiße Handschuhe, kleine Stupsnase.

»*Wie* bitte?«

»Irgendwelche Probleme?« fragte die Mutter des Kindes. Sie war so sauber, so verdammt protestantisch – dünne Lippen, gerade weiße Zähne.

»Entschuldigen Sie«, sagte Roxanna, »aber sie sollte den kleinen Jungen nicht Krüppel schimpfen.«

Die Frau besah sich Roxanna von oben bis unten und ließ den Blick einen Augenblick auf den roten Schuhen und den laufmaschigen Strümpfen verweilen. Dann lächelte sie und wandte sich ab.

»Entschuldigen Sie«, sagte Roxanna. »*Bitte.* Ich sagte, sie sollte den Jungen nicht Krüppel schimpfen.«

Die Schlampe würdigte sie keines Blicks.

»Sie wissen nicht, mit wem Sie es zu tun haben«, sagte Roxanna. Sie legte ihre kleine weiße Hand auf die knochige glatte Schulter der Frau und drehte sie herum. Sie wollte keine Gewalt, nur Respekt, doch als die Frau ihre Hand fortstieß, wußte Roxanna, daß sie ihr weh tun mußte – sie hatte keine andere Wahl.

Sie zog eine Viertelliterflasche Wodka aus der Handtasche. »Ich werde dir das verdammte Grinsen aus der Visage schneiden«, sagte sie und suchte nach einem Stein, um die Flasche daran zu zertrümmern.

»Halt den Mund, Roxanna«, sagte Wally. »Halt einfach den Mund.«

Er ging vor ihr her und trug Tristan. Sie folgte ihm und zeigte mit dem Finger auf die Frau. »Du bist sowas von *dämlich*«, sagte sie. »Du bist sowas von *feige.*«

Sie verließ hinter Wally und dem Jungen die Sackgasse und heulte fast. So wütend war sie. Es war schwer, in ihren roten hochhackigen Schuhen so schnell zu gehen. Sie wollte den Jungen berühren, ihn festhalten, ihm sagen, daß sie ihn liebte, obwohl das nicht stimmte. Sie umkreiste die beiden. Sie lief in ihrem Schatten. Sie wollte ihm sagen, daß er schön war, daß sie es nicht fassen konnte, wieviel Mut er hatte.

»Du bist so mutig«, sagte sie.

Sie steckte den Wodka wieder ein. Sie überlegte, was sie ihm geben konnte, wie sie ihm zeigen konnte, daß er geliebt wurde, und daß diese Trottel die Häßlichen waren, nicht er.

»Die sind Krüppel«, sagte sie.

»Halt den Mund«, entgegnete Wally.

Und sie ließ sich das bieten, von ihm, von den beiden, die strahlten, zusammengeschweißt waren. So etwas ließ sie sich von niemandem gefallen, aber in diesem Augenblick schon, von den beiden. Es wurde ihr klar, was Wally von sich behauptet hatte, stimmte tatsächlich, er war kein Einzelgänger.

In der Gazette Street übernahm sie langsam die Regie, aus keinem besonderen Grund mußte sie es einfach tun.

»Komm schon«, sagte sie. »Ich war Krankenschwester.«

Sie ließ Wally Wasser kochen, fand ein hellrotes Desinfektionsmittel, sterilisierte ihre Wimpernzange über der Gasflamme, breitete ein sauber aussehendes Geschirrtuch auf dem Küchentisch aus und sah zu, wie Wally Tristan auszog und seinen blassen, merkwürdigen Körper enthüllte, der von Operationsnarben übersät war. Er war schockierend und auch wieder nicht, und schließlich war er einfach nur, was er war – Knochen, Haut, Narben, das Herz, das wie im Brustkorb eines Babys schlug. Sie wußte nicht, was sie zu tun hatte, war nie Krankenschwester gewesen, aber sie drängte sich einfach vor, weil sie irgend etwas tun mußte, wusch ihm vorsichtig Hände und Beine mit heißem Wasser – vielleicht war das Wasser zu heiß, vielleicht wusch sie ihn zu oft – und pickte die Roststückchen mit der Wimpernzange heraus. Sie wußte, daß sie tolpatschig war. Tristan zuckte und schrie nicht, aber er runzelte die Stirn, wenn sie ihm weh tat. Sein Mut rührte sie zu Tränen.

Sie ließ Wally aus einem mit Blumen bedruckten Laken, das sie im Flur gefunden hatte, Verbandszeug schneiden. Das Laken war verstaubt, aber zusammengelegt und deshalb möglicherweise sauber.

»Geschafft«, sagte sie schließlich, »er ist fertig.«

Wally zog ihn an und fragte, »Möchtest du einen Armen Ritter?«

Tristan schüttelte den Kopf. Man konnte sehen, wie sehr er von Scham gepeinigt wurde. Sie umgab ihn wie eine Aura, wie bei Milly, als sie von diesem Idioten an der Shell-Tankstelle vergewaltigt worden war. Bei dem hier war es dasselbe – er war so mutig gewesen, aber er schämte sich und konnte niemandem in die Augen sehen.

»Möchtest du Waffeln?« fragte sie. Sie verstand, daß er es nicht ertragen konnte, angeblickt zu werden, daß selbst die Luft auf der Haut schmerzte. Sie hatte Wallys Geld in der Tasche. Sie wäre losgezogen und hätte ein Waffeleisen gekauft, aber Tristan schüttelte den Kopf.

»Möchtest du ein Sirkus-Vid sehen?« fragte sie.

»Laß uns das Gewitter anschauen«, sagte Wally und hob ihn hoch, und sie folgte ihnen die Treppe hinab durchs dunkle Foyer hinaus ins sturmhelle Licht – der Himmel grau, aber die Wände der Autowerkstätten auf der anderen Straßenseite strahlend weiß und gelb – und setzte sich hin, um die hoch aufgetürmten schwarzen Wolken zu beobachten, als sie sich in langen grauen Strähnen auf die Cootreksea-Berge zu ergießen begannen.

»Er liebt Gewitter«, sagte Wally zu ihr. »Blitz und Donner. Das hat er am liebsten.«

Doch Tristan stieg von Wallys Schoß und kroch ins dunkle Innere zurück, und dort im Türschatten blieb er stehen und sah ins Dämmerlicht des Foyers.

Roxanna legte ihre Hand sanft auf Wallys harte Schulter. »Diese verfluchten Leute«, flüsterte sie, »mit ihren verfluchten dummen Mäulern.«

Wally zuckte die Achseln. »Was hast du erwartet?«

Roxanna brachte nicht so viel Gelassenheit auf. Sie trat ins Foyer – der Junge war nun weiter hineingegangen und kauerte mitten auf dem dreckigen Kopfsteinboden – und rief seine Mutter an, aber das Telefon klingelte und klingelte. Sie rief das Menschliche Rad an, ohne ihm zu sagen, was passiert war, doch ein paar Minuten, nachdem er eingetroffen war, war er ebenfalls deprimiert. Der für seinen Optimismus berühmte Sparrow war schlaksig und gebeugt und hatte wieder mit dem Rauchen angefangen, und er schützte seine schlecht gedrehten Zigaretten in der hohlen Hand.

Roxanna kauerte sich neben ihn auf die Stufen.

»Na kommt.« Sie sprach laut, damit der Junge im Foyer sie hören konnte. »Ich gebe eine Runde Sirkus aus. Kein Vid. Den richtigen Sirkus.«

Sparrowgrass sah sie an, dann blickte er fort und grinste blöd ins Gewitter.

»Na, kommt schon«, sagte Roxanna, stand auf und richtete sich das Haar. »Ich hab' jede Menge Jonkay. Auf in den Sirkus.«

Sie hatte keine Ahnung von dem Tabu, das auf dem Saarlimer Sirkus lag. Sie wollte nur, daß das Kind sich besser fühlte.

»Bist du schon jemals im Sirkus gewesen?« fragte das Menschliche

Rad sie. Er kratzte sich am kurzgeschorenen Hinterkopf, blinzelte sie von unten an, drückte die Augen zu und zog die Lippen bis zum Zahnfleisch hoch.

»Natürlich bin ich schon mal im Sirkus gewesen. War doch jeder.«

»Ich nicht«, sagte das Rad. Er wandte sich um und linste durch den Türspalt ins dunkle Foyer. »Du auch nicht, oder, Tristan?«

»Nein«, sagte Wally, »er auch nicht.«

»Doch«, sagte eine Stimme in der Dunkelheit. »Fast.«

»Ist es lustig?« fragte Sparrow.

Wally trat auf den Gehweg hinaus und schüttelte Roxanna gegenüber mit dem Kopf, ohne daß es Sparrow sah.

Dann sagte der Junge etwas. »Hab gehört ... es ist tres kommerziell.«

»Konventionell?« fragte das Menschliche Rad.

»Kommerziell.« Tristan kam ins Helle hinausgekrochen und blinzelte. Seine Haut war so *weiß*.

»Kommerziell? Na gut, aber ist es lustig?« fragte das Rad.

Tristans Gesicht zuckte und verzog sich. Er sah Roxanna aus großen weißen Augen an. Stumm legte er eine Hand aufs Herz. Ja, er wollte in den Sirkus, natürlich wollte er das.

»Ich nehme an, es ist ziemlich reaktionär«, sagte Sparrow und kaute auf den Silben des letzten Wortes, als seien sie aus ganz klebriger Zuckermasse. »Was ich wissen will: Muntert es mich auf?«

Der Junge nickte heftig.

»Wirklich?« Sparrow stand auf. »Aber ich glaube, ich bin nicht passend angezogen.« Er wischte sich die Zigarettenasche von der ausgebeulten Armeehose und rückte sich den Kragen des karierten Arbeitshemds zurecht. »Soll ich mich umziehen?«

»Nein«, sagte Roxanna, »du kannst gehen, wie du bist.«

Aber *sie* zog sich um, so gut sie konnte. Sie versuchte sich zu beeilen, doch bis sie fertig war, war das Gewitter nähergekommen und vorübergezogen, und die Straßen waren naß und dieser süßliche jasminhafte Gulligeruch lag in der Luft, und als sie auf die Gazette Street hinaustraten, konnte man das tiefe Gluckern des Abwassers unter den Füßen hören. Sie trug denselben schwarzen Rock – sie hatte nichts anderes –, aber sie lieh sich ein weißes Hemd von Wally und band sich einen goldenen Gürtel um, der ihre schlanke Taille und ihre breiten Hüften betonte. Sie trug ihre roten hochhackigen Schuhe, legte ein Kettchen um einen Knöchel und setzte sich einen kleinen Schönheitsfleck auf die Wange. Sie tat kurz gesagt alles, um ihre Ähnlichkeit mit der legendären Irma so deutlich wie möglich zu betonen, und sie bemerkte, wie Wally, der seit der Rückkehr vom Krankenhaus reserviert und still gewesen war, sie ansah, und als sie am Fluß entlang zur Sirkuskuppel gingen, wurde er wieder leutselig, erzählte ihr alles mögliche über den anschwellenden Fluß, was sie schon wußte, und wies zu den Chinesen am anderen Ufer hinüber, die ihre großen Netze an hohen Stangen aufhängten.

Am Sirkuseingang hatte sie großen Spaß daran, ihnen ganz allein die Eintrittskarten zu kaufen, ihre Handtasche zu öffnen und die großen roten Geldscheine vor die Kassiererin zu legen.

Roxanna liebte den Sirkus. Die Luft war sexy und gefährlich, sie roch nach Freiheit – nach Gebratenem, Schießpulver, Ketchup und nach dem deutlich süßen Duft der Regenzeit, der den kleinen glockenförmigen Blüten der *Enteralis Robusta* entwich. Natürlich war sie nicht die einzige Frau, die einen goldenen Gürtel oder ein Fußkettchen trug. Es gab Dutzende davon, aber die meisten sahen Irma überhaupt nicht ähnlich.

Als sie mit den Karten zurückkam, sah sie, daß der Junge Schmerzen hatte. Wally drückte und zog an seinen bandagierten Knien und versuchte, den Schmerz zu lokalisieren.

»Tut das weh? Wo tut's weh?« Er versuchte, sich die Hände des Jungen anzusehen, aber Tristan wollte die Fäuste nicht öffnen. Sie waren so fest verschlossen wie Briques Bleus, und Wally mußte seine ganze Kraft aufbringen, um sie zu öffnen.

»Was ist?« fragte er und starrte wütend in die offenen, heilen Hände.

Zur Antwort warf sich Tristan ins Gras und verbarg sein Gesicht.

»Okay«, sagte Wally. »Ich hol dir ein Perroquet.«

Tristan rührte sich nicht. Wally machte kehrt und ging davon.

Als Roxanna sah, wie Tristan ganz zusammengerollt und versteckt dalag, wußte sie ganz genau, wo es ihm weh tat. Sie kniete im Gras neben ihm. Sie legte ihm eine Hand auf das arme verkrüppelte Bein. Er zog es mit einem Ruck zurück. Sie wußte, wie es ihm ging – schon der kleinste Blick eines Fremden schmerzte.

»Weißt du, im Sirkus ist es gemütlich und dunkel.«

»ICH WILL MEINE MAMAN ...«

»Ich weiß, was du brauchst«, sagte Roxanna. »Und ich werde es holen.« Sie wandte sich an das Menschliche Rad, das neben ihr kauerte und sich wieder eine Zigarette drehte.

»Schütze ihn«, sagte sie. »Sorg dafür, daß ihn niemand anstarrt.« Sie ging auf direktem Wege zum Andenkenstand. Aber Tristan bemerkte nicht mal den peinlich berührten Sparrow. Er sah nur sie und kroch ihr plärrend auf Händen und Knien hinterher.

»Bleib da«, sagte sie. »Bleib bei Sparrow.«

»Du«, sagte Tristan. »Du.« Er kam über den Asphalt hinter ihr her, war ihr auf den Fersen, wimmelte zwischen glänzenden Schuhen, nervösen Beinen und zurückrollenden Kinderwagen umher und folgte ihr in einen Andenkenstand – Küchentücher, Aschenbecher, Käppis, Pappmachémasken von Bruder Ente, Drool, dem Phantom, Onkel Hund. Er griff nach ihren Knöcheln. Sie trat nach ihm – sie konnte nicht anders – sie haßte es, wenn man ihr an die Knöchel faßte. Er war so stark wie eine wilde Ratte. Er kletterte an ihren Beinen hinauf, an ihrem Leib, klammerte sich an ihren Hals. Er roch nach Schnodder und Desinfektionsmittel. Sie bekam, was sie wollte, und stellte sich in der Schlange vor der Kasse an, so als habe das plärrende Kind an ihrem Hals nichts mit ihr zu tun.

»ICH WILL HEIM.«

»Halt den Mund«, zischte sie.

»ICH HASSE DICH.«

Die Schlange vor ihr wurde kürzer. Sie kämpfte mit ihrer Handtasche, mit der großen fetten Taubengeldrolle. Sie reichte einen weiteren roten Zehn-Dollar-Schein hin.

Dann wollte er die Bruder-Maus-Maske nicht, die sie ihm gekauft hatte. Sie zerrte ihn am Arm zu dem Grasdreieck und versuchte ihn niederzuringen. »Du kriegst das«, sagte sie. »Das kannst du dir vors Gesicht halten.«

Aber selbst das hörte er nicht, und schließlich war es Wally, der kam und den kreischenden Jungen festhielt, während sie Tristan zu dritt die Pappmachémaske vors Gesicht banden.

Tristan versuchte sie abzureißen. »ICH HASSE EUCH«, kreischte er.

Dann packte ihn Wally und rannte mit ihm unterm Arm zum Toilettentrakt. Dort hielt er die tretende, kratzende Kreatur vor den Spiegel.

»Schau hin. Hör doch, schau hin.«

Tristan wendete den Blick ab, drückte sich an Wally, preßte sich die Pappmachémaske ins Gesicht. Doch schließlich erblickte er sich kurz im Spiegel, als er versuchte, das Ding herunterzureißen. *Bruder Maus*.

Er bewegte den Arm. Es war der Arm von Maus. Schnodder lief ihm aus der Nase, aber das sah man nicht. Seine Wangen waren tränenüberströmt, aber das konnte niemand sehen.

»Zufrieden?« fragte Wally verbittert und wischte sich die blutigen Wangen ab. »Ich hoffe bei Gott, daß du zufrieden bist.«

44

Ich hörte nicht sofort auf zu zittern, aber hinter der Maske war es warm, und mein eigener süßer Atem umwehte mich. Ich war Bruder Maus. Um mich herum waren andere Kinder, die genauso aussahen.

Ich mochte Kinder nicht. Ich war neidisch auf sie, hatte Angst vor ihnen, hatte mich einer WEIT HÖHEREN FORM von Leben gewidmet, doch im Sirkus hatte ich dies eine mit ihnen gemeinsam: auch sie zogen es vor, hinter ihren Masken zu bleiben, das stramme Gummiband und die schlecht sitzenden Augenlöcher zu ertragen, die den Blick auf den großen Sirkushimmel über uns behinderten. Wie ich, bewegten auch sie ihre Köpfe übertrieben hin und her.

Unter der Kuppel war es dämmrig, und der Zelthimmel war von tiefem Kobaltblau, voller Sterne, nicht wild durcheinander wie in einem Märchenbuch für Kinder, sondern eine exakte Wiedergabe des efikanischen Nachthimmels. Das war mein erster Sirkus. Alle meine Ängste schmolzen dahin wie Zuckerwatte.

Während Roxanna uns die Stufen des Mittelgangs hinunterführte und ihr goldener Gürtel in der Dämmerung schimmerte, sah ich, wie Sparrow zu den oberen Rängen hinaufsah und die Augen zusammenkniff, und für einen Augenblick hatte ich Angst, daß seine strengen Moralvorstellungen den Sirkus auch in meinen eigenen Augen geschmacklos werden ließen. Ich war mir durchaus im klaren, wie man den Sirkus sehen konnte. Meine eigene Mutter hatte ihn als »Grauen aus Pappe, Plastik und grellen Farben, eine mit dem Tod spielende Konstruktion aus hartgewordenem Kaugummi und heruntergekommener

Folklore, eine aberwitzige Mischung aus Calvinismus und zynischem Opportunismus« bezeichnet.[49]

Doch während ich spürte, wie die unbarmherzige Haltung meiner Maman darum kämpfte, meine eigene Wahrnehmung zu bestimmen, und als meine anfängliche Freude nachzulassen und an Kraft zu verlieren begann und einem Schuldgefühl Platz machte, drehte sich Sparrow zu mir um und zwinkerte. Die harte Haltung meiner Maman löste sich augenblicklich in nichts auf. Ich hob meine Maske ein klein wenig an, gerade genug, um den besonderen Geruch des Sirkus tief einzuatmen – eine Mischung aus Kordit und etwas, das wie künstlich duftende, parfümierte Erfrischungstücher roch.

Doch dann reichte Roxanna dem Platzanweiser unsere Karten, und meine zerbrechliche Freude war erneut gefährdet. Ich war noch nie im Sirkus gewesen, aber ich konnte nicht glauben, daß Roxanna sich diese Plätze hatte geben lassen. In unserem Sirkus gab es nur eine Säule[50], und der Platzanweiser führte uns direkt darauf zu. Diese Säule war eines der Wunder des Sirkus, sorgte aber auch für dessen berüchtigten Makel: sie behinderte die Sicht.

Weit über unseren Köpfen, auf halber Höhe der schimmernden Säule, befand sich der Regieraum, ein mit Klimaanlage und Glaswänden versehener Würfel, den Wally mir jedesmal beschrieb, wenn er mir vom Sirkus erzählte. Ich wußte, daß sich darin die Hologrammprojektoren, die Computerkonsolen und das Mischpult befanden. Die die Sicht versperrende Säule enthielt auch einen kleinen zylindrischen Fahrstuhl, in dem die Sparkmajoore zu ihrem Arbeitsplatz hinauffuhren.

Dies also sollte mein erster und vielleicht einziger Besuch im Sirkus sein. Ich sah unglücklich zu den VIP-Plätzen hinauf – zwölf insgesamt –, die unterhalb des Regieraums hingen wie der Korb unter einem Luftschiff. Jeder in Chemin Rouge wußte ganz genau, wie sie waren – die Sitze waren mit rotem Samt bezogen, der Teppich aus dichtem efikanischem Wollflor. Man munkelte, daß es eine Deluxe-Autobar gebe, in die man eine Geldkarte stecken könne. Davon konnte man träumen, doch für jene, die dazu verurteilt waren, hinter der

---

[49] »Bühnenstar sauer auf Maus«, Chemin Rouge Reformer, 4. April 371.

[50] Der Sirkus war fast nie rund. In Chemin Rouge war der Innenraum imposanterweise wie ein Tortenstück geformt, mit der Bühne an dessen Spitze.

Säule zu sitzen, war sie etwas Furchtbares, und während uns Roxanna zu einem Platz führte, der dicht am Fuße der Säule lag, spürte ich, wie mein Ärger darüber so groß wurde, daß ich mich wundere, nicht tatsächlich in Krämpfe ausgebrochen zu sein.

»Beruhige dich«, sagte Wally, »sonst gibt es überhaupt keinen Sirkus.«

Ich sah, wie der Platzanweiser die Codetasten in der Säule drückte, die Fahrstuhltüren sich leise öffneten und die Wände des goldenen Zylinders enthüllten.

»Noch irgendwelche Klagen?« flüsterte Wally.

Und trug mich hinein.

War dies der glücklichste Augenblick meiner Kindheit? Können die schönsten und die schrecklichsten Augenblicke so eng beieinanderliegen? Waren meine Gefühle so oberflächlich, so vergeßlich, daß dieses »Grauen aus Pappe« die angewiderten Gesichter, in denen ich die Wirkung meines eigenen schrecklichen Gesichts gesehen hatte, wegwischen konnte? War es von Belang, daß es nicht von langer Dauer sein würde, daß es nur ein gutes Gefühl war – wie Eiscreme oder dieser brennend scharfe Voodoo-Trunk, nach dem Wally und ich so süchtig waren?

In den leuchtenden goldenen Spiegelbildern in jenem Aufzug umgaben der Heroische Wally, die Göttliche Roxanna, der Gute Sparrowgrass mich – die Mutige Maus. Wir stiegen so still wie Luft zu den zwölf samtroten Sitzen hinauf, von denen wir nur vier benötigten.

Wir saßen hoch über der Menge; wenn wir dort gesessen hätten, hätten wir uns schon glücklich schätzen können. Sparrow zog eine Geldkarte aus der Tasche – womit er mich überraschte – und kaufte uns allen frische Perroquets, und dann begann die Show.

Ihre Kultur ist von Siedlern geprägt wie die unsere, und all Ihre Bruder-Geschichten spiegeln die schlichte Verehrung wider, die dem Hl. Franziskus in Ihrer Kirche zuteil wurde (ohne die gesetzlichen und theologischen Schwierigkeiten, die die Saarlimer Kodizille mit sich brachten).[51] Tiere in Gefangenschaft zu halten, war nicht erlaubt, aber

---

[51] Damit meine ich die der ersten Jahre – Kodizill XIV und XIX, mit ihren äußerst genauen Vorschriften zur Pflege, Haltung und Schlachtung von Vieh, Schafen, Enten, usw. Bis zur Niederschrift des berühmten Bären-Kodizill und der scheinheiligen Zulassung der Jagd und Fallenstellerei lagen die Sirkusregeln bereits fest. [TS]

in Ihrer Phantasie wimmelte es nur so von ihnen, sie lachten, sangen, spielten Streiche, retteten Menschen, taten Gutes und Böses.

Die voorstandischen Trapezartisten zogen ihre Eichhörnchenkostüme an und flogen durch die Luft, ohne Netz. Sie konnten in sechs Metern Höhe einen bepelzten Totempfahl bilden. Sie konnten auf ganz erstaunliche Weise ein Pferd nachahmen, fünf Männer und Frauen – Tänzer, Schlangenmenschen –, die in erstaunlicher Koordination arbeiteten, um über ein locker gespanntes Seil zu galoppieren, zu kantern, zu gehen. Wenn diese »Pferde« stürzten, waren immer schreckliche Opfer zu beklagen.

In der ersten Hälfte der Vorstellung kamen die Clowns – Horden von ihnen, gekleidet in die abgelegten Uniformen besiegter Nationen –, grotesk, anmaßend. Als sie aus dem Bühnenboden hochkamen, waren sie zerlumpte Kriegsgefangene, Pow-pows, die man in Groß-Voorstand freigelassen hatte. Bis zur Pause hatten sich diese Possenreißer in ein Orchester verwandelt, das wilde, einsame, lustige Pow-pow-Musik spielte. Das war natürlich Propaganda. Die Pow-pows jagten die Bären, hatten Angst vor den Eichhörnchen, ließen sich von den rührenden holografischen Bildern des tanzenden Bruder Maus oder des bäurischen Bruder Ente in Bann schlagen, verlocken oder belästigen.

In dieser Show gab es keine langsam ansteigende Spannung. Vom ersten Trommelschlag an ging alles ungeheuer schnell. Es war, als würde man in die Stratosphäre geschleudert. Witze und Tricks folgten einander in schwindelerregendem Tempo. Es war, als würde man gekitzelt. Der Gedanke, daß das, worüber man lachte, noch verstärkt werden könnte, war unerträglich, aber so kam es, und wieder, als stolpernde Schweine über die Bühne stürzten und stolpernde, überängstliche, holografische Brüder jagten.

Über uns konnte man durch den Glasfußboden die Sparkmajoore im Regieraum sehen. Diese Männer und Frauen rührten sich während der gesamten Show nur wenig. Ein-, zweimal konnte ich sehen, wie sich eine Hand bewegte. Die meiste Zeit schienen sie, in weiches blaues Licht getaucht, mit verschränkten Armen dazusitzen und zu warten.

Die Darsteller trieben uns voran, bis wir vor Lachen außer Atem waren, und Sparrows lautes »Huu, huu, huu« hörte sich an wie der Ruf einer großen tolpatschigen Eule, die am liebsten ihren Platz auf der Bühne eingenommen hätte.

Aber wir warteten auf Irma.

In der Pause sagten wir Sparrow nichts von ihr. Wir wollten nicht jene politische Kritik auslösen, die wir von einem Mitglied des Feu-Follet-Kollektivs erwarten konnten. Wir schützten Irmas guten Namen, indem wir ihn nicht erwähnten.

Sparrow, der so laut gelacht hatte, war in der Pause still und gedankenverloren und fuhr sich ständig mit den großen Händen über die glattrasierten Wangen und den stoppligen Nacken. Ich fragte mich langsam, ob er sich kompromittiert vorkam oder sich gar schämte, doch als ich ihn ansah, nahm er seine Brille ab und putzte die Gläser. Als sie sauber waren, beugte er sich über die Brüstung und beobachtete eingehend das Publikum. Mir fiel Savonarola ein, eine Gestalt, die meine Mutter gern beschwor, wann immer ihre Arbeit von Zensoren angegriffen wurde.

Ich wandte mich zu Wally, doch er und Roxanna waren in ein intensives Privatgespräch vertieft. Ich wartete darauf, daß es dunkel wurde, und verwandelte meinen Atem in einen warmen Wind, den ich zwischen Haut und Maske blies.

Die zweite Hälfte begann, wie immer, mit Tanz, live, aber auch holografisch. Da war der graue pelzige Bruder Maus mit seinem irisierenden blauen Mantel, dem weißen Seidenschal und dem Stock. Kaum trat er auf, applaudierten alle. Zu wiederholen, was Vincent sagte, daß der moderne Bruder Maus nichts weiter sei als ein Logo, ein Symbol für eine imperialistische Kaufmanns-Kultur, nützte nichts. Vincent kannte die alten Volksmärchen Voorstands, sammelte Masken und Klappern der Brüder aus dem ersten Jahrhundert, aber er war in seiner Heimatstadt noch nie in den Sirkus gegangen. Er kannte Bruder Maus nicht. Er hatte ihn noch nie in Bewegung gesehen.

Die Maus, die ich im Sirkus sah, war schnell und anmaßend und so grausam, wie ein Tier sein muß, das auf einem Bauernhof überleben will. Der Bruder hatte Witz, Mut, Kraft, Durchsetzungsvermögen. Im Feu Follet hätte er uns gefallen, fand ich. Er hatte einen angeschlagenen Zahn und ein angebissenes Ohr. Er war ein guter Tänzer, hatte Charme, und als endlich Irma in den Schaft des Scheinwerferlichts trat, den die Sparkmajoors ihr errichtet hatten, tanzte sie mit ihm einen kurzen schnellen Pow-pow-Shimmy, über den das Publikum gleichzeitig lächeln und lachen mußte.

Die Clowns aus der ersten Hälfte waren nun assimilierte Voorstander – sie bildeten das Orchester, und als sie sich in ihren schicken neuen achtknöpfigen Uniformjacken aufstellten, wußten wir, daß wir für eine Weile die Tanztruppe ertragen mußten, die ihnen folgte. Nicht, daß wir nicht jede einzelne von ihnen für wunderschön hielten, aber keine von ihnen war Irma, und allein schon durch ihre Anwesenheit auf der Bühne lenkten sie unsere Aufmerksamkeit von ihrer Königin ab.

Unsere Irma hatte eine üppige Figur, aber man kann in den alten Vids sehen, daß sie nicht makellos war. Ihre rosenknospigen Lippen waren ein wenig schmal, ihr Hals, falls man darauf Augenmerk gelegt hätte, ein wenig kurz geraten. Heute ist klar – es war nicht ihre Figur oder ihre gewandten Bewegungen, die uns bezauberten. Es war ihre Stimme.

Wir warteten darauf, daß sie zu uns sang. Roxanna hatte ihre Hand auf Wallys Knie gelegt. Sparrow saß mit leicht offenem Mund da und schob sich immer wieder seine Drahtgestellbrille auf die Knopfnase. Ich nahm meine Mausmaske ab und wartete darauf, daß sie ihren Vortrag begann. Ich lächelte in der Dunkelheit.

Von all den ausländischen Darstellern wagte nur sie es, unsere eigenen Geschichten von der Bühne herab zu deklamieren. Es war ein Zeichen für die Fähigkeiten Ihrer Sirkusdirektoren, die Show überall an die lokalen Gegebenheiten anzupassen. Wir wußten nicht, daß es Irma in den Saarlimer Sirkussen überhaupt nicht gab. Ich weiß nicht, ob wir uns daran gestört hätten. Wir fühlten uns geschmeichelt und waren gerührt, unsere eigenen Tragödien und Pyrrhus-Siege in ihrem exotischen Akzent gefeiert zu hören. Sie rezitierte »Adieu, meine Treue! Dein silberner Strahl« und »Der Geschichtenerzähler der Inseln«. Ihre Gesten, ihre Bewegungen waren in diesen Augenblicken minimal, ihre Ruhe, ihre kleine Stimme nur ein Flüstern. Unsere Geschichten wirkten größer, wenn sie sie vortrug, und es ist leicht, all dies der Politik und der Macht zuzuschreiben, wenn man dabei nicht ihr außergewöhnliches Talent außer acht ließe. Man dachte nicht an die einzelnen Wörter, sondern an die Gefühle, die sie auslösten, als wären sie Wassertropfen, und doch war jedes einzelne Wort verständlich, und so, wie sie den Gebeinen unserer ertrunkenen Fischer Fleisch und Blut verlieh und uns um die verlassenen Färber weinen ließ, konnte sie auch einem Massenpublikum die großen Werke der voorstandischen Literatur vortragen und selbst Sparrow Glashan, diesen großen Voorstandhasser, zu Tränen rühren.

Als die Show zuende war, erhob sich Sparrow mit uns von den Sitzen und klatschte und johlte. Als die Lichter angingen, setzte ich wieder meine Mausmaske auf.

Roxanna und Wally klatschten Seite an Seite, und Sparrow, dessen Wangen noch immer leuchteten, bemerkte wohl, wie sehr die beiden miteinander beschäftigt waren, und hob mich auf und reckte mich hoch in die Luft. Irma streckte eine Hand in meine Richtung aus und warf mir eine Kußhand zu.

45

Wir stiegen in ein Taxi und quetschten uns alle auf den Rücksitz. Sparrow hielt mich auf seinem Schoß und beugte den Kopf vor, damit er nicht gegen den Plafond stieß. »Ein großes Volk«, sagte er verbissen. »Das vergessen wir andauernd, wenn wir versuchen, ihre Hände aus unseren Eingeweiden zu kriegen.[52] Das lernt man in so einer Show. Ihr Land ist auf einer Geisteshaltung aufgebaut worden. Was man in diesem Sirkus immer noch erkennt, ist die Ehrlichkeit. Das hatte ich schon vergessen. Ich hatte immer nur ihre Scheinheiligkeit im Kopf. Man kann nichts Ehrliches darin sehen, wenn ihre Luftschiffe irgendein armes Land bombardieren, das versucht hat, den Vertrag neu auszuhandeln.«

»Warum muß man daraus etwas lernen?« fragte Roxanna. »Warum kann man nicht einfach seinen Spaß haben?«

Sparrow machte den Mund auf, sah Roxanna an und schloß ihn wieder. Dann wandte er sich an Wally. »Die Eltern beider Länder stammen aus der Alten Welt«, sagte Sparrow. »Man sollte meinen, daß sie vieles gemeinsam haben, aber wir sind der kleine Bruder – wir lieben sie, und sie nehmen von uns keine Notiz. Wir haben die gleiche Hautfarbe, wir sprechen mehr oder weniger dieselbe Sprache. Wir kennen die Texte all ihrer Lieder. Wir kennen Drool, das Phantom, und Onkel Ente. Wir lieben ihre

[52] Eine Anspielung auf das Navigationskabel, eine Frage, über die die Efikaner zerstritten waren. Anhänger der Blauen Partei wie Sparrowgrass hatten das Gefühl, daß diese geheimnisvollen Kabel eine erniedrigende Invasion darstellten, eine Mahnung an unsere feige Unterwürfigkeit unter eine andere Macht. [TS]

Helden, als wären sie unsere eigenen, aber wir vergessen andauernd, daß wir nicht zählen. Das ist so, als sähe man eine Vedette im Supermarkt. Du kennst die Vedette wie einen Freund, aber du bedeutest ihr nichts. Was so ungewöhnlich war an dieser ... wie hieß sie gleich?«

»Irma.«

»Irma trug ›Der Geschichtenerzähler der Inseln‹ vor. Das war so, als würde sie Notiz von uns nehmen, uns kennen. Vielleicht war das der Grund, warum ich so gerührt war.«

»Entspann dich, Mo-frere«, sagte Wally. »Sag doch einfach: Die Show hat mir gefallen.«

»Es war ganz anders, als ich erwartet habe. Die Show hat mir *wirklich* gefallen«, sagte Sparrow. »Es ist nur so verwirrend, weil ich weiß, daß wir von ihnen nicht wahrgenommen werden, es sei denn, sie wollen etwas von uns.«

»Halt den Mund, Sparrow.«

»Das lasse ich mir von dir nicht sagen, Wally.«

»Um Himmels willen«, sagte Wally, »wir waren doch nur im *Sirkus*. Laß uns unseren Spaß. Wir sind hingegangen, um uns zu amüsieren.«

»Ich habe euch eingeladen«, sagte Roxanna.

»Stimmt«, sagte Sparrow. Er warf mir einen Blick zu und rückte mir die Maske zurecht. »Und was meinen Sie dazu, Eure Hoheit?«

Ich versuchte mich an das Bild von Irma zu klammern, wie sie mitten auf der großen Bühne stand, in ihr glitzerndes weißes Kleid gehüllt, den Arm zu mir ausgestreckt. Sie hatte gelächelt. Das einzige, was ich jetzt wollte, war in Wallys Zimmer zu gehen, nach den Fotos von Irma zu suchen, die er in seiner Kommode versteckt hatte, und noch einmal das bezaubernde Lächeln zu betrachten, jetzt, wo die Erinnerung daran durch die Säure einer weiteren Unterhaltung à la Feu Follet weggeätzt wurde.

»Also, was meinst du dazu?« beharrte Sparrow.

»Gib mir die Maske«, sagte Wally.

»Na, sei doch nicht so pingelig«, sagte Roxanna. »Laß ihm doch die Maske. Mir ist es recht.«

»Um Himmels willen«, sagte Wally. »Felicity ist da.«

Wir waren schon in der Gazette Street. Meine Mutter saß auf den Stufen zum Theater, stand auf, kam dem Taxi entgegen.

»Gib mir die verdammte Maske.«

Aber ich wollte sie nicht hergeben. Ich hielt sie fest. »Nein.«

»Mach dich nicht lächerlich«, sagte Sparrow. »Felicity kann sich drum kümmern.«

Aber ich wußte besser als alle anderen, daß sie das nicht konnte, und als ich meine Mutter durch die Windschutzscheibe des Taxis linsen sah, riß ich mir die Maske vom Gesicht. Sie war nur aus Pappmaché. Sie war furchtbar leicht kaputtzumachen.

46

Felicity kletterte auf den Rücksitz, schnitt sich das Knie an einem kaputten Aschenbecher auf, riß sich Laufmaschen und drückte Tristan Smith an sich. Sie berührte sein Gesicht, fühlte seine Beine, schob seine Hemdsärmel hoch, um seine blasse, weiche Haut zu untersuchen.

Ich, Tristan, war voller Schuldgefühle. Sie fuhren durch meine Adern wie blubbernder Saft, beherrschten meine Drüsen, meine Gliedmaßen, meine Handlungen. Ich schreckte zurück. Ich kroch ans andere Ende der Rückbank. Die Stücke meiner wunderschönen Mausmaske lagen verstreut auf dem glänzenden übelriechenden Rücksitz wie arme graue Blüten.

»Mein Baby. Hast du dich verbrannt?«

Ich dachte, sie meinte »verbrannt« im übertragenen Sinne. Ich wußte nicht, daß sie und Vincent meine Spur bis zur Krankenhausstation für Verbrennungsopfer verfolgt hatten.

»Liebling, es tut mir so leid.«

Während sie versuchte, mein Hemd hochzuziehen und meinen Brustkorb zu kontrollieren, hob ich die zerfetzten Stücke Pappmaché auf und steckte sie in die Hosentasche.

»Ist deine Maske kaputt?« fragte sie.

Als wenn sie nicht schuld daran gewesen wäre.

Als wenn es nicht ihr *Kulturimperialismus,* ihre *Hegemonie,* ihr Haß auf den Sirkus gewesen wären, die meine Hände in ihrem Zerstörungswerk geführt hatten.

Als ich die berühmten Wangenknochen sah, die naß vor Tränen waren, zeigte ich nichts von dem Mitgefühl, das ich jetzt für sie habe. Sie litt, und ich war verbittert, triumphierend, wütend glücklich.

Meine arme Maman quetschte sich in den engen Raum zwischen Vordersitz und Rückbank und half mir – ohne auf die Beschimpfungen des Taxifahrers zu hören und Wallys Hand auf der Schulter zu spüren –, die Stücke der Maus einzusammeln und sie vorsichtig in ihre offene Handtasche zu legen.

»Du kannst Schauspieler werden«, sagte sie.

Mir stockte das Herz. Ich wandte mich zu ihr. Sie trug Vincents Jakkett über ihrem Kleid. Sie zog es eng um sich. »In Ordnung?« fragte sie.

Ich konnte spüren, wie mein Mund zitterte. Ich hielt eine Hand davor.

»Ich bringe es dir bei, okay?«

Ich nickte und wandte mich dann ab, wollte nicht, daß sie mich weinen sah.

Sie gab mir ein Taschentuch. Ich wischte mir das Gesicht ab. Sie tat dasselbe mit ihrem Gesicht – doch während sie das tat, bemerkte sie, daß Vincent in seinem Wagen saß und telefonierte. Sie wußte, sie hatte eine Verabredung mit Giles Peterson, der bei der Vorauswahl als Kandidatin für Goat Marshes wichtig war. Dies war ihr neues Leben. Sie meinte es ernst mit den Wahlen. Aber sie hatte ihren Sohn lebend wieder.

»Sollen wir Meneer Maus reparieren?« fragte sie mich.

Ich nickte. Sie trug mich ins Feu Follet und ließ Vincent das Chaos entwirren, das sie angerichtet hatte.

Felicity stürmte durchs Foyer, blinzelte und versuchte die abblätternde Farbe, die herabhängenden Plakate, die rostigen Stecknadeln zu übersehen. Sie trug mich ins Theater, durchquerte die mit Sägemehl bestreute Manege und trat in die Werkstatt – einen langen Raum aus Ziegelwänden, der durch drei hohe Rundbögen in verschiedene Bereiche aufgeteilt war. Im letzten davon, der durch eine durchsichtige, mit Farbe bekleckerte Plastikplane abgeteilt war, stand eine lange Werkbank, wo unsere Bühnenbildner arbeiteten.

Meine Mutter war in vielerlei Hinsicht eine praktisch veranlagte Frau – Geld, Planung, Menschenführung, Konfliktlösung –, aber Nägel in die Wand schlagen, Schneiden und Kleben gehörten nicht zu ihren Stärken, und das wußte sie, obwohl sie sich auf den Stuhl des Bühnenbildners setzte. Andere – Wally vor allem – hätten sich geschickter angestellt, die Mausmaske zu reparieren.

Sie setzte mich auf die Werkbank. »Es tut mir so leid«, sagte sie. »Verstehst du mich?«

Ich war mir nicht sicher, was genau ihr leid tat, aber ich fragte nicht, und ich wurde nicht weich. Ich starrte sie an.

»Maman wird deine Maske reparieren«, sagte sie schließlich.

Wally hatte ein paar teuer aussehende Küchenschränke an die Wand über der Werkbank aufgehängt. In einem davon fand Felicity eine große Dose Leim und zwei Blatt weißes Linienpapier in einer braunen Papp-röhre.

»Also, wir legen das Papier auf die Bank«, sagte sie. Wir wußten beide, daß sie bluffte. »Und dann machen wir daraus ein Puzzle. Schau – hier ist sein Auge.« Sie legte das zerknüllte Mausauge aufs weiße Papier, doch als sie aufblickte, hielten ihre eigenen Augen meinem Blick nicht stand. »Und da ist eine Ecke seines vorwitzigen Munds.«

»Da ist sein Ohr ...« Ich deutete darauf. Ich hob es nicht auf.

»Hat dir jemand weh getan?« fragte sie.

»Da ist ... ein Stück vom Kopf.«

Sie nahm das Stück, auf das ich zeigte. So machten wir zehn Minuten oder länger weiter – ich zeigte, sie legte das zerknüllte Stück Pappmaché auf das weiße Linienpapier.

»Das Problem bei der Schauspielerei«, sagte sie, als ich herauszufinden versuchte, wo die letzten Stücke hingehörten, »ist das harte Leben. Schon gut«, fügte sie schnell hinzu, »du wirst Schauspieler, weil du das willst, aber ich sage nur, es wird hart für dich werden, härter als für andere. Verstehst du, was ich damit meine, Mo-ami?«

»Dieses Stück ... gehört zum Mund.«

»Es ist sehr schwierig«, sagte sie, »deshalb wollte ich nicht, daß du es tust. Ich wußte, daß es sehr schwer für dich wird. Verstehst du mich?«

»Ich weiß ... ich bin ein Krüppel.«

Sie sah mich nicht an, als ich das sagte, aber ich spürte ihre Stille, den Atem, den sie anhielt.

»Bist du wütend auf mich?« fragte sie schließlich. »Weil ich dich zu dem gemacht habe, der du bist?«

»Ich möchte lernen ...«, sagte ich. »Alles, was man ... lernen kann. Ich möchte reden ... daß mich alle verstehen.«

»Vielleicht gibt es Dinge, die du nie wirst tun können.«

»Ich kann ... besser sprechen lernen.«

»Das Problem mit deiner Aussprache ist körperlich, Schatz, das weißt du.«

»Ich werde ... *lernen.*«

»In Ordnung.« Sie betrachtete die verhaßte Maus, die sorgfältig zusammengesetzt auf der Werkbank lag. Man erkannte sofort, daß sie ruiniert war. »Ich sag dir, was wir tun werden«, sagte sie, ohne mich anzusehen. »Wir lassen die Maske. Wir lassen sie *ruhen,* und in der Zwischenzeit proben wir. Ich dachte, du möchtest vielleicht den Puck spielen. Ich denke, ich schminke dich gold und silbern.«

Ich fragte sie nicht, wie die Maske denn ruhen könne. Es war eine lächerliche Vorstellung, die man am besten einfach überging.

»Komm«, sagte sie. »Das machen wir draußen in der Manege.«

Sie hob mich hoch und stellte mich auf den Fußboden. Ich sah zu, wie sie Schminktöpfe und Stifte auswählte, und mein Herz schlug so stark, daß in meinem Nacken eine große Ader wie verrückt pochte. Sie stellte die Töpfe auf die Werkbank – kleine Tiegel mit farbverschmierten weißen Rändern. Die Fettstifte legte sie daneben. Sie machte den winzigen Schrank auf, in dem die Stoffreste aufbewahrt wurden, und nahm ein paar Stücke Leinwand heraus. Dann trug sich mich hinaus in die Manege und entkleidete mich vollständig.

Ich saß still auf einem weiß lackierten Stuhl, während sie das Schminkzeug holte und dann zum Regieraum ging, wo sie mit den Scheinwerfern hantierte. Als sie zurückkehrte, schob sie mich in ein einzelnes kleines Spotlight. Meine Haut prickelte. Ich spürte die Schwärze, die Hitze des Lichts um mich herum. Meine Maman kniete vor mir. Sie gab mir Noras kleinen silbergefaßten Spiegel aus dem *Puppenheim,* damit ich mich betrachten konnte, während sie mich schminkte.

Sie zog eine einzelne silberne Linie über meine Stirn. Darüber malte sie blau, darunter grün. Sie legte mir ein Handtuch um den Hals, feuchtete meine Haare an, gelte sie und zog sie zu langen Dornen, die aussahen wie Blüten des efikanischen Kreuzkrauts. Dann ließ sie mich das Handtuch vors Gesicht halten und sprühte die Haare silbern ein.

Ich sah in den Spiegel und entdeckte ein Wesen, eine Fee, eine Gestalt aus einem anderen Daseinszustand, Kobold, Elfe, Homunkulus.

Sie malte einen einzelnen blauen Punkt auf beide Wangen und umrandete sie rosa. Ich dachte an Schmetterlingsflügel.

Sie verwandelte meinen Brustkorb in etwas Blaues und Schwarzes wie den Nachthimmel. Die Narben verwandelte sie in Blitze.

Es dauerte sehr, sehr lange. Das machte mir nichts. Es war, als würde ich zum Leben erweckt, als wäre ich eine Statue, der jeden Morgen mit Milch und Joghurt die Füße gewaschen werden.

»Du wirst gegen den Schmerz angehen müssen«, sagte sie und rieb mir die fettigen Farben auf die Haut. »Spielen wird dir weh tun. All deine Muskeln werden schmerzen. Verstehst du, was ich meine?«

»Ja.«

»Du wirst Angst haben, daß du daran zerbrichst, aber genau das mußt du tun. Kannst du das?«

»Ja.«

»Alle werden versuchen, dich an den Rand zu drängen, aber du darfst niemals zulassen, daß du kleine Rollen akzeptierst. Wenn man dich zum Vorsprechen bittet, zeig ihnen, wie du Zettel spielen kannst«, sagte sie. »Du weißt doch, wer Zettel ist?«

Das wußte ich nicht. Sie sagte es mir. »Du mußt lernen«, sagte sie, »damit du klüger bist als andere Schauspieler, und du mußt lernen, deinen Verstand wachzuhalten, damit jeder Regisseur merkt, daß es nicht schwer ist, mit dir zu arbeiten, daß du an neuen Zugängen zum Werk interessiert bist. Du mußt lernen, mutig zu sein. Das ist nichts, was man einfach so lernen kann. Das mußt du immer und immer wieder üben. Du darfst keine Angst davor haben auszusehen, wie du aussiehst, und wenn du das kannst, wirst du immer stark wirken. Du mußt dich in etwas verwandeln, das jenseits der Vorstellungskraft der anderen liegt.«

»Ja.«

»Das brauchst du jetzt nicht alles zu verstehen. Aber du wirst es langsam lernen.«

Aber ich verstand es.

»Du hattest deine Rolle für den *Simpel-Sirkus* einstudiert und geglaubt, du könntest schauspielern.«

»Nein.«

»Aber es wird Jahre dauern, bevor du spielen kannst. Du darfst einige Jahre lang in Chemin Rouge in keinem Stück auftreten. Du wirst hart arbeiten müssen, jeden Tag. Viel üben, viel lesen, jeden Tag, härter als alles, was du bisher getan hast. Und wenn du es hinter dir hast, bekommst du eine Rolle pro Jahr, wenn du Glück hast. Verstehst du, was ich damit meine? Du wirst arm sein, wie Sparrow.«

Ich sah in den Spiegel. Ich spürte die Hitze.

»Hmm-hmm.«

Sie legte mir ein hellblaues Tuch über die Schultern. Sie trat aus dem Licht.

»Schau in den Spiegel.«

Sie mußte mich dazu nicht ermutigen.

»Was siehst du?«

Ich wußte nicht, was sie meinte.

»Einen Künstler?« schlug sie vor. »Einen Schauspieler?«

Ich sah so wunderbar, so unglaublich, so schön aus, daß es anmaßend schien, überhaupt etwas zu sagen.

»Einen Krüppel?«

»Nein.«

»Und bestimmt nicht häßlich.« Sie trat aus dem Schatten und hielt mich an den Armen.

»Möchtest du ein paar Nächte im Theater schlafen?«

»Ja.«

»Du bist Schauspieler.« Sie gab mir einen Kuß auf die Stirn. »Dieses Theater gehört dir. Verstehst du mich? Du mußt nicht arm wie Sparrow sein.«

»Ja.«

»Wenn du groß bist, wirst du immer ein Theater haben. Jetzt kannst du bei Wally bleiben, und ich komme dich jeden Tag besuchen. Vielleicht hat Sparrow Zeit, dir zu helfen. Jedenfalls werden wir die Übungen mit der Zeit entwickeln. Du weißt, ich werde fürs Parlament kandidieren, aber ich werde schon die Zeit finden, dir jeden Tag zu helfen. Bist du immer noch wütend auf Vincent?«

»Nein«, sagte ich.

»In Ordnung, wir werden jetzt aufräumen, und dann werden wir gehen und allen sagen, daß alles in Ordnung ist. Und jetzt kannst du nochmal schauen«, sagte sie. »Ganz in Ruhe.«

Sie ließ Tristan Smith allein im Scheinwerferlicht. Meine Blase war stärker als ich, noch bevor mich das Spiegelbild langweilte.

47

Vier Tage später war meine Mutter berühmt.

Sie war natürlich schon vorher berühmt gewesen. Auf der Straße wurde sie von Fremden immer noch Yvette genannt, nach ihrer Rolle in der Seifenoper. In anderer Hinsicht war sie berühmt für das Feu Follet und in wiederum anderer Hinsicht für ihre Rolle bei den Demonstrationen gegen die Anwesenheit Voorstands auf unserem Boden.

Doch so unglaublich berühmt[53] wie damals, als sie fürs Parlament kandidierte, war sie nie gewesen.

Roxanna rüttelte mich wach.

»Komm«, sagte sie. »Schnell.« Ich brauchte immer eine Weile, um wach zu werden, aber Roxanna konnte darauf nicht warten. Sie hob mich hoch und trug mich in die Küche, wo Wally schon das Essen zubereitete – nicht Frühstück, sondern Mittagessen. Er hatte sich rasiert, und er hatte Ducrows alten Holzofen angezündet, was er sonst nur in der Regenzeit tat, wenn die porösen alten Mauern zu feucht wurden. Die großen, grobpockigen gelben und roten Kacheln waren frisch gescheuert, und Wally hatte einen großen Vid auf den altmodischen Waschkessel gestellt. Ein dickes blaues 240-Volt-Kabel führte vom Vid hinaus zum Stromkasten des Theaters.

Draußen war ein grauer, windiger Tag, wir nennen so etwas einen »Kötertag«, heißer Wind aus ständig wechselnden Richtungen. Drinnen: Meine Mutter als flackernde, strahlende Erscheinung mit rotem Haar und in einem gelben Kleid. Das Haar war ihr seit ihrem Besuch am Vorabend geschnitten worden. Es war kürzer, ordentlicher. Sie trug eine Brille, die sie mit allergrößter Sicherheit zu nichts anderem als zum »Image« brauchte.

Als ich mich an den Tisch setzte, stellte Wally Porridge und ein Glas Milch vor mich hin. Er sagte nichts, sondern nickte nur in Richtung Mattscheibe. Sein Gesicht glühte vor Freude, Roxannas ebenfalls.

»Ist sie nicht umwerfend?« sagte sie. »Wer würde nicht für sie stimmen?«

---

[53] In Voorstand gibt es natürlich für all diese unterschiedlichen Grade öffentlicher Bekanntheit ein Wort. In Saarlim würde man sagen, meine Maman erlebte Vid-Glorie. [TS]

Rox trug ein übergroßes blaues T-Shirt mit der Aufschrift »Tritt Zurück Voorstand« auf dem Rücken.

Sie strahlte wie jemand, der dem Ruhm nahegekommen war. Es verändert die Menschen, glättet ihre Haut, läßt ihre Augen heller leuchten. Roxanna stand mit der Fernbedienung in der Hand da und schaltete durch die Kanäle. Es schien, als sei meine Mutter in jedem Programm.

»Und dabei hat sie noch nichtmal die Vorwahl hinter sich«, sagte Roxanna.

»Die schafft sie«, sagte Wally. »Dafür hat Vincent schon gesorgt.« Er hatte einen Berg helles Fleisch in einer weißen Schüssel, und während er sprach, briet er es in einer großen Kupferpfanne aus, vier oder fünf Stücke auf einmal. Der Raum duftete nach der bräunenden Butter und den rohen Zwiebeln.

Als das Telefon klingelte, ging keiner dran. Es schien, als sei das eine Familienangelegenheit, wir und das Vid, das leuchtende blaue und gelbe Bild, das flackernde Feuer, die süße heiße Butter, das bratende Fleisch.

»Sie ist gut«, meinte Roxanna. »Deine Maman ist unheimlich gut. Hört euch mal an, wie sie spricht.«

Das Telefon klingelte ununterbrochen, und dann trafen nach und nach die Schauspieler ein – sie waren es gewesen, die angerufen hatten. Sparrowgrass als erster, dann alle anderen – Annie, Claire Chen, Moey Perelli. Es war erst halb neun in der Früh, aber alle waren sie ganz aufgeregt, mit meiner Mutter zu tun zu haben, boten ihre Dienste an, ihre Telefonnummern, usw. Sie standen um den Tisch herum, tätschelten und hätschelten mich wie in alten Zeiten und malten sich bereits die Chancen für einen Sieg der Blauen aus. Ich wollte ihnen sagen, daß ich Schauspieler werden würde, aber es war nicht der richtige Augenblick, also behielt ich meine gute Nachricht, mein Glück für mich, drückte es fest und heimlich an meine Brust.

»All die Freunde deiner Maman arbeiten für das Vid«, sagte Moey zu mir. »All die abgehalfterten Schreiberlinge und Trockenschleudern. Paß nur auf, wieviel Sendezeit sie kriegt. Was für ein Tamtam sie machen.«

Wally tat den Deckel auf die Kupferpfanne und ließ es weiterköcheln. Er wusch sich die Hände, zündete sich eine Zigarette an, lehnte sich an die Wand und stützte den Ellbogen seiner Rauchhand mit der linken Handfläche. Er gab sich den Anschein eines Machers, so als hätte er meine Maman mithilfe seiner eigenen geheimen Methoden ins Vid gebracht und mich mit Schauspielern umgeben. Das stimmte natürlich nicht, doch als der gutaussehende Bote eintraf – ein junger muskulöser Mann in einem engen blauen Overall –, sah Wally keineswegs überrascht aus, sondern nickte nur in die Richtung, wo der Bote mit Grübchenkinn und ernstem Gesicht in der offenen Tür stand und eine silberne und blaue Schachtel hielt.

»Tristan Smith?« fragte der Bote.

Ich wandte mein Gesicht von dem Fremden ab, aber Roxanna unterschrieb und brachte mir die Schachtel.

Dann setzte sie sich auf meinen Stuhl, und ich kletterte auf ihren Schoß und lehnte den Kopf an ihren Busen. Sie roch zuckrig und fremd, aber sie war weich und einladend. Ich hielt die Schachtel auf dem Schoß, aber niemand fragte mich, was drin war. Sie tranken süßen efikanischen Tee und starrten ins Vid. Es war einer dieser Tage, an denen man spüren konnte, wie sich die Erdachse verschiebt.

»Ich wollte selbst mal Schauspielerin werden«, sagte Roxanna und rührte sich noch einen Löffel Brombeermarmelade in den Tee. »Das war mein großer Traum, bevor ich Reade kennenlernte. Ich hätte alles darum gegeben, Schauspielerin zu werden, aber meine Knöchel waren zu dick.«

Wir beide sahen uns ihre Knöchel an. Ich hätte alles darum gegeben, solche Knöchel zu haben. Ihre Füße waren klein, vielleicht ein wenig flach, aber ihre Knöchel waren rund und groß, wie ihre Waden. Mir, dessen eigene Beine kaum mehr als Knochen waren, waren Roxannas Knöchel immer makellos vorgekommen.

»Dazu muß man dünne Knöchel haben«, sagte sie.

»Ich habe ... dünne Knöchel«, entgegnete ich.

Daraufhin schwieg Roxanna eine Weile.

»Na, meine sind eben dick«, sagte sie schließlich. »Und ich werde sie behalten, bis man mich begräbt. Deine Mutter hat sehr hübsche Beine. Sie wäre einfach in allem gut. Dicke Knöchel sind ein echtes Hindernis, besonders für eine Frau. Heute muß ich mir wirklich ein Kostüm für die Auktion besorgen.«

»Man braucht kein Kostüm ... für eine Auktion«, sagte ich. »Ich war mit Wally ... auf Auktionen. Auf vielen ...«

»Für diese schon«, sagte sie. »Ich werde nur an meine Brüste und meine Knöchel denken, die einen betonen und die anderen verstecken. O Gott«, sagte sie, »schau sie dir bloß an. Wie kann sie verlieren? Sie ist so schön.«

Meine Mutter nahm nun an einer Gesprächsrunde teil und war von Männern in Anzügen umgeben.

»O Gott«, sagte Roxanna. »O Gott. Ich wußte gar nicht – sie ist sowas von schön.«

Wally löste nun die Knochen aus einem Hühnchen, wie es schien. Er ging zügig vor und zerfaserte das Fleisch mit seinen dicken Fingern.

»Was gibts zu essen?« fragte Sparrow.

»Nichts für dich«, erwiderte Wally. »Etwas Besonderes für Roxanna, für morgen.«

»Für mich? Zum Essen? Ich werde nicht hier sein.«

»Oh.« Wally lächelte. »Ich glaube schon, wenn du weißt, was es gibt.«

Ich spürte, wie Roxanna erstarrte.

»Was?« fragte sie.

»Mollo-mollo«, sagte Wally lächelnd, aber mit einem merkwürdigen Unterton. Er stellte die Schüssel mit dem Fleisch in den Kühlschrank und fing an, den Küchentisch zu säubern.

»Was?« bohrte Roxanna.

Zu diesem Zeitpunkt – als Roxanna ein zweites Mal *was*? sagte – gingen die Schauspieler wieder. Sie schrieben ihre Telefonnummern oder Adressen mit einem Filzstift auf den Kühlschrank. Weder Roxanna noch Wally verabschiedeten sie. Roxanna glitt unter mir weg und ging quer durch die Küche auf Wally zu.

»Was zum Teufel hast du gemacht?« fragte sie.

Wally streckte die Hände aus, und seine Finger berührten ihre Ellbogen. Roxanna zuckte zusammen.

»Was?«

Wally trat auf den Hebel des Abfalleimers. Ich hörte, wie der Deckel aufklappte, sah, wie Roxanna hineinblickte und den Mund aufsperrte.

Ich kletterte vom Stuhl und sah ebenfalls hinein. Der Eimer war voller Federn.

»Nein!« rief sie wütend.

Wallys Gesicht war blaß, wächsern.

»Nein!« rief sie; sie berührte sein Gesicht mit der Hand.

Wallys Adamsapfel hüpfte.

»Ich kann nichts essen«, sagte sie. »Ich gehe zu einer Auktion.«

Ich war immer noch verwirrt. Ich steckte eine Hand in den Eimer und tauchte sie in das Bett aus weichen grauen und braunen Federn – Taubenfedern. Als ich aufblickte, sah ich Roxannas Gesicht, Tränen strömten über ihre Wangen, ihr Mascara zerlief wie vergossene Tinte.

»Du verrückter Kerl«, sagte sie, »du verrückter Ballot ...« Und ohne mich eines Blicks zu würdigen, nahm sie ihn bei der Hand und führte ihn aus der Küche hinaus. Als sie weg waren, konnte ich die Federn riechen, wie feuchte Asche.

Ich kletterte wieder auf meinen Stuhl, und dort, in der menschenleeren Küche, mit dem noch immer brennenden Ofen und dem strahlenden Vid-Bild meiner Mutter, packte ich vorsichtig die Schachtel aus, die der Bote gebracht hatte.

Darin fand sich eine kleine elfenbeinfarbene Karte mit einer von Hand gerissenen Kante und aufgedruckter Borte. Darauf stand: »Für meinen Lieblingsschauspieler.«

In der Schachtel war ein Gegenstand – in blaßgelbes Seidenpapier gewickelt, das sein Geheimnis nicht so leicht preisgab, obwohl ich ungeduldig daran riß. Ich stieß auf eine Oberfläche, poliert wie ein Teekessel und mit Eierschalweiß und tiefglänzenden Schwarz- und Grautönen bemalt.

Erst als das letzte Stück Papier abfiel, sah ich, daß mir meine Maman nicht einfach eine Bruder-Maus-Maske geschickt hatte, sondern eine, die weit besser war als die, die ich kaputtgemacht hatte. Sie war schwer, nicht leicht. Sie fühlte sich wie Porzellan oder wie Holz an, jedenfalls nicht wie Pappmaché. Sie war hart wie der Kotflügel an Vincents Corniche und glasiert. An der Innenseite befand sich mitten auf der Stirn ein kleiner roter Aufkleber mit gelbgedruckten Mondphasen – Hinweise auf einen Import aus Voorstand.

Ich wußte nicht, daß es sich um eine wertvolle Antiquität handelte[54]. Tatsächlich hatte ich, abgesehen von den Märchen in der Badberg-Edition, keine Ahnung von der Geschichte des Bruders Maus, oder gar von

---

[54] Diese Maske, die sich auf das erste Jahrhundert in Voorstand datieren ließ, hatte jene gezackte Stirnfalte, die die Sirkus-Masken von denen der Neu-Zwolfe-Siedlung unterscheidet. Sie war sehr ungewöhnlich, da sie zwei statt nur einen angeschlagenen Zahn aufwies. [TS]

der persönlichen Beziehung meiner Mutter zu der Figur.[55] Ich weidete mich bereits schuldbewußt, gierig daran, fummelte an den Schnallen herum und zog sie mir über den Kopf. Sie fühlte sich schwer an, glänzte, und sie roch nach Kiefernnadeln und teurem Leder. Sie wurde nicht durch einen Gummizug gehalten, sondern durch eine Reihe von komplizierten Bändern und Klemmen, die so aussahen wie die Rückseite von Rollhockeypolstern.

Als ich die Maske aufgesetzt hatte, zog ich einen Stuhl heran, saß allein in der überheizten Küche und sah meiner Mutter im Vid zu. Wir hatten unser neues Leben begonnen. Ich war der Schauspieler. Sie war die Politikerin. Ich konnte ihre Zerbrechlichkeit erkennen, ein leichtes Zittern in der Stimme, eine kleine Unsicherheit in ihren Gesten, aber einem Fremden wären sie nicht aufgefallen – sie wirkte lustig, charmant und, mit ihrer neuen Metallgestellbrille, recht streng. Sie trug ihre Position zur bewaffneten Neutralität vor. Sie beschwor die Bilder von Onkel Hund, Drool, dem Phantom, Bruder Maus, die ganze Parade der Sirkusfiguren. Sie stellte das Phantom als Spion dar, den Hund als Soldaten, die scharfzähnige, blaubemantelte Maus als Wahnsinnigen – ihr weiß behandschuhter Finger schwebt über einem Knopf, der den Planeten zerstören könnte.

Niemand, der die Rede sah, hätte glauben können, daß sie ihren eigenen Sohn mit der Maske des Feindes ausgestattet hatte und daß ihr Sohn jetzt dasaß, kein einziges Wort seiner Mutter hörte, sondern in seine eigenen flackernden Träume vertieft war und sie durch die halbmondförmigen Schlitze hinter den Augen von Bruder Maus ansah.

---

[55] Die Kindheit meiner Mutter, die mehr als dreißig Jahre zurücklag, unterschied sich nicht allzu sehr von dem, was auf De Koks Gemälden aus dem vorigen Jahrhundert abgebildet ist – die Massen auf dem Demos Platz, die fettärschigen Fabrikbesitzer, die mit den Armen und mit der Mittelklasse verkehren, die ehemaligen Kriegsgefangenen aus den Kriegen Voorstands, Ägypter, Deutsche, Ugander in Saris, die Schöpfer der Pow-pow-Musik in ihrem Sonntagsstaat, die Ausflügler, die hübschen Schlittschuhläuferinnen, die liebenswerte Gestalt von Bruder Maus, der, zum Beispiel, eine weiß behandschuhte Hand ausstreckt und von einer lächelnden rosenwangigen Dame einen Dollar annimmt. [TS]

48

Roxanna gab sich ernst und dankbar Wally hin, in seinem armseligen kleinen Zimmer, in dem früher Zirkusanfänger ihre Nächte in dreistökkigen Etagenbetten verbracht hatten, die Körper mit blauen Flecken von Stürzen und Ducrows englischen Lederstiefeln übersät, junge Burschen, die noch von ihren Müttern träumten.

Roxannas Augen waren feucht, ihre Lippen waren voll und sehnsüchtig, und ihr im Nu nackter Körper – sie ließ ihr Kleid mit einem einzigen Zug am Reißverschluß fallen – war babyweich, wie neugeboren, nicht muskulös wie bei einer Schauspielerin, und hatte trotz ihres Lebenswandels keinen erkennbaren Schaden genommen. Mit fünfundzwanzig Jahren wies sie keine Narben, keine silbrigen Male auf. Sie hatte einen kleinen runden Bauch, nicht gerade fett, aber mit einer leichten Wölbung, die genau in die Hand ihres Liebhabers paßte. Als sie ihre blassen, hübschen Lippen an seine brachte, schloß sie die Augen, und ihr kleines rundes Kinn bekam ein Grübchen.

Hinterher legte sie ihr dickes, verwuscheltes blondes Haar an seine fremde Schulter und rieb an ihren kajalschwarzen Tränen, die in die grauen Haare auf seiner Brust fielen.

»Was ist?« fragte er sie.

Was konnte sie ihm schon sagen?

Er hatte eine lange blasse Narbe unter den Rippen. Sie fuhr mit dem Finger über die glitschig glatte, wie frisch rasierte Haut, nur seidiger. Es war ein Kötertag in Chemin Rouge, das Licht war gelb und melancholisch, die Fensterläden klapperten in den Rahmen. Ihre dicken, schmutzigen Tränen flossen weiter.

»Was ist?« bohrte er.

Die Tauben natürlich. Sie floß vor Selbstmitleid schier über, zugeben zu müssen, wie tief sie gesunken war – niemand hatte je so etwas für sie getan. Sie hatte ihre Schwänze gelutscht, ihnen die Zunge in die Ärsche gesteckt, aber keiner von ihnen hatte je etwas für sie getan, was sie nicht gewollt hatten.

»Sags mir«, insistierte er.

»Die Vögel haben mir leidgetan«, sagte sie. Dann, sich die Nase putzend, »Ich weiß, es ist blöd.«

»Sie wurden geboren. Jemand verkaufte sie, jemand anderer kaufte sie. Das Leben ist sehr traurig, findest du nicht? Selbst für Vögel.«

Sie weinte. Es war verrückt. Sie machte sich wegen der Tauben keine Gedanken. Sie hätte ihnen persönlich den Hals umgedreht.

»Ich geb dir nicht die Schuld«, sagte sie. »Ich wollte nicht weinen und alles versauen.«

»Das Leben ist ein beschissenes Wunder«, sagte Wally. Er küßte ihr Ohr. Warum hatten harte Männer immer so babyweiche Lippen?

»Red nicht so«, sagte sie.

Zur Antwort legte er wieder seine Hand auf ihren strohblonden Venushügel. Er hielt sie fest. »Du bist ein Wunder, Roxanna.«

»Und du bist ein alter Furz«, sagte sie. Er ließ sich zurücksinken, und sie spürte, wie er lächelte.

»Du weißt, daß ich weggehe. Das weißt du ganz genau. Das hab ich nie vor dir verheimlicht.«

»Mach dir wegen mir keine Sorgen«, entgegnete er. »Ich bin schon ein großer Junge.«

Aber das war er nicht, nicht wirklich, er zitterte vor Verlangen – so weiche Lippen, so graue, traurige, gefleckte Augen mit diesem hübschen Rostton, der von der Insel der Pupille nach außen zog. Sie sagte »Erinnere dich daran, was du beim ersten Mal wußtest, als du mich gesehen hast ...«

»Was denn?«

Sie grinste. »Du hast einen Steifen gekriegt.«

»Mach dich nicht lächerlich.«

»Du hast eine Trockenschleuder in hochhackigen Schuhen gesehen.« Sie lächelte. »Ich weiß, was du gesehen hast.«

»Red nicht so.«

»Ich bin kein netter Mensch, Wally«, sagte sie. »Das wußtest du damals, als du mich das erstemal sahst. Jetzt machst du dir doch was vor.«

»Ich weiß nur, du bist genau wie ich. Uns ist einiges zugestoßen.«

»Bu-hu-hu.«

»Ich will gar nicht genau wissen, was.«

»Also, hör mir bitte mal zu. Es tut mir nicht leid, daß ich mit dir geschlafen habe. Es war wirklich nett. Wirklich. Aber du bist nicht der Richtige für mich, klar?«

»Das kannst du nicht wissen.«

»Das hat mit dir nichts zu tun, sondern mit mir. Liebling, ich werde morgen abend zu der Antiquitätenmesse gehen. Dort werden reiche Männer aus der ganzen Welt anwesend sein. Ich werde mir einen davon schnappen. Da kannst du drauf wetten. Ich hab dir gesagt, was ich war. Du wußtest, was ich war.«

»Willst du reich sein?«

»Sag das nicht so. Ach, sag doch, was du willst. Ich werde mir dort jemanden schnappen, der glaubt, ich sei ein Schatz. Und ich werde sie nicht reinlegen. Für die werde ich genau das sein.«

»Vielleicht auch nicht.«

»Jemanden finden? Bestimmt.«

»Woher willst du das wissen?«

»Weil ich das so entschieden habe. Weil ich vorgeplant habe. Weil ich gearbeitet und studiert und mich vorbereitet habe. WEIL ICH DAS EINFACH KANN, VERDAMMT NOCH MAL.«

»Und wenn keiner da ist, der dir gefällt?«

»Es wird einer da sein.«

Er lächelte. Es handelte sich um ganz genau das gleiche Lächeln, das Reade aufgesetzt hatte, wenn er nach Haus gekommen war und sie lesend vorfand – er konnte nicht glauben, daß eine Frau ein Buch verstand, das er nicht verstehen konnte.

»Grins mich nicht so blöde an, du Arschloch.«

»Heh.«

»Hör mir zu«, sagte Roxanna. »Du bringst eine beschissene Taube um und glaubst, du besitzt mich. Und wenn du glaubst, du könntest mich zwingen, sie zu essen – vergiß es.« Sie stand auf. »Du ißt sie.«

»Rox«, sagte er, »du redest Unsinn.«

»Begreifst du es immer noch nicht, verdammt?« sagte sie. Sie zog sich an, stolperte in ihr Kleid und griff nach ihren roten hochhackigen Schuhen, während er sich noch vom Bett erhob. »Ich bin verrückt.«

Sie rannte die Treppe zum Foyer hinunter und hinaus auf die Straße. Dort blieb sie an den Stufen stehen, rauchte eine Zigarette, pochte mit dem Fuß, sah die Straße hinauf und hinunter und wußte bereits, daß sie wieder hineingehen würde, weil es im Augenblick noch keinen anderen Ort gab, an den sie gehen konnte.

49

Am Morgen der Auktion brannte es im Chemin Rouge Hilton (wo sie hätte stattfinden sollen). Ich sah die Feuerwehr im Vid, aber ich beobachtete die Katastrophe genauso, wie ich die Interviews meiner Mutter gesehen oder Rox und Wally zugehört hatte, während sie sich stündlich überwarfen, wieder aufeinander zugingen und umgekehrt. Soll heißen, ich sah durch die Gucklöcher der Gesichtsschale von Bruder Maus.

Roxanna hatte geweint, als sie von dem Brand hörte. Ich sagte ihr, es täte mir leid, und ich meinte das auch ehrlich, aber in gewisser Hinsicht war ich überhaupt nicht anwesend.

Wally kochte ihr Tee und massierte ihr den Nacken. Es schien zu funktionieren, denn Minuten später stritten sie sich über das Tauben-Patissy.

Trotz aller gegenteiliger Beweise beharrte Rox darauf, daß Männer kein Tauben-Patissy kochen könnten.[56] Sie sagte, sie würde sich eine Köchin zulegen, wenn sie reich sei, und daß sie Wally zum Essen einladen würde. Dann sagte sie, sie könne ihn nicht einladen, weil er bestimmt ihre Pfaue umbringen würde. Dann sagte sie, er könne der Klempner sein. Nun lachten sie viel und alberten herum, taten so, als würden sie die Pastete stehlen, und schnitten Grimassen hinter dem Rücken des anderen, aber es war nicht nur witzig gemeint. Sie stritten sich über die Marinade, sahen die Vid-Nachrichten und tranken viel Bier. Es war nicht schwer für mich, davonzuschleichen und jenes Objekt zu betrachten, das mich am meisten interessierte – mein neues Ich.

Das war nicht das erste Mal, daß ich an jenem Tag ging, um in den Umkleideräumen der Schauspieler mein Spiegelbild zu betrachten, doch jedesmal, wenn ich mich in dem großen Spiegel sah, war ich erfreut. Ich hatte nicht den richtigen Mantel für den Bruder, aber ich hatte einen metallisch schimmernden Schal, der fast die richtige Farbe hatte, und als Ersatz für die schnieken weißen Stiefel des Bruders klebte ich mir unbequeme Zylinder aus Linienpapier um die verrenkten Beine.

---

[56] Tauben-Patissy ist ein berühmtes efikanisches Gericht, deren Herstellung stets für Streit sorgt. Katholiken bereiten sie auf die eine, Protestanten auf die andere Art zu. Wallys Version ähnelte eher der katholischen Form: ein halber Löffel Zimt in dem Zucker, mit dem man die oberste Lage des Blätterteigs bestreut.

Die prinzipientreuen Schauspieler des Feu Follet wären tot umgefallen, wenn sie gesehen hätten, wie der hinterhältige Bruder Maus ihre Sägemehlmanege eroberte und sich, den giftigblauen Mantel gefährlich um den Leib gewickelt, die Wartungsleiter hinaufzog. Aber sie waren nicht da. Ich schon. Es war mein Theater, und genau das tat ich, als ich den Umkleideraum verließ.

Ich setzte mich in meine eigene intime staubige Dunkelheit und trug den leeren Rängen Textpassagen von Shakespeare vor – *Richard III.* – Sie hätten kein Wort davon verstanden, aber Sie waren ja auch nicht da, Madam, Meneer, und Ihr Mitleid trübte nicht den Glanz meiner Darbietung.

Ich legte meine Maske ab und aß eine herzhafte Heringsmahlzeit. Nach dem Essen setzte ich sie wieder auf. Dann sah ich Wally und Roxanna eine Weile zu, wie sie flüssige Butter zwischen Lagen gekauften Blätterteigs strichen.

Und als das fertig war, wartete ich geduldig auf die Schauspielstunden, die mir meine Mutter versprochen hatte – allerdings würden Sie meine Hoffnung für naiv halten, wenn Sie jemals an einer Wahl beteiligt waren. Während einer Wahl dürfte es einer Kandidatin ziemlich schwer fallen, an ihre Familie zu denken. Aber ich war das Kind einer Schauspielerin, war gewohnt darauf zu warten, daß der Vorhang fiel und der letzte Bewunderer nach Hause ging. Ich wartete mit einer in jahrelanger Übung gewonnenen Seelenruhe.

Roxanna war ebenfalls gewohnt zu warten, aber am Tag des Brandes konnte sie keine genauen Angaben über das Schicksal der Auktion erhalten. Sie war beunruhigt über ihre unerwarteten Gefühle Wally gegenüber. Die Taubenpastete machte sie schuldbewußt und ängstlich. Nicht mehr fähig, ruhig oder gefaßt auf Nachricht von der Auktion zu warten, versuchte sie mich dazu zu bewegen, mit ihr an die Luft zu gehen, und zog mit einer Beharrlichkeit an meiner Hand, die mich überraschte.

»Komm schon«, sagte sie. »Laß uns raus aus diesem Loch, Bruder.«

Ich aber hatte mich bereits der intimen Dunkelheit meines Theaters, dem verschwitzten Dämmerlicht hinter der Maske, den engsitzenden Riemen über meinen Ohren und um den Hinterkopf verschrieben. Ich war halb trunken vom süßlichen Mief meines eigenen Atems, und ich wollte sie auf keinen Fall hinaus ins unfreundliche Tageslicht begleiten.

Ich blieb allein in der Küche und hing vagen Träumen nach, in denen glitzernde Umhänge und strahlende Scheinwerfer vorkamen.

Wenn es etwas gab, das meine Träumerei zerstören konnte, dann war es das Wissen, daß meine Mutter mir die Maske gegen ihre eigenen innersten Prinzipien gegeben hatte. Ich glaubte, daß sie Bruder Maus verachtete. Und als sie, eine gute Stunde, bevor die Pastete fertig war, schließlich eintraf und ich ihre Schritte über die Pflastersteine des Foyers gehen hörte, sank mir der Mut, und ich setzte die Maske ab.

Ich dachte nicht an die Tatsache, daß meine Maman in Saarlim geboren worden war. Sie sind aus Voorstand, also wissen Sie, was das heißt: daß sie am Erntedanktag als Kind bei der Maus auf dem Knie saß; daß *die niedrigsten unter Gottes Geschöpfen* zu Ostern und Weihnachten ihre Auftritte hatten. Sie waren auf den Heiligenbildchen abgebildet – Enten und Mäuse, die bei der Kreuzigung des Herrn weinen.

Ganz gleich also, wie sehr meine Maman die voorstandische Hegemonie kritisierte, sie hegte zu Bruder Maus offensichtlich vielschichtigere Gefühle, als sie jemals dem Kollektiv gegenüber zugegeben hatte.

Heute ist mir klar, daß sie ein Geschöpf Ihrer Kultur war. Es tat nichts zur Sache, daß sie das Eindringen Ihres Landes in efikanischen Boden anprangerte, sie war eine Voorstanderin. Man erkennt das an der Spielweise des Feu Follet, die ihre Wurzeln in der Lasertechnologie des Sirkus hat. Meine Mutter zwang ihre Schauspieler zu Verrenkungen, die für die Strich- und Kreisfiguren des Lasers geeigneter gewesen wären als für Menschen mit ihrem festen Knochenbau. Sie tat dasselbe mit sich selbst, verbog sich auf Kosten ihrer Bänder, fraß sich dick oder hungerte, rasierte sich den Schädel und verzerrte absichtlich ihre makellosen Gesichtszüge. Sie konnte ganz leicht dafür sorgen, daß ihre Augen zu eng beieinanderstehend wirkten, ihre Lippen zusammengekniffen und böse, ihr Kinn weich, ihre Nase lang, ihre Füße riesig, ihre Beine unförmig, ihre Brust flach und so fort.

Als sie am Ende ihres ersten Wahlkampftags kam, fiel mir sofort auf, was denn an ihrem Bild im Vid so vertraut gewesen war – sie war niemand andere als die Kroon-Prinzessin.[57] Sie hatte die riesigen Au-

---

[57] Um ehrlich zu sein, ich kannte die Kroon-Prinzessin damals noch gar nicht. In Chemin Rouge wurde diese Figur nach der europäischen Märchengestalt des Schneewittchens benannt, die ja, wie Sie wissen, am Ende Kroon-Prinzessin wird. [TS]

gen, den langen Hals, die blasse Haut der Gestalt, die Bruder Ente immer heiraten wollte. Sie wirkte so intelligent und sexy. Als sie in die Küche trat und stehenblieb, ihr Sekretär hinter ihr, ihre PR-Frau neben ihr, spendeten Roxanna und Wally mit strahlenden Augen und glänzenden Gesichtern Beifall.

Sie kam zu mir, wo ich auf meinem blauen Stuhl saß. Sie schob ihre Hände unter meine Arme und hob mich hoch – dabei war ich schwer. Mich, Tristan, liebte sie.

»Jetzt werden wir ein wenig schauspielern«, sagte sie. »Jetzt sofort. Der Unterricht beginnt.«

»Und Vincent?«

»Was ist mit ihm?«

»Kommt er ... nicht rein?«

»Er ist draußen. Im Wagen.«

Mein ganzes Leben lang hatte ich Vincent gekannt, und in seiner Beziehung zu mir hatte es stets diese leichte Distanz, diese Reserviertheit gegeben. Manchmal fand ich, daß diese Reserviertheit durch eine Abscheu meiner Person gegenüber ausgelöst wurde, doch dann tat er etwas – mich umarmen, mich baden, mich berühren –, das all diese Befürchtungen ins Lächerliche zog. Doch an diesem Abend im Auto zu sitzen war äußerst ungewöhnlich für ihn, und weil ich mich wegen der Maske schuldig fühlte, setzte ich mir in den Kopf, daß dort wohl das Problem lag.

»Ist er ... wütend auf mich?«

»Vincent? Auf dich? Warum sollte er wütend sein?«

»Weil ... wegen dem Ding.«

»Du brauchst nicht zu jammern, Liebling. Was für ein Ding?«

»Das *Ding* ... das du mir gegeben hast.«

»Was für ein Ding?«

»In gelbes Papier gewickelt ...«

»Die Maske? Die ist aus seiner Sammlung. Liebling, das ist eine ganz besondere Maske. Sie ist zweihundertachtzig Jahre alt. Das ist keine Sirkusmaske. Sie ist nicht aus Plastik. Sie ist aus Kiefernharz, so wie man sie früher gemacht hat. Er wollte, daß du sie kriegst.«

»Und warum ... spricht er nicht mit mir?«

»Sie stammt aus dem einfachen Volk. Verstehst du, was ich meine? Sie ist von guten Menschen gemacht worden, die glaubten, daß Tiere unser aller Brüder sind.«

»Warum spricht er ... nicht mit mir?«

»Bitte, jammer nicht. Er kann nicht raufkommen.«

»Weil ich ... weggelaufen bin.«

»Um Himmels willen, Tristan, er ist nicht wütend. Das hat mit dir nichts zu tun. Nicht alles hat was mit dir zu tun. Es gibt alle möglichen Sachen, die nichts mit dir zu tun haben. Da draußen liegt ein ganzes Land. Achtzehn Inseln.«

»Es ist ... die Maske.«

»Oh, merde«, sagte meine Mutter. Sie hob mich grob hoch.

»Tut mir leid ... tut mir LEID ...«

Aber sie trug mich schon, und als wir ins dunkle Foyer kamen, konnte ich hören, wie sich der Regen aus den verrosteten Regenrinnen auf die Straße ergoß. Meine Mutter ließ sich jedenfalls davon nicht zurückhalten. Sie trat hinaus in den Regen und rief nach Vincent.

»Rede mit ihm«, rief sie. »Um Himmels willen, rede mit ihm.«

Vincents Wagen war nirgendwo zu sehen. Sie schlug gegen die nasse Scheibe eines Kombis.

»Rede mit ihm«, sagte sie.

Dort, hinter der regennassen Scheibe, sah ich im Schein der Straßenlaterne Vincents blassen Bart, seine hervorquellenden Augen. Er richtete eine Waffe auf mich.

50

Was Vincent mit meiner Mutter verband, war der gemeinsame Glaube, daß das, was man sagte, Gewicht hatte, vielleicht den Lauf der Geschichte änderte, doch als er – zwei Nächte zuvor – seiner zitternden Frau gegenübergestanden war, hatte es so ausgesehen, als hinge sein Leben davon ab, welche Worte er wählte.

Natalie war blaß, hübsch, hatte einen schlaffen Mund. Ihre Arme waren dünn, vollkommen unmuskulös. Sie hatte große Augen und kurze Haare wie ein Kind. Sie stand im unaufgeräumten, mit Bücherregalen vollgestellten Arbeitszimmer ihres Mannes, kreuzte die Arme vor der Brust und klammerte sich an einem weißen Spitzenschal fest, den sie normalerweise über den Schultern trug, wenn sie im Garten zu Abend aßen. Es war nicht kalt, aber die makellosen, weißen kleinen

Zähne klapperten ihr. Sie drückte sich mit dem Rücken gegen die Bücherregale.

»Ich bring dich um«, sagte sie.

Es war vier Uhr früh. Vincent, der nach Haus gekommen war, um seine Geldkarte zu holen, saß am Schreibtisch, die Hände in der obersten Schublade.

Er fand die Karte und steckte sie in die Jackentasche. Er wollte gerade aufstehen, als seine Frau den Schal fallen ließ und eine 9-mm Globlaster mit langer Kimme enthüllte.

»Und sie auch«, sagte Natalie.

»Sei nicht albern.«

»Ich kann es«, sagte sie. »Das ist die reinste Gießkanne. Die legt alles um.« Ihre kleinen bloßen Füße lugten unter dem langen weißen Nachthemd hervor, das er ihr in Ägypten gekauft hatte.

»Ich war nur kurz weg«, sagte Vincent. »Tut mir leid. Da bin ich wieder.«

Natalie standen die Haare zu Berge. Vincent sah, wie es sich hob, im Nacken und auf dem Kopf. »Du glaubst wohl, ich *weiß* es nicht«, sagte sie.

»Leg die Waffe weg«, sagte er. »Deine Hände zittern.«

»Ich hab dir doch gesagt – die reinste Gießkanne. Du hältst mich wohl für blöd. Du glaubst, ich liege hier jede Nacht und weiß nicht, daß du mit *ihr* lebst.«

Er mußte aufstehen, aber es kam ihm zu gefährlich vor.

»Natalie ...«

»Bist du nicht überrascht, daß deine launische kleine Frau es tatsächlich geschafft hat, sich eine Waffe zu besorgen? Willst du mich nicht fragen, wie ich das gemacht habe?«

Über Natalies Schulter hinweg konnte Vincent durchs Fenster auf die Einfahrt blicken. Er konnte den Corniche sehen und das vom Armaturenbrett angestrahlte Gesicht meiner Mutter. »Natalie, es tut mir leid. Es tut mir wirklich leid. Ich bin wirklich ein Arschloch gewesen.«

»*O Gott, ich bin eine Laus*«, äffte sie ihm nach und verzog den Mund häßlich, was ihn schockierte, nicht nur wegen der Häßlichkeit, sondern auch wegen der Achtlosigkeit, mit der sie das tat. »*O Gott, ich bin ein Wurm*. Vergiß es. Dieser katholische Scheiß zieht bei mir nicht mehr.«

Während sie sprach, wurde ihr Zittern immer stärker, aber ihr verzerrter Mund verzog sich zu einem kleinen Lächeln, und Vincent sah voller Faszination, daß sie sich einen Schneidezahn angeschlagen hatte.

»Ich werde immer für dich sorgen«, sagte er.

»Das kannst du nicht, wenn du tot bist.«

»Natalie! Sag so etwas nicht.«

»Tot«, wiederholte sie. »T-o-t.«

»Wenn du mich umbringst, Natalie, kommst du ins Gefängnis.«

Sie zuckte mit ihren kleinen Schultern.

»Du hast mir mein Leben gestohlen«, sagte sie. »Es ist futsch. Du hast drauf geschissen. Du hast mich dazu gebracht, die Arbeit aufzugeben. Du hast nicht gewollt, daß ich Kinder kriege.«

»Natalie, du weißt, daß das nicht stimmt.«

»Du hast nicht gewollt, daß dein Porzellanpüppchen Schwangerschaftsstreifen kriegt.«

Natalie hatte keinen angeschlagenen Zahn. Sie redete nicht so.

»Ich hab' zugelassen, daß du mich hier mit all diesem Scheiß eingesperrt hast und dann weggerannt bist, um in deinem ›Haus der wenigen Habseligkeiten‹ zu leben.« Sie richtete die Waffe auf seinen Lalique-Engel. Er glaubte, sie würde darauf schießen, aber sie benutzte nur den Lauf, um die Figur auf den Kachelfußboden zu schubsen. Er fiel nicht in Zeitlupe. Er machte kaum ein Geräusch. Er verwandelte sich einfach in blasse, scharfkantige Stücke, die über den Terrakottaboden schlidderten. Vincent stand auf und beugte sich zu den Bruchstücken herab, doch als Natalie den langen Lauf auf den Zwilling des Engels richtete, sprang er auf, griff nach ihr und hielt sie an den Armen fest, als sie anfing zu lachen.

»Ojemine«, sagte sie, »jetzt ist er wohl nicht mehr vollkommen.«

Das Lachen klang so natürlich, so entspannt, daß er lächeln mußte.

»Natalie ...«

»Du wirst sterben«, seufzte sie. »Und sie ebenfalls.«

Er konnte die Waffe spüren, die sie immer noch in der Hand hielt. Er konnte sie an seinem Oberschenkel spüren. Er schob sie zum Sofa hinüber. »Laß die Waffe aufs Sofa fallen«, sagte er.

Sie tat es. Die Waffe ging nicht los.

»Ich kann warten«, sagte Natalie. »Ich hab immer gewartet, bis du eingeschlafen bist.« Sie seufzte. »Dann bin ich an den Wäscheschrank und hab die Waffe geholt, bin zurückgekehrt und habe sie auf dich gerichtet. Hunderte Male.«

Er spürte ihren zerbrechlichen Körper. Er drückte ihn an sich, fürchtete sich loszulassen, hatte Angst vor dem, was dieser Körper dann tun könnte. Er drehte sie um, damit sie mit dem Rücken zum Fenster stand.

»Ich habe die Waffe ein paar Zentimeter von dir weggehalten, während du geschlafen hast. Und weißt du, warum ich nicht geschossen habe?«

»Natalie«, sagte er, »du brauchst Hilfe. Ich werde dir Hilfe holen.«

»Der einzige Grund, warum ich dich nicht erschossen habe, ist, daß ich vielleicht ein Kind gekriegt hätte, wenn du mit mir schliefst.«

Er spürte, wie sie leise weinte, spürte ihre dürren Schultern, die gegen seine Brust zitterten.

»Natalie ... bitte ...«

»Ich weiß, daß du ein Kind mit ihr hattest, also hüte dich, Kumpel«, sagte sie. Er konnte ihr Gesicht sehen, hell, scharf, mit nassen Wangen und einem abgebrochenen Zahn, strahlte es ihn aus dem Spiegel an. »Hüte dich vor Natalie.«

Vincent hatte nun so große Angst vor dieser blassen, zartknochigen Frau, daß er nicht wagte, sie loszulassen. Er glaubte, sie würde ihn vielleicht erstechen und meine Mutter im Auto ermorden. Er hielt ihre beiden Handgelenke mit einer Hand, während er mit der anderen seinen Bruder anrief.

»Ich weiß, wen du anrufst«, sagte Natalie, »aber das klappt nicht, ganz gleich, wen du anrufst.«

Um fünf Uhr früh war Natalie Theroux als Patientin in einer psychiatrischen Klinik in Goat Marshes. Neunundzwanzig Stunden später war sie wieder frei und fuhr in einem Taxi durch die Innenstadt von Chemin Rouge.

Das war der Grund, warum Vincent in einem Mietwagen draußen vor dem Theater saß, als meine Mutter hineinging, um mir die erste Schauspielstunde zu geben. Er hielt die Wagentüren verschlossen und rutschte tief in den Sitz, den Blick fest im Rückspiegel, und er kam erst ins Haus, nachdem ich naß und verängstigt im Regen aufgetaucht war und er mich in seiner Panik beinahe erschossen hätte.

Wenn Sie Vincent gesehen hätten (der noch nichtmal seinen eigenen Vid-Rekorder programmieren konnte), wie er in der Küche saß und eine fotokopierte Gebrauchsanweisung für Natalies Globlaster studierte, dann hätten Sie gewußt, daß er sich selbst oder jemand Unbeteiligten angeschossen hätte.

Die Beule, die das Holster in seiner Jacke machte, hatte ihm nicht gefallen, und so hatte er den ganzen Tag damit verbracht, die Waffe von der Aktentasche in die Mappe und von dort hinter den Gürtel zu stekken. Beim Mittagessen vergaß er sie unter seinem Stuhl, so daß der Sekretär gezwungen war, die Orte des morgendlichen Terminkalenders abzutelefonieren und unverfängliche Fragen zu stellen, ohne dabei das Wort »Waffe« fallenzulassen.

Vincent war nervös, daß er den Abzug zu stark oder nicht stark genug ziehen würde, und als er in jener Nacht im Wagen saß und die Taxis in der Gazette Street kommen und gehen sah, hatte er manchmal Angst, daß die Anspannung in seiner Hand, die Verkrampfung seiner Muskeln einen Schuß auslösen konnten, wenn er gar nicht wollte. Er traute sich nicht an die Sicherung, also ließ er die Waffe ungesichert.

Als ich gegen die Scheibe tippte, bekam Vincent einen derartigen Schreck, daß er beinah schoß, und dann war er so mitgenommen, daß er Felicity die Waffe geben mußte. Sie nahm sie in beide Hände und ging langsam zurück in die Küche, wo sie sie auf den kerosinbetriebenen Kühlschrank legte.[58] Als Vincent in die Küche trat, hielt er mich in den Armen, drückte sein bärtiges Gesicht an meinen Hals und küßte mich. Er hatte mich beinahe umgebracht. Er spürte das eigene Herz in der Brust schlagen.

In diesem Augenblick servierte Wally sein *Tauben-Patissy*.

51

Ich probierte nichts von der berühmten *Tauben-Patissy* und war auch nicht Augenzeuge – wie Vincent – der Wirkung, die das Taubenfleisch auf Wally und Roxanna hatte. Ich hatte die brennenden Kerzen in der Küche gesehen. Ich hatte die funkelnagelneuen Kristallgläser und die zwei Flaschen Champagner bemerkt, die Wally für diese Gelegenheit

[58] Die Häufigkeit von Stromausfällen in der efikanischen Mousonzeit hat dazu geführt, daß es neben Mikrowelle und Vids weiterhin die alten Kerosinkühlschränke gibt.

»gefunden« hatte, doch als meine Maman sagte, sie und ich müßten uns entschuldigen, ging mir nicht auf, daß dies vielleicht bedauernd oder enttäuscht gemeint sein könnte.

Und ich muß Sie, Madam, Meneer, bitten, Vincent in priesterlichem Schwarz als einzigen Zeugen des Liebesmahls allein zu lassen, meinem stolzierenden Kniegang durchs Foyer zu folgen und Ihre Plätze im Feu Follet einzunehmen.

In der Küche knallte ein Korken, aber im weichen Sägemehl der Manege zog ich meine Schuhe und verdrehten Socken aus und spürte die ganze Geschichte unseres nationalen Theaters zwischen den befreiten Zehen – Ducrow, Dubois, Millefleur, Smith. Meine Maman legte ihre glänzend schwarzen Schuhe ebenfalls ab und stellte sie wie säuberliche Anführungszeichen auf den hölzernen Manegenrand.

Sie ging in die Werkstatt und kehrte mit zwei Harken mit Holzgriffen zurück. Sie reichte mir eine. Die andere nahm sie. »Zuerst harken wir. Du nimmst die eine Seite. Ich die andere.«

Es kommt nicht oft vor, daß man im Leben einen Meilenstein erkennt, aber ich wußte, daß dies hier ernst war. Ich behandelte das gewöhnliche Sägemehl wie einen Zen-Garten.

Als wir damit fertig waren, nahm meine Mutter meine Harke und legte sie zusammen mit ihrer eigenen so hin, daß sie eine Linie bildeten, die einen Teil der Manege abtrennte.

Es war zwei Uhr früh. An jenem Tag hatte sie drei »Straßengänge«, eine Pressekonferenz und acht Interviews hinter sich, hatte eine Rede gehalten und gesehen, wie ihr Liebhaber beinahe ihren Sohn erschoß, doch beim Harken wurde sie ruhiger und stiller. Sie verlor die blasse, politische Schönheit der Kroon-Prinzessin. Sie erschuf sich von außen nach innen neu, formte sich durch die Bewegungen und verwandelte ihren Körper in ein Gefäß für ihre Gefühle. Augenblicklich wurde sie präzis und ruhig. Sie legte die Griffe der beiden Harken so aus, daß sie sich zwischen den hochhackigen Schuhen berührten.

Sie zog ihren grauen Changé-Seidenrock aus und legte ihn säuberlich zusammen. Sie trug ihn hinter die Kulissen und kehrte mit zwei leeren Farbdosen und einem kleinen schwarzen Handtuch zurück. Dann setzte sie sich – nur mit Jacke und Strumpfhose bekleidet – auf das schwarze Handtuch. Sie bedeutete mir, mich ihr gegenüber zu setzen.

Dann meditierten wir für etwa zehn Minuten.

»Jetzt«, sagte sie schließlich.

Ich schlug die Augen auf. Meine Mutter war sehr still. Ein Lächeln – die Andeutung eines Lächelns – lag auf ihren Lippen. Ihr Blick ruhte ganz auf mir. Ich spürte die Erwartung körperlich, wie Nadelstiche in meinen Gliedmaßen.

»Wir werden *Der Koch von Efika* spielen.«

»Nein!« Das Wort entfuhr mir, ein enttäuschter Schnaufer – sie so etwas Gewöhnliches, Vulgäres sagen zu hören war eine große Enttäuschung für jemanden mit meinen Ambitionen. Ich hatte einen Text von Shakespeare, Molière, Racine erwartet.

»O doch«, sagte sie. Sie beugte sich vor und verwuschelte mir die Haare. Dann gab sie mir einen hochhackigen Schuh und eine leere Farbdose. »Das ist deine Stimme«, sagte sie.

»Ich will aber ... LEAR sein.«

»Dies ist deine Stimme«, sagte sie und drückte mir den Schuh in die eine, die Dose in die andere Hand. »Du kannst dich bewegen, wie du willst, aber *sprechen* darfst du nur mit diesem Schuh. Du trommelst oder klopfst damit. Du bist der Koch«, sagte sie. »Ich bin die Soldaten. Du kennst die Geschichte.«

»Sie ist so abgedroschen.«

»Abgedroschen oder nicht – wir spielen sie. Ich will dich töten, aber du willst leben. Wir Soldaten sind hungrig, können aber nicht kochen. Wir glauben nicht, daß du wirklich Koch bist. Wir glauben, daß du lügst, um dein Leben zu retten.«

Sie nahm einen Schuh und schlug damit auf die Farbdose. Dabei verwandelte sie sich. Sie blies die Backen auf, drückte die Augen zusammen, drückte den Bauch vor. Sie grinste mich höhnisch an. Bäng, bäng, bäng. Sie machte mir Angst.

»Ich spreche«, sagte sie. »So spreche ich zu dir.«

Ich nahm den anderen Schuh und schlug auf die Holzbegrenzung. Sie nahm ihn mir weg.

»Du versuchst mich zu überreden, dich nicht zu *töten*. Denk nach, was du zu mir sagen mußt. Zuerst riechst du den Rauch, das verbrannte Essen. Du haßt die Soldaten. Sie tragen hellrote Uniformjacken und riesige Fellmützen. Du hast Angst vor ihnen. Du mußt ihnen sagen, daß du ihr Essen kochen kannst, bevor sie dich umbringen. Laß uns aufstehen.«

Sie spielte das »Pferd«, nahm Kampfhaltung ein, Beine breit, Knie gebeugt. Sie kauerte sich hin und hämmerte mit dem Schuh auf die Blechdose, dann erhob sie sich, doch ihr Blick wandte sich kein einziges Mal von meinem Gesicht ab.

Ich hämmerte auf meiner eigenen Blechdose zurück.

Sie hielt inne und schüttelte den Kopf.

»Hör mir zu, beobachte, entscheide erst, was du tun mußt, wenn du gesehen hast, was ich getan habe. Komm schon, Tristan – du willst schauspielern. Das hier ist schauspielern – der Augenblick, den du abwartest und hörst, was ich sage. Während du denkst, was du tun sollst – das ist der Augenblick. Es geht nicht um den Text oder die Beleuchtung – das hier ist es, was wir ihnen geben: die Energie, die durch die Lücke entsteht, während du mir zuhörst. Das Schauspiel ist eine Zündkerze. Dein Zuhören ist die Lücke, die der Funke überspannt.«

Dann sprang sie hoch in die Luft und kam hart – als Pferd – auf dem Boden auf. Sie trommelte ein lautes Rat-tat, einen aggressiven, höhnischen Zapfenstreich.

Ich versuchte ebenfalls, das Pferd zu machen. Das konnte ich natürlich nicht. Ich schwankte und fiel um. Sie lachte – nicht meine Mutter – der Soldat lachte. Er lachte. Sie lachten alle.

Meine Augen füllten sich mit Tränen. Ich zeigte ihnen den Schuh. Er war leer.

Sie schlug einmal mit dem Schuh auf die Dose, hart, ein Warnschuß.

Ich fing an, mit dem Schuh das Essen zu bereiten, war still und geschäftig, hackte.

Sie kamen näher, umstanden mich. Sie schubsten, aber sie rochen auch das Essen. Sie wurden freundlicher, dann wieder grimmig; sie sagten, es habe keinen Zweck. Sie sagten mir, ich müsse sterben.

Ich stellte mich ihnen. Ich sah ihnen in die Augen. Ich zwang mich, ruhig zu sein, und dann überredete ich sie – ich nahm den Schuh und sang ihnen das Rezept vor.

Sie zögerten. Sie waren wie wilde Hunde. Man konnte ihnen nicht trauen.

Ich beschrieb ihnen das Essen, das ich ihnen kochen würde – Bratensaft – ein blubbernder Topf.

Sie sagten mir, ich sei ein Lügner. Sie sagten, sie würden mir den

Schädel spalten, meine Eingeweide aufreißen. Ich blieb ruhig. Ich beobachtete ihre Blicke. Als sie wieder still waren, beschrieb ich ihnen sämige Soßen, Butter, Bratensaft, Dinge, die auf dem Ofen köchelten. Ich versprach ihnen volles Brot und Melassepudding. Zeit spielte für mich keine Rolle mehr.

Ich lief auf einem Seil. Ich ging durch die Linien der Soldaten, bis zu dem Augenblick, jenem berühmten Augenblick, wo sie übersättigt waren und ich das scharfe Messer in Händen hielt.

»Bravo«, sagte meine Mutter. »Bravo.«

Ich sah verwirrt auf. Wally und Roxanna standen an der Tür zum Foyer, wiegten sich Arm in Arm und hatten die Gläser erhoben.

»Er hat tatsächlich Talent«, sagte meine Mutter und umarmte mich.

Dann trat Vincent in den Ring und verdarb alles.

Er nahm den Rock meiner Mutter. Er reichte ihn ihr. Sie nahm ihn. Er brachte ihre Mappe. Er nahm die Schuhe meiner Mutter und stellte sie zu ihren Füßen ab. Er hob die Harken auf.

Meine Mutter haßte es, wenn andere für sie planten, doch als Vincent auf die Bühne trat, um sie wegzubringen, war ich überrascht, daß sie nicht mehr wütend auf ihn war.

»Ich habe alle meine Sachen im Hotelbadezimmer stehenlassen«, sagte sie.

Vincent hatte einen Verfolgungswahn, nicht nur, was seine Frau anging. Er lebte in einer Welt der Geheimdienste. VIA, DoS, Verschwörung, Fehlinformation, Destabilisierung. Nach vier Tagen Wahlkampf sorgte er dafür, daß meine Mutter jede Nacht in einem anderen Hotel übernachtete. »Es ist alles gepackt«, sagte er knapp. »Die Sachen sind schon gebracht worden. Komm, du mußt endlich *schlafen.*«

Meine Maman trat gehorsam hinter die Kulissen und kam angezogen zurück. Sie war wieder die Kroon-Prinzessin – konservativ, herausgeputzt. Sie wollte mir gerade einen Gute-Nacht-Kuß geben, aber ich sah, wie ihre Gesichtszüge weicher wurden und sie ihre Meinung änderte.

»Stell dich auf die andere Seite der Manege«, sagte sie zu mir.

»*Felicity!*« rief Vincent.

Es ist leicht, Mitgefühl für Vincents Aufregung zu hegen, aber betrachten Sie einmal meine Mutter – ganz gleich, welche Fehler sie bei meiner Erziehung auch gemacht haben mochte, an ihren Gefühlen für mich gab es keinen Zweifel. Nun, da sie sich verpflichtet hatte, einen Schauspieler aus mir zu machen, benahm sie sich so, als wäre jeder Augenblick kostbar.

»Tut mir leid, Mo-chou«, sagte sie zu Vincent.

Vincent sah auf seine Armbanduhr und schüttelte den Kopf.

Meine Mutter sah auf die eigene Uhr. »Roxanna«, sagte sie, »könnten Sie uns helfen?«

Je älter ich werde, desto erstaunter bin ich über die Zahl der Menschen, die ihr ganzes Leben auf die Gelegenheit warten, auf eine Bühne zu springen. Bevor meine Mutter noch zuende gesprochen hatte, war Rox in der Manege, schleuderte die Schuhe von sich, zupfte an ihrem Rocksaum, bauschte sich das Haar auf und suchte nach einem Platz, um ihr Champagnerglas abzustellen.

Vincent setzte sich in einen Starbuck. Meine Mutter wandte den Blick nicht von mir. »Tristan«, sagte sie. »Jetzt kommt eine Schauspielübung, die du ohne mich machen kannst. In Ordnung?«

»Ja.«

»Du kannst sie so oft wiederholen, wie du willst. Ich möchte, daß ihr ganz langsam aufeinander zugeht. Ich möchte, daß ihr euch dabei in die Augen seht. Wenn ihr euch an einer Stelle dabei unwohl fühlt, möchte ich, daß ihr stehenbleibt und dieses Gefühl ergründet. Wenn ihr dann soweit seid, macht ihr weiter. Roxanna, es klappt wohl besser, wenn Sie ebenfalls knien. Geht das wohl?«

»Klar«, sagte Roxanna. Sie kniete sich hin.

»Sie tragen eine Strumpfhose. Ziehen Sie sie aus.«

Roxanna blieb stur auf den Knien.

»Sie werden sie kaputtmachen.«

Aber Rox hatte ihre Knöchel tief im Sägemehl. »Hören Sie«, meinte sie, »überlassen Sie das mir. In Ordnung?«

»In Ordnung«, sagte meine Mutter.

Während Rox und ich in der Manege aufeinander zukrochen, war ich mir zu Beginn der Gegenwart all der anderen bewußt. Es war halb drei früh. Ich konnte Vincents Aufregung, Wallys Glück, die Erschöpfung meiner Mutter spüren.

Roxanna kam auf mich zu, lächelte verschlagen, hielt ihren Rock wie zu einem komischen kleinen Knicks hoch.

Ich sah ihr in die Augen. Ich konzentrierte mich. Ich konnte sie ganz persönlich spüren. Ich spürte, wie ich angesehen wurde. Als ich stehenblieb, geschah dies nicht überlegt.

»Ergründe es«, sagte die Stimme meiner Mutter.

»Es ist wie ein Schmerz«, sagte sie. »Gewöhne dich daran. Wenn du ihn erträgst, komm näher. Ich gehe jetzt«, sagte sie.

Ich lebte nun in der erschreckenden Welt von Roxannas Augen. Es war, als hielte man eine Flamme in der Hand. Meine Häßlichkeit umgab mich vollkommen. Ich war widerlich, auf meiner eigenen Bühne, in meinem eigenen Haus.

Ich hörte nichtmal, als Vincent und meine Mutter gingen. Ich sah nicht, wie sie in die gefährliche Dunkelheit hinaustraten.

52

Roxanna hatte sich das Versprechen gegeben, einen reichen Mann zu heiraten, und es gab nichts auf der Welt – keine *Tauben-Patissy*, keinen Sex, keinen Champagner, nicht die zarten Gefühle, die sie Wally Paccione gegenüber hegte –, nichts, daß sie davon abbringen konnte.

Sie würde einen reichen Mann heiraten. Sie würde ihm auf einer Auktion begegnen – das war es, wofür sie zwei Jahre lang gelebt hatte, doch kaum war sie fünf Minuten im Auktionssaal, hielt Roxanna ihren Plan für gescheitert.

Sie stand vor zwei flachen Bleifiguren – Soldaten aus der Französisch-Kolonialen Eingeborenen-Kavallerie. Sie kannte diese Figuren aus dem Katalog, doch jetzt nahm sie sie kaum wahr. Ihr war schlecht, sie war enttäuscht und wütend. Sie hatte zwei Jahre ihres Lebens damit verbracht, sich darauf vorzubereiten, und nun stellte sich heraus: sie war ungeheuer dumm. Sie hatte die Katze im Sack und den Sack in einer Sackgasse gekauft.

Ihr neues Kleid war schwarz, mit Spaghettiträgern und einem Bolerojäckchen. Ihre Strumpfhose hatte Nähte. Sie hatte eine kleine Handtasche. Ihr Haar war geschnitten, gefärbt, dauergewellt. Sie hatte jeden Penny ihrer sechshundertfünfzig Dollar ausgegeben, doch als sie in den großen, hallenden Raum trat, war sie sehr enttäuscht, die aufsehenerregendste Gestalt darin zu sein.

Der Auktionssaal war voller Langweiler, Schlappschwänze, alter

Schachteln, gebeugter Männer mit Lederflicken an ihren Tweedjacketts und Frauen mit Einkaufsnetzen.

Damit hatte sie nicht gerechnet, hatte sich nicht mal die Frage gestellt, wie Gesicht, Körper, Persönlichkeit ihres Gatten sein sollten. Sie hatte nicht an Sex gedacht. Sie hatte es frivol und unwichtig gefunden, doch jetzt, als sie mit ihrem mit Anmerkungen versehenen Katalog durch die Ausstellungsstücke ging, geriet sie in Panik.

Eine ruhigere Persönlichkeit hätte vielleicht daran gedacht, eine Minute oder eine Stunde länger zu warten, um zu sehen, welche Fische denn noch ins Netz gingen, aber eine ruhigere Persönlichkeit wäre auch nicht in die Lage geraten, in der Roxanna nun steckte, hätte Reade nicht geheiratet, das Haus nicht niedergebrannt, wäre nicht nach Chemin Rouge gefahren, hätte keinen Heiratsantrag von Wally Paccione angenommen und am nächsten Morgen wieder zurückgewiesen.

Sie hatte feuchte Hände. Sie konnte den Schweiß zwischen den Schulterblättern spüren. Sie besah sich die Bleifiguren und dachte, daß sie sie am liebsten eingeschmolzen hätte, zugesehen hätte, wie sie zusammensacken und sich biegen, wie die rote Farbe in dem blubbernden Metall versinkt und verbrennt.

Als sie die Aufmerksamkeit des Sammlers neben sich spürte, fuhr ihr aus Verärgerung ein Schauder über den Rücken und in die Haare. Sie spürte, wie er um sie herumschlich, erst an einer Seite neben ihr stand, dann an der anderen. Es handelte sich um einen Mann. Er legte die männlichen Verhaltensweisen an den Tag, zu der ihr Eintritt ihn ermutigt hatte, aber Roxanna fand diesen Langweiler nicht attraktiv.

»Und, was meinen Sie?« fragte der Mann. Er sprach mit einem voorstandischen Akzent, aber sie würdigte ihn keines Blickes. Sie konnte ihn an ihrer Seite, in ihrer Sphäre spüren – klein, tweedbekleidet.

»Meinen, wozu?« fragte sie. Sie war sowas von stinkig.

»Den Hilperts«, sagte er.

Er meinte die Figuren.

»Wie verdammte Hilperts kommen die mir nicht vor«, sagte Roxanna.

Sie hatte erst wenige Hilperts in natura gesehen, aber viele auf Fotos, und als sie diese beiden Figuren im harten Neonlicht betrachtete, verwirrte sie die Präzision der Farben und der Gußdetails.

»Der Kurator meint, es seien Hilperts.«

»Da hat er eben Pech gehabt.«

»Und was glauben Sie, um was es sich handelt?«

Sie sah ihn genauer an. Stimmt, er trug Tweed, aber nicht auf die langweilige Art. Er trug eine sehr akkurate Kordhose mit Aufschlag und weiche italienische Slipper. Er war, kurz gesagt, das Abbild eines reichen Mannes an einem Samstag. Jetzt, wo sie ihn ansah, stellte sie fest, daß er eigentlich recht gut aussah – er hatte feingeschnittene Lippen und intensive, gefährliche blaue Augen. Er sah sie an, betrachtete sie von oben bis unten, aber zumindest feinfühlig. »Hier steht« – er hielt seinen Katalog hoch – »es handelt sich um ›verdammte‹ Hilperts.«

Roxanna spürte, wie sie rot wurde.

»Tut mir leid«, sagte sie. »Ich war wegen etwas anderem wütend.«

»Und Sie glauben, es sind keine Hilperts?«

Und dann merkte sie: es funktionierte, es funktionierte wirklich, obwohl sie sogar geflucht hatte, es lief, wie das Buch es ihr versprochen hatte. Nichts in ihrem Leben hatte jemals geklappt, aber da stand sie nun und unterhielt sich mit einem reichen Mann. Sie wußte Dinge, von denen er keine Ahnung hatte. Er sah auf ihre Brüste.

»Wann hat Herichsen sein Geschäft begonnen?« fragte sie ihn.

»Nach Ihrem Kalender?« entgegnete er. »240.«

Sie wußte, es war 236 gewesen. Sie wollte ihn nicht bloßstellen. Sie kannte die Antworten. Sie kannte die Fragen. Sie spürte, daß sie alles, das Schicksal, parat hatte.

»Sie sind sehr detailliert«, sagte der Mann. »Diese – diese Feinheiten an der Muskete.«

»Das meine ich nicht. Ich meine – es gab erst nach den Eingeborenen-Kriegen eine Eingeborenen-Kavallerie. Und die Eingeborenen-Kriege hörten erst 249 auf, und dann hat man ein paar der Überlebenden in Uniformen gesteckt.« Reade wäre gestorben, wenn er sie gehört hätte. Er kannte sie noch aus der Jonestown High School, jedenfalls glaubte er sie zu kennen: wußte nie was, knallroter Lippenstift, schwarzer Lidschatten, böses Mädchen, schnelles Mädchen, »Ich zerschneid' dir gleich die Fresse« –Mädchen.

»Sind Sie sicher?« fragte er sie. Er war süß. Sein Akzent war süß. Er hatte die leise Andeutung eines Lächelns, ein wunderbar kühles, beinahe beängstigendes Blau um die Augen.

»Natürlich«, sagte sie. »Dann wurden sie eingeschifft, um in Europa zu kämpfen, und sie starben.«

»Also«, sagte er, »das ist verdammt scharfsinnig.«

Roxanna kicherte.

Der Sammler lächelte.

Sie mochte ihn, mochte ihn so oder so. Sie wollte seinen Mund mit den Fingern berühren.

»Darf ich Sie zum Mittagessen einladen?« fragte er.

Und schon war's geschehen. Sie waren sich begegnet.

Als sie genau drei Stunden später mit ihm in sein Hotel ging, fand sie das eigentlich zu überhastet, fand, daß man diese Art von Beziehung nicht so führen sollte. Aber sie wußte eine Menge über ihn. Seine Mutter war Kellnerin gewesen. Sein Vater war verschwunden. Er war in einer Kleinstadt aufgewachsen, wo sie Giftschlangen nahmen, um ihren Glauben an Gott zu beweisen. Er war ein hohes Tier in einer Bank. Von seinem Büro aus konnte man zur Wolkenkratzer-Kathedrale hinüber und bis nach Bleskran schauen. Er war nicht verheiratet. Er war witzig und irgendwie wild. Sie dachte: was passiert, passiert eben.

Als sie im Ritz in den Fahrstuhl stieg, wünschte sie sich, Reade könnte sie sehen.

Reade hätte Angst gehabt, ein solches Hotel zu betreten. Sie auch, früher einmal. Aber sie las ein Buch, und nun war sie hier. Sie war benommen, und nur ein einziges Mal – als sie Zimmer 2302 betraten – spürte sie einen Anflug von Wut, der aus dem Nichts kam: wie unfair das war, daß es Frauen gab, die jeden Tag ihres Lebens an solchen Orten verbrachten.

Der Reichtum war anders, als sie ihn sich vorgestellt hatte – keine dunkel paneelierten Wände, keine Goldverzierungen – all diese verschiedenen Perl- und Taubengrautöne, dieser samtene, fast farblose Luxus mit dem einzelnen großen Bett, frisch bezogen und aufgeschlagen, und mit diesem antiken Schreibtisch und dem großen Badezimmer mit den Fläschchen und Behältern und Seidenkimonos, und unter einem seidigen Laken von Freude lag glühend diese breite tiefe Wut und gab ihr jenes gefährliche ekstatische Gefühl, zu dem sie sich nicht ermutigen sollte, wie sie wußte.

»Möchtest du ein Aqua?« fragte Gabe.

Efikaner benutzten dieses Wort nicht. Es klang in ihren Ohren so exotisch und wunderschön wie ein gläserner Engel.

»O ja«, hauchte sie mit jener atemlosen kleinen Stimme, die sie von Irma gelernt hatte.

Er ging an die Bar, und sie setzte sich an den Schreibtisch. Wahrscheinlich nannte man ihn Schreibpult, irgend etwas Unerwartetes. Sie fuhr mit der Hand über die lederbezogene Tischplatte. Sie dachte: es gibt Menschen, die das jeden Tag ihres Lebens tun.

Er brachte ihr ein Glas. Sie nahm es, ohne hinzusehen, war wie betrunken von dem, was sie getan hatte.

»Ich muß bald gehen«, sagte sie.

Er lächelte sie an.

Er war nicht viel größer als sie, aber er hatte einen breiten, starken Körper und ein hübsches Gesicht, olivfarbene Haut, einen sauberen kurzen Haarschnitt und ein süßes Grinsen, bei dem man die Ecke eines leicht (aber nur ganz leicht) schiefstehenden Zahnes sehen konnte und von dem er Lachfältchen um die Augen bekam. Er war vierzig, vielleicht fünfundvierzig.

Sie versuchte, langsam zu trinken, doch irgendwas in ihr zwang sie, es hinunterzustürzen. Wegen der Perlen drückte sie die Augen zu. Als sie sie wieder öffnete, lächelte er sie an, und sie wußte, er fand sie süß.

»Erzähl mir mehr über deinen Job in der Bank«, sagte er.

»Du bist doch der, der in der Bank arbeitet.«

»Ich weiß.«

»Also kann ich nichts darüber erzählen.«

»Aber ich mag es, wie du redest«, sagte er. »Erzähl mir irgendwas.«

Sie mochte es, wie *er* redete. Sie mochte das helle, saubere Selbstvertrauen in seiner Stimme und den Duft von dreimaligem Duschen pro Tag, Seife und Wasserdampf und ein leichtes, würziges After-Shave.

Das machte sie trunken, gab ihr dieses Gefühl, ließ sie häufiger lachen, als sie es sonst getan hätte, und als er sich hinter sie stellte und seine Hand auf die dünnen Träger legte, zog sie die Schultern hoch und ließ die Träger über ihre weichen weißen Schultern gleiten, und sie drehte sich um und neigte ihren Kopf leicht zur Seite, schob ihre Haare beiseite und ließ ihn die tätowierte Taube sehen, die sie am Hals verborgen gehalten hatte.

Er ging nicht weg. Statt dessen küßte er sie dort, stöhnte ihr leicht ins Ohr, und im nächsten Augenblick lag ihr Vierhundertfünfzig-Dollar-Kleid wie eine große schwarze Blüte auf dem weichen grauen Teppich, und er sagte ihr, daß er verrückt sei nach ihrem schrägen Lächeln.

Nun lag das Kleid auf dem Fußboden, als sei es nichts anderes als ein hingeworfener Overall. Sie sollte es aufhängen. Sie sollte sagen, ›Nun, Liebling, du wirst mal kurz warten müssen‹. Aber seine Jacke und seine Hose lagen bereits neben dem Kleid, und wenn sie darauf bestand, dann hätte sie aufstehen und in Schlüpfer und BH durchs Zimmer gehen müssen, und sie wollte nicht, daß er dalag und ihr zusah. Sie war am schönsten aus der Nähe, also ließ sie das Kleid, wo es war, aber im Hinterkopf dachte sie stets daran, diese große schwarze Sorge, die sie ihr ganzes Geld gekostet hatte.

Sie wollte ihn nur an sich drücken, spüren, wie sie sich an seine Brust schmiegte, doch wann immer sie nach ihm greifen wollte, war er nicht mehr dort, wo er gewesen war – sein Gesicht war an ihrem Bauch, an ihren Knien, um Himmels willen.

Jetzt war er an ihren Knöcheln. Sie wurde puterrot und entzog sich ihm.

»Nein.«

»Liebling«, sagte er vorwurfsvoll.

»Laß los.« Ihre Knöchel waren wie Fleisch, fette Schweinekoteletts, häßlich.

Aber er hielt sie gegen ihren Willen fest. Das machte sie richtig wütend, und plötzlich spürte sie diese Distanz – sie *beobachtete* ihn, während er sie küßte. Er kniete vor ihr auf dem Fußboden und küßte ihre Knöchel, und er nahm dabei die Armbanduhr ab.

»Bitte nicht.«

»Bitte«, sagte er. »Liebling, bitte.«

»Ich hasse meine Knöchel.« Ihre Stimme hakte bei diesem Wort. Sie haßte es, es laut ausgesprochen zu haben.

Gabe fuhr mit der Zunge zwischen ihre Zehen.

Sie spürte die Tränen übers Gesicht fließen, bevor sie noch wußte, daß sie weinte. Es floß einfach aus ihr heraus, als sei sie ein Gegenstand, ein Schwamm, der sich mit zuviel Feuchtigkeit vollgesogen hatte.

»Heh, heh.« Er kroch zu ihr hoch. Gott sei Dank, dachte sie. Er hielt sie in den Armen. So wollte sie es. »Weine nicht, Liebes. Daddy ist ja bei dir. Warum weinst du?«

Sie drückte ihn an sich. Sie preßte ihr Gesicht an seinen Hals und schluchzte. Sie konnte es nicht sagen.

»Was hab ich gemacht?«

Sie schüttelte den Kopf.

»Ich liebe deine Füße«, sagte er. »Ich liebe einfach deine Füße.«

»Mach dich nicht lustig«, sagte sie.

»Solche Füße mag ich.«

Sie sah ihn tränenverschmiert an. »Wirklich?«

»Wirklich.«

Sie schnaubte. Sie konnte nicht anders. Es klang nicht wie Lachen, aber es wurde eins daraus.

»Das meine ich ernst«, sagte er und wurde rot. »Manche Männer schwärmen für Beine, manche für Brüste, manche für Füße. Ich schwärme für Füße.«

»Gabe, meine Knöchel sind häßlich.«

»Du hast keine Ahnung«, entgegnete er. »Das sind wunderschöne Füße.«

»Wirklich?«

Sie war wegen allem zu angespannt – wegen ihrer Impulsivität, dem Vierhundertfünfzig-Dollar-Kleiderhaufen, den sie auf dem Fußboden hatte liegen lassen, wegen des schwindligen Gefühls von Losgelöstheit. Sie weinte. Einmal eine Hure, immer eine Hure, dachte sie.

»Sag, was ich tun soll«, sagte er und rieb ihren Nacken. »Sag mir nur, was ich tun soll.«

»Häng das Kleid auf«, erwiderte sie. »Würdest du das für mich tun?«

Er sah sie ungläubig an. Erst dachte sie, er würde anfangen zu lachen, dann verengten sich seine Augen, und sie dachte, er würde ihr sagen, sie solle es doch selbst tun.

»Bitte.«

Er zuckte mit den Schultern und breitete die Hände aus. Er hängte das Kleid auf. Sie sah ihm dabei nicht zu, weil sie auch nicht gewollt hätte, daß man ihr dabei zusah.

Als er wieder ins Bett kam, hielt er ihren Kopf zwischen den Händen, küßte sie auf die Augen und dann mehrmals sanft auf den Mund. Sie spürte, wie sie sich ihm öffnete.

Sie hatte alles falsch gemacht. Sie hatte vollkommen den Faden verloren, aber zumindest in diesem Augenblick war ihr das egal.

53

Als Roxanna ihm gestand, daß sie eine Pyromanin sei, spürte Gabe Manzini ein verräterisches Lächeln in den Winkeln seines kleinen hübschen Mundes aufsteigen. Er küßte ihren Hals, um es zu verbergen, und spürte das grobe Kitzeln ihrer dicken festen Haare. Er atmete ihren Duft nach Whisky und Gerste ein. Er rieb seine Nase an ihrer kleinen groben Tätowierung und war glücklich. Verdammt: sie entsprach ganz den Anforderungen. Genauso sah sie aus. Er hatte sie *gleich erkannt*, als sie den Auktionssaal betrat – leicht mitgenommen, aber strahlend, schlanke Taille, schwere Beine, sie glichen sich jedesmal, und dann so etwas – diesmal Pyromanie –, das fügte sich ein wie der Schlußstein in einen Bogen. Welches Muster er da auch wiederholte, er wollte es nicht beenden. Er würde einen wundervollen Aufenthalt in Efika haben.

»Was ist?« fragte sie und schmiegte sich an ihn.

»Du bist mein Glücksbringer«, sagte er.

Alle seine Mädchen hatten eine Verrücktheit an sich – Kleptomanie, Platzangst, etwas, das später unendlich lästig werden würde, aber auch einen Teil ihres sexuellen Reizes ausmachte. Manchmal war er versucht zu glauben, daß ihre persönlichen Verrücktheiten zu der Verrücktheit des jeweiligen Landes paßten, aber Pyromanie, nein, nicht Efika, wirklich nicht. Pyromanie paßte eher zu Indochina, Südamerika, zu Marxistinnen, die in einer Zeitschleife lebten, zu Jesuiten mit glühenden Augen.

Gabe Manzini mochte die Efikaner. Sie waren trocken, ironisch, fühlten sich bei Dogmen unwohl, standen hochtrabender Rhetorik abweisend gegenüber. Die kleine Bevölkerungszahl, die geographische Abgeschiedenheit, der Mangel an natürlichen Ressourcen, ihr winziges Bruttosozialprodukt, ihre historische militärische Abhängigkeit von Frankreich und England hatte dafür gesorgt, daß aus ihnen ein pragmatisches Volk geworden war, das sich nicht leicht Visionen von blutigen Revolutionen oder gar einer rosigen Zukunft hingab. Und doch hegten sie im Augenblick ein ausgewachsenes nationales Mißverständnis – daß sie ihre Allianz mit Voorstand neu verhandeln konnten.

Wenn es sich um eine Großmacht gehandelt hätte, dann wäre man darüber irritiert gewesen, aber dies war keine Großmacht. Dies hier war Efika, um Himmels willen, ohne jede militärische oder wirtschaftliche Stärke. Man sollte meinen, daß sie nach dreihundert Jahren ihre Position verstanden hätten, aber plötzlich begriffen sie es einfach nicht – nicht nur eine intellektuelle Minderheit, sondern äußerst ärgerliche einundfünfzig Prozent (Oktober), zweiundfünfzig Prozent (November) fünfzig Prozent (Dezember), die auf die gegenwärtige Propaganda der Blauen Partei reagierten. Wenn die Blauen die kommenden Wahlen gewannen, dann würde Voorstand angewiesen werden, seine Geräte von efikanischem Boden abzuziehen, und Efika würde »freundschaftlich, aber neutral« werden.

In der Welt der Realpolitik war das Phantasterei, nicht, weil die efikanischen Gewässer fünfundzwanzig Prozent des voorstandischen Fisches lieferten oder die nördlichen Inseln eine sichere Lagerstätte für chemische Abfälle darstellten. Es war Phantasterei, weil Efikas südliche Granitinseln bereits fünfzehn lebenswichtige unterirdische Verteidigungsanlagen beherbergten. Es konnte nicht zugelassen werden, daß die Efikaner ihre fünfundzwanzigjährige Allianz mit Voorstand aufkündigten.

Und aus diesem Grunde war Gabe Manzini hier. Es war seine Aufgabe, dafür zu sorgen, daß der Status Quo erhalten blieb.

»Also«, sagte er grinsend, »du bist pyroman veranlagt? Du kokelst Sachen an, stimmts?«

»Ach, sei nicht so schrecklich.« Roxanna hob ihren Kopf von seiner Brust und sah ihn aus weiten feuchten braunen Augen an. Sie war köstlich.

»Hast du das nicht vorhin erzählt?«

»Du hast mich reingelegt. Das ist nicht fair.«

»Also sollte ich wohl meine Streichhölzer vor dir verstecken«, stichelte er. »Keine Flambés.«

»Es ist ganz anders, als es sich anhört. Es ist was ganz anderes.« Sie hielt inne. »Was ist Flambé?«

»Wir könnten uns den Zimmerservice kommen lassen, auf der Stelle.«

»Was *ist* es?«

Er liebte es, wie sie rot wurde und wie sich ihre Lippen öffneten. Er legte seine Hände unter ihre weichen Arme und zog sie weiter auf seinen Brustkorb hinauf. Sie glitt leise quengelnd wie ein Tierbaby hoch und küßte ihn mit diesem riesigen weichen, offenen Mund. Er warf aus den Augenwinkeln einen Blick auf die Uhr. »Ich bin ein Glückspilz«, sagte er. Er küßte sie auf die Nase. »Die anderen Typen in der Bank sind draußen und huren rum und machen sich unglücklich.«

»Mmmmhh«, kuschelte sie sich an ihn.

»Ich hasse es, daß ich jetzt schlafen muß.«

»Ich auch«, gähnte sie.

Gabe setzte sich auf. »Roxanna. Ich darf so etwas eigentlich nicht. Ich kann nicht wirklich mit dir schlafen.«

»Also hör mal ...«

»Das ist nichts Persönliches, Roxanna.«

»Hör mal, ich hab nur ein Spiel mit dir gespielt. Du hast gesagt, du seist gefährlich. Ich hab das nur gesagt, um dich zu übertrumpfen. Ich weiß nicht mal genau, was das ist, pyroman. Seh ich vielleicht wie eine Verrückte aus?«

»Das hat was mit Politik zu tun ...«

»Ich tu dir nichts, Liebling. Wenn du wüßtest, wie sehr ich es genieße, hier zu sein, dann würdest du mich nicht fortschicken. Laß mich bitte hier schlafen, Gabey, bitte. Ich will nur schlafen und aufwachen, und dann verschwinde ich.«

»Wenn es nach mir ginge ...«

»Aber es geht doch nach dir.«

»Wenn es nach mir ginge, könntest du eine Woche bleiben.«

»Und nach wem geht es?« fragte sie und setzte sich auf.

»Nach der Bank.«

»Manche schlafen nicht gern mit Frauen ein, ich weiß schon. Vielleicht sind sie katholisch oder sowas – sie wollen einfach, daß das Mädchen sich ein Taxi ruft. Wenn es das ist, sag's ruhig. Ich vertrag das.«

»Firmenpolitik«, sagte er. Er zog ihren zögernden Körper an sich und küßte die köstliche kleine tintenblaue Taube unter ihrem Haar. »Sie besagt, daß wir im Ausland unsere obersten Leute schützen.«

»Das hier ist *Efika.*«

»Wenn du mir einfach deine Führerscheinnummer oder deinen Personalausweis gibst, dann überprüfen die das, und dann können wir schlafen.«

»Ich muß dir meinen Ausweis geben?«

»Du mußt gar nichts.«

»Ich schätze, das hier ist wohl Ausland«, sagte Roxanna. »Ich schätze, ich komme dir so fremd vor, wie mir das alles hier vorkommt.« Aber sie stand auf, fand ihren Ausweis, gab ihn ihm und sah zu, wie er alles aufschrieb. »Und jetzt kann ich mir ein Taxi nehmen, richtig?«

»Jetzt kannst du dir ein Taxi nehmen.«

Sie nahm ihren Ausweis an sich und machte das Portemonnaie auf.

»O verdammt.«

»Was?«

»Ich hab mein Geld zu Hause liegen lassen.«

Für einen Augenblick glaubte er, sie spiele ihm was vor. Er spürte eine tiefe Enttäuschung, eine Art Wut. Sie überfiel ihn wie ein Schuß Speed, wenn er in die Adern fließt. Er verzog das Gesicht, drückte die Augen zusammen, preßte den Bogen seiner Lippen gerade.

»Und?« fragte er, »wieviel brauchst du?«

Sie sah ihm ins Gesicht, und ihr eigenes war ganz blaß. »Fünf«, sagte sie. »Wenn du sie nicht hast, ist das auch in Ordnung.«

Er lachte und gab ihr die fünf Dollar. An der Tür küßte er sie erneut. Er war in guter Stimmung. Er schleuderte die Schuhe von sich, goß sich noch ein Glas Rotwein ein und rief dann in der Botschaft Voorstands an, um sich von dort die letzten Kommuniqués schicken zu lassen.

54

Gabe Manzini ist der Mann, der mein Leben ruiniert hat. Ich hatte keine Ahnung von seiner Existenz, ich wußte nur, daß »etwas« eingetroffen war, das einen Schatten auf Wallys Gesicht warf und ihn dazu zwang, um ein Uhr früh im Bett zu sitzen und darauf zu warten, daß Roxanna nach Hause kam.

Und es war dieses namenlose »Etwas«, das dafür sorgte, daß Roxanna Wally gegenüber so sanft wurde und sie häusliche Aufgaben übernahm, für die sie nicht begabt war – sie stopfte seine Socken (einmal), bügelte seine Hosen (zweimal) und bereitete ihm ständig Essen und Sandwiches.

Roxanna war keine Köchin, das können Sie mir glauben, aber sie leistete Wally diese traurigen Dienste in der Kenntnis der Rolle, die sie bei seinem stummen Schmerz spielte, und Wally, der mit den rauhen Ellbogen auf den Küchentisch gestützt dasaß, sah zu, wie laienhaft sie Eier aufschlug, und schien nicht gewillt, sie zu kritisieren.

Ich hatte Gabe Manzinis Namen weder gehört noch gelesen, aber ich wußte, daß er da draußen war, auf der anderen Seite der verstaubten Fenster, ein *Etwas* in der Nacht. Ich ahnte ihn voraus.

Es handelte sich um den Mann, der später Direktor der efikanischen Abteilung im VIA werden sollte, aber ich sage Ihnen, Meneer, Madam, Ihr Mann ahnte nichts von uns, weder per Computer noch sonstwie. Seine Personalüberprüfung von Roxanna nutzte Datenbanken auf vier Kontinenten und führte ihn zu der Brandstiftung in Melcarth, aber nicht in die Gazette Street. Jener Teil von Roxannas Leben, den sie mit uns führte, war ihm unbekannt.

Sie teilte sich das Bett mit ihm (und Champagner und Mousse au chocolat). Mit mir übte sie die Schauspielerei. Scheinbar tat sie es Maman zu Gefallen, um für ihre Miete aufzukommen, doch wenn man sie auf dem Sägemehl knien sah, um *Abgänge und Auftritte* zu spielen, dann strahlte sie von innen heraus. Sie »spielte« nicht, wie Amateure das normalerweise tun. Sie hatte die Fähigkeit zu »sein«, was ein Geschenk ist, nichts, was man auf der Schauspielschule oder in Workshops lernen kann. Sie war gut in Abgängen, kurz vorm Küssen, kurz vorm Sterben, kurz vor der Ermordung ihres Feindes. Manchmal wirkte sie wie von ihren eigenen intensiven Gefühlen betäubt, und wenn sie sich bewegte, dann war es, als müßte sie sich von ihnen losreißen. Ihre Szenenwahl war manchmal offensichtlich, aber in der Darbietung dieser Auswahl lag stets etwas Exzentrisches, eine Eigenart, die es interessant machte, ihr zuzusehen. Sie war technisch unwissend, und ihr Geschmack war gelegentlich sentimental, aber sie hatte es – jenes Etwas, das einen dazu bringt, einem Schauspieler auf der Bühne zuzuschauen. Niemand sagte es ihr. Aber ich sah, daß meine Mutter, die Roxanna zu Anfang für eine Nutte gehalten hatte, sie bald ganz anders behandelte. Und mir wurde sie schnell zur guten Freundin und Mitschülerin.

Wer weiß, wie unser Leben verlaufen wäre, wenn es keinen Gabe Manzini gegeben hätte. Es gibt zum Beispiel keinen Grund, warum Roxanna nicht die Schauspielerin hätte werden können, die sich mein elfjähriges Herz wünschte. Wir hätten das Feu Follet wiedereröffnen können – warum nicht? Ohne Zweifel hatte sie Talent, machten ihr die Übungen mit mir auf der Bühne Spaß.

Roxanna jedoch wußte ganz genau, was sie in ihrem neuen Leben wollte: ein Landhaus mit einem Park, Pfauen, einen Brunnen. Sie wollte einen weißen Teppich, ein Messingbett mit spitzenbezogenen Kissen in verschiedenen Größen, und sie hatte sich eingeredet, daß Gabe Manzini ihr all dies beschaffen konnte.

Ich muß nicht darauf hinweisen, wie naiv sie in jeder Hinsicht war, aber sie hatte keinerlei Erfahrungen, nichtmal mit bescheidenem Reichtum, und sie vertraute auf das Erscheinungsbild des Hotels und die Rechnungen der Restaurants, in die er sie ausführte.

Sie kehrte kurz nach Mitternacht ins Feu Follet zurück, ohne Ring am Finger, vom Sex immer noch erhitzt, nach Moschus duftend und glücklich. Dann schloß sie sich mir in der Meisterklasse meiner Mutter an – gab ihre Auftritte und Abgänge, durchschritt die verschiedenen Phasen ihrer Konzentration, erschreckte und erstaunte sich selbst, verdiente sich Mamans warme Umarmung.

Um zwei Uhr mußte meine Maman gehen. Ich wußte nie, wo sie schlief, nur daß es jede Nacht woanders war und daß sie Angst hatte. Ich wußte nicht, daß sie Angst vor Gabe Manzini hatte. Damals kannte niemand diesen Namen, aber ich konnte die Gegenwart spüren – ich wußte nicht, daß es sich um dasselbe Etwas, dieselbe Person handelte –, diejenige, die in der Nacht da war und für Roxannas geschwollene Augen und Wallys morgendliche Melancholie sorgte.

Nach dem Frühstück ging Roxanna mit uns auf den Fischmarkt.

Dann kehrten wir in die Gazette Street zurück, und Wally filetierte den Fisch. Gegen Mittag begannen er und Roxanna Bier zu trinken. Sie stritten sich übers Essen oder sangen, halbwegs harmonisch, Volkslieder.

Manchmal sang Sparrow mit. Er hatte eine gute Baritonstimme, die er gern einsetzte, und er wäre wohl häufiger gekommen, aber er hatte einen Job in einem Varieté-Restaurant gefunden. Sein Arbeitgeber war ein gewisser Mr. Ho, ein Efikaner chinesischer Abstammung, der zwar in vielen Dingen keine Ansprüche stellte – seine Kleidung war schlampig, und er war nachlässig, was die Sauberkeit anging –, den Text seiner viktorianischen Melodramen aber derart hoch schätzte, daß er zweimal Schauspieler rausschmiß, weil sie vom geschriebenen Wort abgewichen waren.

»Man sollte glauben, daß es einfach ist«, sagte Sparrow, »aber es laugt einen völlig aus. Der Typ ist besessen. Er sitzt im Restaurant und verfolgt den Text mit der Taschenlampe.«

Die Stadt lag im Wahlfieber. Die Straßenlaternen waren mit roten und blauen Kreppapiergirlanden geschmückt, die beim nachmittäglichen Regen Farbe ausbluteten. Eiscremewagen mit Lautsprechern auf den Dächern kurvten durch die Vororte. Während der Wahltag immer näher rückte, besuchten uns immer mehr Schauspieler. Es war nicht richtig, sagten sie, daß das Feu Follet zu diesem geschichtsträchtigen Zeitpunkt dunkel war. Sie boten ihre Dienste an. Sie wollten etwas für die Wahlen tun – eine Besprechung, eine Spendenaktion, Straßentheater. Sie saßen in der Küche und urteilten über uns. Sie sahen Wallys deprimiertes Gesicht, Roxanna mit ihrer Irma-Frisur, mich in meiner Mausmaske. Sie sahen nur die Oberflächen. Sie sahen nicht die Geschichte, die sich im Dunkeln verbarg.

55

Es war halb zwölf in der Nacht. Roxanna war bei Gabe Manzini und ließ sich die Knöchel küssen. Ich lag auf meiner Matratze. Wally saß auf seinem Bett, ein blau liniertes Notizbuch auf den Knien, den Oberkörper um die Achse seines Bleistifts herum verdreht. Er radierte fortwährend etwas aus, mehr Worte, als er geschrieben hatte, wie es schien. Seine herabhängenden Ohrläppchen glühten rosig.

»Was radierst ... du da?«

»Nichts.«

»Einen Brief?«

»Geht dich nichts an.«

Früher hätte Wally nicht riskiert, dabei ertappt zu werden, wie er in ein Notizbuch schrieb. Es hätte zu sehr wie seine frühen Tage im Feu Follet ausgesehen, als er sich Annie McManus gegenüber als »Knastpoet« ausgegeben hatte. Aber nun gab es keinen anderen Zeugen als mich, und ich wußte nichts von dem Knastpoeten. Ich glaubte, er schreibe Roxanna einen Liebesbrief. Ich nickte ein und träumte, Roxanna und Wally würden heiraten.

Ich war nicht erschrocken, als ich an den Schnallen meiner Maske Hände spürte – ich glaubte, Roxanna sei gekommen und würde tun, was sie oft vor unserer Übungsstunde tat. Ich spürte, wie die Schnallen aufgingen, die Riemen sich lockerten, die Maske abgenommen wurde und mein verschwitztes Gesicht mit dem kühlen Luftzug vom offenen Fenster in Berührung kam.

Und dann: dieses Kreischen.

Ich wachte auf, und mir standen die Haare zu Berge. Das Licht war an. Neben meiner Matratze kniete eine blaßhäutige, schlanke Frau mit kurzen Haaren auf dem Boden. Unsere Blicke begegneten sich. Sie schauderte, verbarg ihre Augen, kreischte erneut.

Vielleicht schrie ich auch – woher soll ich das wissen? Die Frau neben meinem Bett war so dürr, daß ich die Knochen über ihren Brüsten sehen konnte. Wenn sie einen Schrei getan hatte, setzte sie zu einem neuen an. Sie legte sich die Hand vor die Augen, aber ich konnte ihren angeschlagenen Schneidezahn, ihren rosigen Kehldeckel sehen. Ich sah zu, wie sie schluckte, schrie, schluckte, schrie.

Man sollte meinen, daß Wally von all diesem Lärm aus dem Bett springen würde, aber er schlief weiter. Er lag mit seinem Übungsheft auf der Brust auf dem Rücken, den Mund offen, die Arme seitlich ausgestreckt.

Draußen hupte ein Taxi. Noch immer rührte er sich nicht. Als die Frau schließlich zu schreien aufhörte, drehte er sich auf die Seite, mit dem Rücken zu mir.

»Du bist das?« fragte die Frau. Sie ließ die weiße Hand mit den roten Fingernägeln in den Schoß sinken. Sie sah mich an, als wäre ich eine derart helle Lichtquelle, daß ich ihrem Augenlicht vielleicht Schaden zufügen könnte. »Du bist sein Sohn?«

Sie machte mir Angst. Alles an ihr machte mir Angst. Ihre Handtasche stand offen. Ich konnte die Waffe darin sehen. Sie war deutlich zu sehen, war nicht verborgen, sondern lag auf zerknüllten Papiertaschentüchern und einem Mietwagenvertrag.

»Bist du Vincent Theroux' Sohn?« fragte sie mit zittriger Stimme.

Ich hatte zuviel Angst zu antworten.

Sie griff in die Handtasche. Ich dachte, sie würde nach der Waffe greifen. Ich schrie. Ich warf mit der Maske nach Wally, sie traf ihn an der Nase, und er sprang auf seine weißen Beine, war wütend und hielt sich mit der Hand die verletzte Nase. Die Frau ließ die Handtasche fallen.

Wally war nicht in der Lage, irgend etwas schnell zu begreifen. Er starrte die Frau an, als sie die Handtasche aufhob und zur Tür hinausrannte. Ich konnte sie auf der Treppe lachen hören.

Die Vordertür knallte zu – Wally riß das Fenster auf, aber sie fuhr schon davon.

»Eine Verrückte«, sagte er und tätschelte mir den Kopf. »Das ist alles, nur eine verrückte alte Frau.«

Er half mir dabei, die Maske wieder aufzusetzen, und zog die Riemen so eng, daß sie fest gegen meine Haut drückten, wie ich es gern hatte. Er wickelte mir ein paar Decken um die Schultern und schob sein Übungsheft in die Gesäßtasche.

»Eine verrückte alte Frau, das ist alles.«

»Sie hat versucht ... mich umzubringen.«

»Nein.« Wallys Haare standen in allen Richtungen vom Kopf. Sein Gesicht war blaß und angespannt. Seine Nase wurde rot um den kleinen Schnitt, den die Maske hinterlassen hatte. »Sie wollte dich nicht erschießen, Junge.« Er drückte mich an seine nach Zigaretten riechende Schulter. »Du hast sie erschreckt, das war alles. Du hast ihr Angst eingejagt.«

»Sie war hier ... um mich umzubringen.«

»Ihr habt euch gegenseitig erschreckt, das ist alles.«

Aber er fing an, im Zimmer herumzukramen, sammelte Decken, einen Wasserkessel und den Vid zusammen, und als er sich mit all den Sachen bepackt hatte, beugte er sich vor, grunzte und hob mich in das Durcheinander aus harten und weichen Gegenständen in seinen Armen. »Wir werden oben im Turm pennen.«

Der Turm stand leer. Alles, was ihn zu meinem Zuhause gemacht hatte, war verschwunden, statt dessen machte er einen recht deprimierenden, verstaubten Eindruck, aber er hatte immer noch denselben schweren Riegel an der Tür, den meine Mutter vorschob, wenn sie mit jemandem schlief, und als Wally mich auf den staubigen Fußboden abgesetzt hatte, verriegelte er als erstes die Tür.

Ich stand auf meinen häßlichen, spindeldürren wankenden Beinchen und zitterte. Ich zog die Riemen an meiner Maske ein Loch enger.

Wally steckte den Wasserkessel und den Vid ein und stellte sie nebeneinander auf den Boden. Er schob eine Raubkopie von Irma hinein. Als die Show begann, wickelte er mich in zwei Decken und machte eine Kapuze für meinen Kopf.

»Na«, sagte er, »das ist doch gleich besser.«

Er hockte sich für eine Weile neben mich, doch als ich zu ihm hinübersah, schrieb er schon wieder in sein Übungsheft.

»Rufst du nicht ... die Gardiacivil?«

Aber Wally fand, daß es nicht in seiner Macht stand, wegen Vincents

Frau die Gardiacivil zu rufen. Er drückte sein Taschentuch an die verwundete Nase und sah mich aus trüben grauen Augen an.

»Nimmst du ihre … Beschreibung auf?«

»Sie ist fort«, sagte er. »Die Tür ist abgesperrt, in Ordnung? Wir brauchen der Gardiacivil nichts von ihr zu erzählen.«

»Was schreibst du …?«

»Ich bleibe mit dir wach, in Ordnung? Ich schreibe, damit ich wach bleibe.«

»Aber was?«

»NICHTS«, sagte er. »Schau das Vid.«

»Du schreibst … ein *Stück.*«

Wally sah mich aus anklagenden Augen und mit zuckendem Mund an.

»Schau Vid«, sagte er, aber ich wußte, ich hatte es getroffen. Er schrieb ein Stück für mich. Ich war gleich ganz aufgeregt, aber skeptisch. Meine Beine fingen an zu jucken und zu zucken. Konnte er ein gutes Stück schreiben? Ich sah Irma im Vid. Sie spreizte ihre kleinen weißen Finger und drehte die Handgelenke nach hinten.

»Erzähl niemandem davon, in Ordnung? Nicht, bis ich es sage.«

»In Ordnung«, sagte ich, aber ich konnte nicht damit aufhören, mit den Füßen auf den Boden zu trommeln.

»Ich kann ihnen Rollen schreiben«, sagte Wally.

»Den Schauspielern?«

»Den Tieren«, entgegnete er.

Ich sah ihn scharf an.

»Ich kenne mich mit Tieren aus«, sagte er. Seine Augen leuchteten aggressiv. »Es gibt keinen Zirkus ohne Tiere.«

»Wally …«

»Halt den Mund«, fuhr er mich an. »Du hast doch keine Ahnung. Wir können dieses Theater ohne deine Mutter führen. Du hast von all dem keine Ahnung, also hör mir einfach zu. Von irgendwas müssen wir ja leben. Du spielst mit, und Rox. Wir können hier ein gutes Leben führen«, sagte Wally. »Das müßt ihr beiden begreifen. Wir können es mit dem schaffen, was wir haben. Sie muß nicht fort. Sie braucht keine Pfauen.«

»Was für … Pfauen?«

»Parks, Pfauen, all diesen Krempel«, sagte er. »Sie wird schon merken, wie überflüssig das ist.«

Doch unten auf der Straße öffnete jemand die große Tür. Es zog den ganzen Weg die Treppen hinauf unter der Tür hindurch, und Staub wirbelte auf.

»Was ist?« Ich hatte Angst.

»Keine Sorge.« Wally ging zur Tür und entriegelte sie. Einen Augenblick lang steckte er seinen Kopf zur Tür hinaus.

»Deine Maman«, sagte er.

Ich fuchtelte an den Riemen herum und setzte meine Mausmaske ab. Wally nahm das Vid von Irma aus dem Gerät und steckte es in die Gesäßtasche. Ich konnte die Schritte auf der Treppe hören – nicht eine Person, sondern eine ganze Menge –, schnell und zielstrebig, harte Ledersohlen.

Ich schoß durch eine Menge aus Hosen und Strumpfhosen und hochhackigen Schuhen zur Tür und hielt die Maske in der Hand.

»Eine verrückte Frau ... war hier«, sagte ich, aber meine Maman war besorgt und hörte mich nicht.

»Warum seid ihr hier oben?« sagte sie und wickelte mich aus den Decken. »Was ist passiert?«

Ich versuchte zu antworten, aber Mutters Team drängelte sich um uns, Männer in Anzügen, Frauen, die nach Parfüm und Pulverkaffee rochen. Sie hatten winzige Computer, Miniaturtelefone und französische Batterieladegeräte mit komplizierten Adaptern dabei. Vincent, aufgedunsen und mit geschwollenen Augen, war ebenfalls da und telefonierte mit jemandem.

Als er geendet hatte, kam er zu mir und küßte mich.

»Eine Verrückte ...«, fing ich wieder an.

»Schsch«, sagte meine Mutter. »Sei still. Beruhige dich.« Sie hockte sich auf den Boden neben mich. »Mein Liebling«, sagte sie, »deine Maman hat dir etwas wirklich Beunruhigendes zu sagen.«

Ich blickte ihr ins Gesicht und sah, wie das Make-up auf der Haut saß und wie müde die Haut darunter war, daß sie Falten um Augen und Mund hatte und daß die Augen umwölkt schienen.

»Roxanna?«

Meine Mutter schüttelte den Kopf. Sie machte ihre Handtasche auf und zog die zusammengefaltete erste Seite des *Zinebleu* hervor. Auf der Vorderseite war ein Foto von Vincent und meiner Mutter, die sich küßten. Ich hatte dieses Foto schon früher gesehen, neben dem Bett meiner

Mutter, an den Rahmen eben des Fensters gepinnt, auf dem ich gerade saß. Es kam mir nicht »beunruhigend« vor.

»Liebling, es gibt ein paar Dinge, die ich dir erzählen muß. Aber nicht hier.«

Sie streckte ihre Arme nach mir aus, und ich klammerte mich wieder an sie. Ich vergrub mein Gesicht an ihrem Hals und schämte mich, daß all die Leute meine häßlichen Beine aus den Pyjamas hervorstaksen sehen konnten. Dann trug sie mich nach unten ins Bad und setzte mich auf die Kloschüssel. Dann putzte sie mir sorgfältig die Nase und drehte das Wasser an, im Waschbecken und in der Wanne.

Dann hockte sie sich neben mich und legte ihren Mund an mein Ohr. Ich dachte, sie wollte mich küssen, statt dessen sprach sie.

»Hast du das Bild in der Zeitung gesehen?«

»Ja.«

Sie sah mich an und blinzelte. Sie führte ihren Mund wieder an mein Ohr und fing an, schnell zu flüstern. »Wir stehen kurz davor, diese Wahlen zu gewinnen, und nun gibt es all diese Geschichten, die deiner Maman schaden.«

Sie nahm das zerknüllte Blatt wieder aus der Tasche und hielt es mir entgegen.

»Das haben sie aus dem Haus gestohlen«, flüsterte sie.

Dampf wirbelte um das schwarze Tintenbild.

»Sie sind in mein Haus eingebrochen und haben es gestohlen«, zischte sie. »Kannst du lesen? Da steht, ich verletze Vincents Frau.«

»Wie?«

»Schsch. Sprich mir auch ins Ohr. Sie sagen, ich hätte ihr Vincent weggenommen.«

Was sie mir da sagte, war nichts Neues.

»Wir glauben, daß sie hier Mikrofone angebracht haben, um uns abzuhören.«

»Wer?« fragte ich und sah zu den tropfnassen gelben Wänden hinauf.

»Das Wasser sorgt dafür, daß sie nicht hören können, was ich dir sage.«

Der Dampf ließ ihr Make-up verlaufen. »Hör mir zu, um Himmels willen. Bitte. Sie werden jetzt ernst machen. Einiges davon liegt schon bei der Zeitung. Sie werden Sachen über deine Mutter sagen, die nicht wahr sind. Du darfst niemals glauben, was sie über mich sagen.«

»Was ... werden sie sagen?«

»Was uns ihrer Meinung nach am meisten schadet. Daß ich eine Diebin bin, vielleicht, daß ich Lügen verbreite, Gott weiß was noch. Wenn wir gewinnen, werden wir ihre Anlagen schließen. Wir schicken sie nach Voorstand zurück. Die Allianz ist vorüber, Mo-chou. Sie haben geglaubt, daß ihnen das niemals passieren könnte – deshalb kommt das alles so spät, aber was jetzt kommt, ist wie ihr Theater – sie haben Geschichten über mich geschrieben, und über Vincent auch.«

»Über mich auch?«

»Nein, Liebling, über dich nicht.«

Ihre Arme waren weiß, hart, dürr, ihre Nase scharf, ihre Haut heiß und rot vom Dampf.

»Die Voorstander sind sehr schlecht«, sagte sie. »Das habe ich dir immer wieder zu sagen versucht. Ich weiß, Wally erzählt dir andere Sachen, aber Wally weiß nicht alles, nicht wahr?«

»Ja«, sagte ich, aber ich hielt meine Maske auf dem Schoß fest, für den Fall, daß sie sie mir wegnehmen wollte.

Sie wischte mir das Gesicht mit Roxannas Handtuch ab. »Wir werden jetzt nach oben gehen und zuhören, wie ein paar Leute Pläne machen, die wir nicht ausführen werden. Das ist Schauspielerei – verstehst du?«

»Wie ein ... Theaterstück.«

»Wie ein Stück, genau. Wir glauben, daß sie uns irgendwie abhören. Wir wissen nicht, was sie wissen können oder wie sie es anstellen. Vielleicht können sie das hier alles hören. Wir wissen nicht, ob sie uns hören können oder nicht. Tristan, mein Liebling, deine Maman weiß nicht, wie sie gegen sie antreten soll, wenn sie so unfair sind.«

All das wirkte auf mich, aber nicht so stark wie die Neuigkeit, daß sie vorhatte, ihre Feinde dadurch reinzulegen, daß sie die Nacht über im Theater verbrachte. Ich umarmte und küßte sie und sagte ihr, ich würde auf sie achtgeben.

Sie drehte das Wasser ab und wischte das Kondenswasser vom Boden auf.

Ich wollte meine Maske aufsetzen, um mich der Menschenmenge oben zu stellen, aber in Anwesenheit meiner Mutter konnte ich sie nicht tragen. Ich ging nach oben und stellte mich ihnen mit nacktem Gesicht und ausgefranstem Mund. Vincent kam und brachte mir ein Sandwich und ein Glas Milch. Er wirkte sehr alt hinter seinem Bart. Seine Augen waren blutunterlaufen, und sein Anzug sah aus, als hätte er darin geschlafen.

»Eine verrückte Frau ... war hier«, sagte ich.

56

Gabe Manzini saß in einem Wagen in der Gazette Street und beobachtete die alte Zirkusschule. Er war die ganze Nacht wachgeblieben, aber seine sonnengebräunte Haut war sauber und glatt. Er fühlte sich leichtfüßig und klaren Verstands, war wach gegenüber den Freuden der Sonne auf der Schulter und der leichten salzigen Brise, die den Kragen seines grau-weiß karierten Hemds flattern ließ.

Die Klarheit des efikanischen Lichts war elektrisierend, traumhaft. Er genoß die helle, fast zweidimensionale Fassade des Feu Follet, die außerordentliche Klarheit der Fenster in ihren rostigen Stahlrahmen, ja sogar das Tuch der zwölf langen Fahnen der Blauen, die sanft im wolkenlosen Himmel schwebten, und die hellen, sauberen, spiegelnden Oberflächen der rotsilbernen Taxis, die in einer Reihe am Straßenrand standen.

In gewisser Weise paßte das alles zu seiner Stimmung – sauber, kühl, ordentlich –, ganz im Gegensatz zu der trüben, panischen Stimmung, die in Saarlim vorherrschte, wo die Abteilung Analyse wieder mal die politische Wetterlage in Efika fehlinterpretiert hatte.

Es war die historische Aufgabe der Abteilung Analyse – das hatte er seinen Jungs um ein Uhr früh gesagt –, die Dinge durcheinanderzubringen und so die Einsätze gut aussehen zu lassen. Er sagte das, um sie zu motivieren, aber er glaubte auch daran. Die Analyse glaubte, das Efika bereits für die Allianz verloren sei.

Gabe war dankbar, daß ihm diese Aufgabe neunzehn Tage vor dem Wahltag übertragen worden war, und neun Tage davor genoß er das Gefühl, daß er Efika ohne einen einzigen abgefeuerten Schuß retten und die Rote Partei dank seiner schieren Willenskraft an der Macht halten konnte.

Auf dem Sitz neben ihm lagen Zeitungen, nicht nur jene aus Chemin Rouge, sondern auch von ganz La Perouse und von den anderen Inseln – Inkerman, Nez Noir, Baker, von so winzigen Inseln wie Shark, von der niemand in Saarlim je gehört hatte, und alle hatten sie eine Geschichte, seine frisch fabrizierte Geschichte abgedruckt – den Selbstmord der Frau des Geliebten der Kandidatin.

Vor diesem Ereignis hatte Smith bei der Gunst um einen wichtigen Sitz zehn Punkte besser gelegen. Und nun hockte Gabe in seinem Wagen, um zu beobachten, wie sie die faulen Tomaten hinnahm. Die Jungs vom *Zinebleu* parkten schräg gegenüber, direkt vor den Stufen. Sie waren Schnüffler, Bluthunde. Er hatte ihnen exklusiv ihren Aufenthalt verraten. Man konnte sich auf sie verlassen. Ihr Titelfotograf würde sie unglaublich niederträchtig aussehen lassen.

Natürlich würde die Analyse das als Glück bezeichnen. Sie verstanden einfach nicht, daß die Dinge nur mit großer Unterstützung richtig liefen. Der Geisteszustand der Frau war nicht durch Einsätze erzielt worden, aber nur ein Amateur konnte den Verlauf der Aktion glücklich nennen. Es war das Resultat detaillierten Wissens, von Disziplin und der Fähigkeit, schnell, sauber und ohne zu zögern zu reagieren. Natalie Theroux war labil. Sie hatte eine Waffe. Auf der Waffe fanden sich ihre Fingerabdrücke. Die Kugel in ihrem Hirn stammte aus Gabes Waffe.

Diese Art von »Glück« kann man nicht ohne glückliches, hochmotiviertes Bodenpersonal haben. Gabe hatte diese Leute, nicht durch Zufall, sondern weil er sie persönlich auswählte, trainierte und Dreizehn-Stunden-Flüge absolvierte, um sie regelmäßig zu besuchen. Sie waren ein besonderer Schlag – von Natur aus aktiv und intelligent, aber auch in der Lage, wochenlange Schinderei zu ertragen. Und sie waren mehr als das – sie waren wie der Chauffeur neben ihm, eine Uzi unterm Mantel, ein Mann, der erstmal einen Beutel Äpfel von seinem eigenen Baum pflückte, bevor er um vier Uhr früh zur Arbeit kam.

Während er auf Smith und ihren Wahlkampfmanager wartete, biß Gabe in einen dieser kleinen, blassen, gelben efikanischen Äpfel. Die Schale schimmerte so golden durch wie eine gelbe Pflaume, das Fruchtfleisch war ganz weiß und etwas säuerlich.

»Gut?«

»Gut.«

»Die verdammt besten Äpfel der Welt.«

Da hatte er vollkommen recht, dachte Gabe und spülte den weißen, süßen Apfel mit heißem efikanischem Kaffee ohne Zucker hinunter. Er war ebenfalls gut, schwer, mit einem charakteristischen Duft, leicht pelzig auf der Zunge, und Gabe dachte daran, wie sehr er das Besondere an jedem Land mochte, in dem er je gearbeitet hatte.

Er lächelte und spannte seine Oberschenkelmuskel, dachte an seine drei Stunden Erholung mit Roxanna Wonder Wilkinson, an ihren honig-salzigen Geschmack, ihre Abenteuerlust im Bett, ihre weichen Babytränen und ihre leicht zu befriedigenden Bedürfnisse. Er hatte die ganze lange Nacht danach an sie gedacht. Sie hatte dagelegen wie ein Versprechen.

Tatsächlich dachte er gerade an Roxanna, warf einen Blick zu dem Gebäude hinüber, lauschte den schlagenden Fahnen und bewunderte, wie die Sonne die angeschlagene, abbröckelnde weiße Fassade des Feu Follet überzog, als er, von einem Fenster makellos eingerahmt, eine Frau sah, die ihr so haargenau glich, daß er nach Luft schnappte.

Er steckte den kurzgeschnittenen Kopf ein wenig zum Fenster hinaus und kniff die Augen zusammen. Die Frau rieb sich den Kopf und gähnte. Beim Gähnen schloß sie die Augen, doch dann öffnete sie sie wieder. Sie sah, wie er sie anstarrte. Und er erkannte, nicht so sehr an ihrem Aussehen, das durch das dreckige Fenster etwas unscharf war, sondern an dem Augenblick erstarrter Schuld, kurz bevor sie den Kopf duckte, daß es sich um Roxanna handelte.

Er schloß die Augen und atmete aus.

Als er sie wieder aufschlug, traten ein Mann und eine Frau zur Vordertür des Theaters hinaus – die Frau trug ein gelbes Kleid, der Mann hatte einen Bart und trug schwarz; es waren Smith und Theroux. Die Jungs vom *Zinebleu* griffen von beiden Flanken her an. Ihr Blitzlicht knallte schon aus fünf Metern Entfernung, aber Gabe hatte daran keine Freude mehr. Er öffnete die Wagentür.

»Ruf Cantrell an, er soll bei CRTV Bescheid geben«, sagte er zu dem Fahrer.

»Wen?«

»Cantrell.« Er ging schon auf die Tür des Theaters zu. »Beeil dich. Da geht sie.«

Als er über die Straße lief, überkam ihn ein furchtbares Gefühl. Er war von einer Frau hereingelegt worden. Er konnte nicht fassen, daß so etwas Demütigendes passieren konnte. Er betete, als er das stinkende Foyer mit den jämmerlichen kleinen Notizzetteln an der Wand betrat, als er drei Stufen auf einmal die Treppe hinaufrannte, daß die Frau im

Fenster nur wie Roxanna ausgesehen hatte, weil er in jenem Augenblick an sie gedacht hatte. Doch während er noch flehte, konnte er vor seinem geistigen Auge die Ergebnisse seiner Wohnsitzüberprüfung, die er nur kurz überflogen hatte, sehen – Gazette Street. Verdammt.

Im ersten Stock entdeckte er eine Reihe von leeren Büros. Er war leichtfüßig und bewegte sich mit der vorsichtigen Grazie eines Athleten über den Flur, aber er kam sich schlecht vorbereitet und tolpatschig vor, wie ein Besoffener, der in den Kampf zieht. Er war nachlässig, selbstgefällig, zweitklassig gewesen – alles Eigenschaften, die er verachtete. Seine einzige Waffe war das Teppichmesser, das er, noch geschlossen, in die Hand nahm. Er öffnete eine Tür nach der anderen – nicht nach den Regeln, sondern mit absichtlicher Sorglosigkeit –, er forderte das Schicksal heraus, um zu beweisen, daß seine Angst unbegründet war.

Die Zimmer, deren Türen er so lässig öffnete, wiesen alle diese ungeheure Leere auf, die er mit Überwachungen und Hinterhalten in Verbindung brachte. Sie waren wie Pullover ohne Etiketten – sie verspotteten ihn mit ihrer fehlenden Aussagekraft.

Im letzten Zimmer fand er drei Matratzen auf dem Boden, einen Mief nach Decken, Laken, Socken. Die Tür knallte zurück, als er sie auftrat. Zwei der Matratzen waren unbenutzt, aber auf der dritten konnte er ein kleines weißes Handgelenk unter einem Berg von Decken hervorlugen sehen. Er rümpfte die Nase und fuhr mit der breiten Hand über das kurzgeschnittene Haar.

»Roxanna?«

Die Decken rührten sich, und dann tauchte ihr zerzauster Blondschopf auf.

»Gabey?«

Selbst in dieser extremen Situation war ein Teil von ihm berührt, war er gerührt über die weiße Weichheit ihrer Haut. Sie schlief nackt, und als sie sich hinkniete, konnte er ihren vorgewölbten Bauch sehen, und er konnte sich den Geruch ihrer Wärme und das Gefühl davon auf seinem Gesicht vorstellen.

»Du verdammtes Miststück«, sagte er.

»Gabey ...«

»Was für ein Amateurtrick ist das?«

»Nein, Gabey«, sagte sie. »Kein Trick.«

Sie zog die Decke um die Schultern wie einen Schal. Sie hockte sich hin und runzelte die Stirn. Er konnte ihren kleinen Fuß, ihren Knöchel, die angeschlagenen Fußnägel sehen.

»Ich bin arm, das ist alles.«

Er trat ans Fenster und sah hinunter. Alle waren verschwunden.

»Ich werde auf der ganzen Welt respektiert«, sagte er. »Peru, Birma, China – man kennt mich dort. Sie wissen, ich bin der Beste. Ich schreibe ihre verdammten Geschichtsbücher, Roxanna. Wenn mir jemand in die Quere kommt, Roxanna, lege ich ihn um.«

»Ich verstehe kein Wort von dem, was du sagst.«

»Lies die Zeitung, du Schlampe. Schau dir die Schlagzeile von heute an.«

»Gabey, werd nicht wütend. Was steht denn drin, Liebling?«

»Du kannst deinen Leuten sagen, daß sie tot sind, Rox. Sie sind Geschichte.«

»Welche Leute, Gabey?«

»Und was hast du dafür gekriegt?« fragte er. »Wofür hast du das riskiert? Was zum Teufel hast du dir bloß davon versprochen?«

Roxanna stand auf und ging zu ihrer Handtasche, die auf einer Milchkiste unterm Fenster stand. Sie machte sie auf. Seine Nackenhaare sträubten sich, als er das Geräusch von kleinen Gegenständen hörte, die klapperten. Dann sah er, um was es sich handelte: kleine Shampoo- und Cremefläschchen aus dem Ritz. O mein Gott, dachte er, die Schlampe hat mich abgehört.

»Stell sie da hin.« Er wies aufs Fensterbrett.

Als sie alle Gegenstände auf dem Fensterbrett aufgebaut hatte, tat sie einen Schritt zurück. Er trat vor und nahm das Shampoo. Es schien schwerer als normal zu sein. Er schraubte es auf, goß den Schmier auf den Fußboden, linste hinein und hielt inne. Er war selbst ein Amateur.

Zwischen den zerknüllten dreckigen Kleidungsstücken auf dem Fußboden lag eine Plastiktüte. Er hob sie auf und fegte die kleinen Flaschen hinein.

»Wir konnten nicht zulassen, daß sie die Wahlen gewinnen«, sagte er. »Verstehst du das denn nicht? Hast du noch was?«

»Du bist gar kein Bankier«, sagte sie. »Was bist du?«

»Wie witzig. Hast du noch was?«

Sie beugte sich vor und hob eine Ecke ihrer Matratze hoch. Sie drehte sich um und hielt ihm eine große Speisekarte aus dem Ritz entgegen. Er ließ sie in die Plastiktüte fallen.

»Ich hätte dich nie genommen«, sagte er.

»Ich habe *dich* genommen.« Sie lächelte unsicher. »Ich dachte, du seist die Antwort auf all meine Gebete.« Er sah, wie ihr Lächeln zerbrach und die Tränen zu fließen begannen. Er widerstand dem Impuls, sie zu umarmen, machte kehrt und ging zur Tür hinaus.

57

Ich spürte Selbstmord um mich herum, zäh, schändlich, falsch. Ich konnte vor meinem inneren Auge Natalies Mundinneres, den zerbrochenen Zahn sehen. Ein Geruch von Tod lag in den Fluren. Er mischte sich mit Pastete, Zimt, Zucker, Taubenkehlen, Luftschächten, die sich öffneten und schlossen, überlagert von einer hartnäckigen Vision der knochigen Brust der Frau – Vogelknochen, weiße durchschimmernde Haut.

Wally ließ das nicht gelten. Er war ein Hauptfeldwebel und stampfte und trampelte in seinen großen Wildlederstiefeln umher. Er putzte mir die Zähne. Er ließ mich Salz und Wasser gurgeln. Er kämmte mich mit seinem Kamm und grub mir die schwarzen Schildpattzähne in die Kopfhaut. Er zog mir meine Maske an und schickte mich hinunter in den mit Blättern übersäten Hof, wo der alte Ducrow von seinem Löwen gefressen worden war.

»Mach deine Aufwärmübungen«, sagte er.

»Führen wir etwas auf?«

»Tu, was ich sage.«

Er tyrannisierte auch Roxanna, war ungeduldig mit ihr. Er zwang sie loszugehen und bunte Kreide zu besorgen. Ich hatte noch nie gesehen, daß er sie so behandelte. Ich verstand nicht, warum sie das zuließ und warum er sich so aufführen wollte. Ich wußte nicht, warum sie so aufgeregt war – sie hatte noch weniger mit Natalie Theroux zu tun als wir.

Roxanna trug eine kleine Jacke aus Schurwolle, die sie in der Kulisse gefunden hatte. Sie war eine Nummer zu klein. Sie knöpfte sie bis zum Hals zu und verschränkte die Arme vor der Brust. Ihre Augen waren verheult, die Nase rot, die Schultern eingezogen, aber sie ging hinaus, um Kreide zu kaufen, und kam zurück in den Innenhof, wo Wally, der das Pflaster ausgiebig gefegt hatte, nun ein langes orangefarbenes Stromkabel zu einem der gestohlenen Vids legte, die er immer im Haus hatte.

Roxanna reichte ihm die Kreide und gab ein kleines Geräusch, einen Schluchzer von sich.

»Denk nicht drüber nach«, sagte Wally nur.

Und ich? Ich konnte mich nicht aufwärmen. Ich war zu verwirrt. Wann immer ich die Augen schloß, um meine Atemübungen zu machen, sah ich das Gesicht der verrückten Frau – ihre Kehle, ihren Zahn, Blut, Schleim, Rotz.

Dann stellte Wally das Vid an.

Roxanna ließ sich auf die Gartenbank plumpsen. Sie streckte ihre Arme nach mir aus. Ich setzte mich auf ihren Schoß und drückte mich fest an sie.

Im Vid lief der Wetterbericht. Wally zog weiße und gelbe Striche über die Pflastersteine. Die Kreide war nicht überall gut zu sehen, aber er war nicht geduldig genug. Er richtete sich nach seinem blau linierten Übungsbuch und malte in größter Eile eine Reihe von Kringeln, Pfeilen und Bögen, doch als das Gesicht meiner Mutter auf dem Bildschirm erschien, hielt er inne. Er steckte sich die Kreide hinters Ohr.

»Schsch«, sagte er, aber die einzigen Stimmen kamen aus den leicht beschädigten, fünf Zentimeter großen Lautsprechern. »Das ist es.«

Sie sagten – meine Maman habe Natalie Theroux so gut wie umgebracht, und als ich Felicitys Geisterbild auf CRTV 4 sah, schien das die reine Wahrheit. Um die Mittagszeit des 20. Januar 382 betrachtete ich in Chemin Rouge ihren Mund, ihre Augen, die sechshundertfünfundzwanzig Falten in ihrem Gesicht.

»*Dies ist ein Politikum*«, sagte sie.

Das schien nicht die richtige Antwort zu sein. Man wollte über sie und Vincent reden. Ich drückte mich fester an Roxannas Busen. Ich zog die Schnallen an meiner Maske fester und starrte meine Mutter durch die Augenschlitze an. Sie hatte Angst. Sie legte sich kurz ihre Hand an die Kehle. Sie versuchte zu lächeln. Das schien nicht die richtige Reaktion zu sein.

Meine Mutter schluckte. Sie fuhr sich übers Haar. Ich konnte ihre

Scham hinter meinen eigenen Augen spüren, ein ganz, ganz kalter Schmerz wie Eis.

Die Kamera zeigte den Reporter, der den Kopf zur Seite geneigt hatte und streng und verurteilend blickte.

Meine Maman war irritiert, wütend.

»*Dies war ein politischer Mord.*«

»Nein«, sagte Wally, »das braucht sie nicht zu sagen. Das sollte sie nicht sagen.«

Dann fing sie an, von »militärischen und geheimdienstlichen Elementen in Voorstand« zu reden.

»Das will doch keiner hören«, sagte Wally. »Sie macht einen schlechten Eindruck ...«

»Schsch«, machte Roxanna.

»Sie sollte so etwas nicht sagen«, fuhr Wally fort. »Sie macht den Eindruck, als sei ihr Natalie egal.«

»Halt den Mund«, sagte Roxanna.

»Dies war ein politischer Mord«, sagte meine Maman. »Natalie Theroux hat nicht das Waschküchenfenster ihres eigenen Hauses zerschlagen, um sich aus dreißig Zentimetern Entfernung selbst umzubringen ...«

»Na gut«, sagte Wally. »Das war's.« Er schaltete den Vid aus.

»Das war Gabe«, sagte Roxanna. »Er hat das getan.«

»Das ist Geschichte«, sagte Wally zu ihr. »Das ist alles Vergangenheit. Was immer zwischen diesem Arsch aus Voorstand und dir war, ist eine Sache. Was mit Vincents Frau passiert ist, eine andere. Das ist alles Vergangenheit.«

»Wovor hast du solche Angst?« fragte Roxanna. »Was verheimlichst du mir?«

»Das mußt du klar im Kopf trennen«, sagte er. Er machte sich wieder an die Arbeit und malte mit Kreide auf den Pflastersteinen. Er bewegte sich in der Hocke über den Hof wie ein Affe. Kreidestücke steckten hinter seinen großen Ohren. Er sah nur in sein Übungsbuch und auf den Boden, niemals in unsere Richtung. Er zog eine gestrichelte Linie.

Roxanna drückte ihr Gesicht in mein Haar und rubbelte über meine Kopfhaut. »Wally, siehst du das denn selbst nicht?«

»Ich ziehe Striche für Tukane ...«

»Du ziehst Striche für Tukane. Was zum Teufel soll das werden?«

»Ich kann sie trainieren«, sagte Wally. »Du weißt, was ich mache. Du hast doch meine Vögel gesehen.«

»Ich bin mir sicher, was Felicity da sagt, ist die Wahrheit. Ich habe mit diesem kleinen Widerling *geschlafen*, begreifst du das? Er war derjenige im Ritz. Warum hörst du mir nicht zu?«

Als sich Wally umdrehte, sah er aus, als hätte er eine Ohrfeige bekommen.

»Siehst du denn nicht, was mir zugestoßen ist?« fragte Roxanna. »Ich kenne ihn. Er heißt Gabe Manzini. Ich wollte ihn heiraten. Ich hatte ihn mir ausgesucht. Er hat es mir gegenüber so gut wie gestanden, daß er genau das getan hat, was die Maman sagt.«

»Er hat es dir *so gut wie gestanden*?«

»Er sagte, *Sag deinen Leuten, daß sie tot sind.*«

»Das heißt alles mögliche.«

»Nein, nein. Es war sehr eindeutig. Er ist kein Bankier. Er sagte, *Wir konnten nicht zulassen, daß sie die Wahlen gewinnen.* Kannst du dir überhaupt vorstellen, wie ich mich fühle?« fragte Roxanna. »Siehst du nicht, was mir zugestoßen ist? Kannst du dir nicht vorstellen, wie schlecht ich mich fühle, wie dumm ich gewesen bin?«

Ich sah Wally an. Ich hatte ihn mein ganzes Leben lang gekannt, kannte die Flecken und Haare auf seinen Armen, das Muttermal in seinem Nacken, die Tränensäcke unter seinen grauen Augen, doch als ich ihn über das feuchte Sägemehl hinweg ansah, sah ich zum ersten Mal, wie sein Leben verlaufen und daß er im Gefängnis gewesen war. Er hockte auf dem Boden, kalt, grausam, wie ein Hund, das Gesicht angespannt und scharf.

»Halt doch einfach die Schnauze«, sagte er. »Du quatschst dich doch nur unnütz in Panik.«

»Ich will doch nur umarmt werden, Wally«, winselte Roxanna. »Ist das zuviel verlangt? Verdiene ich es, mir sagen zu lassen, ich soll die Schnauze halten?«

Wally legte die Kreide aufs Pflaster. Er legte sie so langsam hin, daß man all seine Angst darin spüren konnte. Er legte sie hin, als wäre sie ein kostbarer Kristall, der zerbrechen, eine Bombe, die explodieren könne. Er kam und kniete sich neben sie. Er war stocksteif, beherrscht. Er streckte seine Hand nach Roxannas Schultern aus. Sie zuckte vor ihm zurück. Er hob die Hände, die Handflächen nach oben gedreht.

»Übernimm die Verantwortung für dich selbst.«

Roxanna drückte mich fester an sich. »Warum bist du so bös zu mir?« fragte sie. »Ich *übernehme* die Verantwortung für mich selbst. Ich sage doch, es ist mein Fehler. Aber was die Maman sagt, ist wahr.«

»Wir müssen mit unserem Leben weitermachen«, flüsterte Wally. Ich reckte den Hals, um ihn anzuschauen. Er war ganz nah bei mir. Ich konnte die Angst in seinen Augen schwimmen sehen.

»Wir gestalten unser Leben aus dem, was wir haben, aus dem, was möglich ist.«

»Aus *Tukanen?*«

»Wir sind hier in Efika. Wir müssen realistisch bleiben.«

Er griff sich hinters Ohr und zog noch ein Stück Kreide hervor.

»Wir können ein anständiges Leben führen«, sagte er. Er kniete sich hin und zog einen langen gelben Bogen über die Bühne. All dies geschah in den letzten vierundzwanzig Stunden im Leben meiner Mutter. Niemand sagte mir etwas davon. Ich dachte, ich würde sie für immer bei mir haben.

58

Wenn Natalies Selbstmord Felicity stärker geschadet hätte, dann wäre sie vielleicht am Leben geblieben.

In den Umfragen fiel sie um sieben Punkte zurück – nicht genug, um sicherzugehen. Sie kamen und legten ihr eine Schlinge um den Hals und gaben ihr einen Schubs. Sie hing über der Sägemehlmanege, über ihrer eigenen verdammten Bühne, und strampelte. Sie machte sich in die Hose, blutete, starb. Tristans Mutter, eine junge Frau in einem gelben Kleid, vierunddreißig Jahre alt.

Vincent saß draußen im Wagen und spielte mit seiner Waffe. Tristan, Wally und Roxanna waren einen Stock über ihr. Freunde überall, nur Sekunden entfernt.

Meine Maman liebte Efika, aber geboren wurde sie in Voorstand. Die Voorstander haßten nicht sie persönlich. Sie stahlen ihr das Leben – Manzini, der VIA, irgendwer. Es war nichts Persönliches. Sie nahmen Tristan ihr Leben fort, nichts Persönliches. Sie bedachten nicht die Konsequenzen. Sie dachten nicht einmal daran, daß sie dem Jungen, als er seine Maman um zwei Uhr früh fand, einem Grauen aussetzten, das er sein ganzes Leben in sich tragen würde, das Bild seiner toten, häßlichen Mutter, die an einem hellgrünen Seil hing.

Tristan kam die Treppe herunter, weil er ein Geräusch hörte, und er dachte, die Meisterstunde seiner Mutter würde gleich beginnen. An der Treppe fehlte sein grünes Seil. Er stieg eine Stufe nach der anderen hinunter. Langsam. Er hörte das Handgemenge. Theater sind immer voller Streitereien, Rufe, Geschrei – das ist das Geschäft des Theaters: Leben, Tod, Katharsis.

Wenn es einem nicht selbst zustößt, hat man keine Vorstellung davon, wie das Hirn funktioniert, wie es sich weigert, die schlechte Nachricht zu übermitteln, wie es nach allem, nur nicht nach der Wahrheit sucht, wie es einfach davor zurückschreckt, so natürlich, wie Wasser bergab fließt.

Tristan sah seine Mutter tot im Feu Follet hängen. Ihre Handtasche lag auf dem Boden. Ihre Augen traten hervor, ihr Unterkiefer hing schlaff herab. Sein Hirn log ihn an.

Das ist eine Maske.

Dann: *Das ist eine Übung.*

Dann: *Das ist jemand anderes.*

Dann: *Das ist Natalie.*

Nur der Geruch. Vergiß ihn. Es war ein Geruch. Ich kann nicht ins Bad gehen, ohne an den Tod meiner Maman zu denken.

In der Nacht, in der meine Mutter starb, stießen der Blauen Partei noch andere Dinge zu – Landskandale[59], Geldskandale[60], sie sprießten aus dem Boden wie Pilze nach einem Regen. Ich kannte weder Gesicht

---

[59] Hélène Rivette, Finanzministerin im Schattenkabinett, wurde beschuldigt, Nutznießerin einer illegalen Landparzellierung in Berthollet gewesen zu sein. Die Dokumente, die dies »beweisen« sollten, fanden sich am Tag nach dem Tod meiner Mutter in allen Zinen. Eine Woche nach den Wahlen war klar, daß diese folgenschweren Anschuldigungen jeder Grundlage entbehrten. [TS]

[60] Eine Reihe von Telefaxen (zuerst im *Zinebleu* abgedruckt), die zu beweisen schienen, daß Jack Mifflin und St. John Theroux jeweils 100.000 Dollar von französischen Flugzeugbauern erhalten hatten. Diese Dokumente, die sich später als gefälscht herausstellten, hatten maßgeblichen Anteil daran, die Politik der Blauen hinsichtlich bewaffneter Neutralität in Mißkredit zu ziehen, und sorgten natürlich dafür, ihre Glaubwürdigkeit noch weiter in Frage zu stellen. [TS]

noch Namen von Gabe Manzini, aber er war ein As, der Beste. Ein Skandal an dem einen Tag, ein neuer am nächsten. Er ließ die Blauen inkompetent und korrupt aussehen.

In der Geschichte Efikas ist der Tod meiner Mutter der einer Ehebrecherin. Man erinnert sich an sie in dem Morast aus Scham, die die Efikaner über jene Zeit verspüren.

Ich – ich zweifelte keinen Augenblick daran, was geschehen war – keine Sekunde. Noch bevor ich bemerkte, daß es keinen Hocker, Stuhl, keine Leiter gab, wußte ich es. Ich konnte nicht zu ihr hinaufreichen, aber ich schnitt mir die Maske mit einem Teppichmesser herunter. Ich konnte nicht zu ihr hinaufreichen, aber ich zertrümmerte Bruder Maus mit einem Ziegelstein. Wally war dabei. Vincent war dabei.

Es war Wally, verdammt, der gute Wally, der eine Leiter holte.

Ich zerschmetterte die Maske, zerstampfte Holz und Farbe. Mein wirkliches Gesicht war nur Schnodder, Tränen, Sabber. Ich hielt es in die Scheinwerfer der Vid-Kamera und schrie sie an.

Ich war nicht im Vid zu sehen. Rausgeschnitten. Kein Teil der Geschichte.

ZWEITES BUCH
Reisen in Voorstand

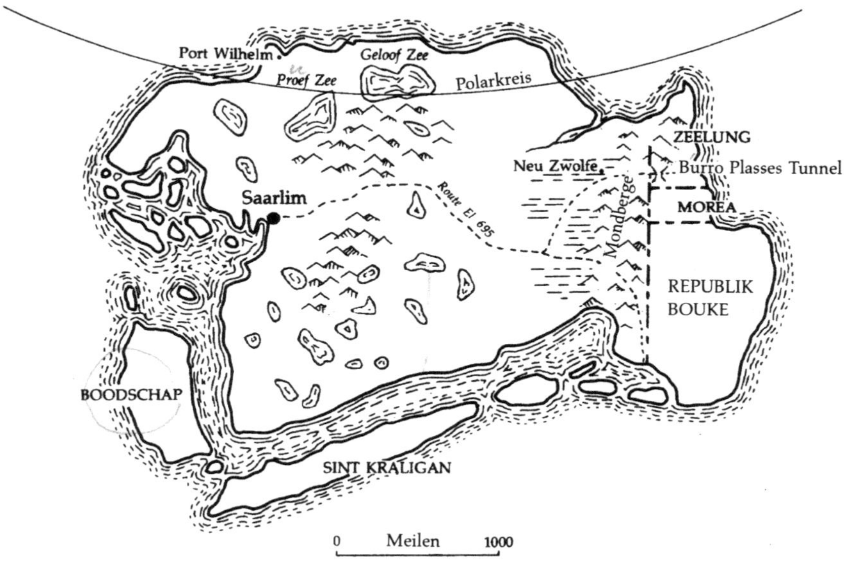

Voorstand

Bruder Maus rettet Onkel Ente

Wie jeder weiß, hieß der Heilige, bevor er ein Heiliger wurde, Meneer Van Kraligan. Als er noch ein Sünder war, lebte er ganz nach der althergebrachten Art, und er hielt einen Bruder gefangen und sperrte ihn in einen Käfig.

In einem Falle aber geriet er an Onkel Ente, und er fütterte ihn wie verrückt mit Mais, fütterte ihn mit Hirse-Kleie-Brei, braunen Erbsen, ja sogar mit der warmen Milch und dem Müllerbrot, das seine Kinder auf den Tellern ließen.

Onkel Ente fraß – er konnte nicht anders –, aber er weinte. Er fraß und weinte, fraß und weinte, und je mehr er fraß, desto schlimmer fühlte er sich, denn er wußte, daß man ihn bald schlachten würde.

Der Heilige saß neben der Feuerstelle und dachte an das Fleisch des Onkels – mit abgehacktem Kopf undsoweiter. Er hegte aus Herzenslust fürchterliche Gedanken, als ihm Bruder Maus in all seiner pelzigen Pracht erschien.

In dem einen Augenblick war nichts, im nächsten war er da, mit glänzenden Knöpfen, und er stand felsenfest wie eine Gelbeiche an einem Montagmorgen. Seine schwarzen Ohren waren gespitzt. Seine Zähne waren weiß. Seine Augen so strahlend wie ein Engel des Herrn.

In der einen Minute nichts. In der nächsten stand er so felsenfest da wie ein Mühlstein.

»Hallo, Meneer Van Kraligan«, sagte er zu dem Heiligen, der noch kein Heiliger war.

»Hallo, Bruder«, sagte der Heilige. »Was machst du denn hier?«

»Ich werde dich dazu bringen, Onkel Ente laufen zu lassen«, sagte die Maus.

»Ach, wirklich?« entgegnete der Heilige. »Das glaube ich nicht.«

»Es ist eine Sünde, einen Bruder gefangen zu halten«, sagte die Maus.

»Was du da sagst, ist Ketzerei«, sagte der Heilige. »Ich weiß das, weil es vom Papst dafür erklärt worden ist, und deshalb ist das gesamte

Kloster ja auch nach Voorstand verbannt worden. Ich nehme nicht an«, sagte der Heilige, »daß der Papst dir etwas anderes gesagt hat?«

»Der Papst nicht«, erwiderte Bruder Maus. »Aber der Erzengel Gabriel hat mich geschickt, dir das zu zeigen.«

Daraufhin erhob sich Bruder Maus vom Boden. Er drehte sich fünfmal in akrobatischer Perfektion um die eigene Achse. Dann hüpfte er kopfunter auf dem Tisch auf und ab, und dabei furzte er, furz, furz, furz, furz – und brachte den Heiligen zum Lachen.

Er schlug einen Purzelbaum und landete auf dem Bauch.

Der Heilige fand, das sei das Lustigste, was er je gesehen hatte, eine kleine Maus, die auf seinem Küchentisch Sirkus spielte.

»Warte hier«, sagte er. »Ich hole die Kinder.«

Und er ging los, lachte und seufzte und kratzte sich den dicken Hintern.

Und als der Heilige zurückkam, sah er, daß seine Ente verschwunden war. Nur die Maus war noch an ihrem Platz.

In dem einen Augenblick stand Bruder Maus da, so felsenfest wie eine Gelbeiche an einem Montagmorgen, die Knöpfe glänzten, und er tippte mit dem Spazierstock auf den Boden. Seine schwarzen Ohren waren gespitzt. Seine Zähne waren weiß. Seine Augen so strahlend wie ein Engel des Herrn.

In dem einen Augenblick stand er da, felsenfest wie ein Mühlstein.

Im nächsten Augenblick war er verschwunden.

Geschichten von Bruder Maus, Badberg-Edition

Rattenmann, Fetter Mann

Rattenmann, fetter Mann in seinem Bett,
Mästet die gold'ne Gans kugelrund fett,
Rattenmann, fetter Mann, Husten und Hund,
Dreckige Schlange, leckender Schlund,
Back einen Kuchen, glasier ihn dann,
Bete Ratten und Jesus an.

Efikanisches Volkslied, ca. 301 EC (zitiert nach:
Knittelverse und Strandgut: Ungehörtes in Voorstand,
Inchsmith Press, London)

1

Ich gehöre nicht zu jenen Ootlanders, die Sie persönlich für alles verantwortlich machen, was Ihre Regierung jemals getan hat, also lassen Sie mich klarstellen: Ich weiß, daß Sie nicht für den Tod meiner Mutter verantwortlich sind. Ich gehe von Ihrer persönlichen Unschuld aus, während ich dies schreibe, und glaube, daß Sie weder Gabe Manzini kennen noch irgend etwas über seine kriminellen Machenschaften wissen.

Das glaube ich Ihnen, und so glauben Sie mir bitte folgendes: daß ich die gefährliche Reise in Ihr Vaterland, *zwölf Jahre,* nachdem Agenten aus Voorstand meine Maman ermordeten, *nicht* unternahm, um Ihrer Nation Schaden zuzufügen – wie Mrs. Kram es Ihnen immer noch einreden möchte.

Es stimmt, ich bin illegal in Voorstand eingereist, aber illegal nur deswegen, weil sich Ihre Regierung weigerte, die entsprechenden Stempel in meinen Reisepaß zu drücken, eine Situation, die hinwiederum durch meine eigenen Handlungen ausgelöst worden war – gewisse beleidigende Schriften, die ich viele, viele Jahre zuvor, in der Zeit nach der Ermordung meiner Mutter, geschrieben und veröffentlicht hatte.

Es ist mir klar, daß es niemand gern hat, sein Land als »Giftdrüse« oder »heimtückische Krake«[61] beschimpft zu bekommen, aber bitte denken Sie daran: Meine Welt lag in Trümmern.

Alles, was mir erlaubt hatte, meine prekäre Existenz, meine Illusion von Talent, meine Sicherheit, meine Kraft zu erhalten, all dies starb mit

[61] »Wenn wir uns einbilden, das sei alles nur eine Frage der militärischen Verteidigung, dann machen wir uns was vor. Unsere größte Verteidigung ist unsere Kultur, und die grausame Wahrheit ist – wir haben keine. Die Bedingungen unserer Allianz verbieten uns (zum Beispiel), eine zweiprozentige Steuer auf ihre Sirkus-Karten zu erheben, um damit unsere Theater zu fördern. Sie nennen es Handelshemmnis, aber wir wissen, daß jede Eintrittskarte, die wir für den Sirkus kaufen, uns schwächt, uns weiter in den Sumpf zieht, uns erstickt. Wenn wir der heimtückischen Krake entgehen wollen, dann muß unsere Flucht endgültig sein. Eine Zeitlang werden wir arm sein, ohne Schutz und, ja, gelangweilt.« Aus »*Was werden wir tun?*« von Tristan Smith.

meiner Mutter. An einem Tag war ich Napoleon. Am nächsten war ich ein Feigling.

Ich hatte Angst, ebenfalls umgebracht zu werden. Ich hatte Angst vor der Straße, Angst vor vorhanglosen Fenstern, unverschlossenen Türen, Geräuschen in der Nacht. Und dennoch wollte ich kein *kompletter* Feigling werden. Als Teenager schrieb ich die politischen Pamphlete und Briefe, die Sie immer noch nicht vergessen können. Ich glaubte, daß Sie überwachten und abhörten, und ich hatte recht. Ich hielt die Türen verschlossen, und meine Angst köchelte und brodelte. Ich schlich wie eine gereizte Küchenschabe im schimmeligen Feu Follet herum, und als niemand kam, um mich zu töten, machte das auch nichts, weil ich bis dahin schon Angst vor der Luft auf meiner Haut und vor dem Himmel selbst hatte.

Ist es hochtrabend zu sagen, daß ich Angst vor einem Attentat hatte? Dann soll es so sein: Ich war hochtrabend.

Ich übte weiter meine Zirkusschwünge und Stürze, ich jonglierte – das ganze illusionistische Repertoire, aber ich tat es mit einem Schamgefühl, weil ich nicht den Mut besaß, die Große Gestalt zu sein, wie ich es mir früher eingebildet hatte. Ich aß zuviel. Ich schlief. Mein blasser weißer Bauch wölbte sich, während meine Beine so dürr und verdreht blieben wie immer.

Es war Wally, der die Axis 9iL-Computer aus der Universität von Chemin Rouge stahl. Sein Motiv war einfach Unterhaltung. Er glaubte, ich würde *Katz & Maus, Chessmaster* und *Battlefield* spielen, und ich spielte diese und auch andere Spiele, aber meine Lethargie verschwand nicht, bis ich herausfand, daß ich den Axis 9iL einsetzen konnte, um Geld zu machen. Daraufhin veränderte sich mein Leben über Nacht.

Während die Jungen und Mädchen in meinem Alter sich küßten und auf den Rücksitzen der elterlichen Autos die Beine umeinanderschlangen, hockte ich mit weißen Augen vor meinem Bildschirm, angeschlossen an Finanzdatendienste wie »Voorstand-on-line« und »Uptrend«. Ich war ein Teenage-Börsenmakler.

Ich kam nie über Level Fünf von *Katz & Maus* hinaus, aber die Börse war eine ganz andere Geschichte. Ich überredete Vincent (den Vermögensverwalter der Hinterlassenschaft meiner Maman), einen Teil meines Erbes freizugeben, um ein Konto einzurichten. Der Start war schwierig, aber zwei Jahre später erzielte ich Erlöse zwischen fünf und zehn Prozent im Monat. Das war zwischen 386 und 393, Jahren der Hausse, und ich war einer jener Flippermagier[62], die den Markt zum Zusammenbruch führten – ein Impulskäufer. Ich spielte das Spiel, das Kinder so gut beherrschen – reine Mathematik, Trends, Umschwünge, plötzliche Kursanstiege. Verdiente ich mit Giftmüll Geld? Vielleicht. Kaufte und verkaufte ich Sirkus-Aktien? Wer weiß? Mich interessierte nur der Wertzuwachs.

Als erstes setzte ich meine Gewinne ein, um das Feu Follet sicherer zu machen. Ich engagierte eine Wachgesellschaft. Ich brachte Gitter vor den Fenstern an, installierte ein elektronisches Alarmsystem. Doch dann suchte ich Sicherheit im Geld selbst. Man könnte sagen, Mammon wurde meine Maman. Ich muß nicht darauf hinweisen, was für ein Betrug das war.

Es war natürlich nicht nur Tristan Smith, bei dem die Ereignisse des 20. Januar Narben hinterließen. Selbst nach all diesen Jahren haben efikanische Politiker nicht vergessen, was mit jenen geschieht, die sich unserer großen und mächtigen Allianz widersetzen. Selbst die Blaue Partei ist, gelinde gesagt, pragmatisch geworden. Sie können so viele Navigationskabel durch unsere Höhlen ziehen, wie Sie wollen. Lassen Sie Ihr Giftwasser ab, wo es Ihnen paßt. Unsere Regierung wird Ihnen keinen Ärger machen.

Nach dem Tod meiner Maman strebte ich in einer Weise nach Reichtum, die sie äußerst irritiert hätte, aber das Leben ist niemals einfach, und ich blieb manchen ihrer Ideale treu, anderen nicht. Und während ich noch auf den mächtigen Wogen der Hausse ritt, war ich in der Gruppe 20. Januar[63] aktiv, schrieb meine Pamphlete und Leserbriefe.

Und dies ist der Grund, nehme ich an, warum Sie sich zwei Tage nach meinem zweiundzwanzigsten Geburtstag weigerten, mir ein Touristenvisum auszustellen. Dies ist der Grund, warum Sie immer noch glauben, daß mich ein politisches Motiv dazu bewegte, mein blinzelndes Mak-

---

[62] Ein »Pin-ball Wizard«, ein Zauberer des Flippers, verächtlicher Ausdruck für jene Makler, die für die computergesteuerte Verkaufswut verantwortlich sind, die zum Crash vom 7. Mai 393 führte.

[63] Eine radikale nationalistische Gruppe, die sich zur Erinnerung an Felicity Smith' Todestag so nannte. 387 wurden zwei Gruppenmitglieder wegen Waffenbesitzes angeklagt und zu fünf beziehungsweise sieben Jahren Gefängnis verurteilt. Von dem Zeitpunkt an hielt man die Gruppe für zahnlos.

lergesicht ans helle Tageslicht zu zerren. Sie wollen immer noch wissen, warum, warum ich wirklich mein sicheres Haus verließ und in meinem Rollstuhl zur Werft 25 hinunterrollte. Was für eine Geschichte steckt dahinter? Warum ließ ich es zu, daß ich bei Morgendämmerung von einem schwankenden Fisch-Trawler auf die moreanische Küste geworfen wurde?

Ich würde Ihnen natürlich viel lieber erzählen, wie Wally, Jacques und ich das »große historische Meer« überquerten, wie Sie es nennen, und wie wir in Gesellschaft von Dieben durch einen Tunnel nach Voorstand kamen, Leona, der Vermittlerin, begegneten, wie wir neben dem Highway auf die Altäre des Haarigen Mannes stießen, die Großen Ebenen Voorstands, die mächtigen Erdwälle, Dämme und Seen überquerten und die riesigen Sirkuskuppeln wie Pilze nach einem Regen überall aus dem Boden sprießen sahen.

Wir hatten eine tolle Zeit, bevor die ganze Geschichte in Peggy Krams Trothaus scheiterte, toller, als Dr. Laroche und Dr. Eisner jemals gedacht hätten, als ich geboren wurde. Liebe, Freude, Abenteuer – all das liegt noch vor mir, und vor Ihnen, aber ich weiß, ich drücke mich vor Ihrer Frage.

Sie wollen wissen, warum ich den Ort verließ, an dem ich in Sicherheit war. Warum ich es für nötig hielt, Wally Paccione nach Voorstand einzuschleusen.

Um Ihnen das zu sagen, muß ich Sie – tut mir leid – zurück in die dunkle, geschlossene Welt des Feu Follet führen, zu einer Zeit, da es dort nicht nur nach Tod riecht, sondern auch nach moderndem Sägemehl, alten Orangenschalen, verschüttetem Wein und vergammelten Schinkensandwiches. Ich werde Sie in einen Starbuck setzen. Ich werde eine Show geben – ich spiele gleichzeitig WALLY, ROXANNA und TRISTAN.

Wir schreiben das Jahr 382. Es ist März, und die Regenzeit ist gerade vorüber. Felicity ist seit fast zwei Monaten tot.

Das Licht geht an und zeigt ROXANNA und WALLY tanzend. TRISTAN beobachtet sie von seinem Platz aus.

2

Es ist elf Uhr morgens, und die Straßen von Chemin Rouge sind blendend weiß und klebrig vom Geißblattduft. Die Bougainvillea steht braunrot und purpur auf den einsackenden Verandadächern, und die Papaya sind wieder orangefarben genug, um die Krähen zu verlocken, ihre Schnäbel tief in das samenvolle Innere zu bohren.

Im staubigen, dunklen Feu Follet tanzt ROXANNA mit WALLY. Sie trägt ein rotes Kleid, die Träger im Nacken verknotet, das den kleinen schwarzen Leberfleck mitten auf ihrem weichen weißen Rücken enthüllt. Sie trägt kleine herzförmige Ohrringe mit winzigen roten Steinen in der Mitte. Sie hat schwarze, hochhackige Schuhe mit einer komplizierten Reihe von Riemchen an, mit denen sie an ihre festen, strumpflosen Knöchel gebunden sind. Sie läßt ihr krauses, dauergewelltes Haar am weißen Baumwollhemd ihres Tanzpartners ruhen. Sie sind nun ein Paar. Sie sind durchs Feuer gegangen, und so, wie man bei einem Patienten auf der Intensivstation die Fäden eines Kleiderstoffs in die Haut eingebrannt finden kann, so haben sie sich einander eingeprägt.

Sie tanzen, und ich, DER JUNGE TRISTAN, schaue ihnen zu. Ich bin eine andere Person, sitze in meinem Clubsessel und presse meine dürren Ärmchen fest gegen die Brust. Meine weiße, goldgefleckte Iris läßt den Blick nicht von ihnen, während die beiden tanzen. Einen Foxtrott, ohne Musik, Sägemehl auf dem Fußboden.

In der Manege liegt das zerknüllte rosafarbene Papiertaschentuch, das Roxanna benutzt hat, um meine Spucke von ihrem Gesicht zu wischen.

Hinter dem Taschentuch, halb versteckt in den Falten des schwarzen Samtvorhangs, der das Theater vom Foyer trennt, steht der Grund, warum ich sie angespuckt habe – der Picknickkarton. Darin befinden sich ein leuchtend orangefarbener Käse, ein Laib frisches weißes Knüppelbrot, Äpfel, Weingummi, Croix-Kuchen, eine Flasche sehr kaltes Bier, in Zeitungspapier gewickelt, Gläser. Roxanna hat eine zusammengelegte Decke. Sie hat das rote Sommerkleid meiner toten Maman umgeändert und glaubt, daß es niemand merkt. Wally drückt seine Nase gegen die Haut hinter ihrem Ohr. Sie kann spüren, wie er sie einatmet, wie immer, wenn sie miteinander schlafen und er die Luft aus ihren Poren inhaliert.

Ich sage nichts. Ich habe das Kleid angestarrt, als sie hereinkam, aber ich sage nichts. Ich sitze in der Mitte der Manege in dem Clubsessel, den sie dort für mich hingestellt haben. Ich halte ein verbotenes Buch im Schoß. Es heißt *Ohne Zustimmung – Voorstands Geheimdienste am Werk*.

Seit dem Mord an meiner Maman schlafe ich nicht in einem Zimmer mit Fenster. Das ist das eine Problem.

Roxanna wird verrückt, das ist das andere. Außerdem hat sie Gott versprochen, alles zu unternehmen, was nötig ist, um meine Schmerzen zu lindern. Sie gibt sich ganz meiner Genesung hin.

Seit dem Tod meiner Maman habe ich das Theater kaum verlassen. Wenn ich das wirklich will, dann findet Roxanna das in Ordnung. Schließlich ist sie meine Krankenschwester. Im wahren Leben jedoch erdrückt sie das Gebäude, es hockt auf ihr. Es ist, als hockte ein fetter Hintern auf ihrem Gesicht. Sie hat Gott angefleht, ihr bitte Luft zu lassen, aber was kann ER schon tun?

Sie ist fünfundzwanzig, hat schon geglaubt, sie sei nicht mehr zu retten, aber in der Nacht des Mordes spürte sie, wie sie sich in etwas Strahlendes verwandelte. Sie nahm mich, mein anderes Ich – DEN JUNGEN TRISTAN – das winselnde Kind –, sie nahm mich mit zu sich ins Bett, wiegte mich in ihren Armen, badete mich, trocknete mich ab, sang mir vor, ölte meine trockene, schuppige Haut ein, schminkte mein fürchterliches Gesicht blau und gold und silber. Sie war eine Krankenschwester, eine Nonne, endlich jemand, zu der man aufschaute.

Dann setzte das trockene, heiße Wetter ein, zwei Wochen zu früh. Man konnte den warmen, salzigen Nordwind auf der Haut spüren, konnte auf den Stufen des Feu Follet stehen und über das hohe Gras auf dem unbebauten Grundstück gegenüber die Fischerboote sehen, die in drei Meilen Entfernung den Hafen verließen.

Roxanna betete für meine Gesundheit, und sie packte mir ein Picknick mit Weingummi und Croix-Kuchen ein. Ich willigte ein mitzugehen. Ich dachte, ich könne hinausgehen. Dann stand ich auf den Stufen, und mir stockte der Atem. Ich meinte, ich würde gleich in Ohnmacht fallen. Ich konnte nicht weg. Als sie versuchte, mich gegen meinen Willen hochzuheben, spuckte ich ihr ins Gesicht.

Ich wollte nur dort leben, wo meine Mutter gestorben war. Im Umkreis von fünf Metern. Werden Sie mich auslachen, wenn ich Ihnen sage, daß ich mich dort am sichersten fühlte? Im tiefsten, dunkelsten Loch der Erde?

Ich saß da mit meinem Buch, immer demselben Buch. Ich verstand es nicht, aber ich erlaubte niemandem, mir ein Wort davon zu erklären. Ich war elf und wild wie ein Tier.

ROXANNA sieht über WALLYS weiße Baumwollschulter hinweg, und da sitze ich – ihre Erlösung, ihre Nemesis, auf meinem Sessel, mit glühenden Augen und laufender Nase, dicker Sabber tropft mir aus dem offenen Mund.

Sie hat Wallys weißes Baumwollhemd gebügelt. Während sie tanzen, kann sie die erotische Mischung aus Mann und Baumwolle riechen.

Den Mund nah an Wallys Ohr, flüstert sie etwas. Wally nickt mit der Nase an ihrem Hals.

»Ich bleibe nicht hier«, ruft sie zu TRISTAN SMITH hinüber. »Ich gehe raus.«

»Jemand muß ... bei mir bleiben.«

»Komm schon, Rikiki«, sagt Wally. Er macht sich von Roxanna los und kniet vor mir. »Komm, Junge, du wirst dich gleich viel besser fühlen.«

»Das ist ... mein Theater.«

»Natürlich ist das dein Theater«, sagt er. »Wir gehen schwimmen, im Meer.«

»Du mußt ... hierbleiben.«

»Wally *muß* gar nichts«, sagt Roxanna.

»Er muß bleiben ...«

Roxanna schaut mich an und sieht Drool, das Phantom – weit aufgesperrter, sabbernder Mund. »Wally hat das Recht auf ein eigenes Leben wie du.«

»Wenn meine Mutter hier wäre ... würdest du nicht so reden.«

Rox holt Luft, bevor sie antwortet. »*Komm* schon, Tristan.«

Sie macht kehrt und geht in Richtung Foyer.

»Wo gehst du denn hin?« Das ist nicht ROBERT BRUCE, der spricht, nicht NAPOLEON. Das ist eine Krähe, eine Möwe, etwas auf einer Müllkippe. Meine Stimme ist hoch und krächzt vor Angst. »Du denn hin« klingt bei mir wie »duheninn«.

Roxanna erwidert, »Ich trage das Essen in den Laster.«

Mit dem Picknickkorb steigt sie die Vorderstufen hinab. Sie sieht zwei frisierte Autos, die die Gazette Street hinunterfahren und die Abkürzung zum Boulevard des Indiennes nehmen. Zwei Jungs vorne, zwei

Mädchen hinten. Auf den hinteren Ablagen der Wagen kann man Strandtücher sehen, sie lassen die Kupplung schnalzen, als sie an der Taxizentrale vorbeikommen, und Roxanna, die die teerklebrige Straße zum Laster überquert, hüpft einmal über die gestrichelte weiße Linie. Es wirkt alles ganz normal.

Sie schließt den Laster auf, stellt den Korb hinter die Sitzbank, öffnet die Tür an der Fahrerseite, setzt sich auf den Platz neben das Handschuhfach und sucht in den Bändern nach »Strandmusik«.

Sie hört mich kommen, bevor sie mich sieht – mit kreisenden Armen, spuckend, heulend, wie eine Katze fauchend. Roxanna springt vom Laster und macht die Tür auf. Wally läßt DEN JUNGEN TRISTAN in der Kabine los, und ich krabble, kämpfe, kralle wie eine Wildkatze und klettere über die Sitzbank in die Dunkelheit dahinter.

Meine Wärter steigen ein und drehen die Musik laut.

Ich finde die Picknicksachen und werfe damit: Käse, Brot, Äpfel.

Sie sind noch nichtmal auf dem Boulevard des Indiennes, als die Bierflasche zerschmettert. Roxanna sieht mich, wie ich auf dem Rücken liege, Arme und Beine in die Luft gestreckt, und wie ein Hund im Staub in den Glasscherben rolle. Und obwohl mir das Glas die Haut zerschneidet, starre ich sie unverwandt an.

Krieg.

3

Als sie mich aus dem Krankenhaus zurückbekamen, war Rox sehr freundlich zu mir. Sie breitete die Picknickdecke auf der Bühne aus, zu meinen Füßen. Sie legte weiche Kissen in meinen Sessel, damit ich mich zurücklehnen konnte, ohne daß mir die Schnittwunden weh taten. Sie packte jeden einzelnen der kleinen rosa überzuckerten Croix-Kuchen aus, schnitt sie auf und bestrich sie mit Brombeermarmelade.

Was immer sie in jener Nacht auch mit Wallys Tümmler im Bett anstellte, es war auf jeden Fall mehr, als sie je zuvor getan hatte. Als er die Engel sah, machte er tief im Hals hohe, harte Töne. Immer und immer wieder. Am Morgen pfiff er und fuhr den ganzen Weg zum Hafen, um frische Brassen zum Frühstück zu kaufen.

Kaum war der Lastwagenmotor gestartet, stand Roxanna auf, schlang

Wallys blaukarierten Morgenmantel um sich und kam in mein Zimmer. Sie war immer noch sehr freundlich zu mir, aber ihre Augen waren blutunterlaufen, und auf ihrem Gesicht lag eine Härte, die ich bisher nicht gekannt hatte.

Sie nahm mir *Ohne Zustimmung* aus der Hand und schob es so unter mein Kopfkissen, daß der Eindruck gar nicht erst aufkam, sie mische sich ein. »Draußen ist ein schöner Tag, Rikiki.«

Sie legte ihren Kopf zur Seite, so als wartete sie auf eine Antwort.

»Kein schöner Tag«, sagte sie. »Offensichtlich.«

Sie kniete sich vor mich hin und machte ihre Handtasche auf. Zuerst dachte ich, sie suche nach einer Zigarette, doch als sie sich wieder mir zuwandte, hielt sie etwas in ihren geschlossenen hohlen Händen. Dann lächelte sie. Einen Augenblick lang war sie die alte Rox. Sie pustete über die verschränkten Finger, wie Wally beim Zaubern. Ich konnte den sauren Wein in ihrem Atem riechen. Alles an ihr war so vertraut, so sehr ein Teil von mir, daß selbst dieser Geruch, der zu Beginn so fremd gewesen war, nun Trost und Sicherheit signalisierte – Frühstück, warme Laken, Buttertoast, in ihren Armen gegessen.

»Mo-chou«, sagte sie. »Hörst du mich, Chocolat? Willst du mein Geschenk sehen?«

»Na gut«, sagte ich. Ich setzte mich im Bett auf.

Sie öffnete ihre weißen Hände – auf ihrer Handfläche saß ein kleiner Squish-mak-Frosch, hellgrün, mit langen gelben Streifen.

»War er ... die ganze Nacht ... in deiner Tasche?«

»Schau«, sagte sie.

»Ich weiß ... ein Squish-mak.«

»Die Welt ist schön.«

»Ich *weiß*.«

»Das vergißt man so leicht.

»Du verstehst ... gar nichts.«

Sie preßte die Augen zusammen. »Vorsichtig, Mo-camarad.« Sie hielt mir den Frosch vor die Augen. »Schau«, sagte sie. Sie lächelte wieder. Der Squish-mak war feucht und glänzend, von einer Art Limonengrün. Er hatte große, weit aufgerissene Augen und lange dünne Finger. »Gott hat ihn geschaffen, genau wie dich.«

Ich sagte nichts.

»Und?«

Ich konnte sehen, wie müde sie war, ihre Haut, ihre roten und gelben Augen. Sie hatte einen roten Weinrand um die Lippen.

»Verstehst du, was ich dir sagen will?«

Ich wußte nicht, was ich darauf erwidern sollte. Ich zuckte mit den Schultern.

»Willst du mein Leben ruinieren?« fragte sie plötzlich. »Willst du das?«

»Nein«, sagte ich, und das stimmte. Ich liebte sie, liebte ihren Duft nach Lippenstift und saurem Wein, ihre gefurchte Stirn, den feinen blonden Flaum an ihrem Kinn, den man nur sehen konnte, wenn das Sonnenlicht auf ihren Hals fiel, die eingerissene und abgekaute Nagelhaut, wenn sie die roten Aufsteck-Fingernägel abmachte, die Art, wie sie die kleinen schmalen Finger zurückbog, wenn sie einen Punkt erläutern wollte, die blauen Flecken an ihren Knien, an denen sie nun mit den Fingern rieb, so als könnte sie sie wegradieren.

»Mein Leben bisher ist mies gewesen«, sagte sie. »Ist dir klar – daß ich bald sechsundzwanzig bin?«

»*Dein* Leben?«

»Um Gottes willen«, sagte sie. »Dein Leben ist doch in Ordnung. Niemand wird dir etwas tun. Es sind zwei Monate vergangen, Tristan. Nichts ist dir zugestoßen. Und das wird es auch nicht. Du bist doch nicht politisch. Niemand glaubt, daß du eine Bedrohung darstellst. Und wenn, dann nur für mich. Ist dir eigentlich klar, was im Krankenhaus passiert ist?«

»Sechs Stiche ...«

»Sie haben gedacht, Wally und ich hätten dich so zugerichtet. Dieser Typ mit der Brille hätte beinahe die Gardiacivil gerufen. Ich sollte Angst haben, nicht du.«

»Tut ... mir leid.«

»Ich habe schon mal ein Haus niedergebrannt. Es ist nicht klug, mich nervös zu machen. Bitte sag, daß du uns gehen und woanders leben läßt. Wir könnten glücklich sein, wir alle.«

Sie machte die Handtasche auf und ließ den Frosch hineingleiten. Sie ließ die Tasche zuschnappen und klemmte den Fuß des Tieres zwischen den zwei goldenen Schließen ein. Sie schien nicht zu bemerken, was sie angerichtet hatte.

»Das kannst du mir nicht antun«, sagte Roxanna zu mir. »Das kannst du nicht.«

»Schau.« Ich deutete auf den Frosch.

Roxanna folgte meinem Finger zu ihrer Handtasche, schien aber nichts zu bemerken. »Ich liebe den Mann, verstehst du? Ich weiß, früher nicht, aber jetzt schon.« Sie sah zu mir auf. »Er ist ein guter Mann, und er versteht mich.«

»Tut ... mir leid.«

»Ich werde ihn nicht verlieren, Tristan. Also, ich werde so nett zu dir sein wie nur irgendwas, wenn er in der Nähe ist, aber entweder schlägst du vor, daß wir wegziehen und an einem Ort mit Licht und Luft leben, oder ...«

»Oder was?«

»Oder ich verschwinde und nehme ihn mit.«

»Ich bin doch ... noch ein Kind.«

»Hör mal, Mister Machin[64], ich bin eine Frau. Er ist ein Mann. Ich kann ihn zu allem bringen, was mir paßt.«

»Das kannst du nicht ...«

»Ich will es nicht tun«, sagte Rox. Sie hängte sich die Handtasche über die Schulter. Die Froschfinger rührten sich nicht. »Ich will, daß wir alle zusammenbleiben, Rikiki, aber du mußt begreifen – wenn du dich mit mir anlegen willst, werde ich dich fertigmachen.«

»Das sag ich Wally.«

»Du weißt nicht, wer ich bin.« Sie wuschelte mir das Haar, wie sie es tat, wenn sie nett zu mir war. »Ich bring dich um, wenn es sein muß.«

4

Ich zweifelte nie daran, daß Wally mich liebte, aber ich mußte es mit Rouge, Lidschatten, Mascara, schwarzen Spitzenhöschen mit einem roten Schlitz im Schritt, Strapsen und kleinen, mit einem Nylonfaden verbundenen Silberkugeln aufnehmen. Wenn ich ihn in ihrem Bett wimmern hörte, glaubte ich, daß sie ihn zu allem kriegen konnte, sogar dazu, mich zu verlassen.

Mir kochte er Arme Ritter, aber für sie stand er um halb sechs in der Frühe auf und fuhr zum Hafen, um diese kleinen Fische zu kaufen, die

---

[64] Wörtlich: Herr Gegenstand.

sie so gern auf Buttertoast aß. Er kaufte ihr Rahm für den Kaffee. Er fing wieder an zu stehlen. Das brauchte er nicht. Das war sein Kick. Es war das Gefühl von Jugend, das ihm Roxanna verlieh. Er kam mit blutenden Unterarmen und ungerupftem Geflügel in einer Jutetasche ins Theater zurück – Enten, Gänse, Truthähne.

Er zauberte für sie, schuf aus dem Nichts das Leben eines Reichen. Er bereitete Saucen aus Blut und wilden blauen Brandyflammen. Er war wie ein verrückter Vogel, der eine Laube baut und sie mit Perlen und Silberpapier ausstaffiert. Neue Messer tauchten auf, Hackmesser, skalpellscharfe Dinger mit dicken schwarzen Griffen. Er hantierte mit ihnen wie ein Musico, tranchierte ganze Enten in Sekundenschnelle und stapelte sie auf Silbertabletts, auf denen noch immer die Gravur des Hotels Excelsior zu sehen war.

Sein Aussehen änderte sich. Er ließ sich die Haare kurz und stoppelig schneiden, wodurch Nase und Kinn noch größer wirkten. Er »ortete« noch mehr weiße Hemden, und er kam in seinen sauberen weißen Strandschuhen ins Theater gerannt und brachte Bananenkuchen mit, aber seine väterlichen Visionen waren vom Dampf des Sex vernebelt. Er berührte mich und küßte mich, aber er nahm mich in der Zeit nicht wirklich wahr.

Wenn wir zusammen waren, lächelte Roxanna und tätschelte mich so, wie sie es früher getan hatte, aber wenn Wally weg war, machte sie mir klar, daß sie Wally aus dem Feu Follet holen würde.

»In einer Woche«, sagte sie. Sie reckte einen Finger mit einem zersplitterten und abgekauten roten Fingernagel. »Sieben Tage.«

Selbst ich konnte bemerken, daß es ihr nicht gut ging. Zweimal versuchte sie, in der Nacht Feuer zu legen – ich war nicht Augenzeuge, aber ich sah Wally, der sich am Morgen um den Schutt kümmerte. Sie wollte keine Pfauen mehr, aber sie wollte Apfelbäume und einen Gemüsegarten. Das war es, worum alles bei ihr kreiste – die Unmöglichkeit, in der alten Zirkusschule glücklich zu sein. Sie zeigte mir ihre Haut. Sie hatte einen Ausschlag auf dem Rücken, der, so behauptete sie, vom Aufenthalt dort herrührte.

Mir ging es selbst nicht so gut. Aber ich war nicht darauf vorbereitet, mich von meinem Clubsessel in der Zirkusmanege zu erheben. Ich schiß dort, pinkelte, wurde in seinen aufgepolsterten Armen gewaschen. Ich wußte damals nicht, wie Ihre Agenten aussahen. Ich stellte sie mir im

Schatten vor, die Gesichtszüge hinter weitkrempigen Hüten verborgen. Ich zwang die neuen Liebenden, neben mir zu schlafen.

Rox war nicht andauernd unfreundlich, selbst wenn wir allein waren. Sie kam und brachte selbstgemachte kleine Eiercrémes mit, doch dann – während ich sie hinunterschlang – lief sie um die hölzerne Manegenumrandung, umkreiste mich, sprach mit sich selbst über mich oder betete zu Gott, mich in ein Heim zu sperren. Sie sagte Dinge auf Latein, die ich nicht verstand. Andere Male verschwand sie. Ich hoffte, sie sei verschwunden, doch dann fand ich heraus, daß sie auf der Vordertreppe gesessen hatte, um »frische Luft« zu schnappen.

Ich schlief, ich wachte auf. Ich pinkelte in den Plastikeimer. Zeit verwandelte sich in das graue, beinahe konturenlose Kontinuum, das zu einem Charakteristikum meines zukünftigen Lebens werden sollte. Doch immer um drei Uhr nachmittags, wenn Wally in der Küche seine abendliche »Überraschung« zubereitete, brachte mir Roxanna ein Perroquet und setzte sich mit einem Glas Eiswasser und einem Zine in die Reihe B.

Bei diesen Gelegenheiten versuchte ich, zu ihr durchzudringen und ihr Herz zu rühren. Ich hatte keine Ahnung, wie krank sie war. Ich war ein Kind und versuchte, ihr Mitleid zu wecken, indem ich mich krank stellte. Ich klagte über Wehwehchen und Schmerzen. Ich weinte, zog meine Schultern vor, faltete meine Arme vor der Brust. Manchmal zog sie mich an ihre Brust und sagte, sie liebe mich.

Und dann setzte ein neues Stadium ein, und es schien, als hätte mein Organismus auf meinen Willen reagiert. Ich war wirklich verschwitzt, bekam tatsächlich Fieber. Roxanna hielt mich in den Armen und flehte mich an, meine Meinung zu ändern. Selbst als ich mich übergeben mußte, bildete ich mir ein, daß ich mich selbst dazu gezwungen hatte.

Wally gab mir trockenen Toast und kochte mir Hühnersuppe, aber nichts half, ich wurde kränker und Roxanna verrückter.

Am fünften oder sechsten Abend baute sie sich vor der ersten Reihe auf, ließ ihre drallen Arme hängen, ballte die Hände zu Fäusten und begann mich anzuschreien. Sie sagte, sie sei verurteilt worden, weil sie einem Mann ein Messer in den Hintern gestochen hatte. Sie sagte, es sei unklug, sich mit ihr anzulegen. Sie sagte, sie habe Wallys Stange in der Tasche. Doch während sie dies sagte, wurde ihr Kopf roter und roter, und sie fing an zu schlucken und zu rülpsen. Sie ließ sich in einen Starbuck sinken und drückte den Kopf zwischen die Beine.

»Bitte«, sagte sie, als sie sich gefaßt hatte. »Bitte zwing mich nicht, so etwas zu tun.«

Sie runzelte die Stirn. Dann sah ich, daß sie weinte. Die Tränen waren sehr groß. Sie hinterließen runde Flecken auf den staubigen Laufbrettern.

»Warum willst du mein Leben zerstören?« fragte sie mich. Ihr Gesicht war verzerrt vom Weinen. Ihre Augen waren schwarz verschmiert. »Du bist es, der verliert«, sagte sie. »Spürst du denn nicht, was los ist?«

Zu dem Zeitpunkt war ich bereits schwer krank, hatte Magenkrämpfe und Durchfall. Es war das erste Mal, daß ich glaubte, sie schlagen zu können, aber der Sieg war niemals wieder so nahe, denn während dieses ganzen Tumults bemerkte Wally schließlich, wie krank der kleine Schauspieler geworden war.

Erst später erfuhr ich, was geschehen war, doch als ich aus dem Mater-Hospital entlassen wurde, war Roxanna aus unserem Leben verschwunden.

Hier liegt ein Geheimnis begraben, Madam, Meneer, das zu gegebener Zeit gelüftet werden wird. Doch als ich ins Feu Follet zurückkehrte, schien nichts geheimnisvoll.

Es herrschte Frieden, es gab lange, süße, ungebrochene Zeiten der Stille, lange staubgefüllte Lichtstrahlen, der Duft süßen modrigen Sägemehls in der Luft. Ich war so glücklich mit dieser Lösung, daß ich ein paar Tage brauchte, bis ich bemerkte, daß nun Wally litt. Er hatte Roxanna geliebt. Er hatte geglaubt, sie seien die beiden Seiten ein und derselben Münze gewesen.

Die Tage vergingen, und sein Schmerz ließ nicht nach. Manchmal klaute er ein wenig, um sich aufzumuntern. Manchmal kochte er neue und komplizierte Rezepte aus Gourmetzeitschriften nach. Oft saß er am Küchentisch und sah dem überquellenden weißen Schaum seines Bieres nach, der am Glas hinunterglitt.

Aus einer Woche wurde ein Monat, aus einem Monat ein Jahr, und seine Verletzung verkrustete. Wir waren wie zwei Planeten, die sich gegenseitig mit ihrer Schwerkraft gefangen hielten und nicht in der Lage waren, sich loszureißen. So ging meine Jugend dahin, und Wally wurde alt.

Und dann, gerade als man hätte glauben können, daß das alles gewesen war – als wir beide ein Paar verkrüppelter Exzentriker geworden waren, deren verschwendetes Leben Sie hätte erschaudern lassen und von deren Existenz Sie nur etwas erfahren hätten, wenn der eine gestorben und der andere verhungert wäre –, schlug ich vor, daß wir gemeinsam eine Reise nach Voorstand unternehmen sollten.

Es war ziemlich ungewöhnlich, daß ich so etwas sagte, wo ich nicht einmal bis zum Levantinerladen über die Straße ging, doch als ich sah, wie Wally darauf reagierte, welches Leben in ihn zurückkehrte, ging mir unbewußt auf, daß dies vielleicht unsere Rettungsleine sein konnte, und ich begann, mich langsam vorwärts zu bewegen, nicht gerade auf die Reise zu, aber näher hin zu deren Glanz.

Als erstes schnitten wir die Coupons aus den Anzeigen in den Zines, dann warteten wir auf die bunten Broschüren. Für lange Zeit war dies alles, wofür wir lebten – all diese wunderschönen Bilder von Voorstand in der Post. Wir wollten auf eine Sirkus-Tour durch Saarlim.

Die Vorstellung davon genügte mir – aber Wally hatte nicht vor, mir das durchgehen zu lassen. Er legte ein Datum fest. Er stellte einen neuen Krankenpfleger ein. Er kaufte einen Rollstuhl. Ich sah, wie er auflebte und im Schein der Reisebroschüren strahlte.

Ich zog in ein Zimmer mit Fenster. Ich bereitete mich vor.

5

Der Krankenpfleger auf dieser Reise hieß Jacques Lorraine, und diese Person, die sich als der neugierigste junge Mann herausstellte, der mir je begegnet ist, hatte mehr mit dem Verlauf der Ereignisse zu tun als wir wußten.

Jacques hatte sich vom ersten Vorstellungsgespräch an dadurch ausgezeichnet, daß er darauf bestand, alles zu tun, was wir von ihm verlangten. Das war für uns eine große Erleichterung. Seine beiden Vorgänger hatten sehr strikte Vorstellungen davon gehabt, was der Begriff *Pflege* zu bedeuten hatte: Phonella spülte nicht und wischte keine Fußböden, Jean-Claude machte keine Betten. Er kochte, aber wenn es im Haus nichts zu essen gab, ging er nicht los, um einzukaufen. Phonella hatte ihren Doktor in Archäologie. Jean-Claude war Flötist und sparte, um in die Alte Welt zu reisen.

Im Gegensatz zu den beiden schien Jacques keinerlei andere Ambitionen zu haben als zu dienen, nicht nur mir, sondern auch Wally. Er war Pfleger. Das war alles, was er tun wollte. Er war zurückhaltend wie ein guter Kellner, aber nicht demütig oder unterwürfig. Ganz gleich, wie sehr wir seine wahre Natur auch mißverstanden, wir wußten, selbst wenn er kochte und wusch, schrubbte und sich mit den intimen Geheimnissen meines Körpers beschäftigte, daß es sich hier um eine attraktive Person mit einem hohen Maß an Selbstachtung handelte. Er hatte eine »Macke«, und obwohl wir nicht wußten, wie groß diese Macke tatsächlich war, nannten wir ihn niemals Pissmarie oder Schwuli, nichtmal hinter seinem Rücken.

Er wechselte kaputte Reißverschlüsse aus, stopfte Socken, tippte sogar meine Aufsätze und Manifeste für die Gruppe 20. Januar. Als es nötig wurde, daß er lernte, einen Fünf-Tonner zu fahren – unser einziges Fahrzeug –, tat er es. In diesem Laster, von der Öffentlichkeit abgeschirmt wie eine Dame in einer Sänfte, chauffierte er mich zu den Gruppentreffen. Auf diese und auf andere Weise entwickelte er sich zu einer Art Idealgestalt in unserem Leben.

Er war unterdurchschnittlich groß, aber gutaussehend, hatte honigfarbene Haut, große braune Augen und Wimpern, für die Roxanna gestorben wäre. Er war leicht gebaut, aber athletisch. Er quietschte in penibel sauberen weißen Joggingschuhen durch die dunklen Zimmer des alten Gebäudes in der Gazette Street.

Damals war er nur Angestellter, aber das möchte ich klarstellen – der folgende Teil der Geschichte ist ebenso seine wie meine oder die von Wally, und nicht nur seine allein, sondern auch die jener außergewöhnlichen Familie, der er entstammte – der Vater mit seiner grotesken Leidenschaft für tropischen Schnee, die Mutter mit ihren Martinis, die unglaublicherweise auf der etwas heruntergekommenen Veranda in einer mittelständischen Straße standen.

Doch an jenem Frühlingsmorgen, als wir an Bord des Trawlers *John Kay* gingen, kam mir nicht in den Sinn, daß ich unserem frisch eingestellten Krankenpfleger in meiner eigenen Geschichte einen solchen Platz einräumen könnte. Ich war derart gespannt, hatte eine solche

Angst vor allem, was vor uns lag, und ich spürte – nicht zu Unrecht –, daß Jacques insgeheim meine Angst ablehnte.

Als er meinen neuen Rollstuhl auf der Werft 25 an den Fischerbooten vorbeischob, war ich halb tot vor Scham und Schüchternheit. Wenn wir an Männern vorbeikamen, die ihre Wassertanks füllten oder Gasflaschen luden, zog ich meinen Panama-Hut tief über die Augen. Obwohl ich von Kleidung und Hut bedeckt war, kam ich mir wie eine Schnecke vor – ohne Gehäuse, schleimig und nackt im unermeßlichen gnadenlosen Tageslicht. Wir machten uns auf eine dreitausend Meilen lange Reise, und ich war nervös, nicht nur wegen der »logischen« Ängste vor Geheimdienstlern oder Stürmen auf See, sondern wegen des Lichts, der Luft, der starren Blicke meiner Mitmenschen.

Und obwohl Sie, Madam, Meneer, mich nun zu einer Zeit kennen, da ich in der Welt herumgekommen und sogar einen Augenblick lang berühmt gewesen bin, war ich doch im September 394 immer noch ein Gefangener meiner Ängste – ich stand an Deck der *John Kay* und hatte das Gefühl, gleich in Ohnmacht zu fallen.

Jacques war Herr der Lage und schaffte es, sich nicht nur meinen Ängsten, sondern auch meinem Stolz anzupassen. Er half mir an Bord des Trawlers und stellte mich dem Kapitän vor.

Ich weiß in der Zwischenzeit, daß er schon vorab mit dem Kapitän gesprochen und ihm Fotos gezeigt hatte, die in medizinischen Berichten erschienen waren, als ich geboren wurde. Das wußte ich damals aber nicht. Sie können sich also meine Dankbarkeit vorstellen, als der Kapitän keinerlei Schreck erkennen ließ, mich ansah, als wäre ich ein Mensch, meinem Blick standhielt, nickte. Er mag vielleicht nicht *jedes* Wort verstanden haben, was ich sagte, aber er wußte, ich war der Shapoh – soll heißen, ich war derjenige, der zahlte, nicht Wally. Er gab mir höflich die Hand.

Nicht ein einziges Mal auf der fünftägigen Reise behandelte mich dieser Mann respektlos. All dies war Jacques zu verdanken. Und als Ergebnis seiner professionellen Pflege traf ich erheblich ruhiger in der kleinen Republik Morea ein, als ich seit Jahren gewesen war. Ich war zwar weiterhin Opfer von Anfällen irrationaler Panik, aber ich war nun in der Lage, mich mit Dr. Fensterheims Atemtechnik selbst zu beruhigen. Ich wurde gut versorgt, war frisch rasiert, ein wenig sonnengebräunt, und das einzige Unbehagen bereiteten mir die fünfzigtausend voorstandischen Gulden, die ich mir mit Klebeband an der Brust befestigt hatte.

In Efika besitzen wir vollautomatisierte Zahlungssysteme. Wir benutzen sie täglich, genau wie Sie in Saarlim. Als ich Voorstand auf diese Weise betrat, ohne Bankkarte oder irgendeine Kreditkarte, nur mit Bargeld an die Brust geklebt, geschah dies nicht aus Naivität oder Uninformiertheit – jedenfalls nicht so, wie Sie vielleicht meinen.

Wally und ich hatten zu jenem Zeitpunkt eine hohe Meinung von Ihrer Effizienz, Ihrer Expertenschaft. Wir stellten uns Voorstand als ein Netz aus Koaxialkabeln, optischen Glasfibern und kleinen Chips mit Gehirnen von der Größe von Elefanten vor. Wir hatten Bargeld, weil wir illegal einreisten und unsere Namen aus den Computern halten wollten, deshalb wurde ich in Morea mit fünfzigtausend Gulden, mit Pflaster am Körper festgeklebt, ins Dinghi hinabgelassen. Ein Saboteur hätte natürlich gewußt, daß dies dumm war.

An dem Morgen, als wir im Club Hedoniste, einem Urlaubsdomizil in Morea, eintrafen, roch die Luft nach überreifen Papayas. Ich hatte mich bis auf eine Lage weißer Baumwolle heruntergeschält, aber Jacques trug noch immer seine drei Hemden und die lange schwarze Jacke. Er setzte mir den Panama-Hut auf und rückte ihn schief.

Das Dinghi war bereits auf dem Weg durch die Brandung zurück zur *John Kay*. Ich stand am Strand – klein, ausgesetzt, aber ich war *da*, unter dem samtenen Himmel, und mir war ein wenig schwindlig, aber ich geriet nicht in Panik.

Es war sieben Uhr früh, und die Gäste, wenn es denn welche gab, waren noch nicht wach, um mich zu sehen. Sie verpaßten eine interessante Prozession.

Wally vorneweg. Er war immer ein wenig gebeugt gewesen, aber eher so wie ein Tischtennisspieler, wie ein Mann, der einer Geschichte zuhört. Nun ähnelte er jenen alten Männern, die man in efikanischen Fischerdörfern sehen kann, die vom Gewicht lange toter Thunfische und Blaufische ganz gebeugt waren. Er war dreiundsiebzig, ein Pensionär. Ein Großteil seiner Haare waren ihm ausgegangen, den Rest hatte er abrasiert, und er hatte seine knorrige Nase und seine fleckige Glatze mit glänzender Sonnenlotion eingeschmiert. Er trug eine Kamerahülle um den Hals, aber mit seinen dichten Augenbrauen und den stechenden Augen muß er jedem, der nicht wußte, was für ein weiches Herz er hatte, wie ein grausamer alter Vogel, eine Art Geier in sauberem weißem T-Shirt und weißen Segeltuchfrippes vorgekommen sein. Er führte uns die geborstenen Betonwege entlang an einem leeren Swimmingpool vorbei, in dem rote Farbschuppen von exotischen Fischen auf einer widerlichen Pfütze aus altem Sturmwasser trieben.

Ich trug ebenfalls Weiß – langes Hemd, lange Baumwollhose, italienische Schuhe aus Segeltuch, meinen weißen breitkrempigen Hut. Ich folgte Wally in meinem Rollstuhl, das Gesicht im Schatten verborgen.

Hinter mir kam Jacques, die Hände an meinem Rollstuhl, einen großen Rucksack auf dem Rücken. Er hatte sich für das tropische Zeelung genauso angezogen wie für Chemin Rouge – weiße Tennisschuhe, drei Lagen gemusterter Hemden, breitschultriges Jackett, die schwarzen Haare glatt nach hinten geschleckt, zwei Silberringe im linken Ohr.

Man sollte meinen, daß unsere auffällige Gruppe in Morea einen starken Eindruck gemacht hätte, aber dem Taxifahrer, der auf dem dampfenden Schotterparkplatz auf uns wartete, schien nichts Ungewöhnliches aufzufallen. Er lauschte einer lauten Rede im Autoradio, und er fuhr immer schneller, je leidenschaftlicher die Rede wurde. Das Land war arm, kaum bewohnt. Es gab etwas weißen Sand, Grasbüschel, ein paar Fischerboote mit auf der Spitze stehenden Dreieckssegeln. Dann warteten wir an der Grenzstation nach Zeelung.

Die Zollstelle ähnelte einem transportablen Klohäuschen auf einem Parkplatz, aber die Soldaten waren, ganz im Gegensatz zu ihrem Ruf, vollkommen nüchtern, trugen gebügelte Uniformen und standen stramm. Der Captain – wie aus dem Ei gepellt, goldene Tressen – verkörperte alles, was ich gefürchtet hatte, als ich mich auf die Reise machte.

Er sah mich voller Schrecken und Abscheu an. Er brüllte. Er bekreuzigte sich. Er redete wortreich und beleidigend in Altholländisch auf Jacques ein, doch obwohl ich spürte, wie das Meer aus Furcht anschwoll, starb ich nicht, fiel nicht einmal in Ohnmacht. Mir war schwindlig, ja, aber schließlich stempelte er meinen Paß ab, und wir zogen *triumphierend* weiter, Madam, Meneer, triumphierend.

Vor uns befanden sich eine Bushaltestelle, eine Lehmstraße voller Schlaglöcher und dunkeläugige Mädchen, die Mais rösteten und kleine Gläser mit Tee feilboten.

Wir waren in Zeelung. Innerhalb von zwei Stunden betrat ich mein zweites Land. Ich war Abenteurer geworden.

6

In Zeelung liefen wir durch eine Reihe von Grenzhändlern, Aasgeiern, Straßenmusikanten, Besitzern von religiösen Gegenständen und flohgeplagten Hotels Spießruten, die uns alle zu begutachten und nach einer Möglichkeit zu suchen schienen, wie sie an unser Portemonnaie herankonnten. Sie riefen uns auf Englisch und dem örtlichen Kauderwelsch aus Holländisch und Indianisch zu, bedrängten uns aber nicht. Sie lehnten und lümmelten an der fleckig-blaßblauen Mauer des Bushäuschens.

Dann gingen direkt vor ihnen die Schuhbänder von Wallys neuen Turnschuhen auf.

»Halt«, sagte ich.

»Nein«, sagte Wally.

»Willst du dir ... die Hüfte brechen?«

Wally blieb stehen.

Der effiziente Jacques war sogleich bei ihm, nahm ihm den kleinen Rucksack ab, kniete sich hin und wollte die Schuhe zubinden. Doch typisch für Wally, er wollte diese Art von Hilfe nicht in der Öffentlichkeit, und er scheuchte den Pfleger davon, so als käme seine Geste völlig unerwartet.

Phonella hätte auf diese Ablehnung beleidigt reagiert, Jean-Claude hätte darauf bestanden, die Schuhe zuzubinden, doch Jacques zog sich elegant zurück und schulterte seinen eigenen Rucksack.

Und so sahen wir alle zu – Jacques, ich, die Aasgeier aus Zeelung –, wie sich der knochenschädlige alte Mann einer großen alten Schildkröte gleich herabbeugte, um sich langsam die Schuhe zuzubinden.

Am Rande meines beschatteten Blickfeldes fiel mir einer der Zeelunger auf, eine Präsenz in weißem Hemd und mit dunklen Augen, der die knochigen Schulterblätter gegen die Wand des Bushäuschens drückte.

Ich *spürte* diesen Mann, bevor ich ihn noch richtig sah. Ich spürte ein Kribbeln im Nacken, und bevor ich ihn eingehender studierte, wandte ich mich in meinem Rollstuhl von ihm ab, um meinen kostbaren efikanischen Reisepaß unbemerkt in der geheimen Leinentasche in meinen Frippes verschwinden zu lassen.

Kaum hatte ich meinen Paß versteckt, war Wally fertig.

»Okay«, sagte er und erhob sich langsam. »Illico presto. Auf geht's.«

Er ging los, aber mein Rollstuhl folgte ihm nicht. Ich drehte den Hals. Jacques war verschwunden.

Dann sah ich ihn: im Bushäuschen. Umringt von Zeelungern.

Ich sah zu, wie er von dieser Präsenz eine Zigarette annahm und sich von dem gefährlich aussehenden Mann Feuer geben ließ. Diese örtlichen Violinisten waren kleingeraten. Jacques war noch kleiner, aber inmitten all dieser faltigen und wettergegerbten Gesichter strahlte er wie etwas Geliebtes und Wertvolles.

Die Präsenz hatte dunkle, tiefliegende braune Augen und säbelförmige Koteletten, und während ich zuschaute, richtete er eine Waffe – schwarzer Lauf, weißer Griff – auf unseren jungen Angestellten. Mir sträubten sich die Nackenhaare.

Wally rief grob, aber Jacques drehte sich nichtmal um. Die Präsenz wirkte wie ein Bühnenmagier, ein Vorführer in einem Warenhaus auf der Rue Tienture. Ich erkannte, daß dies möglicherweise eine zutiefst gefährliche Situation war, aber ich bemerkte auch – und davon kribbelte mir die Haut –, daß Jacques keinerlei Angst hatte.

Als der Mann die Patronen aus dem Revolver nahm, hatte ich das Gefühl, in einem Traum gelandet zu sein.

»Jacques!« Wally klatschte in seine großen fleckigen Hände.

Jacques drehte sich um und nickte. Zu der Präsenz sagte er, »Derthunken, un moment.«

Er kam quer über den Kies zu uns zurück, sorglos über den großen Zeh watschelnd. Ich war erleichtert, ihn so schnell wieder in Sicherheit zu sehen.

»Er kann das Vorspiel zu van Cleefs Auftritt im Helden-Sirkus«, sagte Jacques. »Er kann es nicht selbst gesehen haben, aber er kann es. Das ist die Show, in der Henk van Cleef starb.«

»Du arbeitest«, sagte Wally. »Du bist nicht im Urlaub.«

»Jedenfalls ... sieht es gefährlich aus«, sagte ich.

»Gefährlich?« Jacques lächelte mich an. Ich würde es nicht als bemitleidendes Lächeln bezeichnen. Ich konnte es nicht als herablassend bezeichnen, aber er zeigte mir die ebenmäßigen Zähne in seinem hübschen Gesicht. Er war niemand, der elf Jahre lang in einem dunklen Theater eingesperrt bleiben würde. In dem Augenblick mochte ich ihn nicht. Es war ein Schock, mir vorzustellen, daß er mich nicht mochte.

»Was dieser Mann da macht«, sagte er zu mir, »das ist ein Zitat aus einem Stück, das er nie gesehen hat.«

Und verdammt, er drehte sich um und ging wieder zu ihnen.

»In Ordnung«, rief Wally. Er hörte sich an wie ein Schafzüchter von Inkerman, der seinen Hund ruft. »Es reicht.«

»War nett, dich kennenzulernen, Aziz«, hörte ich Jacques zu der Präsenz sagen. »Gut veer enloader.«

Wally faltete die großen Hände über seinem glatten Schädel und stöhnte.

»Einen Augenblick noch«, rief Jacques zu Wally, doch während er noch sprach, führte er seinen schlanken Finger durch den Abzug von Aziz' Waffe. Er stellte sich breitbeinig hin. Er streckte seinen linken Zeigefinger in die Luft. Dann wirbelte er mit der Rechten die Waffe herum und warf sie hoch.

Die beschuhten Zuhälter und barfüßigen Diebe, die sich an der Wand des Bushäuschens aufreihten, müssen so überrascht gewesen sein wie ich, doch als Jacques die wirbelnde Waffe an der dicken Trommel packte, fingen sie alle an zu klatschen. In dem Augenblick wurde mir klar – Wally nicht –, daß Jacques nichts zustoßen würde. Die Zeelunger zogen noch mehr Waffen hervor und fingen an, dieselbe Art von Sirkustricks vorzuführen.

Jacques sah zu mir herüber und wurde rot.

Wally trat hinter meinen Rollstuhl und fing an, mich über die platte graslose Erde zu schieben. Nach etwa fünfzig Metern holte Jacques uns mit glühenden Wangen ein, und sein Kopfhörer rutschte ihm vom Kopf.

»Tut mir leid«, sagte er, als er Wally den Rollstuhl abnahm und seine Kopfhörer richtete.

»Hör mal, Jules«, sagte Wally mit jener toten, leisen Stimme, die ihre Wurzeln im Knast hatte, »wenn du noch einmal solche Zicken machst, werde ich dir weh tun.«

In der Stille, die folgte, ging mir auf, daß Wally vielleicht zu alt war für solche Drohungen.

»Hast du mich verstanden?«

»Ja«, sagte Jacques schießlich.

»Also«, Wally wies mit dem Kopf nach hinten, wo die Jungs von der Mauer sich zwanzig Meter entfernt in einem lockeren Halbkreis aufgestellt hatten, »wenn du nicht willst, daß dir diese Gauner die Kehle durchschneiden, solltest du besser den Rollstuhl schieben.«

Wir befanden uns in einer Art ungepflastertem Busbahnhof ohne Busse, drei Straßen führten hinaus. Wir folgten der breitesten durch einen Bananenhain, in dem es stark nach Exkrementen roch. Es war bereits sehr heiß, und es hatte zu regnen begonnen. Der Mann, dem der Revolver mit dem weißen Griff gehörte, folgte uns, nun allein.

»Er wird dir deine verdammte Leber aus dem Leib schneiden«, sagte Wally zu Jacques.

»Tut mir leid, Sie beunruhigt zu haben«, sagte Jacques.

Wally grunzte.

Wir gingen ein kleines Stück und holperten über die zerfurchte Straße.

»Man geht nicht einfach hin und redet mit Fremden«, sagte Wally, »nur weil man glaubt, sie sehen aus wie im Vid.«

»Mollo ... mollo«, sagte ich. »Vergiß es einfach ...«

Aber wenn Wally sich über etwas aufregte, dann konnte er es nicht lassen.

»Wenn du mit uns unterwegs bist«, sagte er, »tust du, was wir sagen. Du bist zu jung. Du kannst Scheiße nicht von Marmelade unterscheiden.«

Jacques sagte nichts.

Wir ließen den Bananenhain hinter uns und liefen nun zwischen Zwiebelfeldern. Vor uns konnten wir etwas erkennen, das wie eine chemische Fabrik und eine Autobahn aussah. Der Regen hatte wieder eingesetzt.

»Sie folgen uns«, sagte Wally. Je mehr er redete, desto wütender wurde er. Je wütender er wurde, desto schneller lief er. Je schneller er lief, desto weiter streckte sich sein glänzender Schädel nach vorn, er ging immer gebückter, und die ganze Zeit über redete er in seinem efikanischen Singsang auf die Straße ein. »Das glaub ich einfach nicht. Jetzt wissen sie, daß wir Geld haben.«

Jacques hörte auf zu schieben. Der Rollstuhl blieb stehen. Es dauerte einen Augenblick, bevor Wally es merkte, und er war fünf Meter entfernt, als er sich umdrehte.

»Ich weiß, Sie sind sauer«, sagte Jacques. »Aber es ist lächerlich, mir die Schuld zu geben.«

»Schau«, sagte Wally und zeigte mit dem Finger auf ihn.

»Sie haben uns über die Grenze kommen sehen«, sagte Jacques. »Sie brauchten nicht mit mir zu reden, um zu wissen, daß ich Tourist bin. Außerdem sind Sie selbst ja nie aus Efika weggewesen. Sie sind doch genauso aufgeregt wie ich.«

»Schau«, sagte Wally und stampfte mit dem Fuß auf. »Schau mal nach hinten, du verdammter Dummkopf.«

Es war die Präsenz mit den Sichelkoteletten. Er stand direkt hinter uns – klein, sauber, die Hände in recht flehender Weise zusammengelegt.

»Sie gehen die falsche Richtung«, sagte er zu Jacques. »Da ist nichts, kein Hotel, nichts, nur ein paar kleine Jungens, die Sie ausrauben.«

»Das wissen wir«, sagte Wally, der zurückkam, um die Kontrolle zu übernehmen.

»Sie brauchen Hotel«, sagte die Präsenz. »Sie sind arme Männer, ich weiß, Sie wollen nicht zu teuer.«

»Das stimmt, Kamerad«, sagte Wally. »Nicht teuer.«

»Sie wollen nach Voorstand, ich helfe Ihnen. Ich mache guten Preis mit Ihnen.«

»Wat is der Prijs?« fragte Jacques.

»Halt dich da raus«, sagte Wally zu ihm. »Halt dich einfach da raus.«

»Wir *machen* Preis«, sagte Aziz zu Jacques. »Man weiß nicht, was ist ein guter Preis. Wir machen zusammen, verstehen? Sie sagen eines, ich sage anderes. Wir machen Preis. So macht man unter Männern.«

»Aber nicht in Efika«, sagte Wally. »Sie nennen uns einen fairen Preis, Hotel plus Führung.«

»Sie sind von Afrika?«

»Nicht Afrika – Efika.«

Aziz schürzte die Lippen und schüttelte den Kopf. »Ein alter Mann«, sagte er, »ein kranker Mann, ein ...« Er sah Jacques an. »Ein anderer, nicht so erfahren vielleicht.« Aziz hatte kleine weiche Hände und zarte Handgelenke. Er roch ein wenig nach Seife. Er ging mit uns. »Erst Sie brauchen nettes Hotel. Nicht zu teuer, aber sauber.«

»Wir schauen es uns an ...«, sagte ich. »Sag ihm ... wir schauen es uns an.«

»Het enkelamade is het bersumin«, sagte Jacques zu der Präsenz,

»derf Hotel is bekomen nacht anajadin.«[65] Zu Wally sagte er, »Ist das in Ordnung?«

Jacques wußte, daß keiner von uns beiden die Sprache verstand, doch als er seine Frage stellte, war sein Benehmen so höflich, als frage er nach der Temperatur seines Badewassers.

Wally hielt einen Moment inne. Er zog seine Augenbrauen über die wolkigen Augen.

»Ja«, sagte er schließlich, »gut.«

7

Kaum waren wir unterwegs zum Hotel, war es, als ob der klare, scharfe Augenblick der Rebellion niemals stattgefunden hätte. Es war der ursprüngliche Jacques, der mit uns auf der Ladefläche des verdreckten alten Lasters fuhr – professionell, besorgt, auf unsere Bedürfnisse bedacht, noch bevor wir sie aussprechen konnten. Er schob seinen Rucksack hinter Wallys schmerzenden Rücken. Er zog Traubenzuckertabletten hervor, Sonnenschutzmilch, eine Unterlage, um unsere Kleidung vor dem herumhüpfenden Mist zu schützen, mit dem die Ladefläche übersät war. Er hatte feuchte Toilettentücher dabei. Er hielt seine Turnschuhe sauber.

Was eine kurze Fahrt hätte werden sollen, wurde durch zwei Reifenpannen und ein Problem mit der Benzinzufuhr unterbrochen. Die Verzögerungen unterwegs waren so groß, daß es bereits dunkelte, als wir am Ziel unserer Reise ankamen, und wir waren zu müde, um zu begreifen, wo wir waren – es kann sich um Sint Vincent, die Grenzstadt, oder Gelukfontein, ein Industriezentrum weiter nördlich landeinwärts, gehandelt haben.

Das Hotel entpuppte sich als ein Ladengeschäft, das von Verwandten von Aziz betrieben wurde. Es war nicht das, was wir erwartet hatten, aber wir waren zu erschöpft, um zu protestieren. Jacques und Wally

---

[65] Lange Zeit der Treppenwitz in Amsterdam, wird das sogenannte »Vuilnisbelt«-Pidgin Zeelungs erst seit kurzem als eigene Sprache angesehen. Weitere Beispiele für die reiche und poetische Verwendung des Vuilnisbelt-Holländisch (wörtlich: Müllkippe) finden sich in *Lieder aus Zeelung und Südostvoorstand* von Prick van Kooten (Potter Press).

trugen mich die Stufen hinunter in den Laden. Das Ziehharmonika-Metallgitter wurde hinter uns abgesperrt. Wir setzten uns und blinzelten.

Frauen in schwarzen Kleidern waren dabei, hinter sorgfältig aufgeschichteten Stapeln Fischdosen und Speiseöl Bettzeug hervorzuziehen, doch als ich in meinem Rollstuhl hereingetragen wurde, hielten alle inne. Helle Lampen wurden geholt – drei laut fauchende Gaslaternen, jede davon mit ihrem eigenen blauen Gasbehälter und langem Metallhals. Insekten mit langen irisierenden Flügeln flatterten um das Licht. Tristan Smith wurde gnadenlos angestrahlt, doch als ich meine großen blassen Augen auf meine Gastgeber richtete, schauten sie schnell weg und ließen mich allein in meinem Rollstuhl, wie einen nassen Tintenfisch, der zwischen dem Strandgut angespült wurde.

Von hinten tauchten Männer auf, um mich anzustarren und mit Aziz zu streiten. Sie ähnelten ihm derart, daß sie hätten Brüder sein können – sie hatten die gleichen Koteletten, die in einem konkaven Bogen, einem Halbmond endeten, der jenen meisterlichen Umgang mit einem Rasiermesser verriet, mit dem man Kehlen durchschnitt. Sie hatten schmale Hüften und kleine Hintern. Sie trugen Revolver in den Hosen, hinter den Bund gesteckt, den Lauf auf den Steiß gerichtet. Sie hatten dunkle Hände mit blassen Handflächen, die sie beim Sprechen ausdrucksstark einsetzten. Ihre Stimmen waren federleicht, zärtlich. Die Kinder mit ihren schmalen, geraden Nasen und den dunklen stechenden Augen ähnelten nahezu allen, die durch die im Dunkeln liegenden Türen im Laden ein und aus gingen.

Dieseldämpfe trieben von der Straße herunter durch die Ziehharmonikatüren und vermischten sich mit den fremden Gerüchen nach Trokkenfisch und Gewürzen. Wally hockte sich auf einen mit irgendwas gefüllten Sack und stützte seinen Kopf in die Hände. Jacques muß so müde wie wir alle gewesen sein, aber kaum waren wir angekommen, machte er sich an die Arbeit.

Er verachtete zwar meine Ängste, aber er besaß auch soviel Einfühlungsvermögen, meinen Stuhl in den Schatten zu schieben, um mir ein wenig Privatsphäre zu verschaffen, bevor er Aziz zu erklären begann, daß diese ungewöhnliche Kreatur sein Arbeitgeber sei und seine Aufgabe darin bestand, mir um diese Zeit ein heißes Bad zu bereiten.

Sie schienen zu antworten, daß dies nicht möglich sei.

Doch Jacques, der immer noch die Stofflagen aus Hemden und Jackett trug und dessen Augen von den Dieseldämpfen und dem Staub blutunterlaufen waren, bestand darauf. Ich verstand die Sprache nicht, aber ich war erneut beeindruckt, wie höflich und beharrlich er war. Zweimal brachte er sie zum Lachen. Er konnte sich in ihrer Sprache offenbar witzig ausdrücken, und man konnte sehen, daß sie ihn deshalb mochten, aber es gab da ein Problem mit dem Propangas, wie es schien – sie hatten nicht genug Gas, oder sie hatten genug, konnten es aber nicht für heißes Wasser verschwenden.

»Laß nur ... Mo-ami«, sagte ich.

Als ich sprach, richteten sich alle Blicke auf mich, fast alle – nur nicht der von Jacques: Er war der Pfleger, es war seine Aufgabe, mich um sechs Uhr abends zu baden, und er hatte vor, dies zu tun.

Ich drehte mich zu Wally um, aber Wally schlief, auf einem Sack Maismehl sitzend. Er hatte seine kostbaren Segeltuchschuhe ausgezogen, die Strümpfe abgestreift und seine großen, blassen, faltigen Füße entblößt. Seine große hohe Stirn ruhte in seinen trockenen Händen.

»Sag ihnen ...«, wandte ich mich an Jacques. »Ich brauche ... kein Bad.«

Sechs Paar dunkler Augen starrten mich, die Kreatur in dem Rollstuhl, wieder an. Ich legte meine großen Hände mit den roten Knöcheln vor den Mund, aber wie meine Mutter gesagt hätte, »Das nützt gar nichts.« Ich schämte mich meiner Häßlichkeit und machte es nur schlimmer – eine Gottesanbeterin mit roten Fingerknöcheln.

Eine grauhaarige alte Frau bekreuzigte sich und hielt sich dann ein Tuch vor den Mund. Sie sahen auf ihre bloßen Füße herab und schüttelten die Köpfe.

Niemand sah den hübschen kleinen Jacques an. Alle starrten das Ding in dem Rollstuhl an, bis ich gezwungen war, zurückzustarren, wie ich es früher in den Eßzimmern der Motels mit den Ultras getan hatte.

Während die Lampen fauchten, fingen die Männer wieder an zu streiten, und ihre sanften Sitmmen wurden in Glissandos aus stärker werdender Entrüstung immer höher. Die fremden Insekten sammelten sich zu selbstmörderischen Schwärmen um die zischenden Lampen.

Ich starrte an meinem Publikum vorbei in die dunklen Winkel des Ladens. In einer Ecke stand ein großer roter Tisch, auf dem Autobatterien aufgestapelt waren. Daneben saß ein hübsches dunkelhaariges

Mädchen von vielleicht siebzehn. Während ihre Familie ihre Aufmerksamkeit auf das Problem richtete, wieviel Propan ein Bad verbrauchen würde, was es kostete, was man verlangen sollte, fing sie an, eine blaue Plastikbürste durchs lange glatte Haar zu ziehen. Sie schloß die Augen vor dem blauweißen Licht der Gaslaternen. Sie drehte ihr ovales Gesicht ein wenig zur Seite.

Ich blieb im Rollstuhl, meine großen knubbligen Knöchel auf dem Schoß. Das Mädchen bürstete sich das lange glänzende Haar. Ich beobachtete sie, mein Herz tat mir weh angesichts dessen, was ich nicht haben konnte – die kleinen flachen Ohren, die gerade, ein wenig hochmütige Nase, die hohe runde Stirn, die leichte Asymmetrie ihrer Lippen, die dunklen Haare auf ihren olivfarbenen Armen, das grüne und gelbe geometrische Muster auf ihrem Baumwollkleid. Sie wußte, daß sie beobachtet wurde. Sie spürte meinen Blick.

»Na gut«, rief mir Jacques zu. »Zeit zu baden. Warmes Wasser.«

Ich wollte nicht, daß das Mädchen mich nicken und sabbern sah. Ich legte den Zeigefinger auf die Wange und den Daumen unters Kinn.

Mein Pfleger schob mich in einen dunklen Flur und schubste mich eine Stufe hinab auf eine Veranda mit geborstenem Betonfußboden, die mit Pappkartons und Mehlsäcken vollgestopft war. Auf den Kartons brannten Kerzen in durchlöcherten Blechdosen. Bananenbäume drängten herein und legten ihre gespaltenen Blätter auf die Warenstapel. Die Luft roch süß nach Geißblatt, ranzig nach Abwässern. Jacques baute die Reisebadewanne auf – Clips, Schlösser, fünf Seiten Anleitung. Er füllte sie mit Wasser, faltete ein Handtuch zusammen und legte ein Stück Seife auf eine Untertasse. Dann begann er mich auszuziehen.

»Handtuch«, sagte ich.

»Deinen Tümmler will eh keiner sehen.«

»Das Jonkay ... verstecken.«

»Was?«

»Jon ... kay.«

»Oh – Jonkay. Tut mir leid.« Er hielt das Handtuch so, daß er es mir um die Schultern legen konnte, als ich aus dem Rollstuhl stieg. Ich hielt es fest um die Schultern, starrte in die fremd riechende Nacht hinaus, während er unter dem Schutz des Handtuchs langsam und heimlich die Bandage abmachte und die Voorstand-Gulden in weichen Packen neben meine bedeckten, hornhäutigen Knöchel fallen ließ.

Meine Haut war wund, meine Glieder müde. Als der Verband gelöst war, ließen wir das Handtuch auf unser Geld fallen, und Jacques hob mich, nackt wie einen Wurm, in die Wanne. Das Wasser war heiß und brannte mir auf der zerschundenen Haut, aber es roch nach Rosen, und ich konnte die Stimmen der Brüder hören, die sich vielleicht stritten, vielleicht auch nicht.

Was dachte Jacques eigentlich wirklich über die Kreatur, für die zu sorgen seine Aufgabe war? Es sollte noch eine ganze Weile dauern, bis die Wahrheit ans Licht kam. Im Augenblick tat er seine Arbeit, wusch mich so, daß ich mich nicht schämen mußte. Er war sanft, vorsichtig. Ich schloß die Augen. Ich spürte das warme Wasser, inhalierte die merkwürdig parfümierte Seife. Die Bananenbäume rauschten, und die Blätter kratzten über die Kartons. Die Luft auf meinem Gesicht war warm, und mir ging wie ein Schock auf, daß sie keine phobienhaften Zitteranfälle auslöste. Vielleicht war es die körperliche Erschöpfung, aber es kam völlig unerwartet – sich in diesem fremden Land sicherer zu fühlen als in meinem eigenen Heim.

Nachdem ich gebadet hatte, trocknete Jacques mich ab. Er legte mich auf ein zweites Handtuch und ölte meinen roten, vom Verband wundgescheuerten Rücken und dann den Bauch ein. Ich schlug die Augen auf und entdeckte hinter seiner Schulter Publikum.

Das Mädchen mit den langen Haaren stand in der Tür, ein Kind auf dem Arm. Ich war halb trunken von der Massage, betäubt, schläfrig. Sie starrte mich an, ausdruckslos, und mein Tümmler wuchs langsam unter ihrem Blick, ich konnte es nicht ändern. Unsere Augen trafen sich kurz. Sie erschauderte nicht, verzog nicht das Gesicht, sondern starrte mich mit offener Verwunderung an. Sie wandte sich erst nach einer Weile ab, nicht schamvoll, sondern höflich. Sie drehte sich um und verschwand.

Als wir uns am Morgen im Lastwagen auf den Weg machten, kam dasselbe Mädchen heraus und gab mir eine kleine weiße Blume. Das war alles. Wally stritt sich um den Preis für die Unterkunft. Jacques übersetzte. Das Mädchen gab mir eine Blume, und dann fuhren wir los.

Jacques saß in der Kabine. Wally und ich fuhren hinten, zusammen mit ein paar hundert Kürbissen. Sie sah mich nackt. Aus reiner Herzensgüte gab sie mir eine Blume. Dann fuhren wir leise auf der Ladefläche eines Lasters hinaus in die Welt.

8

Ich saß, umgeben von grünen Kürbissen, in meinem Rollstuhl, die Blume fest in der großen knochigen Hand, und alles, was ich sah – die großblättrigen Bäume, die verdunkelten kleinen Läden, die lutscherrosafarbenen Reklameschilder – war neu. Die Luft war süß und stank nach Diesel. Puderfeiner Staub bedeckte meine Haut. Der Himmel war bedeckt, aber weich und samten. Ich roch an der Blume und fuhr mit ihren fleischigen Blättern über meine Oberlippe.

»Bitte«, sagte Wally. »Bitte gib sie mir.«

Ich schüttelte den Kopf.

»Ich paß auf sie auf«, sagte er.

Der Laster hupte und pustete eine schwarze Abgasfahne in den perlgrauen Himmel.

»Ist schon gut ...«

»Ist doch nur Unkraut«, sagte er. »Paß auf – sie tropft.«

Wenn es ein Unkraut war, dann ein hübsches. Es hatte fleischige cremefarbene Blätter wie Roter Jasmin, und der Stiel tropfte – wie Wally schon sagte. Die Blume war für mich etwas Kostbares. Sie löste in mir die zarteste Melancholie aus, eine Art von Verlangen, eine tiefe Traurigkeit, eine erotische Art von Trauer.

»Komm schon«, sagte Wally. »Du wirst dich schmutzig machen.«

»Ist schon gut ...«, sagte ich.

Wally tat der Rücken weh, aber er stand in dem ruckelnden Laster auf, nur um mir die Blume wegzunehmen. Ich entzog sie ihm. Der arme alte Kerl stolperte und fiel rückwärts auf die Kürbisse. Er muß sich dabei weh getan haben, aber er schrie und fluchte nicht. Als er sich wieder aufgesetzt hatte, hatte er ockerfarbene Lehmflecken an seinen weißen Segeltuchfrippes, und seine Ohrläppchen glühten.

Mein Vater konnte seine Frippes nicht einfach so lassen. Er balancierte auf einem großen grünen Kürbis und machte sich daran, sie mit einem Taschentuch zu putzen, spuckte und rieb, heikel wie eine Katze.

Der Laster war ein Teuf-Teuf, wie wir das nennen. Die Kolbenringe waren ausgeschlagen, die Zündung schlecht eingestellt. Ich konnte die kaputten Federn durch die Wirbelsäule hindurch spüren.

»Solltest vorn ... in der Kabine sitzen ...«, sagte ich. »Jacques soll hier ... bei mir sitzen.«

»Wirf sie weg«, sagte Wally.

»Sitz vorn ... bleibt die Hose sauber ...«

»Das hat nichts weiter zu bedeuten«, sagte er und spuckte auf eine Ecke seines Taschentuchs. »Sie hat dir eine Blume gegeben, das ist alles, ein Unkraut.«

»Ich weiß ... mollo-mollo.«

Mein Vater faltete das Taschentuch sorgfältig zusammen und reckte sein Kinn zur Landschaft hinaus – roter und gelber Lehm, leuchtend grünes Blattwerk, Kletterpflanzen mit orangefarbenen und roten Blüten, die über eingefallene Wälle wucherten.

»Es ist schön hier ...«

»Schön?« spuckte er beinahe aus. Als er sich zu mir wandte, waren seine grauen Augen voller Sorge. »Du kannst doch nichtmal die Sprache.«

»Die Kletterpflanzen ... die Bäume.«

»Schmeiß das verdammte Ding weg«, sagte er. »Sie hätte nichtmal mit dir reden können, selbst wenn sie gewollt hätte. Hier gibt es niemanden, der dich zusammenflickt, wenn du dich wieder aufschlitzt. Denk dran.«

»Das war ... vor sechs Jahren.«

»Gib mir die Blume, Tristan«, sagte Wally. »Tu dir das nicht an.«

Ich wandte mich ab.

»Ich weiß, was passieren wird«, sagte er. »Es gibt überall Frauen. Du wirst lernen müssen, dich damit auseinanderzusetzen. Sieh mich an. Du weißt, wovon ich rede.«

Er redete von Phonella.

Von zwölf bis sechzehn war Phonella meine Krankenschwester gewesen. Wegen Phonella beschlossen wir, keine Frauen mehr einzustellen. Wegen Phonella hatten wir Jean-Claude, lebten wir all die Jahre mit sauer riechenden Männern: Schnurrbärte, Schweiß, nichts in den Vasen. Als sich der Zwischenfall mit Phonella ereignete, war ich sechzehn und sie zwanzig.

Phonella war von den Ruinen von Angkor Wat besessen. Sie hatte klare, makellose, blaue Augen und wildgelocktes rotes Haar. Sie war nett und sanft zu mir, aber wenn mein Tümmler stand, glaubte sie, ich müsse mal Pipi. Ich glaubte, mir meiner bewußt zu sein, aber ich hatte keine Ahnung, wer ich war. Ich verliebte mich bis über beide Ohren hoffnungslos in Phonella. Ich konnte kaum schlafen, so sehr dachte ich an sie. Ich wachte bei Morgengrauen auf und wartete darauf, ihr süßes, dreieckiges Gesicht wiederzusehen.

»Mädchen wie die, die tun etwas und denken nicht einmal an die Konsequenzen. Sie gibt dir eine Blume – sie denkt nicht daran, was sie für dich bedeutet. Sie denkt nicht, daß du ein Mann bist. Das kommt ihr nicht in den Sinn.«

»Sei still«, rief ich. Ich warf die Blume nach ihm. Es war ein armes, verwachsenes, tropfendes Ding. Sie fiel ihm in den Schoß, und er nahm sie und ließ sie über die Bordseite fallen, während der Laster schwankte und die steile zerfurchte Straße hinauf auf die hohe Sägezahnsilhouette der Mondberge zu ächzte. Der Laster fuhr über die Blüte, nehme ich an, zerquetschte sie, fuhr sie kaputt.

»Du würdest nicht hier leben wollen, Junge.«

Ich war zu verletzt und beschämt, um etwas zu sagen.

»Es ist nicht so schön.«

»Ich will nicht ... hier *leben.*«

Und in dem Augenblick rochen wir das verbrannte Gummi. Ein Reifen war geplatzt, aber der Straßenzustand war so schlecht, daß es niemand – und bestimmt nicht Aziz – bemerkt hatte, bevor der Reifen zerfetzt war und der Laster auf der Felge fuhr. Wally stand auf – vergessen Sie nicht, es war nicht einfach für ihn – und fing an, mit seinem Gehstock auf die Fahrerkabine zu schlagen. Der Laster röhrte und donnerte weiter auf die Grenze zu, und Wally – der hoffte, damit die Aufmerksamkeit des Fahrers zu wecken – fing an, Kürbisse über die Kabine zu schmeißen. Drei Kürbisse weiter blieb der Laster stehen, Aziz tauchte mit düsterem Blick am hinteren Ende auf und drohte mit dem Finger, aber nicht wegen des Schadens am Laster.

»Das nicht meine Kürbisse«, sagte er.

»*Kürbisse?*« Wally sprang von der Ladefläche und landete mit einem kleinen Schmerzensschrei auf dem Straßenrand. »Um Himmels willen, Mo-ami«, sagte er, verzog das Gesicht und drückte eine Hand auf den Steiß, »riechst du nichts? Du hast einen Platten.«

»Das Kürbisse von meine Bruder«, sagte Aziz.

»Du kannst nicht mit einem Platten fahren«, sagte Wally zu ihm. »Verstehst du, Aziz? Die Felge ist im Arsch. Die Felge, Mo-ami.«

Der Straßenrand war nicht länger menschenleer. Hinter Aziz waren, wie aus dem Nichts, drei Männer in groben schwarzen Hosen, dreckigen weißen Hemden, mit blanken staubigen Füßen und breitkrempigen schwarzen Hüten aufgetaucht. Einer der Männer schob eine funkelnagelneue Schubkarre. Ein anderer (dessen Koteletten denen Aziz' glichen) trug ein antikes Militärgewehr. Mehrere kleine Kinder waren da, vier oder fünf – ich zählte sie nicht.

Es gab kein Haus, kein Fahrzeug, von dem sie hätten herkommen können, aber da waren sie und starrten, nicht auf den qualmenden zerfetzten Hinterreifen, nicht auf den vornüber gebeugten Wally oder den hübschen Jacques, dessen weiße Turnschuhe in Plastiktüten steckten. Sie starrten mich an, das Monster im Rollstuhl auf der Ladefläche, das hin- und herschaukelte, um sich aus dem Kürbisnest zu befreien.

»Sie müssen für Kürbisse bezahlen«, sagte Aziz nun zu Wally.

»Um Himmels willen – du hast einen Platten. Ich hab' versucht, dich zum Anhalten zu bringen, bevor du ihn zerfetzt.«

»Nein«, sagte Aziz. »Der Reifen ist leer.«

»Ja«, sagte Wally. »Und die Felge ist auch kaputt.«

Der Mann mit dem Gewehr trat vor, so daß er, wenn er nicht gut einen Kopf größer gewesen wäre, Schulter an Schulter mit Aziz gestanden hätte. »Wir sind arme Leute«, sagte er. »Haben nur einen Reifen.«

Jacques unterhielt sich schnell mit dem Mann und hörte genau zu, was er antwortete. »Er meint, sie haben keinen Ersatzreifen«, sagte Jacques. »Den letzten haben sie gestern ruiniert.«

Sie versammelten sich in einem Halbkreis und starrten die Überreste des zerfetzten Reifens an.

»Sie geben Gulden«, sagte Aziz schließlich. »Ich gehe nach Droogstroom und kaufe neuen. Ich komme morgen zurück.«

»In Ordnung«, sagte Wally.

Aber ich war der Shapoh, nicht Wally. Es handelte sich um mein Geld. Und ich wollte nicht in dem Laster bleiben und die Mißgeburt in einem Kuriositätenkabinett abgeben. »Wir gehen ... alle zurück«, rief ich Wally zu. »Wir bleiben ... nicht hier.«

Jacques redete Kauderwelsch mit Aziz.

»Seid still«, rief Wally. »Um Himmels willen, seid alle still.« Dann sagte er zu mir. »Mach dich nicht lächerlich. Sie hat dir nur eine Blume gegeben. Sie will dich nicht. Sie hat dir doch nur eine beschissene Blume gegeben.«

»Sei selbst still ...«, zischte ich Wally an. »Red nicht so mit mir ... vor allen Leuten.« Ich fühlte mich gedemütigt. Mein Gesicht brannte.

»Wie weit noch bis zur Grenze?« fragte Wally Aziz.

»Zehn Meilen, fünfzehn.«

Wally trat aus dem Halbkreis an die Ladefläche. Er brachte sein glänzendes knochiges Gesicht nah an meins. »Tut mir leid«, sagte er leise. »Tut mir leid, wie sehr es schmerzt, aber ich werde dich nicht wieder in die Nähe dieses Mädchens bringen.«

Er wandte sich um. »Wir laufen«, sagte er zu Aziz. »Frag den Mann, wieviel für die Schubkarre?«

»Was ist mit meinem Laster, mit Kürbisse?« fragte Aziz. »Nicht möglich, allein zu lassen.«

Der große Mann mit dem Gewehr sagte etwas zu Aziz. Aziz antwortete. Sie unterhielten sich eine Weile ernsthaft, leise. Sie hätten Richter in einer Kammer sein können, so ernst wirkten sie. Als sie fertig waren, entfernten sie sich ein wenig voneinander. Dann reichte Aziz dem großen Mann seinen Revolver, und der große Mann gab ihm sein Gewehr. Dann bekreuzigten die beiden sich und spuckten auf den Boden.

»Das wird kosten«, sagte Aziz. »Das ist mehr Geld.«

»In Ordnung«, sagte Wally. Er fragte nicht wieviel. »Kein Problem, Mo-ami. Überhaupt kein Problem.«

Aziz betrachtete ihn mit seinen dunklen, intelligenten Augen. »Sind zehn Meilen.«

»Kein Problem.«

»Und muß zahlen für Wache und für Kürbisse.«

»Mach dir keine Sorgen, Mo-ami. Wir müssen auch die Schubkarre leihen.«

»Du gibst ... mein Geld aus«, sagte ich.

»Tut mir leid«, sagte Wally. »Heute abend werden wir in Voorstand sein.«

Mein Gesicht wurde nie gleichmäßig rot. Wenn ich mich aufregte, lief mir die Nase. Ich sabberte, und mein Kopf zuckte und rollte. Wally hob mich hoch. Er war dreiundsiebzig. Er legte seinen Körper um meinen und drückte meine Arme vor meine Brust. »Du willst mit einer Frau ins Bett, Junge«, sagte er, »vielleicht in Saarlim. Da ist alles möglich.«

9

Ich bin ein leidenschaftlicher Mensch voller Gefühle und Meinungen, aber ich wußte, daß mich keine Frau wollte, niemals. Als ich in Aziz' Laden zurückwollte, war das aus zwei ganz vernünftigen Gründen: Erstens wollte ich mich nicht anstarren lassen, zweitens wollte ich nicht mit all dem Geld an mir hier draußen sitzen.

Aber Wally konnte nicht vergessen, was vor sechs Jahren geschehen war, deshalb wurde ich erneut gestraft, und die Erinnerung an die Demütigung und den Schmerz, die Dunkelheit der Tage und Nächte, als ich nicht mehr leben wollte – die ganze Vergangenheit kam wieder hoch, während wir in der Gegenwart dazu gezwungen waren, uns zu verausgaben und auf lächerliche Weise, völlig würdelos, auf die Grenze zuzumarschieren.

Der Konvoi bewegte sich in dieser Reihenfolge: Aziz mit seinem Gewehr, dann Wally in der Schubkarre, als dritter ein vierschrötiger breitschultriger Bauer mit schwarzem Hut und bloßen Füßen, der angeheuert worden war, um die Schubkarre zu schieben, dann ich im Rollstuhl, und als fünfter mein eleganter, sich niemals beklagender Pfleger. Drei Kinder folgten uns eine Weile, doch als wir an den ersten Fluß kamen, waren sie verschwunden.

Dieses alberne Spektakel fand ein größeres Publikum als irgendeiner meiner Überschläge oder Stolperer im Feu Follet, größer, als man auf einer derart verlassen wirkenden Straße vermutet hätte. Den ganzen Weg über standen Gruppen – falls sie auf etwas anderes warteten, weiß ich nicht worauf.

Diese Leute waren ungeheuer arm – das konnte man an ihrer Haut erkennen, ihrer Kleidung, aber vor allem an ihren dunklen, tief eingesunkenen Augen und der angespannten Haut über ihren Wangenknochen, die sie glänzen ließ.

»Goeie Daag«, sagte Jacques, nicht einmal, sondern immer wieder, viele Male.

Keiner antwortete ihm.

Ab und an bekreuzigte sich eine Frau. Während wir der Grenze näher kamen, schien die Lage dieser schweigenden Bauern immer verzweifelter zu werden. Sie standen auf ihren breiten Plattfüßen und starrten uns an, Munitionsgürtel quer über der Brust, die Blicke voller Scheu,

Verachtung, Mitleid. Sie wußten nicht, daß sie fünfzigtausend Gulden vorbeigehen sahen.

Aziz war wütend, daß man ihn gezwungen hatte, den Laster zurückzulassen, und nun war sein ganzer Eifer dahin. Er war kalt und hatte sich zurückgezogen. Er stolzierte entenfüßig vor uns her, eine zweite Pistole mit perlfarbenem Griff zeichnete sich deutlich vor seiner schwarzen Hose ab. Er sah sich selten um.

Ich konnte ein entferntes heftiges Krachen hören, das wie Artillerie klang, Jacques' rasselnden Atem, während er mich, ohne zu klagen, den Berg hinaufschob, das Knirschen des Schotters unter den Rädern. Wally, der in einer Schubkarre balancierte, die seine Wirbelsäule erbeben ließ und die Haut wundscheuerte, verlor zweimal das Gleichgewicht und stürzte auf die Straße. Beim ersten Mal sprang er fluchend auf, schnell wie eine Krabbe am Strand. Beim zweiten Mal lag er da, erschöpft und mit trockenen Lippen. Keiner der Umstehenden beugte sich herab, um ihm aufzuhelfen. Tatsächlich drängten sie zurück, schoben sich in einen kleinen Stand mit Mais und zertrampelten lieber die neue Ernte, als den alten Aasgeier mit dem blutigen Kopf anzurühren.

Ich konnte ihm nicht helfen, ein scheußliches Gefühl. Ich werde nicht näher darauf eingehen. Aziz tat es, obwohl er mit Wally eher wie von Chef zu Untergebenem sprach und, als er sich herabbeugte, um ihm aufzuhelfen, eine Art von Geringschätzung für diese verletzte Person zur Schau stellte, die vor einer Stunde noch undenkbar gewesen wäre. Wallys weißes Hemd und die Hose waren nun dreckig. Aziz hatte den Mund verzogen. Seine dunklen Augen waren wütend. Das hatte alles damit zu tun, daß er gezwungen war, seinen Laster zurückzulassen, und mit dem Schaden an seinen Kürbissen.

Gegen Mittag hatte er uns in noch unwirtlicheres Land geführt, und abgesehen von einem einsamen Bauern, der eine Hacke mit grobem Griff geschultert hatte, gab es keine weiteren Zeugen unserer Reise mehr. All dies, wie ich jetzt weiß, wirkte belebend auf Jacques. Tatsächlich wußte ich es schon damals. Ich konnte es in meinem Rollstuhl spüren. Seine Hände hatten Blasen, seine Lippen waren weiß und spröde, aber seine Augen waren klein, strahlten und brannten im geheimen Schatten seiner Augenbrauen.

Die Straße stieg langsam an, und wir schalteten den Elektromotor ein, um meinem Pfleger eine Pause zu gönnen. In diesem Terrain hatte er eine Reichweite von vielleicht drei Stunden, und er rutschte durch und knurrte gegen die Steigung und das lose Geröll an. Jacques ging hinter mir und hielt den Rollstuhl gerade. Das Land öffnete sich. Die Vegetation war so spärlich geworden, daß man es hätte Wüste nennen müssen – khakifarbene Gräser, kleine Gruppen fleischiger Kakteen mit langen, nikotingelben Stacheln. Weißer Kalkstein drang durch den gelben Lehm der Straßenoberfläche, die an den Rändern zudem vollkommen ausgewaschen war. Der Rollstuhl hoppelte und krachte, aber ich hatte keine Angst.

Während wir Voorstand immer näher kamen, versickerte auch meine Gereiztheit. Farbe drang in den Boden, zuerst Rosatöne, die immer widerlicher wurden, dann giftgrüne. Wir rasteten unter großen Felsen, die so ungeheuerlich und krank wirkten wie geschmolzene Eiscreme. In der Entfernung konnten wir die schneebedeckten Mondberge sehen, die in Voorstand lagen. Zweimal beobachteten wir die eiskalten Linien, die Kampfflugzeuge über den wolkenlosen Himmel zogen.

Wir drängten weiter, hin zur Sirkus-Tour von Saarlim.

Bald nahm die Luft eine Nachmittagskälte an, und die Straße wurde immer schlechter – wir mußten uns über gefährliche Furchen und zwischen hingeworfenen Felsbrocken einen Weg bergab bahnen.

Jacques rief etwas und deutete hinab in eine Schlucht neben dem Weg, und dort in der Dämmerung des Tals konnte ich etwas ausmachen, das zuerst wir eine Radiostation aussah (Antennen, Satellitenschüsseln, Leitungen und Drähte), was ich aber bald als Hütten erkennen konnte, die alle durch eine verwirrende Menge von Spanndrähten gesichert waren.

»Kan ons kakschtoop?« rief Jacques zu Aziz.

»Was hast du gesagt?«

»Ich habe gefragt, ob man hier irgendwo scheißen gehen kann«, erwiderte Jacques.

Der Weg wurde weicher, sandiger. Wir überquerten ein weites, weißes, gleißendes Feld auf die Hütten zu, wo die rotgelbe Fahne Voorstands – mit dem großen Mond und den sechzehn Sternen – leblos in der Luft hing. Unter der Fahne stand eine Gestalt in Marineblau – eine übergewichtige rosigweiße Frau, vielleicht sechzig oder siebzig, in einem metallisch gesprenkelten Hosenanzug. Sie trug einen spitzen Hut mit Goldlitze. Sie hatte enggelocktes blondes Haar. Sie trug ein blaues Brillengestell mit hellen Gläsern und glänzende lederne Schnürschuhe.

»Aziz«, rief sie, als wir uns näherten, »Aziz, wo zum Henker hast du gesteckt?«

Sie machte kehrt, und wir holperten hinter ihr her auf die Hütten zu. Dabei redete sie, drehte uns aber nicht ein einziges Mal den Kopf zu.

»Du wirst sie niemals vor drei Uhr früh auf die andere Seite kriegen.«

Der Akzent wäre Ihnen vertraut vorgekommen – sie war eine Voorstanderin, eine Händlerin, eine einsame Unternehmerin am Rande Ihrer Gesetze und Ihres Landes.

»Wenn man sich verabredet«, sagte sie, »dann muß man das auch halten. Nächstes Mal, Aziz, werde ich dich footsacken. Ich hab hier draußen auch noch anderes zu tun, verstehst du?«

Aziz senkte den Kopf in einer möglicherweise spöttischen Verneigung.

»Gut«, sagte sie. »Danke.«

»Entschuldigung«, sagte Jacques. Aber die Frau machte kehrt und führte uns in eine kleine Hütte, nur ein Vorraum. Wir kamen über eine schmale Holzrampe (ich immer noch im Rollstuhl, Wally immer noch an seine Schubkarre geklammert) in eine kleine staubige Höhle mit weißgetünchten Wänden. Dort stand eine Reihe von rostigen Klappstühlen vor einem kleinen Lesepult, und es war offenkundig, daß wir uns dort hinsetzen sollten. Wally stieg aus der Schubkarre, setzte sich in die erste Reihe und rieb sich Hände und Ellbogen.

»Alles in Ordnung?« fragte ich ihn, als Jacques mich neben Wally schob. »Willst du ... hier ausruhen?«

Seine Augen waren stumpf, erschöpft. »Ich will nur endlich ankommen«, sagte er. »Und du?«

»Ich auch ...«

Jacques setzte sich hinter uns in die zweite Reihe. Der Bauer, der Wallys Schubkarre geschoben hatte, nahm seinen Hut ab und setzte sich nach hinten. Aziz blieb an der Tür stehen.

Die Frau nahm ihren Litzenhut ab und legte ihn auf das Pult.

10

Die Frau sah mich kein einziges Mal an, die ganze Zeit nicht, die ich da saß. Sie bot selbst keinen hübschen Anblick – sie hatte ein fleischiges Gesicht, starke Kiefer und kleine Augen, die hinter ihren dicken Gläsern verzerrt waren. Sie warf mir nichtmal einen Blick zu. Sie sah aufs Pult oder über meine Schulter hinweg zu Jacques. Ich war nicht beleidigt. Es war mir ganz recht.

»Dieser drei Meilen lange Tunnel«, sagte sie und las dabei von einem Stapel abgegriffener Karteikarten ab, »wurde von einem Mann gegraben, der ebenso dringend nach Voorstand wollte wie ihr. Diesen hübschen Tunnel haben Sie ihm zu verdanken. Und ich habe seiner Witwe das Vergnügen zu verdanken, die gegenwärtige Besitzerin zu sein.

Der Mann, der diesen Tunnel grub, hieß Burro Plasse. Burro Plasse war Schlangenmensch in Saarlim, Voorstand. Hat einer von euch jemals was von Plasses Knoten gehört?«

Keiner von uns.

»Plasses Knoten war die Erfindung von Burro Plasse. Er war ein berühmter Schlangenmensch. Er konnte es rückwärts und vorwärts. Meistens tun die Leute, die behaupten, sie könnten Plasses Knoten, nicht das, was er tat.

Burro Plasse war Schlangenmensch in Saarlim, Voorstand. Eines Abends kam er kurz nach Mitternacht heim. Es war eine schneereiche Nacht mitten im Winter, und da saß der Haarige Mann auf Plasses Veranda, einen Sack in der Hand.

›Was hast du denn da?‹ fragte Burro Plasse den Haarigen Mann.

›Ach, nur einen kleinen alten Sack‹, erwiderte der Haarige Mann.

Da wußte Burro Plasse, daß der Haarige Mann gekommen war, ihn zu holen und unter die Erde zu bringen. Er wußte, seine Zeit war gekommen.

Aber Burro Plasse – er war jung, und oben in seinem Bett schlief eine hübsche Lady, und er war entschlossen, sich nicht von irgendeinem haarigen Etwas mitnehmen zu lassen, also sagt er zu der häßlichen kleinen Kreatur, die da sitzt, ›Ich weiß, du magst den Sirkus, Haariger Mann. Wie wär's, wenn ich dir ein paar neue Tricks zeige, bevor wir gehen?‹

Der Haarige Mann hatte Eiszapfen im Bart und Schnee auf seinen buschigen Augenbrauen, doch als er dies hörte, schlug er mit seinem Schwanz und sagte zu Burro Plasse, ›Ich denke, ich habe wirklich alles gesehen, was es zu sehen gibt, aber warum nicht? Ist mir egal.‹

Und in jener Nacht in Kakdorp in Saarlim City bot Burro Plasse die beste Show seines Lebens, während in dem Zimmer über ihm seine hübsche Lady schlief. Er bot sie auf der Straße dar, in blauem Trikot und Badehose. Er war dreiunddreißig, ziemlich alt für einen Schlangenmenschen, aber in jener Nacht führte er dem Haarigen Mann Knoten vor, die noch nie jemand auf Erden oder in der nächsten Welt gesehen hatte.

Als die Show vorüber war, sagte der Haarige Mann zu Burro Plasse, ›Ich sag dir, was ich tun werde, weil du der beste Schlangenmensch bist, den ich je gesehen habe. Statt dich unter die Erde mitzunehmen, werde ich dich auf die andere Seite der Mondberge versetzen, und wenn du dich durch die Berge graben kannst, darfst du heim zu der hübschen Lady oben in dem Zimmer.‹

Vielleicht kommen Sie ja beispielsweise aus Pakistan, wo man noch nie vom Haarigen Mann gehört hat, und vielleicht halten Sie das nur für eine Geschichte, die ich für Geld erzähle. Aber Sie haben Aziz schon das Geld gegeben, und ich muß niemandem eine Geschichte erzählen, aber ich sag Ihnen was – es gibt Leute, die sagen, Burro sei hierhergekommen, weil er TB hatte, aber wenn ich mich entscheiden müßte zwischen dem Haarigen Mann und einem Kerl mit TB, der sich drei Meilen weit durch massiven Felsen gräbt, also, ist doch klar.

Manche Leute glauben, er hieß Burro, weil er diesen Tunnel gebuddelt hat, aber das ist nicht der Fall. Er hieß Burro, weil er einen Esel hatte. Wir nennen sie *burro*. Einmal im Monat ging er mit dem Burro nach Droogstroom, um Nachschub zu besorgen. Ich kannte Burro Plasse. Wie Sie an den Postkarten sehen, war er ein großer alter Kerl mit einem langen weißen Bart.«

Sie nahm die Karteikarte vom Stapel und steckte sie nach hinten. Ich sah zu Wally hinüber. Seine Hände waren von der Schubkarre zerschnitten und bluteten.

»Was ist das für ein Bockmist?« fragte er.

»Viele Leute glauben auch«, sagte die Frau, »daß er den Tunnel zum Schmuggeln gegraben habe. Nichts könnte der Wahrheit ferner liegen. Er grub diesen Tunnel, um zu dieser hübschen Lady zurückzukehren, doch als er zurückkehrte, war sie eine alte Frau von fünfundachtzig. Sie hieß Mary Anne Lubbock, und Sie können ihr Grab auf dem Saarlimer Zentralfriedhof sehen. Von ihr kaufte ich den Tunnel, und sie hat mir diese Geschichte erzählt.«

»Wozu hören wir uns das eigentlich an?« sagte Wally laut genug, daß alle es hören konnten.

Die Frau fummelte mit ihren Karteikarten herum, sah Wally aber nicht an.

»Wenn Sie nach vorn treten, habe ich Postkarten mit Burro Plasse darauf, zwei für jeden. Ich möchte, daß Sie sich die Mühe machen, mir eine zurückzuschicken, die andere ist ein Andenken. Aziz wird Sie durch den Tunnel begleiten, aber Sie können ihn nicht darum bitten, die Marken anzulecken. Also bitte ich Sie darum. Wenn Sie dort angekommen sind, wo Sie hinwollen, schicken Sie mir eine Karte. Ich möchte gern wissen, daß meine Kunden sicher und heil angekommen sind. Ich gebe Ihnen jetzt Ihre Karten und jedem eine Taschenlampe. Vielen Dank, daß Sie Burro Plasses Tunnel benutzen.«

Sie öffnete eine Tür hinter dem Pult. Wally stand auf und stolperte voran. Erst da bemerkte ich, wie müde er wirklich war. Seine grauen Augen waren leer, erschöpft. Das staubverkrustete Gesicht war mit Striemen vom getrocknetem Schweiß durchzogen.

»Willst du … ausruhen?« fragte ich ihn.

»Bitte schnell«, sagte Aziz.

Wally drehte sich um, ganz langsam, wie eine alte Schildkröte, und reckte den Hals hoch, um sein verkniffenes Kinn auf dieselbe Höhe wie das von Aziz zu bringen. »Sag mir nicht, ich soll schnell machen. Verschwende ja nicht meine Zeit mit diesem Bockmist und sag mir dann, ich soll schnell machen.«

»Bitte«, sagte Aziz. »Du schnell.«

»Ach, halt die Schnauze«, sagte Wally.

Aziz' kleine Schultern schienen unter dem weißen Baumwollhemd zu zittern.

»Halt einfach die Schnauze«, sagte Wally und stieg in die Schubkarre. »Schaffst du das, Mo-ami?«

Aziz reckte das Kinn, und für den Augenblick, den er Wally ansah, war sein Gesicht kalt und glänzte. Dann duckte er sich und trat in die kalte Luft des Tunnels.

11

Unser außergewöhnlicher Pfleger hatte nicht erwartet, direkt in den Tunnel zu treten. Selbst als sich die Tür öffnete, hatte er gedacht, daß es einen Vorraum gäbe, Toiletten, vielleicht sogar etwas Brot oder eine dieser gelben Heringskonserven, die wir auf den Tischen am Straßenrand gesehen hatten und die im Verlauf des Tages immer verlockender geworden waren, obwohl es am Anfang widerlich war, bloß daran zu denken. Aber es gab kein Essen und kein Wasser. Die Tür ging auf – und da war ein blauer Schotterpfad, der in die kalte Dunkelheit Voorstands führte. Es gab keine Gelegenheit, sich darauf vorzubereiten. Jacques war im Tunnel, bevor er bereit dazu war. Er spürte das Gewicht des Gesteins über seinem Kopf, aber – paradoxerweise – auch in seinem Mund. Die Luft war trocken und kalt. Seine Blase war zum Bersten gefüllt. Er mußte den Rollstuhl kräftig schieben, um mit dem Bauern und der Schubkarre Schritt zu halten. Seine Arme taten ihm weh. Die Blasen an den Händen waren aufgeplatzt, hatten wieder Blasen bekommen, waren erneut aufgeplatzt und näßten nun. Der Boden des Tunnels war uneben. Aus dem Boden ragende Felsbrocken ließen ihn stolpern, hielten abrupt den Rollstuhl an und rammten ihm die Griffe gegen den Hüftknochen oder in die Magengrube, und von Beginn an hatte ich das Gefühl, daß dies mehr war, als er ertragen konnte.

Welche Schauergeschichten er auch erzählt hatte, um hierher zu kommen, welche Lebensumstände ihn auch hierhergeführt hatten, ganz gleich, daß es vor zwei Stunden beim ersten Anblick der Mondberge noch so ausgesehen hatte, als ob diese Reise sein Schicksal war, nun strafte ihn sein Körper Lügen. Wenn er hätte aufgeben können, hätte er es getan. (So fühlte es sich an. So fürchtete er.) Er hätte heulen mögen, aber natürlich konnte er weder heulen noch pinkeln, weder pinkeln noch aufgeben.

Das lag in der Natur seines geheimen Lebens. Jede Minute des Tages drückten und zerrten die Anforderungen der Tarnung an der Panzerung seines Körpers. Selbst die Art, wie er ging, mußte getarnt werden. Er hatte keine Ausbildung als Schauspieler. Er war ein Intellektueller, ein Doktor, dessen preisgekrönte Dissertation den Titel trug »Orientalistische Diskurse und die Bildung des arabischen Nationalstaats«. Seinen natürlichen Gang zu ändern, war ihm nicht leichtgefallen, und bei dieser

Übung fiel es schwer, sich der anderen Personen genügend bewußt zu sein. Aber sein wahres Geschlecht zu verbergen, um weiter ein »Er« zu sein, obwohl er doch in Wirklichkeit eine »Sie« war, führte zu einer Art Taubheit, zu Anfällen von Geistesabwesenheit und Dummheit. Es gab zu vieles, an das sie denken mußte, Dinge, die man mit wachem Verstand entscheiden mußte – wie man die Hand zu bewegen hatte, ob man lächeln sollte oder nicht, zuhören oder dazwischenreden. Wie ein Mann zu sein war so, als steuerte man eine riesige komplizierte Maschine per Hand, und selbst so etwas Simples wie Urinieren, nach einem Ort fragen, um in Ruhe aufs Klo gehen zu können, kostete Planung und List.

Wally und Tristan, Aziz, der Bauer – wir pinkelten einfach überall hin. Wir hatten kein Gefühl von Intimität, wedelten mit unseren Penissen herum und ließen unseren sauren, überreichen Urin auf die blauen Felswände platschen, schlackerten unsere Vorhäute, quetschten sie trokken. Aber Jacqui dachte an Urin und dessen Abgabe wie eine Wüstenreisende, die ihre Wasservorräte rationiert.

Zu Anfang war es nicht so gewesen. Sie hatte die Verbindung zu mir zu einer Zeit aufgenommen, als das Risiko geringer war, die Einsätze niedriger, doch als sie mit ihrer zum Bersten gefüllten Blase in dem Tunnel steckte, da war sie eine Geheimagentin, war sie es voll und ganz, im Einsatz für den efikanischen DoS, in einer Mission, an der die Geheimdienste von Efika und Voorstand beteiligt waren.

Drei Jahre lang hatte sie als POLIT-Analytikerin vor ihrem Computer im »Stall« des »Gewächshauses« des DoS auf dem Boulevard des Indiennes gehockt, ein langhaariges Mädchen, das besonders durch seine exzentrische Kleidung, die weiten Hosen, die polynesischen Ohrringe und die geometrischen Tätowierungen am Oberarm auffiel.

Frisch von der Universität von Efika hatte sie sich um einen Job im Außendienst beworben. »Keine Sorge, Süße«, hatte der Sektionsleiter gesagt. »Wir werden dich versetzen, wenn eine Stelle frei wird.« Aber das war typischer DoS-Mist – es gab zwei Frauen im Außendienst, und niemand hatte vor, eine weitere einzustellen. Jacqui suchte ihren Sektionschef vierunddreißig Monate lang zweimal die Woche auf. Sie trieb ihn in den Wahnsinn, flirtete mit ihm, langweilte ihn, regte ihn auf, brachte ihn zum Lachen. Sie schrieb ein Schild in Sirkus-Schrift – *Verloren in POLIT*. Sie klebte es an ihren Terminal: abgesehen von ihrem Sektionschef (der lächelte) fand nur Daphne Loukakis das lustig, und die saß im selben Boot – eine kluge Frau, die versuchte, in den Außendienst zu kommen.

Jacqui übersetzte und analysierte Handelsblätter und ausländische Pressemitteilungen von Nachrichtensendern in Taschkent und Ghom. Von ihrem Platz aus beobachtete sie gern die zivilen Fahrzeuge der Außendienstler, die am Sicherheitstor darauf warteten, hineingelassen zu werden. Sie sah nie einen Außendienstler im zweiten Stock, traf nie einen im Gebäude. Sie fuhren durchs Sicherheitstor hinein und hinaus und ließen ihre sonnengebräunten männlichen Arme in den offenen Wagenfenstern liegen. Sie hingen in Hemdsärmeln und Schulterholstern im Keller rum. Sie rissen Witze und bewarfen sich gegenseitig mit Medizinbällen. Das wußte sie, weil sie es mit Daphne Loukakis' Hilfe schaffte, zu den Saufgelagen im Printemps eingeladen zu werden.

In der Analyse hielt man die Außendienstler für Barbaren. Sie waren ungehobelt. Sie hatten Wörter für Penis, von denen Jacqui noch nie gehört hatte – Windhose, Blutwurst, Rifle, Zyklop, Mittelfinger, Markknochen, Stange, Tröpfler. Sie gingen nicht einfach aufs Klo. Sie legten einen Klotz oder gossen Bronze. Aber sie waren nicht halbherzig oder feige. Sie lebten. Sie gingen Risiken ein.

Man mußte eine Menge von dem, was sie dachten, außer acht lassen – intellektuell und politisch gesehen standen sie nicht viel höher als die Nachbarn in der Straße ihrer Mutter –, doch im Grunde waren sie das einzig Wahre. Das war ihre Meinung. Sie lebten nicht, als übten sie noch. Sie lebten so, als wäre dies das Leben. Sie taten harte Dinge, sie litten. Sie würden für einen über eine Klippe springen, wenn man ihr Freund war. Sie starben füreinander. Sie hatten Albträume, und es fiel ihnen schwer, ihren Geliebten zu vertrauen.

Und Jacqui, die nur Angst vor dem Sanften und Vernünftigen hatte, massierte ihnen die verschwitzten Köpfe, drückte ihr Gesicht an ihr Brusthaar, getrieben von einem unruhigen, juckenden Bedürfnis, das man, um es einfach zu formulieren, auf eine übervorsichtige Mutter zurückführen konnte, die ihr Leben hinter einer Ligusterhecke vergeudete.

Das erste Mal hörte sie von mir, als sie mit Wendell Deveau im Printemps Inn saß und bei abgedrehtem Ton den Nez Noir Grand Prix anschaute. Wendell war nicht ihr »Freund«. Sie hatte keinen. Wendell war ein Kamerad. Sie schliefen miteinander. Er war kein alter Mann, gerade mal dreißig, und er war immer noch stattlich, aber er hatte den Brandanschlag auf das Hauptquartier der Blauen bereits hinter sich, und er verlor die Haare und war blaß und übergewichtig, so als wäre er vom Gas der Geheimnisse angefüllt, das er nicht ablassen konnte. Er war sarkastisch, er konnte zärtlich sein, und er hatte ein süßes Grübchenkinn, aber bei den drei Malen, bei denen sie ins Bett gegangen waren, hatte er die Nacht verdorben, indem er sich über das DoS aufregte und über das, was es ihm angetan hatte. Am Tag des Nez Noir Grand Prix hatte er erfahren, daß man ihn zum »Babysitter« einer Kreatur machen wollte, die so berüchtigt häßlich war, daß die beiden vorhergehenden Außendienstler sich beim ersten Anblick unwillkürlich hatten übergeben müssen, so sagte man.

Ich wußte es nicht, aber ich galt als ihr »Schlüsselloch« zur Gruppe 20. Januar. Ich galt als niedriges Sicherheitsrisiko, ein langweiliger, ermüdender Job voller Berichteschreiberei. Es gab über mich eine 30-Megabyte-Datei voller detaillierter Beschreibungen meines unangenehmen Charakters, meines häßlichen Gesichts und meines Körpers.

Sie sehen also: Ihr Interesse an mir war zu Beginn opportunistisch, rein manipulativ. Ich war als Job so unattraktiv, daß die anderen ihn ihr vielleicht überließen.

»Vergiß es«, sagte Wendell, als sie vorschlug, sie könne sich doch für den Job bewerben. »Das Zielobjekt nimmt keine Frau. Er verliebt sich.«

Jemand anderes hätte sich abschrecken lassen, aber hier handelte es sich um Jacqui. Sie wollte mich. Und zwei Tage später gab es an der »Schleuse« zum zweiten Stock einen Aufruhr, als die Wache versuchte, ihr den Zutritt zu ihrem eigenen Arbeitsplatz zu verweigern. Sie hatte sich die langen schwarzen Haare abgeschnitten und sie mit Mousse nach hinten geklatscht. Sie trug eine breitschultrige schwarze Jacke, die ihrem Vater gehört hatte. Der mehrlagige Look kam erst später – am ersten Tag trug sie nur ein Hemd mit einem weißen Oberteil darunter.

Der Punkt war: Sie legte sie alle rein, nicht nur die Wache, sondern alle, die sie sahen. Sie hatte mit Wendell geübt, hatte ihn nackt gehen und sitzen lassen, hatte beobachtet, wie Schwanz und Eier seinen Gang beeinflußten. Und sie kriegte den Gang hin, ohne ihn zu überzeichnen. Sie ließ sich nicht auf das In-den-Schritt-fassen oder Beinespreizen oder auf irgendeinen der anderen Fehler ein, die man so oft auf der Bühne sieht. Sie konzentrierte ihr Männlichsein auf die Augen und das Kinn. Sie führte mit der Brust. Sie bekam hohle Wangen, machte sich selbst gefährlich und schlitzäugig wie eine Schlange, und ihr Körper folgte den Anweisungen.

Wenn der Auftrag politisch heiß gewesen wäre, dann hätte sie ihn niemals bekommen. Doch obwohl die Gruppe 20. Januar sich öffentlich zum Ziel gesetzt hatte, die Anlagen Voorstands in Efika anzugreifen, erwartete eigentlich niemand Schrecklicheres als einen Essay oder einen Brief an den *Chemin Rouge Reformer*. Jacqui war mir zugewiesen worden, weil ich eine Arbeit von geringem Status darstellte – erniedrigend, widerlich, ungefährlich.

Nachdem sie mich erstmal hatte, änderte sie das, was ich war. Ich war ungefährlich, sie machte mich gefährlich. Ich war untätig, sie aktivierte mich. Ich war für sie ein Ding, ein Schlund, ein tränenüberströmtes Gesicht, zwei Reihen Zahnfleisch, ein Paar blasser, starrer Augen. Die ganze Zeit über war sie professionell. Sie wertete diese Eigenschaft fast ebenso hoch wie Mut. Und nachdem sie erstmal meine Pflegerin geworden war, kümmerte sie sich mit nahezu fanatischer Hingabe um mich – sie wusch meinen Körper, wechselte die Laken, fütterte mich, wenn nötig. Sie war so diskret und vollkommen wie ein Butler, doch zur gleichen Zeit stellte diese dreiundzwanzigjährige Frau meine Aktivitäten in ihrem Computer arglistig falsch dar.

Im DoS-Jargon gesprochen, machte sie mich sexy, soll heißen, sie versah meine Akte mit interessanten Vermutungen und Merkmalen, bis ihre Vorgesetzten keine andere Wahl mehr hatten, als sie auf diese Reise um die halbe Welt zu schicken. Sie hatten keine andere Wahl, denn es war ihr Wille gewesen, daß sie keine haben sollten.

Es war ebenso ihr Wille, mit Aziz an der moreanischen Grenze zu sprechen, die Pistole zu nehmen, die er ihr reichte, und die sechs Pfund um ihren Zeigefinger wirbeln zu lassen.

Und als Aziz neben ihr durch den Tunnel ging und den unebenen Boden mit seiner mondgelben Taschenlampe erhellte, war es ihr Wille, weiterzugehen, sich vorwärts zu lehnen, ihre ganzen fünfzig Kilo in den Rollstuhl zu legen und ihn über die zackigen Felsen zu quälen. Die Blasen würden verheilen. Der Schmerz würde vergehen. Sie konnte ihre Blase kontrollieren, konnte den Urin den ganzen Weg bis Saarlim City bei sich behalten.

12

Als sie die Pistole um den Finger gewirbelt hatte, war das ihr Wille gewesen, aber es war ihr nicht so vorgekommen. Sie war an diesem schwülen, graubewölkten Tag auf Aziz zugegangen, weil ... sie dreiundzwanzig Jahre alt war ... und sie dieses weiche Gefühl in den Beinen, die warme, sanfte Hitze hinter den Augen gehabt hatte. Es war ein kleiner Wahnsinn gewesen, ein Schauder. Doch statt sich aufzulösen, wie es zu erwarten wäre, war dieses Gefühl durch nahezu alles, was sie danach sah – selbst das häusliche Leben des Mannes –, destilliert, kondensiert, intensiviert worden. Der Anblick von Frau und Kindern – man sollte meinen, daß dies das Gefühl getötet hätte, aber sie trug ihre Schwärmerei tief verborgen bis in sein Heim. Sie preßte die Augen zu Schlitzen, machte Hohlwangen, schob ihr Kinn nach vorn und hatte ein Kribbeln im Nacken, als sie sah, daß dieser coole, elegante Mann mit den Augen eines Pokerspielers auch der Vater, der Patron war. In ihren Stirnhöhlen wurde es taub und eisig, wenn sie zusah, wie er seine Macht ausübte, wie er seinen Brüdern zuhörte, ohne daß sich sein Blick von ihren Gesichtern wandte, wie er nickte, gestikulierte, einen Streit ums Propangas dadurch schlichtete, daß er einem anderen die Hand auf die Brust legte. Jacqui, die die Gewöhnlichkeit des Mittelstandslebens in Efika haßte, ertappte sich dabei, wie sie sich voller Anteilnahme ein Leben in diesem kleinen Lebensmittelladen ausmalte. Es gefiel ihr, wie sie kurz vor Sonnenaufgang das Bettzeug an die Deckensparren banden, wie sie den geborstenen grünen Betonfußboden schrubbten, bis es wie auf einem Schiff auf See roch; und obwohl die Männer eine Glock Automatik hinter ihren Gürteln trugen, besaß der Ort eine klare Linie, die sie beinahe religiös fand – hierarchisch, asketisch, rein. Sie war eigentlich nicht religiös, aber dieser leicht fremd wirkende Mann mit den verrückten Koteletten war jene Rarität – er war nicht mittelmäßig.

Als sie mit ihm im Laster fuhr, sprach er mit ihr wie von Mann zu Mann. Die Intimität war fast unerträglich. Zweimal hatte sie Visionen davon, ihre Hand um seinen stachligen olivhäutigen Hals zu legen. Er sagte ihr frei heraus, wie sie die großen Benzintransporter entführten, wenn die von Voorstand aus die Grenze überschritten. Er würde sterben, ohne zu wissen, daß er dies einer Frau erzählt hatte. Und sie wollte es ihm auch nicht sagen. Das war das Paradoxe. Es war ihr Job, Geheimnisse zu wahren, sie für sich zu behalten, Vergnügen nur aus dem stärker werdenden Druck, aber niemals aus der Freigabe zu ziehen.

Aziz ließ Wally Paccione immer mehr wie einen Schnorrer aussehen. Wally war grob wegen des geplatzten Reifens, auf der Fahrt übelgelaunt, und nun, als sie sich durch die abgestandene Luft des Tunnels mühten, wirkte der alte Efikaner auf Jacqui wie ein Großherzog von Bertolt Brecht. Wenn seine Schubkarre irgendwo gegenstieß, konnte man ihn fluchen hören. Aber nicht ein einziges Mal wandte er sich mit einer Bemerkung an den Mann, der ihn schob. Jacqui hatte aufgepaßt. Sie hatte die beiden nichtmal ein Lächeln oder Nicken wechseln sehen.

In Chemin Rouge war Wally ein vernünftiger Arbeitgeber gewesen, der sich gelegentlich zurückhielt, meist aber gutherzig war. Aber weder er noch ich – so ihre Meinung – machten irgendwelche Zugeständnisse an das Land, das wir durchquerten. Wir hatten kein einziges Wort Altholländisch gelernt, und das fand die Linguistin nachlässig und beleidigend. Ihrer Meinung nach zeugte es von schlechten Manieren und Provinzialität, einen Reifen weiterhin »Platten« zu nennen, oder einen Laster »Teuf-Teuf«. In Zeelung fing unsere Pflegerin heimlich an, uns zu verurteilen.

»Halt die Schnauze«, hatte Wally gesagt, und Aziz, dieser sogenannte Gangster, der uns genausogut die Kehle hätte durchschneiden können, hatte uns Unterschlupf gewährt, uns zu essen gegeben und seinen eigenen Laster zurückgelassen, um seinen Teil der Abmachung einzuhalten.

Jacqui ertrug es nicht, daß er so behandelt wurde.

Als er mit seiner Taschenlampe für sie leuchtete, dankte sie ihm in seiner eigenen Sprache: »Dankie voor het flits.«

Im flackernden gelben Schein konnte sie sehen, daß er die Lippen zusammenpreßte. Seine Oberlippe war leicht geschwollen, und diese Andeutung von Gewalt und Trauer fand sie attraktiv.

»Tut mir leid«, sagte sie zu ihm. »Ich weiß, wir haben Sie beleidigt.«

Sie hatte nicht wirklich geglaubt, daß er sie für Wallys Grobheit verantwortlich machen würde, und als er sie ansah, erschreckte sie die pfeilschnelle Feindlichkeit in seinem Blick.

»Het spijt ons als wij jou kwaai gemakt«, sagte sie, aber er wollte sich nicht durch Sprache beruhigen lassen.

»Es gibt keine Beleidigung«, sagte er kühl.

»Machen Sie sich keine Sorgen um Ihren Laster?« fragte sie.

»Wat?«

»Ben jou worried oor jou auto-lorrie?«

»Der Auto-lorrie«, sagte er und richtete die Taschenlampe auf einen kantigen Felszahn, unter den sie beide sich ducken mußten, »ist weg.«

»Heh«, lachte Jacqui, wußte nicht, was sie sagen sollte, meinte aber, bitte, mollo-mollo, ich bin nicht dein Feind.

»Wat?«

»Immer mit der Ruhe, der Laster ist in Sicherheit.«

»Du bist ein Junge. Was weißt du schon?«

»Ich habe gehört, wie Sie den Kameraden mit dem Gewehr gefragt haben«, entgegnete Jacqui. »Sie haben ihn gebeten, auf den Laster aufzupassen. Gehört er zur Familie?«

»Du gehört?«

»Aziz, Sie haben sich vor mir unterhalten. Sie wissen, ich spreche Ihre Sprache.«

»Du bist ganz grober Bursche«, sagte Aziz.

Jacqui spürte, wie ihre Augen brannten.

»Er ist Dieb«, sagte Aziz. »Er nimmt zuviel Geld. Dieser Mann wird meinen Auto-lorrie nehmen. Die Kürbisse er verkauft, dann den Auto-lorrie. Glaubst du, meine Familie treffe ich an der Straße?«

»Es tut mir leid, aber ...«

»Tut mir leid, tut mir leid, tut mir so leid«, äffte Aziz und ließ seine Stimme so mädchenhaft klingen, daß Jacqui, die vor Schreck fröstelte, das Gefühl hatte, ihre Blase keine Sekunde länger unter Kontrolle halten zu können.

»Sei endlich still«, sagte Wally Paccione. »Schieb den Rollstuhl.«

»Sei du still«, sagte Aziz.

»Ich hab nicht mit dir geredet, du Mug-wallop. Ich hab mit dem Pfleger geredet.«

Jacqui erkannte das Ausmaß der Beleidigung. Sie sah die Explosion kommen wie eine Anschwellung in einer Cartoon-Schlange.

»Mug-wallop?« sagte Aziz, und seine Stimme hob sich ungläubig. »Mug-wallop?«

»Es ist nicht die Aufgabe dieses Kameraden, mit dir zu reden«, sagte Wally. »Seine Aufgabe ist es, den Rollstuhl zu schieben. Es ist meine Aufgabe, mit dir zu reden.«

Aziz rief dem Bauern zu, »Jij mag nou wegdonder. Jij kan die wheelbarrow vat. Hij kan die rest lopen.«

Der Bauer gehorchte augenblicklich. Er hörte auf zu schieben. Er blieb regungslos stehen, den kurzgeschorenen Kopf gebeugt, um nicht an die Tunneldecke zu stoßen.

Aziz wollte den alten Schnorrer laufen lassen.

»Ik heb mijn geld notig«, sagte der Bauer und zog eine blaue Stoffbörse aus der Hosentasche. »Ik moes blijven tot ik mijn geld krijg«, sagte er. Er öffnete die Geldbörse und wartete.

»Er muß gehen«, sagte Aziz schroff. »Bezahlen Sie ihn. Geduld«, sagte er zu dem Bauern. »Hierdie heer sal jou nou betalen.«

Der Bauer wandte sich an Wally, der sich aus der Schubkarre mühte, die nun, da sie für einen Augenblick ohne Halt war, umkippte und ihn hinausstürzen ließ. Er schlug sich den Kopf an der Felswand auf. Als er sich erhob, strömte ihm Blut von der Schläfe ins Auge.

»Ich bin ein alter Mann«, sagte Wally.

»Mein Laster ist weg«, sagte Aziz.

»Kleiner Gauner.«

»Ich helfe Ihnen«, sagte Jacques zu Wally. »Lassen Sie mich dolmetschen …«

»Dein Laster ist noch da, du Idiot«, sagte Wally zu dem finster blikkenden Führer. »Sag dem Mann, wir werden ihn bezahlen, wenn er mich bis zum Tunnelende schiebt.«

»Ich war sehr dumm«, sagte Aziz. »Ich war zu dumm für alles.«

»Deinem Laster ist nichts passiert«, sagte Wally.

»Dem Laster … ist nichts passiert«, sagte Tristan.

»Das ist nicht nötig«, sagte Jacqui, aber Aziz hielt bereits die dünne Taschenlampe zwischen den Zähnen. Jacqui beobachtete mit einer Art schauderndem Vergnügen, wie Aziz den Schein der Lampe auf seinen Revolver richtete und kleine stumpfnasige Patronen lud. Er ließ sich Zeit, so als erwartete er nicht, daß ihn irgend jemand dabei stören würde. Das tat auch keiner.

Als er acht Patronen geladen hatte, nahm er die Taschenlampe aus dem Mund, und nachdem er sie vorsichtig zwischen Daumen und Zeigefinger gehalten hatte, steckte er sie in die Brusttasche.

»Kom, stan agter mij«, sagte er zu dem Bauern.

Jacqui übersetzte: »Komm, stell dich hinter mich.« Niemand schien sie zu hören. Der Bauer schob sich an der Tunnelwand entlang hinter Aziz, so daß er von allen dem Ausgang am nächsten war.

»Du bezahl mich«, sagte Aziz zu Wally. »Du bezahl meinen Laster. Sonst ich nehme mir das Geld.«

»Dann nimm es dir«, sagte Wally. Er zog eine zerknüllte Handvoll Zeelunger Geld aus der Hosentasche und hielt es Azis hin. Mehr Geld gibt es nicht.«

Es war für Jacqui offenkundig: So behandelte man einen Mann wie Aziz nicht.

Wally ließ das Geld los, so daß es in einem feuchten Klumpen auf den Tunnelboden fiel.

Dort lag es, jenseits von Aziz' Aufmerksamkeit.

»Du«, sagte er zu Jacqui. »Geh zurück mit ihnen.«

Sie zögerte. Er drückte ihr ein Knie in den Rücken, so daß sie in den Rollstuhl gedrückt wurde. »Du bist ein Mädchen«, sagte Aziz. »Geh zurück mit ihnen.«

Jacqui trat um Tristans Rollstuhl.

»Jetzt dreh ihn um.«

Es war schwer, den Rollstuhl zu wenden. Jacqui tat es.

Zu dem Bauern sagte Aziz, »Geef mi jou mes.«

»Er sagt, er soll ihm ein Messer geben«, dolmetschte Jacqui.

Der Bauer zog seine weite Hose hoch und enthüllte ein hellrotes Tuch, das um seine Wade gewickelt war.

»Er fragt nach einem Messer!«

Der Bauer zog ein langes Messer aus dem roten Tuch und reichte es Griff voran Aziz, der den Revolver in die Linke genommen hatte und das Messer mit der Rechten nahm.

»Schijn het licht aan die veranderling.«

Der Bauer nahm Wally die Taschenlampe ab und leuchtete mich, Tristan Smith, an.

Dann kniete sich Aziz vorsichtig vor mich hin. Er führte die Messerspitze in das Bein meiner gebügelten Hose, die Jacqui mir auf dem Boulevard des Indiennes hatte schneidern lassen. Dann zog Aziz mit der Sicherheit eines Schneiders das Messer nach oben und teilte das Hosenbein in einem sauberen glatten Schnitt bis an die Hüfte auf.

Natürlich kam der Verband zum Vorschein. In dem Verband konnte man die dicken Geldbündel sehen, sechzehn Stück, einzeln in Wachspapier gewickelt.

Aziz schnitt das zweite Hosenbein auf.

»In Ordnung«, sagte er zu mir, »vielleicht willst du nicht Hemd zerschnitten.«

Ich knöpfte es auf.

»Wir geben dir die Hälfte«, sagte Wally. »Na gut, fair ist fair.«

Aber Aziz erkannte bereits die Größe des Schatzes, der in dem Verband verborgen war.

»Du gelogen«, sagte er. »Du gesagt, ihr seid arm. Ihr habt leid getan. Ich habe versucht zu helfen.«

Ich nahm den Verband von meiner Brust. Als Jacqui mir zu helfen versuchte, schob ich ihre Hand weg und riß mir den Verband von der wunden roten Haut. Ich gab dem Arschloch unser Geld, meine Augen waren trocken, und ich zeigte ihm mein Krüppellächeln.

Ich machte den Mund auf und sprach langsam und bedächtig.

»Ich komme zurück ... und bring dich um.« Das sagte ich zu dem Mann, den ich nie wieder sehen sollte. Ihm gehörte meine ganze Aufmerksamkeit. All meine Feindseligkeit. Ich bemerkte nicht, daß Jacqui sich in die Dunkelheit des Tunnels zurückzog. Wir waren wie wütende Hunde – sie hätte ihr Geheimnis vor unseren Augen enthüllen können, und wir hätten es nicht gesehen. Sie ging zwei, drei, zehn Meter weiter. Sie hob ihre Jacke hoch. Sie zog ihre Hose auf die Knie herab. Sie lehnte sich mit dem Rücken an die Felswand und balancierte auf Zehenspitzen. Während der dampfende Urin sich zwischen dem kalten blauen Schotter sammelte, drohten wir Männer uns weiter gegenseitig. Sie konnte das Testosteron riechen, so stark wie brutzelnder Speck.

13

Der Tunnel war zu einer Art offenem Durchgang geworden, zu einem Kanal, und von hier aus konnte ich eine Fahne sehen, eine ungewöhnlich große Voorstandfahne, die schlaff im Nachthimmel über unseren Köpfen hing. Wir waren am Ziel, aber ich war so wütend, daß ich nichts sagen konnte. Wir waren in Voorstand, völlig abgebrannt, schutzlos.

»Beruhige dich«, sagte Wally. »Schau – die Fahne Voorstands.«

Ich hörte eine Wagentür zuschlagen. Ich bekam eine Gänsehaut und zitterte.

Dann: Ein Ruf.

Dann: Strahlend weiße Quarzlampen. Wir wurden angestrahlt. Ich war geblendet. Mein Herz raste bis zum Zerbersten. Mir war schwindlig, ich konnte nichts sehen, ein Hase im Scheinwerfer eines Jägers. Ich war der Krüppel, der in Voorstand eindrang.

14

In jener Nacht, in der Nacht, in der wir Voorstand betraten, hatte Leona mit den anderen Vermittlern gewartet. Es war eine Nacht wie jede andere an Plasse's Crossing – sie hatten um den Tunnelausgang einen Halbkreis aus Lastern, PKWs und Allradfahrzeugen gebildet. Das war für sie zum Alltag geworden. Man campierte mit den anderen Vermittlern dort draußen und wartete darauf, daß das *Frischfleisch* aus dem Tunnel trat. So wurden die Reisenden genannt, die illegal nach Voorstand kamen. Gute Menschen benutzten diesen widerlichen Ausdruck – Künstler, Artisten, mutige Leute, die sie bewunderte, Leute, die hundert Meter über einem Nagelbett an den Zehen hängen konnten. In neun von zehn Fällen war das arme Frischfleisch halb zu Tode erschrocken. Es trat blinzelnd ins Licht, konnte kaum etwas erkennen, und ringsherum standen die Vermittler, zupften an ihren Ärmeln, packten sie an den Schultern und schlossen mit kostenlosen Motelkugelschreibern ihre Geschäfte ab.

In Morea, ihrer Heimat, war Leona eine Jahli gewesen, eine, die Lieder und komplizierte Geschichten singt, deren Darbietung nicht nur umfangreiche musikalische Fähigkeiten verlangt, sondern auch ein Gedächtnis für hundert verschiedene Familiennamen.

In Voorstand war sie, unter anderem, Vermittlerin. Sie hatte nie gedacht, daß sie diesen Job jemals machen würde, aber es mußte langen, bis sie eine Stellung als Verteller im Sirkus gefunden hatte.[66]

---

[66] Einem voorstandischen Leser wird klar sein, wie unwahrscheinlich dies war, denn obwohl alle Sirkusse ursprünglich einen Verteller hatten – deren epische Lieder das erzählerische Rückgrat des Sirkus bildeten –, gab es zu dem

Einige der Vermittler erschreckten gern das Frischfleisch. Andere gehörten zu den Sanften, sprachen mit lauter, tiefer Stimme und verhielten sich in all dem Durcheinander ruhig. Manche erzielten einfach dadurch gute Ergebnisse, daß sie gut aussahen – Kreigtown Jimmy, Marvin Tromp, der kleine Oloff –, alles, was diese Jungs tun mußten, war dazustehen, gut auszusehen, und die Arbeit kam zu ihnen. Andere, wie die Vargas-Mädchen, konzentrierten sich auf den Preis, reduzierten ihre Gewinnspanne auf ein Minimum, um die Unterschrift unter jenes kleine Stück Papier zu bekommen.

Wenn man unterschrieben hatte, hieß das, man konnte sich beruhigen: Das Fleisch gehörte einem. Als nächstes schaffte man sie nach Saarlim und ließ sie beim eigenen Kontaktmann im Militär als POWs registrieren und zurückdatieren. Man bekam ihre kleinen rosafarbenen und blauen Registrierkarten. Man schüttelte ihnen die Hand. Vielleicht bot man ihnen eine Wohnung an, machte ein paar Gulden extra für die Mühe. Manche Vermittler bekamen *angeblich* ein paar Prozent von der Miete des ersten Jahres, aber Vermittler erzählten viel Mist. Behaupteten alles mögliche.

Am Tunneleingang gab es ein Tor. Es mußte vor langer Zeit mal funktioniert haben, jetzt aber nicht mehr. Es lag auf dem Boden und rostete in den roten Staub hinein. Über dieses Tor holperte mein Rollstuhl in jener Nacht, als ich in Voorstand ankam.

Kein Bote erschien vor mir.

Als die erste Reihe von Scheinwerfern den Tunneleingang erhellte, bereitete sich mein Empfangskomitee vor – Wagentüren gingen auf, Radios wurden abgestellt. Dann rührte sich keiner mehr.

Nur Leona – sie allein –, angestrahlt wie eine Schauspielerin auf der Bühne, kam auf mich zu, ein Klemmbrett in der Hand. Sie kam auf den Tunneleingang zu, wo die Erde so fein und trocken war wie die Erde in einem Viehkraal. Sie war klein, stämmig, wirkte ungeschliffen, trug eine zerschundene braune Lederjacke und eine schlabbrige Tarnhose, die sie an den Knöcheln mit Halstüchern zugebunden hatte, um die Nachtkälte fernzuhalten.

Ich war gerade ausgeraubt worden. Meine Hose war aufgeschlitzt. Ich

---

Zeitpunkt, als Tristan Smith in Saarlim ankam, nur noch drei Sirkusse mit Vertellers.

sah ihre vollen Lippen, ihre schläfrigen Augen, ihr rundes, kaffeebraunes Gesicht, ihren orangeblonden, kurzgeschnittenen Pony; ich konnte nicht erkennen, ob es für mich Bedrohung oder Sicherheit bedeutete.

Sie sah mich an.

Ich sah den Schauder. Er lief in einer Welle vom Gesicht hinab zu den Knien. »Is' schon gut, Hunning«, sagte sie. »Du bist nich' der einzige, wo Angst hat.«

Ich dachte, sie meinte, sie habe Angst vor mir, aber sie dachte an die anderen Vermittler, die, nachdem sie mich deutlich gesehen hatten, ihre Klemmbretter wieder aufs Armaturenbrett legten und die Türen der Laster zuschlugen. Diese Vermittler wollten nichts mit Kranken zu tun haben. Sie wollten mit nichts zu tun haben, was auch nur im mindesten ansteckend war. Sie blieben hinter ihren geschlossenen Scheiben, bei laufenden Klimaanlagen, die Jagdscheinwerfer auf uns gerichtet.

Aus Gründen, die ich Ihnen später mitteilen werde, mußte Leona diesen Job annehmen. Selbst als sie unsere verbliebenen neununddreißig Gulden sah, hatte sie keine Wahl. Sie schob die zerknüllten Scheine schnell in die Hosentasche und ließ uns drei unterschreiben.

»Ich heiße Leona«, sagte die Vermittlerin zu Jacques und Wally.

Ich unterschrieb auf meine großartige, pompöse Art – Tristan Smith –, mit zusätzlichen Schnörkeln, wie auf einem Geldschein. Als sie meinen Namen sah, lächelte sie.

»Willkommen«, sagte sie zu mir. »Ich heiße Leona.«

Und dann begann sie mitten in der Wüste, in einem Meer aus weißem Licht damit, meine Geschichte vorzutragen – jedenfalls schien es mir so –, als handle es sich um einen Vorsprechtermin. Sie deklamierte mit voller, runder Stimme. Sie hatte kein Rhyti, kein Bhalam, um sie zu begleiten. Sie sang nicht, wie sie es als Verteller getan hätte, sie intonierte:

»Hier seht ihr einen Pow-pow.
Vielen Menschen gefällt das Wort nicht.
Sie sagen, es ist abschätzig.
Sie sagen, beleidige mich nicht.
Ich sage dir,
Sei froh.

Ich werde dich zu einem Pow-pow machen,
Ich werde dir diese kleine Medaille verschaffen,
die mit der rosa und blauen Schrift darauf,
die
mit POW in großen grauen Buchstaben
quer über deinem Gesicht.
Ich sage dir – sei froh. Ich bin ein Pow-pow.
Die Pow-pows haben dieses Land groß gemacht.
Nicht die Holländer, die sind Geschichte.
Nicht die Anglos – die haben den Krieg verloren.
Es sind die Pow-pows, die mit Bruder Goldene Gans auf dem Hochseil tanzen.
Sei froh.
Wir Pow-pows erzählen die Geschichte von Onkel Hund,
der mit Meneer Maus durch die Luft taucht.
Wir sind es, die den Haarigen Mann zum Lachen bringen.
Nicht die Holländer – die sind zu fett.
Nicht die Anglos – die haben den Krieg verloren.
Alice de Stihl, Boddy Gross-Silva, James Featherfleur.
Laser-Art, Spray-Effekt, symphonische Clowns.
Pow-pow-Musik,
Step, Freudentänze,
Sirkus Stomp.
Pow! Pow!«

Wir standen im gleißenden Licht der Scheinwerfer wie Cambruces, wie Bauern, die in die Manege gerufen werden. Leona blies den Pulverdampf aus den Läufen ihrer imaginären Waffen, wirbelte sie und schob sie ins Halfter.

»Willkommen in Voorstand«, sagte sie, »der Kunst- und Freizeitmetropole der Welt.«

Ich zog meinen weißen Segeltuchhut über die Augen und verschränkte die Arme vor der Brust, aber meine Hose war aufgeschlitzt, und meine knochendürren Beine waren nackt im Licht zu sehen.

Jacques zog die Schultern zurück und steckte seine sonnenverbrannte Nase in die Hitze, so als kümmerte es ihn einen Dreck, wer ihn ansah oder was sie ihm antun würden.

Und Wally, also, ich übertreibe nicht, wenn ich sage, daß die liebe alte Schildkröte sich verwandelte. Er entfaltete sich wie eine Papierblume in Wasser. Er reckte sein Gesicht ins Licht. Er hob seinen sommersprossigen, leberfleckigen Arm und *winkte* den unsichtbaren Voorstandern zu. Er wandte mir sein zerstörtes Gesicht zu, sein vom Durst weißer Mund stand offen, aber er lächelte.

»Und was ist mit uns!« sagte er und freute sich so, daß ich lachen mußte. Wir waren pleite, hatten keinen Pfennig, keinen Kredit. »Heh«, sagte mein Dad, und das Blut lief ihm von der Stirn, »was ist mit uns!«

15

Dies war das Land meiner Maman. Dies war ihr Land, und in dieser Hinsicht auch meines. Es war äußerst bedauerlich, daß ich gezwungen sein sollte, hier ein armer Schlucker und Fremder zu sein.

Es war vier Uhr früh, aber die Lehmpfanne am Tunnelschlund wirkte wie ein Jahrmarkt – all die Autos und Laster der Vermittler mit ihren verschiedenen Lampen: Abblendlichter, Quarzscheinwerfer, Glühlämpchen, die die Umrisse nachzeichneten, die Luft, die nach Diesel stank, nach Holzrauch, Ketchup, fettigem Essen, nach Zucker, der in der Nacht brannte.

Der Große Wagen, die Sterne meiner Maman, stand über uns. Schnaps und Ganja lagen in der Luft. Das Leben knatterte um mich herum wie kleinkalibriges Gewehrfeuer. Wir folgten Leona, als sie über die blanke Erde auf die Scheinwerfer zuging.

Dabei riefen die Vermittler ihr zu, »*Setz lieber deine Maske auf, Leona.*« Sie machten angewiderte Geräusche. Wuff. Würg. Uärgh. So haben Sie mich begrüßt, Madam, Meneer. »*Halt besser die Luft an, Leona.*«

»Kümmert euch nicht um die«, sagte Leona. »Die sind einfach dumm. Da is' mein Blikk.«

Blikk – das ist Ihr Wort, Ihnen so vertraut wie Ihre Zahnbürste. Für mich war es ein Juwel aus der Krone Ihrer Lieder und Geschichten – fremd, geheimnisvoll, weit mehr als das, was wir meinen, wenn wir »Auto« sagen. Leonas Blikk war zwar nicht neu, aber er glänzte, übersät mit kleinen blinkenden Elfenlämpchen, nicht nur auf den vorquellenden Kotflügeln oder an den Seitentüren, sondern auch auf dem weiten, sich wölbenden Dach.

Wally drehte sich um, sah mich an, und sein Gesicht brach in ein Lächeln aus. Diese Reaktion war natürlich genau das, was ich mir gewünscht hatte, als ich mir die Reise vorstellte. Und diese Vorstellung hatte mir dabei geholfen, meine Phobie zu überwinden – der Gedanke, daß mein Wille ihn sorglos und fröhlich machen und ihm die Last der Geschichte oder der Einsamkeit nehmen konnte.

Doch als ich mir das vorgestellt hatte, hatte ich nicht erwartet, als Bettler in der Wüste zu landen, aber dies war nun mein Schicksal, mein Atem war flach, und ich kam mir leicht vor, der Ohnmacht nahe. Ich konnte nicht der fröhliche Mensch sein, wie ich erwartet hatte.

»Komm schon«, sagte er. »Wen kennst du sonst noch, der jemals durch einen *Tunnel* nach Voorstand gekommen ist.«

»Wir haben ... unser Geld verloren ...«

Zur Antwort grinste er mich eindeutig schelmisch an.

»NEIN ... vergiß es ...«

»Vergiß was?«

»Ich kenne ... das Grinsen.«

Es war dasselbe Grinsen, das er auf den Lippen hatte, wenn er mit gestohlenen Uhren und überflüssigen Toastern nach Hause kam.

»Wir sind nicht ... in Chemin Rouge.«

Ich haßte es, wenn er stahl. Zweimal war er über Nacht im Gefängnis festgehalten worden. Aus diesem Grund hatte ich Angst vor der Polizei, vor den Gerichten, vor allen in Uniform.

»Vergiß es ...«

»Vergiß was?« beharrte er, aber dann unterbrach uns Leona.

»Habt ihr jemals Gyro's Sirkus gesehen?« fragte sie uns.

»Hab von gelesen«, entgegnete Wally. Seine ganze Aufmerksamkeit konzentrierte sich auf Leona. Er stopfte sich die Hände in die Hosentaschen und zog die Augenbrauen hoch.

»Gyro's Sirkus«, sagte Jacques. »Ich weiß, was Sie sagen wollen.«

»Was denn, mein Hübscher?«

»Wir kriegen in Efika nicht die großen Sirkusse«, sagte Jacques. »Aber wir kriegen die Simulationskuppeln. Ich habe die Simulation gesehen. Dreihundertsechzig Grad. 3-D. Das ist das Auto – stimmt's?«

»Das hier is' Blikk«, sagte Leona. »Das is' exakt der Wagen, mit dem sie in Gyro's Sirkus übers Hochseil gefahren sind.«

Wir hatten noch genau drei Gulden zusammen, und meine Gefährten starrten den Blikk an, lächelten und rieben sich die Gesichter mit den Händen.

»Wollt ihr ein Foto machen«, sagte Leona, »dann macht.«

Jacques hatte keinen Fotoapparat dabei, aber Wally folgte ausgelassen dem Vorschlag der Vermittlerin. Das Blitzlicht flammte auf. Der Wagen blinkte mit seinen Lichtern zurück wie ein riesiger Mistkäfer, der mit seinem Diener spricht.

Leona sah mich an und zwinkerte. Ich versuchte zurückzuzwinkern, doch alles, woran ich dachte, war, wie wir uns Geld beschaffen konnten.

»Du kanns' nicht zwinkern«, sagte sie. Sie pustete zwischen den Zähnen einen Kaugummi auf und ließ ihn platzen. »Du has' es wenigstens versucht«, sagte sie, »aber du kanns' es nicht. Ich hab gesehen, du has' es *versucht*. Ich kenn' dich, ich kenn' deine Art.«

Ich konnte nicht mal an sie denken. Aber für Wally war sie natürlich eine Frau, und sie redete mit mir, und ich mißverstand sie vielleicht und verliebte mich in sie.

Plötzlich verlor er das Interesse am Fotografieren. »In Ordnung«, sagte er zu mir. Er hob mich hoch – meine Hose war ein aufgeschlitzter Fetzen, alle konnten meine Beine sehen. »Zeit zum Aufbruch«, sagte er zu Jacques und Leona, als er sich mit mir in den Blikk zwängte.

»Was ... ist los?« fragte ich ihn. »Um ... Himmels willen.«

Er sagte etwas zu mir, was aber im ungeheuren Dröhnen des V12-Motors des Blikk unterging. Leona war soweit. Sie schlug ihre Tür zu und spielte am Choke herum. Jacques quetschte sich neben mich.

»So gegen Morgen«, rief Leona, »kriegt ihr was zu sehen.«

Dann fuhr sie ohne Vorwarnung los, schnell, stoßweise, das Gaspedal durchgetreten.

16

Leona hatte weiche braune Lederhandschuhe. Sie liebte es, das Lenkrad durch ihre breiten kleinen Hände gleiten zu lassen. »Zwinker, dem macht's keinen Spaß«, rief sie. Sie ließ den Blikk durch sandige Kurven rutschen und auf den felsigen Abschnitten ruckeln.

»Schaut ihn euch an. Er is' sauer wie sonstwas.«

Wie auch nicht? Ich hatte eine zerschlissene Hose und verkrüppelte Beine. Ich war einen Meter sechs groß und machtlos unter dem leeren weiten Himmel Voorstands.

»Ich sehe, wie er aus'm Tunnel kommt, sich duckt und windet, will niemand auch nur einen Penny geben.«

Sie sah mich an. Jedesmal, wenn ich aufblickte, sahen mich diese Augen im breiten Rückspiegel an.

»Wollte mir keinen Gulden geben. So wütend, daß er mich nich' mal anblinzeln konnte, stimmt's nicht, Junge? Du warst wütend wie zwei Flöhe«, sagte sie.

»Immer noch ...«, sagte ich. Ich starrte zurück. Ich konnte sie in dem breiten Rückspiegel sehen: breite Nase, hübsches Gesicht, gelbe Wüstenaugen.

»Was hat er gesagt?«

»Ist er immer noch«, sagte Wally. »Nicht auf Sie, auf mich.«

»Als er das A 22-Formular unterschrieben hat, da hättest du mal sein Geschnörkel sehen sollen. Verarsch Mich Nicht. Hat er geschrieben. Direkt aufs Papier.«

»Er ist loup auf mich«, sagte Wally.

»Loup?«

»Loup – wütend, sauer.«

»Onkel, mir gefällt deine Ausdrucksweise«, sagte sie. Dann ließ sie mich in Ruhe. Sie fing an, an *ihm* rumzumachen. In kurzer Zeit brachte sie Wally wegen seines Akzents zum Erröten. Sie machte ihn glücklich, er strahlte. Als sie sich an Jacques wandte, erkannte ich, das war ihr Talent, ihre Masche. Sie erleichterte uns den Zugang nach Voorstand, beruhigte uns, schmeichelte uns. Und tatsächlich, als sich unsere Laune besserte, fiel sie in Schweigen. Wir fuhren, und die Elfenlämpchen blinkten immer auf unserer Metallhaut.

Die Erde war gespenstisch weiß, tongelb, staubbraun – anders als alles in Efika. Es war die Landschaft der Geschichten, die Irma vorgetragen hatte, die Landschaft, die meine Vorfahren durchquert hatten, die auf der *Pietr Groot* aus Holland kamen und 135 VE[67] hier landeten. Sie war

---

[67] VE, Vor Efika, gerechnet ab der Landung Kapitän Girards bei dem heutigen Melcarth.

fremd. Sie lag mir im Blut, in meinen Träumen. Sie tauchte nach jeder Kurve und jedem Einschnitt wieder auf – wirklich, unwirklich, bekannt, fremd.

Die Entfernungen waren riesig, viel größer als alles, woran wir gewöhnt waren. Und selbst der berühmte Kaktuswald bei Neu Zwolfe, in den wir zu Beginn der Fahrt kamen, langweilte uns bald. Dasselbe in dem sich daran anschließenden Ödland – die kleinen blauen Kirchen, die steineren Schreine am Straßenrand mit den in Zeitungspapier gewickelten Gaben an den Haarigen Mann – bald fehlte ihnen der Reiz des Neuen.

Wir hatten kein Geld. Wir waren schutzlos. Meine Atmung wurde flacher. Ich begann über die Umstände zu grübeln, in denen unsere Sicherheit verlorengegangen war. Es wäre niemals passiert, wenn nur Wally sich wegen der Blume nicht so aufgeregt hätte.

Ich will meinen Beschützer nicht für alles verantwortlich machen, was passierte, aber dennoch – er verlor mein Geld, meine Macht, und alles nur, weil er wegen irgendeinem Mädchen mit einer Blume in Panik geriet. Das Mädchen hatte hübsche stramme Waden, stimmt. Sie war nett. Sie hatte große, dunkle, feuchte Augen, und sie sah, daß unter dem Zerrbild ein Mensch war. Ich hätte mir die Hand abgehackt, wenn das geholfen hätte, daß sie sich wirklich um mich sorgte. Das meine ich nicht im übertragenen Sinn. Ich meine wirklich abhacken – eine Axt, die Gefahr. Aber Abhacken, Schneiden, Verstümmeln – nichts von alledem würde etwas an der bitteren Wahrheit ändern. Ich war, der ich war. Sie war freundlich, das ist alles. Sie gab mir eine Blume mit einem dicken, weichen Stiel. Sie ähnelte einer Nez Noir-Distel. *Ich würde mir doch nicht die Pulsadern aufschlitzen, um Himmels willen.*

Wenn Wally nicht in Panik geraten wäre, dann wären wir zum Tunnel *gefahren* und wären ausgeruht und gelassen dort angekommen. Es hätte keinen Streit mit Aziz und keinen Raub gegeben. Wir wären mit der Aussicht auf Sicherheit und Komfort nach Saarlim gereist.

Aber Wally schien nichtmal zu bemerken, was er angestellt hatte. Im Gegenteil, er fing an zu strahlen, als mein Vermögen verschwand, und weder Reise noch Schlaflosigkeit konnten seine gute Laune schmälern.

»Das macht die Herausforderung, Sohn«, sagte er zu mir, als der Morgen anbrach – ein wechselhafter, melancholisch grauer und gelber Himmel über weiten Tälern, die mit sehr hohen Säulen aus gelbem

Felsgestein gesprenkelt waren. »Und Onkel Wally ist der richtige Mann für den Job.«

»Frag sie ... was sie in Voorstand ... mit Dieben tun.«

»Mollo-mollo«, sagte Wally. »Es wird keine Diebereien geben.« Er lächelte und lehnte sich zurück. Er schlug die Beine übereinander und fing an, sich eine Zigarette aus stinkendem moreanischem Tabak zu drehen.

»Das da is' eine Weide«, sagte Leona. Ich konnte ihre Augen im Rückspiegel sehen, krähenfüßig, müde. »Siehst du eine Weide, gibt's da vielleicht 'nen Bach.«

»Wir haben auch Weiden«, sagte Jacques und räkelte sich. »Aber nicht solche.«

»Das da ist Speerkraut.«

»Das haben wir nicht.«

»Das da is' ein Kreosotbusch. Das is' ein Wippschaukelstrauch.« Neben einem trockenen Bachbett ein wenig unterhalb der Straße zeigte sie uns einen aus dem Felsen gehauenen sieben Meter langen Schuh und ein Bein. Das Bein erhob sich vielleicht dreizehn Meter in die Höhe und brach dann ab. Es trug eine Hose mit Aufschlag, Bügelfalte und sauber gearbeiteten Falten, alles aus dem gelben Gestein gehauen.

»Ist das Laser-Kunst?« fragte Jacques. »Was ist das?«

»Nicht Laser. Echt.«

»Was ist das?«

»Ein Schuh«, sagte Leona.

Es war ein Schuh, aber, mal abgesehen von der Größe, kein normaler Schuh. Er hatte eine extrem breite Kappe und wölbte sich an der Zehenspitze – ein Clownsschuh.

»Weißt du, wessen Schuh das ist?«

»Schuh ... von Bruder Hund«, sagte ich.

»Das is' der Schuh von Hund«, sagte Leona. »Junge, das is' ein *Rätsel.* Wie wollten die den Rest bauen? Das is' eines der *Rätsel der Wüste*[68].

---

[68] Einem voorstandischen Leser wird klar sein, daß Leona sich hier irrte und daß die aufgegebene Statue von Bruder Hund nicht das Produkt des modernen Sirkus-Kapitalismus, sondern jene Stelle markiert, an der sich einst eine wohlbekannte Freidenkerische Holländische Kirchengemeinde befand, die auf das Jahr 65 VE zurückgeht. Diese Ruinen sind bekannt unter dem Namen Dry

Is' das nich'n Ding? Und jetzt schaut mal da rüber, da seht ihr's. Der Draht führte vom Schuh zu der Hütte da, wo die Maschinen hinten rauskucken. Das sollte eine Avocadoplantage werden. Die ganzen toten Bäume dort – die nennen wir Avocado. Das ist eine Art Gemüse. Und was sollte der Draht da? Sag du's mir, Zwinker. Die Antwort lautet, um die Energie vom Hund zu den Avocadobäumen zu leiten. So denk ich mir das, aber nichts Genaues weiß man nich'. Wär' eine Avocadoplantage geworden, wenn sie jemals das Wasser gefunden hätten. Sie pflanzten die Bäume, aber Wasser fanden sie nich'. Dann versuchten sie die Energie von dem Hund zu gewinnen, aber sie kriegten den Bruder nich' rechtzeitig fertig.«

»Es wird schon alles gut werden«, flüsterte Wally. »Mach dir keine Sorgen.«

»Was aus ihm wurde, Mr. Avocado? Na, vielleicht hat er was anderes zu tun gefunden. Vielleicht war er es, der die Straße runter is' und die Hütte da in die Luft gejagt hat. Kuck sich das mal einer an.«

Sie hielt an. Wir kurbelten die Fenster runter. Da stand eine Hütte, deren Inneres durch Gewehrfeuer weggepustet worden war. Aus klaffenden Wunden quoll die Isolierung hervor.

»Wird alles gut werden«, sagte Wally, doch als ich ihn ansah, blickte er weg. »Mollo-mollo«, beschwichtigte er. »Wird alles gut werden.«

»Das ist das Land des Sirkus«, sagte die Vermittlerin. »Keiner wird euch verbieten, es nich' zu versuchen. Manche Länder, da gibt's Gesetze, Vorschriften, die Regierung sagt einem, wie man sein Leben führen soll. Sagen wir mal, ihr seid Japaner oder Chinesen – die würden euch in den Knast stecken, wenn ihr eine Statue von Bruder Hund baut. Hier, hier gehst du das Risiko ein und kriegst deine Belohnung. Du läufst übers Hochseil, und du stirbst oder kriegst den Silberpokal.«

»Darf ich Sie mal was fragen?« sagte Wally. »Wieviel Geld hatten Sie, als Sie in Voorstand ankamen?«

Leona fing mit einer langen Geschichte von ihrer Ankunft an. Wally beugte sich vor und legte seine Arme auf die Rückenlehne des Fahrersitzes. Ich sah hinter seinem krummen Rücken zum Fenster hinaus.

Creek-Hund. Weitere Informationen finden Sie in *Häretische Christliche Kunst in der Neuen Welt* (Thames & Hudson, London).

Dort, rechts von uns auf einem Bergeinschnitt, lief eine ein Meter große Maus neben dem Wagen.

Ich sagte nichts, aber ich konnte meinen Blick nicht von dem hassenswerten Ding wenden. Die Maus hatte ihren weißen Schal verloren. Der hellblaue Mantel hing von einer Schulter. Die weichen grauen Gliedmaßen waren zerfetzt und staubbedeckt. Die Augen waren aufgerissen und schauten böse, die Zähne waren klein und spitz. Sie rannte tolpatschig, stolperte über die eigenen großen weißen Stiefel, stolperte, stand, fiel. Die Arme flatterten umher und wirkten irgendwie knochenlos. Mich erinnerte das an eine sterbende Schmeißfliege.

Der Einschnitt bot uns die Aussicht auf eine weite khakifarbene Ebene. Die Linie eines einzigen Highways führte quer durch die Mitte, und man konnte den dünnen Kreidestrich einer Straße, unserer Straße sehen, die darauf zu führte. Jeden Augenblick würde der Wagen mit dem Abstieg beginnen, und wir würden diese albtraumhaften Visionen hinter uns lassen.

»Zwinker sieht es«, sagte Leona.

»Meneer Maus«, flüsterte Jacques. »Verdammt.«

»Wo kommt ihr Jungs her?« fragte Leona.

»Halten Sie an«, sagte Jacques.

»Ihr habt noch nie von Bruder Maus gehört.«

»Fangen wir sie«, sagte Jacques. Ich sah ihn an. Er war so wach, so hübsch. Er war ganz rot, und das Weiß in seinen Augen von einem strahlenden Grauweiß.

»Bruder Maus is' so was, das haben wir hier«, sagte Leona.

»Wir kennen die Maus«, sagte Jacques. »›*In der einen Minute nichts. In der nächsten stand er so felsenfest da wie ein Mühlstein.*‹ Wir kennen sie, oh ja. So, als wenn sie auch unsere Maus wäre. ›*Seine schwarzen Ohren waren gespitzt. Seine Zähne waren weiß, seine Augen so strahlend wie ein Engel des Herrn.*‹«

»Das ist aus einem Lied, richtig?« fragte Leona.

»Geschichten von Bruder Maus«, sagte Jacques. »Badberg-Edition.«

Aber Leona, soviel stand fest, hatte noch nie von der Badberg-Edition gehört. »Die Maus is' etwas, das is' aus dem Sirkus«, sagte sie. »Aber nicht wie dieser alte Kerl – der da is' eine Maschine, ein Simulacrum, ein Scheinbild. Diese alte Maus, die is' älter als ich, das könnt ihr mir glauben. Das is' ein *altes* Modell.[69] Heh, Zwinker, siehst du das? Kuck dir den Simi an. Muß wohl der letzte Simi in ganz Voorstand sein. Ihr Jungs wißt einfach nicht, was für ein Glück ihr habt.«

Die Maus, die immer näher an den Rand der Klippe gekommen war, war gestolpert und vor den Wagen gestürzt. Jetzt stand sie auf, wie ein Hase, den man angeschossen, aber nicht getötet hat, und fing an, ungestüm und unkoordiniert die Straße entlang zu rennen, die nun, während Leona der Maus folgte, den steilen Abstieg zur Ebene begann.

»Wollt ihr ein Andenken?« fragte sie.

Jacques lächelte. Er sagte kein Wort. Er lehnte sich im Sitz zurück, und ich konnte durch die Wimpern seiner leicht zusammengepreßten Augen seinen Willen erkennen, seinen erschreckenden, strahlenden Willen.

»Nein«, sagte ich. Ich haßte diese Maus. Ich haßte ihr Gesicht. Ich haßte alles, wofür sie in meinem Leben, in meiner Geschichte stand, haßte, daß ich jemals dumm genug gewesen war, mich hinter ihrem Gesicht zu verbergen.

»Zwanzig Meilen die Stunde«, sagte Leona. »Kuckt euch das an.«

Schwarze fliegende Beine. Eine Staubwolke.

»Willst du sie?« fragte Wally.

»Nein ... das weißt du.«

Dann gab es einen Schlag, einen Ruck. Der Wagen blieb stehen. »Erwischt«, sagte Leona. »Hab das kleine Biest erwischt.«

Sie hielt an und sprang heraus. Im nächsten Augenblick hielt sie die hintere Klappe auf. Sie warf die Simulacrum-Maschine auf den Wagenboden. Sie qualmte noch. Wattefüllung quoll aus ihrem Ellbogen. Sie stank nach verbranntem Gummi, wie eine Spülmaschine, kurz bevor sie in Brand gerät.

---

[69] »Die ursprüngliche Sirkusmaus war 1,85 Meter groß. Man kann diese frühen Brüder auf Gemälden sehen, Hunde, Enten, Mäuse, alle so groß wie Footballspieler. Zu Beginn war natürlich alles sehr religiös. Gottes Geschöpfe, usw. Vielleicht waren sie früher einmal Priester, doch soweit ich mich erinnern kann, waren sie Kraaker, Schwarze, Diebe. Diese Brüder taten schlimme Sachen – Mord, Vergewaltigung, fürchterliche Dinge. Und jetzt haben wir das Geschöpfekontrollgesetz – in der Öffentlichkeit darf kein Bruder größer als 1,06 Meter sein. Und deshalb gibt's auch keine.« Weitere Details dieser vergessenen Simulacrum Mark 3-Maschinen finden sich im Kapitel 28.

17

Meine Pflegerin saß neben mir wie eine seit kurzem Schwangere, die Hände auf dem Bauch, die Füße rittlings auf dem stinkenden Bruder Maus.

Ich dachte, sie sei mein Angestellter, mein Mann. Mir kam nie der Gedanke, daß ich vielleicht *ihr* Mann, *ihre* Erfindung sein könnte, aber genauso war es – diese schlanke, attraktive Frau mit der Schuhgröße 39 hatte mich in einen Terroristen verwandelt.

Sie hatte einen scheuen armen Kerl in einer feuchten dunklen Höhle vorgefunden. Er hatte eine Haut wie ein Baby und perlgleiche, harmlose Augen, doch während er schlief, hatte sie ihn in etwas Mächtiges verwandelt – immer noch häßlich, ja, aber giftig, eine Spinne in der Dunkelheit des voorstandischen Unterbewußten.

Sie hatte mir nichts Böses tun wollen. Sie hatte mir gar nichts tun wollen. Sie wollte etwas für sich selbst, und ich war Mitglied einer geächteten Gruppe. Sie fälschte daher drei Fax-Ausweise, um zu »beweisen«, daß ich, Tristan Smith, ein Terrorist war, der Kontakt zu mohammedanischen Zellen in Voorstand unterhielt. Wenn sie das nicht getan hätte, dann wäre sie an ihren grauen Metallschreibtisch in der POLIT-Abteilung zurückgeschickt worden. Sie glaubte keine andere Wahl zu haben, als vorwärts zu gehen – sie brachte mich mit Zawba'a[70] in Verbindung, und nun war sie eine Außendienstlerin, die einen Terroristen zu einem möglichen Treffen mit anderen Terroristen begleitete.

Sie brachte mich mit Zawba'a in Verbindung, weil sie deren Manifest übersetzt hatte und wußte, daß sie Kontakte in Voorstand hatten. Sie war Anfängerin, lief auf dünnem Eis. Sie hatte nur Zugang zu Informationen der Stufe 7, und deshalb hatte sie keine Ahnung, daß Zawba'a im Augenblick unter intensiver Überwachung des VIA stand.

Sie hätte acht andere Zellen wählen können, und jede von ihnen hätte sie wieder in die verstaubte Langeweile von POLIT getrieben. Doch sie wählte die eine Gruppe, die dafür sorgte, daß sich ihr der gesamte Außendienst widmete.

Sie hatten nur eine Befürchtung – nicht, daß sie ein paar Fax-Nummern gefälscht hatte, sondern daß sie unerfahren war und sie deshalb

[70] Arabisch, wörtlich: Wirbelwind.

bei ihren Opponenten in Voorstand schlecht aussehen würde. Sie nahmen sie sich vor. Sie schmeichelten ihr, wiegten sie, drängten sie. Sie ließen sie Gewichte drücken und Liegestütze machen. Sie unterzogen sie einem intensiven Waffentraining und setzten es wieder aus, als sie sie dabei ertappten, wie sie Sirkustricks mit ihrer Fünfzehn-Schuß halbautomatischen Glock probierte.

»Und was, wenn jemand auf mich schießt?«

»Glaub mir, Jacqui, du bist ohne Waffe sicherer.«

Sie nahmen ihr die stattliche Glock ab und verbrachten die letzte Woche damit, ihr beizubringen, wie sie mit dem VIA zu reden hatte. Darin brillierte sie. Als sie an Bord der *John Kay* ging, war sie eine Kandidatin, die gut auf die Prüfung vorbereitet war.

Ich war der Kern ihrer Fiktion. Doch während wir die El 695 mit Bruder Maus hinunterfuhren, hatte ich von alledem so wenig Ahnung wie von ihren honigfarbenen Brüsten unter ihren drei Popelinhemden. Ich war das Baby, die Zielscheibe, der Depp. Ich machte mir Sorgen wegen des stinkenden Simi, um Geld, Privatsphäre, die Abscheu, die ich an einer Tankstelle verursachen könnte, die Demütigung, in aller Öffentlichkeit zu essen. Panik flatterte wie eine Fledermaus am Rande meines Bewußtseins, während wir immer tiefer in Voorstand eindrangen. Ich hatte keine Ahnung von dem Risiko, das meine schlafende Pflegerin eingegangen war, um diese Reise zu unternehmen, von den zynischen Lügen, die sie erzählt hatte, um dorthin zu gelangen, oder von den drohenden Konsequenzen, die sie erfolgreich aus ihrem Bewußtsein verdrängt hatte.

18

Als Jacqui aufwachte, war es Abend, die Schatten waren lang und die Farben weich, und der Highway bog um einen weiten See herum. Als sie die Augen aufschlug, sah sie im Spiegel Leonas gelbe, blutunterlaufene Augen, die sie anstarrten.

Erst da kam ihr die Möglichkeit in den Sinn.

Konnte Leona die Außendienstlerin sein, die sie in Saarlim treffen sollte?

Jacqui hatte nicht wirklich darauf geachtet, was immer Leona gesagt hatte, als sie aus dem Tunnel gekommen war. Sie hatte nicht damit gerechnet, den Kontakt vor Saarlim zu machen. Vielleicht hatte Leona den Erkennungssatz gesagt, und Jacqui hatte es nicht gehört.

Nun, zwölf Stunden später, sagte Jacqui ihren Erkennungssatz: »Eine hübsche Nacht.«

Und Leona antwortete mit ihrem: »Eine hübsche Nacht, um in Saarlim City zu sein.«

»Wie weit ist es noch?« fragte Jacqui und spürte, wie ihr das Blut den Hals hinaufschoß und in Ohren und Wangen fuhr.

»Tss«, sagte Leona und schüttelte den Kopf.

Jede andere wäre peinlich berührt gewesen. Jacqui nicht. Das hatte sie recht früh beim DoS gelernt. Niemals Schwäche zeigen. Der »Treff« hatte in Saarlim stattfinden sollen. Sie starrte Leona an und faltete die Hände auf dem Schoß. *Du mich auch,* dachte sie. Das ist nicht mein Fehler.

Ich saß direkt neben ihr, als dieser Austausch stattfand. Ich sah die Verwegenheit, die aufzublitzen, durch die stumpfe braune Farbe der Pflichterfüllung unserer Pflegerin zu leuchten begann. Sie war stark, spürbar. Ich hatte das Bedürfnis, sie zu unterbinden.

»Wirf das ... Ding raus«, sagte ich und schubste ihr Bein mit dem Fuß.

»Was hat er gesagt?« fragte Leona.

»Er will, daß Sie den Bruder hinauswerfen«, sagte »Jacques« und lächelte mich an, keineswegs überheblich. Es war das Aussehen, das man bei Mönchen findet – eine stille, leuchtende Neutralität.

»Du willst, daß ich Bruder Maus rausschmeiße?« Leona lenkte den Wagen um eine langgezogene, geneigte Kurve auf eine hohe weite Brücke, unter der man ein weiteres Highway-Band erkennen konnte: Laster, die Gaskugeln oder Flüssigkeitszylinder transportierten, helle, serifenlose Buchstaben auf den spiegelnden silbernen Oberflächen.

»Vielleicht schmeiß ich dich als ersten raus«, sagte Leona. Sie schaltete, einem Schild am Straßenrand gehorchend, den Supercharger ein. »Dieser Bruder Maus hier ist für uns wie ein Heiliger«, sagte sie. »Das ist nicht einfach nur Sirkus. Er bedeutet uns was.«

»Er bedeutet ... uns auch was ... wir haben dadurch genug ... gelitten.«

»Was sagt er?«

»Er möchte den Bruder lieber nicht im Wagen haben.«

»Scheiß auf die Maus ... scheiß auf die Hegemonie Voorstands ...«

»Was sagt er?«

»Er sagt ... es macht ihn krank.«

Ich wandte mich an Wally, der seinen krummen alten Rücken in eine Ecke gedrückt hatte. »Willst du ... dieses stinkende Ding ... im Wagen?«

»Das ist ihr Land«, erwiderte Wally, schloß die Augen und tat so, als schliefe er. »Wir sollten ihre Sitten respektieren.«

Jacqui kreuzte die Arme des Simi vor dessen Brust und drückte sanft die Schnauze runter und das Kinn hoch, so daß nur eine leise Spur von einem weißen Zahn hervorlugte.

»›*In dem einen Augenblick nichts*‹«, rezitierte sie, »›*im nächsten stand Bruder Maus da, so felsenfest wie eine Gelbeiche an einem Montagmorgen, die Knöpfe glänzten, und er tippte mit dem Spazierstock auf den Boden.*‹«

19

Über die El 695 gefahren zu werden, bereitete mir ein Gefühl in der Magengrube, das nahezu unerträglich war.

Der Punkt war – die El 695 wollte nicht enden. Sie machte Kurven, zog Kreise, aber sie führte immer weiter, einmal drei Spuren breit, dann fünf, dann nur eine Spur voller Behinderungen und Bauarbeiten, aber sie nahm kein Ende. In Efika konnte man nicht weit fahren, ohne ans Meer zu kommen. Selbst auf einer großen Insel wie Inkerman lebte man mit dem ständigen Gefühl von Beschränkung, einem Gefühl für die dünne Bodenschicht, die Härte der Felsen, die weite segellose Ausdehnung des Mer de Lapenise.

Im Vergleich dazu war Voorstand schrecklich, so als ob man pausenlos gekitzelt würde oder in einem Fahrstuhl fiel. Ständig kamen wir an diesen »Zee« oder jenen »Zee«, keine wirkliche »See«, sondern große Seen, deren anderes Ufer sich im Sommerdunst verlor – was mir, nach meinem efikanischen Verständnis, das Ende der Reise signalisierte. Nun sollte eine Fähre kommen. Nun eine Werft. Aber dies war Voorstand, zweitausend Meilen von Norden nach Süden, achthundertfünfundsechzig Seen, zehntausend Städte, dreiundneunzig Großstädte.

Ich sah zu, wie die Straßenränder endlos, grenzenlos an meinen Ohren vorbeizogen, und tatsächlich sollte ich an diesen Straßenrändern schließlich die Wahrheit über Saarlim City kennenlernen.

Die ersten Anzeichen von Verfall sah ich mehrere hundert Meilen vor unserem Ziel. Zu Anfang nahm ich sie nicht ernst, doch bald waren sie nicht zu übersehen – die Straßen wurden immer schlechter, und zwar durchgängig –, und bis wir zu den Hochstraßen kamen, die in die große Stadt führten, waren die Straßenränder geborsten, von Unkraut überwuchert und mit achtlos weggeworfenen Teilen von Autos und Lastern übersät.

Sie, die Sie glauben, daß ich gekommen bin, weil ich Ihnen Böses wollte, werden es kaum fassen, daß ich diesen Verfall so beunruhigend fand. Warum sollte ich, ein Mitglied der Gruppe 20. Januar, mich um den Zustand der Straßen in Saarlim City einen Dreck scheren?

Madam, Meneer, Sie sind in einer Weise Teil unserer Herzen, wie Sie sich es nicht vorstellen können.

Das ist so, als hätten Sie an Ihrer Mutter Brust Koran und Kabuki eingesogen und sich zu eigen gemacht. Wir wachsen auf und haben Ihre Fremdheit tief in unseren Seelen, kennen die Brüder Clowns, die Bruder-Geschichten, die Legenden der Heiligen, Ihre Geschichte (die Holländer schlagen, die Briten austricksen, die Franzosen demütigen, auf den Inseln Efikas bringt Ihnen das hohe Noten ein). Wir rezitieren Ihre epischen Dichter aus denselben Gründen, wie wir Molière oder Shakespeare studieren, wir hören Ihre Pow-pow-Musik, während wir uns verlieben, fliegen Ihre duftenden Pfirsiche um den halben Erdball ein, sitzen am Tisch, und ihr makelloser Saft rinnt an unseren fremden Kinnen herunter.

Wir haben Ihnen vorgetanzt, mit Ihnen geweint, und selbst wenn wir unsere Manifeste gegen Sie schreiben, selbst wenn wir Sie anflehen, uns bitte in Ruhe zu lassen, bewundern wir Sie, nicht nur weil wir Ihre Musik in unsere Liebschaften und Hochzeitsfeiern eingewoben haben, nicht nur für das, was wir uns unter Ihnen vorstellen, sondern für das, was Sie einst waren – für den unmöglichen Idealismus Ihrer Siedler Frei, die Gottes Geschöpfe nicht essen und selbst Mäuse und Spatzen in ihren christlichen Glauben einschließen wollten.

Als wir Ootlanders uns auf der verfallenden El 695 Saarlim, der legendären Hauptstadt Saarlim näherten, riefen wir uns stumm und jeder für sich die Geschichte der Bauern-Brüder ins Gedächtnis, die in die Stadt kommen, den *Hymnus auf die Pietr Groot*, den Freitod der Offiziere der Ersten Großen Rebellion. Doch so, wie Ihre Geschichte mich inspirierte, so sehr deprimierte es mich, die Risse zu sehen, das Unkraut, den Müll aus Kühlerschläuchen, zerborstenem Glas und verrosteten Schalldämpfern.

»Sie sollten ... mal aufräumen«, sagte ich.

Niemand dolmetschte für Leona.

Die Autos rund um uns glichen nicht jenen mit den Sternchenreflexen im Chrom, die ich in den Zines gesehen hatte. Sie waren alt, verrostet, verbeult, spuckten blauen Qualm, ließen schwarzes Öl fallen. Ich hatte geglaubt, mein eigenes Land sei hinterwäldlerisch, provinziell, aber so etwas hätten wir in Efika nicht zugelassen. Autos, die von der Gardiacivil vom Highway geholt worden wären – Wagen mit verrosteten Karosserien, kaputten Scheinwerfern –, durften neben uns fahren, ohne von der Saarlimer Polizei belästigt zu werden, die sich in Fahrzeugen durch den Schrottverkehr bewegte, die vor Computern und Satellitenschüsseln nur so strotzten und deren Lichter auf dem Wagendach ständig blinkten.

Doch je extremer die Vernachlässigung wurde, desto mehr gefiel es Jacques. Während wir uns Saarlim näherten, bekam er Farbe und tappte mit den Füßen auf dem Boden. Er saß auf der Sitzkante, eine Hand auf der Schulter des Simis. Der Simi stank nach Qualm, nach verschmortem Plastik, feuchtem Fell, nach alten Lumpen, die zu lange in einem Eimer gelegen haben. Gerissene Drähte schauten aus dem Ellbogen hervor – wahrscheinlich infektiös. Es machte mich krank, den Simi auch nur anzusehen, ich bekam weiche Arme und Beine – unzureichende Sauerstoffzufuhr, das Frühwarnsignal einer Phobie.

Leona fuhr uns durch tropfende Tunnel und unter rostenden Brükken hindurch. Rings um uns standen abweisende Ziegelsteingebäude, manche mit Fenstern, andere nur mit zerbrochenem Glas, und wo es nicht zerbrochen war, war es dreckig. In Chemin Rouge halten wir die Dinge gern sauber. In Chemin Rouge schmeißen wir unseren Müll nicht auf den öffentlichen Highway. Saarlim City war übersät mit weggeworfenen Zeitungen, Dosen, Flaschen, Autos, Matratzen, Möbelstücken.

»Es wird alles gut werden«, sagte Wally. Aber der alte Vogel sah müde und erschöpft aus. Er fuhr sich mit der Hand über den knochigen Schädel. »Das wird meine Art von Stadt sein.«

Aber wir hatten kein Geld, und das Licht war müde, gelb, giftig. Wir überquerten eine lange, hohe, klappernde Metallbrücke über grasigem Marschland, in dem man den Regenbogenschlick von Chemikalien erkennen konnte. Durch den gelben Dunst hindurch sahen wir hohe Gebäude, die sich am Horizont ballten. Das war die sagenumwobene Stadt, aber ich hätte alles gegeben, um wieder in der modrigen Sicherheit von Ducrows Zirkusschule zu sein.

Leona kurbelte am Lenkrad, hupte, bremste, gab Gas, fluchte, und dann erwischte sie die Strömung und gab eine lange Avenue entlang Gas, schlängelte sich durch den Verkehr – Radfahrer, Rollschuhfahrer, die eine Kehrtwendung machten, Radhörnchen von jeder Größe und Farbe.

Wir Ootlanders wurden still wie Hühner, die man für den Markt in einen Metallkäfig gesteckt hatte. Schließlich fragte Wally. »Werden wir in der Nähe des Großen Platzes sein, wenn wir da sind?«

»In der Nähe?« entgegnete Leona. »Mein Süßer, du bis' mittendrin.«

Der Große Platz. Heimstatt des Sirkus. Als wir unsere Sirkustour geplant hatten, hatte ich einen gewissen Standard erwartet. Ich sah auf eine grausame und verschwitzte Straße hinaus, die mit hohen Wohnhäusern aus grauem Stein umstellt und von Straßenständen, Pfandleihern, Schnapsläden, Striptease-Clubs und Elektronikläden gesäumt war. Ich wußte nicht, daß es so sein würde. Ich wußte, daß Ihre Agenten meine Maman umgebracht hatten, aber ich wußte auch, schon immer, daß Ihr Voorstander sauber und professionell wart. Selbst im Falle jenes Mords – das waren keine Amateure, die meine Mutter umbrachten.

Mit Ihrem Charme und Ihrem Expertentum haben Sie uns erobert, mit Ihrer Armee, ja, und mit ihrem VIA, aber Sie hielten uns durch Witze und Tänzer, durch Tod und Schönheit, Holographien, Laser, Vids, durch perfekt erzeugte und orchestrierte Spannung in Gefangenschaft.

Wenn die Regierung von Voorstand nun meint, daß ich kam, um sie zu bedrohen, dann sagen Sie mir bitte – wo ist meine Maus, mein Hund, meine Ente? Ich kam ohne alles, sogar ohne Mut. Als wir zum Großen Platz kamen, wo wir uns in der Schlange anstellen mußten, um unsere POW-Karten zu bekommen, wollte ich nichtmal aus dem Blikk mit Klimaanlage steigen.

Eine solche Bedrohung stellte ich dar. Es war mir zu peinlich, mich dem öffentlichen Blick auszusetzen. Es war Jacques (unser höflicher, aufmerksamer, zurückhaltender Pfleger), der die Maus bei der geballten weißen Hand nahm, sie aus dem Wagen zerrte und geisterhaft, wie elektrisiert, triumphierend in der stinkenden Luft stand.

20

Ich stand auf dem Gehsteig, den Rücken gegen die hintere Stoßstange von Leonas Blikk gepreßt. Jacques – die Person, die ich für Jacques hielt – stand einen Meter von mir entfernt auf einem rostigen Gitter.

Ich befahl »ihm« – denn ich wußte nicht, wie ich seinen Hintern, seine Figur, seinen unbekümmerten Tanzschuppengang deuten sollte –, ich befahl »ihm«, den Simi wieder in den Wagen zu stecken. Ich mußte rufen, aber er hörte mich.

»Nein«, sagte er, einfach so.

Da stand er – mein Gegner –, mit großen Augen, elektrisiert, mit roten Wangen, die Gliedmaßen voller Unruhe, trommelnd. Wie hübsch er mir vorkam, wie stark, gut gebaut. Wie ich ihn beneidete, bewunderte, das Ergebnis seines Willens fürchtete, als er diesen Cyborg, diesen Simi, diese tote Ratte aufhob, dastand, sie um den Hals geschlungen hielt und mit den Füßen tappte.

Ticketgauner, die Blut rochen, umkreisten uns mit ihren Papptickets – rosa, grün, silbern –, die sie an ihren langen, gespaltenen Stöcken wie Federn präsentierten. Ich war wehrlos: eine Schnecke ohne Haus.

Es war wie an der Grenze von Zeelung, doch diesmal bemerkte die gesamte Nahrungskette unsere Schwäche – birmesische Jungen mit Feuerwerkskörpern, Bettler mit klappernden Bechern, Taschendiebbanden mit Papptafeln und Läusenissen unter den Fingernägeln –, und all dieser verdammte Druck lastete auf uns, und ob ich nun übersehen und zertrampelt oder gesehen und verunglimpft wurde, eins war so schlimm wie das andere.

Ich wandte mich an Wally um Hilfe, nur um festzustellen, daß er ebenfalls für mich verloren war: er stand da mit offenem Mund und starrte eine Leuchtreklame an. »*Der Gyro-Sirkus*«, stand da. »*Wer wird heute nacht sterben?*«

Ich. Ich. Ich werde heute nacht sterben. Die Luft war stinkig, verschwitzt, so lärmend von all den Sirenen und Hupen, daß mir die Knochen vibrierten.

Ich sagte, »Er soll ... aufhören.«

Womit aufhören? Das sagte ich nicht. Wußte es kaum.

»Mollo-mollo«, sagte Wally. Er träumte. Mit den Händen hinterm Rücken beugte er sich vor und starrte diese fleckigen und schwitzenden Sirkuskuppeln an – Gegenstand von zehntausenden von Dissertationen, gefeiertes Zusammentreffen des Geheiligten und Profanen, des Hohen und Niedrigen, des Neuen und Alten, des Holländischen und Englischen. Wie schäbig sie wirkten, wie geschmacklos.

Ich wandte mich von Wally zu Jacques. Seine kleine Stupsnase schälte sich, seine kleinen flachen Ohren waren rot, seine großen braunen Augen flatterten vor Verachtung und Aufregung, fast wie bei einer Schilddrüsenüberfunktion. Ich wußte nicht, ob er männlich oder weiblich war. Er hielt diesen Simi fest. Er krallte ihn an sich, hielt ihn fest wie rohes Fleisch in Haigewässern.

»Tu die Ratte ... sofort zurück.«

Jacques lächelte mich an und knöpfte sein Jackett zu.

Über seinem Kopf flatterte eine Segeltuchreklame, angebunden an die Balkone eines fleckigen Wohnhauses aus Beton: »18. INFANTERIE. KRIEGSGEFANGENE.«

Leona versuchte, meinen Rollstuhl aufzuklappen. Jacques hielt die Maus unter den Armen und tat so, als wollte er sie zum Laufen bringen. Sie sehen das Problem – unser Pfleger war voorstandsüchtig, ein Fan, ein Gefolgsmann des Sirkus und all der Banalitäten drumherum. Deshalb war er hier. Dies war seine Reise, und dies war alles, was er wollte – Sirkusse, alte Kruzifixe, frühe Ausgaben der Badberg Press. Er liebte Ihr Land, Madam, Meneer, er liebte Sie halb zu Tode.

Er sah mit roten Wangen und strahlenden Augen in meine Richtung, wirkte geradezu trotzig in seiner offenkundigen Leidenschaft. Dann wandte er sich ab und verschwand in der Menge. Er wollte sich in der Schlange anstellen, wegen der wir hergekommen waren. ABER DAS HATTE MIR KEINER GESAGT. Ich wußte nur, daß ich Ungehorsam von einem Angestellten nicht zulassen konnte. Ich lief mit meinen wunden und unverhüllten Behinderungen, wie ich zuvor nur in den langen, dunklen Fluren des Feu Follet gegangen war. Ich rollte von einer Seite zur anderen wie ein Comic-Strip-Seemann. Als ich über den fettfleckigen Gehsteig auf Jacques zuging und mir die Haut an den »Knöcheln« aufscheuerte, den Schmerz aber nur empfand, als klingele in einem anderen Zimmer das Telefon, konnte jeder sehen, daß ich einen Meter sechs groß war, dürre Beine, einen Klumpfuß, ein zerfetztes Gesicht hatte. Ich war außer mir – ich tobte bereits.

Ich war wie eine Maschine, ein Ding mit einem Blinklicht auf dem Dach. Die Menge, die mir Angst gemacht hatte, teilte sich vor mir. Und selbst die Schlange der zukünftigen POWs – Chinesen, Malaiien, Afghanen, Inder (keiner von ihnen Flame, keiner weiß wie die Menschenmengen in den Vids und Zines) – wand sich und zuckte wie ein Schwanz, der mit einem glühendheißen Schürhaken bedroht wird, blieb aber furchtsam in der vorgeschriebenen Ordnung.

Ich kam direkt auf Jacques zu und griff nach dem Cyborg. Die Maus – so gebaut, daß kein Erwachsener jemals hineinpassen konnte – war so groß wie ich.[71] Ich packte sie bei der runden schwarzen Nase und versuchte, sie ihrem Hüter zu entreißen. Die Nase war hart und schwarz und fest und merkwürdig kalt.

»Du verdammter … beschissener … blöder … Idiot.«

Jacques hielt die Maus mit beiden Armen fest. Ich zerrte an der Nase, aber sie wollte nicht abreißen.

»Ich reiß dir … die Kehle raus.«

Jacques sah zu mir herab. Ich sah einen Funken aufblitzen. Irgend etwas. Ich wußte nicht, was er bedeuten sollte.

»Schmeiß das Ding weg … SOFORT …«

»Willst du ins Gefängnis?«

Es war Leona. Man konnte nicht sagen, ihr Gesicht sei weiß oder gar blaß. Aber es wirkte still, glänzend, unbeweglich. »Niemals«, zischte sie und schubste mir den Rollstuhl entgegen, so daß ich ihn festhalten mußte, »niemals schlägt man in dieser Schlange Radau. Das is' die einzige Regel, die's gibt. Schau. Sie alle sind so leise. Wie die Hühner, wenn

---

[71] »Obengenannter Simulacrum-Entwurf ist zur allgemeinen Herstellung freigegeben UNTER DER MASSGABE, daß kein Modell, gleich ob Arbeitsentwurf, Prototyp oder Markenprodukt, die Größenbeschränkungen verletzt, die in Kodizill CXVIII, Anhang 6 aufgeführt sind, soll heißen, kein Modell darf größer als 1,06 Meter sein. Verletzung dieser Beschränkungen wird mit der automatischen Aufhebung der Herstellerlizenz und einer Geldstrafe von 10.000 Gulden bestraft.« Zulassungsbescheinigung des Simulacrum Opus 3 a.

die Schlange in den Hühnerstall kommt. Du stehst wie sie. Okay. Wie soll ich dich gefangennehmen, wenn du so Radau machst?«

Die Frau machte mir Angst. Nicht mit dem, was sie sagte, sondern wie sie dastand, mit diesem wilden Feuer im Blick.

»Wir werden euch *gefangennehmen*«, sagte sie. »Aber das is' eine Redeweise, sagt man so, verstehst du? Papierkram. Du has' schon genug Schwierigkeiten, würd' ich sagen – muß man nich' noch übertreiben.«

»In Ordnung?« fragte Wally.

Ich kletterte auf den Rollstuhl.

Die Balkone des Wohnhauses über unseren Köpfen waren mit weißen Soldaten besetzt, die rauchten, Karten spielten und gefährlich auf den bröckelnden Betonbalustraden saßen. Als ich nach oben blickte, zeigte einer von ihnen auf uns. Ich sah zu Boden.

»Sei jetzt still, Zwinker. Schsch, okay?«

»Was für Schwierigkeiten ... habe ich denn?«

Ich stellte die Frage zweimal, aber keiner gab mir eine Antwort. Jacques tupfte mir das Gesicht mit einem Papiertaschentuch ab. »Tut mir leid«, sagte er.

»Wenn es dir leid tut ... schmeiß die Maus weg.«

»Tut mir wirklich leid«, sagte er, schob den Simi dann aber unter meinen Rollstuhl, unter meine Beine, wo mir sein Anblick, wenn auch nicht sein Gestank, erspart blieb.

Es dauert zehn bis fünfzehn Stunden, ein POW zu werden[72]. Den größten Teil davon verbringt man in der Schlange. Ich hatte einen Rollstuhl. Ich schlief auf der Stelle ein.

Als ich um zwei Uhr früh aufwachte, zu einer Zeit, als sich der Kanalnebel bereits über die unruhigen Straßen gelegt hatte, fand ich Wally auf einem Stück Pappe sitzend, hellwach und grinsend. Verdammt – seine Augen waren von Lachfältchen umkränzt –, er war glücklich, dort

---

[72] Der offizielle Papierkram deutet darauf hin, daß es früher erheblich länger dauerte: »Bitte lassen Sie mindestens 90 Tage ab Antragstellung verstreichen, bevor Sie eine Nachfrage einreichen. Wenn dieses Formular an den Randmarkierungen gefaltet wird, erscheint die Adresse der POW-Bearbeitungsstelle oder die Adresse des Antragstellers im Sichtfenster eines Standardbriefumschlags Größe C1. Alle Angaben sind in englischer Sprache mit der Schreibmaschine oder in Druckbuchstaben leserlich mit einem Kugelschreiber auszufüllen.« Formular 531 für Anfragen hinsichtlich des POW-Status.

zu sein, wo er war, und am Rande eines Flusses zu sitzen, der vor Kleinverbrechen schier überquoll.

Keine zwei Meter von der Stelle, wo wir saßen, standen drei hübsche kleine Trockenschleudern in engen Röcken und hochhackigen Nuttenschuhen. Am Zeitungskiosk standen Gangster, Schwindler, Schwule. Zwischen den Ampeln an den geschäftigen Straßenkreuzungen waren junge Zigeunertaschendiebe mit dunkelbraunen vorwurfsvollen Augen und zerfetzten Stücken Wellpappe, die sie gegen die Körper ihrer Opfer drückten.

Alles, was mich bedrohte, schien meine Gefährten zu nähren.

»Wird alles gut«, sagte die alte Schildkröte zu mir. »Du atmest einfach so, wie es dir der Doktor gesagt hat. Mach dir keine Sorgen.«

Er wippte auf den Fersen. Mir kam er vor wie ein ehemaliger Footballspieler, der von der Tribüne heruntergerufen wird, bereit, saubere weiße Schnürbänder in die staubigen Schuhe zu ziehen, das Jersey mit der alten, auf den Rücken genähten Nummer überzustreifen, über den Zaun zu klettern und jenen berühmten schnellen Paß auf die vordere Angriffsreihe zu spielen, tief, rotierend.

»Vergiß es ...«, sagte ich.

»Wir brauchen Geld.«

»Bitte ... ich will dich ... nicht im Gefängnis.«

Wally lächelte. Er band sich die Schnürsenkel neu. Er zündete sich seine feuchtgewordene Cancerette wieder an. Er blinzelte durch den beißenden Rauch. Er hatte so oft von seinen Tagen als Facheur geschwärmt, daß es mir jetzt leichtfiel, mir vorzustellen, was er tat: er studierte die Form, analysierte, wie das Geld floß, stellte fest, wo die Läufer, die Soldaten, die Briefkästen waren, die ganzen geheimen sozialen und strukturellen Mechanismen der Straße.

Ein Schwarm von Taschendieben begann keinen Meter von der Schlange entfernt, die Menge zu bearbeiten. Sie waren zehn, zwölf Jahre alt.

Ich sah, wie er sie mit einem Lächeln auf den Lippen beobachtete. Ich konnte nichts von dem, was sie taten, würde es nie können – ich konnte ihre normalen Gesichter nicht nachahmen, ihre bittere Freiheit, die leichte, sorglose Art, wie sie verschwanden, wie ein explodierender Feuerwerkskörper – braune, geschwinde Beine flogen durch das Gehupe und den Lärm auf dem Großen Platz.

»Du kannst nicht so laufen ... bitte laß es sein.«

»Na komm schon.« Er berührte mein Haar. »Mach dir keine Sorgen.«

»Du hast was vor ...«

»Schlaf«, sagte er. »Atme richtig.«

Schließlich schlief ich ein. Als ich aufwachte, war Leona, die ständig auftauchte und wieder verschwand, gerade weg. Der Simi – das war Jacques' Sinn für Humor – saß nun auf dem Gehsteig auf einem eigenen Stück Pappe. Jacques hatte ihn so zurechtgemacht, daß er im Schneidersitz dasaß, hatte ihm die behandschuhten Hände auf den Schoß gelegt und die strahlenden blinden Augen so gedreht, daß sie zu der vorbeiströmenden Menschenmenge aufsahen.

Und während ich zusah, beugte sich ein Mann mittleren Alters in einem dieser eng sitzenden, sechzehnknöpfigen Anzüge, die den Geschäfts-Gjent in Saarlim City ausmachen, und hockte sich direkt vor Jacques. Er faltete einen Gulden zusammen und steckte ihn der Maus in die Faust.

»Woher kommst du, Bruder?« fragte er Jacques.

Ich sah zu Wally hinüber, aber er schlief, das Kinn auf die Brust gesunken.

Als ich wieder zu dem Geschäfts-Gjent sah, hielt er gerade die Hand des Simi und hatte seine leicht feuchten, alkoholisierten Augen direkt auf das funktionsuntüchtige elektronische Auge des Simi gerichtet.

»Woher kommst du?« fragte er erneut.

»Aus Efika«, antwortete Jacques.

Der Mann schüttelte den Kopf und preßte die Augen zusammen. Das ist doch paradox: Wir sind wichtig genug für Sie, daß Sie unsere Regierung stürzen, aber Sie haben noch nie von uns gehört. Man konnte erkennen, daß dieser Gjent nicht die leiseste Ahnung hatte, wo Efika lag. »Weißt du, wie lange es her ist, daß ich diesen Burschen auf einer Straße in Saarlim gesehen habe?« sagte er schließlich. »Zehn, fünfzehn Jahre. Weißt du, wer das ist?«

»In dem einen Augenblick nichts«, sagte Jacques. »Im nächsten war er da.«

»Damals war das ein anderes Land, ein vollkommen anderes Land«, sagte der Mann. »Die Parks waren sicher. Die Straßen sauber. Eine Straße wie diese gab's da nicht.« Er nickte zu den POWs hinüber. »Damals war das ein anderes Land.«

»Meine Freunde leiden unter dem Kulturschock«, sagte Jacques. »So etwas haben sie noch nicht gesehen.«

»Und du … du bist nicht zu schocken, wie?«

»Das ist eine tolle Stadt«, antwortete Jacques.

»Ach, kommt dir das wie eine tolle Stadt vor?«

»Schauen Sie sich diese Leute in der Schlange an … sie sind in Saarlim City verknallt. Deshalb sind sie hier. Sie lieben euch.« Jacques schnalzte mit der Zunge. »Wie finden Sie das?«

Der Mann sah Jacques an und runzelte die Stirn. Er steckte die Hand in die Hosentasche und zog eine Faust voller zerknüllter Gulden hervor. Er drückte sie Meneer Maus in die leblose Hand, wandte sich ab und verschwand in der Menge, während die Münzen auf den Gehsteig purzelten und die Scheine im Wind flatterten.

Jacques sammelte grinsend das Geld auf. Ich grinste nicht zurück, aber in dem Augenblick erkannte ich es – es wurde mir sehr klar, was als nächstes zu geschehen hatte.

21

Wir erhielten unsere POW-Papiere folgendermaßen. Wir rückten an den Anfang der Schlange. Ich war nervös. Dort befand sich ein Seil. Ein Mann entfernte es. Wir gingen hindurch: wir vier. Da war eine Frau hinter einem Metallschreibtisch. Sie hatte eine breite Brust mit vielen Orden darauf. Sie nahm die Papiere entgegen, die Leona ihr gab. Sie stempelte sie ab. Sie unterschrieb sie. Dann füllte sie eine halbe Stunde lang Formulare aus. Sie sprach nicht mit Jacques. Sie sah mich an, reagierte aber in keiner Weise auf mein Aussehen. Sie sprach kein einziges Mal mit jemand anderem als Leona.

Als sie mit uns fertig war, schickte sie uns zu einer anderen Schlange. Diese Schlange befand sich in dem Gebäude, der Fußboden war schwarz und weiß gefliest und die Farbe blätterte von den Wänden. Wir standen zwei Stunden und dreizehn Minuten in dieser Schlange. Danach wurden wir in einen Raum geführt, wo man uns ein rosafarbenes Stück Papier[73] gab und uns anwies, unsere rechte Hand mit der Handfläche

[73] »Sie sind in Ketten gekommen, und die Republik hat sie Ihnen abgenom-

nach oben in eine Silbermanschette zu legen, die in einem Holzblock steckte. Dann wurde eine Maschine über das Handgelenk gelegt. Das Handgelenk fühlte sich heiß an. Als die Maschine entfernt wurde, hatten wir eine Nummer. Meine lautete A034571. Meine Maman war in Saarlim geboren worden, aber dies war nun mein Status – eine »Gast«-Nummer – sie verlieh einem keine Aufenthaltserlaubnis, keinen Rechtsschutz, und doch blieb sie einem fürs ganze Leben.

22

Wir nahmen die Gulden, die der Geschäfts-Gjent dem Simi gespendet hatte, und mieteten uns für zwei Nächte in einem Hotel in einer der rauheren Gegenden Kakdorps ein – dem Marco Polo. Das Zimmer war groß, aber düster und ging auf einen breiten Balkon hinaus, auf dem Männer in langen Gewändern mit blauschwarzer Haut und gelben Augen lebten – Wanderarbeiter.

Sie waren draußen. Sie wuschen ihre Kleidung dort in einer pinkfarbenen Plastikwanne und breiteten sie zum Trocknen auf dem heißen Beton aus.

Ich war drinnen auf dem Fußboden und versuchte einen Platz zu finden, wo ich den Körper des Simulacrums auseinandernehmen konnte.

Ich saß neben Jacques, so dicht neben ihm, daß seine kurzen Manschetten über mein Handgelenk fuhren, seine Hand die meine berührte.

»Nicht da«, sagte er, als ich an dem mit Ziermünzen versehenen blauen Mantel des Simis zerrte. »Du wirst es zerreißen.«

»Mollo … mollo.« Ich zog an den weißen Plastikstiefeln der Kreatur.

»Mach es nicht kaputt«, sagte Jacques. »In Chemin Rouge ist das ein Vermögen wert.«

»Hier auch … gutes Geld wert …«

Wally seufzte laut. Ich sah durch mein verschwitztes weißes Haar zu ihm hinauf. Er saß auf dem verknüllten Bett und rieb sich die bloßen

---

men. Sie kommen als Besiegter, und die Republik überläßt Ihnen die Siegesbeute. Sie sind heimatlos, und die Republik bietet Ihnen Unterschlupf. Sie sind jederzeit Gast der Republik.« Das rosa Papier.

Füße. Streitsüchtig starrte er den Simi an, den er früher mal so unbekümmert in unser Leben geholt hatte.

»Bitte«, sagte er, »sag bloß nicht, daß du Bettler werden wirst.«

»Wenn wir kein Geld haben ... sind wir ... so gut wie tot.«

»Um Gottes willen«, sagte Wally, »niemand braucht zu betteln.«

»Du stiehlst lieber ...«

»Ja, ich würde stehlen, ich würde einbrechen, wenn nötig.«

»Ich will nicht ... daß du stiehlst.«

»Ich hab nie gesagt, daß ich stehlen werde. Ich sagte, ich würde eher stehlen als betteln.«

»Der Simi ... hat uns das Zimmer bezahlt ...«

»Du brauchst die Maus nicht, um die Miete zu zahlen.« Er versuchte mir in die Augen zu sehen und meinen Blick zu bannen. Ich ignorierte es. Ich hielt die graue schwammige Pfote der Maus hoch.

»Unsere Essensmarke ...«, sagte ich.

»Eher wohl unsere Sirkuskarte.«

»Ja ... das auch ... ich bekomme das Geld.«

Er schüttelte den Kopf. »Wir gehen nicht in den Sirkus.«

»Deshalb sind wir ... doch hier.«

Er schüttelte den Kopf. »Du haßt den Sirkus, Tristan.«

»Wir sind ... wegen der Sirkustour gekommen ...«

»Unsinn.« Es war kein Durchkommen, er hatte die Augen zusammengekniffen, war ganz knochig – schmale Augen, glänzende Wangen. »Zehn beschissene Jahre«, sagte er zu Jacques. Er zog ein Stück Trokkenfleisch aus der Gesäßtasche und kaute daran herum. »Zehn beschissene Jahre lang war die Maus der Teufel. Man sollte meinen, Bruder Maus hat seine Maman umgebracht. Er ließ es nichtmal zu, daß ich ihren verdammten Namen erwähnte.«

»Der Sirkus ist für dich ... Mein Geschenk ... Der Simi wird die Sirkustour bezahlen ...«

»Unsinn.« Wally zerrte an dem Trockenfleisch. »Glaubst du vielleicht, ich mache das alles nur wegen dem Sirkus?«

»Nicht nur für einen ...«

»Nicht für hundert. Lassen wir diese Spielchen, Rikiki. Geben wir es zu, wir sind nach Saarlim gekommen, damit du mit deinem Vater Frieden schließt.«

»NEIN.«

»Oh doch«, sagte Wally und fuhr sich mehrmals mit der Hand über den kahlen Schädel. »Es wird Zeit, das zuzugeben. Wir sind gekommen, um Bill Millefleur zu finden. Also erzähl mir keinen Scheiß von wegen Sirkus. Du haßt den Sirkus.«

Ich gab keine Antwort. Ich versuchte immer noch, ein paar Stiche, eine Naht zu finden, die es erlaubte, dem Simi die Haut abzuziehen. Meine Hand zitterte.

»Tristan ... ruf ihn einfach an. Das ist alles.«

»Ich werde Geld verdienen ... ich werde mit dir ... in den Sirkus gehen.«

Wally seufzte. »Du kannst nicht mit einer Maus betteln gehen«, sagte er schließlich. »Du weißt, du *haßt* das Ding.«

»Bitte«, sagte ich.

»Du glaubst, das sei erlaubt, ist es aber nicht. Das ist genauso verboten wie Stehlen.«[74]

Ich ignorierte ihn.

»Du wirst krank werden«, sagte Wally. »Willst du das? Wenn du in das stinkige Ding kletterst, wirst du dir einen Virus holen. Willst du, daß die Ärzte in einem fremden Land an dir herumstochern?«

Er sah zu, wie mein Mund zu sabbern und mein Kopf zu nicken begann. Ich haßte, wie ich war, wie ich aussah, wie ich zitterte.

»Willst du, daß dich Fremde anstarren? Willst du das wirklich?«

»HALT ... DEN MUND«, sagte ich. Die Worte kamen aus mir heraus, ohne Vorwarnung, heiß und unanständig wie Scheiße.

Wally fuhr sich mit der großen trockenen Hand nachdenklich über den Mund. Dann stand er auf, nahm seinen Stock und ging zur Tür.

Ich rief ihm nach, »Nicht ...«

Er blieb in der Tür stehen. Er hatte wieder seine Hand vor dem Mund.

»Bitte ...«

»Bitte was?«

---

[74] Das Betteln um Almosen in öffentlichen Räumen ist von Gesetz wegen im Kanton Saarlim verboten und wird mit mindestens sechs (beim ersten Mal) bzw. zwölf Monaten (im Wiederholungsfalle) bestraft. Alle Strafen sind in Arbeitslagern abzuleisten. Die Strafen können weder ausgesetzt noch verringert werden.

»Versprich ... geh nicht zu ihm ...«

»Zu wem?«

Er wußte. Er wußte es genau.

»Bill ... Millefleur.«

»Na also«, sagte Wally. »Du kannst ja tatsächlich seinen Namen aussprechen.«

Er ging hinaus. Ich warf die Maus beiseite.

»Was ist?« fragte Jacques. »Kann ich dir helfen?«

Ich zitterte. Ich schüttelte den Kopf.

»Dein Vater? Dein Vater ist in Saarlim? Dann nichts wie hin zu ihm.« Jacques zog die Maus zu sich. Er legte deren grauen Arm über die blaumetallene Brust. Er strich über ihr Fell. »Wir könnten uns doch von ihm Geld leihen?«

»Nein.«

»Warum nicht?«

Das konnte ich ihm nicht sagen. Aber nun muß ich es wohl Ihnen erzählen, Madam, Meneer. Ich muß zu jener Nacht, zu jenem Tod zurückkehren, jenem Ereignis, das zu verdrängen ich meine wachen Stunden verbringe.

23

Bill war in der Nacht nicht dabei gewesen, als meine Maman starb. Er war in Saarlim City gewesen und hatte Käse und Hering zum Frühstück gegessen. Ich hatte ihn angerufen, nachdem Wally den Todesstrick mit einem Teppichmesser durchtrennt hatte, nachdem ich begonnen hatte, die Maske von Bruder Maus mit dem Ziegelstein zu schlagen und sie auf dem Betonboden des Theaters zu pulverisieren.

Da war der Geruch von Scheiße.

Die Ereignisse folgten nicht aufeinander.

Rox war da, bevor der Strick durchtrennt wurde und danach.

Vincent war schon vorher im Theater gewesen, war kurz danach in seinem Wagen gekommen.

Wally konnte sich deutlich daran erinnern, daß er meine Maman in das Sägemehl legte und Rox eine Stahlschüssel mit Seifenwasser holte. Sie wollte meine Maman säubern.

Sie sagte, »Ich bin Krankenschwester.«

Rox war keine Krankenschwester.

Vincent war verstört, umkreiste meine Maman wie ein verwundeter Hund, voller Angst vor der Schuld, wütend über jeden in seiner Nähe. Er ließ es nicht zu, daß Rox den Leichnam berührte. Daran erinnerten sich alle. Rox und Wally sprachen hinterher oft darüber. Rox meinte immer, »Wovor hatte er Angst?«

Die Leiche meiner Maman lag an derselben Stelle, wo sie einst die sterblichen Überreste des alten Ducrow hingelegt hatten. Soviel zur Geschichte.

Wally erinnert sich daran, daß ich mit Bill telefonierte. Ließ man mich allein? Wally kann sich nicht erinnern. Er kann sich daran erinnern, gedacht zu haben: Bill wird bald hier sein.

Wally mochte Bill nicht, aber Bill war mein biologischer Vater, und Wally hatte eine feste Vorstellung davon, was richtig und was falsch war – Wally fand, Bill müsse anwesend sein.

Wally kann sich erinnern, daß Vincent versuchte, Kerzen auf der Bühne anzuzünden und Rox verweigerte, sie, meine Maman, seine Geliebte, zu waschen.

»Rühr sie nicht an«, sagte er. »Du darfst sie nicht anrühren.«

Rox versuchte, mich aus dem Gebäude zu bringen. Ich wollte nicht. Vielleicht war das der Grund, warum Vincent das Gesicht meiner Maman mit einer grünen Plastikmülltüte bedeckte. Aber das kam sowieso zu spät, zu spät – keiner von uns würde vergessen, was wir gesehen hatten, bevor sich die Mülltüte senkte – die gebleckten Zähne, die blutenden Augen.

Als die Mülltüte auf dem Gesicht lag, war ich dabei. Sie versammelten sich um mich. Da hatte ich schon mit Bill gesprochen. Bill war vielleicht schon auf dem Weg, flog zehntausend Meter über den zugefrorenen Seen des Kantons Saarlim. Wally wappnete sich gegen dieses Eindringen.

Endlich brannten Vincents Kerzen. Die Polizei traf ein. Sie stellten endlose Fragen nach den Kerzen.

Ich war wie eine verletzte Katze. Ich wollte nicht in den Arm genommen oder berührt werden. Rox und Wally umkreisten mich wie einen Verband, eine Augenbinde, eine Decke. Sie blieben die ganze Nacht bei mir. Andere Dinge geschahen – Polizei, Ärzte, Beruhigungsmittel, Erklärungen –, doch das kam alles erst später. Um fünf Uhr früh wurde die Leiche meiner Maman gegen meinen Willen auf einer Bahre davongetragen.

Ich wiegte mich vor und zurück, hämmerte mit dem Ziegelstein auf den verhaßten Meneer Maus ein und verwandelte das Balsaholz in einen fasrigen Brei.

Vincent setzte sich hinter mich. Ab und zu legte er mir eine Hand auf die Schulter. Er war so zerbrechlich und voller Schuld, ungewaschen, die Haare verfilzt, so bleich und erschöpft in seinem verknitterten schwarzen, vollgerotzten Anzug aus Lint – niemand wäre darauf gekommen, daß er in nicht mal zwei Jahren wieder verheiratet sein würde.

Bill traf am folgenden Tag, einem Dienstag, spät ein.

Er war groß, sonnengebräunt, stattlich wie auf einem Foto, mit riesigen wattierten Schultern und spitzen Schlangenlederschuhen mit Silberspitzen an den Schnürsenkeln. Er sah aus wie die Verkörperung all dessen, wogegen das Feu Follet gekämpft hatte – Ihre Kultur, Ihren Sirkus. Er breitete die Arme aus und fiel mit tränenüberströmtem, verknittertem Gesicht auf die engbehosten Knie. Er drückte den verschnodderten Fetzen meines Gesichts an die weiche Schulter seines schwarzen Seidenanzugs.

Wally erinnert sich daran.

Er erinnert sich auch daran, wie er schwer schluckte und spürte, wie sich tief in der Dunkelheit seiner Kehle Trauer und Eifersucht vereinten. Sein harter, sommersprossiger Körper widersetzte sich hölzern Bills Umarmung. Doch als er sagte, »Ich bin froh, daß du gekommen bist, Mo-camarade«, meinte er es ehrlich.

Doch am folgenden Morgen, als Wally in die Küche kam und dort Bill vorfand – der mich auf den Schultern trug, während er mit einer Hand Thunfischfilets auf einem Teller Mehl wendete –, war er überhaupt nicht mehr froh.

Er sah, wie ich mich an den Hals meines Vaters klammerte, und kam sich benutzt, verwundet, verletzt vor. Er blieb in der Tür stehen und spielte mit seiner Zigarettenschachtel herum.

Bill trug ein weites zerknittertes weißes Hemd mit weiten Ärmeln und großem Kragen. »Wir werden ein paar Schauspielübungen machen«, sagte er zu Wally. »Wir werden heute morgen das Theater brauchen.«

»Klar«, sagte Wally, »eine tolle Idee.«

Nach dem Frühstück trank er zwei kleine Gläser Brandy und räumte den Dreck auf, den Bill hinterlassen hatte.

Eine halbe Stunde später, erinnert er sich, sah er ins Theater und fand dort Bill und mich, wie wir uns in der Manege auf dem Sägemehl gegenübersaßen. Wir weinten beide. Wally ging still durchs dunkle Haus und stieg zum Regieraum hinauf, und von dort aus bespitzelte er uns, wie wir uns über die Bühne bewegten, saß allein und unbeobachtet, rauchte nicht mal.

Ich war nicht sein leiblicher Sohn, aber er liebte mich wie einen Sohn. Er brachte mich jede Nacht zu Bett. Er kontrollierte meine Atmung, badete mich während meiner Fieberanfälle, sprach mit mir, wenn ich Albträume hatte.

Das große Glasfenster des Regieraums rahmte die beleuchtete Bühne ein wie ein Vid-Schirm. Er stellte das Haus-Mikrofon ein.

Nun bat mich Bill, verschiedene Beerdigungen zu »machen«. Was ich aufführte, ähnelte eher Racheakten als Beerdigungen – ich stach zu und schoß. Ich bewegte mich wie ein aufziehbares Spielzeug über die Bühne, rollte, lief auf Knien, spuckte, schrie, weinte mit hoher, wilder Stimme, die Wally noch nie zuvor gehört hatte.

Ich erinnere mich an nichts von alledem. Wally sah das alles. Er sah, wie Bill und ich über die Bühne liefen und so taten, als hoben wir Gegenstände auf, die wir in die Mitte legten. Es dauerte ein paar Minuten, bevor Wally begriff: Wir sammelten Brüder Mäuse für einen imaginären Scheiterhaufen.

Nachdem wir das Feuer entfacht hatten, wurde ich etwas ruhiger, und bald stellte ich mir laut vor, wie wir vier, die drei Väter und ich, weißes Make-up zur Beerdigung trügen. »Dick«, sagte ich. »Das Zinkzeug … dick wie Lehm.«

»Das ist schön«, sagte Bill. »Das würde ihr gefallen.«

»Wirklich?«

»Sogar sehr.«

»Können wir das … wirklich machen?«

»Wir können machen, was wir wollen«, sagte Bill. »Alles, was wir wollen.«

»Blödsinn«, sagte Wally allein im Regieraum zu niemandem.

24

Vincent stand draußen vor der oberen Toilette, als Bill ihn fand. Er hatte nasse Hände, und er nahm den Tiegel mit Zink 3001 nicht sofort, als er ihm angeboten wurde.

»Das ist *Hamlet*«, sagte er und patschte auf der Suche nach einem Taschentuch auf seine Hosentaschen.

»Wie, *Hamlet?*«

»Felicity ließ die Trauergäste bei Ophelias Beerdigung sich die Gesichter anmalen. Zink 3001 – *Hamlet*.«

»Dann ist es durchaus nicht unpassend, wenn wir dasselbe tun.«

Vincent fand schließlich die Packung Papiertaschentücher in der Brusttasche und nahm sie langsam heraus, um sich damit die großen weißen Hände abzutrocknen. »Die Nachrichten werden dabeisein«, sagte er schließlich. »Sie werden Aufnahmewagen und Kabel haben. Sie werden es per Satellit übertragen.«

Er warf die Papiertaschentücher in hohem Bogen durch die offene Tür der Toilette in den Abfallkorb.

»Fang!«

Vincent drehte sich um und sah das Zink 3001 auf sich zufliegen. Er hatte keine andere Wahl, als es zu fangen.

»Ich *will* das nicht«, sagte er und hielt dem Schauspieler, der keine Anstalten machte, ihn zu nehmen, den schweren Tiegel mit Make-up entgegen. »Es hat doch keinen Zweck, diese Beerdigung zu einem Sirkus zu machen.«

Bill preßte den Mund zusammen.

»Das meinte ich nicht persönlich«, sagte Vincent.

»Ich weiß«, entgegnete Bill, aber er steckte die Daumen hinter den Gürtel und nahm den Tiegel nicht.

»Sie werden nicht die wahre Geschichte berichten«, sagte Vincent. »Sie werden nichts über ihre *Hamlet*-Aufführung sagen.«

»Vincent, das hat nichts mit den Medien zu tun.«

»Aber *uns* werden sie zeigen. Je verrückter du uns aussehen läßt, desto größer wird der Schaden sein, den du anrichtest.«

»Vinny, bitte. Mach keinen Teil deiner Wahlkampagne daraus.«

Vincent hatte eine Geliebte und eine Ehefrau verloren und stand nun kurz davor, eine Wahl zu verlieren. »Wir werden in den verdammten

Nachrichten sein«, sagte er, und seine blaßblauen Augen füllten sich mit Tränen.

»Hier geht es um Trauer.«

»Hör mir zu, verdammt noch mal«, brüllte Vincent mit verzerrtem Gesicht, und die Tränen flossen bereits. Seine Stimme hallte durchs Treppenhaus und in den leeren Fluren. »Du hast keine Ahnung, was hier vor sich geht. Du kommst einfach hergeflogen und fängst an, Unruhe zu stiften. Eine efikanische Bürgerin ist gerade von einer fremden Macht ermordet worden. Wenn du etwas betrauern willst, dann das.«

Bill runzelte die Stirn und nickte. Er nahm Vincent den Tiegel ab.

»Du hast recht«, sagte er. »Es tut mir leid.«

Jeder vernünftige Mensch, der dies gesehen hätte, hätte geglaubt, Bill würde nun mit mir reden und sagen, daß das Ritual unpassend sei. Doch am Morgen der Beerdigung fand Vincent Bill, mich und Wally im Ankleideraum, wie wir unsere Gesichter mit Zink 3001 schminkten.

Die Beerdigung war genauso, wie Vincent geahnt hatte – sie hatte überhaupt nichts mit uns zu tun. Journalisten waren da, Politiker, Kamerateams, Demonstranten mit Plakaten, die Voorstand des Mordes beschuldigten.

Jeder Suppenkellner und Bannerträger, der jemals durch die Tür des Feu Follet getreten war, war da – Claire Chen, Moey Perelli, alle, die man erwarten konnte –, aber auch Schauspieler vom Efikanischen Nationaltheater, Seifenopernstars, Zeitungsleser. Da waren bekannte DoS-Spione, die Gardiacivil, Rettungswagen, die sich zwischen den engen Einfahrten des alten französischen Friedhofs aufreihten.

Bill war der berühmteste Trauergast dort, und er hob mich, seinen Sohn, die weißgesichtige Kreatur, hoch und trug mich auf dem langen Weg über den Friedhof zur Parzelle der Unitarier.

Vincent war außer sich. Und selbst jene, die nichts von dem Konflikt wußten und nur sahen, wie Bill Millefleur neben dem Grab weinte, fanden ihn theatralisch und wichtigtuerisch.

Wally gehörte jedoch nicht zu ihnen. Obwohl er Bill nicht leiden konnte und sich mit dem weißen Make-up im Gesicht befangen vorkam, sah er auch, was ich sah – daß Bill Millefleur endlich entschlossen war, öffentlich Besitz von mir zu ergreifen.

Mein Vater war heimgekehrt.

25

Vincent hatte feste Vorstellungen von richtig oder falsch, aber es fehlte ihm das Einfühlungsvermögen, um seinem moralischen Gefühl mehr Reichweite und Feingefühl zu verleihen. Er fand Bills theatralischen Auftritt bei der Beerdigung unentschuldbar.

Es war Wally, der Violinist und kleine Dieb, der Vincent dazu zwang, durch die weiße Farbe hindurch Bills Courage zu sehen, zu sehen, daß er aufgedunsen war vor Trauer und Schuld und nichts anderes wollte als eine weitere Chance, Tristan Smith' Vater zu sein.

Doch Bill selbst drückte sich niemals so deutlich aus, schon gar nicht den Erwachsenen gegenüber.

Mir gegenüber war er ein wenig mitteilsamer, aber das Wichtigste mußte er ohne Worte ausdrücken. Er drückte mich fest. Er putzte sich die Nase. In der reumütigen Haltung seiner breiten Schultern, der Klarheit seines Blicks, der ganzen subtilen Grammatik seines Körpers kam deutlich zum Ausdruck, daß das Leben – seines, meines – nun anders verlaufen würde.

Er war nun mein Vater.

Er hatte mich zweimal im Stich gelassen, aber nun war er zurückgekehrt. Das sagte er nicht, aber genau das war der Eindruck, den er machte. Er widmete sich mir so intensiv wie sonst nur einer wichtigen Rolle. Er war engagiert. Er kümmerte sich um die intimsten Fragen meiner Körperhygiene. Er lernte. Er las Bücher über »Das besondere Kind«. Er spielte Gitarre und ermutigte mich zu singen. Er war besessen. Er schickte Wally und Roxanna in ihr Zimmer. Er schlief auf einer Matratze neben mir auf der mit Sägemehl bestreuten Bühne. Als ich mit Albträumen aufwachte, war er da. Vierundzwanzig Stunden am Tag.

Er ließ mir schwarze Seidenpyjamas machen. Er *spielte* mit mir. Er suchte mir eine Stelle aus *Hamlet* zum Vorsprechen. Er inspirierte mich. Wir begannen mit der einführenden Lesung eines Zwei-Personen-Stücks von Bardwell.[75] Er kochte Delikatessen, deren Zubereitung er in

---

[75] Jacqueline Bardwell – zeitgenössische efikanische Dichterin, Theaterautorin und Essayistin, berühmt geworden als Autorin von *Ein langer Weg von Irgendwo.*

Saarlim gelernt hatte, federleichte Crêpes mit Aprikosenfüllung, Bohnenbredie und so weiter.

Ich war krank, noch immer voller Schrecken und Trauer, hatte Angst um mein eigenes Überleben, war begierig nach Schutz, überwältigt von der Zuneigung meines Vaters, seiner Schönheit, seinem Glauben an meine Fähigkeiten.

An mir war nichts Unschuldiges. Ich wußte, ich wurde verführt, geraubt. Mir war der Schmerz, den all dies in Wally auslöste, vollkommen klar. Ich sah seine graugefleckten Augen, seine müde Haut, seine nikotingelben Augenbrauen, und ich wußte, ich ließ ihn fallen.

Er hatte Roxanna. Ich hatte meinen Vater zurück. Ich würde also doch keine Waise sein.

Bill trauerte um meine Maman, daran gibt es keinen Zweifel. Er konnte sich nicht verzeihen, wie er sie verlassen hatte, wie herablassend er ihre Arbeit behandelt hatte, daß er ihr die Schuld für seine Narbe gegeben hatte. Er sagte zu mir, er sei ein Scheißkerl gewesen. Er sagte, er sei vor mir weggelaufen. Er sagte, es sei nun an der Zeit, daß wir beide uns der Wirklichkeit stellten. Und bei all dem konzentrierte er sich auf mich, war mir sein gutes Aussehen so nah, strahlten mich seine blauen Augen immerzu an, daß ich mich wie verwandelt fühlte.

Wir machten Ausflüge über den Boulevard des Indiennes zum Einkaufszentrum in der Innenstadt. »*Das ist mein Sohn Tristan Smith.*« Das sagte er mit seiner klaren, melodiösen Schauspielerstimme. Jedesmal, wenn er von einem Autogrammjäger angesprochen wurde, stellte er mich vor. »*Das ist Tristan Smith, mein Sohn.*« Darüber hinaus dachte er nicht. Er dachte nicht über seine Rolle hinaus, dachte nicht, daß es für mich anders sein könnte. Ich sonnte mich in seiner goldenen Aura. Ich verliebte mich in ihn, meinen Schauspielervater. Ich stellte mir unser weiteres Leben vor – Shakespeare, Brecht, Agitprop, Zuschauer, Rezensionen, ein Leben. Wenn das naiv war, so war Wally nicht klüger.

»Er ist dein Vater«, sagte er, als er mich traf, wie ich aus dem Bad im Erdgeschoß kam. »Er liebte deine Maman. Wenn er dich bittet, mit ihm zu leben, dann solltest du gehen.«

Vincent hatte gar keinen Rat. Tag für Tag brachten die Vids und Zines die Neuigkeiten von immer weiteren Skandalen in der Blauen Partei, während der unsichtbare Gabe Manzini seinen Job erledigte, die Voorstand-Allianz zu erhalten. Er fabrizierte Beweise für krumme Landgeschäfte, Bestechungsgelder von ausländischen Waffenhändlern und Flugzeugherstellern, das übliche VIA-Menü der Destabilisierung.

Vincent war ein Gespenst, das zu unvorhersehbaren Stunden kam und ging. Einmal, als wir allein waren, drückte er meinen Kopf an seine Brust, strich mir übers Haar und weinte, aber er sagte kein Wort zu mir über Bill, und er war nicht in der Küche dabei, als sich Bill verabschiedete.

Wally saß am Tisch und schälte Kartoffeln für das Sonntagsessen. Bill, der bereits den Apfelkuchen gebacken hatte, lehnte am Porzellanspülbecken. Ich saß auf der Küchentheke neben ihm und putzte Bohnen.

Bill fing an, von Briefen zu reden. Er sprach über berühmte Briefe in der Geschichte, eine Korrespondenz zwischen Manuel Grieg und Sonia Nuttall, die in der letzten Saison in Saarlim veröffentlicht worden war. Er redete von Liebe, Wachstum, Verständnis. Er fing an, von den Briefen zu reden, die wir uns nun schreiben könnten. Er redete eine Weile davon, über die Ideen, die wir nun austauschen könnten, nicht in gesprochener Form, die verlorengeht wie ein Drama, sondern durch Tinte auf Papier.

Ich wußte nicht, was ich dachte oder verstand, aber ich sah die Schwäche in seinem Mund, die Besorgnis in seinen Augen. Ich sah Roxanna und Wally, die mich anblickten. Ich sah, wie ich die Bohnen ablegte. Meine Hände fingen an, auf meine schmale Brust zu trommeln.

»Bill«, sagte Wally. »Was erzählst du ihm da?«

»Ich habe einen Vertrag in Saarlim«, sagte Bill. »Das weißt du.«

Ich versuchte etwas zu sagen, doch die Worte blieben mir im Halse stecken.

Mein gutaussehender Vater goß sich ein Glas Wasser ein.

»Du ... verläßt mich.«

»Was?«

»Du wirst die Voorscheißer ... zum Lachen bringen ...«

Bill leerte sein Glas und stellte es in die Spüle. »Ich bin Schauspieler.«

»Nein«, sagte ich. »Du bist ... ein *Verräter*.«

»Mach dich nicht lächerlich«, sagte er.

»Meine Maman hatte recht ... du hast uns nicht geliebt.«

Bill konnte keinen kühlen Kopf bewahren. Er regte sich über die kleinste Kleinigkeit auf. »Halt den Mund, Tristan. Sag nichts, was du nicht meinst.«

»Sie haben sie umgebracht ...«

»*Sie* haben gar nichts.«

»Sie haben ... du hast.« Ich war außer mir, war gut einen Meter über dem Boden. Ich sprang. Ich stürzte. Ich schlug seine großen harten Schenkel, kniff, hämmerte auf sie ein.

Er sprang weg. Ich krallte mich an seinen Hosenaufschlägen fest.

»Hör auf«, sagte er und versuchte mich abzuschütteln. »Hör sofort auf damit.« Aber er war voller Schuld, wütend. Er hob mich hoch und streckte mich Wally entgegen.

»Ich werde später mit dir reden«, sagte Bill mit hochrotem Kopf. »Nachdem du dich entschuldigt hast.«

Es dauerte vielleicht drei Sekunden, dieses Ultimatum auszusprechen. Ich sah dabei zu. Ich sah zu, so wie man zuschaut, wie ein Glas zu Boden fällt.

Als der Wagen meines Vaters zum Flughafen fuhr, um sieben Uhr am nächsten Morgen, hatte es keine Versöhnung gegeben.

Er ließ mich in einem Vasallenstaat zurück, der sich zum Diener der Wünsche Ihres Landes machte. Seine Briefe trafen ein. Selbst die Briefmarken widerten mich an – ihre Folklorebilder, die Siedler Frei mit ihren strahlenden Augen.

Und so durchlebte ich vaterlos jene schändliche Phase der efikanischen Geschichte, als Armeen unserer Wehrpflichtiger ausgehoben wurden, um Voorstands Kriege in Burma und Nepal zu führen. Ich sah, wie das große efikanische Gesundheitswesen auf Beharren voorstandischer Bankiers geschwächt und abgebaut wurde. Ich sah, wie sich die Sirkuskuppeln auf unseren kleinen Inseln ausbreiteten und die Brüder auftauchten, ihre Geschichten, Ihre Geschichten, nicht unsere, in jeden Winkel des Lebens meiner Nation zu tragen.

26

Während Jacques und ich im Hotel Marco Polo an dem Simi herumfummelten, machte sich dieser verschwiegene, dickköpfige alte Mann mit dem glänzenden Schädel daran, das zu tun, was er schon die ganze Zeit vorgehabt hatte, seit wir das erste Mal von der Sirkus-Tour sprachen.

Er ging hinunter ins Foyer und verbrachte dort in einem aufpolierten Vestibül neben der Theke des Portiers fünf Minuten damit, einen gerahmten Stadtplan von Saarlim City anzustarren. Er zog ein Stück Papier aus der Tasche, legte das Blatt auf die vergilbte Karte und machte sich ein paar genaue Notizen. Dann ging er vorsichtig über den gefleckten, spiegelglatten Marmorfußboden auf die Drehtür zu, das Blatt noch immer in der Hand.

Dann stand er auf der dunklen, heißen, stinkenden, geschäftigen Straße – der Jean-Pitz-Kolonnade. Radfahrer und andere Radhörnchen schossen durch die Menschenmenge, bliesen in schrille Trillerpfeifen und stießen beim Näherkommen Warnrufe aus. Bettler hockten an den dunkel verfärbten Wänden und klapperten mit ihren Bechern.

Wenn Sie aus Saarlim stammen, ist das normal. Wenn Sie aus Efika stammen, ist es furchterregend. Der alte Mann wurde umhergewirbelt wie ein Pappbecher, der in einen Fluß geworfen wurde. Zweimal wurde er angerempelt, dreimal beschimpft. Dann, als er sich umdrehte, um vor einem Fremden den Finger zu erheben, wurde er von zwei Misdaad-Burschen über den Haufen gerannt, und er spürte noch im Fall, wie ihre flinken Finger in vier seiner Taschen verschwanden und wieder auftauchten – weg waren seine drei Gulden.

Er zog sich in die feuchte Klimaanlagenkälte des Marco Polo zurück, wo er eine ganze Weile saß und nichts weiter tat, als seine Wunden zu pflegen und die Gäste kommen und gehen zu sehen. Bald jedoch fing er an, mit dem Schuh zu tappen, dann schlug er zweimal mit seinem Stock auf den Marmorfußboden und erhob sich. Dann wagte er sich wieder hinaus auf die Jean Pitz-Kolonnade. Diesmal hielt er sich nahe ans äußere Geländer, murmelte beim Gehen und tappte mit seinem Stock aus efikanischer Eiche. Er blickte finster, hatte einen Hals wie ein Geier, und obwohl er sich wie ein kompletter Ootlander vorkam, verwandelte er sich, ohne es zu wissen, in eine jener streitsüchtigen Straßengestalten, die die Saarlimer lieber in Frieden lassen.

Fünf Blocks weiter hatte er Kakdorp hinter sich gelassen. Er überquerte die kleine vergoldete Brücke nach Bleskran, und dort, wo die Mauern der Gebäude mit Marmor und Granit verkleidet waren, konnte er sich etwas zivilisierter benehmen. Nun blieb er stehen, um sich die Geschäfte anzuschauen, in deren facettierten Schaufenstern teure Dinge aus Gold und Seide lagen. Er überquerte die Kolonnade, um auf die langen, schlanken Boote im Bleskran-Kanal hinuntersehen zu können, und dann ging er den Shutter Steeg hinauf und suchte nach der Hausnummer 35, dem schmalen gotisch gebauten Haus, in dem meine Maman bis zu ihrem siebzehnten Lebensjahr gewohnt hatte. Dann folgte er dem Shutter Steeg zurück bis ans nördliche Ende von Bleskran, wo er dort, wo Bleskran endet und der Demos Platz beginnt, auf ein hohes schmiedeeisernes Gitter stieß, das quer über die Kolonnade reichte, wie ein Gitter in einer katholischen Kirche.

Dort stand er, fuhr sich mit einem weißen Taschentuch über den leicht gedellten knochigen Schädel und wünschte sich, er hätte sich umgezogen. Durch das Gitter hindurch konnte er den langen, in Mosaik ausgeführten Namen des Gebäudes sehen, das, wie er wußte, sein Ziel war. Die Buchstaben zogen sich vom obersten Stockwerk vertikal zum Kanal hinab: »Das Baan«. Auf dem »B« saß eine kleine goldene Krone. Und nach dem »n« folgten zwei gekreuzte Szepter.

»Heh, Bruder!«

Wally machte aus seiner Abneigung gegen die Wache, die ihn so anredete, keinen Hehl – der Bauch quoll ihm über den Gürtel, das zusammengerollte Zine steckte in der Gesäßtasche. »Ich suche nach dieser Hausnummer.« Wally zog eine zerknüllte Postkarte hervor, die er nur mühsam lesen konnte, »Demos Platz 247.«

»Okay, jetzt hast du sie gefunden.«

Wally ging auf das Tor zu. Die Wache legte ihm eine fleischige Hand auf die gebeugte Schulter und zog gleichzeitig ein Walkie-Talkie aus dem Gürtel.

»Verschwinde, Bruder.«

»Verschwinde *du*, Mo-ami«, sagte Wally, machte einen Schritt vorwärts, reckte seinen Hals vor und blickte finster.

Die Wache zog den Knüppel und hielt ihn in beiden Händen, so als wollte sie ihn in Wallys Kehle drücken.

»Um Himmels willen« – Wally reckte die Hände in die Höhe – »ich will doch nur jemanden *besuchen.*«

»Verschwinde.«

»Hier, lesen Sie«, sagte Wally und hielt der Wache die Postkarte hin. »Er heißt Bill Millefleur. Er hat mich gebeten, ihn zu besuchen.«

»Verpiß dich«, sagte die Wache. »Verdufte. Schsch.«

»Verpiß dich selber«, sagte Wally, aber er sah, daß es egal war, was er sagte. Er machte gedemütigt auf dem Absatz kehrt.

Er kam in das schmuddelige Hotelzimmer zurück, seine Niederlage und seine Scham in Wut gehüllt. Als er feststellte, daß Jacques und ich mit unserem Plan nicht weiter gekommen waren, als die äußere Hülle des Simis aufzukriegen, ging er in die Luft.

»Kann denn keiner was?« fragte er. »Hier. Gib her.«

»Nein, nein«, sagte Jacques. »Ruhen Sie sich aus. Ich laß Badewasser ein.«

Ich konnte nur erkennen, daß Wally kein Geld hatte und wütend war. Er nahm uns den Simi weg und zog sein Reisetaschenmesser aus der Hosentasche.

»Bitte«, schrie ich. »Sei vorsichtig.«

»Tun Sie ihm nicht weh«, sagte Jacques. »Bitte, Mr. Paccione. Wir haben ihn nicht aufgetrennt, weil er so leicht kaputtgeht. Er ist wertvoll ...«

Wally ignorierte uns beide. Zuerst nahm er die große Klinge und machte einen sechzig Zentimeter langen Schnitt durch das drahtverstärkte Gummi. Er steckte seine Hand hinein und stieß auf den »Kern« – eine rosafarbene klebrige Substanz in einem Plastiksack.

»Oh Gott«, sagte Jacques.

Der Kern war mit sechs oder sieben Plastiksehnen am Brustkorb befestigt. Er durchtrennte sie mit der Taschenmesserschere und warf den Sack auf den Boden, wo er wie eine vergrößerte Leber lag und auf dem blaugrün gestreiften Teppichboden zitterte. Dann fing Wally an, die dünnen Plastikverbindungen zwischen dem Computergestell und dem drahtverstärkten Körper zu durchtrennen. Dort, wo der Servomotor seine Verbindungen mit dem Gewirr aus Drähten hatte, die in der gummiverstärkten inneren Haut lagen, nahm er die Zange, schnitt jeden Draht so knapp wie möglich ab und tastete mit dem dicken fetten Daumen nach.

Zuerst ermunterte ihn seine Laune, dann beruhigte ihn sein Stolz auf seine Expertenschaft, und als er schließlich fertig war und die mit Gelenken versehenen Plastikstäbe aus den Beinen gezogen hatte, räumte er das Durcheinander auf, das er angerichtet hatte, und warf alles in den Müll. Er legte sich aufs Bett und ließ das Gewicht seiner ruinierten Wirbelsäule von den Kissen stützen.

»Na bitte«, sagte er. Er fühlte sich besser, wieder ganz er selbst. »So macht man das.«

Jacques, der gerade Augenzeuge geworden war, wie sein kostbares Souvenir ausgeweidet wurde, war blaß und sah krank aus. Mir fiel es nicht auf. Ich war zu sehr damit beschäftigt, Lagen von Toilettenpapier um meine Knöchel zu wickeln. Als das erledigt war, zog ich mich bis auf die Unterhose aus und legte mich auf die Maus, damit mein am Boden zerstörter Pfleger mir hineinhelfen konnte. Dann rollte ich mich auf den Bauch, während Jacques mit Nadel und Faden arbeitete.

Als ich aufstand, war ich bereits meine neue Gestalt.

BRUDER MAUS trat vor, verbeugte sich, bewegte sich seitwärts. Ich war schrullig, schnell, krummbeinig, ein bißchen zu verrückt, um legitimer Abkömmling der Freien Franziskanischen Kirche zu sein, aber ich streckte Jacques die Arme entgegen und bat ihn wortlos um einen Tanz.

27

Jacquis wertvoller Simi war nun so knochenlos wie ein entgrätetes Fischfilet, und seine Innereien waren nur noch eine pinkfarbene, klebrige Masse, wie der Kern eines altmodischen Golfballs. Und an der Stelle all dieses Cyber-Schrotts residierte ich, Ihr ergebener Tristan Smith.

Jacqui hatte diesen Simi so sehr geschätzt, wie Sie vielleicht Ihr Delfter Porzellan, ihr Doulton schätzen, und man hätte vernünftigerweise damit rechnen können, daß sie von dessen Ausweidung am Boden zerstört sei, aber Jacqui war eine Hochseilartistin[76], und sie hatte nicht die Zeit, stehenzubleiben und sich um Scherben zu kümmern. Sie war in Saarlim, in geheimer Mission, und schon der Gedanke an diese außergewöhnliche Tatsache reichte aus, ihre Haut wieder leuchten und ihre Augen mit den langen Wimpern erstrahlen zu lassen. *Sie wußte nicht, was als nächstes kommen sollte.*

Sie nahm mich bei der Hand – nicht meine, um genau zu sein, sondern die behandschuhte Hand der humpelnden, krummbeinigen Maus,

[76] Weder in unserem Zirkus noch in unserem Vokabular gibt es das »Todesseil«, aber wir sind uns der dramatischen Einsätze des Hochseils im Voorstand-Sirkus bewußt. [TS]

die aussah wie ein am Laserbrett konstruiertes Geschöpf, verdreht, überzeichnet, aber rollend und taumelnd, komisch und gutmütig zugleich.

Wir gingen gemeinsam hinaus, zwei Schauspieler, führten beide, tief in unsere Rollen versunken, unseren jeweiligen *Gang* den Hotelflur entlang und durchs Foyer mit dem fleckigen Marmor auf.

Vor sich sah sie den Hotelmajoor. Er war groß, aber aufgedunsen, nicht wie ein Außendienstler, aber Leona hatte ja auch nicht wie eine Außendienstlerin ausgesehen, und die Bullen auf der Straße sahen nicht wie Gardiacivil aus. Jeden Augenblick konnte sie kontaktiert werden, vielleicht von eben diesem Mann. Er kam auf sie zu, und sie war bereit, wenn er es denn war. Sie atmete die fremde Luft im Foyer des Marco Polo so gierig ein, wie sie zuvor den Diesel- und Kohlengestank des Großen Platzes eingeatmet hatte.

Der Hotelmajoor hatte einen Bleistiftstrich-Schnurrbart. Er hatte große Tränensäcke unter seinen wässrigen, blutunterlaufenen Augen. Nun rückte er die fleckigen und unordentlichen Teile seiner sandfarbenen Uniform zurecht und schlurfte, die Hand tief in der Hosentasche, auf uns zu.

Jacqui wappnete sich, drückte die Augen zusammen, wischte jeden Ausdruck vom Gesicht.

»Hier, Bruder«, sagte der Hotelmajoor und hielt uns ein zusammengefaltetes Papier entgegen.

Jacqui streckte die Hand aus, um es zu nehmen.

Der Hotelmajoor zog es vor ihr weg.

»Nein«, sagte er. Er hatte ein krummes Lächeln auf seinem schlechtrasierten Gesicht. Er war ein armer Mann, der Kragen war aufgescheuert, seine Haut trocken und schilferig. »Für Bruder Maus.«

»Ein hübscher Tag, um nach Saarlim zu kommen«, sagte Jacqui.

Der Hotelmajoor runzelte die Stirn.

»Das ist für *mich*«, beharrte Jacqui.

»Für Bruder Maus, du Arsch!« sagte der Hotelmajoor, preßte die Augen zusammen und verzog den Mund. »Meneer Maus, okay?« Und er legte die Nachricht – denn dafür hielt sie es – in Bruder Maus' offene Hand. Sie sah voller Schrecken zu, wie die weiß behandschuhte Hand das Stück Papier aufmachte ... ein violetter Fünfzig-Gulden-Schein.

Der Hotelmajoor war also ein *Fan*. Er verbeugte sich vor der *Maus* mitten im Foyer. Aus efikanischer Sicht war das lächerlich – dieser Respekt. Kein Efikaner würde sich jemals einem anderen gegenüber so benehmen.

Jacqui sah mich an, aber ich war weg, versunken, ganz von Bruder Maus verzehrt, und sie, die ganz genau wußte, wie die Maus unter dem Nylonfell war, konnte ihren wilden, weißäugigen Chef nicht mehr erkennen. Sie wußte, daß ich da war, aber es war so, wie man weiß, daß es einen Darm, eine Lunge, ein Hirn unter der menschlichen Haut gibt – man reagiert nicht auf die matschigen Innereien, sondern auf den äußeren Schein. Zudem wirkte das Bild wacher Intelligenz, die Stille, das Geheimnis, die fehlende Kommunikation, das vollkommene Maus-sein ihres Begleiters so überzeugend, daß sie sich einfach nicht daran erinnern konnte, daß ich Klopapierpolster um meine mißgestalteten Füße trug.

Dann sprach ich, keine Worte, nicht mit meiner normalen Stimme – ein hohes Quieken. Ich sah, wie sie es aufnahm, sah den Blitz in ihrem strahlenden Auge. Sie war schon vollkommen weg – war high von der Verrücktheit, von der vollkommenen Fremdartigkeit des Ganzen.

»Er bedankt sich«, sagte Jacqui mit ernstem Gesicht zum Hotelmajoor. »Er ist von Ihrem Geschenk gerührt«, sagte sie. Sie war kurz davor, es zu übertreiben, typisch für sie.

Der Hotelmajoor hielt uns die Tür auf und schlug die Hacken zusammen.

Jacqui schlug ebenfalls die Hacken zusammen. Sie hätte so weitergemacht, doch ich zog sie auf die Jean-Pitz-Kolonnade hinaus, und dort standen wir, jeder in seiner Verkleidung, zusammen auf dem Gehsteig.

Mitten in all dem Lärm, der Hitze, dem Diesel, Urin, Baudreck, dem tobenden Verkehr auf der Helmstraat wurden wir nicht sofort erkannt.

Zwei Minuten später drängten sich die Menschen so dicht um uns, daß Jacqui spürte, wie sich die Knöpfe ihrer Hemden in ihre Arme drückten, und sie konnte den Knoblauch oder Teufelsdreck oder Zimt auf ihrer Haut riechen. Es war fremd, mit nichts vergleichbar, was sie je gesehen hatte – blauschwarze Hände, milchkaffeefarbene, goldbraune, mit fluoreszierenden POW-Erkennungszeichen an den Handgelenken, reckten sich, um die Nase der Maus zu reiben. Es waren nicht die Nachfahren der Hollandse Maagd, der Häretiker der Freien Franziskanischen Kirche. Sie waren keine Ingenieure, keine Meister der Erdarbeiten, keine

Bürger mit ihrem »einen guten Bruder Kuh«. Sie waren aus freien Stücken hier, weil sie es wollten, genau wie Jacqui. Sie streckten die Hände nach der Maus aus, so als würde sie sie mit Sirkusjobs, Wohnungen am Park, drei Meter Mutterboden segnen, und die Maus nahm – zu Jacquis Überraschung – verschiedene Posen ein, rollte, taumelte, hielt sich kichernd die Hände vor den Mund.

Bis zu diesem Augenblick wußte sie nicht, daß ich der Sohn meines Vaters war. Sie hatte mich noch nie rollen sehen. Sie hatte mich noch nie taumeln sehen.

»Bleib in meiner Nähe«, rief sie. Sie machte sich Sorgen, daß ihre Stimme weiblich klingen könnte, aber niemand in der Menschenmenge interessierte sich für sie. Sie drückten ihr die Ellbogen in die Kehle, traten ihr auf die Zehen. Sie wollten Bruder Maus.

Sie hoben mich hoch und reckten mich in die Höhe, machten ein kollektives Geräusch, das nach einem Seufzer klang.

Sie waren Gläubige, Götzendiener. Sie wollten Bruder Maus fressen, ficken, zerdrücken. »Weg«, rief Jacqui. »Weg von ihm.«

Aber ich hatte keine Angst. Warum auch? Die Jammergestalt, die durchs Feu Follet geschlichen war, war nun Gegenstand der Liebe dieser Menschen. Ich strampelte mit den Beinen, eine Laserfigur, die über eine Klippe springt.

Jacqui war zwar darauf vorbereitet gewesen, mich zu benutzen, aber nicht darauf, daß man mich umbringt. Sie legte mir ihre Arme um den Hals und erdrosselte mich beinahe bei ihren Bemühungen, mir das Leben zu retten.

Ich quiekte laut.

»Hör auf damit«, brüllte sie mich an.

Womit aufhören? Das sagte sie nicht, aber unser »Augenblick« war so intensiv – Theaterleute werden das verstehen –, daß die Menge verstummte. Die Menschen sahen zu: wie ich mich umdrehte; Jacquis strahlende Augen. Sie spürten unser elektrisches Knistern.

Ich hätte diesen Augenblick nutzen können, um zu verschwinden, doch als ich sah, wie sehr sich meine Pflegerin mir gegenüber verändert hatte, wie all diese Energie, diese Prahlerei, das Leben in ihren Augen destilliert und konzentriert wurde und nun auf mich abstrahlte, ging ich darauf zu und sog es auf.

In der Menschenmenge stand eine Frau mit Orangen in einem blauen

Einkaufsnetz. Ich streckte meine Hände nach den Orangen aus. Ich sagte nichts, aber meine Bewunderer bildeten einen Kreis. Ich war der Onkel, der Bruder, der Meneer. Ich reckte jede einzelne Orange in die Höhe.

Diese Show gab ich für »Jacques«.

Als erstes: »Regnen« – die leichteste Übung für einen Jongleur.

Dann ging ich zur »Kaskade« über, und bald ließ ich alle acht Orangen kreuz und quer durch die Luft schießen. Dies war eine Sirkusstadt. Die Menschen wußten, was ich da tat. Gulden fielen wie Blätter im Herbst. Die Menschenmenge war wie ein Wildwasser, und Jacqui hatte keine andere Wahl, als sich von ihr treiben zu lassen, und sie trudelte die Straße entlang wie ein Aluminiumkanu auf einem felsigen Strom, und als wir zwanzig Minuten, nachdem wir das Foyer des Marco Polo verlassen hatten, zusammengepreßt durch die Tür des Chop House taumelten, war dies nicht aus ihrem oder meinem Willen heraus geschehen. In dem einen Augenblick steckten wir in dem Tumult auf der Kolonnade, im nächsten wurden wir in einen dunklen, abgestanden riechenden Raum geschubst, und ein Kellner, ein Europäer mit blasser Haut, schnalzte mit der Zunge und versperrte der Menge den Zugang.

Jacquis erster Gedanke war: Ist er vom VIA?

28

Noch immer eine Orange in der Hand, stolperte ich in das Restaurant. Meine Bewunderer hämmerten gegen die Tür. Für Sie ist das vielleicht normal, Sie sind vielleicht ein Sirkus-Star oder ein Todesartist. Aber stellen Sie sich Tristan vor, Meneer, Madam – stellen Sie sich seine Gefühle vor, als er die Leidenschaft seiner neuen Bewunderer erlebte.

Jacqui hielt mich an der Hand. »O mein Gott, Mo-frere. Du warst unglaublich.«

Sie glühte. Ihre großen braunen Augen waren aufgerissen, die Wimpern waren lang. In dem Augenblick hätte ich es erkennen müssen: Sie war eine Frau. Sicher, sie lief, als hätte sie einen Tümmler zwischen den Beinen, doch selbst wenn sie diesen Gang imitierte, unterlief sie ungewollt diesen Eindruck. Sie zog ein Taschentuch aus der Tasche und *tupfte* sich den Schweiß von den Lippen.

Sie war eine Frau.

Aber ich war erhitzt, müde, verwirrt. Das Restaurant stank nach Rauch und Fett und schalem Schnaps. Es gab rote Tischnischen und Karikaturen von Schauspielern an den Wänden. Meine Bewunderer fingen an, mit Münzen an die Glasscheibe zu tappen.

»Wo hast du denn das gelernt?« fragte Jacqui.

Die Tischnischen waren leer. Die Uhr hinter der Bar stand auf zehn nach fünf. Es war der 23. September 394 nach dem efikanischen Kalender. Wenn das alles gewesen wäre, was passieren sollte, dann wäre es ein ausgefüllter Tag gewesen. Aber es sollte noch mehr passieren, so leid es mir tut.

Wir folgten dem fetten runden Hintern des Kellners zwischen den Tischnischen. Ich hatte Schmerzen, natürlich. Ich konnte den Kopf nicht leicht bewegen. Auch die Augenlöcher saßen nicht richtig, und mein Blickfeld war eingeschränkt. Zuerst konnte ich nur erkennen, daß unser Retter ein weißes Hemd und eine schwarze Hose trug, daß er klein, geschäftig, energiegeladen war. Dann kletterte ich auf die Sitzbank, und ich konnte dem Mann zum ersten Mal richtig ins Gesicht schauen: sehr holländisch – ein weißes, dauniges Gesicht, glatt und seifig, obwohl trotz all der Weichheit auch eine Rauheit in seinen kleinen gelbbraunen Augen war, eine Großstadthärte.

»Ein netter Abend, um nach Saarlim zu kommen«, sagte Jacqui.

»Wie bitte?«

»Ein netter Abend«, sagte Jacqui, »um nach Saarlim zu kommen.«

»Nun flippen Sie mir ja nicht aus«, sagte der Kellner. »Bloß das nicht, mein Gott.« Und er starrte meine Pflegerin an, wie man etwas Instabiles anstarrt, das vielleicht noch umfällt.

Jacqui wurde rot und knöpfte sich die Jacke zu.

»Bitte nicht«, sagte der Kellner. Und dann machte er kehrt und verschwand durch eine Schwingtür in der Küche.

»Himmel, Mo-ami«, sagte meine Pflegerin. »Wer hat dir denn das Jonglieren beigebracht? Du warst unglaublich.«

Ich legte den Kopf zur Seite, spitzte die Mausohren – komisch, tray amusant –, und sie lächelte mich an.

»War das deine Mutter? Felicity Smith, stimmt's?«

Ich war überrascht, den Namen meiner Mutter aus dem Munde meiner Pflegerin zu hören, doch bevor ich noch darüber nachdenken konnte, schwang die Küchentür auf, und der Kellner kam in seinen feinen, spitzen schwarzen Schuhen schnell auf uns zu.

»Cyborgs und Pow-pows an einem Tag.« Mit einer Hand wischte er die Holztischplatte ab, in der anderen hielt er eine große Schüssel Bohnenbredie, die er dann auf den Tisch stellte, aber nicht vor mich.

»Willst du essen?« fragte mich meine Pflegerin. »Soll ich dich aufmachen?«

Ich schüttelte den Kopf.

»Willst du ins Hotel zurück?«

Ich schüttelte den Kopf.

»Na toll«, sagte der Kellner zu Jacqui. »Sie sind mir vielleicht ein Gjent. Ein gottverdammter Gjent.« Der Kellner rollte mit seinen ausdrucksvollen kleinen Augen und verschränkte die Arme. »Sie haben einen ziemlichen Akzent ... wissen Sie das eigentlich?«

»Ich komme aus Efika.« Jacqui blickte auf, die Lippen glänzten vom Bohnenbredie. »In Chemin Rouge reden alle so.«

»Aber warum, um alles in der Welt« – der Kellner wies mit einer Bewegung seines kleinen blonden Kopfes in meine Richtung – »gibst du dich mit diesem feuergefährlichen Spielzeug ab? Himmel nochmal, Bruder. Du hast mit einem Cyborg geredet, einem Simi.«

Ich kratzte mich am Kopf, eine komische Standardgeste von Bruder Maus, wie Sie wissen. Der Kellner konnte mich nicht sehen, aber ich brachte meine Pflegerin zum Lächeln.

»So lustig ist das nicht.« Der Kellner war so nah, daß ich sein Odeklonje riechen und die Poren seiner weichen, geschlechtslosen Haut sehen konnte, während er sich über den Tisch zu meinem Pfleger beugte. »Sie haben sich da 'nen alten Cyborg gekauft, vielleicht hat Sie einer mit was übers Ohr gehauen, wovon Sie nichts wissen. Sie sind Ootlander.«

»Eigentlich ist das keine Maschine, Bruder«, sagte mein Pfleger. »Ich denke, wir sollten ihm was zu trinken geben. Er hat gerade eine unglaubliche Show abgezogen.«

»Heh«, sagte der Kellner. »Sie reden mit mir. Ich bin nicht irgend so'n Pow-pow, den Sie auf der Straße austricksen. Ich bin nicht so'n Nigger aus Nigeria.«

»Das ist kein Trick. Zum Teufel, Bruder«, Jacqui hustete tief hinten im Hals. »Da steckt wirklich jemand drin.«

»Hat man dir das gesagt?«

Jacqui hustete erneut. »Das hat mir keiner gesagt, Bruder. Das ist kein Scheiß. In dem Kostüm steckt ein kleiner Mensch.«

»Bruder«, sagte der Kellner. »Tut mir leid, daß ich dir das sagen muß, aber die haben dir da 'nen Cyborg verkauft. Das ist kein Mensch, das ist eine Maschine. Die gibt's vielleicht nicht in eurem beschissenen Chemin Rouge, aber hier schon.«

Der Kellner sah in die andere Richtung. Ich konnte deshalb meine Nase nah an sein Ohr bringen, ohne daß er es bemerkte. Das brachte meine Pflegerin zum Lächeln.

»Hör mal, du Arsch«, sagte der Kellner. »Es steht dir nicht an, mich so anzugrinsen. Das hier ist nicht irgend so'n Hinterwäldlerland mit 'nem beschissenen Fisch in der Fahne[77]. Das hier ist Voorstand. Ich *bin* aus Voorstand. Ich sag dir was, was du wissen mußt, Minebroo. Diese Maus, die du dir da wahrscheinlich gekauft hast, ist ein Klootsac, eine Katastrophe. Die ursprüngliche Sirkusmaus war eins fünfundachtzig groß. Man kann diese frühen Brüder auf Gemälden sehen, Hunde, Enten, Mäuse, alle so groß wie Footballspieler. Zu Beginn war natürlich alles sehr religiös. Gottes Geschöpfe, usw. Vielleicht waren sie früher einmal Priester, doch soweit ich mich erinnern kann, waren sie Kraaker, Schwarze, Diebe. Diese Brüder taten schlimme Sachen – Mord, Vergewaltigung, fürchterliche Dinge. Und jetzt haben wir das Geschöpfekontrollgesetz[78] – in der Öffentlichkeit darf kein Bruder größer als einen Meter sechs sein. Und deshalb gibt's auch keine.«

»Aber das ist einer.«

»Ich hab's dir doch gesagt, das ist ein Cyborg. Die haben sie einen Meter sechs groß gebaut, damit da kein Erwachsener hineinpaßt.«

---

[77] Damit ist die Republik Morea gemeint.

[78] »In Ergänzung zu Kodizill CXVIII wird hiermit verkündet, daß es als Vergehen gegen die Gesetze das Staates Voorstand und der Freien Franziskanischen Kirche gilt, wenn eine erwachsene Person, sei sie Mann oder Frau, das Kostüm von den in Kodizill III definierten Geschöpfen Gottes annimmt oder sie in sonstiger Weise nachahmt; des weiteren gilt diese Ergänzung für jene Geschöpfe der Saarlimer Sirkusgesellschaft, darunter Bruder Maus, Drool, das Phantom©, und Busker-Bär©, in deren Fällen die Herstellung in Ausführung dieses Gesetzes als Akt der Nachahmung angesehen wird, MIT AUSNAHME jener Simulacri oder Cyborg-Faksimiles der oben erwähnten Geschöpfe Gottes, deren Größe 1,06 Meter, nicht überschreitet.«

»Vielleicht eine kleine Person.«

»Tut mir leid, Bruder«, sagte der Kellner mit sanfterer Stimme. »Tut mir leid, daß du dein Geld dafür verplempert hast, aber ich erkenne diesen Haufen Scheiß. Das ist ein Cyborg Opus 3 a. Davon gab's Tausend.«

»Tausend.« Jacques zwinkerte mich an. »Du meine Güte.«

»Ich weiß nicht, wie viele«, sagte der Kellner gereizt. »'Ne Menge. Sie haben hunderte davon gebaut, und eine Woche lang war alles in Ordnung, doch dann fingen sie Feuer. Es gab Cyborgs, die rannten brennend durch Kakdorp. Oder sie wurden auf der Straße überfahren. Man konnte am Abend in den Nachrichten sehen, irgendein blöder Hund, der, verloren im Raum, am Straßengraben entlang davon wandert. Also, das Geschöpf da, Bruder, ganz egal, was du dafür bezahlt hast – nimm es, verkauf's an ein Museum, an jemanden, der gerade frisch aus dem Flieger aus Chemin Rouge steigt. Und laß dich nicht auf der Straße mit Pow-pows ein. Das sind primitive Menschen. Die wissen nicht mal, wie man richtig kacken geht. Sie stehlen. Sie tragen Schußwaffen. Sie haben Krankheiten.«

»Ach, ich glaube nicht.«

Das Gesicht des Kellners war nun ganz rot und wütend.

»Hör mal, Bruder, ich weiß es. Ich weiß, wer du bist.«

Jacqui wurde rot. Sie sah mich an und blickte schnell fort.

»Ich bin nur besorgt um dich«, sagte der Kellner.

»Schon gut, ich habe verstanden.« Jacques war *puterrot.*

Ich dachte: *Was geht hier vor sich*?

»Du verstehst gar nichts«, sagte der Kellner. »Du gehst alle möglichen Risiken ein, von denen du nichts ahnst. Ich kann dich nicht so weitermachen lassen. Wenn du kein Trannie wärst, wär mir das egal, aber ich bin einer. Ich lebe hier. Ich weiß, wie häßlich es werden kann.«

Ich wußte nicht, was ein Trannie war. Jacqui auch nicht. Die Tatsache stand ihr offenbar ins Gesicht geschrieben, denn unser Gastgeber griff nun die Hand meines Pflegers und steckte sie in die eigene weiße Kellnerjacke.

»Sei vorsichtig«, sagte der Kellner. »Das ist eine große Stadt. Frauen wie wir werden Tag für Tag vergewaltigt und ermordet.«

Jacqui sah sie mit offenem Mund an.

»Tut mir leid«, sagte sie. Sie hob mich hoch. Sie nahm meine Last, die ganzen fünfundsechzig Pfund, und wuchtete mich über die Schulter.

»Tut mir leid«, sagte sie. »Sie waren sehr freundlich.«

Ich legte meine Hand über ihre Schulter. Ich trug Handschuhe, aber ich fuhr »aus Versehen« drüber – über ihre Brüste, zweifellos –, es war der 23. September 394 nach dem efikanischen Kalender.

29

Entscheiden Kinder, auf welche Weise sie erwachsen werden? Jacqui glaubte stets, daß sie das entschieden hatte, daß sie auf der Veranda ihres Elternhauses gestanden und diese Entscheidung getroffen hatte.

Sie hatte ihre Mutter beobachtet (die mit verschränkten Armen dastand und kleine abschätzige Geräusche von sich gab – *Pfff, zsss)* und beschlossen – entgegen all der starken physischen Beweise für das Gegenteil –, lieber zu sterben, als so zu sein wie sie.

Es war der Weihnachtstag des Jahres 380, und Jacqui Lorraine war neun Jahre alt. Ihre Mutter stand mit dem Kassettenrekorder auf der Veranda und sah ihrem Mann und seinem Freund Oliver Odettes zu, einem Physiklehrer mit rotem Gesicht und großem schwarzem Schnurrbart, wie sie Schnee über den kleinen Vorderrasen schaufelten. Die zerfetzten Bananenblätter flatterten im warmen Wind. Der Stamm der sieben Meter hohen Papaya scheuerte am Wassertank. Hinter der kleinen Ligusterhecke sahen die Nachbarn zu – nicht nur Erwachsene, sondern auch Babys mit verschüttetem Schnee in ihren geschürzten Mündern, sich windende Jungen mit Schnee in den Hemden, mürrische Teenager mit ihren verletzten und feindlichen Blicken.

Gleich würde Oliver Odettes seine Schaufel weglegen und unter die Veranda gehen, um Jesse Lorraines Stuhl zu holen. Er würde den Stuhl mitten in den Schnee stellen. Es würde nicht das erste Mal sein, daß dies geschah.

»Unglaublich«, sagte Rene Lorraine, als ihr Mann seine Schaufel gegen die Ligusterhecke lehnte. »Zsss.« So als ob das was Neues wäre, als wäre es nicht wie jedes Weihnachten, stets genau gleich, angefangen am Vorabend, wenn Jacquis Vater sich einen Kühllaster mietete und dann, einen Laib Brot, eine Blutwurst und zwei Flaschen Roteuse in einer

Pappschachtel auf dem Sitz zwischen ihnen, zusammen mit Oliver Odettes zum Gipfel des Mount Cootreksea fuhr, dreitausend Höhenmeter und zweihundert Meilen von den Palmen Chemin Rouges entfernt, und wo sie zwei Stunden damit verbrachten, Wein zu trinken, das Licht zu bewundern und Schnee in den Laster zu schaufeln.

Sie fuhren immer um elf Uhr nachts los und kamen genau um acht Uhr morgens um die Straßenecke. Dann öffneten sie die Maschendrahttore und setzten den Kühllaster rückwärts die beiden Betonspuren hinauf und verteilten – vor all den Nachbarskindern, die sich auf der Straße drängten – den Schnee über den taschentuchgroßen Rasen vor Jacquis Haus.

Die beiden Freunde hatten das schon oft getan – seit Jacqui drei war –, und sie waren (vielleicht allzu) stolz darauf, genau zu wissen, wieviel Schnee den Rasen bedeckte, bis hin zu dem »Glace«, jenen letzten sechs Schaufeln Schnee, die Oliver Odettes sorgfältig an der Ligusterhecke entlang anhäufelte, während Jacquis Vater verschwand, um seine Bücher zu holen.

Rene Lorraine mochte Oliver Odettes nicht, den sie in Hörweite ihrer Tochter als Schwuli und Chochotte bezeichnete. Oliver Odettes trug sehr kurze Shorts und pelzbesetzte Stiefel, immer dasselbe Paar, für den Schnee. Es war jedes Jahr dasselbe. Rene stand mit ihren sonnengebräunten Armen vor der Brust da, einen Ausdruck auf dem breiten, hübschen Gesicht, stets denselben Ausdruck, eine Mischung aus Ungläubigkeit und Entrüstung, und sah dem Physiklehrer zu, wie er, häßlich wie eine Tunte, auf Zehenspitzen über den weißen Rasen lief. Jedesmal schüttelte sie den Kopf, als wollte sie nichts mit so einem lächerlichen Spektakel zu tun haben, und jedesmal spielte sie ihre Rolle: Sie drückte auf die Abspiel-Taste des Kassettenrekorders und drehte die Lautstärke hoch, damit die Kinder hinten auf der anderen Seite der Hecke die Schlittenglöckchen hören konnten.

Wenn die Einleitung mit den Schlittenglöckchen eine halbe Minute gespielt hatte, stand sie auf und drückte auf die Stopp-Taste.

Dann schlurfte ihr ältlicher, watschelnder, immer mehr wie ein Bär wirkender Gatte – er war sechsundsiebzig, als Jacqui neun wurde – aus seiner winzigen »Bibliothek« unter der Verandatreppe und setzte sich auf den lächerlich kleinen Stuhl aus Chrom und Vinyl, den Oliver Odettes mitten auf den Rasen plaziert hatte: und jedes Jahr wurden die Runzeln auf Renes Stirn ein wenig tiefer und komplizierter.

Jedes Jahr nahm Jesse Lorraine auf dem Stuhl Platz und nickte seiner Frau, seiner Tochter und den Nachbarn zu. Er drückte eine frisch geöffnete Flasche Roteuse in den bereits schmelzenden Schnee, stopfte sich die Decke mit dem Schottenmuster um die glänzenden, wohlgeformten braunen Beine und schlug das erste Buch auf dem Schoß auf.

Dann las er in einer gelehrten Stimme, die nicht in diese Straße voller leberfarbener Ziegelhäuser, Hinterhof-Hühnerställe und räderloser Peugeots paßte, die unter der Bougainvillea leise vor sich hinrosteten, einer Stimme, in die sich die nervöse Frau auf der Veranda verliebt hatte, den Nachbarn Geschichten über Schnee vor, jedes Jahr andere.

In dem Jahr, als Jacqui neun war, saß Jesse Lorraine auf seinem sechs Quadratmeter großen Schneefeld, befeuchtete sich die trockene Kehle mit einem Schluck Roteuse und fing mitten im dreiundvierzigsten Kapitel von *Tess von den d'Urbervilles* an: »Seit Jahren hatte es solch einen Winter nicht gegeben. Er rückte mit verstohlen gleitenden und abgemessenen Schritten heran, gleich den Zügen eines Schachspielers.«

»Schsch ...«, sagte Rene. »Pfff.«

Dann las er von Anna Karenina in der Eisenbahn vor, die auf dem Weg zum Grafen Wronskij ist (»Voller Freude füllte sie ihre Lungen mit tiefen Atemzügen schneeiger, frostiger Luft ...«). Und er las, diesmal Charlotte Brontë, sie hatte die »Fensterläden geschlossen und eine Matte vor die Tür gelegt, um zu verhindern, daß der Schnee darunter hineinwehte«.

Er saß auf seinem Stuhl, die Schottendecke um die Beine, den Hut über die graue Löwenmähne gezogen, die buschigen Augenbrauen über die hellblauen Augen gepreßt, und die Nachbarn lauschten. Sie waren nicht religiös. Sie vermißten Gott nicht in ihrem Leben, aber sie waren Efikaner, und die Geschichte ihres Landes hatte ihnen ein Gefühl nagenden Verlusts vermittelt, den der kalte weiße Schnee für eine Weile lindern konnte.

Für Rene linderte der Schnee gar nichts. Er machte es nur schlimmer, jedes Jahr schlimmer als im Jahr zuvor – die Mühe, die Geldausgabe, die blanke Tatsache, daß der Schnee schmolz, war nutzlos, zu nichts gut. Bis Jacqui neun war, war das ungeduldige Fußtappen ihrer Mutter auf der Veranda zu einem wütenden Stampfen geworden. Es war nicht auszuhalten.

In den Familiensagen hieß es bereits, daß Jacqui ihrer Mutter glich. Sie hatte dieselbe honigfarbene Haut, die dunkelbraunen Augen, die feingeschwungenen Augenbrauen, das feste glatte Haar, das vom Kopf abstand, den kleinen, wohlgeformten Mund, die tobenden Chemikalien, die das kleine Mädchen ab dem sechsten Lebensjahr anfällig für Schlaflosigkeit machten. Das mochte alles sein, aber am Weihnachtstag beschloß sie, daß sie wie ihr Vater sein wollte. Sie sah wie ihre Mutter aus, aber sie würde wie der große Mann *sein*, der Bär, der nach Tabak roch – nicht ein Mann, sie wollte nie ein Mann sein –, aber nicht so ängstlich oder gemein oder wütend oder kleingeistig.

Jesse war ein gutaussehender Mann mit feinem grauem Haar, breitschultrig, ein wenig gebeugt, aber mit den intensiven unschuldigen blauen Augen eines Kindes, die fälschlicherweise auf ein Leben voller Mäßigung hindeuteten. Er hörte allen zu. Wenn man mit ihm sprach, richtete er seinen klaren Blick auf einen, und man wußte, daß er einen mochte. Er mochte alle. Er hatte viele Frauen gehabt und viele Kinder bekommen. Er hatte in großen Restaurants phantastisch gespeist. Er hatte Fotografien von sich als junger, gutaussehender Mann in einem roten Hemd auf einer Straße in China, in einem Schneesturm in Voorstand, in einem Restaurant in Paris, im Hafen von Marseille, wo sein Urgroßvater, ein Tin-tin, der sich zuvor für einen glücklichen Mann gehalten hatte, gewaltsam in jenes Land eingeschifft worden war, das Louis XIV. Neufasie nannte.

Vielleicht hatte Rene diese Fotos früher mal interessant gefunden, doch als Jacqui sie das erstemal sah, waren sie bereits tabu – Jesse zog den alten gefütterten Umschlag hervor, als Rene im Supermarkt war. Er hatte Fotos von Häusern, die ihm früher mal gehörten, Innenansichten, Außenansichten, eine mit einem berühmten Schauspieler, der einen Tennisschläger in der Hand hält und eine witzige Pose einnimmt.

Was war mit dem Geld geschehen?

Jacqui fragte nie. Jesse sagte es nie.

Als sich ihre Mutter in ihn verliebte, wohnte er in einem Einzimmer-Appartement mit Kochnische in Goat Marshes, beide arbeiteten sie in der Küche des Restaurants Quatorze. Jesse war der einzige gewesen, der den Nerv hatte, sich dem Fettsack entgegenzustellen, dem das Restaurant gehörte. Er war der Unruhestifter gewesen, und sie hatte sich in ihn verknallt, und als er sie bat, »in der *Gazette* zu erscheinen«, hatte sie ja gesagt, obwohl er schon fünfundsechzig war. Er war gutaussehend, freundlich, und er ließ sie ausreden.

Zwei Monate nach der Eheschließung machte das Restaurant Quatorze zu. Es gab eine Rezession, und die einzige Arbeit, die Rene finden konnte, war Krabbenpulen in einer Konservenfabrik am Hafen. Was Jesse anging – den wollte keiner, nirgendwo. Er hatte seinen Doktor an der Sorbonne gemacht, aber er war arbeitsunfähig. Seine Braut fand zwar, daß es nicht seine Schuld war, war aber zugleich zornig über sein mangelndes Schuldgefühl.

»Was soll ich deiner Meinung nach tun?« fragte er. »Ich werde das Leben genießen. Das habe ich immer getan.«

Und das tat er. Während sie am Hafen Krabben pulte, las er auf der Veranda die *Liberation*. Er gab ihr das Gefühl, daß es falsch sei, ihm das übelzunehmen: Was sollte er ihrer Meinung nach tun? Sich Asche aufs Haupt streuen?

Als sie schwanger wurde, reagierte er nicht wie die Männer, die sie je gekannt hatte.

»Krieg es«, sagte er. »Wenn du es willst.«

Sie *wollte* es, aber als Jacqui drei Monate alt war, wurde klar – wenn Rene nicht wieder arbeiten ging, würden sie hungern.

»Ich werde auf sie aufpassen«, sagte er.

Und das tat er. Was war daran falsch, fragte er sie. Was konnte sie darauf antworten? Daß sie das Gefühl hatte, man habe ihr das Kind gestohlen?

Der Vater kochte, spielte mit dem Baby, las ihm Geschichten auf Französisch und Englisch vor. Die Mutter kam angespannt und eifersüchtig nach Hause und war wütend, daß der Boden nicht gewischt war, die Laken nicht gewaschen waren, eine volle Windel auf dem Wickeltisch lag.

All dies bekam Jacqui erst mit, als ihr Vater im Sterben lag und ihre Mutter sie mit der Beichte schockierte, daß sie den Großteil ihrer Ehe jeden Abend zu Gott gebetet hatte, ihren Mann von ihr zu nehmen.

Jacqui konnte es nicht fassen.

Und selbst, als die Gebete ihrer Mutter endlich erhört worden waren, als sich die Lippen ihres Vaters purpurn verfärbten, als sein Atem süß und ranzig roch wie saure Milch, als der Schleim in seinen Lungen gurgelte, in dem er schließlich ertrinken sollte, steckte mehr Leben in ihm als in ihr. Und ihre Mutter wußte das. Sie hatte Angst vor seinem Tod. Sie ging nicht in sein Schlafzimmer. Sie blieb in ihrem Schaukelstuhl im Nebenzimmer sitzen und trank süßen Wermut auf Eis, während der Mousonregen wie Glasperlen von den überquellenden Dachrinnen fiel.

Die Tochter saß bei dem sterbenden Mann, erzählte ihm, daß sie ihn liebe, und half ihm durch die Panik seines gurgelnden, ertrinkenden Atems. Die Frau saß im Nebenzimmer, weinte, trank Wermut.

Als der Kühllaster am Grab des Vaters eintraf und der alternde Oliver Odettes in seinen kurzen Shorts und den roten Demi-bottes ausstieg, zog Jacqui Lorraine ihr Exemplar von *Herr und Knecht* hervor und begann laut vorzulesen.

»Er wandte den Kopf zur Seite, grub mit den Händen ein Loch in den Schnee vor sich und schlug die Augen auf.«

»O Gott, bitte, Jacqui«, sagte ihre Mutter. Sie griff nach dem Arm ihrer Tochter. »Tu mir das bitte nicht an.«

Eine andere Tochter hätte vielleicht in ihrem Herzen Platz gefunden, Mitleid mit ihr zu haben, aber Jacqui war nicht diese Tochter.

30

Ich berührte ihre linke Brust, das ist alles, ganz »zufällig«. Nichts war zwischen uns vorgefallen, doch obwohl sie mich zum Restaurant hinaus und durch die mittägliche Menschenmenge Saarlims auf der Schulter trug wie ein Souvenir, obwohl ich in dem verschwitzten Fell und Gummi steckte, obwohl ich nicht ihre Haut riechen oder ihr Haar fühlen konnte, war ich – bitte schämen Sie sich nicht meinetwegen – in sie verliebt.

Die ganze kraftvolle Verwirrung, die ich verspürt hatte, als ich gesehen hatte, wie sie mit strahlenden Augen und voller Halsstarrigkeit den Simi aus dem Wagen zog, all diese Leidenschaft donnerte nun durch den Flaschenhals der Liebe, und ich wollte sie haben, mit einem Schmerz, einem Verlangen, so mächtig und köstlich, daß ich mir niemals hätte wünschen können, vor dem Schmerz bewahrt zu werden.

Ich war erzogen worden, eine solche Frau zu lieben – ihren Mumm, ihren Humor, ihre strahlende Lebenskraft, die ich sanft durch die dicke Glasur ihres Professionalismus hatte scheinen sehen.

Aber wie konnte ich mich nur in eine derart offenkundig verschlagene Gestalt verlieben?

Was ich sah, war nicht Verschlagenheit, Madam, Meneer. Ich sah ein Rätsel, und ich liebte sie wegen dieses Rätsels. Ich sog es ein und zwang ihm die Form meiner eigenen Wünsche auf, und Sie haben vollkommen recht, Angst um mich zu haben.

Vom Restaurant aus kehrten wir ins Marco Polo zurück, wo wir Wally auf dem schäbigen, flauschigen Samtsofa in unserem Zimmer sitzend vorfanden. Als ich ihm ins Gesicht sah, wußte ich, daß etwas Wichtiges in unserer Abwesenheit geschehen war: auch er hatte nun ein Geheimnis.

Seine Haut war gespannt, er machte ein zufriedenes Gesicht, war still, wie tot, wie er immer war, wenn er seine Freude zurückhielt. Er hatte geduscht und sich rasiert. Er trug ein sauberes weißes Hemd und Hose. Ich war sicher, daß er etwas gestohlen hatte.

Ich sah mich im Zimmer um, soweit das die Augenlöcher zuließen. Ich erwartete fabrikverschweißte Pappschachteln zu sehen, Vids, Elektronik, Armbanduhren, aber da war nichts. Die alte Schildkröte hatte eine Stille an sich, ein verschlagenes Leuchten. Er reckte sein Kinn hoch und legte den Kopf zur Seite. Als er sich eine Zigarette anzündete, lag etwas Anspruchsvolles in der Art, wie er rauchte, und Daumen und Zeigefinger umfaßten das Kraut wie eine Schere.

»Was ist?« fragte ich.

»Nicht viel«, sagte er. »Und du?«

»Nicht viel.«

Ich hatte noch nie ein Geheimnis vor ihm gehabt, und die Freude und der Druck waren unglaublich. Ich mußte aus meiner Haut raus. Ich hatte ihre Brust berührt, das war es, was ich ihm nicht sagen konnte.

Meine außergewöhnliche Krankenschwester setzte sich zu Wallys Füßen. Er sah sie kaum an. Er bemerkte die Schweißperlen auf ihrer zarten Oberlippe nicht. Er sah nicht, daß Er eine Sie war, daß alle diese Hemden nur dazu dienten, sie zu verbergen, daß das lange Jackett ihre Taille verbarg, ihre Hüften, ihren Hintern.

Jacqui hatte keine Zeit gehabt, das Geld zu zählen oder zu ordnen, doch nun breitete sie es aus und sortierte es nach Wert. Ich bewunderte ihre Hände, wie ich es noch nie getan hatte – ihre Form, ihre Geschmeidigkeit, die hübsche olivfarbene Haut, die zartrosa muschelfarbenen Fingernägel. Sie sortierte die Gulden. Braun, gelb, violett. Sie hatte einen wunderschönen Hals, schlank, flaumbedeckt.

»Einhundertdreiundzwanzig Gulden«, sagte sie.

»Tre bon«, meinte Wally. Er war zufrieden, aber so, wie man mit einem Kind zufrieden ist, das zu viele Muscheln vom Strand mit nach Hause gebracht hat.

Dann ging Jacqui und ließ mein Bad ein. *Aber sie konnte mich nicht länger baden.*

»Bitte?« fragte Wally.

»Nichts.«

Ich sah ihn an, wußte nicht, was ich sagen sollte. Er zwinkerte mir zu.

»Bade mich ... bitte.«

Er reckte seinen knochigen Schädel Richtung Bad, meinte damit, das sei Sache der Pflegerin.

»Nein, bitte ... du mußt.«

Er zuckte mit den Schultern. »Na, dann komm, raus aus der Verkleidung.«

Ich legte mich erleichtert mit dem Gesicht nach unten auf den Teppich. Wally seufzte und grummelte, als er sich neben mich kniete, aber ich spürte, daß er es gern tat. Er war gern der Shapoh, machte gerne Essen, ließ das Bad ein. Nur sein Alter und seine Schwäche hatten ihn dazu veranlaßt, überhaupt eine Pflegerin einzustellen. Nun war er glücklich, sein Messer aufzuklappen und mich freizulassen.

»Du dummer Scheißer«, sagte er. »Was hast du angestellt?«

»Was?«

»Du dummes kleines Arschloch«, sagte er. »Sowas kannst du nicht machen.«

Ich versuchte aufzustehen, aber er drückte mich mit der flachen Hand auf dem Gesäß zu Boden, hielt mich fest wie einen auf dem Kai zappelnden Fisch. »Hast du denn *gar nichts* gespürt?« fragte er.

Ich hatte eine Menge gespürt. Ich hatte die vielen Menschen gespürt. Ich hatte Jacquis Brust gespürt. Ich hatte die kleinen Lötstellen und abgeschnittenen Drähte gespürt, die auf meiner Haut scheuerten, aber es gibt kein schmerzstillenderes Mittel als ein Publikum, wie es auf dich zukommt, dich umgibt, dich in seinen Kokon spinnt, warm und lebendig ist, paßt wie maßgeschneidert, dich wie eine Faust umklammert, wie eine Katze streichelt.

Wenn man so aussieht wie ich, berührt einen niemand.

Wenn man so aussieht, dann schreit der ganze Körper nach einer Berührung wie trockene Haut nach Feuchtigkeit.

Der letzte Stich war aufgetrennt. Ich wollte in dem Anzug bleiben, bis ich ins Bad kam, aber ich wurde herausgehoben, bevor ich protestieren konnte. Wally hielt mich hoch, und mein nackter Leib war mit einer Schicht Blut überzogen.

Jacqui stand in der Badezimmertür, ein großes graues Handtuch zwischen ihren Schultern. Ich wäre am liebsten gestorben, weil sie mich so sah.

»Er war unglaublich«, sagte sie.

Ich wandte mein Gesicht von ihr ab. Ich schämte mich so, war so dankbar, daß ich am liebsten geweint hätte. Mein Gesicht war ein Fetzen, meine Haut so schleimig feucht vom Blut wie bei einem Neugeborenen, meine Gliedmaßen so traurig, daß Sie weinen würden, wenn Sie ein wenig Herz hätten.

»Er hatte einen Auftritt«, sagte sie. »Er hat vor den Leuten jongliert. Er war erstaunlich.«

»Du solltest auf ihn achtgeben«, sagte Wally. »Du bist sein Pfleger. Dafür zahlen wir dir all das Geld. Du sollst dafür sorgen, daß er sich nicht weh tut.«

»Um Himmels willen«, sagte Jacqui. »Er ist dreiundzwanzig.«

»Und wenn er hundert wäre.«

»Er hat Geld verdient«, sagte sie mit rotem Kopf. »Sie sollten ihn nicht anbrüllen. Beklagt er sich vielleicht? Beklagst du dich?« fragte sie mich.

Wally trat nach dem blutigen Mauskostüm. Sein Zeh kam unter den Kopf, und der Anzug hob sich und flog und knallte gegen die Wand. Dann trug er mich ins Bad, hatte mich unter den Armen gepackt, hielt mich ausgestreckt von sich fort, damit er sich seine Sachen nicht blutig machte.

Als er mich ins Wasser setzte, lösten sich zarte rosafarbene Wolken von meiner wundgescheuerten Haut. Wally fuhr mit der Hand über mich und suchte nach Verletzungen.

»Das war das letzte Mal, daß du das Ding anziehst«, sagte Wally.

»Du kannst es so machen ... daß es nicht kratzt«, erwiderte ich.

»Du *haßt* die Maus.«

»Sie verstehen nicht«, sagte Jaqui zu ihm. »Er war ein Star.«

»Du verstehst *überhaupt* nichts«, entgegnete Wally. »Du verstehst nicht, was diese verdammte Maus in seinem Leben bedeutet. Du holst diesen Schrott in den Wagen ... Es tut mir leid, daß ich es dir erlaubt habe. Tut mir leid, daß ich dir nicht befohlen habe, es rauszuschmeißen.« Er drehte sich zu mir und tupfte mir das Gesicht mit dem Zipfel eines feuchten Handtuchs. »Du brauchst kein Geld zu verdienen. Ich versprech's.«

»Ich habe ... eine Show geboten«, sagte ich. »Ich habe ... mit sechs Bällen jongliert ...«

Wally schnalzte mit der Zunge und schüttelte den Kopf. »Ich weiß, daß du es kannst«, sagte er.

»Ich habe noch nie ... mit sechs Bällen jongliert ...«

»Er ist gestolpert«, sagte Jacqui. »Haben Sie gewußt, daß er das kann?«

»Ja«, sagte Wally. »Das wußte ich. Würdest du jetzt bitte gehen und Verbandszeug und Desinfektionsmittel kaufen.«

»Er könnte damit was werden.«

»Geh. Geh jetzt.«

Jacqui kaufte das Verbandszeug und das Desinfektionsmittel. Sie kaufte auch Sandwiches, eine große Flasche Bier und eine spitze Kneifzange, die sie Wally erst zeigte, als der schon beim letzten Viertel seines Biers angekommen war.

Dann hockte sie sich im Schneidersitz mit dem Mauskostüm auf dem Schoß auf den Fußboden. Langsam, einen nach dem anderen, schnitt sie die Drähte glatt über der inneren Gummischicht ab. Sie gab Wally keine Erklärung, und er sah ihr eine ganze Weile zu, ohne etwas zu sagen.

»Ich hab dir gesagt, das sollst du nicht tun«, sagte er schließlich.

»Ich weiß.«

»Später mal«, sagte Wally schließlich, »wirst du verstehen, was für verlorene Liebesmüh das war.«

Hatte Jacqui einen Draht abgeschnitten, legte sie ein Stück Pflaster darüber und fühlte mit dem Finger. Ich sah ihr zu. Ohne es zu merken, fing ich an zu singen. Als ich bemerkte, daß Wally mich ansah, hörte ich sofort damit auf.

31

Mein Leben war voller sexuellem Verlangen gewesen, aber Verlangen ist nicht dasselbe wie Hoffnung. Das wußte Wally nicht, als er sah, wie ich mich in Zeelung an die Blume klammerte. Ich war jemand, der von einer unmöglichen Sehnsucht getrieben wurde, jemand, dessen innerste Seele von der Gewißheit geformt ist, daß seine Träume nicht wahr werden. Meine Mutter hätte das nicht akzeptieren können, aber so war es: Ich hatte gelernt, den Schmerz unerwiderter Begierde mit Freude gleichzusetzen. Ich war in dieselbe Schublade gekrochen wie jene, die ihre Befriedigung darin finden, an Frauenschuhen oder Unterwäsche zu schnüffeln, oder lernen, geheime Freude daran zu finden, sich die Haare schneiden oder den Rücken waschen zu lassen. Sie hätte es gehaßt, so über mich zu denken. Sie hätte mich gezwungen, mich auf die verwirrende Eigenschaft meiner goldgefleckten Augen oder die babyhafte Zartheit meiner Haut zu konzentrieren. Sie hätte geglaubt, daß ich mich durch reine Willenskraft, durch Atemübungen attraktiv machen könnte, und die Macht meiner lieben Maman war so dauerhaft, daß ich weiterhin bestimmte Gedanken vor ihr verbarg.

Zum Beispiel verbarg ich meine Aufregung über den Simi tief in meinem Verstand vor ihr. Sie hätte es nicht verstanden. Sie hätte es als Betrug angesehen.

Und wenn sie mich gesehen hätte, wie ich Jacqui Lorraine wie ein Schatten folgte, dann hätte sie geglaubt, ich sei ein komischer Kauz geworden. Vielleicht war ich das, denn als meine Pflegerin am folgenden Nachmittag das Hotelzimmer verließ, folgte ich ihr voller Verlangen auf dem Fuß.

Ich sagte Wally, ich würde in die Hotelhalle gehen, um ein Zine zu kaufen, doch kaum war ich im Foyer angekommen, schoß ich schon hindurch, illico presto. Mein Rollstuhl war erst zwei Monate alt – leicht, schnell, mit einem Getriebe, dasselbe Modell, das Michelle Latour bei den Paralympics verwendete. Der Hotelmajoor hielt mir die Tür auf, und ich rollte direkt auf die laute und stinkige Kolonnade hinaus, ganz allein, vollkommen schutzlos, und ich trug noch nichtmal einen Hut, um mir Schutz zu bieten. Ich sprang vom Sprungbrett, Hände zusammen, Zehen gestreckt – ein Pfeil, der einem Rätsel folgte.

Sie hatte gesagt, ich sei erstaunlich. Sie hatte gesagt, ich sei ein Star. Meine Hände waren von dem Auftritt am Vortag zerschunden, aber meine Arme waren stark, und ich legte all meine Kraft in den Rollstuhl. Die Menge war dicht. Ich hatte keine Klingel, keine Hupe. Ich verwandelte mich in eine Gans auf Rädern. Ich schrie wie eine. Ich schoß mit vierzig Stundenkilometern durch die Händler und Radhörnchen, und all die Saarlimer Gjents und Gjils mit ihren weiten Hosen und tätowierten Nasen machten Platz.

Ich konnte Jacqui einen halben Block entfernt sehen. Sie spielte noch immer ihre Rolle, ging wie ein Mann, mit vorgerecktem Kinn und zurückgezogenen Schultern, aber wenn man es wußte, dann sah man es. Sie war eine Frau, eine seltene, verwegene, strahlende Frau – sie hatte einen runden weiblichen Hintern, eine kleine Aprikose zwischen den Beinen.

An der Straßenecke Shutter Steeg, der Straße meiner Mutter, holperte ich über das lückenhafte Pflaster. Ich war schon dreimal im Shutter Steeg gewesen, hatte vor der Hausnummer 35 gesessen und zu den hohen Bogenfenstern hinaufgeschaut. Doch heute hatte ich keine Zeit für den Shutter Steeg. Ich umkurvte die hohen gläsernen Wasserfilterkolben[79] und donnerte hart über die Bordsteinkante. Was, glaubte ich, würde passieren? Nichts.

Nichts?

Nichts außer einem Schmerz, den Sie, Meneer, Madam, niemals für ein Vergnügen halten würden. Nichts außer einer Hoffnung, die so wild war, daß ich mich von ihr weiter von der Sicherheit meines Zimmers locken ließ, als ich jemals in meinem ganzen Leben gewesen war. War ich wahnsinnig geworden? Ja, ich war wahnsinnig. Es ist dieser Wahn-

---

[79] Das verseuchte Grundwasser von Saarlim wird gereinigt, indem man es in diesen eleganten Glastürmen filtert, die im Durchschnitt sieben Meter hoch sind und einen Durchmesser von dreißig bis sechzig Zentimetern haben. Im Vergnügungsviertel gibt es einen berühmten »Wald« aus Filterkolben, doch üblicherweise kommt auf jeden Block ein Kolben.

sinn, der Lachse dazu bringt, zu springen und auf die Felsen im Fluß zu schlagen.

Ich nahm all meine Kraft zusammen, um ihr die harte hohe Rampe eines außergewöhnlich hohen Gebäudes hinauf zu folgen – ein klassischer Wolkekrabber mit üppigen goldenen und silbernen Engeln über dem Eingang. Als ich ins riesige Atrium rollte, sorgte mein Anblick dafür, daß ein gutaussehender Mann mit kurzem blondem Haar und dunklen Augenbrauen zusammenzuckte – wie das Opfer einer Elektrotherapie.

Das Atrium war wie eine Höhle, voller hoher Säulen, Reflexionen, Echos. Jacqui stieg in einen Aufzug.

Ich schoß mit quietschenden Rädern über den glänzenden Granitfußboden.

»Warte«, rief ich.

Aber meine Stimme verlor sich in dem Geklapper der mit Stahlplättchen genagelten Schuhe, und mein Herzensverlangen verschwand schon im Aufzug.

Als sich die Türen schlossen, hörte ich ein Walkie-talkie knistern und sah, in der glänzenden Oberfläche der Tür gespiegelt, einen kräftigen Mann in Uniform auf mich zukommen. Es war der Hotelmajoor. Man kann mit Sicherheit davon ausgehen, daß er von Freundlichkeit und dem Wunsch beseelt war, denen, die sich verlaufen hatten und behindert waren, zu helfen, aber ich konnte die Wirkung meines monströsen Selbst auf ein weiteres normales Gesicht nicht ertragen. Und als sich der nächste leere Fahrstuhl öffnete, rollte ich hinein. Die Türen schlossen sich gnädigerweise schnell.

Am Tag zuvor um diese Zeit war ich ein kleiner Gott gewesen und hatte vor Gläubigen gespielt. Nun war ich eine zitternde einsame Kreatur, die nach oben gefahren wurde.

Und dann, verdammt, stellte sich heraus, daß die Fahrstuhlwände aus Glas waren, und ich sah, wie ich in den Saarlimer Himmel gehoben wurde. Ich schloß die Augen. Ich versuchte zu atmen. Aber die alte Feu-Follet-Panik erfaßte mich und umkrallte mein Herz. Ich dachte, ich müßte an Schwindel sterben.

Als sich der Fahrstuhl im vierzehnten Stock öffnete, stürmte ich hinaus.

Erst nachdem sich die Türen geschlossen hatten, ging mir auf, daß es sich bei den Zusteigenden um Zimmerleute gehandelt hatte und ich mich auf einer Baustelle befand, allein.

Und dort blieb ich eine gute halbe Stunde, drückte auf den Knopf und hämmerte gegen die Tür, bis dieselben Männer mit Kaffeebechern und Papiertüten wiederkamen.

Als ich wieder in den Fahrstuhl rollte, hatten sich alle amourösen Phantasien verflüchtigt. Ich hatte keinen anderen Wunsch, als zur Erde zurückzukehren und auf mein Zimmer zu gehen, doch als ich den Knopf zum Erdgeschoß drückte, schoß der verdammte Aufzug nach oben, sechs Etagen höher in den Himmel.

Ich traute mich nicht, in den Abgrund jenseits der gläsernen Fahrstuhlwände hinauszuschauen. Als der Fahrstuhl erneut hielt, hatte ich Angst, die Mitpassagierin anzusehen.

Ihre Angst vor mir war noch größer. Sie wandte sich ab.

Die Türen schlossen sich. Ich drückte auf den Knopf fürs Erdgeschoß, doch das verdammte Ding fuhr weiter in die Höhe.

Der Fahrstuhl blieb im zweiundzwanzigsten Stock stehen – Männer und Frauen mit Namensschildern an ihren sechzehnknöpfigen Anzügen und Kostümen. Ich versuchte, mich ihrem Blick zu entziehen, drehte mich mit dem Rollstuhl um und stieß einer Frau gegen das Schienbein. Ich hätte mich entschuldigt, aber ich wollte nicht, daß sie meine Stimme hörten. Ich löste eine gereizte Stimmung aus. Ich spürte es an ihrem Schweigen.

Dann entdeckte ich: »30. Stock – Konsulat der Republik Efika«. Ich gab jeden Gedanken an Jacqui auf, wünschte mir nichts sehnlicher, als mich von den Fremden zurückziehen zu können, eine Erholung von dem Schwindelgefühl, also kletterte ich auf meinen Rollstuhl und drückte auf den Knopf für den dreißigsten Stock.

Als ich aus dem Aufzug rollte, war ich, rein äußerlich gesehen, daheim.

Auf einem alten, immer noch farbenprächtigen efikanischen Flickenteppich standen drei Reisesofas aus Bronze und Leder, von jener Art, wie sie die französischen Offiziere benutzten, die zu Anfang der Besiedlung die Tin-tins nach Efika begleiteten. In gewisser Hinsicht war dies Heimat.

Ich sah mehrere Personen, die ungemütlich auf diesen Sofas hockten, und die Efikaner unter ihnen waren daran zu erkennen, daß sie in die rosafarbenen und gelben Zines aus der Heimat vertieft waren, die Voorstander an ihrer Verärgerung über die unbequemen Sitzgelegenheiten. Niemand schien mein Eintreffen bemerkt zu haben.

Ein elektrischer Summer ertönte. Dann öffnete sich eine Tür neben dem Tisch der Empfangsdame, und drei Personen traten ins Foyer. Eine von ihnen war Jacqui. Die zweite sah Leona, der Vermittlerin, erstaunlich ähnlich. Sie hatte anderes Haar als die Leona, die ich kennengelernt hatte – dieses Haar hier war schwarz, glatt, lang. Sie trug andere Kleidung: Strumpfhose, ein piekfeines sechzehnknöpfiges Kostüm. Sie drehte sich um und ging, klickety-klack, in ihren glänzenden Kunstlederschuhen an mir vorbei.

»Hallo«, sagte ich.

Sie sah mich an, als hätte sie mich noch nie gesehen.

Ich sah zu Jacqui hinüber. Ihr Blick ruhte auf meinem verwirrten Gesicht.

»Tristan«, sagte sie kühl, »was machst du denn hier?«

Was sollte ich darauf antworten? Ich bildete mir ein, daß das ganze Zimmer mich anstarrte. Mein Gesicht glühte. Meine Krüppelhaftigkeit war überdeutlich, schweißbedeckt. Mein ganzes Selbstgefühl zerbrach und stürzte über mir zusammen, bis ich das Gefühl hatte, keine Luft mehr zu kriegen. Ich zwang mich dazu, näher an das Objekt meiner Begierde zu rollen.

»Das ist Gabe«, sagte sie.

Ich wollte ihn nicht ansehen. Ich sah in ihr sorgenvolles Gesicht.

»Ein alter Freund«, insistierte sie.

Der »alte Freund« streckte seine Hand aus. Ich hatte keine andere Wahl, als sie zu ergreifen. Sie war glatt und trocken, nicht groß, aber breit und stark.

»Lebt jetzt in Saarlim«, sagte Jacqui.

Er schüttelte mir die Hand. Er lächelte – ein Mann in den Fünfzigern mit einem hübschen Lächeln, das die Ecke eines leicht (aber nur ganz leicht) krummen Zahnes enthüllte.

»Gabe hat mir gerade erzählt, daß es einen neuen Sirkus gibt, den wir sehen müssen.«

Ich wußte nicht, daß er ein Mörder war. Ich dachte, er sei ihr Liebhaber gewesen. Deshalb haßte ich ihn augenblicklich. Ich haßte ihn dafür, normal zu sein, mit ihr zu sein, all meine Phantasien zu Dreck zu verwandeln.

»Muß man gesehen haben«, sagte er.

»Ich geh mit dir und Wally hin«, sagte Jacqui.

Gabe starrte mich an, nicht ein wenig nach links oder rechts, sondern mir direkt in die Augen. Er fuhr direkt in mich hinein, wie ein Schnekkenbohrer, ein Korkenzieher.

»Die Zeltwände sind aus Wasser«, sagte Jacqui.

»Der Wasser-Sirkus«, erläuterte Gabe, aber ich hörte kaum, was er sagte. Ich bemerkte, wie nah er neben ihr stand, sah die beiläufige Art, wie er mit der Hand über ihren Arm fuhr.

32

In den alten Tagen hätte Gabe Manzini automatisch Kopien der Faxe angefordert, die Tristan Smith angeblich der Terrorgruppe geschickt hatte. Er hätte so Jacqui Lorraines Betrug entlarvt, noch bevor sie die Erlaubnis erhielt, Chemin Rouge zu verlassen.

Doch als das efikanische DoS eben diese Kopien anforderte, hatte er ihnen gesagt, daß zum Zeitpunkt der Übertragung noch kein Mitglied von Zawba'a abgehört worden sei. Das entsprach nicht der Wahrheit. Wahr war, daß aus dem Mörder meiner Maman ein leicht aufgeschwemmter Mann mit rotgeäderter Nase und einer niedrigen Zugangsberechtigung geworden war, dem diese Information nicht länger zur Verfügung stand.

Sie erinnern sich vielleicht an den *Scandale d'Orsay* – der Fall des angeblichen VIA-Offiziers, der in Handschellen zum Pariser Flughafen gefahren worden war, der Beginn jenes langen Bruchs zwischen Paris und Saarlim. Dieser angebliche VIA-Offizier war Gabe Manzini.

Nachdem die Franzosen ihn enttarnt und ausgewiesen hatten, fand die Regierung Voorstands, daß es aus diplomatischen Gründen notwendig sei, ihren treuen Diener zu fünfzehn Jahren Gefängnis zu verurteilen, um mit den Franzosen wieder ins reine zu kommen.

Sie hatten ihm versprochen, ihn nach sechs Monaten zu entlassen, doch da die Beziehungen zu Frankreich gleichzeitig wichtig und angespannt blieben, saß er fast sechs Jahre ein.

Am Ende hatten sie ihren treuen Diener in einen wütenden und rachsüchtigen Mann verwandelt. Es war schwierig, einen Job für ihn zu finden: ein zu bekanntes Gesicht, um wieder zu seiner alten Arbeit zurückzukehren, intellektuell oder vom Temperament her nicht geeignet für einen höheren Posten in der Verwaltung der Agentur.

Schließlich schob man ihn aufs Abstellgleis und machte ihn zum Leiter der kleinen und unbedeutenden efikanischen Abteilung des VIA, eine Position, die zu dem Zeitpunkt, als er die efikanischen Wahlen manipulierte, unter seinem Niveau gewesen wäre. Sein Mangel an Dankbarkeit brachte ihm keine Freunde ein.

Die efikanische Abteilung war ein einträglicher Posten ohne Aufgaben. Dazu gehörte ein kleines, geschmackvoll eingerichtetes Büro mit Blick auf eine der besseren Ecken von Bleskran, aber keine Mitarbeiter und keine Sekretärin – für sie gab es keine Verwendung. Sechs Jahre lang hatte Gabe Manzini nicht allzuviel zu tun gehabt, außer heimlich seine Wut auf jene zu pflegen, die ihn verraten hatten. Er spielte Schach gegen seinen Computer. Er entwickelte komplizierte Rachepläne. Zweimal im Jahr flog er nach Chemin Rouge, um sich mit dem DoS zu treffen.

In Efika zumindest blieb er eine einflußreiche Person, doch in Saarlim hing der Ruch von Wut an ihm, und niemand wollte mit ihm reden. In Saarlim wurde er fetter, gewöhnte sich an, eine Flasche Wein zum Mittagessen zu trinken. Er war chronisch niedergeschlagen.

Doch dann trat Jacqui Lorraine in sein Leben und brachte Tristan Smith mit dem heißesten Zielobjekt in der Welt des voorstandischen Geheimdienstes in Verbindung. Gabe Manzini klammerte sich an den Fall wie an ein Rettungsboot.

Wenn er die Innere Sicherheit verständigt hätte (indem er Kopien der Faxe angefordert hätte, zum Beispiel), dann hätten sie ihm vielmals gedankt – die Mistkerle – und die Information dazu verwendet, sich selbst ins rechte Licht zu setzen.

Unter gar keinen Umständen würde er der Inneren Sicherheit einen Tip geben. Tatsächlich war er so versessen darauf, die Innere Sicherheit nichts von Tristan Smith merken zu lassen, daß er Leona Fastanyna von der moreanischen Abteilung mit Beschlag belegte und sie nach Neu Zwolfe schickte, um Tristan aufzugabeln und ihn sicher nach Saarlim zu bringen.

Er hatte etwas gegen die moreanische Abteilung in der Hand. Er konnte sich also darauf verlassen, daß Leona ihre Information über Tristan Smith der Zentrale verheimlichte.

Sein Mißtrauen gegenüber der Inneren Sicherheit war so groß, daß er Jacqui lieber im efikanischen Konsulat traf als im Staatsbüro. Und wenn sie auch anders war als alle DoS-Außendienstler, denen er je begegnet war oder mit denen er gearbeitet hatte, so hatte er doch keinen Grund, ihr zu mißtrauen. Leona war ihm verdächtiger als Jacqui. Jacqui war Efikanerin, vertrauenswürdig. Sie war seine Verbindung zum Spiel, dem großen Spiel im VIA, und aus diesem Grund begehrte er sie.

Sie sollte sein werden – diese Frau, die sich als Mann verkleidete. Es war kaum auszuhalten, so süß war sie. Sie hatte süße, kleine, flache Füße, Schuhgröße 39, nicht mehr.

»Du wirst ihn verkabeln«, sagte er zu ihr, »damit wir ihn abhören können. Hast du schon mal jemanden verkabelt?«

»Nein«, sagte sie.

Er stutzte.

»Schon mal selbst verkabelt gewesen?«

»Ich schaff das schon.«

»Ich denke da an einen aA345. Einen Knopfsender. Du wirst ihn mit Kupferdraht annähen müssen.«

»Ich schaff das schon.«

»Als erstes muß ich den Sender besorgen.«

»Gut.«

»Könnte ein, zwei Tage dauern«, sagte er. »Habt ihr sowas in Efika?«

»Ein paar.«

»Könnten die dir eins schicken?«

»Wäre es nicht schneller, es hier zu besorgen?« fragte sie.

Aber es war keine leichte Angelegenheit für Gabe Manzini, seine Finger auf ein aA345 zu legen. Die Abhörleute, die er gekannt hatte, waren verschwunden oder tot oder unfreundlich. Aber er würde sich schon irgendwie ein aA345 besorgen. Dann würden sie das Kaninchen verkabeln. Und dann würden sie es direkt ins Kaninchenloch führen.

Wenn das Kaninchen keine Informationen beschaffte, war nichts verloren.

Aber wenn, dann war Gabe Manzini wieder im Geschäft. Wenn er Belastungsmaterial gegen Zawba'a auftreiben konnte, dann würden sie ihn wieder ins verdammte Spiel lassen müssen. Sie würden toben, aber sie würden keine andere Wahl haben, und dann gab es ein paar Leute, deren Hintern er von hier bis nach Neu Zwolfe treten würde.

Diese Gedanken freuten ihn, als sie das Treffen beendeten und ins Foyer zurückgingen, er dachte an die Strafe, an das Vergnügen, diese große Jacke von den schlanken Schultern der jungen Frau zu nehmen. Dann sah er Tristan Smith, der durchs Foyer rollte.

Was für eine Kreatur.

»Leona, geh! Schnell!«

Gabe Manzini beobachtete Tristan Smith, während die Mitarbeiterin verschwand. Als sich die merkwürdigen weißen Augen auf ihn richteten, überwand er seinen ursprünglichen Wunsch, den Blick abzuwenden. Er starrte in sie hinein wie in die Augen eines Tintenfischs. Sie blickten beunruhigt, leidenschaftlich, elektrisch.

»Da ist ein toller Sirkus in der Stadt«, sagte er zu Jacqui.

Er spürte den Haß dieser Kreatur auf ihn.

»Der Wasser-Sirkus.« Er lächelte Tristan Smith an, während er die Hände über der flachen Brust faltete.

Du widerliche kleine Schnecke, dachte er, *du wirst mir das Leben retten.*

33

Als das Licht im Wasser-Sirkus anging, saß der GESCHÄFTS-GJENT auf einem Stuhl. Als er das Zine aufschlug, erschien hinter ihm leise, vorsichtig, wie Rauch SPOOKGANGER DROOL. Ich war mir sicher, daß es sich um ein Hologramm handelte, so geschickt tauchte er auf, doch dann kicherte der makabre Drool und zog ein sehr festes Seil hervor. Wie das vonstatten ging, weiß ich nicht, aber das genießerische Saarlimer Publikum johlte und pfiff anerkennend.

Spookganger Drool war ein unglaublicher Clown. In Chemin Rouge, wo diese Figur ein Synonym für Angst war, war mir das nicht bewußt geworden.[80] In Saarlim brachte er das Publikum zum Kichern, noch bevor er die Schlinge geknotet hatte.

---

[80] Diesen Fall finden wir immer wieder – sobald sich Sirkusdirektoren einem ausländischen Markt widmen, sich also außerhalb der Saarlimer Sirkus-Konvention befinden, neigen sie dazu, die Namen und Gestalten so zu ändern, daß sie dem entsprechen, was sie für die »örtlichen Bedingungen« halten. So wird

Ich saß auf meinem Platz, endlich frei von Autogrammjägern – erhitzt, schwitzend, mit Schmerzen, aber auch ... nun, sie war bei mir: meine Pflegerin, meine Partnerin, die unerklärliche, unerreichbare Frau mit ihren kleinen honigfarbenen Brüsten unter den drei Hemden. Welch süßer Schmerz es war, neben ihr zu sitzen und ihr zartes Profil zu bewundern, wie sie das Spektakel betrachtete.

Während der Furchtbare Drool nun das Seil um den Gjent legte, während Wally kicherte, wandte sich Jacqui zu mir und lächelte. Drool rannte rundherum, bis er den Mann gefesselt hatte. Er machte Drool-Knoten und band dem armen Kerl die Oberarme vor die Brust. Er knotete ihn an den Stuhl, den Sitz, die Rückenlehne. Den Gjent kümmerte das überhaupt nicht, wie es schien. Er las sein Zine.

Drool klatschte in die Hände und glitt zu einer Bühnenseite, wo plötzlich eine Kloschüssel in der Dunkelheit auftauchte. Der Spook knöpfte sich die Hose auf. Er pinkelte. Er rollte erleichtert mit den Augen. Wally brüllte vor Lachen. Das war bestimmt besser als das Zimmer in der Gazette Street mit dem Geruch nach modrigen Zines, alle voller Wörter, die die großen Sirkusse Voorstands beschrieben, die Todesgänger, Schlangenmenschen, Akrobaten, Bauchredner, Laser-Tänzer.

»O Mann«, sagte er und wischte sich den Schädel.

Der Gjent auf seinem Stuhl versuchte, das Zine umzublättern und konnte nicht.

Drools Wasserstrahl ließ nach und schoß wieder los. Jedesmal, wenn er glaubte, fertig zu sein, kam noch mehr. Er setzte sein Geschäft fort, bis der kleinste Tropfen genügte, um das Publikum in brüllendes Gelächter zu versetzen.

Als er schließlich fertig war, drückte er ab. Er sah voller Interesse in die Schüssel. Wir hörten den Wasserfall, das Plätschern, die Dissonanz. Dann blubberte das Wasser aus der Kloschüssel. Drool blickte schuldbewußt. Er schloß den Deckel. Er setzte sich darauf. Er hielt sich an der Schüssel fest, doch der Deckel wurde nach oben gedrückt und er mit ihm.

---

aus dem voorstandischen Spookganger Drool die efikanische Gestalt von Drool, dem Phantom, was letztlich zu einer derartigen Fragmentarisierung der Gestalt führt, daß Drool, das Phantom, jeglichen historischen und mythischen Bezug zum Teufel oder dem Haarigen Mann verloren hat.

Während das Wasser unter dem sich hebenden Deckel hervorschoß, klammerte sich Drool fest, seine langen, protoplasmahaften Arme dehnten sich, bis sie wie Gummibänder zurückschnellten und er hoch in die Luft katapultiert wurde, wo er vom Laufsteg unterhalb des Beleuchtungsgerüsts baumelte.

Nun stieg eine Fontäne aus der Kloschüssel und förderte aus der Tiefe der Schüssel die sich balgenden holographischen Gestalten von Bruder Ente und Bruder Hund zutage. Sie zankten quakend und grunzend rundherum oben auf der Fontäne, sieben Meter über der Bühne.

Die Menge tobte und schrie.

Der gefesselte Gjent war völlig in die Probleme mit seiner Zeitung vertieft. Während das Wasser in einer glatten Säule vor unseren Augen in die Höhe stieg, wurde klar, daß die Bühne nicht mit Glas umgeben war, sondern mit einer neuen voorstandischen Erfindung, irgend etwas Glasähnlichem, das keinen der vielen Spotlights ablenkte oder spiegelte, die sich nun auf den gefesselten Gjent konzentrierten. Das Wasser reichte ihm bis an die Knöchel, dann an die Waden, dann die Knie.

Bruder Hund und Bruder Ente stürzten spritzend in die Fluten[81]. Zuerst zankten sie unter der Wasseroberfläche. Als Bruder Hund wild mit den Armen zu rudern begann und unterging, fing Bruder Ente an, ihn zu retten.

Jacqui griff nach meinem Arm. Dann klatschte sie wie wild. Dann stand sie auf und jubelte, und als sich das Licht auf den armen Gjent konzentrierte, setzte sie sich ernst wieder hin. Dem Gjent stand das Wasser bis zum Hals.

Eine tiefe Stille setzte ein, und nur das Geräusch von Wasser war zu hören, ein Tropfen wie ein Metronom.

Der Wasserspiegel reichte bis über den Bart des Gjents, über seinen zusammengekniffenen Mund. Als er uns über die Oberfläche des Sees hinweg anstarrte, gab es nervöses Gekicher, doch die meiste Zeit blieb der ganze dunkle Saal still, und zweitausend Menschen sahen zu, wie der Schauspieler völlig versank, was einen unweigerlich an das Wasserhaus im alten Amsterdam erinnerte.

---

[81] Da es sich um meinen ersten Sirkus handelte, war ich kein Kenner; ob es sich nun um holographische Bilder handelte (wie ich glaubte) oder um Simis der Klasse IV (wie ich nun für möglich halte), kann ich leider nicht mit letzter Gewißheit sagen. [TS]

Wir Efikaner waren Ootlanders, aber wir wußten – wie alle Welt weiß –, daß der Tod, die Möglichkeit zu sterben, stets auf der Speisekarte dieses Etablissements steht.

Wir sahen die Luftblasen aus dem Mund des Gjents steigen. Wir sahen, wie seine Hände sich an den Knoten Drools zu schaffen machten. Wir sahen, wie er die Augen aufriß, als das Wasser nun über Kopfhöhe aus Zuläufen, breit wie Abwasserrohre, floß. Bald waren auch diese unter Wasser, und die gesamte Bühne war ein riesiges Aquarium. Ganz oben befanden sich Stühle, auf denen der Chor saß (Bruder Hund, Bruder Ente, Bruder Maus, Spookganger Drool, Heidi) und ins Wasser hinabblickte.

Der Gjent war nun schon seit Minuten ohne Luft. Wir konnten sehen, wie er in Panik geriet. Wir konnten sehen, wie seine Hände an den Knoten zerrten. Wir konnten die Luftblasen sehen, die aus seinem Mund aufstiegen, und während wir zuschauten, riß er den Mund zu einem stummen Schrei auf, und ein großer Luftstrom entfloh ihm – Luftblasen, die aufstiegen zu den Göttern.

Seine Gliedmaßen zuckten, sein Kopf stieg in die Höhe, sein Haar schwebte im Wasser.

Er war frei.

Wir tobten. Er lebte. Er trieb nach oben an die Luft. Er sprang auf den Laufsteg über dem Wasser. Er verbeugte sich vor uns. Er stand im Profil zu uns, drehte sich um, öffnete den Mund und verwandelte sich, eine makellose Kopie der Skulptur von De Kok, in einen Springbrunnen – Wasser schoß ihm aus dem Mund zurück ins Bassin, und dann streckte er die Hand aus und fing ... einen kleinen Goldfisch.

Er holte mit seiner breiten athletischen Brust tief Luft, lächelte uns an und hielt die winzige Kreatur kurz am Schwanz.

»Meneer, Madam«, sagte er. »Wir präsentieren Ihnen ...«

Er ließ den Fisch ins Wasser fallen.

»... den Wasser-Sirkus.«

Und so begann die Show, eine atemlose, gnadenlose Unterhaltung – der Mann im Anzug und mit Fliege, der durchs Wasser lief und mit einer Taschenlampe nach dem Fisch suchte. Der riesige Fisch, der den Mann frißt. Den winzigen Mann, ein Simi natürlich, nicht größer als sechzig Zentimeter, aber es ging endlos so weiter. Es gab Unterwassertanz, große komische Einlagen, Nachbildungen berühmter Gemälde, schurkische Gestalten, die so wirklich schienen, bis sie aus dem Wasser stiegen, von einer Kanone getroffen wurden und über unseren Köpfen in der Luft explodierten.

Es gab keinen Handlungsstrang, keine Form, obwohl da die ständige Besessenheit mit dem Ertrinken war, die ja die voorstandische Kunst ganz allgemein auszeichnet. Es gab keine Zirkusmanege, und allein schon deswegen hätte es sich den Mitgliedern des Feu Follet nicht nur politisch, sondern auch theatralisch verboten. Doch die wenigsten der Kritiker im Feu Follet hatten jemals einen Sirkus gesehen. Und sicher nicht den Wasser-Sirkus. Sie übersahen deshalb einen wichtigen Punkt – der Sirkus ist spannend. Hätte er sonst die halbe Welt in Bann schlagen können?

Der letzte »Akt« im Wasser-Sirkus war die Aufführung von »Pers Nozegard«, der ersten, die jemals unter Wasser gespielt wurde. Sie kennen die Handlung: Das Kind, dessen Schönheit von der Mutter in Hörweite der Meergeister gepriesen wird, die Entführung des Kinds und sein Leben mit den Meerjungfrauen unter Wasser, während seine Eltern oben trauern, glauben, daß es ertrunken sei, die weltliche Beerdigung, die Taufe des Kindes unter Wasser usw.

In dieser Aufführung sagten die Darsteller ihren Text unter Wasser auf.

Dabei handelte es sich um eine derart neue Entwicklung im Sirkus, daß das Publikum vor Begeisterung johlte und trampelte, als der Vater sich an die Mutter wandte und die ersten Worte des kurzen Stücks sprach *(»Unser Kind ist tot«).*

Ich für meinen Teil glaubte, daß die Schauspieler zu einem vorgefertigten Playback mimten. Doch als sich im Finale die Hologramme drehten, die Darsteller sich in ein großes Wasserrad verwandelten, indem sie sich an den Knöcheln faßten, sich mit großer Geschwindigkeit drehten und ein echt wirkender Hund ruhig durch sie hindurchspazierte und mit dem Schwanz wedelte, stieß einer der Darsteller gegen ein hellblaues Korallenriff, das ein Teil der Show gewesen war.

»Scheiße«, sagte er.

Erst da wußte ich, was alle anderen im Sirkuszelt schon von Anfang an gewußt hatten – daß diese mutigen Darsteller wirklich unter Wasser sprachen und diese Worte zu uns auf unseren Plätzen übertragen wurden. Ich war gerade Zeuge eines dieser technischen Tricks geworden, deren Erfindung wahrscheinlich genau zu dieser Art von Unterhaltung geführt hatte.

Ich fing an darüber nachzudenken und darüber, was das für den Voorstand-Sirkus im allgemeinen bedeutete, als ich von hinten fast erwürgt wurde. Ich drehte mich um. Ich sah das Gesicht. Ich brauchte drei, vier, fünf Sekunden, um zu begreifen, um wen es sich bei diesem Mann handelte, der mir mit seiner emotionalen Umarmung die Luft abdrückte. Er hatte eine bronzefarbene Haut und pechschwarzes lockiges Haar. Er trug Ziermünzen an den Schultern. Er strahlte in der Menge wie ein König inmitten des einfachen Volks, und als er meinen Hals losließ und seine großen Hände unter meine Arme schob und mich hochhob, die ganzen dreißig Kilo, machte keiner der Mausbewunderer ihm das Recht streitig, mich ganz für sich zu haben.

»Hallo Tristan«, sagte er mit jener großen Schauspielerstimme.

Madam, Meneer – es handelte sich um Bill Millefleur.

Nicht, daß er älter geworden wäre – tatsächlich war er so jung wie immer, aber ich hatte ihn in der Erinnerung verändert. Ich hatte mich an sein verächtliches Grinsen, seine Launen, die Verletzung und Wut in seinem Blick erinnert.

Doch da war er, der Zirkusjunge meiner Maman – sein hübsches, solariumgebräuntes Gesicht – Pfefferminzatem, mit Zahnseide polierte, glänzende Zähne – kleine schartige Narbe am Kinn. Er sah so sanft und schön, so poliert und strahlend aus. Er war so groß, hatte so gute Haut, so glänzendes Haar. Er überragte die Menge um Schulterhöhe, und obwohl er nicht so berühmt war, wie ich glaubte – so sah er doch aus wie jemand, der ganz berühmt war.

Dies war der Mann, der mich so viele Male hochgehoben und abgesetzt hatte und jedesmal weggegangen war, wenn ich ihn brauchte, aber als er mich in die Höhe hielt und anlächelte, liebte ich ihn rückhaltlos. Ich spürte einen Schwindel, eine große Welle der Erleichterung.

Ich hatte so lange daran gearbeitet zu lernen, ihn nicht zu lieben, ihm nicht zu vertrauen, doch alles, was er tun mußte, war, mich zu halten, und schon brachte er mich zum Schmelzen, der Sirkus-Mann, so wie er meine Maman so viele Male zuvor zum Schmelzen gebracht hatte – solcher Charme, solche Energie, solche Entschlossenheit. Was ist denn nur dran – frage ich mich, wissen Sie es? –, von jemandem geliebt zu werden, der wunderschön ist.

Ich vergaß Jacqui und Wally. Ich spürte eine große Welle der Freude, der Ganzheit, als mein Vater mich über die Menge hinwegtrug. Die Flut meiner sowieso schon ungestümen Gefühle machte mich unaufmerksam, und erst viel später in der Nacht, als ich auf dem Eßtisch meines Vaters einschlief, sah ich vor meinem inneren Auge den kurzgeschorenen Mann namens Gabe still in Reihe 3 sitzen.

34

Gegen sieben Uhr am Abend des Wasser-Sirkus fand sich Wally auf einer Welle angenehmer Gefühle wieder. Aus dem Badezimmer stieg Dampf ins Hotelzimmer hinüber, in dem er saß. Er war nicht länger aufgewühlt, sondern beinahe gelassen. Die Eintrittskarten zu dem berühmten Wasser-Sirkus lagen neben ihm auf der Flickendecke – drei lange Papierstreifen auf Florpapier in einem mit Prägung versehenen silbernen Umschlag.

Er hatte sich gewaschen, geduscht, rasiert. Er konnte die saubere Baumwolle auf der Haut spüren. Er hatte sein Beta-tin genommen. Er hatte Aspirin genommen, aber nicht zuviel. Draußen auf dem Balkon sangen die Wanderarbeiter. Sie hatten eine Geige und eine Trommel. Sie klangen wie Grillen in der Nacht.

Um Viertel nach sieben ging er in Fliege und Frack über den Flur zum Fahrstuhl.

Diesmal war er auf den Gestank und das Chaos auf der Kolonnade vorbereitet. Er hielt die Luft an und schüttelte den Kopf, und als er ging, schlug er beschwingt mit dem Stock auf den Gehsteig. Wenn sich die Menge weiter normal verhalten hätte, dann hätte er den Sirkus in ausgezeichneter Stimmung erreicht.

Aber er war in Begleitung von Bruder Maus, und noch bevor wir zwanzig Meter zurückgelegt hatten, waren schon die Bewunderer da, die die Hände ausstreckten, um das graue pelzige Gesicht des Bruders zu berühren.

»Weg«, sagte er, als sich die Menge zu bilden begann. »Na los – verschwindet.«

Aber niemand ging weg, und niemand verschwand.

»Verpißt euch«, sagte Wally.

Aber es war halb acht, und der krummbeinige Bruder Maus machte einen Stadtbummel.

»Tristan! Jacques!«

Das war das erste Mal, daß wir die Gelegenheit hatten, Wally die erfolgreiche Darbietung vorzuführen, die wir die Woche über einstudiert hatten – die Radschläge, das Stolpern, das Jonglieren mit Tennisbällen oder Äpfeln.

»Laß das«, sagte Wally. »Um Himmels willen.«

»Schauen Sie ihn sich an«, sagte Jacques. »Er ist erstaunlich. Er ist ein Star.«

»Hört endlich auf damit«, zischte der alte Mann.

»Aber warum?«

»Darum – hört einfach auf.«

Es gab einen Grund, warum – er hatte es nicht so vorgesehen. Es gehörte nicht zu seinem Geheimnis. Es brachte ihn derart außer Fassung, daß er nach Beendigung dieser Show, als Jacqui und ich ihn über die Straßen Kakdorps begleiteten, seinen Kopf nach vorn schob und die Augenbrauen über die alten grauen Augen zog, und er wirkte derart wie ein übellauniger alter Geier, ein Aasfresser, daß er dadurch erreichte, was körperliche Gewalt vielleicht nicht geschafft hätte – den relativ friedlichen Einzug von Bruder Maus in den Wasser-Sirkus.

Nachdem ich auf meinem numerierten Platz saß, auf dem Platz, den er vorgesehen hatte, kehrte seine gute Laune zurück. Er setzte sich auf seinen Platz, schlug die Beine übereinander, stellte seinen Stock ab. Es bereitete ihm Vergnügen, sich nicht zu der Reihe dahinter umzudrehen, wo Bill Millefleur saß, wie er wußte.

Vielleicht hatte das Gefängnis ihn das gelehrt, oder vielleicht war es die brutale Kindheit, die diese blassen und glatten Kreise in seiner Haut verewigt hatte, aber ein Geheimnis bereitete Wally Vergnügen – ob es sich nun um etwas so Einfaches handelte wie das Essen, das er zu Mittag gekocht hatte, die Herkunft einer nagelneuen Waschmaschine, oder um den wahren Grund, warum er nach Voorstand wollte. An Wally war immer etwas Geheimnisvolles, und er konnte einem nichtmal die Uhrzeit sagen, ohne zu nah neben einem zu stehen und auf den Boden zu starren. Er hatte die Angewohnheit zu flüstern, wenn er normal hätte sprechen können, die Angewohnheit, einem Informationen vorzuenthalten.

Als ich blaß, verängstigt, eine Schnecke, die gerade aus ihrem Haus gekrochen war, den Kai von Chemin Rouge entlanggerollt war, war ich schon – ohne es zu wissen – unterwegs gewesen, um Bill Millefleur zu treffen. Wally hatte meinem Vater geschrieben. Es waren lange Briefe, in denen zwar vieles angedeutet war, die aber nichts enthüllten, nichtmal das Datum unserer Ankunft.

Es war dieser Vorrat an Geheimnissen, der Wallys frisch rasiertes Gesicht jenen aufgedunsenen Glanz verliehen hatte, den ganzen Weg übers Meer nach Morea. Und als er Aziz' langes Messer mit dem beinernen Griff scharf und sauber wie ein Chirurgenskalpell nach oben fahren sah, wie es sich zwischen den Verband und meine Brusthaut schob, konnte er nur daran denken, daß ich meinen Vater ausfindig machen mußte, und sei es nur des Geldes wegen.

Er ließ mich in dem Glauben, daß ich ihn nach Saarlim brachte, damit er seiner Leidenschaft für den Sirkus frönen konnte, aber er war dreiundsiebzig, und er litt unter einem schmerzhaften Rückenvorfall, bei dem selbst der luxuriöseste Starbuck unbequem war – er wäre niemals durch die halbe Welt gereist, nur um in den Sirkus zu gehen.

Tatsächlich fühlte er sich daheim in seiner Küche oder auf den sandigen Straßen rund um den Hafen am wohlsten. Dort hatte er gelernt, die Kostbarkeit der Zeit zu genießen, die süßen saftigen Papayabäume, die ihre schweren Früchte auf Wellblechveranden ruhen ließen, den Geruch von Seetang, der nach den Winterstürmen immer noch über den Boulevard des Indiennes wehte.

Für einen alten Mann gab es genug Sirkus in Chemin Rouge zu sehen. Es gab zuviel Tod im Saarlimer Sirkus, und er wollte nicht an den Tod denken. Er drängte sich ihm neuerdings überall auf: Wally hatte einen Geschmack im Mund, ein Unwohlsein im Magen, Krebs, davon war er insgeheim überzeugt.

Er setzte ein Testament auf. Er ging seine Zines durch und warf die pornographischen weg. Und als letzte Tat machte er sich daran, mich aus dem Feu Follet zu befreien und mich wieder mit meinem Vater zusammenzubringen.

Dieses letzte Vorhaben war es, das ihm den Glanz, das Leuchten, die Ausdauer verlieh, von der ich glaubte, daß sie von den Reisebroschüren herrührte.

Und in den letzten paar Tagen, bevor er mich schließlich zu einem

Platz direkt vor dem problematischeren meiner beiden Eltern führte, den Tagen, als Jacqui und ich durch die Straßen von Saarlim tingelten oder Seite an Seite im Shutter Steeg standen und zu dem hübschen steinernen Haus hinübersahen, in dem meine Mutter geboren worden war, führte Wally heimlich Telefongespräche mit Bill und weigerte sich, meinen Aufenthaltsort preiszugeben, bis der »richtige Augenblick« gekommen sei.

Diese gewichtige, alles unter Kontrolle haltende Heimlichtuerei machte meinen Vater verrückt.

»Sag mir einfach, wo ihr seid«, sagte er. »Ich schau gleich vorbei.«

»Wenn du gleich vorbeischaust, ist *alles* vorbei«, sagte Wally. »Wenn er glaubt, daß ich das arrangiert habe, wird er verschwinden. Er muß es für einen Zufall halten.«

Als Jacqui mit den Karten für den Wasser-Sirkus ankam, war das der Treffpunkt, den Wally für sein »zufälliges« Treffen wählte.

»Mo-frere«, sagte Bill. »Du weißt nicht, worum du mich da bittest. Das ist die heißeste Show in der Stadt.«

»Na, perfekt«, sagte Wally. »Er wird niemals vermuten, daß wir das arrangiert haben.«

»Ich habe an dem Abend eine Dinnerparty. Ich kann keinen Platz mehr kriegen.«

Aber natürlich kriegte er noch einen Platz. Und da saß er nun, exakt so, wie Wally es geplant hatte.

Wally drehte sich nicht um. Er sah zu den schimmernden Wänden des Wasser-Sirkus hinauf, die ständig die Farben wechselten, während die Strömungen gefärbten Wassers stiegen und fielen, Plastikwände aus einem Material, das aufgrund eines nicht erkennbaren Prozesses das Licht reflektierte oder absorbierte.

»Bist du … glücklich?« fragte ich ihn.

»Tre bon«, sagte er. Alles besaß diesen Schimmer, diesen Glanz – sein Geheimnis. »Da kannst du deinen Färberkessel verwetten.« Und die ganze Show über behielt er das Geheimnis für sich.

Doch als der Augenblick endlich kam, als Bill Millefleur, der sich nicht mehr zurückhalten konnte, seinen Sohn aus dem Sitz hob, war das Gefühl, das Wally überkam, schlimmer als nichts.

Er sah, wie die Maus die Arme ausbreitete, sah ihr freches Bruder-Grinsen.

Die Arbeit war getan. Tristan Smith war in Sicherheit. Sein Leben, so dachte Wally, war vorüber.

Gestern erst war er aus dem Knast in Goat Marshes entlassen worden und hatte die kleine Annie McManus mit ihren lockigen blonden Haaren im Boite unten am Hafen kennengelernt. Er spendierte ihr ein Glas Roteuse und erzählte ihr, er sei Dichter, und Gott liebte ihn und legte ihm poetische Worte in den Mund. Sie nahm ihn mit nach Hause und schlief mit ihm, und er hätte sie lieben können, wenn sie ihn gelassen hätte.

Erst gestern hatte er den großen Ducrow gesehen, die dicken Lippen mit angetrocknetem Rotwein geschminkt, wie er in seinem langen Seidenmantel, der ihm zwischen den venösen alten Beinen flatterte, auf das Seil stieg und von der Manege bis zum Regieraum hinauflief.

Wally stand auf und folgte mir. Er trauerte um mich, obwohl ich noch da war. Er wehklagte um mich, als ich noch keine zwei Meter von ihm weg war. Er schmeckte seinen eigenen Tod, nicht nur die stählerne Tatsache, die Nähe oder die Unausweichlichkeit, er schmeckte ihn im Mund, schmeckte, wie widerlich er war, die saure, bittere Vergeudung, die tiefe kalte Einsamkeit, die Verlassenheit.

Er hatte nicht die rechte Kraft, sich durch die Menge zu drängeln. Ihn überkam die Vorstellung, daß er nicht nur sein eigenes Leben, sondern auch meins vergeudet hatte. Bill würde jeden Augenblick erkennen, daß ich keinerlei nennenswerte Erziehung genossen hatte. Wally hatte gern dagesessen, war einfach gern er selbst gewesen, hatte gern einen Arm um meine Schultern gelegt und Bier getrunken, hatte gern die Zeit verstreichen lassen.

Nun war die Zeit verstrichen. Es mangelte ihm am Willen, gegen die Menschenmassen anzukämpfen. Er beobachtete den Kopf von Bruder Maus, während ich mich zur Ostseite des Auditoriums bewegte, dann eine Rampe hinunter, die in die Unterwelt unter der Bühne führte.

35

Bill war wegen des Mauskostüms vorgewarnt worden, aber er hatte geglaubt, daß ich eine Maske an einem Stock tragen würde, wie es die Saarlimer Kinder zu Ostern tun. Es war ihm nicht klar, daß er meine Augen, meinen Mund nicht sehen würde, daß er sogar in dem Augenblick, als die Begegnung endlich stattfand, immer noch im Zweifel sein würde, ob ihm verziehen oder ob er abgewiesen würde. Selbst als er mich hoch über die Menge reckte, schwirrte ihm von Wallys Warnungen hinsichtlich meiner Feindseligkeit immer noch der Kopf. Er war krank vor Sorge, ganz gleich, was das leise Lächeln andeuten mochte.

»Ist das in Ordnung?« fragte er, als wir zwischen den Sitzreihen nach unten gingen.

Was er meinte: Ist es in Ordnung, daß ich dich auf den Schultern trage, ist es herabwürdigend? Er drückte sich nicht deutlich aus, aber ich verstand ihn.

Wenn er mit mir in Chemin Rouge gelebt hätte, dann hätte er jedes Gurgeln meiner Antwort, jeden vernuschelten Vokal, jeden verschliffenen Konsonanten verstanden. Aber er hörte meine Antwort wie ein Fremder, und die Menschenmenge, die schubste, drängelte und an den herunterbaumelnden Stiefeln der Maus zerrte, machte es nur noch schlimmer.

Ein Efikaner mit glatten Wangen in einem ausgefallenen Anzug – Bill wußte, daß es sich um Jacques, den Pfleger, handeln mußte – scheuchte die Fans fort, aber Bill achtete nicht auf den Pfleger und nicht auf Wally. Er suchte Frieden, Klarheit, einen Ausweg aus dem Chaos. Er ging zu der Tür unter der Bühne – hinab in die summende Unterwelt der Rohre und Pumpen, wo er, wie er hoffte, vielleicht die Gelegenheit hatte, sich allein mit seinem Sohn zu versöhnen.

Doch als sich die schwere Tür hinter ihm schloß, schüchterte ihn das rätselhafte Gesicht von Bruder Maus ein – das aufgemalte Lächeln, der abgebrochene Zahn, die ganze sich ihm versagende Gestalt.

Er setzte mich vorsichtig auf einen summenden grauen Stahlkasten, eine Pumpe möglicherweise, und brachte so unsere Augen fast auf gleiche Höhe.

»Möchtest du lieber laufen?« fragte er. »Es ist nicht allzu weit.«

Ich fing an zu antworten, aber er unterbrach mich.

»Versteh mich nicht falsch.« Er gestikulierte mit beiden Händen, lächelte – all diese aufgesetzten Bewegungen nur Nebenprodukte seiner ungeheuren Anspannung. »Ich trage dich gern, Mo-frere, von hier nach Bleskran, wenn du willst.«

»Ist gut ... du kannst mich tragen ...«

»Sie können ihn tragen«, dolmetschte der Pfleger. »Mr. Millefleur. Ich kann einfach nicht glauben, daß Sie es sind. Woher kennen Sie Tristan?«

Bills hübsches Gesicht zitterte ungläubig.

»Er ist mein Sohn«, sagte er, wandte sich um und sah den Pfleger an, »verdammt noch mal!«

»Wo ist Wally ...«

Mein Vater, die Höflichkeit in Person, drehte sich zu mir. »Sag das noch mal.« Er legte seine Hand zögernd auf meine Schulter. »Sprich langsam ...«

»Du hast ... Wally vergessen.«

»O Himmel«, sagte Bill, und seine Augen bekamen einen feuchten Schimmer. »Sagst du, ich hätte dich vergessen?«

»DU HAST ... WALLY VERGESSEN.«

»Verdammt!« sagte Jacqui.

»Was hat er gesagt?«

»Wir haben Mr. Paccione verloren.«

»Wir?« fragte Bill mit lauter werdender Stimme, und seine berüchtigte Gereiztheit zeigte sich in seinen Augen. Er drehte sich zu ihr. Er hob die Hände an die Schläfen. »*Wir?*«

»Ich.«

»Um Himmels willen«, sagte er. »Sind Sie nicht der erstklassige Pfleger, den sie aus Efika mitgebracht haben? Fünfzehnhundert Gulden im Monat? Sind Sie das? Der perfekte Jacques? Sind Sie es nicht, der auf Wally und Tristan achtgibt?«

»Ich werde ihn holen. Ich hole ihn sofort.«

»Nein, nein«, sagte Bill.

»Doch«, entgegnete Jacqui, »ich hole ihn sofort.« Doch als sie kehrtmachte, legte mein Vater ihr seine große Hand auf die wattierte Schulter und drehte sie um.

»Sie bleiben hier«, sagte Bill mit jener leisen und gefährlichen Stimme, an die ich mich erinnerte. »Und rühren Sie sich ja nicht von der Stelle.«

Er machte kehrt und ließ Jacqui und mich zurück. Ich verschränkte die Arme vor der Brust.

»Was?« fragte sie.

36

Jacqui kannte meinen gutaussehenden Vater in anderer Hinsicht als ich. Sie war zu den Kuppelprojektionen[82] all seiner Saarlimer Pferde-Shows gegangen. Dort hatte sie gesehen, wie er vom Rücken eines Araberhengstes auf den anderen tanzte und Lucio Cristianis Überschlag über ein Pferd hinweg auf ein drittes machte, während sie durch die Manege galoppierten. Sie hatte ihn die berühmten Zeilen jenes großen voorstandischen epischen Dichters rezitieren hören. Sie kannte die Poren seiner Haut, die Narbe an seinem Kinn, den süßen Bogen seiner Lippe, das Grübchen am Kinn, das sie nahezu unerträglich schön fand.

Kurz gesagt, sie war sein Fan, und während sie sich mit ihm durch das Gedrängel kämpfte, an seinen glänzenden Anzug gedrückt wurde und versuchte, ihm nicht auf die Schlangenlederschuhe zu steigen, hatte sie einen Schock, nicht nur, weil sie ihm begegnet war, sondern wegen der äußerst ungewöhnlichen Umstände, unter denen dies geschah.

Nun wurde sie gegen Bill Millefleur *gepreßt*, wurde in demselben reißenden Strom aus flatternden rosa- und blaublättrigen Autogrammbüchern fortgespült. Sie stolperte neben ihm die Rampe hinunter, trat durch eine graue Metalltür mit der Aufschrift »Eintritt nur für Sirkusangestellte«, befand sich plötzlich in einer Welt aus riesigen, bunt gestrichenen Rohren, Kompressoren, Pumpen, dem Geruch von Schiffsfarbe, der Kälte des Betons – *hinter der Bühne*. Bill Millefleur legte seine Hand auf ihren Rücken und führte sie in einen Gang mit Seilgeländer. *(Siehst du,* wollte sie zu jemandem sagen, vor allen Dingen zu ihrer Mutter. *Siehst du?)*

Doch einen Augenblick später wurde sie als Anfängerin entlarvt, als Versagerin, und sie wollte nicht, daß irgend jemand das bemerkte. Bill Millefleur war wütend auf sie. Er wandte sich von ihr ab, ging wunder-

---

[82] Die Kuppelprojektion ist in Voorstand, wo niemand seine Zeit damit verschwenden würde, sich die Vid-Aufzeichnung eines Sirkus anzuschauen, natürlich weniger bekannt. Im Rest der Welt, Meneer, Madam, ist dies die am weitesten verbreitete Möglichkeit, Sie kennenzulernen. So gibt es zum Beispiel in Chemin Rouge im Augenblick zwei Sirkusse, die ihr Programm etwa alle drei Monate wechseln. Im Gegensatz dazu haben wir sechzehn verschiedene Kuppelprojektionen, deren Darbietungen wöchentlich wechseln. [TS]

schön, athletisch, ungeduldig über den Metallboden davon, zurück in die höhlenhafte Kuppel.

Und Jacqui blieb dort zurück – knochenlos, ein Haufen, und all ihre sonst übliche Findigkeit war ihr abhanden gekommen.

Die scharfzahnige Maus saß mit den grauen pelzigen Armen über der glitzernden Brust verschränkt auf der Wasserpumpe und starrte sie an.

»Was?« fragte sie.

»Nichts«, sagte die Maus. Sie starrte sie unbeteiligt an, und Jacqui war es peinlich, daß ihre Schwäche so offenkundig war.

Doch als Bill Millefleur zurückkehrte, einen Arm um die gebeugte Schulter des alten Mannes, war es ihr egal, wer ihr dabei zusah, wie sie sich entschuldigte.

»Sie haben recht«, sagte sie. »Ich bin ein Anfänger. Ich habe meinen Job nicht erledigt.«

Und der Schauspieler verzieh ihr.

Er streckte die Hand aus. Sie war weich und trocken. Als sie sich um die ihre schloß, hatte sie eine Vision von ihrer Mutter, die in ihrer Küche saß und den Tresen abwischte, die kleinen Teller mit den in Folie verpackten Essensresten, einige nur einen Teelöffel groß. *(Siehst du?)*

»Ich hatte kein Recht, Sie so anzubrüllen«, sagte Bill Millefleur. »Ich war so aufgeregt, meinen Sohn zu sehen, daß ich nicht mal Ihren Namen mitbekommen habe.«

»Jacques Lorraine.«

Die Berührung seiner Hand ließ ihren Nacken taub werden und löste beinahe soviel Scham wie Dankbarkeit aus, und während sie seinem athletischen Körper folgte, der meinen mißgestalteten Leib zurück in das Labyrinth unter der Bühne des Wasser-Sirkus trug, glühten ihre Wangen noch immer.

Sie beobachtete, wie Bill mich in seinen Armen hielt, wie er meine Arme, meine Beine drückte.

»Laß das ...«

»Tristan«, sagte Bill, drückte mich erneut und quetschte meine wunden Füße gegen seinen Hüftknochen. »Wir müssen uns ohne unsere Masken zusammensetzen.«

Statt von diesem abgeschmackten Gerede peinlich berührt zu sein, war Jacqui im Gegenteil tief gerührt von Bills Liebe, seinem Verlangen, seinem guten Aussehen, meinem Mangel daran.

Sie war ein Fan. Sie wollte bei ihm sein. Sie lief neben ihm her, hielt ihr Schweigen für ein Zeichen ihrer Unwürdigkeit und grübelte darüber nach, was sie sagen konnte. Schließlich fragte sie nach dem Wasser-Sirkus und erkundigte sich, wie die Darsteller denn unter Wasser sprechen konnten.

Noch während er antwortete – »Das ist nur ein Stimmpflaster, Jacques, das ist alles« –, erkannte sie, daß er nicht mit ihr sprechen wollte. Er wollte nur – das war so verrückt, so bizarr – zu diesem schnoddrigen Krüppel reden, an den nur zu denken niemand im DoS ertragen konnte.

»Hat dir der Sirkus gefallen, Tristan?« fragte Bill.

Aber Tristan Smith wollte nicht sprechen, und als sein Vater sich umdrehte, um mit Jacqui zu reden, war sein Blick schwach vor Verlangen und Scham.

»Das ist nur ein Stimmpflaster, das ist alles, ein neues Dingsda«, sagte er. »Bald wird in jeder Schaufensterauslage in Kakdorp eins liegen. Aber mir«, sagte er laut, während einer der Darsteller in einem weißen Bademantel, mit roten Wangen und von der Erschöpfung hervorquellenden Augen vorbeiging, »mir hat am allerbesten das Stück mit dem alten Spookganger gefallen.«

Der Darsteller öffnete eine Tür und schloß sie hinter sich.

»Das war Dirk Labelaster«,[83] flüsterte er Tristan Smith zu. »Möchtest du ihn kennenlernen? Wir könnten ihn zuhause besuchen. Er wohnt gleich um die Ecke von uns. Hast du immer noch Interesse an Schlangenmenschen? Verrat mir, wen du kennenlernen willst.«

Statt einer Antwort wandte Bruder Maus ihm sein starres unverschämtes Grinsen zu.

Wir stiegen eine stählerne Treppe hinab. Am Fuße der Treppe kamen wir an eine geschlossene Rolltür, ähnlich jener am Eingang zum Feu Follet. Bill drückte auf einen Knopf. Die Tür hob sich geräuschvoll, und

[83] Es wird Sie vielleicht überraschen, daß Bill Millefleur nicht erklären mußte, wer Dirk Labelaster ist. Labelaster ist nun wirklich kein Star, aber unter den Efikanern hat er eine Fangemeinde. Dirk Labelaster? fragen Sie. In Chemin Rouge? Und ich antworte darauf: Sie haben keine Ahnung von der Wirkung, die Sie auf jene unter uns haben, die außerhalb des Dunstkreises Ihrer Existenz leben. [TS]

wir fanden uns in der feuchten Nachtluft außerhalb des Sirkus neben einem kleinen Kanal wieder.

Es stank. Zerbrochenes Glas, ein ausgebrannter Laster. Ein Mann in Lederjacke kam hinter dem Laster hervor und zeigte mit dem Finger auf uns.

»Ist schon in Ordnung«, sagte Bill. »Immer mit der Ruhe. Das ist kein Misdaad-Bursche.«

Bei dem Mann handelte es sich um den Lenkmajoor, den Bootsführer einer Gondel, die mit laufendem Motor auf dem glitzernden Wasser schwamm. Und als unsere Gruppe auf ihn zukam, streckte er die Hand aus, um uns an Bord zu helfen.

»Ist das eine gute Nacht, um nach Saarlim zu kommen?« fragte Jacqui.

»Ja, Meneer«, entgegnete der Mann, aber sie konnte sehen, daß er nicht zum VIA gehörte, und als die Gondel aus dem Seitenkanal in den Bleskran-Kanal glitt, als die großen Türme, Kuppeln und angestrahlten Filterkolben sich über ihr erhoben, verließ Jacqui die Kajüte, ging nach vorn und stand allein am Bug. Dann tauchte über ihr und rings um sie herum Saarlim auf, wie die Märchenstadt in den Vids. Es war einer jener seltenen Augenblicke, in denen eine Stadt sich plötzlich unerwartet einem Fremden zu öffnen scheint und ihn weg von dem Dreck und der Hitze der Straßen in jene andere geheime Welt führt, die sie nur ihren Schöpfern und intimsten Freunden zeigt.

Doch statt unserer Krankenschwester ein wenig Frieden zu bringen, löste dieses Erlebnis in ihrem leidenschaftlichen Herzen eine heftige Unruhe aus.

Siehst du, sagte sie zu ihrer Mutter, die nicht sehen konnte, nicht da war, niemals wissen konnte, auch wenn man es ihr sagte. *Siehst du* – du mußt dein Leben nicht wie ein zusammengeklaubtes Stück Essensrest auf einem Teller im Kühlschrank verbringen.

Sie setzte sich am Bug hin, besah sich die Skyline, nahm das Glas Champagner – von *Bill Millefleur,* der an Deck kam, um es ihr persönlich zu reichen.

Sie nippte am Champagner und hegte widersprüchliche und aufgewühlte Gedanken über jene sittsame Straße, in der ihre Mutter immer noch lebte, die vornehme Armut, die Verdächtigungen, die gewohnheitsmäßige Niedertracht, die man für Vorsicht hielt, die verdammten

Essensreste, die eingefrorenen Essensreste mit Datumsaufklebern von vor drei Jahren.

Ich werde in Saarlim auf den Schnee warten.

Durch das Glas hindurch konnte sie sehen, wie Bill, ich und Wally in ein persönliches Gespräch vertieft waren. Und sie war auf eine Weise von mir überzeugt wie noch nie zuvor.

Sie saß draußen im Nebel und sah mich an.

Sie saß am Bug, während die Gondel über das schwarze seidige Wasser des Kanals glitt, unter den goldenen Brücken Bleskrans hindurch, unter der großen illuminierten Kaianlage des Baan, wo uniformierte Türsteher warteten, uns von Bord zu helfen.

Sie hatte das Champagnerglas noch immer in der Hand, als sie auf den Kai trat, und sie schritt in ihrer leicht angeschmuddelten männlichen Verkleidung durchs Foyer, als sei auch sie bereits jemand Besonderes.

Als sie in den mit Teppich ausgelegten Fahrstuhl trat, war das so, als würde sie das jeden Tag tun. Der Fahrstuhl hatte Glaswände, wie es in Saarlim so üblich zu sein schien. Während unsere kleine Gesellschaft in die Höhe stieg, bot sich uns diese Schmuckkästchenaussicht auf die Stadt, auf das Wasser, die Boote, die plätschernden Glastürme der Wasserfilter, die leuchtenden Sirkuskuppeln, die sich wie florentinische Kathedralen dicht um den Großen Platz drängten und in die große dunkle Nacht Voorstands erstreckten.

37

Ich hatte mich gefreut, meinen Vater zu sehen. Ich liebte ihn, obwohl ich so viele Jahre darauf beharrt hatte, es nicht zu tun. Doch jedesmal, wenn er mich nicht verstand, betonte er die elf Jahre unserer Trennung. Er war der Vater, der seine Zeit nicht absitzen konnte. Er konnte Dinge tun, die »mutig« und »dramatisch« waren, konnte in die Einkaufspassage gehen und sagen »*Dies ist mein Sohn Tristan Smith*« oder sich das Gesicht mit Zink 3001 anmalen, aber er hatte nicht das Rückgrat dazu, Vater zu sein.

Als ich die protzige Gondel am Kai treiben sah, erlebte ich wieder eine seiner dramatischen Gesten.

Natürlich weiß ich in der Zwischenzeit, daß das unfair ist, daß eine Gondel nicht »protzig«, sondern für einen Bürger Saarlims ein völlig normales Fortbewegungsmittel ist. Doch als ich in die Kajüte getragen wurde, begriff ich nicht, daß Gondeln von Bankangestellten und Fischhändlern stundenweise gemietet wurden oder daß der Alkohol, der da so stolz in beleuchteten Vitrinen stand, preiswerte drei Gulden pro Glas kostete. Sie dürfen ruhig lachen, aber als ich die schwarzen Lederbänke und kleinen Messinglampen sah, dachte ich, Bill versuche mich mit seinem Geld zu verführen, und als ich auf der Bank saß, war ich so deprimiert wie Wally, wenn auch aus anderen Gründen.

Bill war in der Zwischenzeit eifrig bemüht. Er war in vollem Galopp, immer im Kreis herum, lächelte, lachte, jonglierte langstielige Gläser in der einen Hand, während er mit der anderen den Korken aus einer tropfnassen Flasche Veuve Cliquot zog.

Ich lehnte das Glas in Zeichensprache ab und hielt meinen Maus-Kopf hoch, um ihm zu zeigen, warum ich nicht trinken konnte.

Dann versuchte der verdammte Blödmann, an meinem Kostüm herumzufummeln.

Wenn er nur einen Augenblick länger nachgedacht hätte, dann wäre ihm aufgegangen, daß ich mich vielleicht nicht in der Öffentlichkeit auskleiden und mich ihm derart präsentieren wollte. Ich entzog mich ihm und wandte mich um, nicht zu Wally, der traurig in die Nacht hinausstarrte, sondern zu Jacqui, die links von mir saß. In unseren Tagen des Straßenbettelns waren meine Krankenschwester und ich schließlich Verbündete geworden. Im Wasser-Sirkus war sie meine Freundin und Begleiterin gewesen. Zweimal hatte sie mich am Knie berührt, einmal am Arm.

»Halt ihn ab ...«, sagte ich. »Er soll ... mich in Ruhe lassen ...«

Doch als ich sie am Arm berührte, zuckte sie kurz bedauernd mit den Schultern und glitt auf der Bank von mir weg.

»Sag ihm ... bitte«, fuhr ich fort, aber ich sah, sie war die Freundin meines Vaters geworden. Sie verließ die Kajüte und ging zum Bug, und ich sage Ihnen – für mich war es offenkundig –, als sie auf dem kleinen Deck auf und ab ging, ging sie nicht wie ein Mann, sondern wie eine Frau, eine verteufelt lebhafte noch dazu.

Sie nehmen vielleicht an, Madam, Meneer, daß Jacqui die Kajüte aus Zartgefühl verließ, aus dem Wunsch heraus, mich für die schwierige

Aussöhnung mit meinem Vater allein zu lassen. Und vielleicht nehmen Sie auch an, daß Bill Millefleur seine Rolle als zuvorkommender Saarlimer Gastgeber spielte, als er den Champagner auf Deck trug.

Ich war nicht in dem Zustand, irgend etwas Derartiges anzunehmen. Ich beobachtete Bill und Jacqui, einen Mann und eine Frau vor dem Hintergrund der Lichter der Filterkolben und Wolkekrabbers.

Sie machte mich schier wahnsinnig vor Eifersucht – diese ganze Welt, an der ich niemals teilhaben würde.

Ich wandte mich zu Wally. »Laß uns ... ins Hotel zurück.«

Aber Wally hatte eine Flasche Whisky gefunden und goß sich einen großzügigen Drink ein.

»Zieh dein Kostüm aus«, sagte er. »Trink einen Schluck. Amüsier dich.«

»Er ist ... ein Widerling.«

»Gib ihm eine Chance.«

»Er ist ein ... solcher Heuchler.«

»Mach bloß nicht auf beschissener Bruder. Zieh dein verdammtes Kostüm aus. Siehst du nicht, daß er sich freut, dich zu sehen?«

»Mr. Wegläufer ...«

»Beruhige dich, er ist doch gleich wieder da.«

»Scheiß ... drauf.«

Doch dann kam Bill zurück, senkte den Kopf unter dem tiefen Kajütendach und setzte sich neben mich.

»Also Tristan, red mit mir.«

Aber er kam mir so weit weg vor, so weit, weit weg.

»Du weißt nicht ... was aus mir geworden ist ...«

»Tut mir leid«, sagte er und legte mir eine Hand sanft auf die Schulter.

Einen Augenblick lang glaubte ich, er entschuldige sich für etwas, das an Deck geschehen war, doch dann merkte ich, daß es sich um dieselbe alte Geschichte handelte.

»Tut mir leid«, sagte er. »Ich hab den Anfang nicht mitgekriegt. Wenn du vielleicht das Kostüm ablegen könntest. Vielleicht klingst du dann nicht so gedämpft.« Es war typisch, daß er mich nicht fragte, warum ich es trug oder was ich damit machte.

Jedenfalls hatte ich nicht vor, das Kostüm abzulegen und unter seinem Mißverständnis, all dem falschen Mitleid in seinen Augen zu leiden. Ich wollte es mit ihm abklären – ich war ein Mann. Also fing ich an, mit ihm zu sprechen, langsam und sehr bedächtig.

»Wir haben uns ... seit vielen Jahren ... nicht gesehen.«

»Wir haben Licht gesehen?«

»*Nein!*«

»Schon gut«, sagte Wally und stand auf. »Schrei nicht. Mollo-mollo. Sag es noch einmal. Dein Papa wird es schon rauskriegen.«

Aber mein Vater kriegte es nicht raus, und so war ich nicht in ein persönliches Gespräch vertieft, als ich zum Baan fuhr, wie Jacqui meinte, sondern in eine Verzweiflung aus Wut und Mißverständnis.

38

Mein Vater kam zu spät zu einer wichtigen Dinnerparty in seiner eigenen Wohnung, als er vom Wasser-Sirkus heimkehrte. Er hatte diese Party schon vor drei Monaten geplant, und nachdem sie einmal geplant war, ließ sie sich nicht wieder absagen – diese Inflexibilität lag nicht in seinem Charakter begründet, sondern in den Gepflogenheiten von Saarlim City.

Wie Sie wissen, gibt es eine gewisse Etikette in Saarlim. Man kommt nicht, wie in Chemin Rouge, auf einen Schluck Roteuse vorbei und bleibt den ganzen Tag. Man taucht nicht mit einem Laib Käse und einem Baton auf und erwartet, willkommen zu sein. Da gibt es diese überraschende Striktheit, diesen Mangel an Leichtigkeit, die man als Efikaner verwirrend findet, und doch findet sich daneben etwas, das einem wie das exakte Gegenteil vorkommt: es ist nicht im geringsten unhöflich, den Großteil der eigenen Party über nicht anwesend zu sein.

Sie sind aus Saarlim, Sie werden daran nichts Ungewöhnliches finden, aber ich kann Ihnen sagen, uns kommen Saarlimer Dinnerpartys ziemlich anarchisch vor – verwirrend leere Plätze und aus unerfindlichen Gründen auftauchende und wieder verschwindende Gäste. Erst gegen elf Uhr nachts, wenn die Sirkusse endlich vorbei sind, lange nachdem wir Ootlanders unsere Geduld verloren haben, ist die Tafel endlich vollzählig. Das Tischtuch wird gewechselt. Neues Besteck wird aufgelegt. Verzierte Kerzenhalter tauchen aus den Verstecken auf, und der

Pudding wird mit einer Feierlichkeit aufgetragen, die wir in Efika für einen guten Schweinebraten reservieren.[84]

Das wissen Sie schon, Meneer, Madam? Dann überspringen Sie die folgenden Seiten. Es gibt aber auch andere Leser, die dies vielleicht überrascht. Ootlanders, die bis zu diesem Augenblick geglaubt haben, daß Ihre Manieren dieselben sind wie die von Bruder Maus oder Bruder Ente. Das finden Sie lächerlich? Dann lassen Sie mich eines sagen: Sie haben keine Vorstellung davon, wie Sie wahrgenommen werden.

Wenn sich die Menschen an anderen Orten dieser Welt eine Vorstellung von Ihrem Charakter machen, dann erwarten sie, daß Sie in Ihre Suppe pusten. Sie haben Drool oder Hund im Sirkus pinkeln sehen. Sie haben die Maus furzen und Dudelsack spielen hören. Sie ziehen die falschen Schlüsse, nicht nur was Ihre Eßmanieren angeht.

Nachdem sie ihr Leben damit verbracht haben, ein Achtel ihres Bruttoeinkommens für Sirkusse auszugeben, fällt es so manchem Ootlander schwer zu akzeptieren, daß sie nicht auf die Seele Saarlims geeicht sind. Sie haben Voorstand vielleicht noch nie besucht, aber sie kennen die Namen der Steegs, der Kanäle, Parks, Bars und Kuppeln. Sie besitzen Programmhefte von Aufführungen, die sie nie gesehen haben. Sie können über tragische Unglücksfälle reden, von denen Sie nie gehört, über kleinere Darsteller, die Sie längst vergessen haben. Aber sie leben nicht in Saarlim, und deshalb gibt es so vieles, was sie nicht verstehen. Es dürfte ziemlich schwierig sein, jemanden aus der Ukraine zum Beispiel davon zu überzeugen, daß es eines höchst sensiblen Gespürs für Etikette bedarf, um in einem Gebäude wie dem Baan zu leben.

Für die ootlandischen Leser muß ich folgendes klarstellen: im Sirkus kann Bruder Maus zu jedem Geschöpf Gottes »Gaaf morgen« sagen, ganz egal, ob sie sich zuvor begegnet sind oder nicht, aber bevor Bill sich im Baan mit Mrs. Kram, seiner Nachbarin, treffen konnte, bedurfte es einer ganzen Reihe von persönlichen Vorsprachen. Es war ein langwieriger Prozeß – es dauerte fast ein Jahr, bis er sie, gesellschaftlich gesprochen, Schach setzen konnte. Und dann weitere sechs Monate hin und her mit dem goldzahnigen Clive Baarder, dem Mittelsmann, bevor sie sich auf einen Abend einigen konnten, der ihnen beiden genehm war.

---

[84] Anders als in Voorstand gehört es in Efika zum guten Ton, bei einem formellen Diner Fleisch zu servieren. [TS]

Sie wohnten im selben Gebäude, benutzten dieselben glaswandigen Fahrstühle, betraten und verließen nebeneinander das Foyer, und obwohl sie Sirkusproduzentin und er Sirkusstar war, hätten sie genausogut auf verschiedenen Planeten leben können, und selbst nachdem die Einladung ausgesprochen und angenommen worden war, warteten sie bis zum Dinner, um sich endlich kennenzulernen. Dies ist einer der Aspekte des »Karakter«.

Sie erklären uns Besuchern ständig, was Karakter sei, sagen uns, er bedeute Höflichkeit, Manieren, Herkunft – doch selbst bei diesen Erklärungen lassen Sie uns spüren, daß wir nicht darauf hoffen können, genau zu begreifen, was Karakter eigentlich ist. Er liegt mehr im Blut als in der Sprache. Es ist eine typisch Saarlimer Angelegenheit, und selbst nach zwanzig Jahren in Saarlim City war Karakter immer noch etwas, bei dem sich mein Vater nicht wohl fühlte.

Bill hatte eine Sechs-Zimmer-Wohnung. Peggy Kram bewohnte eine ganze Etage, ein echtes Bleskransches Trothaus mit einer Terrasse voller kunstvoll gestutzter Bäume und einer Bibliothek. Sie trug lange fließende Gewänder in verschiedenen Erdtönen, die man unter den Menschen in Kakdorp tragen konnte, ohne als reich aufzufallen, die sich aber im gedämpften Licht eines Trothauses, mit all den Lampen und kleinen Lasern, die an der Decke blitzten, als ein Van Kline für hunderttausend Gulden entpuppten.

So war das Leben in einer Gesellschaft, deren ursprüngliche christlich-vegetarische Häresien sich immer noch im Charakter des »Sirkus ohne Gefangene« widerspiegelten.

Bills Dinnergesellschaft (zu der er geladen hatte, als er endlich die Chance bekam, seinen verlorenen Sohn wiederzufinden, und die er nicht absagen konnte) drehte sich um Peggy Kram, nicht weil Bill sie für charmant oder gar interessant hielt – er fürchtete, daß sie keins von beidem war –, sondern weil Bills Vertrag mit dem Sirkus Brits beendet und Peggy Kram eine Produzentin war, der nicht nur zwanzig Ghostdorps gehörten (wo sie ganze Schauspielerfamilien die »Große Historische Vergangenheit« spielen ließ), sondern auch vier Sirkuskuppeln in Saarlim City.

Bill brauchte Arbeit.

Und als er um halb elf zu seiner eigenen Dinnerparty heimkehrte, hoffte er, daß die familiären Verpflichtungen, die seine Abwesenheit notwendig gemacht hatten, Krams Vorstellung von seinem Karakter weiter verbessern könnten. Und doch betrat er seine eigene Wohnung mit einiger Beklommenheit, so als sei er sich niemals vollkommen sicher gewesen, die Nuancen des Karakter tatsächlich zu verstehen.

Was er dort sah, ermutigte ihn nicht.

Seine Geliebte in jenem Jahr (Malide van Kraligan, die Schlangenfrau) lag schlafend auf dem Sofa, den kleinen rosenknospigen Mund offen, einen schlanken Arm über den Augen, und Peggy Kram, die ein wenig rundlich war, mit ihrer blonden lockigen Mähne aber sehr bezaubernd wirkte, stritt laut mit dem englischen Bottelier (der zu diesem Anlaß angeheuert worden war) über die Temperatur ihres Mersault.

Das geliehene antike Spitzentischtuch war verknüllt. Die Gläser und das Tafelsilber waren vollkommen durcheinander, und Martel Difebaker, legendärer Schlangenmensch, ein Mann, der für sein anspruchsvolles Wesen bekannt war, saß da und nickte niedergeschlagen. Clive Baarder (der als Vermittler für das Treffen gedient hatte) feilte sich die Fingernägel.

Als Mrs. Kram aufblickte und die rätselhafte Figur von Bruder Maus sah, hörte sie auf, sich über den Wein zu streiten.

Ich bemerkte sie kaum. Ich hatte keine Ahnung von Karakter. Ich wußte auch nicht, daß sie eine der mächtigsten Frauen Saarlims war. Mir war heiß, ich war müde, durstig und wütend darüber, daß mein Vater an einem Abend, den er dreimal hintereinander zur Wichtigen Nacht erklärt hatte, Fremde bewirtete. Und als der goldzahnige Baarder sich von seinem reichverzierten Stuhl erhob und mir gegenüber aus Jux eine Karateposition einnahm, hatte ich genug. Ich verließ den Raum.

Ich hatte dabei nicht die Absicht, meinem Vater wirtschaftlichen Schaden zuzufügen. Ich verstand seine Lage nicht. Und als er mich schließlich fand, wie ich meine Schnauze in ein volles Waschbecken im Badezimmer steckte, erklärte er mir immer noch nicht, wer Mrs. Kram war.

»Tristan!«

Ich drehte mich um, suchte nach etwas, das mir beim Trinken helfen konnte, und das Wasser floß mir den Hals hinab und durchnäßte mir die Brust.

»Hol mir bitte ... einen Strohhalm.«

Bill wußte, daß er die Erlauchten Gäste noch einen Augenblick warten lassen konnte – zwei, vielleicht drei Minuten –, um endlich unser Wiedersehen zu besiegeln.

»Bitte, bitte. Bitte nimm den Kopf ab. Wir müssen uns verstehen.«

»Geh ... zu deinen Freunden.« Ich schüttelte ihn ab.

»Sie müssen dich nicht sehen«, sagte Bill. »Du kannst für sie wieder in dein Kostüm steigen.«

»Mo-papa ... ich habe ... so einen Durst.«

Aber er fummelte am Kostüm herum. Jedenfalls glaubte ich das. Später, unterwegs nach Wilhelm, schwor er, daß er das nicht getan, sondern mir nur auf die Schulter geklopft hätte, doch das Flattern seiner theatralisch beringten Finger weckte alte Gefühle der Wut in mir, und ich schubste ihn fort, fest.

Er blickte so verletzt, daß ich dachte, er würde anfangen zu weinen.

»Bitte ... hol mir einen Strohhalm.« Ich schrieb langsam H-a-l-m in die Luft.

»O«, sagte er, »einen *Strohhalm.*«

Er stürzte hinaus und kam mit einer ganzen verdammten Schachtel Strohhalme zurück. Er hatte vielleicht noch eine Minute, bevor er gehen und den Gastgeber spielen mußte.

»Tristan, ich habe zu arbeiten, wenn ich da reingehe«, sagte er. »Ich muß nur wissen, daß zwischen uns alles in Ordnung ist.«

Endlich hatte ich einen Strohhalm. Ich fing an, das gechlorte Wasser aufzusaugen.

»Tristan, ich weiß nicht, wer du da drin bist.«

Er wußte es nicht, weil er nicht dagewesen war. Er wußte nicht, daß ich mich elf Jahre lang in der Dunkelheit des Feu Follet verborgen hatte, daß ich Tag für Tag an all den Tricks gearbeitet hatte, die er mir beigebracht und woran er dann das Interesse verloren hatte, daß ich Dinge tun konnte, die kein Arzt je prophezeit hätte, daß ich jonglieren, stolpern, auf einer Hand stehen konnte.

Ich wischte mir das nasse synthetische Fell mit einem zierlichen Gästehandtuch ab.

»Du willst wissen ... wer ich bin?«

»Tut mir leid«, sagte er stirnrunzelnd. »Mrs. Kram wartet.«

»Ich werde ... es dir zeigen.«

Wenn er mir gesagt hätte, wer Mrs. Kram war, hätte ich mich vielleicht anders verhalten.

39

Jacqui saß neben Clive Baarder und fragte sich, ob es wohl unhöflich wäre, sich über den Tisch zu beugen und die Flasche Wein zu nehmen, die vor Peggy Kram stand, als sie hinter sich ein leises Geräusch hörte, so als fiele ein Baby die Treppe herunter. Sie drehte sich auf ihrem reichverzierten Stuhl mit der hohen Rückenlehne zur Seite und sah die Maus stolpern.

Ich sah, wie sie mich sah.

Ich sah, daß es ihr peinlich war, sah, wie sie die Hand langsam vor die Augen legte. Als sie sich wieder umdrehte, beendete ich meinen gymnastischen Auftritt und drehte mich im Sprung. Ich landete breitbeinig, mit dem Rücken zu Jacqui.

Der untersetzte Clive Baarder mit seinen roten Wangen – der goldzahnige Gjent, der sich mir zuvor in Karateposition entgegengestellt hatte – zog sich nun auf das Sofa neben dem Fenster zurück.

Difebaker, der Schlangenmensch, ein großer, hohlwangiger, athletischer Mann, stand auf, um mich besser sehen zu können.

Aber die königinnenhafte Peggy Kram blieb am Kopf der Tafel sitzen – eine juwelenbesetzte Hand vor dem schönen Mund, die andere ausgestreckt, den schlanken Hals der Flasche Mersault umklammernd. Ich sage Ihnen, sie war nicht peinlich berührt, ganz gleich, was sie später in ihrem Protokoll andeutete. Sie hob ihr Glas und nippte an dem strohfarbenen Wein, aber ihre klaren blauen Augen folgten mir unentwegt.

Und so wurde Mrs. Kram zu meinem Publikum. Sie war hellwach, war sich der Situation voll bewußt. Was den Gastgeber betraf, der war mir in den Raum gefolgt und stand hinter mir außerhalb meines Blickfelds. Ich gestehe, ich vergaß ihn.

»Also«, sagte die Dame mit leiser, gehauchter Stimme, in der immer noch die Kehlkopfverschlußlaute der Wüstenregionen nahe der östlichen Grenze mitschwangen. »Also, was ist denn das für ein Ding?«

Sie klatschte leise in die Hände.

»Diese *Dinger* sind gefährlich«, sagte Clive Baarder und blinzelte sorgenvoll.

Er saß wieder auf dem Sofa, die kurzen Beine übereinandergeschlagen, ein besticktes Samtkissen schützend auf dem nadelstreifengekleideten Schoß. »Das weißt du, Peggy«, sagte er. »Das wißt ihr alle genausogut wie ich, verdammt.«

Aber niemand sah Clive Baarder an. Sie sahen mich an. Für was hielten sie mich? Ich wußte es nicht. Ich kniete, streckte die Arme aus und sah Peggy Kram in die klaren eigensinnigen Augen.

Clive Baarder fühlte sich bemüßigt aufzustehen und trat, obwohl er offenkundig äußerst zögerlich war, hinter Jacquis Stuhl, um ein wenig näher zu mir zu kommen.

»Das letzte Mal, daß ich einen von diesen Dingern gesehen habe, Peggy ... *Peggy.*«

»Ja«, sagte Peggy abwesend.

Meine Knie waren wund, und ich fürchtete, den Bann zu brechen, wenn ich aufstand.

»Da fing es Feuer«, sagte Clive Baarder, »auf einer Gondel in Kakdorp. Ich hab es gesehen. Ich war mit Dirk Juta in der Nähe von St. Oloff auf der Kolonnade.«

»Dirk kommt morgen«, sagte Mrs. Kram abwesend.

»Ja, und es fing Feuer. Sie schmissen es in der Nähe des Dagloner Kanals ins Wasser, und es trieb brennend weiter, meilenweit.«

»Peggy«, sagte Martel Difebaker mit der sorgsam abgerundeten Ausdrucksweise der professionellen Sirkus-Klasse. Er saß mir fast gegenüber neben Mrs. Kram. »Man muß zu dem Schluß kommen, daß dies kein Simi ist.«

Mrs. Kram brach ihr gelbes Brot auseinander und nippte an ihrem Wein, und sie starrte mich immer noch derart intensiv an, daß ich unter meinem Kostüm errötete. Jeden Augenblick würde sie meinen Vater fragen, wer ich wirklich war, das spürte ich. Aber ich kannte ihre Geschichte oder ihre Leidenschaften nicht. Sie stammte von der Zeelunger Grenze, wo die Siedler Frei sich zuerst niederließen, wo die Bruder-Geschichten spielen, wo wir Efikaner die aus Stein gehauenen Füße von Bruder Hund aus dem Wüstenboden ragen sahen. Und sie war Kunstsammlerin, eine Kennerin der Volkskunst. Sie gab gern mit ihrer Expertise an. »Dies ist mit Sicherheit kein Simi«, verkündete sie.

Bill setzte sich neben den Platz, wo ich immer noch kniete. Er sprach über meinen Kopf hinweg zu Mrs. Kram.

»Es tut mir sehr leid«, sagte er. »Das ist allein meine Schuld.«

Wofür entschuldigte er sich? Peggy Kram runzelte die Stirn und schürzte die Lippen.

»In jeder Hinsicht«, fügte Bill hinzu.

»Das ist kein Simulacrum?« fragte Clive Baarder, der sich nun dem Tisch näherte und noch immer das kleine schwarze Samtkissen in den Händen hielt. »Was ist es dann?«

»Leichter zu sagen, was es nicht ist«, meinte Martel Difebaker und plazierte seine langen geschmeidigen Finger so, daß sie am Ende seines spitzen Kinns ruhten. »Kein Simulacrum. Kein Kind.«

An dieser Stelle hätte Bill Millefleur seinen Sohn förmlich vorstellen können. Doch nun fürchtete er, in schlechtem Karakter gehandelt zu haben, daß er mich im Kostüm an die Tafel geführt hatte. Er schloß den Mund, preßte ihn zusammen und hoffte, daß sich alles zum Besten entwickeln würde.

»Du bist kein Zwerg?« fragte mich Peggy Kram. Ihr Haar war prachtvoll, eine wild zerzauste Mähne. Als sie sprach, wischte sie sich die Haare aus den Augen.

In dem Augenblick hörte ich Wally seufzen. Ich hatte ihn schon eine ganze Weile aus dem Augenwinkel bemerkt, doch nun glühte er aus einer Art Zorn heraus, pustete die Wangen auf und wischte sich mit den großen sommersprossigen Händen über den kahlen Schädel. »Mach dich nicht zum Narren«, zischte er.

Diese Bemerkung löste ein merkwürdiges kurzes Schweigen aus, und alle Voorstander, auch Mrs. Kram, starrten für einen Augenblick aufs Tischtuch.

Dann sprach Martel Difebaker. »Dies ist mit Sicherheit kein Zwerg. Ich arbeite mit Zwergen – mit Serango und all den anderen Gjents. Können Sie sich Serangos Kopf in dem Kostüm vorstellen?«

»*Tristan!*« beharrte Wally.

Und wieder starrten die Voorstander aufs Tischtuch.

»Wer ist Tristan?« fragte Clive Baarder, als sie wieder aufblickten.

Ich stand kurz davor. Ich sah es kommen. Ich war das Mädchen in der Torte. Nun war ich gezwungen, die Maske fallenzulassen. In diesem Augenblick, noch bevor irgendwer etwas sagen konnte, sprang ich auf Peggy Krams Schoß. Ich wußte, ich erregte Anstoß, aber ich lief über ein Seil. Ich mußte nach vorn gehen.

Peggy Kram schrie. Und reckte die Hände in die Höhe. Ich hatte es nicht geplant, aber die Hände gingen hoch, sie kamen wieder herunter, und als sie es taten, ruhte mein Kopf bereits zwischen ihren üppigen Brüsten.

Jacqui schloß die Augen. Wally hielt den kahlen Schädel in beiden Händen – alles, was ich *sah*, zeigte mir, daß ich einen Fauxpas begangen hatte, aber weder Jacqui noch Wally konnten Peggy Krams Hitze *spüren*. Ich schon, direkt durch das Kostüm. Ich konnte ihr Haar, ihre Haut riechen.

»Ein Komiker«, sagte sie.

Im Spiegel sah ich, wie sie das weiche Ohr der Maus zwischen die Finger nahm und streichelte.

»Aber was ist es?« fragte Clive Baarder. »Das will ich wissen, Peg, bevor ich zulasse, daß es seine Nase …«

»Also, das ist doch ein Witz«, sagte Peggy Kram. »Gerade du mußt so etwas sagen. Ausgerechnet du …«

»In Ordnung, Peggy, es reicht.«

»Gerade du.«

»Es *reicht.*«

»Weißt du, was das Problem ist? Wir sind alle so gescheit. Wir wissen, warum das Licht in Regenbögen gebrochen wird. Liebe hat nur was mit der DNS zu tun.«

»Na ja, nicht gerade mit der DNS.«

»Doch, der DNS.«

Bill setzte sich hin und fing an, sein Brot zu essen; er zupfte es auseinander und beschmierte es mit Butter.

»DNS hin oder her, dies ist offensichtlich nicht der tatsächliche Bruder Maus.«

Ich sah Mrs. Kram an. Ich kuschelte mich an ihre Brust. Sie legte mir die Hand um den Hals.

»Peggy?« sagte Clive Baarder mit weichen, wabbligen Lippen und ungläubig höher werdender Stimme.

Peggy Kram gab keine Antwort.

Clive Baarder fing an, sein Besteck mit großer Akkuratesse auszurichten.

»Glaubst du an den Hl. Franziskus und Jesus?« fragte Peggy Kram ihn. »Du glaubst, daß die Vögel zu Jesus gesprochen haben – das glaubst du doch – stimmt's?«

»Aber natürlich, Peggy.«

»Also, ich sag dir mal was, Clive«, meinte Kram, beugte sich über mich, um ihr Weinglas zu nehmen, und löste bei dieser Bewegung eine schwindlig machende Flut von Jasmin aus. »Wir hatten Simis. Wir hatten zweihundert Stück. Als man sie in Saarlim verbot, kauften wir sie für die Ghostdorps auf. Das ist kein Simulacrum. Er bewegt sich nicht wie einer und fühlt sich auch nicht so an. Ich wollte damit nur sagen, warum brauchst du eine Erklärung dafür …«

»Brauche ich nicht.«

»Warum mußt du alles ruinieren, indem du es kleiner machst?« Sie drehte meinen Kopf um. Dabei warf ich einen kurzen Blick auf Wally und sah, daß seine alten grauen Augen mich säuerlich anstarrten.

»Ich könnte ihn mit nach Hause nehmen«, sagte sie und küßte mich auf die Nase. »Wirklich.«

Sie verstehen sicherlich, warum ich den Eindruck hatte, ein gesellschaftlicher Erfolg zu sein. Ich war voller Optimismus, aufgerüttelt, schier trunken von ihrem Parfüm, und so dauerte es einen Augenblick, bis ich über mich hinausblicken konnte, die blasse Leidensmiene meines Vaters sah, Malides tröstende Hand auf seinem Schenkel, und erst da – als es zu spät war, etwas an dem zu ändern, was ich getan hatte – überkam mich die Angst, daß ich meinem Vater Schaden zugefügt hatte.

40

In Efika glaubten alle, daß Bill Millefleur in Saarlim berühmt sei, aber Sie wissen ja, er war nur einer von vielleicht zweitausend Darstellern, die beim Sirkus beschäftigt waren, und jene besondere Show – der Sirkus Brits –, in der sowohl Dramatisierungen als auch Tiere vorkamen, war für das Saarlimer Leben ungefähr so nebensächlich wie die Herren aus Indien, die an Sonntagnachmittagen in den Außenbezirken der Stadt Cricket spielten.

Mein Vater hatte hart gearbeitet, um sich in dieser neuen Stadt eine Stellung zu schaffen. Er hatte in Saarlim so hart mit den Geschichtsbüchern gearbeitet, wie er es vor langer, langer Zeit in Chemin Rouge in der Politik getan hatte. Und so wie der dürre Zirkusbursche Rimbaud und Lukács auswendig gelernt hatte, so kannte sich der gutaussehende

Mann mit den Pailletten auf dem Anzug bald mit der voorstandischen Geschichte aus wie ein Gelehrter. Er kannte die Bruder-Geschichten, die berühmten Plätze, die Orte der Schlachten gegen die Holländer und Briten. Er konnte »Pers Nozegard« auf Altholländisch rezitieren, und doch war er trotz all der Leidenschaft, die er aufgewendet hatte, Ootlander geblieben, und ganz egal, wie sehr er das Gegenteil behauptete, fand er Ihre Etikette steif und ungemütlich. Er spürte, daß seine Unterwürfigkeit unter Ihre Anstandsregeln ein Zugeständnis war, und als er sah, wie ich durch die Luft sprang und auf Mrs. Krams Schoß landete, glaubte er, auf schamvollste Weise bloßgestellt worden zu sein: er war ein Betrüger, ein Barbar mit schlechten Manieren, ein Ootlander, ein Gastgeber mit schlechtem Karakter. Er sah, wie Mrs. Kram gurrte, stritt, mit meinen Ohren spielte, aber er hatte schon vor langer Zeit gelernt, daß die Saarlimer sich so benehmen und einen doch gleichzeitig verachten konnten. Und er kam sich verachtet vor.

Als er um vier Uhr früh die Tür hinter Mrs. Kram und ihren Freunden schloß, glaubte er, daß sich seine Gäste im Fahrstuhl zusammenstellten, die Augenbrauen hoben und seufzten, und was ihn am meisten deprimierte – und er war sehr deprimiert, was man an seinen eingefallenen Schultern sehen konnte, als er von der Tür zurückkam –, war nicht, eine mögliche Arbeitgeberin zu verlieren, sondern die eigene fehlende Authentizität, daß er zugelassen hatte, sich in eine solche Lage zu bringen, in der ihre Meinung von ihm wichtig war.

Er war kein Voorstander. War er nie gewesen. Als er zum überhäuften Eßtisch zurückkam, fing er an, uns von dem Streifen Land draußen bei Goat Marshes zu erzählen, wo er oft mit meiner Maman ausgeritten war – ein einsamer windiger Ort, wo ein schlammiger Fluß ins Meer mündete. Er hielt nur kurz inne, um die beiden Küchenhelfer heimzuschicken, und dann holte er eine große Flasche ziemlich schlechten Rotweins hervor, schenkte für alle ein und dachte sogar an einen Strohhalm für mich (obwohl er gerade den Araberhengst beschrieb, der ihm mal gehört hatte).

Seine Trauer führte paradoxerweise dazu, daß er würdevoll wirkte. Er trug noch immer den leicht vulgären Anzug und die Schlangenhautstiefel, doch als er mir mit beiden Händen den Wein brachte, nahm sein schillerndes Schauspielerkostüm einen priesterhaften, ja königlichen Charakter an.

»Auf Efika«, sagte er im Stehen. »Auf uns Efikaner.« Er hob sein Glas und ließ es wieder sinken.

Malide streckte ihm von ihrem Platz aus die Hand entgegen. »Tu's nicht«, sagte sie.

Er lehnte sich nach hinten und entzog sich ihren langen weißen Fingern. »Tu *was* nicht?« fragte er, die Augen plötzlich zu Schlitzen verengt.

»Es ist alles in Ordnung, Hunning«, sagte sie. »Ich glaube, sie war entzückt.«

»Wenn ich als Außenstehender ...«, begann Jacqui, doch Bill schnitt ihr das Wort ab.

»Blödsinn, entzückt«, sagte er so grob zu Malide, daß sie zusammenzuckte, wie ich bemerkte. »*Blödsinn.* Ich kenne euch. Ihr seid so verdammt japanisch.«

Verrückterweise war es dieser Augenblick, in dem er unliebenswürdig war, daß ich ihn endlich rückhaltlos liebte. Es war seine Trauer, die mir Vertrauen einflößte, und ich schämte mich meiner kindischen Eifersucht früher am Abend.

»Tut mir leid ... hab mich dumm benommen ...«

Mein Vater drehte sich zu meiner Stimme um, runzelte die Stirn und fuhr sich mit den Händen über sein blasses, verständnisloses Gesicht.

In diesem Augenblick war ich bereit, hinter meiner Verkleidung hervorzutreten, und das hätte ich wahrscheinlich auch getan, wenn Wally nicht beschlossen hätte, sich wie ein alter Geier, mit glänzendem Schädel und finster herabgezogenen Augenbrauen, von seinem Stuhl zu erheben.

»*Dumm?*« sagte der alte Mann mit einer Stimme zu mir, die so sehr kratzte wie der Stuhl auf dem Fußboden. »Du hast dich überhaupt nicht *dumm* benommen. Du hast dich verhalten, als hättest du deinen Verstand in deinem Baton.« Er stand mit vom Körper abgespreizten Armen da, die Ellbogen angewinkelt, und starrte mich wütend an.

Stille setzte ein. Ich sah Bill an. Seine Haut hatte ihren Glanz verloren. Als er versuchte, mich anzulächeln, sah er nur aufgedunsen aus. »Um Himmels willen, Mo-ami«, sagte Wally. »Das ist die Wohnung deines Vaters. Das waren wichtige Leute. Selbst ich konnte das sehen. Was du getan hast, war häßlich und peinlich.«

»Hab ich ... was versaut?« fragte ich meinen Vater.

»Ich bin so froh, Tristan zu sehen«, sagte Bill. »Es gibt nichts Wichtigeres.«

»Hab ich ... dir irgendwas versaut?«

»Ja«, sagte Wally, der so aufgewühlt war, daß er anfing, Messer und Gabeln auf das zarte blaue und weiße holländische Porzellan zu stapeln.

»Lassen Sie, bitte«, sagte Malide.

Aber Wally war zu aufgeregt, um irgendwas zu lassen. Er trug die gefährlich aufgestapelten Teller und das Besteck mit gesenktem Kopf und gestreckten Ellbogen in die Küche, und seine Schuhe schlurften schnell über den Fußboden. »Du hast es versaut«, rief er über die Schulter zurück. »Das ist doch ziemlich offensichtlich, selbst für einen Efikaner.«

»Nein, nein«, flüsterte Bill.

Malide legte ihren nackten Arm auf Bills Schulter und zog ihn zu dem leeren Stuhl neben sich. »Beruhige dich«, sagte sie. »Ich glaube nicht, daß das was mit Karakter zu tun hatte.«

»Das hatte nur was mit Karakter zu tun«, entgegnete Bill. »Sie hat ihn sich mit uns verdorben.«

»Ich glaube, du hast unrecht«, sagte Malide. »Ich glaube, Mrs. Kram hat Spaß gehabt.«

»Ach, Malide«, entgegnete Bill. »Nein, nein, bestimmt nicht.«

Malide nahm Bills Kopf in ihre kühlen schlanken Hände und küßte ihn auf die Stirn. »Je unsicherer du bist«, sagte sie, »desto bestimmter wirst du.«

»Ach, hör schon auf, Lievling«, sagte Bill, »behandle mich nicht so gönnerhaft. Ich lebe hier seit zwanzig Jahren.«

»Tut mir ... sehr leid.«

Bill wandte sich zu mir.

»Du hättest ... es mir sagen müssen ...«

»Bitte«, sagte Malide und stand auf. »Laß mich Tee kochen.«

»Hatte es was mit deiner Arbeit zu tun? ... Habe ich deine Arbeit versaut ...?«

Am Ende trank ich doch keinen Tee. Ich nahm, auf Jacquis Vorschlag hin, mein Bad. Ich hatte nicht vorgehabt, meinem Vater weh zu tun. Ich war noch stärker von mir selbst eingenommen gewesen als sonst jemals. Ich verschwand voller Scham, und obwohl ich es doch gerade erst anders geplant hatte, ließ ich es zu, daß meine Pflegerin noch einmal die unattraktive Wahrheit meines blassen, verwachsenen Körpers zu sehen bekam. Wir redeten kein Wort. Wir sahen uns kaum an. Sie tupfte mich mit Desinfektionsmittel ab, verband mich, versteckte mich wieder im Kostüm.

»Das ist einfach zuviel«, sagte sie. »Ich werde für eine Weile verschwinden. Wirst du mir hinterherlaufen?«

»Nein.«

»Brauchst du sonst noch etwas?«

»Nein.« Ich sah sie nicht an. Ich blieb auf der Toilettenschüssel sitzen, kam mir dumm vor, wartete darauf, daß die anderen aufhörten, über mich zu reden.

41

Malide hatte Jacqui die berühmten Adressen genannt, wo man ihrer Meinung nach möglicherweise ein Stimmpflaster, oder wie das hieß, finden könnte.

Die Geschäfte (Lantern Steeg 23, Sirkus Straat 101) lagen in unmittelbarer Nähe zum Baan, in dem Gewirr der kleinen Gassen zwischen dem Hotel Marco Polo und dem Großen Platz. Es gab Hunderte von Sirkusläden, die öffneten, wenn die letzte Show vorbei war, und um zehn Uhr morgens wieder schlossen. Sie klebten an den Rändern des Tentdorp-Viertels wie Muscheln an einer Mole, ein Geschäft neben dem anderen, in Kellern, in Innenhöfen voller Bauholz und der Asche aus Hufschmieden, im neunten Stock verfallender Lagerhäuser, und an diesen wenig bezaubernden Orten fand man die neuesten Laserschaltkreise, französisches und deutsches Make-up, afrikanische Federn, japanische Knöpfe und alle möglichen handwerklichen und technischen Hilfsmittel, die die Sirkusindustrie verlangte.

Als Jacqui das Baan kurz nach fünf verließ, tippte sich der Hotelmajoor an den Hut und wünschte ihr ein höfliches »Gaaf morgen, Ma'am«.

Draußen auf dem Demos Platz spritzten die gummibestiefelten Yardveeger bereits die Gehsteige vor ihren Gebäuden ab, und die Luft war so süß, wie sie in Saarlim nur werden konnte, erheblich süßer als die Luft im Lantern Steeg, den Jacqui mit pendelnden Armen, vorgerecktem

Kinn und nach oben gestelltem Kragen ihres dritten Hemds kurz vor halb sechs betrat.

Daß die Luft darin stank und die Gehsteige verfielen, erschreckte sie nicht. Und selbst beim Anblick einer Gruppe von Misdaad-Burschen mit ihren leuchtend roten Halstüchern und den schweren Stiefeln, die auf sie zugewankt kam, setzte ihr Herz nicht einen einzigen Schlag aus. Sie lehnte sich mit dem Brustkorb in die Luft, als wäre er ein Schild, Knochen, Muskel, und sie kam sich unbesiegbar vor, hatte keine Angst, als sie durch den Dunstkreis ihres Testosterons trat, und verbarg die Reichtümer, von denen die Misdaad-Burschen nichts ahnen konnten: den Wasser-Sirkus, das Baan, das Essen mit Bill Millefleur, Peggy Kram, den Türsteher, die Gondel, das Champagnerglas, das sie mit in den Aufzug genommen hatte; und sie wünschte sich nur, daß jemand von Zuhause – sie dachte an Oliver Odettes in seinen kurzen Stiefeln – Zeuge ihrer Einführung in diese glänzende Gesellschaft gewesen wäre.

Als sie das Haus Lantern Steeg 23 betrat, mußte sie über einen schlafenden Wanderarbeiter steigen, um auf den Knopf für den Aufzug zu drücken. Es wäre klüger gewesen, wenn sie nervös gewesen wäre, aber sie dachte, was andere Kleinstädter seit unvordenklichen Zeiten gedacht hatten: *Hier bin ich*.

Als der Fahrstuhl keuchend und klappernd kam, drückte sie auf den Knopf für den zehnten Stock, dem Verkaufsraum von Ny-ko Effects.

Als sie eine halbe Stunde später wieder herauskam, war der Wanderarbeiter wach. Er lag auf dem Rücken und starrte sie aus blutunterlaufenen Augen an. Sie warf ein paar Münzen in seine Blechdose, eilte hinaus auf den Steeg und wandte sich westwärts zum Marco Polo, wo sie den ersten ihrer Tagesberichte für Gabe Manzini schreiben wollte.

Mit den Händen in den Hosentaschen betrat sie das Foyer des Marco Polo. Sie nickte dem Hotelmajoor, der erst am Vortag Tristan das Geld in die Hand gedrückt hatte, vertraulich zu.

Dann sah sie durchs Foyer zu dem fleckigen alten Springbrunnen hinüber und sah dort einen Mann auf einem Stuhl mit hoher Rückenlehne sitzen, der Wendell Deveau ungeheuer ähnlich sah – Wendell, den sie nackt durchs Hotel Printemps hatte gehen lassen, die Beine übereinander schlagen, stehen, sitzen lassen, damit sie erkennen konnte, warum Männer so gingen, wie sie gingen, wohin Penis und Hoden schlugen und fielen. Dieser Mann, es war Deveau, stand nun auf und kam stirnrunzelnd und lächelnd zugleich auf sie zu.

»Wendell?«

»Wer sonst?«

»Was machst du hier?« fragte sie und ärgerte sich über seinen gereizten, aufgesetzten Gesichtsausdruck. »Und?« sagte sie. »Du konntest nicht ohne mich leben, nicht wahr?«

»Gehen wir auf dein Zimmer«, sagte er.

»Laß uns irgendwo einen Kaffee trinken gehen.«

Aber er klammerte ihren Ellbogen mit seiner großen weißen Hand und schob sie auf den Fahrstuhl zu.

42

Nachdem die Dinnerparty für Mrs. Kram vorbei war, machten Bill und Malide ein Riesentamtam um ihre Saarlimer »Gastfreundschaft« und bestanden darauf, daß Wally und Tristan über Nacht blieben, doch wie Wally bald herausfand, war dies ein Schwindel, wie alles andere ein Schwindel gewesen war. Die Gäste mußten auf dem VERDAMMTEN ESSTISCH schlafen.

Als Wally den schlechten Rotwein probierte – Fusel, billiger Schund, Case Latrine, Hundepisse der übelsten Sorte –, fiel endlich der Groschen. Der Anzug und die Schuhe waren nur Kostümierung. Die Gondel Kulisse. Der Mersault Betrug. Der sogenannte Sirkus-Star war nur ein arbeitsloser Schauspieler, der versuchte, eine Rolle zu kriegen, zu einem Vorsprechen gebeten zu werden, einer, der neben dem Telefon auf den Anruf wartete, der sie einen weiteren Monat über die Runden brachte. Bill Millefleur war nicht in der Lage, seinen Sohn aufzunehmen.

Und aus der Küche zurückzukommen und zu sehen, wie Bill und Malide dabei waren, eine Matratze auf den Tisch zu legen, auf dem sie zuvor ihr protziges Diner serviert hatten, löste in Wallys glänzendem Schädel einen mächtigen Sturm der Entrüstung aus.

Er blinzelte, drückte die Fäuste in die Nierengegend, reckte das Kinn in Richtung seines Gastgebers und verfolgte das Ausbreiten und Glattziehen der Laken mit immer größer werdender Unruhe, die Bill und Malide hartnäckig übersahen.

»Dabei bin ich doch hier der Betrüger«, rief er schließlich. Er stopfte sich das Hemd in die schwarze Hose und zog den Gürtel enger. »All dieser Unfug mit dem Baudelaire, von dem du allen erzählt hast. Aber da sieht man mal wieder.« Er nickte in Richtung Matratze. »Du hast uns in dem Glauben gelassen, daß du der Größte bist, wie du da in den Limousinen vorgefahren bist. Der Punkt ist, Mo-ami, ich habe dir geglaubt. Ich habe deinen Sohn um die halbe Welt hergebracht. Ich habe dich für einen besseren Menschen als mich gehalten, das ist die jämmerliche Wahrheit.«

»Er *ist* erfolgreich«, sagte Malide. »Aber er ist beim Sirkus. Die eine Show ist vorüber. Bald wird er in einer anderen sein.«

»Ich weiß, was ein Zirkus ist, junge Dame. Ich bin im Zirkus großgeworden. Ich war der Menschliche Ball.«

»Nein«, sagte Bill. »Ich war noch sehr jung, als ich solche Sachen zu dir sagte.«

Aber Wally hatte ihm den Rücken zugekehrt und starrte hinaus über den Park in die graue fremde Morgendämmerung. »Wir haben unser Geld auf dem Herweg verloren«, sagte er. »Wir hatten Geld. Wir haben es verloren. Es war mir egal. Ich habe geglaubt, du hättest mehr als genug. Als wir ausgeraubt wurden, dachte ich, na wunderbar – nun muß er zu Bill gehen.« Er wandte sich um. »Wir sind bis auf den letzten Krümel abgebrannt, genau wie du.«

»So ist der Sirkus«, fing Malide an.

»Er hätte die ganze Zeit bei dir sein sollen«, sagte Wally zu Bill. »Du hättest ihn niemals zurücklassen dürfen. Du hättest ihm Dinge beibringen können, die ich ihm nicht zeigen kann. Dein Benehmen heute abend, das hätte einfach nicht sein dürfen. Du weißt nicht, wie sehr es ihn nach dir verlangte. Er hat seine Übungen gemacht, dieselben, die du ihm gezeigt hast, Jahr für Jahr. Sogar als er einen Haufen Geld an der Börse verdient hat, hat er am Nachmittag seine Übungen gemacht. Du warst ihm sehr wichtig. Du warst es, der ihn in dem Glauben ließ, er könne Schauspieler sein.«

Wally setzte sich aufs Sofa und sah unter seinen nikotinfleckigen Augenbrauen zu Bill auf.

»Nein«, sagte Bill. »Wir haben nie über Schauspielerei gesprochen. Wie könnte er denn jemals Schauspieler werden?«

»O doch. Du warst es. Du hattest doch die Idee mit der Rolle im *Simpel-Sirkus*.«

»Ich glaube nicht«, sagte Bill, der nun ganz blaß geworden war. »Das hätte ich doch nie getan.«

»Das bedeutet dir alles gar nichts. Du vergißt es einfach. Aber was du dabei vergißt, Mo-frere, diese Dinge sind sein Lebensmittelpunkt. Du hast leicht reden, ›Ich glaube nicht‹, aber er hat zehn verdammte Jahre lang trainiert.«

»Ich habe ihm geschrieben«, entgegnete Bill. »Ich weiß, ich habe ihm geschrieben. Jetzt, wo er hier ist, werden wir schon klarkommen. Was immer schiefgelaufen ist, wir werden es schon hinkriegen. Es ist nicht zu spät.«

»Ich habe immer geglaubt, bei dir würde es ihm besser gehen, aber du hast keinen Job, kein Gästezimmer. Hast du eine Ahnung, was wir riskiert haben, um herzukommen? Also, ich muß schon sagen, Mo-ami, ich bin schockiert.«

Bill fuhr sich mit der Hand übers Gesicht. »Aber er hat doch meine Briefe gekriegt. Du hast doch gesagt, daß er meine Briefe gelesen hat. Wie kann er da überrascht sein?«

»Du hast ihn dazu gebracht, daß er dich liebt«, sagte Wally. »Du bist aufgetaucht und hast ihn dazu gebracht, daß er dir aus der Hand frißt. Er hat mich fallenlassen. Er hat sich an dich gehängt, und dann hast du ihn einfach fallenlassen. Das war sehr grausam, Mo-ami.«

»Bill macht sich Sorgen«, sagte Malide. »Er quält sich damit. Er schreibt jede Woche.«

Wally sagte nichts dazu. Er wischte sich das Gesicht.

»Hat er sie bekommen?« fragte Bill.

»Ja, ja, sie sind angekommen.«

»Aber er hat sie nicht gekriegt?«

»Ich habe nicht gesagt, daß ich vollkommen bin«, sagte Wally.

Es gab ein langes Schweigen.

»Ich habe gedacht, du bist reich und berühmt«, sagte Wally schließlich. »Ich habe geglaubt, du hast alles. Er war alles, was ich hatte. Was immer auch falsch an mir war, ich wußte, ich würde ihn nie im Stich lassen.

Aber das war ein Fehler.« Er zupfte sich weiße Flusen von der schwarzen Hose seines verknitterten Anzugs. »Ich gebe zu, das war ein großer Fehler.«

Bill lachte kurz auf und warf dann das Kissen aufs Bett.

»Ich war ein Arsch«, sagte Wally. »Tut mir leid.«

43

Der Fahrstuhlknopf war zerbrochen, und das Lämpchen darin flackerte. Wendell drückte darauf, ohne Jacquis Ellbogen loszulassen.

»Was für ein Loch«, sagte er, und der Mund, den Jacqui früher für das Schönste an ihm gehalten hatte, sah verdorben und schmollend aus.

Das DoS hatte Wendell hergeschickt – offenkundig. Sie hatten die Ausgaben bewilligt, die Formulare unterzeichnet, die Flugtickets ausgestellt, was bedeutete, daß der ganze Fall drei oder vier Etagen über dem Sektionsleiter angekommen war.

»Wo wohnst du?« fragte Jacqui.

»Du wohnst hier, was hab ich denn da für eine verdammte Wahl?« Seine Unterlippe war schlaff, baumelte schon fast.

»In welcher Etage?«

»Ach, komm schon, Frau Professor, du bist als *Außendienstler* tätig.« Er hämmerte mit der Faust auf den Knopf. »Benutz deinen *Verstand*. Welche Etage glaubst du wohl?«

Der Fahrstuhl kam. Sie fuhren schweigend hinauf. Jacqui betrachtete ernst die Zahlen, während Wendell sie boshaft anstarrte.

»Jeder, der dich für einen Mann hält«, sagte er, »muß blind sein.«

Sie ging zu ihrem Zimmer voran, war sich ihres Ganges sehr bewußt.

Sie öffnete die Tür, Wendell zögerte einen Augenblick und trat als erster ein. Er war ein großer Mann, übergewichtig, wirkte wenig elegant in seiner Kleidung: und doch, als er im Zimmer umherging, tat er dies mit einer gewissen gefährlichen Grazie: suchte nach Leuten oder Wanzen oder Bomben, wer wußte das schon. Jacqui bekam davon eine kleine Gänsehaut im Nacken.

Als Wendell mit dem Badezimmer fertig war, zog er einen kleinen elektronischen Apparat aus der Aktentasche – eine kleine schwarze Schachtel mit einer Reihe winziger, blinkender, bernsteinfarbener und roter Lämpchen darauf. Sie wußte, worum es sich handelte: um einen funkelnagelneuen Wanzenblocker. Er stellte ihn mitten ins Zimmer, aber das Gerät wollte nicht anspringen. Die Lichter, die auf grün hätten umspringen sollen, blieben hartnäckig bernsteinfarben. Wendell stand über dem Gerät und starrte es an wie ein Golfer einen Golfball. Dann trat er dagegen.

Das Gerät schlidderte schnell wie ein Hockeypuck über den Fußboden und donnerte gegen die Fußleiste.

»Scheiß drauf«, sagte Wendell.

Er zog sein Jackett aus, faltete es zusammen und legte es auf Wallys Bett. Er ging zu dem Wanzenblocker, hob ihn auf, schaltete ihn ab und warf ihn aufs Bett. Dann öffnete er die Aktentasche und zog den gefälschten Sendebericht (eine Fotokopie, nicht das Original) heraus, den Jacqui mit Tristans Faxgerät ausgedruckt hatte.

Jacqui setzte sich auf die Kante des zweiten Betts.

Wendell hielt ihr die Fotokopie entgegen.

»Du bist ein verdammtes *Kind*«, flüsterte er.

Sie nahm ihm das Blatt aus der Hand. Sie bemerkte den kleinen grünen Stempel und das Datum, was bewies, daß es bereits durch die Analyse gegangen war. Es fand sich auch eine kleine schwarze Schlüsselzahl, die darauf hinwies, daß es bei CRYPT-IT gewesen war. Na gut, dachte sie, das Spiel ist aus.

Wendell nahm ihr die Fotokopie wieder ab und steckte sie in die Aktentasche. Sie war überrascht, wie sorgfältig er damit umging, wie vorsichtig er die Fotokopie in die rote Plastikhülle schob. Er drehte sich um, das Gesicht starr vor Zorn.

»Himmel, Jacqui, was versuchst du uns da unterzujubeln? Weißt du, was man braucht, um eine solche Aktion in Gang zu setzen? Die efikanische Abteilung hat jemanden nach Neu Zwolfe geschickt, um dich dort zu treffen. Nicht irgendeinen verdammten Babysitter. Einen echten voorstandischen Agenten. So werden nur VIPs behandelt, begreifst du das?«

Er nahm sein Jackett. Sie war hellwach, spürte die Gefahr, doch dann ging er zum Schrank, und ihr wurde klar, daß er einfach nur sein Jackett auf einen Bügel hängen wollte. Als er das getan hatte, schien er ein wenig ruhiger.

»Gabe Manzini ist jetzt an deinem Fall dran. Bist du so dumm, daß du noch nicht mal Angst hast? Du weißt doch, wer Manzini ist?«

»Wendell, ich weiß, wer er ist.«

Wendell setzte sich neben seine Aktentasche. »Dieser Faxausdruck verbindet den Krüppel mit der Zawba'a.«

»Ich weiß.«

»Ich weiß, daß du es weißt, du dummes Stück. Du hast diese Telefonnummern aus deinem dir ergebenen Computer, dann hast du sie in Tristan Smith' Faxgerät eingegeben, und dann hast du den Sendebericht ausgedruckt. Wir wissen genau, was du getan hast. Aber du wußtest nicht, daß das VIA eine Riesenaktion vorhat, um Zawba'a einzukreisen. Gabe Manzini ist an deinem Fall sehr interessiert. Mr. Manzini ist ein guter Freund der Efikaner. Wir hätten ihn nur äußerst ungern zum Feind.«

»O«, sagte sie.

Ihre Knie berührten sich fast. »Weißt du, wieviele Jahre es uns gekostet hat, bis das VIA uns ernst genommen hat? Sie sind aus der Neuen Welt, genau wie wir, aber davon merkt man nichts, so herablassend sind sie. Die sind noch schlimmer als die Engländer, selbst als die Franzosen. Weiß du, was es gekostet hat, was wir alles anstellen mußten, damit sie uns vertrauten? Den Dreck, den wir uns vorsetzen lassen mußten? Freunde von mir sind umgebracht worden, nur damit diese Arschlöcher Informationen mit uns teilen. Und dann kommt diese kleine Trockenschleuder ...«

»Nenn mich nicht so ...«

»Ich hab dich für klug gehalten. Doktor, stimmt's? Doktor der beschissenen Philosophie?«

Sie wußte, daß sie ihm nicht so nah sein sollte, aber es war genauso gefährlich, wegzurutschen.

»Wir können dir nicht vertrauen, Jacqui. Du handelst wie der Feind.«

Er nahm ihr Gesicht in die Hand. Sie versuchte sie wegzuschieben, aber er war zu groß, zu stark. Ihr Gesicht war klein, seine Hand groß, und er hielt ihren Unterkiefer so fest, drückte so brutal mit dem Daumen zu, daß sie dachte, er würde durch die Haut dringen, und sie hatte Angst, nicht nur wegen des Schmerzes im Augenblick, sondern auch, weil sie nicht wußte, wie sich der Schmerz entwickeln würde, hatte Angst vor Wendells Größe, seiner Statur, seinen blassen, blassen Augen und dem ungeheuren Groll, den sie dort entdeckte. Doch dann wurde sein Gesicht weich, seine Hand ließ nach.

»Jacqui, Jacqui«, sagte er.

Er berührte sie sanft an der Wange. Sie hielt sich ganz still.

»Wolltest du nach Saarlim?«

Sie wußte nicht, was sie ihm darauf antworten sollte.

»Ich hoffe, das war es nicht. Was für ein Haufen Dreck.« Er sah sie verdrießlich an. »Oder etwa nicht?«

Sie nickte.

»Ich hab noch nie solchen Dreck gesehen«, fuhr er fort. »Es stinkt. Voller Nigger. Warum hast du das getan, Jacqui?«

Er hatte dieses klebrige, wütende Gefühl an sich. Er gab einen Geruch von sich – sie hatte es immer für Sex gehalten, aber es war Wut.

»Man bringt die Voorstander nicht derart ins Spiel und hat dann nichts vorzuweisen. Jetzt bin ich hier, und wir werden ein Resultat vorweisen.«

Jacqui war schlecht. »Was hast du vor?«

»*Was hast du vor?*« äffte er sie nach. »Ich werde den verdammten Tristan Smith umbringen müssen, bevor die efikanische Abteilung die Wahrheit herausfindet.«

Jacqui fing an zu weinen.

Wendell sah sie an und schüttelte den Kopf.

»Du dummes Stück«, sagte er. »Du hast Glück, daß sie mich geschickt haben.«

Er legte seinen Arm um ihre Schulter, und sie legte ihren Kopf an seine Brust, lauschte seinem Herzen und der trockenen Luft, die durch seine feuchte und klebrige Lunge fuhr. »Dein Fax ist wahr geworden. Du hast den armen kleinen Scheißer zum Terroristen gemacht.«

44

Jacqui kniete neben meinem Bett. Sie war so nah neben mir, daß ich Pfefferminzzahnpasta riechen konnte, als sie meinen Namen rief.

Ich wußte, daß sie da war, aber ich schlief weiter. Im Schlaf war ich liebenswert. Im Schlaf hatte ich mich nicht auf einer Dinnerparty lächerlich gemacht. Im Schlaf hatte Jacqui verschiedene Farben in den Augen, kleine Inseln aus durchschimmerndem Braun in einem Korallenmeerblau.

»Tristan, schnell!«

Selbst als ich voller Bedauern zu ihrer dringlichen Stimme aufwachte, blieb sie ein Rätsel der Natur, jenseits aller Erklärungen, und aus diesem Grunde jemand, der mich vielleicht eines Tages rätselhafterweise lieben könnte.

Als ich die Augen aufschlug, fand ich sie aufgelöst, in einem leicht verwirrten Zustand vor, wie sie auf dem Fußboden ein kleines Päckchen auspackte.

»Tristan, bitte.«

Ich hatte auf Bills Eßtisch geschlafen, das Laken über meinem nackten Gesicht, und Wallys federleichtes Schnarchen spielte in meinem Ohr. Nun ließ ich es zu, daß sie mir auf den verdreckten Teppich herab und hinaus in die feuchte Luft auf dem Balkon half, wo sie das Simi-Kostüm auf dem Boden ausgebreitet hatte, wie ich sah, die behandschuhten Hände zwischen die eingetopften Pflanzen und Klettergewächse weisend. Ich zog mein Nachthemd enger um mich und sah den Simi ohne große Begeisterung an.

»Zieh es an«, sagte Jacqui.

»Warum?«

»Wir müssen verschwinden.« Sie stampfte mit dem Fuß auf. »Schnell, schnell.« Ihr ziemlich dickes, glattes Haar stand ihr tatsächlich zu Berge, nicht nur oben auf dem Kopf, sondern auch am Haaransatz.

Meine Muskeln litten noch unter den Anstrengungen des Vortages, aber ich legte meinen müden Körper hin und spürte schon bald das vertraute Ziehen und Gleiten, als ich, wie ein paar Kartoffeln in einem feuchten Sack, eingenäht wurde. Bevor sie das Bündel verschloß, fuhr sie mir mit ihrer kühlen trockenen Hand um den Hals. Einen Augenblick später spürte ich, wie sie mir in der Kehlkopfgegend ein kleines Pflaster auflegte. Als sie es mit ihren Fingern glattstrich, gab es einen kurzen stechenden Schmerz, wie der Biß einer kleinen schwarzen Ameise.

»Nicht sprechen, Tristan«, sagte Jacqui und kniete neben meinem Kopf. »Nicht mal quieken. Vertrau mir, ich nähe nur schnell dein Kostüm zu und erzähl dir, wo ich gewesen bin, während du geschlafen hast.«

Ich starrte durch die Augenlöcher auf den Betonboden und die blauglasierten Töpfe.

»Du wirst mich nicht mehr mögen, Tristan, wenn du erstmal weißt, wer ich bin, aber trotzdem, Mo-frere, ich wollte dir was Gutes tun.«

Sie verdrehte mir wieder den Kopf. Ich glaubte zu wissen, was sie mir sagen wollte, nämlich, daß sie eine Frau war.

»Es ist nichts Besonderes«, sagte sie. »Ich hoffe, es gefällt dir, aber wenn nicht, dann ist es dir vielleicht ein kleiner Trost, daß es höllisch weh getan hat, dafür zu bezahlen.«

Ich konnte mir vorstellen, wie sie die Stirn runzelte, als sie ihre unsaubere Näharbeit mit der Schere traktierte.

»Ich bin in einem Laden namens Ny-ko Effects gewesen«, fuhr sie fort. »Malide hat mir davon erzählt, sonst wäre ich nie drauf gekommen – neun Stockwerke hoch in irgendeiner verdreckten kleinen Gasse, geführt von so einem kleinen Griechen mit Haaren auf den Fingerknöcheln. Halt still ...«

Sie stand auf und schloß die Schiebetür. Ich setzte mich auf.

»Und nun, bitte ... wir haben nicht ewig Zeit.«

»Was ist das ... für ein Ding ... an meinem Hals?«

Meine Worte wurden von jemand anderem wiederholt. *Was ist das für ein Ding an meinem Hals?*

Jacqui lächelte mich an. »Nicht schlecht«, sagte sie. »Gar nicht schlecht.«

»Hast du ... einen Kassettenrekorder?« fragte ich.

Eine leichte Tenorstimme wiederholte, *Hast du einen Kassettenrekorder?*

»Sag ein Stück Shakespeare auf«, forderte Jacqui. »Schnell. Sag das Stück aus dem *Sturm* auf, das dir so gut gefällt.«

»Was hast ... du gemacht?« fragte ich und setzte mich auf. *Was hast du gemacht?* Der Effekt war äußerst verwirrend.

»Du trägst ein ›Zwei-Nadel-Stimmpflaster‹, wie die Darsteller im Wasser-Sirkus. In der Schnauze von Bruder Maus ist ein zweieinhalb Zentimeter großer Lautsprecher eingenäht, und es wird empfohlen, das Pflaster einmal die Woche zu wechseln. Man nennt das eine Normalstimme. Du hättest den Laden sehen sollen. Nicht zu glauben, was es da alles gab.«

»Ich ... kann sprechen«, sagte ich.

Ich kann sprechen.

»Rezitier mal was. *Mein Name ist Osimandias* ...«

»Es ist ... ganz komisch.«

Es ist ganz komisch.

»Du klingst wie Piper McCall. Rezitier mal das Stück aus Richard III.«

»Piper McCall ... ist ein großer ... Schauspieler.«

Piper McCall ist ein großer Schauspieler.

»Du auch, Mo-chou«, sagte sie und kniete sich hin, um Nadel, Faden und zerknülltes Papier aufzuheben. »Und jetzt kannst du mit Mr. Millefleur reden. Du kannst alles sagen, was dir durch den Kopf geht. Sprich mit geschlossenen Lippen. Ich habe zur Dämmung ziemlich viel Papier in die Schnauze gestopft, und du willst doch nicht, daß die übertragene Stimme mit der Lippenstimme durcheinanderkommt. Komm, wir müssen jetzt gehen.«

»*Nun ward der Winter unsers Mißvergnügens, Glorreicher Sommer durch die Sonne Yorks.*«

»Du könntest im Sirkus auftreten. Du könntest ein Star werden.«

»*Danke*«, sagte ich. Es war verwirrend, meine eigene Stimme im Mauskopf dröhnen zu hören. »*Danke.*« Ich mußte lernen, den Mund geschlossen zu halten. Und selbst dabei hatte meine makellos klingende Stimme einen trüben Beiklang.

»*Habe ich einen Akzent?*«

»Tristan, wir können hier nicht länger herumhängen«, sagte sie und zog die Tür zur Wohnung auf. »Ich muß dir ein paar Dinge sagen.«

»*Sag mir, wie das funktioniert.*«

»Das Gerät nimmt die Schwingungen auf«, flüsterte sie, um Wally nicht aufzuwecken, »die Vibration der Kehle. Da ist ein kleiner Chip drin, der weiß, wie man die Schwingungen in verständliche Sprache umwandelt. Aber hör mir bitte zu ...«

»*Ich möchte, daß du Frauenkleider trägst.*« Das sagte ich. Es war wie ein Traum – ich wußte nicht, woher das gekommen war.

»Was?« sagte sie, sah mich an und blinzelte offenen Mundes.

»*Kleide dich wie eine Frau.*«

Sie zupfte an den Ärmeln ihrer Jacke und machte einen Knopf zu. »Was genau soll das heißen?«

Auf ihren Wangen und ihrem Hals erschien ein zauberhaftes Rot.

»Was?« fragte sie.

Ich sagte gar nichts. Ich war verwirrt. Die Welt war weich und unscharf.

»Ich habe keine Frauenkleider.«

»*Aber Malide.*«

Sie sah mich an und verbarg ihren Gesichtsausdruck hinter der Hand.

»Schnell«, sagte sie. »Geh und warte draußen.«

Ich trat wieder hinaus auf den Balkon. Ich lief hin und her.

Ich war Meneer Maus, der an einer Straßenecke auf Madam Maus wartete. Ich war der Beau mit einem Blumenstrauß, der Verehrer am Bühneneingang. Ich war kein Attentatsopfer. Jedenfalls wußte ich nichts davon. Ich war der Bewohner eines Trothauses, stand auf einem Balkon hoch über dem Demos Platz, war ein Sirkus-Star, und wartete auf ein Mädchen, das mir Gesellschaft leistete. Es war Sehnsucht, Verlangen, die zarteste Form von Schmerz.

Ich hörte die Tür, das sanfte Gleiten maschinell bearbeiteten Aluminiums.

Madam, Meneer, sie war so schön. Sie trug einen schlichten Rock, lang und schwarz, und ein engsitzendes blaues Oberteil. Aber es lag nicht an ihrer Bekleidung oder ihrem Körper, sondern an dem hellen Schein in ihrem makellos geformten olivfarbenen Gesicht. Sie trug kein Make-up, ihr Haar war zerzaust, aber sie war elektrisierend.

»Tut mir leid«, sagte sie. »Ich bin eine dumme Person gewesen. Wenn es eine Hölle gäbe, dann müßten sie mich da wohl hinschicken.«

Ich hörte sie kaum. Ich sah sie. Ich war so glücklich. Ich kniete vor ihr nieder.

»*Meine Rede*«, sagte ich.

»Wir haben keine Zeit«, sagte sie.

Ich kniete neben ihr. Ich zupfte eine kleine Blume aus Malides Fensterkasten. Wally wäre gestorben, wenn er das gesehen hätte – ein saftiges Etwas mit einem Stiel wie eine Narzisse. Jacqui nahm sie entgegen und hielt sie mit beiden Händen.

»Laß mich dir weisen, wo die Holzbirn wächst.«

Ich war natürlich Caliban. Sie hätten mich hören sollen, Meneer, Madam. Ich war witzig, ironisch, hämisch und so *deutlich* zu verstehen.

»*Mit meinen langen Nägeln grab' ich Trüffeln*«, sagte ich.

»Zeig' dir des Hähers Nest; ich lehre dich die hurt'ge Meerkatz fangen ...«

Sie setzte sich auf den weißen Plastikstuhl neben mich. Erst da bemerkte ich ihr Gesicht, sah die Tränen in ihren Augen quellen.

»Will dir Quellen zeigen, Beeren pflücken.«

»Tristan«, sagte sie.

»Ja. Was ist?«

Ich spürte ihre Hände an meinen Ohren spielen. Ich konnte die Blume riechen, den feuchten Blütenstaub auf ihren Staubgefäßen. Ich sah ihre feuchten Wangen und war voller Freude.

»Wir müssen verschwinden«, sagte sie. »Da draußen ist jemand, der dich umbringen will.«

45

Wally wachte auf und fand Bill, Malide und Peggy Kram auf seinem Eßtischbett versammelt vor, wie sie sich wortreich unterhielten, so als sei die Dinnerparty gar nicht zu Ende gegangen. Der alte Mann hatte geglaubt, ungestört zu sein. Er hatte sich schlafen gelegt, seine Hose zum Plätten unter die Matratze getan. Sein Gebiß lag in aller Öffentlichkeit herum. Sein Hemd und die Fliege lagen säuberlich zusammengelegt auf dem Bücherschrank am Kopfende des Betts. Als er sich abmühte, das verknitterte Hemd zuzuknöpfen, fand er es demütigend, daß alle seine bloße, eingefallene Brust sehen konnten.

Wie es im von der Etikette so besessenen Saarlim dazu kommen konnte, war ihm ebenso ein Rätsel wie die Herzlichkeit, die die Gastgeber und der einflußreiche Gast einander zeigten.

Dabei war den Saarlimern der tiefere Sinn des Besuchs so offenkundig, daß sie nicht das Gefühl hatten, es ausführen zu müssen, nicht mal einem Fremden gegenüber. Wenn Mrs. Kram über Wallys Bett stieg, dann hieß das, daß sie, aus welchen Gründen auch immer, entschieden hatte, Bills Wohnung sei *heimischer Herd* und Bill und Malide *Leute vom heimischen Herd*. Mit anderen Worten, Mrs. Kram hatte der Dinnerparty einen Wert abgewinnen können, und mein Vater sah sich, zu seiner kaum verhohlenen Überraschung, erhoben, befördert, gerettet.

»Ich habe den ganzen Abend darüber nachgedacht«, sagte Mrs. Kram. »Ich konnte nicht schlafen, so aufgedreht war ich.«

»Uns ging es genauso«, log Malide. »Wir sind gleich rausgegangen, um Schokolade zu essen. Wir haben stundenlang über Sie gesprochen, und als wir über den Platz zurückkamen, standen Sie da.«

»Und *Sie* auch«, sagte Mrs. Kram, die während der Dinnerparty kaum ein halbes Dutzend Wörter zu Malide gesagt hatte.

»Wir haben von Ihnen gesprochen«, sagte Bill.

»Und ich stand da und hatte den Kopf voll von Ihnen.«

»Wir haben gemeint, wie wir nur die ganze Zeit so nahe nebeneinander wohnen konnten, ohne mitzubekommen, daß Sie *heimisch* sind?«

Wie man sieht, waren sie schon viel zu sehr in einen schwindelnden Zustand der Unehrlichkeit geraten, um so etwas Gewöhnliches wie Wallys Brustkorb oder Gebiß zu bemerken. Sie setzten sich aufs Bett, weil man das in einer Situation wie dieser eben tat. Sie hatten es derart eilig, waren so laut und froh, ihre Schuhe an der Tür wegzuschleudern, so glücklich darüber, zeigen zu können, wie sehr sie die Gegenwart der anderen begeisterte. Es dauerte fast drei Minuten, bis sie feststellten, daß in ihrer Abwesenheit der Pfleger das Geschlecht gewechselt hatte.

»Entschuldigen Sie bitte, junge Dame«, sagte Mrs. Kram, als Jacqui Wallys Socken und Schuhe ans Bett brachte. »Habe ich zuviel getrunken, oder waren Sie beim letzten Mal, als wir uns begegnet sind, ein Gjent?«

Bill und Malide stimmten in ihr Lachen ein, aber in ihren Augen zeigten sich ihre eigenen unterschiedlichen, aber diskreten Gefühlsregungen: Amüsement und Bewunderung beim Mann, ernste Beunruhigung bei der Frau – das war ihr 1000-Gulden-Kleid, das da in der Wohnung auf und ab raschelte.

Wally zog seine Hose unter der Matratze hervor und zog sie unterm Laken an. Als Mrs. Kram sich die Augen wischte, schwang er seine Beine zum Bett hinaus und strich sich die buschigen Augenbrauen mit den Fingern glatt.

»Wie spät ist es?« fragte er.

»O mein Gott«, sagte Mrs. Kram. »O mein Gott, diese Wohnung ist besser als ein Varieté. Ich sollte hier einziehen. Es ist so amüsant.«

Wenn ich die Rede vorgetragen hätte, die ich mir im Kopf zurechtlegte, wäre es um ein Vielfaches amüsanter gewesen, aber Jacqui hatte irgendwie mitbekommen, daß ich kurz davor war, meine neue Stimme vorzustellen.

»Vergiß das für den Augenblick.« Zu Wally sagte sie. »Wir müssen gehen.«

Wally starrte sie mit offenem Mund an.

»Mr. Paccione, wir müssen *gehen*.«

»Ach, wollen andere das Bett benützen?«

»O mein Gott«, sagte Mrs. Kram. »Wir sind hier in Saarlim, Hunning. Niemand schläft in Saarlim.«

Und ohne Bill und Malide um Erlaubnis zu fragen, rief sie unverzüglich in ihrer eigenen Wohnung an, um ihren Lieferanten mitzuteilen, daß es noch ein paar Extramäuler zu stopfen gebe.

»Um Himmels willen«, sagte Jacqui zu mir, »nichts wie weg.«

»Mögen Sie Beeren, Onkel?« rief Peggy Kram zu Wally. »Mögen Sie wilden Reis und Kastanien? Werden Sie heute essen, Süßer?« Sie strahlte mich an. »Wird Bruder Maus mit nach oben kommen und sich mein kleines Trothaus anschauen?«

Ich wandte mich an Jacqui.

»Genau«, sagte sie. »Geh mit. Das ist perfekt.«

Und so flohen wir vor Wendell Deveau, ohne das Gebäude auch nur zu verlassen. Wir fuhren im großen gläsernen Fahrstuhl hinauf zu Mrs. Krams Trothaus.

46

Meine drohende Ermordung ging mir weniger im Kopf herum, als ich erwartet hätte. Ich will damit nicht sagen, daß ich mutig war. Sie wissen, daß ich es nicht bin – ich habe mich im Feu Follet jahrelang vor dem Tod versteckt. Ich habe den Tod gesehen, ihn gerochen, ließ zu, daß er in mich drang wie ein Gas, bis er jeden Winkel meiner leeren Seele ausgefüllt hatte.

Doch als ich in dem gläsernen Fahrstuhl in die Höhe fuhr, wußte ich, daß sich mein Leben ändern würde. Ich würde witzig sein, sexy. Ich würde zum ersten Mal in meinem Leben deutlich sprechen.

Ich zögerte nur bei einem Punkt – was sollte ich sagen? Versuchen Sie es mal – denken Sie sich auf der Stelle einen Satz aus, der all Ihr Genie, Ihren Charme zum Ausdruck bringt.

Schnell, schnell. Sie sind im neunten Stock. Die Zeit verrinnt.

Er sollte – *dreizehnter Stock* – ganz einfach sein.

Vierzehnter Stock.

Fünfzehnter Stock.

Sie können die Gondeln sehen, die sich an den Stufen des Demos Platzes drängen. Sie können die Tauben auf dem Brunnen des Hl. Franziskus sehen. Sie wissen nicht, in welchem Stockwerk Peggy Kram wohnt, und Sie stehen kurz davor zu fragen, »In welchem Stock?«

Im sechzehnten Stock kommt Ihnen das blöd vor.

Siebzehnter Stock.

Im achtzehnten Stockwerk sehen Sie eine Möglichkeit, Leben und Kunst miteinander zu verknüpfen und eine Bemerkung über die Aussicht zu machen. Doch »Wie ein De Kok« trifft den Kern nicht, und Ihnen fällt der Name des Saarlimer Malers nicht ein, an den die Aussicht erinnert.

»Jetzt«, sagte Jacqui im achtzehnten Stockwerk zu mir. »Nur Caliban.«

»Welchen Caliban?« fragte die Kram, die plötzlich hellwach war, und ihre blauen Augen flackerten zwischen Jacqui und mir hin und her. »Was gibt's?«

Die Türen glitten zu einem verspiegelten Foyer hin auf. Ich sah mich in einem vergoldeten Rahmen gespiegelt – ein Mythos, eine Legende, links und recht eine schöne Frau, meine Entourage dahinter.

»Was gibt's?« fragte die Kram.

Darauf konnte ich nichts antworten. Statt dessen nahm ich ihre kleine Hand in die meine. Dann trat ich steif und mit krummbeiniger Majestät ein, Jacqui neben mir in langem schwarzem Rock und hellblauer Bluse, und mein Kopf reichte gerade bis an die goldgegürtete Taille von Mrs. Kram. Wally, Malide und Bill folgten mir in den Glanz des Saarlimer Lebens unserer Gastgeberin.

Vielleicht haben Sie Fotos von Peggy Krams Trothaus gesehen. Auf Papier war es das, was man wohl erwarten würde. Im Leben jedoch, zumindest in meinem efikanischen Leben, war es einfach unglaublich: der Fahrstuhl öffnete sich zu einem Marmorfoyer, in einer beleuchteten Nische stand ein hundsköpfiger Heiliger, und von dort ging es in die angrenzenden Salons mit ihren holländischen und flämischen Meistern, hinüber in den sogenannten Großen Saal mit den hohen Fenstern, die auf einen Garten mit gestutzten Hecken hinausgingen – hohe, tiefgrüne Skulpturenhecken in der Form der »Geringsten unter Gottes Geschöpfen«, dem Hund, der Ente, der Maus, und vor dem blaßblauen Himmel über der sagenhaften Stadt zeichneten sich ihre weichen, blättrigen Formen ab.

Jemand wollte mich umbringen?

Sollten sie es doch versuchen.

Wir standen über dem Demos Platz im Sonnenlicht, während Mrs. Krams »Mann« (ein älterer Ägypter, dessen weite, sandfarbene Kleidung seinen Status als POW noch verstärkte) sich aus der Menge der bereits früher Eingetroffenen löste und jenen Getränke anbot, die groß genug waren, um von ihm bemerkt zu werden. Peggy Kram entschuldigte sich.

»Haß mich nicht dafür«, sagte Jacqui, kaum daß Mrs. Kram verschwunden war. »Ich werde dich hier rausholen.«

Ihre Besorgnis war köstlich. Ich spürte sie, roch sie wie eine Art Aphrodisiakum. Sie beugte sich vor und berührte mich am Arm. Ich spürte die Berührung im Nacken, in den Zehen.

»Haß mich nicht«, sagte sie.

Sie hassen? Alles, was ich in ihrer Stimme hörte, waren Reue und Sorge.

»Im Augenblick sind wir hier oben sicher«, sagte sie. »Sag bitte was«, fuhr sie fort. »Bitte.«

Das Stimmpflaster mit den zwei Nadeln hatte sie jeden Gulden gekostet, den sie gehabt hatte, so viel wie ein Kruzifix aus Neu Zwolfe oder eine Bruder-Maske aus dem ersten Jahrhundert. Nun wollte sie die Kraft des Geschenks erleben: sie wollte es ausgepackt sehen.

Ich hätte ja etwas gesagt, aber Sie hätten sie sehen sollen in ihrem Rock, die Linie ihres Rückens, den erotischen Schmerz in ihren Augen. Ich fürchtete, daß meine Stimme zu laut, zu heiß aus mir heraushallen würde, und wir waren nicht die einzigen Besucher, die sich auf den Terrakottafliesen von Peggys Trothaus eingefunden hatten. Clive Baarder war wieder da. Auch Martel Difebaker. Dirk Juta, der Bügermeister von Saarlim, Frear Munroe, der Rechtsanwalt, die Schauspielerin Elsbeth Trunk. Sie kennen sie, vielleicht nicht persönlich, aber aus den Zines. Ich hörte, wie der asketische Martel Difebaker wieder den Experten spielte, was meine wahre Natur anging. Doch wie sich herausstellte, war ich nicht die einzige Sehenswürdigkeit.

Dirk Juta, der Bürgermeister, der jeden Tag vor dem Konkursgericht aussagen mußte, stand ebenfalls im Zentrum des Interesses, ebenso wie Frear Munroe, der gefeierte Anwalt.

Frear Munroe war, wie man in Saarlim zu sagen pflegte, überlebensgroß. Er hatte einen breiten Brustkorb, eine tiefe Stimme, einen leichten englischen Akzent, eine gesunde Gesichtsfarbe und helles Haar, das er mit Seitenscheitel trug und das durch den täglichen Auftrag von Pomade einen leicht grünlichen Schimmer angenommen hatte.

Er überragte den Bürgermeister, der anders als all die efikanischen Politiker, die ich je gesehen hatte, ein *zierlicher* Mann mit schmalen braunen Handgelenken war, die aus gestärkten weißen Hemdsärmeln ragten.

»Also, Dirk«, trompetete Frear Munroe.

Der Bürgermeister lächelte traurig zu ihm hinauf.

»Wird unser geliebtes Saarlim nun für bankrott erklärt oder nicht? Werden wir nächste Woche noch eine Polizei haben? Oder sollten wir statt dessen ein paar neue Simi-Polizisten bauen und sie wieder auf der Straße patrouillieren lassen?«

»Freut mich, daß es dich amüsiert, Frear«, sagte der Bürgermeister.

»Das verstehst du falsch, Dirk – das habe ich nicht als Witz gemeint.« Frear lächelte selbstzufrieden. »Vielleicht ist das ein mythischer Augenblick – kennst du deinen Badberg nicht? Die Barbaren stehen nicht vor den Toren. Sie sind schon drin. Die Gottesfürchtigen werden von einer unvorstellbaren Übermacht bedroht. Täglich gibt es Vergewaltigungen und Plünderungen. Wenn wir uns an die Glaubenssätze unserer Vorväter hielten ...«

Er wies mit einer jener übertriebenen Gesten, die gewisse Saarlimer Advocaats so gern machen, auf die Maus.

»In dem einen Augenblick war nichts«, sagte er mit rauhem Dialekt. »Im nächsten war Bruder Maus da ...«

»In all seiner pelzigen Pracht«, sagte Martel Difebaker.

»Felsenfest wie ein Mühlstein«, sagte Frear Munroe.

»Lassen Sie ihn in Frieden«, sagte Wally. »Tun Sie mir den Gefallen.«

»Felsenfest wie eine Gelbeiche an einem Montagmorgen«, sagte Elsbeth Trunk, deren Dialekt entschieden besser war als der von Frear Munroe.

»Es gibt verschiedene Gleichnisse«, sagte der Rechtsanwalt. »Aber vielleicht ist der mythische Augenblick nun gekommen, findest du nicht, Elsbeth? Euer Ehren« – der Anwalt drehte sich zu mir und brachte sein geädertes vierschrötiges Gesicht ganz nah vor meine Schnauze – »O kleines Wesen«, deklamierte er.

Die anderen lachten. Wally nicht. Er knöpfte sein nun ziemlich verknittertes Dinnerjackett zu. Seine Augen hatten sich zu Gefängnishofschlitzen verengt.

»O kleine Kreatur.« Frear Munroe kniete aus Ulk vor mir, so dicht, daß ich seinen Heringsatem riechen konnte.

Wally tippte ihm auf die Schulter. »Tut mir leid«, sagte er. »Ich kann nicht zulassen, daß Sie so mit ihm reden.«

Frear Munroe blinzelte den gebeugten, kahlköpfigen Mann an, aber er war schon in voller Fahrt und hatte keine Zeit, über dessen Wichtigkeit nachzudenken.

»O Bruder Maus«, rief er. »Theben ist in derart verzweifelter Lage, daß wir zu dir, dem geringsten unter Gottes Geschöpfen, gekommen sind, auf daß du uns sagst, was zu tun ist, o kleines klumpfüßiges Ding.« Er erhob sich, sein Gesicht vom eigenen Lachen verzerrt. »O Gott«, sagte er, wischte sich die Augen und staubte seine gestreifte schwarze Hose ab. »Ich weiß nicht, ob diese Beine mythisch sind.«

Als der ungehobelte Kerl Wally den Rücken zukehrte, machte der zwei schnelle Schritte nach vorn. »Genug ist genug«, sagte er in breitestem Efikanisch. Dann versetzte er Frear Munroe einen Tritt in den Hintern.

Der Rechtsanwalt machte einen Satz. Sein Glas flog ihm aus der Hand und zerschellte.

Frear Munroe war zwar von Portwein und Käse fett geworden, aber er war immer noch gut gebaut. Nun, als Bill Millefleur sein gesenktes Haupt in den Händen barg, drehte er sich um und wollte mit den Fäusten auf Wally los.

In diesem Augenblick hob Wally seinen Stock, um ihn abzuwehren, und in diesem Augenblick hielt ich auch die dreizehn Worte lange Rede, die eine Woche lang in ganz Saarlim zitiert werden sollte, wie ich später herausfand.

»*Noch ein Schritt*«, sagte Bruder Maus, »*noch ein Schritt, und ich reiß dir die Kehle raus.*«

47

Jacqui hatte darauf gewartet, mich vor dem DoS zu schützen. Als der Rechtsanwalt nun seine fleischige Hand über meinem Kopf erhob, war es für sie ein leichtes, eine von Mrs. Krams Figurinen aus einer Nische in der Gartenmauer zu nehmen. Es handelte sich um die Statue eines

Maulwurfs, und als sie ihre Hand um die stämmige kleine Waffe schloß, spürte sie, wie sich ihre Seele auf jene extremen Handlungen zustürzte, die sie schon ihr ganzes Leben lang fasziniert hatten.

Sie machte zwei schnelle Schritte, bevor sie Zeit hatte zu überlegen, was sie als nächstes tun sollte. Frear Munroe war stämmig und kantig, erheblich größer als die Pflegerin. Als Jacqui hinter ihm stand, drehte er sich um. Die Augen in seinem großen roten Gesicht waren blaßblau, klein und verloren.

Es war ein ziemlicher Schock zu sehen, daß er Angst vor Tristan Smith hatte.

»Das ist vielleicht ein Bruder«, sagte er, doch als er ein Lächeln versuchte, verzog er nur die weichen Lippen.

Was für ein Augenblick, was für ein wunderschöner Augenblick, doch es gab keine Gelegenheit, ihn zu genießen, denn schon kam Peggy Kram herausgestürmt, lief mitten durch die Szene und ruinierte alles. Sie trat auf, ein Diener hinter ihr, ihr goldenes Haar zitterte, sie lachte, ein Pfirsich-Cocktail floß ihr über die beringte Hand. Jacqui spürte, wie sie ein heftiger Schauder der Abneigung durchfuhr.

Die Kram nahm die Maus bei der behandschuhten Hand. Jacqui sah zu, wie sie ihr auf die Nase küßte.

»O mein Gott«, sagte die Kram, »du wildes kleines Ding.«

Ihre Freunde lachten alle zu laut, aber Jacqui hätte ihr eine Ohrfeige verpassen können. Sie ertrug diese besitzergreifende Haltung einer Sache gegenüber nicht, von der sie nichts verstand. Aber Mrs. Kram zog mich zur Seite und hockte sich vor mich. Jacqui sah, wie ich mich verbeugte. Sie sah, wie Frear Munroe grinste und sich umdrehte, um einen Zuhörer für die Geschichte seiner bedrohten Kehle zu finden.

Dann beobachtete sie, wie ich zwischen den Geschöpfen des Kunstgartens auftauchte und wieder verschwand. Während ich von Gast zu Gast geführt wurde, hörte sie die Stimme, die sie mir gegeben hatte. Sie sah, wie ich dem Bürgermeister die Hand schüttelte, und sie stellte sich vor, wie Tristan Smith in dem verschwitzten Kostüm steckte und wie überreife Aprikosen stank.

Vielleicht war Wendell schon im Gebäude, bestach Yardveegers und Hotelmajoore, schnüffelte durch Bill Millefleurs Wohnung, las seinen Terminkalender. Wendell war nicht so nachlässig, wie man bei seiner derben Statur denken mochte. Wenn er gesagt hatte, er würde Tristan

Smith auslöschen, dann standen die Chancen ausgezeichnet, daß er es auch tat.

Auf diesem Gebiet hatte Jacqui keine Erfahrung. Sie drückte ihren schlanken Rücken gegen die Terrakottamauer und achtete auf die Fenstertüren des Großen Saals, stand da wie die Bodyguards, die sie vor Premierministern und Präsidenten gesehen hatte, die Hände locker herabhängend, die Augen stets in Bewegung.

Sie hatte die Statue des grinsenden kleinen Maulwurfs in der Hand, den Sie als »Singenden Willie«[85] kennen. Sie war bereit, ihn gegen meine Mörder einzusetzen. Als Wally Paccione näherkam, hatte sie kaum mehr als einen flüchtigen Seitenblick für ihn übrig. Er kam langsam über die Terrasse, außerhalb ihres Blickfelds, schwarz und weiß in seinem Dinner-Anzug, tappte mit dem Stock und reckte sein Kinn nach vorn. Die Aura seiner eigenen Bestürzung schwebte ihm voran.

Er stellte sich neben sie und fing mit dem sorgfältigen Ritual an, sich eine Cancerette zu drehen. Jacqui konnte ihn keines Blickes würdigen. Sie starrte ins Dunkel des Großen Saals, wo sie Gestalten vor den Gemälden entlanggehen sah. Ein Mann in einem Sechzehn-Knopf-Anzug trat hinaus ins Freie. Sie hätte nicht erkannt, ob es sich um einen Außendienstler handelte oder nicht.

Wally neben ihr zündete sich schließlich seine dicke Cancere an. Er inhalierte, atmete aus. Sie spürte, wie er seine grauen Augen auf sie richtete.

Schließlich sprach er. »Ich weiß nicht, wer du bist oder was du willst.«

Der Mann in dem Sechzehn-Knopf-Anzug unterhielt sich nun mit einer Frau mit einem blau verschleierten Hut. Er nahm ein Glas Wein von einem Bediensteten entgegen. Das mußte wohl bedeuten, daß er kein Agent war.

»Du hast mich angelogen«, sagte Wally. »Du hast mich an der Nase herumgeführt. Du hältst dich vielleicht für clever, aber ich sag dir was, Süße – du weißt, was du ihm angetan hast ...«

»Sie haben keine Ahnung, Papa.«

»Ich weiß doch Bescheid, verdammt«, sagte Wally mit lauter werdender Stimme. »Glaubst du vielleicht, ich bin blind?«

---

85 Gemeint ist der Sündige Willie.

Jacqui warf einen Blick über die Gäste, den Garten, die Kellner, den dunstigen Horizont und hörte die Stimme der Maus. (»*Ich lebe von Luft*«, sagte sie. »*Ich sauge sie ein. Dann spucke ich die Kerne aus.*«) Peggy Kram lachte und schüttelte den Kopf.

Der alte Geier rutschte näher. »Findest du das clever?« fragte er und nickte in Richtung der Kram.

»Nein.«

»Glaubst du, das ist gut für seine *Selbstachtung*?« Er stand neben ihr und flüsterte ihr auf jene Art ins Ohr, die sie immer abstoßend gefunden hatte.

»Wenn ich eine Frau gewollt hätte«, fuhr er fort, »dann hätte ich das in der Anzeige geschrieben. Ich habe ihn großgezogen«, sagte er. »Wir hatten mal eine Santamarie, nie wieder. Verdammt«, sagte er verbittert und sah Jacqui von oben bis unten an, ihre Brüste, ihre Beine, ihr Gesicht. »Er hat Gefühle.«

»Glauben Sie, er hat sich in *Peggy Kram* verliebt?« Jacqui drehte sich um und sah ihm zum ersten Mal ins Gesicht.

»Er ist ein junger Mann, um Himmels willen. Sex ist alles, woran er denkt.«

»Er *flirtet* mit ihr?«

»Du scheinst es nicht zu begreifen – das ist kein Spaß.«

»Mr. Paccione.« Sie drehte sich um, griff nach seinem Ärmel und hielt ihn fest. »Ich stehe hier, weil ich einen Mann mit einem Revolver erwarte, der Tristan erschießen will.«

Sie sah, wie Wally den Mund aufsperrte, sah seine belegte Zunge. Sie sah seine Augen, die darauf reagierten wie Lebewesen auf Säure. Plötzlich wirkte er ganz alt. Er fing an, sich mit der Hand über den Schädel zu fahren. Seine Wangen hatten jegliche Farbe verloren. Er war ein alter Mann aus einer kleinen Stadt weit, weit weg. Ihn umgab eine Hilflosigkeit, die sie noch nie zuvor bemerkt hatte.

»Hat er jemanden beleidigt?«

»Es hat nichts damit zu tun, was er getan hat.«

»Ich hasse diesen Ort«, sagte der alte Mann. »Wir hätten niemals hierherkommen dürfen. Ich hab ihm die Idee in den Kopf gesetzt. Wir waren glücklich dort, wo wir waren.«

»Mr. Paccione, bitte beruhigen Sie sich. Hören Sie mir zu: Es sind das DoS und das VIA.«

»O mein Gott«, sagte Wally.

»Einer ihrer Agenten wohnt im Marco Polo. Ich habe ihn heute morgen gesprochen.«

»Wir haben doch POW-Nummern«, sagte Wally mit gebrochener Stimme. »Was macht es denn schon, daß er dieses blöde Kostüm trägt? Wem fügt er denn Schaden zu?«

Sie standen beisammen und beobachteten mich. Ich war entflammt, brannte, war trunken vom Ruhm und dem Geruch von Peggy Krams Haar, als es über die Haut meines Simi-Kostüms strich.

48

In jener Nacht waren Jacqui und Wally bereit, ihr Leben zu riskieren, um mich aus Voorstand herauszuholen. Ich hätte auf sie hören sollen, aber ich war wie ein Säufer in der Nähe einer Flasche. Mein Tod schwebte über mir, aber ich wollte ihn nicht sehen.

Wendell strich mit vorgerecktem dickem Bauch und flatternden Hemdschößen rund um den Demos Platz. Leona, die Vermittlerin, verlegte Wanzen in Wendells Zimmer im Marco Polo. Und Gabe Manzini saß in einer Gondel in der Nähe des Demos Platzes und verfolgte Wendells Fortschritt auf einem Monitor.

Meneer, Madam – mein Tod beunruhigte mich nicht. Ich bemerkte ihn kaum. Er war nicht mehr als das ferne Flattern von Mottenflügeln vor dem tosenden Lärm meiner Bedürfnisse. Ich war dreiundzwanzig, war verrückt nach Leben, nach dem Geruch der Haut einer Frau, der tollen Aussicht durch den Ziergarten hinab auf die langen Schatten des Demos Parks und die kreisenden rotgeflügelten Tauben.

Ich stand an dem Platz, an dem die Sirkusse geboren werden, wo die sagenhafte Stadt gerettet oder verdammt wurde. Ich war beeindruckt. Ich war aufgeregt. Werden die Richter des Guildcourt das in Erwägung ziehen, wenn sie meine Motive zu ergründen versuchen?

Es stimmt, ich habe den Personen, die ich in Mrs. Krams Trothaus traf, meine wahre Identität nicht enthüllt. Aber die Kram selbst wollte mir keinen Namen geben. Sie sagte, ich möchte dich einem Freund von mir vorstellen, und nannte mir *deren* Namen, ihnen aber niemals meinen. Das war keine Täuschung von mir. Es war ihr Respekt.[86] So stellt man Könige, Prinzen und Stars aus den allergefährlichsten Sirkussen vor.

Und die Freunde der Kram mochten mich. Ich hörte ihnen zu. Sie hörten mir zu. Ich zitierte Seneca. Ich erzählte ihnen Witze in meiner Zwei-Nadel-Stimme, Witze, die ich spontan erfand und mit einer körperlichen Technik darbot, die das Gegenteil dessen darstellte, was Stanislawskij jemals für möglich gehalten hätte.

Ich war Meneer, Onkel oder Bruder, letzteres Frear Munroe gegenüber, der mir seine Visitenkarte gab und mich bat, doch vorbeizukommen und im Gerichtssaal zuzuschauen, wo er aufgerufen würde, um verschiedene Interessen im Fall gegen den glücklosen Bürgermeister zu vertreten, der – wie er mir in die große, leblose Prothese flüsterte, die er für mein Ohr hielt – vieler Dinge beschuldigt wurde, unter anderem, öffentliche Straßen und Plätze an französische und englische Firmen verkauft zu haben.

Ob ich Frear Munroe mochte? Nein. Ich mochte nicht, wie er roch, mochte sein übellauniges Gesicht nicht, die Gewalt, die ich hinter seinen Augen gären sah. Aber er setzte Gerüchte in die Welt – er erzählte mir Dinge, und zwar so, daß ich das Gefühl hatte, mitten in den weißglühenden Kern des Seins hineingebeamt worden zu sein.

Und obwohl mir die Knochen weh taten und meine Sehnen gezerrt waren, obwohl mir vor Hunger schwindlig war, mir die Haut juckte und das Aspirin in den Ohren klingelte, war ich in einer Art wildem Himmel – das lange Haar der Kram strich mir jedesmal über die Gesichtsmaske, wenn sie sich herabbeugte, um mir etwas zu sagen –, in dem mir alles egal war, außer der Tatsache, wie ich mehr von dem bekommen konnte, was immer ich da hatte.

Ich dachte nicht an den nächsten Schritt. Ich nahm es, wie es kam. Ich sprach die Wörter aus und lernte, dem Pflaster zu vertrauen. Das strengte mein Gesicht übermäßig an. Es ist nicht leicht, nur aus der Kehle heraus zu sprechen, aber das Resultat: das Glück der Redegewandtheit. Madam, Meneer, haben Sie jemals Träume vom Fliegen gehabt?

---

[86] Siehe auch Punkt 3 der Anklageschrift gegen Tristan Smith: »[daß er sich] vorsätzlich, blasphemisch und in staatsgefährdender Absicht verkleidet und so andere in dem Glauben gelassen [hat], er sei Bruder Maus ...«

Peggy Kram duftete nach Kräutern und wildem Honig. Es war ihr goldenes holländisches Haar, ihr französisches Shampoo, das durch die Luft vor mir wehte. Sie hatte eine reine Haut mit einem leichten goldenen Schimmer und klare blaue Augen, die in krassem Gegensatz zu ihrem Mersault standen.

Ihre Hände waren klein, nicht makellos, eigentlich sogar ein wenig plump, aber wer bin ich schon, daß ich Ihnen etwas über Makellosigkeit sage? Sie berührte meine »Ohren«, hielt meine »Hand«. »Ich werde ihn behalten«, sagte die Kram mehrmals zum strahlenden Bill.

Natürlich wußte sie, daß ich keine mythische Kreatur war. Bei zwei Gelegenheiten hatte sie deutlich ihren Wunsch zum Ausdruck gebracht, daß sie nicht wissen wollte, wer ich war. Warum? Das sagte sie mir nicht. Sie ist das, was man in Efika eine zugestöpselte Flasche nennt, eine in sich gekehrte Person. Sie lebte allein, wie mir Frear Munroe erzählte, hatte ihren Firmenkonferenzraum im Trothaus, und er wußte über sie nur, daß sie eine Sirkus-Witwe war, die, wie so viele andere, ihr Geld gemacht hatte, als ihr Gatte beim St.-Katharinen-Sprung stürzte und sich vor zweitausend Zuschauern den Schädel einschlug.

»Ich will ihn haben«, sagte sie zu Bill Millefleur, was zu einem merkwürdigen Ausdruck auf dem schönen Gesicht meines Vaters führte.

Es war keineswegs unnatürlich, daß mein Vater sich unwohl fühlte. Er brauchte ihre Anerkennung mehr als alles andere, aber ich war sein Sohn. Er galoppierte voran und riß sich gleichzeitig am Zügel. Er lief übers Hochseil, fünfundzwanzig Meter über der Manege.

»Also, Peggy«, sagte er. »Das kann ich nicht entscheiden. Ich finde, das sollten Sie mit dem Bruder selbst besprechen.«

»Ich will dich hierhaben«, sagte Peggy Kram zu mir, runzelte die Stirn und wischte sich die Haare aus den Augen. »Ich werde nicht zulassen, daß du nach Hause gehst.«

Sie sehen, wie mein Tümmler in die Höhe steigt, Sie glauben zu wissen, wohin das führen wird. Aber das ist vielleicht Ihre Geschichte, nicht meine. In meiner Geschichte kann es keinen Höhepunkt geben, keinen Schluß, keinen Schrei im Dunkeln, kein Bettgeflüster.

»Meine Liebe«, sagte ich, und meine Stimme war so intelligent, so klar, so verdammt *hochgestochen*. »Meine liebe Mrs. Kram, Sie würden mit mir nicht zurechtkommen.«

»O doch, das glaube ich schon«, sagte sie.

Ich kannte sie, kannte ihre herrische, selbstzweiflerische kleine Seele. Ich gab ihr einen keineswegs zärtlichen Klaps auf den Hintern.

Sie bekam einen roten Kopf, und Bill wurde aschfahl.

»Benimmt man sich so Madam Maus gegenüber?« fragte sie mich. Ihre Augen waren feucht und strahlten.

»Madam Maus ist tot«, sagte ich.

»Tot?« sagte sie und errötete noch mehr. Beim Sprechen hatte sie ihre Zungenspitze immer vorn im Mund. Ihre Aussprache war dadurch zwar ein wenig eingetrübt, aber ihr Mund war immer wunderschön anzuschauen.

»Mausetot«, sagte ich zu Mrs. Kram und stieß meinem Vater spielerisch den Ellbogen in den Oberschenkel.

»Mrs. Kram fragt«, sagte Malide zu Wally, »ob Bruder Maus bei ihr bleiben möchte.«

»Und wie starb sie?« fragte Peggy Kram.

»Sie wurde«, sagte ich, »von den Agenten einer fremden Macht umgebracht.«

Es gab eine lange, lange Stille auf dem Dach. Ich sah, wie Frear Munroe, der allein an der Brüstung stand, den kantigen Kopf drehte. »Sie kamen und hängten sie auf«, sagte ich.

»Bleib«, sagte Wally. »Es ist zu spät zu gehen.«

»Er sollte wirklich hierbleiben«, sagte Jacqui.

»Meneers, Madams«, sagte ich zu Frear Munroe und Elsbeth Trunk, während sich alle um mich versammelten, »habe ich denn keine Stimme? Kann ich denn nicht für mich selbst sprechen?«

Was mir Freude bereitete, was mich schwindelig machte, war die Art, wie nicht nur meine Freunde, sondern auch sechs der einflußreichsten Persönlichkeiten Saarlims ihre Köpfe drehten, die Kinne reckten, die Lippen öffneten, zuhörten, warteten. Ich hatte nicht die leiseste Ahnung, was ich sagen würde.

49

Ich war auf dem Bett eingeschlafen, das mir der Diener der Kram sehr förmlich zugewiesen hatte. Ich wachte um zwei Uhr früh auf. Ich war ganz steif, alles tat mir weh, ich hatte Hunger. Ich brauchte Medikamente: Sentapin[87], Butoxin[88], Attenaprin[89], aber die befanden sich in meiner Tasche in Bills Wohnung.

Der glimmende Thermostat neben meiner Leselampe war auf kühle achtzehn Grad eingestellt, aber ich stank und dampfte in meinem Kostüm.

Als ich versuchte, meine schmerzenden Achillessehnen zu strecken, warf ich einen Briefumschlag zu Boden. Er fiel mit einem schweren Plumpser herunter. Später stellte ich fest, daß es sich um einen Brief meines Vaters handelte, doch in dem Augenblick war ich zu steif, um auch nur daran zu denken, mich danach zu bücken. Ich war mehr an entzündungshemmenden Medikamenten interessiert, an einem Bad, Desinfektionsmitteln, einem Bett, in dem ich Laken auf meiner Haut spüren konnte. Ich ließ den großen hellbraunen Umschlag auf dem Fußboden des Schlafzimmers liegen und schlurfte ins Bad, wo ich den Reißverschluß benutzte, den Jacqui nützlicherweise am Morgen zuvor eingenäht hatte.

Davon abgesehen, war ich in der Maus gefangen.

Ich machte mich auf die Suche nach jemandem, der mich befreien konnte, aber der Grundriß des Trothauses war erheblich komplexer, als das Blockhüttenäußere des Baan vermuten ließ. Die Flure waren voller Ecken und Winkel, Nischen, Lesezimmer, kleiner Bibliotheken voller Sirkuskunst und so fort. Zweimal stieß ich auf dunkle Räume, in denen ich jemand atmen hörte, aber ich wußte nicht, um wessen Atem es sich handelte. Ich zog mich zurück und verlief mich bald wieder.

Schließlich entdeckte ich in der Lobby neben dem Fahrstuhl, in einer beleuchteten Nische, in der zuvor der hundsköpfige Heilige gestanden hatte, Wally Paccione auf einem strengen Stuhl mit gerader Rückenlehne. Mit strahlenden Augen, der Mund dunkel und zahnlos, eine Drahtschlinge in seinen alten leberfleckigen Händen, hockte er in einem weißen Pyjama da wie ein Folkghost.

»Schsch.«

Er riß den Kopf zum Fahrstuhl herum. Ich konnte hören, wie sich der Fahrkorb im Schacht bewegte. Wir sahen gemeinsam zu, wie die

---

[87] Diazepin.
[88] Ein entzündungshemmendes Mittel aus efikanischer Produktion.
[89] Darmlöslich dragiertes Aspirin.

Zahlen über der Tür nacheinander aufflammten. Sie blieben im dritten Stock stehen.

Wally hielt grinsend den Draht hoch. Die Innenseite seines Mundes war schwarz, die eingefallenen Wangen strahlend weiß. Jetzt weiß ich, daß es sich um eine Garotte handelte, die er aus elfenbeinernen Eßstäbchen und einer Klaviersaite gemacht hatte. Damals verstand ich es nicht.

»Das DoS-Klavier«, sagte er. Und ich glaubte wirklich, daß es sich um ein primitives Musikinstrument aus Krams Sammlung handelte.

Der Lift klapperte und kletterte in den vierten Stock. »Steh da nicht rum. Geh hinter den Schirm.«

Ich tat wie befohlen. Ich ging von den Fahrstuhltüren weg und drückte mich zwischen ein Triptychon aus Neu Zwolfe und die Wand. Von dort hinter den dunklen, wurmstichigen Holztafeln aus konnte ich über den Dachgarten in die sanft beleuchtete Küche sehen.

»Kannst du mir aus dem Kostüm helfen?«

»Stell das blöde Ding ab«, zischte Wally. »Ich halt es nicht aus, dich so reden zu hören.«

»Ich kann es nicht abstellen.«

Ich hörte ihn spucken. »Du weißt, in welche Schwierigkeiten sie uns gebracht hat, die Spionin?«

»Wo ist sie?«

»Woher zum Teufel soll ich das wissen? Du klingst wie ein beschissener Voorstander. Wenn sie dir gesagt hat, du klingst toll, dann arbeitet sie bestimmt für den Gouverneur. Ich verspreche dir, mein Sohn, wir kommen hier raus. Sobald ich mit diesem Typen fertig bin, kommen wir raus. Wir lassen all diese Spione zurück. Wir gehen nach Hause.«

»Welcher Typ?«

»*Himmel!* Kümmerst du dich eigentlich nur um deinen Schwanz? Irgendein efikanischer Trottel wird kommen und dich umbringen wollen. Ich werde ihn töten.«

»Nein, Wally ...«

»Glaubst du vielleicht, ich kann das nicht? Du kennst mich nicht.«

»Nein, natürlich nicht.« Ich trat hinter der Tafel hervor. »Bitte, Wally ...«

»*Zurück.*« Er verzog das Gesicht, und die Lichter in der Nische ließen seine Falten tief und schwarz werden.

»Ich hasse diese Stimme«, sagte er, als ich mich zurückzog.

Der Fahrstuhl klapperte erneut. Ich konnte nur durch einen Spalt zwischen den Tafeln des Triptychons hindurch linsen. Ich konnte die beleuchteten Ziffern sehen, als der Fahrstuhl wieder zum Erdgeschoß sank.

»Niemand hat eine Ahnung von all dem, was ich tun mußte«, sagte Wally. »Deine Maman nicht, niemand.«

»Du hast ein bißchen geklaut«, flüsterte ich. »Du hast nie jemanden *umgebracht*. Ich will nicht, daß dir was zustößt.«

»Mord kommt viel häufiger vor, als du glaubst.«

Der Fahrstuhl gab ein summendes Geräusch von sich und blieb im vierzehnten Stock stehen.

»Du weißt nicht viel über mich«, wiederholte Wally. »Trotz all der Zeit, die wir miteinander verbracht haben, weißt du nicht, was ich getan habe. Wenn ich tot bin, wirst du es nicht mehr erfahren«, sagte er verbittert. »Du wirst sagen, ›guter alter Wally‹, aber du wirst nicht wissen, wer ›Wally‹ war. Du weißt nicht mal, wo ich geboren wurde.«

»Du warst die Menschliche Kugel«, sagte ich.

»Ich hasse diese Stimme«, sagte er. »Du klingst wie ein anderer Mensch.«

»Du hast nie über dich selbst reden wollen«, sagte ich. »Du kannst mir daran keine Schuld geben. Wen hast du umgebracht? Sag es mir jetzt.«

»Das war vor langer Zeit.«

»Es war die Person, die dir die Brandmale auf deinen Armen verpaßt hat«, sagte ich.

Wally sagte nichts.

»Dein Vater, stimmt's?«

»Das ist nicht das erste Mal, daß dich jemand umbringen will. Das kommt öfter vor, als du denkst.«

Der Fahrstuhl knarzte, und wir beide hörten, wie sich die Türen in der weit entfernten Lobby schlossen. Ich konnte die Lichter sehen, als er zu uns herauffuhr: *16, 17.*

»Zweimal in deinem Leben«, sagte Wally, als der Fahrstuhl stehenblieb. »Das erste Mal, als du geboren wurdest. Die Ärzte wollten dich töten. Sie wollten dich wegschaffen, aber deine Maman hat sie nicht gelassen. Sie haben die Gardiacivil hinter dir hergeschickt, aber ihr war das vollkommen egal. So hat sie dich das erste Mal gerettet. Aber das wußtest du schon.«

»Und wie hat sie mich gerettet?«

»Sie hat dich niemals fortgelassen«, sagte er. »Sie hat niemand anderem erlaubt auf dich aufzupassen außer mir, Vincent und Bill.«

»Und das andere Mal?«

»Du weißt schon.«

»Nein.«

»Roxanna hat versucht, dich umzubringen.«

»Ich habe mich selbst an dem Glas geschnitten«, sagte ich. »Das war nicht ihre Schuld.«

»Nein, hör mir zu: Roxanna hat versucht, dich umzubringen.«

»Ich weiß, du hast sie geliebt, Wally. Es tut mir wirklich leid wegen Roxanna.«

»Sie hat versucht, dich mit Thallium *umzubringen*, du Blödmann. Du warst furchtbar krank. Ich hab dir erzählt, du hättest die kubanische Grippe, erinnerst du dich? Es gab keine verdammte kubanische Grippe. Hat's auch nie gegeben. Du wolltest das Feu Follet nicht verlassen, also fing sie an, dich zu vergiften. Sie hat dich andauernd mit kleinen Süßigkeiten und Schokolade gefüttert. Sie hatte Thallium in sie hineingespritzt. Du warst so gut wie tot, als ich dich ins Mater-Hospital gebracht habe.«

»Als ich zurückkam, war sie fort.«

»Verdammt richtig, sie war fort. Sie ist ins verdammte Gefängnis gekommen, dahin war sie fort. Roxanna war verrückt, Tristan. Sie hat versucht, dich umzubringen, damit ich mit ihr fortging.«

»Arme Rox«, sagte ich.

»Ja«, sagte er, und seine Stimme klang alt und gebrochen. »Arme Roxanna.« Einen Augenblick später fragte er, »Willst du ein Bad nehmen? Hast du danach gesucht?«

»Mir geht's gut.«

»Warum bittest du nicht Mrs. Kram, dich zu baden?«

»Sehr witzig.«

Doch als der Fahrstuhl wieder fuhr, beobachtete ich mit trockenem Mund die Ziffern.

»Hör mal«, sagte Wally, als der Fahrstuhl stehengeblieben war. »Bitte flirte nicht mit ihr. Es ist peinlich.«

»Mit wem flirte ich denn? Mit Mrs. Kram? Es ist dir peinlich? Warum sollte dir das peinlich sein? Du brauchst nicht zu antworten, ich weiß schon. Ich weiß, was daran peinlich ist.«

»Das hat mit dir nichts zu tun«, sagte der alte Mann. »Sondern mit ihr.«

»Das ist wie in Zeelung. Du bist wegen der Blume in Panik geraten.«

»Die ist doch nicht normal. Welche Frau flirtet schon mit einer Maus?«

»Es war nur eine Blume. Du glaubst immer noch, ich bin vierzehn. Du bist in Panik geraten und hast alles versaut. Du hast alles ruiniert. Das weißt du doch, Wally, oder nicht? Die Wahrheit ist: wegen dir haben wir unser Geld verloren. Jedesmal, wenn mir eine Frau gefällt, gerätst du in Panik.«

»Ich stehe hier, um dein Leben zu schützen«, sagte Wally, »und du gibst mir die Schuld, weil wir ausgeraubt wurden.«

»Vergiß es«, sagte ich. Ich hatte einen Wutanfall. Es war nicht hübsch, nicht nett. »Wenn das deine Haltung mir gegenüber ist ...«

»Du gibst mir die Schuld?«

Ich trat hinter den Tafeln hervor. »Es war doch nur eine verdammte Blume.«

Wally warf die Garotte zu Boden und trat hinaus in den Garten. Ich blieb einen Augenblick stehen, und dann bewegte sich der Fahrstuhl wieder, und ich ging auf mein Zimmer. Ich konnte nirgendwo anders hin.

50

Mein ganzes Leben hatte ich darauf gewartet, daß mein Vater mich brauchte, und nun war da ein Brief von ihm, daß er mich bräuchte.

Ich konnte allerdings nur an Wally denken. Ich lag auf dem Bett und las Bills Brief, aber ich konnte nur Wally sehen, seine Wut, sein selbstgefälliges Gesicht, den Fahrstuhl, der in dem dunklen, tödlichen Schacht auf- und abfuhr.

Bills Worte zogen an meinen Augen vorbei wie ein Lochstreifenband.

Mein lieber Sohn,
tut mir leid, daß ich so SCHMIERE, aber ich sitze hier mit heruntergelassenen Hosen auf dem Klo der Kram. Ich entschuldige mich für das zerknüllte Papier, die Schreibfehler, das Übliche.

Und: Bitte kümmere Dich nicht um die restlichen Seiten, bis Du folgendes gelesen hast.

Ich glaube nicht, daß ich das Recht habe, Dich um das zu bitten, was nun kommt. Ich weiß nicht, was Du von mir DENKST. Was ich nicht alles in diese Maus-Maske hineinprojiziere … »DIE KRAFT DER MASKE«, oder? Weißt Du noch, wie Deine Maman Brecht mit japanischen Masken inszeniert hat?

Ich habe das Gefühl, als hätte ich ein Leben lang damit zugebracht, mich bei Dir zu entschuldigen, und ich war stinksauer, daß Du die Briefe nie bekommen hast, die ich Dir geschickt habe. Was für ein Kreis der Hölle ist das? Wo man sich bis in alle Ewigkeit entschuldigt?

Hätte in Efika bleiben sollen, so denke ich jetzt darüber. Das Leben in Efika war wirklich besser. Wir sind »Geschöpfe unserer Heimat«. Nacht für Nacht träume ich von Efika. Diese verdammten weißen Bäume, die brechen mir wirklich das Herz. Immer wieder wandere ich durch ganze Wälder von ihnen, berühre ihre klebrige Rinde mit der Hand und weiß, daß ich nicht dort bin.

Hier bin ich ein Ootlander, ein Reiter, ein Barbar. ICH WEISS BIS HEUTE NOCH NICHT DIE STRASSENNAMEN IM DEMOS PARK. Aber »der Zug bleibt auf seinen Gleisen«, wie man in Saarlim sagt.

Vielleicht werde ich als Haariger Mann in irgendeinem beschissenen Ghostdorp enden.

Jemand klopft.

Tristan, das ist vielleicht neu für Dich – mein Vertrag mit dem Sirkus Brits ist abgelaufen. Ich habe Rückenprobleme und eine Metallplatte im Schädel. Ich kann nicht mehr auftreten, und was die Schauspielerei betrifft – nachdem ich Deine Mutter verlassen habe, war ich wirklich kein Schauspieler mehr.

Ich flehe Dich um Hilfe an. Meine einzige Hoffnung ist, meine eigene Show zu haben. Hab versucht, die GROSSEN FISCHE dazu zu bringen, beiliegenden Geschäftsvorschlag zu lesen. Da haben wir's: Hosen runter: Ich flehe Dich an: Kannst Du bitte Deinen Einfluß bei Mrs. Kram geltend machen?

Ist Dir das zu opportunistisch? Bin ich schon ein kompletter Voorstander geworden? Wenn ja, dann zerreiße alles, nichts ist mir wichtiger, als daß Du eine gute Meinung von mir hast.

Ach Tristan, ich bin wirklich voller Scheiße.

Ich faltete den Brief meines Vaters leise, langsam und mit allergrößter Sorgfalt zusammen. Und ich lag wartend auf meinem Bett, so wie meine Mutter wohl gewartet hatte. Sie muß ihren voorstandischen Mörder im Ritz, im Feu Follet wohl gespürt haben, muß ihn in den Nächten gehört haben, bevor er eingetroffen war, muß dem Grollen in den Eingeweiden des Gebäudes gelauscht haben, so wie ich nun dalag und dem weit entfernten Fahrstuhl lauschte. Sie wußte nicht, daß sie ihr befehlen würden, auf einen Stuhl zu steigen. Sie sah das grüne Seil und kam einfach nicht darauf, was sie mit ihr vorhatten.

Das Zimmer, das die Kram mir gegeben hatte, war übermäßig dekoriert, mit schweren Vorhängen und alten folkloristischen Bildern in wurmstichigen Holzrahmen. Ich war auf diesen volkstümlichen Aspekt des Saarlimer Lebens, diese Verehrung der unbeugsamen Vergangenheit mit ihren Heiligen und dem Haarigen Mann, den Bohnen und Brüdern, nicht gefaßt gewesen.

In dem Zimmer gab es etwa fünfzehn Lampen, alle mit schweren Schirmen und kleinen Wattzahlen, alle mit anderen Schaltern als jenen, die wir zu Hause haben. Ich schaltete sie alle ein. Dann legte ich mich in meinem verschwitzten Kostüm auf die Flickendecke des Betts.

Ich nahm noch einmal den Brief meines Vaters in die Hand, und dann fiel mir ein, daß ich mich leicht verwundbar machte, wenn ich die Lampen brennen ließ. Ich steckte den Brief und die Unterlagen wieder in den Umschlag und machte mich daran, die Schalter zu bedienen: einige mit Knöpfen, andere mit Kippschaltern, andere, an denen man ziehen konnte wie an einem Spülkasten, einige, die man nur bedienen konnte, wenn man unters Bett kroch, und andere, die sich am Rattenschwanz des Stromkabels versteckten. Als es im Zimmer stockfinster war, schloß ich die Tür ab.

Doch als ich wieder auf dem Bett lag, machte ich mir Sorgen, daß ich einschlafen und Wally nicht hören würde, falls er kam, um mich zu retten.

Also erhob ich mich ein weiteres, steifes, schmerzhaftes Mal und schloß die Tür auf. Dann legte ich mich in der intensiv duftenden Dunkelheit auf die Flickendecke, lauschte meinen Atemgeräuschen unter der Maske, meinem stottrigen Herz, meinem übersäuerten Magen.

Ich schlief ein. Ich wachte auf. Die Tür öffnete sich langsam.

In meinem klammen Kostüm standen mir die Haare zu Berge. Meine Haut prickelte. Ich konnte den Schritt des Eindringlings hören. Gott, hilf mir bitte, ich war halb zu Tode erschreckt. Die Schritte des Attentäters. Niemand hätte mir sagen können, daß sie so leise sein würden – eine weiche Gummisohle gegen einen antiken Teppich gedrückt.

In meinem Schrecken wagte ich es nicht, mich zu rühren.

In meinem Schrecken dachte ich, ich schneide mein Kostüm auf und zeige mich in all meiner Abscheulichkeit.

Mein Attentäter kam auf mich zu, fließend wie ein Geist in der Dunkelheit. Ich beobachtete ihn, bis ich keine andere Wahl mehr hatte als zu springen. Ich kreischte. Ich flog mit ausgestreckten Armen vom Bett auf ihn zu und packte ihn bei der Kehle. Wir stürzten beide hin.

Ich erkannte zu spät, daß es sich um Peggy Kram handelte. Ich fiel auf sie, auf ihre Ellbogen, Brüste, ihre duftende Seide und Baumwolle.

»Tut mir leid«, sagte ich.

Aber die verrückte Frau lachte und befreite ihr Haar von meinen Ohren und meiner Nase.

»In dem einen Augenblick war nichts«, sagte sie und brach wieder in Gelächter aus.

»Was?«

»*In dem einen Augenblick war nichts*«, sagte sie »*Im nächsten war Bruder Maus da, felsenfest wie eine Gelbeiche an einem Montagmorgen.*«

Sie stand auf und zog ihr weißes Gewand um sich. Dann nahm sie ohne jede weitere Erklärung meine große behandschuhte Hand und führte mich hinaus auf den Gang und in ein Zimmer auf der anderen Seite, ihr Schlafzimmer, wie ich sehen konnte.

Ich hätte mich weiter an meine Wut klammern können, aber ich sage Ihnen, Madam, Meneer, ich war sehr froh über diesen Ortswechsel. In Mrs. Krams Boudoir würde niemand nach mir suchen.

Dennoch ging ich vorsichtshalber noch einmal zurück, um Bills Brief zu holen, und schloß dann hinter mir ab. Als ich hinter die schweren Vorhänge trat, scheinbar um die Aussicht zu bewundern, prüfte ich die Riegel an den Fenstern und versteckte Bills Brief an einem Ort, wo ich ihn später finden konnte.

Als ich hinter den Vorhängen hervorkam, fand ich die Dame des Hauses bereits im Bett liegend vor, die bestickte weiße Decke bis an ihr weiches kleines Kinn hochgezogen, das Haar auf dem Kopfkissen ausgebreitet wie Madam van Kraligan persönlich.

»Bruder Maus«, sagte sie, »wärst du wohl so freundlich, mich zuzudecken?«

Sie fragte mich so lieb, daß ich ihr gern diesen Dienst erwies.

Als ich damit fertig war, es so gemacht hatte, wie Wally es mir gezeigt hatte (und wie er es im Knast gelernt hatte), stand ich da, wartete und fragte mich, was als nächstes geschehen würde.

Dann klopfte Peggy Kram auf die Bettdecke neben sich. Ich dachte, sie wollte meine Hand halten, aber nein.

»Setz dich«, sagte sie. »Setz dich neben mich.«

Ich kletterte aufs Bett, das ungeheuer weich war, das kann ich Ihnen sagen.

»Kannst du schlafen?« fragte sie mich, eine merkwürdige Frage, könnte man annehmen, wenn man bedenkt, was in meinem Zimmer passiert war. »Bist du nervös?«

»Ich habe Sie für einen Einbrecher gehalten.«

»Wenn ich nicht schlafen kann«, sagte sie und ordnete mit beiden Händen ihr duftendes Haar auf dem Kissen, »dann finde ich eine Geschichte immer ganz hilfreich.«

Dann lächelte sie mich an. Ich war schwer von Begriff. Nun, wo ich hier war, nun, da ich mich sicher fühlte, wollte ich nichts anderes, als mein Haupt auf ihr Kissen betten und einschlafen.

»Peggy möchte eine Geschichte.«

Da begriff ich.

»Bruder Maus«, sagte sie. »›Bruder Maus' Bohnen‹.«

Sie kennen die Geschichte. Ich kannte sie ebenfalls. Meine liebe Maman hat mir die Geschichten aus der Badberg-Edition mit den wunderschönen Federzeichnungen von Oloff Tromp vorgelesen. Ich kannte die Worte auswendig, aber nun wurde mir befohlen, sie der einflußreichsten Produzentin in Saarlim zu rezitieren.

»Ich bin kein Schauspieler«, sagte ich.

»Schsch«, sagte sie. »Das will ich gar nicht wissen.«

Also gab ich mein Bestes und sprach in einem ländlichen Stil, von dem ich hoffte, daß er der Geschichte angemessen war.

Was die Produzentin anging, so war sie die vollkommene Dame. Sie saß mit auf dem Schoß gefalteten Händen und leicht gerunzelter Stirn da, während ich die Geschichte erzählte, in der Bruder Maus auftaucht *(»In dem einen Augenblick war nichts. Im nächsten war er da, felsenfest wie ein Mühlstein«)*, um, mit nichts anderem als schwarzen Bohnen und Reis bewaffnet, den Haarigen Mann zu vertreiben. Wie so viele der Badberg-Geschichten bezog auch diese ihren Schrecken aus dem Ertrinken und ihren Humor aus Blähungen, obwohl es in dieser Geschichte natürlich Blähungen in Verbindung mit Feuer sind.

Ich war nicht zum Vorsprechen da, aber ich war Mrs. Kram verpflichtet, wie ich schon sagte, und ich fühlte, ich mußte in dieser Situation mein Bestes geben. Daran hinderte mich nur meine Erschöpfung, und ab und zu fand die Produzentin es angebracht, mir einen scharfen kleinen Stoß in die Rippen zu versetzen.

Selbst als sie einschlief, ließ die Kram nicht zu, daß ich aufhörte, sondern hielt meine Hand, damit sie mich wachrütteln konnte, wenn sie mich beim Schlafen ertappte. Auf diese Weise schafften wir drei oder vier der längeren Fabeln – unter anderem die, in der die Maus Onkel Hund und seine Freunde dazu überredet, die Stadt Saarlim zu retten, indem sie mit Gewehren auf den Schultern und mit Masken über den Köpfen auf den Hinterbeinen liefen. Diejenige, die mit dem Satz aufhört, »*Und so geschah es, die Brüder waren frei, und Meneer Maus setzte sich hin und aß Käsepudding.*«

Als ich aufwachte, war es Morgen. Noch bevor ich die Augen aufgeschlagen hatte, wußte ich, daß es ziemlich spät war. Die schweren Gardinen waren teilweise aufgezogen, und die Vorhänge, die das Licht aus der Wohnung aussperrten wie Wasser aus einer Flasche, ließen nun einen dünnen Streifen weißes Sonnenlicht ins Zimmer strömen. Durch die offene Badezimmertür drang gelbes künstliches Licht ins Zimmer,

Dampfwolken wallten herein und schwebten zierlich über die harten Kanten des hellen Lichts.

Während ich langsam aufwachte, wurde mir bewußt, daß meine Gastgeberin zwischen Badezimmer und Schrank hin- und herging und keine anderen Kleider trug als jene, die ihr Gott gegeben hatte. Ich habe noch nie zuvor eine nackte Frau gesehen, und ich kann mir keine wundervollere Einführung in dieses Phänomen vorstellen – noch verstärkt durch den duftenden Wasserdampf und die Morgensonne.

Ich rührte mich und gähnte, damit sie wußte, daß ich wach war.

Sie sah zu mir herüber.

»Guten Morgen, Bruder Maus«, sagte sie.

Ich erwiderte nichts.

»Im nächsten war sie da«, sagte sie.

Sie ging weiter auf und ab, trat ins Bad, ging zurück an den Schrank. Ich konnte beim besten Willen nicht erkennen, was sie an diesen Orten tat. Sie nahm keine Kleider aus dem Schrank. Sie war im Bad nicht mit ihrer Toilette beschäftigt. Sie lief vor mir hin und her, als sei ich nichts als ein Hund, und ich sah ihr zu.

Ob das erregend war? Ja, verdammt, das war es. Sie war eine attraktive Frau um die dreißig und nackt. Sie war nicht groß und um die Taille ein wenig rundlich, aber sie hatte große wohlgeformte Brüste und einen festen Hintern. Sie hatte einen weichen Busch blonder Haare.

Aus dem Badezimmer rief sie nach mir.

»Bruder!«

»Ja.«

»Hegst du Gedanken?«

»Gedanken worüber?« fragte ich zurück.

»Hast du irgendwas, womit du Gedanken hegst?«

»Ich habe ein Hirn so gut wie das Ihre«, sagte ich.

Sie trat aus dem Bad, hielt mit der Hand ihr Haar hoch und lächelte. »Ich habe nicht das Hirn gemeint«, sagte sie.

»Oh.«

»Wie sieht mein Haar besser aus, hochgesteckt oder lang?«

»Komm her«, sagte ich. »Damit ich dich sehen kann.«

»Und was ist mit Madam Maus?« fragte sie.

Aber sie kam ein Stückchen näher. Sie hatte sich noch nicht vollständig abgetrocknet. Ich konnte Wasserperlen auf ihrem kleinen Nest sehen.

»Komm her.«

Sie schüttelte den Kopf. Sie ging davon. Sie trat ans Fenster und zog die Vorhänge zu. Sie ging ins Bad und schaltete das Licht aus.

Im Zimmer war es nun stockfinster: dunkelste, tiefste, samtene Nacht. Und doch konnte ich spüren, wie sie auf mich zukam. Ich konnte ihre Wärme spüren. Ich konnte ihr Parfüm riechen, das Shampoo, die Seife, den Dampf. Ich hörte ihre kleinen weißen Füße auf den geknüpften volkstümlichen Teppichen.

»Erzähl mir nichts«, sagte sie.

»Was denn?«

»Erzähl mir gar nichts, in Ordnung?«

Sie kam ins Bett. Ich hielt diese Frau, die keine Liebhaber hatte. Sie drückte mich fest zwischen ihre Brüste. Sie können sich mich vielleicht in dem Kostüm vorstellen, eingeschlossen, meinen eigenen Atem riechend, getrennt von dieser Fremden, wie ich nur ihr Verlangen spüren konnte, während sie jammerte und mich zwischen ihre Beine zerrte, und Sie denken vielleicht an die Demütigung und das Unbehagen, da Sie nie in meiner Lage waren, vergessen dabei aber völlig, daß Jacqui mir einen Reißverschluß eingenäht hatte und ich dort in der duftenden Dunkelheit langsam meinen Tümmler in sie gleiten lassen und spüren konnte, wie ihre weichen rosigen Muskeln mich umfingen.

»O mein Gott«, sagte Peggy Kram, ihre Finger krallten sich in meinen Rücken, »Bruder Maus.« Sie sagte noch viel mehr. Sie redete und seufzte und lachte und flehte mich an, mein Geheimnis für mich zu behalten. Sie wand und schlängelte sich, schrie auf und machte weit oben in ihrem weißen Frauenhals kleine Vogelgeräusche, und bei der Unterhaltung und all dem hörten wir kaum das Klopfen an der Tür und Jacquis ferne Stimme rufen, »Tristan, wenn du da bist ...«

»Hier ist kein Tristan«, murmelte Peggy Kram.

»Tristan, wir müssen jetzt gehen.«

»Du bleibst hier auf dem Kissen«, sagte Peggy Kram. »Das ist besser als ein Mann. Ich werde dich behalten.«

51

Madam, Meneer, sie wollte mich nicht gehen lassen. Ich weiß jetzt, daß es ihr nicht gut ging. Für Sie ist das natürlich offensichtlich. Für Wally war es das auch. Aber in meinem Fall war das anders. Sie wollte sich vor mir ankleiden. Ich bin ein Mann. Ich war mehr als erfreut, ihr zuzusehen. Sie wollte Spielchen in der schmutzigen Dunkelheit spielen und ihren Mund um meinen Tümmler legen und ihn mit französischen Wörtern belegen. Wie sollte ich darauf kommen, daß sie *gestört* war?

Draußen vor der Tür rief und hämmerte meine Pflegerin, aber Jacqui – ganz gleich, wie sehr ich ihren merkwürdigen, gefährlichen Verstand bewunderte – war da, um mich rauszuholen, weg von Peggy Kram, aus dem Land zu schaffen, über die Grenze, über lange Straßen mit hohen Pappeln zu beiden Seiten. Schon gut, schon gut – sie wollte mir das Leben retten, und ich, die Kreatur, war wie ein Hund, der mitten auf der Straße an seinem Geschlechtsteil leckt.

Mrs. Kram hatte andere Pläne mit mir, sie konnte mich nicht gehen lassen. Das sagte sie Jacqui, schrie sie durch die Tür an.

»Er gehört mir«, sagte sie. Ich fand das nicht merkwürdig. Es ist nichts Alarmierendes daran, endlich begehrenswert gefunden zu werden.

Sie zog die Schlafzimmervorhänge auf und zeigte mir Saarlim. Sie sprach leidenschaftlich über dessen frühere Größe und die gegenwärtigen Schwierigkeiten. Sie wies auf die fünf Sirkuskuppeln, die ihr gehörten. Sie zeigte auf die Straßen, die der Bürgermeister an ausländische Spekulanten verkauft hatte. Tränen standen ihr in den Augen. Ich zweifelte nicht an ihrer Besorgnis.

War ich zu einfältig? War ich Opportunist? Beides, nehme ich an, aber mir zur Last zu legen, daß sich »[Tristan Smith] *vorsätzlich, blasphemisch und in staatsgefährdender Absicht verkleidet und so andere in dem Glauben gelassen [hat], er sei Bruder Maus, und daß all dies mit dem ausdrücklichen Ziel unternommen wurde, um die Bürger von Saarlim zu betrügen und um die Rechte zu bringen, die ihnen von Gott gegeben sind*« – also wirklich, Madam, Meneer, das ist zuviel der Ehre.

Ja, ich kam mit heimlicher Wut in Ihr Land. Ja, ich habe Sie angelogen und gesagt, ich sei nicht wütend. Ja, ich tat so, als sei der Mord an meiner Mutter keine persönliche Angelegenheit zwischen mir und Ihnen. Aber wäre das unter normalen Umständen nicht höflich?

Es war Ihre Agentin, die den Simi überfuhr, dessen sogenannter Diebstahl Gegenstand des dritten Anklagepunktes ist[90]. Das hätte ich nicht planen können. Aber wenn ich den Simi nicht gefunden hätte, hätte ich niemals Mrs. Kram derart verzaubern können. Der gesunde Menschenverstand wird Ihnen sagen, daß ich nicht mit dem Vorsatz nach Voorstand habe kommen können, in Mrs. Krams Bett zu steigen.

Ich verbrachte fast eine ganze Woche mit ihr. In dieser Zeit konnte niemand – Wendell Deveau nicht und auch nicht Gabe Manzini – herausfinden, wo ich war. Bildlich gesprochen befand ich mich in einem anderen Land.

Wir saßen mit ihren Fotoalben auf ihren volkstümlichen Teppichen (so viele Mäuse und Enten haben Sie noch nie gesehen). So viele schwarze Balken, so viele tote Menschen. So viele furchtbare Dinge waren ihr in ihrem kurzen Leben zugestoßen. Sie hatte zugesehen, wie das Hirn ihres hübschen Ehemanns am Eröffnungsabend über die Honoratioren in der ersten Reihe spritzte. Sie verlor zwei Kinder beim Brand ihres Hauses, während sie im Theater war. Andere Dinge, von denen Sie vielleicht wissen oder auch nicht, mehr, als einem zustoßen sollte, waren dieser Frau zugestoßen, deren Reichtum und Macht überall beneidet wurden.

Man hält sie für skrupellos, ich weiß, und das ist sie auch, ich weiß.

Aber, Madam, Meneer, die Leidenschaft dieser irregeleiteten Frau für die Prinzipien der Vergangenheit, ihr Vegetarismus, ihre Frömmigkeit, all das ist echt.

In jedem ihrer Ghostdorps hat sie versucht, eine ideale Welt – ein Modell – zu erschaffen, in der der Schauspieler im Einklang mit den Werten der Siedler Frei lebt. »Sie pflügten, sie bebauten, schälten, sie enthülsten, sie mahlten« usw.

Sie versprach mir, sie würde Arbeit für meinen Vater finden und mir

---

90 »[Daß er] sich unrechtmäßig einen Simulacrum Mark 3, Modell Nr. 234, im Besitz der Saarlim Cybernetic Corporation, angeeignet und die obengenannte Maschine ohne hinreichende schriftliche oder mündliche Erlaubnis der obengenannten rechtmäßigen Besitzer des Simulacrums bis zum völligen Wertverlust beschädigt [hat].«

ein angenehmes Leben bereiten. Sie sagte mir, sie würde meine Pflegerin einstellen.

Sie erzählte mir vom Saarlimer Ghostdorp. Das war nicht meine Idee. Wie auch? Konnte es denn die Idee von jemand anderem außer ihr sein? Sie war es doch, die Frear Munroe, Dirk Juta und Clive Baarder auf ihrem Dach versammelt hatte.

Sie war es, die mich später in den Konferenzraum ihres Trothauses führte und mich Clive Baarder vorstellte. Warten Sie, Madam, Meneer. Ich werde Ihnen gleich erzählen, was in jenem Raum geschah. Doch zuerst möchte ich Sie daran erinnern, was meine Familie Ihretwegen durchmachte.

52

»Sie verlangen von mir, ich soll meinen Sohn verraten«, sagte mein Vater zu Gabe Manzini, der aus Bills bestem Art-Deco-Porzellan Orange Pekoe trank.

»Ein bißchen melodramatisch«, erwiderte Gabe Manzini, »selbst für den Sirkus Brits.« Er nahm die Untertasse hoch, um den Stempel zu lesen, und stellte sie dann ganz vorsichtig auf den Tisch. »Ich habe Sie nur gefragt, ob Sie ihn oder seinen Pfleger gesehen haben.«

Bill sah von ihm zu Wendell Deveau. Der große, teigige Efikaner sah zum Fenster hinaus und aß sein mitgebrachtes Schinkensandwich.

»Das kann ich nicht«, sagte Bill schließlich.

»Komm schon, Mo-frere«, sagte Wendell Deveau und zerknüllte die grüne Sandwichtüte. »Verarsch uns nicht.«

Bill nahm dem DoS-Mann das fettige Papier ab und trug es in die makellos saubere Küche.

»Es ist Ihr gutes Recht, uns nicht zu helfen«, rief Gabe Manzini. »Genauso wie es mein gutes Recht ist zu fragen, ob Ihre Einwanderungspapiere in Ordnung sind.«

»Sie würden mich des Landes verweisen, weil ich eine Frage nicht beantworte?«

»Schon wieder: das habe ich nicht gesagt. Aber wir sind zwei grobe Burschen, Meneer Millefleur. Wir werden bei Kleinigkeiten sehr ungeduldig.«

»Ich habe zwanzig Jahre hier gelebt«, sagte Bill und setzte sich wieder an den Tisch. »Ich habe meine Steuern bezahlt.«

»Na komm schon, Bill«, sagte Wendell Deveau. »Verarsch uns nicht.«

»Zwanzig Jahre!« Manzini lächelte, und was Bill so entnervte war die Tatsache, daß es sich um ein nettes Lächeln handelte, das Lächeln eines zivilisierten Menschen. »Es muß Ihnen hier wohl gefallen. Das ist eine wirklich hübsche Wohnung. Ich habe den De Kok bewundert.«

»Es gefällt mir sehr gut«, sagte Bill.

»Und was Ihre Papiere betrifft, um die Wahrheit zu sagen, ich könnte nicht mal sagen, ob sie in Ordnung sind, selbst wenn Sie sie mir zeigen«, sagte Gabe Manzini. »Dafür haben wir ein ganzes Gebäude voller Anwälte, die sich sowas anschauen.«

»Und was wollen Sie von meinem Sohn?«

»Nun, wie Sie sehen, gibt es hier zwei Parteien, die Interesse an ihm haben«, sagte Gabe Manzini. »Und wenn ich mit meinen Kollegen Ihres ehrenwerten DoS ein klein wenig besser stehen würde, dann würde ich Ihnen das nicht sagen – aber ich an Ihrer Stelle, Meneer Millefleur, würde alles daran setzen, daß ich Ihren Sohn erwische. Ich glaube, Agent Deveau hier hat den Befehl, ihn zu *eliminieren.*«

»Na komm schon, Gabe, ich wollte ihn nur befragen, genau wie du«, erwiderte Wendell.

»Nun, Meneer Deveau, die Tonbänder werden diese Frage beantworten. Ich würde Ihnen raten«, wandte er sich an Bill, »mich mit ihm reden zu lassen. Wir Voorstander sind nicht immer die Bösen.«

»Ich brauche nicht in Saarlim zu arbeiten«, sagte Bill. »Wenn Sie mir das Aufenthaltsrecht entziehen, kehre ich eben heim.«

»Wissen Sie«, meinte Gabe Manzini, »das würde ich Ihnen nicht raten. Die Jungs vom DoS können ziemliche Arschlöcher sein, vor allen Dingen, wenn man sie für dumm verkauft hat. Nur weil sie manchmal unprofessionell sind, heißt das noch lange nicht, daß sie Ihnen nicht weh tun können. Ganz im Gegenteil.«

»Kann ich dich mal eine Sekunde sprechen?« sagte Wendell zu Gabe Manzini.

Gabe Manzini sah zu ihm auf und lächelte freundlich. »Natürlich, Bruder«, sagte er. »Später. Wir werden im 583 darüber reden. Jetzt sollten wir Mr. Millefleur einen Augenblick Zeit zum Nachdenken geben, denke ich.«

Gabe Manzini stand auf und ging in der Wohnung umher. Er blieb vor einer Sandsteinstatue des hundsköpfigen Heiligen stehen. Nahm sie. Drehte sie um. Stellte sie wieder hin. Gabe hatte eine gute Figur, schlank, athletisch, trug glänzende braune Schuhe und Cordhose. Er wirkte wie ein Kurator, nicht wie ein Mörder. Alles, was er betrachtete, den wertvollen Eßtisch, das Art-Deco-Porzellan, die Badberg-Erstausgaben, De Koks »Kreuzigung in der Neuen Welt«, verriet die Urteilskraft des Kenners, eine sachkundige Zustimmung, die Bill unter anderen Umständen höchst schmeichelhaft gefunden hätte.

Tatsächlich hatte sich mein Vater stets gerühmt, daß er, trotz aller Enttäuschungen hinsichtlich seiner Schauspielerei, im Zentrum der Welt ein kultiviertes Leben führte. Er hatte Michael Cohen als Hamlet gesehen. Er hatte mit Una Chaudry diniert. Er hatte die größten Schauspieler seiner Zeit gesehen. Er hatte zwei Königen, einem Bürgermeister und einem englischen Herzog die Hand geschüttelt. Er war am ersten Weihnachtsfeiertag auf dem Demos Platz Schlittschuh gelaufen. Er hatte im Le Recamier gespeist, in den allerfeinsten Restaurants der Stadt. Er war in einem undichten Wohnanhänger in Efika geboren worden, aber er hatte sein Leben mit dem Allerfeinsten verbracht, das es auf der Welt gab.

Doch nun erkannte er, daß er unmöglich tun konnte, was da von ihm verlangt wurde. Er besah sich seinen Besitz, der ihm bislang soviel Befriedigung verschafft hatte, und er erkannte, daß ihm das alles vollkommen gleichgültig war. Er sah eine ganze Mauer aus Dominosteinen anstoßen und umfallen, die wie ein langer schwarzer Schwanz zurückführte zu der altgewordenen Zirkusschule mit dem Blechdach.

Im Geiste waren er und Tristan Smith schon wieder zurück in dem heruntergekommenen kleinen Theater in der Gazette Street. Es regnete. Mouson. Die Gullis flossen über. Ein Plastikmülleimer wurde die Straße hinuntergeweht.

53

Wally hatte mir den Rücken zugekehrt. Jacqui war an mir vorbeigehuscht und hatte meinen Gruß überhört. Doch es war Clive Baarder, der mich am meisten aufregte, als ich schließlich nach fast einer Woche aus Peggy Krams Boudoir kam.

Er saß am Kopfende des langen Tisches im Konferenzraum des Trothauses, mit dem Rücken zum grauen, körnigen Himmel über Saarlim. Er legte einen gelben Notizblock vor sich und zog die Kappe von seinem Stift.

»Also, was gibt's?« sagte er zu Peggy Kram, die sich gleich rechts von seinem Ellbogen plaziert hatte.

»Sag du es ihm, Bruder, Hunning«, sagte sie zu mir.

Ich sah von meinem Platz aus den langen Tisch entlang. »Die Idee ...«, begann ich.

»Moment«, sagte Clive Baarder. Zu Peggy Kram gewandt, »Ist das seine Idee?«

»Eigentlich nicht.«

»Und warum stellt er sie dann vor? Warum sitzt diese ... diese Person ... in unserem Konferenzraum?«

»In der Vergangenheit«, sagte Peggy, legte ihre Hand auf Baarders steifen Unterarm und tätschelte ihn, »wäre das nicht ungewöhnlich gewesen.«

Clive Baarder ließ ihre Hand einen Augenblick dort ruhen. Dann nahm er seinen Arm fort und zog eine säuberliche schwarze Linie quer über den Schreibblock.

»Welche Vergangenheit meinst du?«

»In der Großen Historischen Vergangenheit«, antwortete sie. »Als Bruder Maus unter den Siedlern Frei wandelte.«

Clive Baarder sah für eine geraume Weile auf seinen Block.

Bis dahin hatte ich geglaubt, Clive Baarder sei eine Art Privatsekretär, doch nun erkannte ich, was alle Saarlimer wissen: er war ein einflußreicher Mann.

»Eine Maus ist ein kleines Ding«, sagte er schließlich. Er führte den Stift wieder in die Kappe ein und hielt ihn zwischen Daumen und Zeigefinger fest, als handelte es sich um eine tote Feldmaus, die er am Schwanz gepackt hatte. »Das weißt du doch, Peggy, in Wirklichkeit.«

Mrs. Kram drehte sich mit ihrem Stuhl um 180 Grad und wieder zurück.

»Cliveling«, sagte sie besänftigend, ja flirtend. »Mein lieber Clive, du weißt selbst, daß einer der großen Vorteile, die Geschäfte von zu Hause aus zu führen, darin besteht, daß die eigenen klugen Freunde, wie Bruder Maus, frei zu unseren Versammlungen beitragen können.«

»Peggy, du führst deine Geschäft von zu Hause aus, weil du eine Agoraphobie hast.«

Meine Mentorin sagte nichts, lief aber rot an.

»Peggy ...«

»Bruder Maus ist mir lieber als ein Mann«, sagte sie und schüttelte ihr Haar.

»Ach Peggy, bitte, bring uns nicht in Verlegenheit!«

»Das mußt du gerade sagen«, entgegnete sie. »Das würde ich an deiner Stelle besser nicht. Ich würde nichtmal daran *denken.*«

»Trotzdem: das da ist keine Maus, Peg.« Er drehte sich zu ihr um und nahm ihre Hand. »Das wissen wir doch, oder? Eine wirkliche Maus ist nicht wie dieser kleine Gjent da.«

»Laß ihn doch mal das Konzept vortragen, bevor du voreilige Schlüsse ziehst.«

»Peggy.« Clive Baarder zückte wieder seinen Stift. »Was soll dieses Treffen?«

»Wenn du zuhörst, wirst du es herausfinden.«

»Ich sag das nur, weil ich in dreißig Minuten noch ein anderes Treffen in Tentdorp habe und ich sehe, wie müde du bist.«

»Ich bin immer müde, Clive. Du weißt, daß ich nie schlafe. Und glaub ja nicht, daß dein Zynismus attraktiv wirkt.«

Clive Baarder lächelte unnachgiebig.

»Du glaubst, du kannst alles auf die DNS reduzieren, aber das kannst du nicht. Ich sage dir, so war die Große Historische Vergangenheit. Es steht dir überhaupt nicht an, Zweifel an mir zu hegen. Geschichte ist mein *Geschäft.* Das war sie schon, als du noch ein arbeitsloser Verteller warst, der vom Pöbel in Kakdorp Drogen kaufte. Wer außer mir bewahrt denn noch die Große Historische Vergangenheit? Wenn es die Ghostdorps nicht gäbe, dann würde niemand wissen, was *gestern* passiert ist.«

»Peg, meine Liebe, du bist völlig übermüdet.«

»Und behandle mich nicht so herablassend, Clive. Ich bin nicht müde, und deine selbstgefällige Haltung den Ghostdorps gegenüber finde ich ziemlich beleidigend.«

»Mein Haltung den Ghostdorps gegenüber ist rein finanzieller Natur ...«

»Für Frauen und Kinder ist ein Ghostdorp sicherer.«

»Peggy, bitte nicht heute. Laß uns streiten, wenn wir allein sind.«

»Als die Heiligen in Voorstand wandelten, war es so, genauso, wie es in den Ghostdorps ist. Wir waren damals anständige Menschen. Der Sirkus war nicht nur bloße Unterhaltung. Bruder Maus war kein Clown. Wir erkannten ihn sofort, wenn wir ihn sahen. Wir stritten nicht darüber, was wildes Fleisch und was des Bruders Fleisch war. Da hatten wir all diese Kodizille und Überarbeitungen der alten Gesetze nicht. Wir aßen Bohnen und Reis und Raagbol-Pudding. Wir haben nicht vergewaltigt und gemordet. Wir haben nicht gestohlen. Wir waren damals bessere Menschen.«

»Da widerspreche ich dir nicht, das weißt du.«

»Bruder Maus und die Heiligen, sie wandelten unter uns.«

»Ach Peggy ...«

»Du Arschloch«, schrie Peggy Kram. »Streite dich nicht mit mir. Da ist er. Felsenfest wie ein Mühlstein. Er blickt dich an und wartet höflich darauf, dir eine Idee vorzuschlagen, die dich dazu bringen wird, Zwiebeln zu pflanzen und dein Glas zu erheben.«

»Das da ist keine Maus.« Clive Baarder schrie nicht mich an, sondern Peggy Kram. Er stand auf und hielt den langen Tisch fest, als wolle er ihn umschmeißen. »Eine Maus ist zehn Zentimeter groß.«

»In dem einen Augenblick nichts«, schrie Mrs. Kram zurück, »im nächsten war er da in all seiner pelzigen Pracht.« Sie setzte sich. »Schau mal da hinaus«, sagte sie und nickte in Richtung des grauen, feuchten Himmels. »Du siehst eine korrupte, verfallende Stadt, und du hast die Fähigkeit verloren, an eine Zukunft zu glauben.«

»Das ist nicht Bruder Maus, Peg«, zischte Clive Baarder zwischen zusammengebissenen Zähnen hervor. »Und das weißt du verdammt gut. Du willst nicht zugeben, daß das ein Mann ist, aber es ist einer, ein Zwerg.«

Keiner von beiden sah mich an.

»Und selbst wenn du recht hättest«, sagte sie. »Was kümmert's dich?«

»Mich?« Clive zuckte mit den Schultern.

»Es setzt dich ins Recht, das ist alles«, sagte sie. »Du siehst die Naht an seinem Kostüm. Na toll. Ich auch. Ist das der Punkt? Wir sehen die Goldfarbe an der Krone des Heiligen. Na und? Der Punkt ist doch nicht die Farbe. Der Punkt ist, wir haben unsere Werte verloren. Wir essen das Fleisch unseres Bruders, wir stecken Tiere in den Sirkus. Dieser

Efikaner in meinem Garten, wie heißt er noch, Millefleur – reitet auf Pferden, erschreckt Löwen. Vor dreißig Jahren wäre das nicht zugelassen worden. Schon für den Vorschlag allein wäre er ins Gefängnis gewandert.«

»Letzte Woche war er noch jemand vom heimischen Herd. Du hast gesagt, du magst ihn.«

»Das tu ich auch. Deshalb sitzt er doch in meinem Garten. Ich habe mit dem Bruder über seine Zukunft gesprochen, und es wird mir eine große Freude sein, ihn zur Abwechslung mal mit etwas Anständigem zu beschäftigen.«

»Na gut, Meneer Maus«, sagte Clive Baarder sarkastisch. »Dann erzähl mir doch bitte, was ihr beiden ausgeheckt habt.«

»Es fing alles an«, sagte ich, »als Ms. Kram bemerkte, daß der Bürgermeister viele Straßen und Parks an ausländische Unternehmen verkauft hat.«

»Firmen«, fuhr er dazwischen. »In Voorstand nennen wir so etwas Firmen.« Er wandte sich an Mrs. Kram. »Hörst du überhaupt zu, Peg? Nur ein Ootlander würde eine ›Firma‹ ein ›Unternehmen‹ nennen.«

»Seine Idee ist«, erwiderte Peggy Kram, »sie zurückzukaufen.«

»Ach Peggy, was soll das?«

»Halt den Mund, Clive. Ich weiß sehr genau, was ich tue.«

»Peggy, nichtmal *du* kannst Saarlim kaufen, wenn es das ist, woran du denkst.«

»O doch, ich kann. Verdammt, ich bin es leid, Angst zu haben«, sagte sie. »Ich bin es leid, daß nach Einbruch der Dunkelheit etwas Schlimmes passieren könnte. Es ermüdet mich, Angst vor kranken Männern mit Messern und Gift zu haben.«

»Peggy, du gehst nie raus.«

»Aber ich möchte gern.«

»Du kannst eine Zehn-Millionen-Stadt nicht wie ein Ghostdorp führen. Wir können noch nichtmal die Ghostdorps führen, die wir haben. Wir können Saarlim nicht kaufen.«

»Ich schon. Ich kann die Straßen und Parks von den Ausländern zurückkaufen. Die Geldgeber der Stadt werden hocherfreut sein. Alle werden glücklich sein. Eine sehr patriotische Tat.«

»Sind das die *Wünsche des Volkes*? Ist das Regieren durch *Jede Familie vor Gott*?«

»Ich werde den Bürgern Saarlims genau das geben, was sie brauchen. Saubere Straßen. Gutgekleidete Leute.«

»Hör auf damit, Peg. Du machst mir Angst. Du kannst die Bürger nicht darum bitten, sich wie die Schauspieler in deinem Ghostdorp aufzuführen. Das wird niemand zulassen. Ich werde es nicht zulassen.«

»Ich werde dafür sorgen, daß alle *anständigen* Leute ihren Geschäften nachgehen können. Das ist vollkommen legal, Clive. Wir haben mit Frear Munroe gesprochen.«

»O Gott«, sagte Clive Baarder. »Peggy, dir geht es nicht gut. Du mußt dich wirklich mit deiner eigenen Vergangenheit auseinandersetzen.«

»Wenn du Vergangenheit sagst ...«

»Meine ich Vergangenheit.«

»Nein, nein, du redest in Bildern. Glaubst du, ich will das alles nur machen, weil ich vergewaltigt worden bin? Willst du das damit sagen?«

»Nein.«

»Nein? Gut. Denn ich kann ein sauberes Ghostdorp führen, und ich kann diese Stadt führen. Ich kann dafür sorgen, daß die Parks die ganze Nacht über sicher sind. Ich kann dafür sorgen, daß die Straßen ordentlich und sauber sind. Das Gras im Park wird gemäht werden. Es ist doch so einfach. Die Menschen werden wieder aus aller Welt herbeiströmen. Wir werden wieder eine große Nation werden.«

»Das ist doch nicht deine Idee.«

»Das letzte Stück schon«, sagte sie.

»Und wie genau willst du die Straßen sicherer machen?«

»Ich würde nicht zulassen, daß unappetitliche Personen sie benutzen.«

Clive Baarder nickte langsam. Dann wandte er sich zum ersten Mal seit Beginn des Treffens um und sah mich an.

»Haßt du Voorstand?« fragte er mich.

»Er liebt Voorstand. Laß ihn in Ruhe.«

»Er ist Ootlander«, sagte er zu Peggy Kram. »Er benutzt ootlandische Wörter. Und nun versucht er, uns unserer Freiheit zu berauben.«

Bruder Maus erwiderte kein Wort auf diesen Vorwurf. Er glitt von seinem Stuhl aus Chrom und Leder und ging in diesem rollenden Seemannsgang an die größte Fensterwand. Trotz der komischen Art seines Gangs, trotz des abgebrochenen Zahns und des glitzernden blauen Mantels mit dem fehlenden Knopf konnte jeder sehen, daß es sich um eine kraftvolle Gestalt handelte. Er stand da und sah Clive Baarder an. Hinter seinem Rücken lag ganz Saarlim, das ganze Gebiet, all die Gemeinden, die Straßen, Steegs, Plätze, Autobahnen, Überführungen, Kreuzungen, öffentlichen Brücken, all das erstrahlte rosig und staubig im Spätsommerlicht.

Dieser Augenblick war für die drei Personen im Konferenzraum des Trothauses so intensiv, daß sie kaum mitbekamen, als sieben Meter entfernt Wendell Deveaus Pistole losging. Eine Art »Pfft«, das war alles.

54

Jacqui erkannte das Geräusch. Sie hatte es im DoS in jenem langen schmalen Kellerraum auf dem Boulevard des Indiennes gehört – das Geräusch einer schallgedämpften Glock, wie ein Furz.

»Tristan!« Sie rannte über die glänzenden blauen Fliesen durch die Glastür ins Foyer des Trothauses. Dort, in diesem dämmrigen kapellenhaften Raum mit dem Neu-Zwolfe-Triptychon und den großen goldgerahmten Spiegeln, hörte sie ein merkwürdiges Trommeln, von dem sie später wußte, daß es die Hacken ihres alten Liebhabers waren, die auf den Fliesen ihren Totentanz tanzten.

Die beiden Männer lagen beisammen: Wendell oben, Wally Paccione darunter. Der alte Mann hatte dem Agenten seine Klaviersaite um die Kehle geschlungen.

Als Jacqui sich hinkniete, zuckten Wendells große fleischige Beine. Ein Fuß hatte den Schuh verloren. An der Sohle der Socke befand sich immer noch ein goldener Aufkleber. Wendells Arme fielen zur Seite. Jacqui sprang zurück, die Hand vor dem Mund, als seine Glock auf den Boden fiel.

»Hilf ihm«, sagte Bill.

Aber da war niemandem mehr zu helfen. Wendell hatte es schließlich geschafft, Wally Paccione durch den Brustkorb zu schießen – die Kugel war nach oben und dann seitlich ins Herz gedrungen. Wally war tot. Er war mit einem Stück gräßlicher Klaviersaite an Wendells Kehle gebunden.

Im Kampf war ein Stuhl zerbrochen. Eine zweihundert Jahre alte Gipsstatue des hundsköpfigen Heiligen lag auf dem Boden, die Gipskrone in Stücken auf dem Boden verstreut.

Ich hockte in all dem zersprungenen Gips auf dem Boden. Ich sah Wallys totes, totes Gesicht an, die hohlen Wangen, die trockenen Lippen, die aufgerissenen streitsüchtigen Augen, die Arme, die die blutige Garotte hielten, all die Sehnen, die unter seiner Haut hervorstanden wie Kabel.

Ich konnte die Kette der kleinen runden weißen Narben an seinen Armen sehen. Diese Arme und Hände hatten mich gebadet, gewindelt, Vögeln das Tanzen beigebracht, seine Knie umklammert, wenn er, vielleicht nicht im Leben, aber für immer in meinem Gedächtnis, der Menschliche Ball war.

Ich flüsterte in den großen alten Lappen seines Ohrs. Ich war ihm, den kleinen weißen Haaren, den Sommersprossen so nah. Ich war voll von meinem eigenen Gift. Ich sagte ihm, daß ich unrecht hatte, daß es nicht sein Fehler war, daß wir ausgeraubt wurden. Ich sagte ihm, daß ich ihn liebte. Ich konnte spüren, wie Peggy Kram an meinem dicken Kostüm zerrte. Mir war so schlecht. Meine Maske war mit meiner eigenen verbrauchten Luft erfüllt. Ich sagte Wally, daß er mehr Liebe im Herzen hatte als sonst einer von uns.

»Mach dir keine Sorgen«, sagte Peggy und versuchte mir aufzuhelfen. »Mir gehören fünf Sirkusse. Ich verspreche dir, es wird keinen Ärger geben.«

»Peggy ...«, sagte Clive Baarder. »Bitte, gib acht, was du sagst.«

»Verdammt«, kreischte Peggy Kram, »das hier ist Familie. Ich sagte, wir werden das regeln, Clive. Wir werden es regeln. Hol den verdammten Bürgermeister ans Telefon.«

»Er ist vor Gericht.«

»Dann hol ihn aus dem verdammten Gericht.«

»Das sind Ootlanders.«

Ich wandte mich zu Peggy Kram um und sah uns alle in dem großen Spiegel. Was für ein widerlicher Fries – dieser liebe alte Mann und Bruder Maus – eine perverse Pietà. Wie ich das grinsende Gesicht des Bruders, diese Schlappohren haßte. Mein Magen zog sich zusammen, und ich wußte, ich würde mich übergeben müssen.

»Bill, hilf mir«, aber keiner hörte mich.

»Das ist Mord, Peg«, sagte Clive Baarder.

Dann kotzte ich in meinem Kostüm. Mein Mageninhalt füllte die Maske und stieg mir in die Nase.

Erstickend versuchte ich, den Kopf des Bruders herunterzureißen, aber Peggy Kram klammerte sich mit ihren kleinen Händen an meine Handgelenke.

»Nein«, schrie sie, »nein, bitte, ich flehe dich an.«

Jacqui rettete mich. Sie war kleiner, schmaler, leichter als Peggy Kram, aber sie riß die Produzentin an der Mähne und zerrte sie weg. Dann legte sie ihre Hände links und rechts an meinen Bruder-Kopf und grub ihre Nägel in den Schlitz, den sie so sorgfältig zugenäht hatte. Und dann riß sie daran, riß meinen Maus-Kopf auseinander, als wäre er eine Orangenschale. Sie riß den Kopf auf wie eine Garnele.

Wir standen alle da im Spiegel und starrten mein wahres Gesicht an. Ich drehte mich um, würgte und rang nach Luft.

Bitte ersparen Sie mir die Erinnerung an Peggy Krams Gesicht, als sie mein wahres Wesen sah.

55

»Ist schon gut«, sagte mein Vater. Er war ein gutgekleideter, gutaussehender Mann, ein Schauspieler. Er war vom heimischen Herd. Er ging auf Peggy Kram zu, die blaßrosafarbenen Hände in die Höhe gestreckt. »Peggy, bitte. Ist schon gut, wirklich.«

Aber Peggy konnte ihn nicht mehr sehen. Sie konnte nur die widerwärtige Kreatur sehen, die ihren roten Stachel zwischen ihre Beine gesteckt hatte. Sie sah Blut, Schnodder, der grausame Horror, wie ein in Plastik gewickeltes Stück Fleisch, das zu lange im Kühlschrank gelegen hat.

»Das ist ES«, schrie sie und bekreuzigte sich vor mir. »Marchosias. Gott schütze uns. Der Haarige Mann. Gott schütze uns.«

Wenn wir in Efika gewesen wären, hätten wir das alles als »bloße Religion« abgetan, aber dies war Voorstand, wir waren Ootlanders, und deshalb legte mein Vater seinen starken Körper um mich. Er hob mich mit dem linken Arm hoch. Er streckte Jacqui Lorraine die rechte Hand entgegen.

»Das ist Dagon«, kreischte Peggy Kram. »Gott schütze uns.«

»Mach's gut, alter Mann«, sagte Bill zu Wallys Leiche.

»Der Rote Saatanil«, sagte Clive Baarder, und ich schwöre, er meinte es so. »Gott schütze uns.«

»Gott schütze uns«, brüllte Peggy Kram und warf sich vor dem Triptychon auf die Knie.

Wir ließen den lieben alten Menschlichen Ball zurück. Wir hatten keine Wahl. Wir ließen ihn grinsend und mit seinem Opfer hingestreckt zurück. Der Fahrstuhl kam, aber Bill, der Angst hatte, daß noch weitere Attentäter darin saßen, führte uns durch die Feuerschutztür ins Treppenhaus.

Warum wir flohen? Wir hatten nichts Böses getan. Warum wir den Hinterausgang nahmen und unsere Habe zurückließen wie Kriminelle?

Weil mein Vater Ihre Große Historische Vergangenheit studiert hatte, Madam, Meneer, und als Mrs. Kram anfing, die Dreizehn Namen aufzusagen, erkannte er das Ritual wieder, das in den Geloof-Prozessen vor hundert Jahren Anwendung gefunden hatte. Er erkannte, wohin sich Tristan Smith' eigene Geschichte bewegte.

Ein hellrotes Treppengeländer zog sich in einer Spirale neunzehn Stockwerke tief bis zu einem schachbrettgemusterten Fußboden.

»Hopp«, sagte Bill und kniete hin, damit er Jacqui Lorraine um die Taille fassen konnte.

Sie wog fünfzig Kilo. Ich zweiunddreißig. Als er sich auf das Geländer setzte, hielt er die fünfzig Kilo auf der Treppenseite und die zweiunddreißig über dem Abgrund. Es gab keine Probe, kein Netz, und sein Gleichgewicht war keineswegs vollkommen, aber während Gabe Manzini im Fahrstuhl nach oben fuhr und Kram und Baarder die Dreizehn Namen ins Treppenhaus hinabschrien, schossen wir mit dreißig Meilen pro Stunde der Vernunft entgegen.

Im vierzehnten Stock schwankten wir.

Im elften glaubte ich, wir wären tot.

»Hoppla«, rief Bill, hielt uns beide fest und kreiselte auf den Zehen, als wir landeten. Er trug seinen grauen Seidenanzug mit den Schlangenhautflicken. Er trug seine weichen Stiefel mit den Diamanten im Absatz.

56

Wenn Sie Autos registrieren würden wie jedes andere Land der Welt, dann hätten Sie uns auf unserer Flucht vielleicht verfolgen können.

Aber Sie sind nun mal so, wie Sie sind, und wir, wie wir sind, und wir fuhren fünf Tage lang durch das allerschönste Land, das ich je gesehen habe. Wir durchquerten den Milchgürtel, fuhren immer höher auf das Gelt-Plateau hinauf. Mit anderen Worten, wir fuhren in die entgegengesetzte Richtung zu der, die Sie erwartet hatten, hinaus aufs Land, wo man immer noch den Haarigen Mann aufhängt, damit der Mais besser gedeiht. Wir fuhren bei Nacht, durch einsame Kiefernwälder ohne jede menschliche Ansiedlung, mit Ausnahme einfacher Zechenhäuschen mit den kitschigen Folklore-Figuren in den kargen Vorgärten und den säuberlichen Stapeln gelben Holzes entlang den hohen Veranden, gewappnet für den Winter. Während wir höher kamen, wurden die Maisfelder silbern, golden, braun. Und überall die Fahne, karmesinrot am Morgen, weinrot im Schatten.

Nachdem wir den Highway 270 verlassen hatten, nahmen wir Straßen, die so klein waren, daß sie häufig keinen Namen hatten. Dann kamen wir durch ein filigranes Netz aus kleinen Straßen und Plateau-Dörfern, wo man kleine ausgestanzte Blechfiguren von Bruder Maus an die Scheunentore genagelt sehen konnte.

Jede Nacht schliefen wir im Wagen und hauchten die Scheiben mit unseren Lebensgeschichten zu – Jacqui und ihre trinkende Mutter, Bill und ich und all die seit langem vergessenen Aufführungen im Feu Follet.

Frühmorgens vor Sonnenaufgang verließ Jacqui den Wagen und stahl. Sie wissen ja in der Zwischenzeit genau, was sie stahl: die drei Decken, die Rosinenbrötchen, den ganzen Käselaib, das rote wollene Hemd, die ganze langweilige Liste, die Kern der Anklage gegen sie ist. Aber Sie wissen wahrscheinlich nicht, Madam, Meneer, daß der verdammte Käse zehn Kilo wog und Jacqui ihn um fünf Uhr früh aufs Wagendach knallen ließ und uns zu Tode erschreckte und daß sie sich beim Anblick von Bill Millefleur, der rund um das Lenkrad tanzte, um seine Hose anzukriegen, halbtot lachte.

Jacqui hatte Malide den langen Rock und das blaue Oberteil zurückgegeben. Nun trug sie einen anderen schwarzen Rock, einen weiten grauen Pullover und ein ärmelloses Trikot. Während wir höher kamen und die Maisfelder golden und silbern wurden, wurde sie ebenfalls sonnengebräunt. Ihre Augen (vielleicht waren sie immer so gewesen, aber ich bemerkte es erst jetzt) waren opalfarben gefleckt, sanfte braune Perlen im dunstigen blauen Licht, und sie strahlte eine Ruhe aus, eine

Passivität, die ich in der ganzen Zeit, in der ich sie kannte, noch nie an ihr bemerkt hatte.

Sie, deren Leben durch das scharfe Schnippen ihrer Finger, durch ihr Verlangen nach Risiko und Action bestimmt wurde, saß nun stundenlang ruhig da. Womit ich nicht sagen will, daß sie stumm war. Tatsächlich redete sie ziemlich viel.

Je länger ich ihr zuhörte, je detailgenauer sie das Bild ihrer Kindheit malte, um so weniger hatte ich das Gefühl, sie gekannt zu haben, und um so attraktiver wurde sie.

Sie, die mich in die Falle gelockt hatte, benutzt hatte, war dieselbe Person, die um sechs Uhr früh an einem nebligen Morgen mit drei klimpernden Flaschen Milch im Leinenrucksack durchs hohe Gras gestapft kam.

Wir aßen rohe Eier neben Bächen im Sonnenschein, Händevoll Mungbohnen, harten Mais, der als Viehfutter bestimmt war.

Im Dämmerlicht entwickelte sich zwischen uns dreien eine Kameradschaft, eine Freundschaft, die sich durch große Nähe und kleine Freundlichkeiten auszeichnete. Ein zartes Pflänzchen, von dem ich zu der Zeit nicht erwartete, daß es bis in die noch vor uns liegende Nacht überleben würde. Die Freundschaft war natürlich nicht ausgeglichen – wir waren zu dritt, mein Vater war ein stattlicher Mann, Jacqui eine gutaussehende Frau.

Ich glaube, ich habe schon erwähnt, daß ich an Schmerz gewöhnt war und er in meinem Fall nahezu synonym mit Freude war. Doch nun war der Schmerz geringer, wie es schien, und die Freude größer. Meine Erfahrung mit Peggy Kram war in jeder Hinsicht mehr als ausreichend, und schon bald zog ich den Rücksitz vor, wenn ich auch die Reise auf dem Vordersitz begonnen hatte.

Dort, eingewickelt in eine Decke, die ich mir schnell vors Gesicht ziehen konnte, in Todesangst, umgeben von Feindseligkeit, verhöhnt von den an Schreinen am Straßenrand baumelnden Puppen vom Haarigen Mann, war ich lebendiger als jemals zuvor in meinem Leben.

In der Zwischenzeit wissen Sie, wohin wir fuhren. Wir fuhren bis hinauf zum Polarkreis, wo die Temperaturen tief genug waren, um sich in einer Sekunde Frostbeulen zu holen, und ich hockte in einer Jagdhütte an einem See, drei Meilen von Port Wilhelm entfernt, in der Badewanne und sah zu, wie sich Bill und Jacqui die Haare blond färbten.

Zur selben Stunde, in der Peggy Kram ihre eidesstattliche Aussage[91] vor dem Bürger-Gericht machte, segelten wir auf der *Nordic Trader* von Voorstand in Richtung Bergen. Jacqui war als Mann verkleidet. Bill trug mich, als Souvenir getarnt, im Maus-Kostüm an Bord. Ich konnte damals nicht ahnen, daß mein seltsames Leben gerade erst begann.

Chemin Rouge, 426

---

91 Eidesstattliche Erklärung von Peggy Kram, Produzentin, vor dem Bürger-Gericht Voorstands

Es kam in der Verkleidung eines der Geschöpfe Gottes zu mir. Seine wahre Natur war monströs, wie der Haarige Mann, das Ding mit der Schuppenhaut, das Bruder Ente im Wald sah, das kleine schwarze Ding, das mit dem Schwanz schlug und vor Wut mit dem Fuß stampfte.

Es war charmant, gewinnend, voller Geschichten und Lieder. Es wandelte auf den öffentlichen Straßen und bewegte sich vollkommen frei unter den Menschen. Es vollführte mancherlei Tricks, manche davon mit Eiern und Löffeln. Ich habe es nie essen sehen oder über Hunger klagen hören. Es wollte sein Gesicht nicht zeigen.

Es sagte, es habe nicht den Wunsch gehabt, nach Voorstand zu kommen, und daß es nur gekommen sei, »meinen Vater« zu sehen. Es lebte in der Haut der Maus. Es sprach mit der Stimme eines Mannes. Es sagte, es lebe von Luft. Es sagte, es sei »im Schatten des Sirkus« geboren. Es sagte, es habe »vom Licht Ihrer Träume« getrunken und »im Dunstkreis Eures Lebens« gelebt.

Zu meiner größten Schande verfiel ich für kurze Zeit seinem Zauber. Als ich seine wahre Natur sah, fragte ich es, was haben wir dir getan, daß du solche Feindschaft gegen uns hegst?

Es konnte keinen Grund nennen.

Glossar Efika

Baton Penis, Stangenbrot
Biche-la-mar Seegurke
Braut Glas Bier mit Schaumkrone
Briques bleus Meeresschnecken, liefern den begehrten blauen Farbstoff
Cambruce Bauer, Hinterwäldler
Cancerette Zigarette
Case Latrine schlechter Rotwein
Casserole Scheinwerfer
Chochotte abfällige Bemerkung, genaue Bedeutung unklar
Couchette Kammer, kleines Zimmer
Croco Cristi Herrgott nochmal o. ä.
Croix-Kuchen efikanisches Gebäck
Demi-bottes Gummistiefel
Facheur Gauner, Dieb
Frippes Hose
Ganja Cannabis
Hig-hogs Tiernummer mit Schweinen
Illico presto i. e. presto
Jango mythische Figur (vgl. *Jango und Bruder Maus,* Badberg-Edition, Supplement, Seite 324 f.)
Jonkay Geld
Lasto-net Gipsersatz, Bandage
Mo-Poulet Kosewort, »mein Hühnchen«
Mollo-mollo immer mit der Ruhe
Mouette möwenartiger Vogel der südlichen Inselgruppen Efikas
Mouson i. e. Monsun
Mug-wallop unübersetzbares Schimpfwort
Musico Musiker und Gauner
Patapuf fetter Kerl
Perroquet Cocktail
Petite Tente kleiner Zirkus
Petticon kleines Arschloch
Pinguin Polizist
Pissmarie siehe Santamarie, nur vulgärer
Rak-Rok-Steine 3-D-Puzzle
Ringard schlechter Schauspieler
Roteuse Schampus
Santamarie Krankenschwester
Shapoh Hut, Boß
Tin-tin Färber
Toubib Arzt
tray, tres (sehr)
tre bon sehr gut
Trockenschleuder jemand, der einem das Geld aus der Tasche zieht, v. a. Frauen
Valsir Hintern
Vedette berühmte Person

Violine Knast
Violinist Knastbruder, Gauner
Voodoo Jubes zähflüssige, an Medizin erinnernde Limonade, wird nur im Sirkus ausgeschenkt
Walloper Baguette, Knüppel, auch abfällig: Polizist

Glossar Voorstand

Advocaat Rechtsanwalt
Aqua Mineralwasser
Bhalam Banjo
Bohnenbredie Bohnengericht
Bottelier Weinschenk
Folkghost Geistererscheinung aus der Sagenwelt
footsack in den Hintern treten, sitzenlassen
Ghostdorps Historische Vergnügungsparks
Gjent Herr
Gjil Frau
Gondel Motorboot
Guildcourt Strafgericht
Hotelmajoor Portier, meist Ex-Soldaten
Klootsac Katastrophe
Kraaker Hausbesetzer
Lenkmajoor Chauffeur, Kapitän
Minebroo mein Bruder
Misdaad-Burschen Gangmitglieder
Odeklonje Eau de Cologne
Produkter Produzent
Raagbol-Pudding Gemüsepudding
Radhörnchen alles, was sich auf Rädern durch den Verkehr schlängelt
Rhyti einsaitige Geige
Sparkmajoor Sirkustechniker
Tarbuf Nase
Trannie Transvestit, Transsexueller
Trothaus Penthouse
Wahldokter euphemistisch für Spion
Wolkekrabbers Wolkenkratzer
Yardveeg Hausmeister